注册会计师全国统一考试 **四维考霸** 之

财务成本管理

考试研究组 编

U0674822

东北财经大学出版社
Dongbei University of Finance & Economics Press
大连

图书在版编目（CIP）数据

四维考霸之财务成本管理 / 考试研究组编 . —大连：东北财经大学出版社，2017.8
（注册会计师全国统一考试备考用书）
ISBN 978-7-5654-2760-2

Ⅰ. 四… Ⅱ. 考… Ⅲ. 企业管理–成本管理–资格考试–自学参考资料
Ⅳ. F275.3

中国版本图书馆 CIP 数据核字（2017）第 091652 号

东北财经大学出版社出版
（大连市黑石礁尖山街 217 号 邮政编码 116025）
网 址：http://www.dufep.cn
读者信箱：dufep@dufe.edu.cn
大连图腾彩色印刷有限公司印刷 东北财经大学出版社发行
幅面尺寸：185mm×260mm 字数：696 千字 印张：28 插页：1
2017 年 8 月第 1 版 2017 年 8 月第 1 次印刷

责任编辑：	李 栋 王 玲	责任校对：	冯志慧 孟 鑫
	王芃南 吴 茜		龚小晖 刘 洋
	周 慧		王 玲
封面设计：张智波		版式设计：钟福建	

定价：57.00 元

教学支持 售后服务 联系电话：（0411）84710309
版权所有 侵权必究 举报电话：（0411）84710523
如有印装质量问题，请联系营销部：（0411）84710711

序　言

　　注册会计师行业较快发展并不断做强、做大是国家发展的需要，因为建立和完善我国的注册会计师制度，是保证资本市场正常运转、促进我国会计与国际接轨的一个重要途径。随着执业质量和社会公信力的稳步提升，作为会计信息质量的重要鉴证者、市场经济秩序的重要维护者、企业提高经营管理水平的重要参谋，注册会计师已成为维系正常经济秩序、保障各方合法经济利益的重要社会监督力量。

　　注册会计师的执业资格标准是注册会计师这一职业群体与社会大众的一种契约标准，注册会计师考试是体现这一契约标准的重要途径之一，也是注册会计师行业人才建设和公信力建设的重要保证和基石。1991年，我国财政部注册会计师考试委员会先后发布了《注册会计师全国第一次统一考试、考核办法》《注册会计师考试命题原则》《注册会计师全国第一次统考考试工作规则》，从此初步形成了包括规范考试报名条件、考试科目、考试范围、试题结构等内容的考试基本制度以及考试组织管理制度。同年12月7日至8日，我国举办了第一届注册会计师全国统一考试。自此开始，经过二十多年的发展、改革与完善，注册会计师考试已成为国内声誉最高的职业资格考试之一。

　　近年来，参加我国注册会计师考试的考生人数明显增多，人们对于注册会计师考试的重视程度也越来越高，但是在不断完善考试形式、丰富考试内容、强化考试管理、提升考试质量的过程中，我国注册会计师考试的难度也逐年加大。由于注册会计师考试涵盖的知识量大、知识面广而且更新迅速，又需要合理的应试策略，因此很多人甚至在学习阶段还没结束，就放弃了参加考试的计划。

　　高难度的考试需要高质量的备考辅导书，高顿财经研究院的研发团队在经过实践检验的名师讲义基础上融合最新注册会计师考试更改，并增加了考霸笔记、微课点拨和智能测评等内容，将重点放在培养读者的专业知识、基本技能和职业道德要求上，形成了四个维度的一系列备考辅助资料，可谓逻辑清晰、结构新颖、内容翔实。"是金子总会发光的"，希望本系列备考辅导书能在广大注册会计师考生群体中引起共鸣，得到认可，也希望高顿财经研究院能再接再厉，多出精品。

　　在我国财政部制定的《会计改革与发展"十三五"规划纲要》中，我们可以看到，不久的将来，我国注册会计师行业的业务领域将得到显著扩展，在公共部门注册会计师审计、涉税服务、管理会计咨询、法务会计服务等新型业务领域，注册会计师们将大有作为。从另一个角度讲，我国对高品质注册会计师人才的需求将会更加迫切。希望会计教育界的同仁们一起，通过扎实的研究、踏实的工作和不懈的努力，共同为促进中国注册会计师行业的发展做出贡献！

刘永泽

2017 年 4 月

前　言

近年来，报名参加中国注册会计师（CPA）全国统一考试的考生数量逐年攀升，越来越多的人希望通过考取CPA证书，成为财经领域的高端专业人士。但是，注册会计师考试科目多、难度大、周期长，许多考生缺乏相关专业基础知识储备、缺乏坚持备考的决心，在备考过程中遇到了重重困难，往往很快就放弃了。

为此，我们组织编写了本套备考用书，定位为"最懂CPA考生的贴心备考伙伴"，真正从考生视角出发，力求解决考生在备考中可能遇到的"如何学"、"学不懂"、"考什么"和"怎么考"的问题。

本套备考用书共6册，分别对应CPA考试专业阶段的6个考试科目。我们按照中国注册会计师协会公布的考试大纲的考核要求，以中国注册会计师协会组编的考试教材内容为基础，对各科考点进行解构和重塑，并通过名师讲义、考霸笔记、微课点拨和智能测评这四个维度呈现出来：

第一维：名师讲义

以高顿多年从事CPA教学积累的名师讲义为基础文本，覆盖全面、行文简明、结构清晰、内容精炼、可读性强。

第二维：考霸笔记

我们整理并筛选了超过一百位考霸研究员在备考和教研过程中形成的学习笔记，并以"红字手写体"排版形式，从最真实的备考视角出发，在最自然的学习情境中，集中解决CPA学习者和考生视角下的一系列学习问题，可以说是对CPA备考内容和备考策略的集中展示。

第三维：微课点拨

对于一些仅通过看书仍然无法解决的问题，读者可扫描书中的二维码，获得"名师导学""拓展讲解""过来人分享"三个方面的学习点拨。这些微课精准对应到具体知识点，每堂课解决一个具体的问题。考生可以根据自身的学习备考情况扫码听课，提高效率。

第四维：智能测评

每章结尾处"智能测评"的二维码，可连接到高顿智能测评中心。通过在线练习和测评报告，考生可以准确了解自己的知识掌握情况，从而有针对性地复习强化。测试题配有详细的视频解析，方便考生了解解题方法、难点和易错点。

本套备考用书由高顿财经研究院CPA考试研究中心的数十位讲师任主编，一百多位研究员参编，希望通过对"教"与"学"的双向解读，呈现给考生不同于传统学习的全新学习模式，帮助考生更清晰、更精准、更高效地掌握CPA备考内容和备考策略，快速通过CPA

考试。

　　当然，由于编者的时间和水平有限，在编写过程中难免出现一些疏漏和错误。在此，还望各位读者不吝批评指正，帮助我们不断提高和完善。

编　者

2017 年 4 月

目 录

*本章导学
视频

第一章 财务管理基本原理

本章主要介绍了财务管理的基本理论与基本概念，目的在于使考生对财务管理这门学科有一个框架性的认识，为后续内容的学习奠定理论基础。在学习过程中，如果遇到难以理解的内容，考生无需着急，因为本章内容具有综合性，有些内容需要学习之后的相关章节内容后才能理解。

本章重要考点：（1）财务管理目标三种观点的主张、理由和存在的问题；（2）利益相关者的冲突与协调；（3）财务管理的核心概念及财务管理的基本理论；（4）金融工具的种类及特点；（5）金融市场的种类及含义。

主要内容

✔本章属于整本教材的基础理论及概念的框架性介绍，为后续内容的学习奠定基础，有一定的综合性，但近几年考核分值在3分左右，仅通过客观题考查，第一遍看不懂不用担心，学完一遍再回头看会有更深的理解！

第一节 财务管理的内容和职能
第二节 财务管理的目标与利益相关者的要求
第三节 财务管理的核心概念和基本理论
第四节 金融工具与金融市场

第一节 财务管理的内容和职能

（✔本节大体介绍财务成本管理的内容，了解即可）

◇ 企业的组织形式
◇ 财务管理的主要内容
◇ 财务管理的基本职能
◇ 财务管理的组织架构

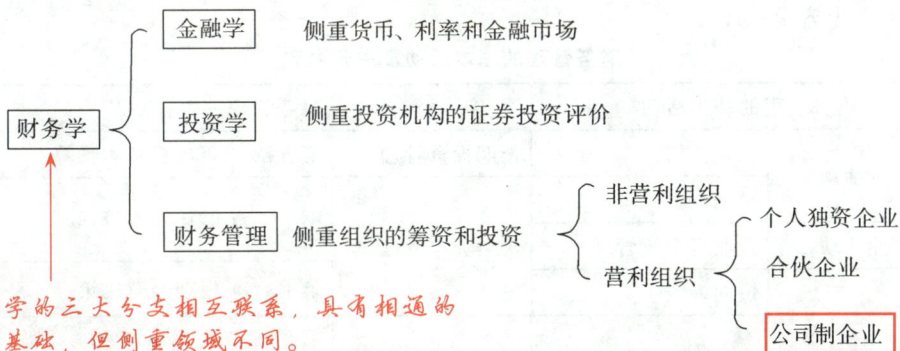

```
            ┌ 金融学 ── 侧重货币、利率和金融市场
            │
财务学 ─────┼ 投资学 ── 侧重投资机构的证券投资评价
            │
            │                        ┌ 非营利组织
            └ 财务管理 ── 侧重组织的筹资和投资┤              ┌ 个人独资企业
                                      └ 营利组织 ┤ 合伙企业
                                                 └ 公司制企业   CPA考核
```

财务学的三大分支相互联系，具有相通的
理论基础，但侧重领域不同。

（✔本知识点通常以文字型客观题的形式出现。着重熟悉公司制企业的优缺点。）

一、企业的组织形式 ——理财的主体（★）

企业的组织形式见表1-1。

指相对于出资人来说是以其认缴出资额为限承担有限责任；相对于公司来说，因为公司具有独立的法人资格，所以是以公司全部资产承担无限责任。　　注意正确理解。

表1-1　　　　　　　　　　企业的组织形式

组织类型	个人独资企业	合伙企业	公司制企业
含义	由一个自然人投资，财产为投资人个人所有，投资人以其个人财产对企业债务承担无限责任的盈利性组织	由合伙人订立合伙协议，共同出资，合伙经营，共享收益，共担风险，并对合伙债务承担无限连带责任的营利性组织	依据公司法设立的经政府注册的营利性法人组织，并且独立于所有者和经营者
优点	（1）创立容易 （2）维持的固定成本较低 （3）无需缴纳企业所得税	与独资企业类似，程度有差异	（1）无限存续 （2）有限债务责任 （3）容易转让所有权
缺点	（1）企业的存续年限受制于业主寿命 （2）业主对企业债务承担无限责任 （3）难以从外部筹措大量资本用于经营	与独资企业类似，程度有差异	（1）组建公司的成本高 （2）存在代理问题：代理人可能为了自己的利益而伤害委托人的利益 （3）双重课税：公司的企业所得税、股东的个人所得税

因为我国企业所得税是法人缴纳的，而个人独资企业不具有法人资格，所以无需缴纳企业所得税而是缴纳个人所得税。

可借款的途径很有限，直接限制了筹资额。

代理人：经营者
委托人：所有者

公司的成立需要有能力的人进行运营，所有者（即出资人）可能局限于自身能力或者精力而委托专业的人员来管理经营公司，此时经营者和所有者利益关注点不同，就会产生代理问题。

因为公司具有法人资格，要缴纳企业所得税。

（✓本知识点具有高度概括性，是对本书大部分内容的提炼，一般不会直接出题，考生要从理解原理的角度来学习，为学习教材后面相应章打好基础）

二、财务管理的主要内容　——理财的对象（★★）

公司的**基本活动**是从资本市场上筹集资金，投资于生产性经营资产，并运用这些资产进行生产经营活动。因此，公司的基本活动可以分为投资、筹资和经营活动三个方面。财务管理主要是资金管理，其对象主要是资金流转。财务管理的基本活动及主要内容见表1-2。

*财务管理主要内容讲解

表1-2　　　　　　　　　财务管理的基本活动及主要内容

财务管理的基本活动		财务管理的内容	
投资活动	长期投资	长期投资管理	第五章 投资项目资本预算
	短期投资	营运资本管理	第十二章 营运资本管理
营业活动	营业现金流管理		
筹资活动	短期筹资		第十七章 短期经营决策
	长期筹资	长期筹资管理	第九章 资本结构
			第十章 股利分配、股票分割、股票回购
			第十一章 长期筹资

（一）长期投资

长期投资指公司对经营性长期资产的直接投资。它具有以下特征：

1.投资的主体是公司（见表1-3）

表1-3　　　　　　　　　　　　投资主体知识表

项目	公司投资	个人或专业机构投资
含义	公司投资是直接投资，即现金直接投资于经营性（生产性）资产，然后用其开展经营活动并获取现金	个人或专业投资机构是把现金投资于企业，然后企业用这些现金再投资于经营性资产，属于间接投资
投资回报	直接投资的投资人（公司）在投资以后继续控制实物资产，因此，可以直接控制投资回报	间接投资的投资人（公司的债权人和股东）在投资以后不直接控制经营性资产，因此，只能通过契约或更换代理人间接控制投资回报

（批注：直接投资于经营性资产更容易获得超额回报。）

2.投资的对象是经营性资产（见表1-4）

表1-4　　　　　　　　　　　　投资对象知识表

项目	经营资产投资	金融资产投资
投资对象	长期经营资产：建筑物、厂房、机器设备等	证券投资：股票、债券、各种衍生金融工具
分析方法	净现值原理	投资组合原理

【提示】

①经营性资产投资的对象是指销售商品或提供劳务所涉及的资产，见表1-5。

表1-5　　　　　　　　　　　　经营性资产投资的对象

分类	说明
短期资产投资	现金流出至现金流入的时间≤1年，包括应收账款、存货等
长期资产投资	现金流出至现金流入的时间>1年，包括固定资产、无形资产等

长期投资和短期投资的原则、程序和方法有较大区别，因此，要分别进行讨论。

②"金融资产"概念在财务管理与会计中的区分，见表1-6。

表1-6　　　　　　　　　　　　"金融资产"概念区分表

会计中的"金融资产"（宽）	财务管理中的"金融资产"（窄）
主要包括库存现金、银行存款、应收账款、应收票据、其他应收款项、股权投资、债券投资和衍生金融工具形成的资产等。特别的，长期股权投资亦属金融资产	利用经营活动多余资金进行投资所涉及的资产，如股权投资、债券投资和衍生金融工具形成的资产。特别的，不包括长期股权投资

3.投资的直接目的是获取经营活动所需的实物资源

（1）长期投资的直接目的不是获取长期资产的再出售收益，而是要使用这些资产赚取经营利润。

（批注：重点是长期经营性资产，为公司长期获取收益，而非投机性低买高卖。）

（2）对子公司的股权投资以及合营企业和联营企业的投资也属于经营性投资，主要目的是控制其经营和资产以增加本企业的价值，而不是为了获取股利和再出售收益。

【提示】

①对子公司、合营企业和联营企业投资的评价方法，与直接投资经营性资产相同。

②非金融企业长期持有少数股权证券或债券，有时也会购买一些风险较低的证券，将其作为现金的替代品，其目的是在保持流动性的前提下降低闲置资金的机会成本，或者对冲汇率、利率等金融风险。

③长期投资涉及的问题包括现金流量的规模（期望回收多少现金）、时间（何时回收现金）和风险（回收现金的可能性如何）。长期投资现金流量的计划和管理过程，称为资本预算。

（二）长期筹资

长期筹资是指公司筹集生产经营所需要的长期资本。

1.长期筹资的特点（见表1-7）

表1-7　　　　　　　　　　　　　　长期筹资的特点

特点	说明
筹资的主体是公司	公司筹资的主要方式有：→ 依据：是否通过金融机构。 ①直接融资：在资本市场上向潜在的资金所有权人融资，如发行股票、债券等 ②间接融资：通过金融机构间接融资，如银行借款等
筹资的对象是长期资本	长期资本是指企业可以长期使用的资本，包括： ①长期负债资本：如长期借款、长期债券 ②权益资本 a.外部来源：指外部股权融资，即股权资本 b.内部来源：指按照公司股利分配政策留存下来的净利润，即留存收益
筹资的目的是满足公司长期资本的需要	筹集多少长期资金，应根据长期资金的需要量确定，两者应当匹配：按照投资持续时间结构去安排筹资时间结构，有利于降低利率风险和偿债风险

2.长期筹资决策的主要问题（见表1-8）

表1-8　　　　　　　　　　　　长期筹资决策的主要问题

资本结构决策是最重要的筹资决策。

主要问题	说明
资本结构决策	①资本结构的含义：长期债务资本和权益资本的特定组合 ②资本结构的意义：决定了企业现金流中有多大比例流向债权人，以及有多大比例流向股东
股利分配决策	主要决定净利润留存和分给股东的比例，也是一项重要的筹资决策

（三）营运资本管理　（短期财务管理）

1.营运资本的含义

营运资本，是指流动资产和流动负债的差额。计算公式为：

营运资本 = 流动资产 - 流动负债

2.营运资本管理的内容（见表1-9）

由于短期投资、短期筹资和营业现金流管理有密切关系，通常合并在一起讨论，故称为营运资本管理（或短期财务管理）。

表1-9　　　　　　　　　　　营运资本管理的内容

内容	说明
营运资本投资管理	制定营运资本投资政策，决定分配多少资金用于应收账款和存货、决定保留多少现金以备支付，确定企业短期资金的最佳持有量，以及对这些资金进行日常管理
营运资本筹资管理	制定营运资本筹资政策，决定向谁借入短期资金，借入多少短期资金，是否需要采用赊购融资等

3.营运资本管理的目标

（1）有效地运用流动资产，力求其边际收益大于边际成本；

（2）选择最合理的筹资方式，最大限度地降低营运资本成本；

（3）加速流动资本周转，以尽量少的流动资本支持相同营业收入并保持公司的偿债能力。

4.营运资本管理与营业现金流的关系（见表1-10）

表1-10　　　　　　　　营运资本管理与营业现金流的关系

关系	说明
现金流缺口出现的原因	营业现金流的时间和数量不确定，现金流入和流出在时间上不匹配
需要根据具体情况权衡风险和报酬，制定适当的营运资本政策	①配置较多的净营运资本：有利于减少现金流缺口，但会提高资本成本 ②配置较少的净营运资本：有利于节约资本成本，但会增加不能及时偿债的风险

5.长期投资、长期筹资、营运资本三者之间的关系（见表1-11）

表1-11　　　　　　　长期投资、长期筹资、营运资本关系表

关系	说明	总结
筹资和投资有关	①投资决定需要筹资的规模和时间 ②公司已经筹集到的资本制约了公司投资的规模	相互联系、相互制约，最终目的都是为了增加企业价值
投资和经营有关	①生产经营活动的内容决定了需要投资的长期资产类型 ②已经取得的长期资产决定公司日常经营活动的特点和方式	

*三者之间的关系

企业还需要成本计算和管理会计，它们各有其职能，与企业财务管理彼此关联。

三、财务管理的基本职能（★）（✔本知识点一般不会直接出题，了解即可）

表1-12　　　　　　　　　　　　　　　财务管理的基本职能

基本职能	含义	目的
财务分析	以财务报表资料及其他相关资料为依据，采用一系列专门的分析技术和方法，对企业过去有关筹资活动、投资活动、经营活动、分配活动进行分析【备注1】	为企业及其利益相关者了解企业过去、评价企业现状、预测企业未来作出正确决策提供准确的信息或依据
财务预测	根据企业财务活动的历史资料，考虑现实的要求和条件，对未来的财务活动和财务成果作出科学的预计和测算【备注2】	测算公司投资、筹资各项方案的经济效益，为财务决策提供依据，预计财务收支的发展变化情况，为编制财务计划服务
财务决策	对财务方案进行比较选择并作出决定【备注3】	确定合理可行的财务方案
财务计划	以货币形式协调安排计划期内投资、筹资及财务成果的文件【备注4】	为财务管理确定具体量化的目标

【备注1】财务分析方法主要有：比较分析法、比率分析法、趋势分析法。

【备注2】

（1）财务预测的分类，（见表1-13）。

表1-13　　　　　　　　　　　　　　　财务预测的分类

分类标准	分类结果
按预测对象	投资预测、筹资预测
按预测时间	长期预测、短期预测
按预测值多寡	单项预测、多项预测

（2）财务预测的方法：时间序列预测法、相关因素预测法、概率分析预测法。

【备注3】

（1）财务方案包括：投资方案、筹资方案、投资和筹资的综合方案。

（2）财务决策标准包括：货币化、可计量的经济标准和非货币化、不可计量的非经济标准。

【备注4】

财务计划包括：长期计划和短期计划，前者是指1年以上的计划，公司通常制定为期5年的长期计划，作为实现公司战略的规划；后者是指一年一度的财务预算。

四、财务管理的组织架构

财务管理是公司管理的重要组成部分，必不可少的职能部门。大中型公司通常设置财务总监（首席财务官或总会计师），作为公司财务管理主管，向公司首席执行官（或公司总经理）负责并报告工作，分管财务会计部门。

基本职能之间的相互联系：财务分析和财务预测是财务决策和财务计划的基础条件，财务决策和财务计划是财务分析和财务预测的延续。

在很多公司中，财务会计部门分设财务部和会计部，分别配置财务主任和会计主任，协调财务和会计工作。

第二节　财务管理的目标与利益相关者的要求

（✓本节的知识点经常通过文字型客观题的形式考核，需要掌握）

◇ 财务管理基本目标
◇ 利益相关者的要求

（✓本知识点通常考文字型客观题，需要准确掌握利润最大化和每股收益最大化目标的缺点、股东财富最大化目标的计量和变形。）

一、财务管理基本目标（★★）

（学习价值评估的有关章节之后，会对本知识点理解得更为深入）

*财务管理的基本目标

目标是指导向和标准。财务管理的目标决定了它所采用的原则、程序和方法。因此，财务管理的目标是建立财务管理体系的逻辑起点。公司财务管理的基本目标取决于公司的目标。投资者创立公司有多种目标，而营利是其最基本、最一般、最重要的目标。由于财务计量最具有综合性，因此，公司目标也称为公司的财务目标。关于公司目标的表达，主要有三种观点。

【提示】财务管理目标、财务目标和公司目标可作为同义语使用。

（一）利润最大化（见表1-14）

许多经理人员都把提高利润作为公司的短期目标。

表1-14　　　　利润最大化知识表

项目	说明
含义	利润代表了企业新创造的财富，利润越多则说明企业的财富增加得越多，越接近企业的目标。 实现途径：提高收入、降低成本。
缺点	1.未考虑利润的取得时间 2.未考虑所获利润和投入资本数额的关系（绝对数） 3.未考虑获取利润和所承担风险的关系，容易导致经营者的短期行为
使用条件	利润取得的时间相同、投入资本相同、相关的风险相同

利润最大化有三个缺点，所以在对三个因素都相同的对象作比较时使用。

（二）每股收益最大化　许多投资人都把每股收益作为评价公司业绩的关键指标。

每股收益最大化知识表见表1-15。

表1-15　　　　每股收益最大化知识表

项目	说明　EPS
含义	把利润与股东投入的资本相联系，用每股收益来概括企业的财务目标
缺点	1.没有考虑每股收益取得的时间 2.没有考虑每股收益的风险
使用条件	每股收益的时间相同、相关的风险相同

比利润最大化优化了一步，体现了利润与投入资本的关系，仍存在两个缺点。

（三）股东财富最大化

满足相关条件时，股东财富最大化=股价最大化=企业价值最大化=增加股东财富。

股东财富最大化知识表见表1-16。

表1-16　　　　股东财富最大化知识表

项目	说明
出发点	股东创办企业的目的是增加财富，否则，他们就不会为企业提供资本，企业也就不会存在，因此企业要为股东创造价值
计量	1.股东财富：可用股东权益的市场价值来衡量 2.股东财富的增加：可以用股东权益的市场价值与股东投资资本的差额来衡量，被称为"股东权益的市场增加值"，表示企业为股东创造的财富
变形	1.股价最大化：在股东投资资本不变的情况下，股价上升可以反映股东财富的增加，股价下跌可以反映股东财富的减损。股价最大化等同于股东财富最大化 2.企业价值最大化：由于企业价值＝债务市场价值＋股权市场价值＝债务市场价值＋（股东投资资本＋权益的市场增加值），所以当股东投资资本不变且债务价值不变时，企业价值最大化等同于股东财富最大化

（右侧手写批注）
投资额多少会影响获利多少，不考虑投资额、单比较获利数是不合理的。

要结合后面的货币时间价值来理解。今天的100元和一年后的100元不等值，前者价值更大，两者的差额就是货币时间价值。

100万元现金和100万元应收账款的经济价值不同，后者风险更大。如果不考虑风险而一味提高赊销额来改善企业的盈利状况，那么这种短期行为会给企业带来很大的危机。

【提示】

（1）企业价值可以理解为企业所有者权益和债权人权益的市场价值，或者是企业所能创造的预计未来现金流量的现值。

（2）从财务管理的角度看，企业价值不是资产负债表中总资产（单项资产加总）的账面价值。

【总结】

（1）股东财富最大化是CPA教材采纳的观点。教材在不同问题的讨论中，分别使用股东财富最大化、股价最大化和企业价值最大化，其含义均指增加股东财富。

（2）三种基本目标是否考虑了以下三个因素。（见表1-17）

表1-17　　　　　　　　　　　　三因素分析表

	投入资本	时间价值	风险因素
利润最大化	×	×	×
每股收益最大化	√	×	×
股东财富最大化	√	√	√

【例题1-1·2014年单选题】在股东投资资本不变的情况下，下列各项中能够体现股东财富最大化这一财务管理目标的是（　　）。

A.利润最大化　　　　　　　　　　B.每股收益最大化

C.每股股价最大化　　　　　　　　D.企业价值最大化

【答案】C

【解析】在股东投资资本不变的情况下，股价上升可以反映股东财富的增加，股价下跌可以反映股东财富的减损。股价的升降，代表了投资大众对公司股权价值的客观评价。

【例题1-2·2009年多选题（原）】下列有关企业财务目标的说法中，正确的有（　　）。

A.企业的财务目标是利润最大化

B.增加借款可以增加债务价值以及企业价值，但不一定增加股东财富，因此企业价值最大化不是财务目标的准确描述

C.追加投资资本可以增加企业的股东权益价值，但不一定增加股东财富，因此股东权益价值最大化不是财务目标的准确描述

D.财务目标的实现程度可以用股东权益的市场增加值度量

【答案】BCD

【解析】A项错误：利润最大化没有考虑取得利润的时间，而且没有考虑所获利润和投入资本额的关系，也未考虑获取利润和所承担风险的关系，所以不能作为企业财务目标。

【例题1-3·2008年单选题】下列有关增加股东财富的表述中，正确的是（　　）。

A.收入是增加股东财富的因素，成本费用是减少股东财富的因素

B.股东财富的增加可以用股东权益的市场价值来衡量

C.多余现金用于再投资有利于增加股东财富

D.提高股利支付率，有助于增加股东财富

【答案】A

【解析】A项正确：股东价值的创造，是由企业长期的现金创造能力决定的。创造现金的最基本途径，一是提高经营现金流量，二是降低资本成本。经营活动产生的现金对于价值创造有决定意义，从长远来看经营活动产生的现金是企业盈利的基础。经营活动产生的现金取决于销售收入和成本费用两个因素，收入是增加股东财富的因素，成本费用是减少股东财富的因素，两者的差额是利润。

B项错误：股东财富的增加可以用股东权益的市场价值与股东投资资本的差额来衡量，即股东权益的市场增加值。

C项错误：如果企业有投资资本回报率超过资本成本的机会，则多余现金用于再投资有利于增加股东财富；投资于资本回报率低于资本成本的项目，就会减损股东财富，此时就应该把钱还给股东。

D项错误：企业与股东之间的交易也会影响股价，例如分派股利时股价下跌，回购股票时股价上升等，但不影响股东财富（"第十章　股利分配、股票分割与股票回购"会详细解释）。

二、利益相关者的要求（★★）

（✔本知识点通常以文字型客观题的形式出现。主要考察两对利益相关者冲突的表现与协调：股东与经营者、股东与债权人）

主张股东财富最大化，并非不考虑利益相关者的利益。股东权益是剩余权益，只有满足了其他方面的利益之后才会有股东的利益。

（一）经营者的利益要求与协调

1.股东与经营者的目标（见表1-18）

表1-18　　　　　　　　　　股东与经营者的目标

冲突者	说明
股东的目标	使自己的财富最大化，要求经营者以最大的努力去完成这个目标
经营者的目标	增加报酬，增加闲暇时间，避免努力工作却得不到应有报酬的风险

股东需要经营者为其挣更多的钱。

经营者需要有钱有闲，名利双收。

2.经营者与股东冲突的表现（见表1-19）

表1-19　　　　　　　　　　经营者与股东冲突的表现

表现	说明
道德风险	经营者为了自己的目标，不是尽最大努力去实现企业的目标，因为股价上升的好处归属于股东，与自身无关；他们不做什么错事，只是不十分卖力，以增加自己的闲暇时间　*（得过且过）*
逆向选择	经营者为了自己的目标而背离股东的目标。例如，装修豪华的办公室，购置高档汽车等；以工作需要为借口乱花股东的钱；蓄意压低股票价格，自己借款买回，导致股东财富受损　*（损公肥私）*

【提示】经营者背离股东目标的前提条件是双方信息不对称，经营者了解的企业信息比股东多。

3.经营者与股东冲突的协调方法（见表1-20）

表1-20　　　　　　　　　　协调方法

方法	说明	例子
监督	股东获取更多的信息，对经营者进行监督，减少双方信息不对称	股东派出CFO，支付审计费聘请CPA对公司财务状况进行审计
激励	使经营者分享企业增加的财富，鼓励他们采取符合股东利益最大化的行动	企业盈利率提高或股票价格提高后，给经营者以现金、股票期权奖励

胡萝卜加大棒，最佳方法是使各种成本之和最小。

【提示】

（1）监督和激励都要付出成本，不可能事事监督，激励成本也不宜过高，所以也不能解决全部问题。

（2）监督成本、激励成本和偏离股东目标的损失之间，此消彼长、相互制约，股东要权衡轻重，找出能使三项之和最小的解决办法，就是最佳的解决办法。

【例题1-4·2015年多选题】为防止经营者背离股东目标，股东可以采取的措施有（　　）。

　　A.给予经营者股票期权奖励　　　　　B.对经营者实行固定年薪制
　　C.要求经营者定期披露信息　　　　　D.聘请注册会计师审计财务报告

【答案】ACD

【解析】为了防止经营者背离股东目标，一般有两种方式：（1）监督；（2）激励。选项C、D属于监督，选项A属于激励。选项B，对经营者实行"固定"年薪制没有激励的作用。

企业财务关系中最为重要的关系就是股东、经营者、债权人三方的冲突。

（二）债权人的利益要求与协调（见表1-21）

表1-21　　　　　　　　　　　　　债权人的利益要求与协调

项目	说明
公司借款的目的	扩大经营，投入有风险的生产经营项目
债权人的目标	到期时收回本金，并获得约定的利息收入
债权人考虑的风险	债权人事先知晓借出资本是有风险的，并把这种风险的相应报酬纳入利率。通常考虑的因素包括：公司现有资产的风险、预计公司新增资产的风险、公司现有的负债比率、公司未来的资本结构等
债权人与股东冲突的表现	（1）资产置换：股东不经债权人的同意，投资于比债权人预期风险更高的新项目。对债权人而言，超额利润肯定拿不到，发生损失却有可能要分担 （2）债务稀释：股东为了提高公司的利润，不征得债权人同意而指示管理当局发行新债。发行新债后资产负债率上升，破产的可能性增加，如果公司破产，旧债权人和新债权人要共同分配破产财产，使旧债券的风险加大，其价值下降
协调方法	（1）寻求立法保护，如破产时优先接管、优先于股东分配剩余财产等 （2）在借款合同中加入限制性条款（规定借款用途、信用条件，要求提供担保等） （3）终止合作，不再提供新的贷款或提前收回贷款

【例题1-5·2016年多选题】公司的下列行为中，可能损害债权人利益的有（　　）。

　　A.提高股利支付率　　　　　　　　　B.提高资产负债率
　　C.加大为其他企业提供的担保　　　　D.加大高风险投资比例

【答案】ABCD

【解析】A项正确：提高股利支付率会减少企业的利润留存，在存在资本需求时就很可能增加外部负债融资，可能会损害债权人利益。B项正确：提高资产负债率，提高了负债比重，增加了财务风险，可能会损害债权人利益。C项正确：加大为其他企业提供的担保，也提高了资产负债率，增加了企业的财务风险，可能损害债权人的利益。D项正确：股东可以通过经营者为了自身利益伤害债权人的利益，他们可能采取的方式有：（1）股东不经债权人的同意，投资于比债权人预期风险更高的新项目；（2）股东为了提高公司利润，不征得债权人同意而指使管理当局发行新债，致使旧债券价值下降，旧债权人蒙受损失。

【例题1-6·2012年单选题】企业的下列财务活动中，不符合债权人目标的是（　　）。

A.提高利润留存比率　　　　　B.降低财务杠杆比率

C.发行公司债券　　　　　　　D.非公开增发新股

【答案】C

【解析】债权人把资金借给企业，其目标是到期时收回本金，并获得约定的利息收入。选项A、B、D都可以提高权益资金的比重，使债务的偿还更有保障，符合债权人的目标；选项C会增加债务资金的比重，提高偿还债务的风险，所以不符合债权人的目标。

【例题1-7·1999年单选题】企业财务关系中最为重要的关系是（　　）。

A.股东与经营者之间的关系　　　　　B.股东与债权人之间的关系

C.股东、经营者、债权人之间的关系

D.企业与作为社会管理者的政府有关部门、社会公众之间的关系

【答案】C

【解析】公司必须协调好股东、经营者和债权人三方面的冲突，才能实现股东财富最大化目标。

要理解公司以股东财富最大化为目标，并不是不考虑其他利益相关者，股东所获取的是剩余权益，只有当满足了其他利益相关者之后，才会归属于股东。所以，财务管理的目标——追求股东价值最大化也就全面考虑了所有利益相关者的利益。

（三）其他利益相关者的利益要求与协调

1.利益相关者的范围（见表1-22）

表1-22　　　　　　　　　　　利益相关者的范围

范围	说明
广义的利益相关者	包括一切与企业决策有利益关系的人，包括： ①资本市场利益相关者：股东和债权人 ②产品市场利益相关者：主要顾客、供应商、所在社区和工会组织 ③企业内部利益相关者：经营者和其他员工
狭义的利益相关者	除股东、债权人和经营者之外的、对企业现金流量有潜在索偿权的人

2.利益相关者的分类与协调方法（见表1-23）

表1-23　　　　　　　　　利益相关者的分类与协调方法

分类	说明	协调方法
合同利益相关者	包括主要客户、供应商和员工，他们和企业之间存在法律关系，受到合同的约束	①企业只要遵守合同就可以基本满足合同利益相关者的要求 ②此外，还需要道德规范的约束，以缓和双方的矛盾
非合同利益相关者	包括一般消费者、社区居民以及其他与企业有间接利益关系的群体	公司的社会责任政策

随着人类物质文明的极大丰富，生活水平的提高，精神文明日益受到重视，公司的社会责任对公司的长期持续发展存在着很大影响。

第三节　财务管理的核心概念和基本理论

◇ 财务管理的核心概念

◇ 财务管理的基本理论

（✓本节阐述了一个贯穿整本教材的核心概念——净现值，第一次接触有不明白的也无碍，教材后续章节会有详细介绍）

一、财务管理的核心概念（★）

财务管理的核心概念见表1-24。

表1-24　财务管理的核心概念

一个项目想获利就要投资。现在衡量项目是否可行，需将该项目预期未来可能的获利换算到现在（作评估的这一时点）的价值，减去项目需要投资金额的现在的价值，通俗理解就是该项目现在来看可获得的纯价值，即"净现值"。

概念	含义	作用
净现值（NPV）	指一个项目的预期现金流入现值与实施该项计划预期现金流出现值的差额	是财务管理的核心概念，可以判断是否为股东创造价值
现金	现金是公司流动性最强的资产，是公司生存的"血液"	持有现金的多寡体现着公司的流动性、支付能力、偿债能力的强弱，进而在一定程度上影响到公司的风险和价值
现金流	包括现金流入量、现金流出量和现金净流量	（1）对于公司整体及其经营活动、投资活动和筹资活动都需要计量现金流量，进行现金流量分析、现金预算和现金控制（2）依据现金流量建立现金流量折现模型，可以用于证券投资、项目投资的价值评估
现值	也称折现值，将未来现金流量折算为基准时点的价值	用以反映投资的内在价值
折现率	把未来现金流量折算为现值时用的比率	用于投资决策、筹资决策等方面
资本成本	公司筹集和使用资本时所付出的代价，包含筹资费用和用资费用	用于资本预算和资本结构的决策等方面

现金净流量＝现金流入量-现金流出量，现金净流量用处很广泛，之后的学习中会逐渐接触。

【提示】净现值内涵非常丰富，大部分财务管理的专业概念都与它有联系。净现值的定义，涉及现金和现金流量、现值和折现率、资本成本等子概念，后续章节会详细学习到。

二、财务管理的基本理论（★）

（一）现金流量理论（★★）

（✓本知识点具有高度概括性，只需了解概念即可，因为教材后面对应的章节会围绕相关理论详细展开。"现金流量理论"具有客观题的可考性，应当熟悉）

1.现金流量理论涉及的概念（见表1-25）

表1-25　现金流量理论涉及的概念

现金流量理论所涉及知识点将在第2章、第5章、第6章和第8章具体应用。

概念	含义	作用
自由现金流量	企业全部现金流入扣除成本费用和必要的投资后的剩余部分，是企业一定期间可以提供给所有投资人的税后现金流量，是真正剩余的、可自由支配的现金流量	以自由现金流量为基础的现金流量折现模型，已成为价值评估领域理论最健全、使用最广泛的评估模式

【提示】现金流量理论是关于现金、现金流量和自由现金流量的理论，是财务管理最基础的理论。

2.现金流量在会计与财务管理中的区别（见表1-26）

表1-26　　　　　　现金流量在会计与财务管理中的区别

项目	会计	财务管理
计量口径	包含现金等价物	不含现金等价物
计量对象	企业整体	企业整体、证券投资、项目投资
计量分类	营业活动、投资活动、筹资活动	（1）企业：实体流、债务流、股权流 （2）证券：现金流入、现金流出、现金净流量 （3）项目：初始现金流量、营业现金流量、终结现金流量

（二）价值评估理论（见表1-27）（★★）

表1-27　　　　　　价值评估理论

项目	说明
含义	指关于内在价值、净增加值和价值评估模型的理论，是财务管理的核心理论
理解	内在价值、净增加值是以现金流量为基础的折现估计值，而非精确值
投资决策	1.证券投资者：评估特定证券的现值，据以与其市场价格相比较，作出相应的决策 2.项目投资者：评估特定项目的净现值，据以取得和比较净增加值的多少，作出相应的决策

（手写批注）针对特定证券　针对特定项目　针对企业整体

（右侧手写批注）价值评估理论所涉及知识点将在第五章—第八章和第十一章中详细学习。

（三）风险评估理论（见表1-28）（★★）*要辩证地看问题，是风险也有可能是机会。*

表1-28　　　　　　风险评估理论

项目	说明
含义	从财务学的角度来看，风险导致财务收益的不确定性。在理论上，风险与收益成正比。投资、筹资和经营活动都存在风险，需要进行风险评估
运用	1.项目投资决策过程中采用的敏感性分析 2.资本结构决策中对经营风险和财务风险的衡量

（四）投资组合理论（见表1-29）（★★）*投资组合理论是现代财务学的发端，标志着数量化方法进入财务领域。*

表1-29　　　　　　投资组合理论

项目	说明
含义	投资组合是指投资于若干种证券构成组合投资，其收益等于这些证券的加权平均收益，但其风险并不等于这些证券的加权平均风险。投资组合能降低非系统性风险
作用	通过投资分散化可以在不改变投资组合预期收益的情况下降低风险，也可以在不改变投资组合风险的情况下增加收益

（右侧手写批注）简单说来，"不要把鸡蛋放在一个篮子里"，要利用不同投资间的相关系数，组合投资，分散风险。

投资组合理论所涉及的知识点，将在第三章中详细学习。

（五）资本结构理论（见表1-30）（★★）*资本结构理论所涉及知识点将在第9章详细学习。*

表1-30　　　　　　资本结构理论

项目	说明
资本结构的含义	指公司各种长期资本的构成及比例关系：长期资本包括永久的权益资本和长期的债务资本，权益资本和长期债务资本组合，形成资本结构
资本结构理论	（1）含义：关于资本结构与财务风险、资本成本以及公司价值之间关系的理论 （2）内容：MM理论、权衡理论、代理理论和优序融资理论

（右侧手写批注）资本结构只涉及长期资本，包括权益资本和长期债务资本。

第四节　金融工具与金融市场

◇ 金融市场概述
◇ 金融工具的类型
◇ 金融市场的种类
◇ 金融市场的参与者
◇ 金融中介机构
◇ 金融市场的功能
◇ 资本市场效率

（✔本节内容属于本章的重要考点之一，考试经常出文字型客观题。考生需要着重熟悉三类金融工具各自的含义及收益特征、金融市场按不同分类标准的划分、金融市场功能两个层次的区别、资本市场有效性程度等）

一、金融市场概述

（一）理财环境

企业的理财环境，是指对企业财务活动产生影响作用的企业外部条件，包括宏观环境、行业环境、经营环境、国际商业环境。金融市场是理财环境的一部分。

（二）金融市场的特点（见表1-31）

表1-31　　　　　　　　　　　金融市场的特点

项目	说明
交易对象	银行存款单、债券、股票、期货等证券，都是代表资金融通关系、具有法律效力的凭证
交易内容	货币资本的使用权（所有权不转移）
交易对手	（1）投资人：交易对象对其来说是一种索取权，是可以产生现金流的资产 （2）筹资人：交易对象对其来说是一种筹资工具，是将来需要支付现金的义务

二、金融工具的类型（★★）　　*（✔对金融工具的类型要以客观题的标准进行掌握）*

* 举例讲解金融工具的类型

金融工具是使一家公司形成金融资产，同时使另一家公司形成金融负债或权益工具（equity instrument）的任何合约。金融资产包括股票、债券、黄金、外汇、保单等。公司可以借助金融工具进行筹资和投资。金融工具的类型见表1-32。

表1-32　　　　　　　　　　　金融工具类型知识表

类型	含义	收益特征
固定收益证券	能够提供固定或根据固定公式计算出来的现金流的证券	与发行人的财务状况相关程度低，除非发行人破产或违约，否则证券持有人将按规定数额取得收益
权益证券	代表特定公司所有权的份额 【提示】权益证券是公司筹资的最基本形式	与发行人的财务状况相关程度高，收益的多少不确定，要看公司经营的业绩和净资产的价值，其风险高于固定收益证券
衍生证券	建立在基础产品或基础变量之上，其价格随基础金融产品的价格（或数值）变动的派生金融产品	价值依赖于其他证券，可以用于套期保值，也可以用于投机 【提示】根据公司理财的原则，企业不应依靠衍生证券投机获利

尤其注意：用固定公式计算出来的证券也属于固定收益证券。

【例题1-8·2014年多选题】下列金融资产中，属于固定收益证券的有（　　　）。

A.固定利率债券　　　　　　　　B.浮动利率债券

C.可转换债券　　　　　　　　　D.优先股

【答案】ABD

【解析】固定收益证券是指能够提供固定的或根据固定公式计算出来的现金流的证券，浮动利率债券虽然利率是浮动的，但也规定有明确的计算方法，所以也属于固定收益证券。可转换债券属于衍生证券。

三、金融市场的种类（★★）

（一）按证券期限分（见表1-33）（✔ 金融市场的分类需要以各观题的标准进行掌握，对比记忆）

表1-33　　　　　　金融市场的种类（按证券期限分）

分类	货币市场	资本市场
含义	短期金融工具交易的市场，交易的证券期限不超过1年	期限在1年以上的金融资产交易市场
利率特点	短期利率多数情况下低于长期债务利率	期限长，风险较大，利率或要求的报酬率高
主要功能	保持金融资产的流动性，以便随时转换为现实的货币。它满足了借款者的短期资本需求，同时为暂时性闲置资金找出路	进行长期资本的融通
主要工具	短期国债（在英美称为国库券）、可转让存单、商业票据、银行承兑汇票等	股票、公司债券、长期政府债券、银行长期贷款

【例题1-9·2015年单选题】下列各项中，属于货币市场工具的是（　　　）。

A.可转换债券　　　　　　　　B.优先股

C.银行承兑汇票　　　　　　　D.银行长期贷款

【答案】C

【解析】货币市场是短期金融工具交易的市场，交易的证券期限不超过1年，包括短期国债（在英美称为国库券）、大额可转让存单、商业票据、银行承兑汇票等。

【例题1-10·2013年多选题】下列金融工具在货币市场中交易的有（　　　）。

A.股票　　　　　　　　　　　B.银行承兑汇票

C.期限为3个月的政府债券　　D.期限为12个月的可转让定期存单

【答案】BCD

【解析】按证券期限，金融市场可以分为货币市场和资本市场。

（1）货币市场：短期债务工具交易的市场，交易的证券期限≤1年；主要工具有国库券、可转让存单、商业票据、银行承兑汇票等。

（2）资本市场：期限在1年以上的金融资产交易市场，有银行中长期存贷市场和有价证券市场；主要工具有股票、公司债券、长期政府债券、银行长期贷款等。

（二）按证券的索偿权分（见表1-34）考虑：谁对该证券具有索偿权，是债权人还是投资人？

表1-34　　　　　　金融市场的种类（按证券的索偿权分）

分类	债务市场	股权市场
交易对象	交易的对象是债务工具，例如公司债券、抵押票据等	交易的对象是股票，是分享一家公司净收入（净利润）和资产权益（净资产）的凭证
风险特征	债权人只能得按照约定的利率得到固定收益，风险较小	股票持有人（股东）是公司排在最后的求偿者，并且由于股票的收益不固定，因此风险比债务工具大

（三）按证券的发行时段分（见表1-35） *考虑：是首次出售吗？*

表1-35　　　　　　　金融市场的种类（按证券的发行时段分）

分类	一级市场	二级市场
含义	指资金需求者将证券首次出售给公众时形成的市场，也称发行市场或初级市场。它是新证券和票据等金融工具的买卖市场	指在证券发行后，各种证券在不同投资者之间买卖流通所形成的市场，也称流通市场或次级市场【提示】二级市场上证券的买卖不会使得证券的原发行公司得到新的现金
经营者	证券公司（投资银行、经纪人和证券自营商）	证券商和经纪人

【提示】一级市场与二级市场的关系：一级市场是二级市场的基础，二级市场是一级市场存在和发行的重要条件之一，二级市场使得证券更具有流动性。

1.某公司证券在二级市场上的价格，决定了该公司在一级市场上新发行证券的价格：在一级市场上的购买者，只愿意向发行公司支付他们认为二级市场将为这种证券所确定的价格。

2.与企业理财关系更为密切的是二级市场，而非一级市场：二级市场上证券价格越高，企业在一级市场出售证券价格越高，发行公司筹措的资金越多。

教材后面提到的证券价格，除非特别指明的，均是指二级市场价格。

地点。

（四）按交易程序分（见表1-36）

表1-36　　　　　　　金融市场的种类（按交易程序分）

分类	场内交易市场	场外交易市场
主要特点	有固定的场所、交易时间和规范的交易规则	没有固定场所，由很多拥有证券的交易商分别进行
成交方式	通过交易所撮合主机集中进行	通过各交易商柜台分散进行
定价方式	按拍卖程序进行交易，价格通过竞价形成	交易商开出报价，价格通过双方协商确定
典型	上海证券交易所	新三板

四、金融市场的参与者（★★）（✔一般了解即可）

金融市场的参与者主要是资本的提供者和需求者，主要包括居民、公司和政府。金融市场参与者图如图1-1所示。

金融市场上最主要的资本提供者。

金融市场上最大的资本需求者。

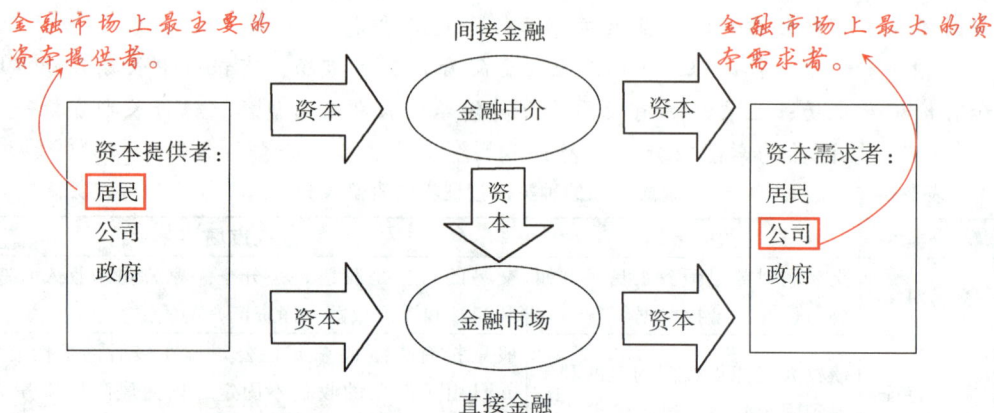

图1-1　金融市场参与者图

【提示】金融交易的类型（见表1-37）

表1-37　　　　　　　　　　　金融交易的类型

类型	说明
直接金融	上图中资金提供者和需求者，是不以金融交易为主业的主体，参与交易的目的是调节自身的资金余缺。他们之间的金融交易称为直接金融交易，也就是企业或政府在金融市场上直接融通货币资金，其主要方式是发行股票或债券。
间接金融	有一类专门从事金融活动的主体，包括银行、证券公司等金融机构，他们充当金融交易的媒介。资金提供者和需求者，通过金融中介机构实现资金转移的交易称为间接金融交易。

五、金融中介机构（★）

金融中介机构知识表见表1-38。

表1-38　　　　　　　　　　　金融中介机构知识表

非存贷业务金融机构。

分类	银行 *存贷业务金融机构。*	非银行金融机构
具体内容	1.商业银行 2.邮政储蓄银行 3.农村合作银行	1.保险公司 2.投资基金 3.证券市场机构

【提示】证券市场机构包括：

（1）证券交易所；

（2）证券公司；

（3）证券服务机构：投资咨询机构、财务顾问机构、资信评级机构、资产评估机构、会计师事务所等。

六、金融市场的功能（★）*（✓以各观题的标准掌握，能区分基本功能与附带功能）*

（一）基本功能（见表1-39）

表1-39　　　　　　　　　　　金融市场基本功能表

功能	说明
资本融通	它提供一个场所，将资金提供者手中的富裕资金转移到那些资金需求者手中
风险分配	在转移资金的过程中，同时将实际资产预期现金流的风险重新分配给资金提供者和资金需求者

【例子】某企业主需100万元投资建立企业，自有资金20万元，资金缺口80万元，向他人筹集权益资金40万元，债务资金40万元。预期经营情况要么成功，要么失败：

（1）经营成功：债权人只收取固定利息，净利润他自己分享1/3，其他权益投资人分享2/3。

（2）经营失败：债权人不承担损失，仍然收取固定利息，他自己承担1/3的损失，其他权益投资人承担2/3的损失。

如果改变筹资结构，风险分摊的比例就会改变。因此，筹资的过程同时实现了企业风险的重新分配。

【提示】金融市场在实现风险分配功能时，金融中介机构是必不可少的：金融机构聚集了大量资本，可以通过多元化分散风险，因此有能力向高风险的公司提供资金。金融机构创造出风险不同的金融工具，可以满足风险偏好不同的资金提供者。

（二）附带功能（见表1-40）

表1-40　　　　　　　　　　　　金融市场附带功能表

功能	说明
价格发现	指金融市场上的买方和卖方的相互作用决定了证券的价格，也就是金融资产要求的<u>报酬率</u>
调解经济	金融市场为政府实施宏观经济的间接调控提供了条件，政府可以通过实施货币政策对各经济主体的行为加以引导和调节 【提示】政府的货币政策工具：公开市场操作、调整贴现率、改变存款准备金率
节约信息成本	完善的金融市场提供了广泛的信息，可以节约寻找资本投资对象的成本和评估金融资产投资价值的成本

七、资本市场效率

（✔本知识点内容通常以文字型各观题的形式出现。重点在于市场有效的主要条件和有效市场的区分）

高效资本市场：最低交易成本融资并有效高产出。

资本市场效率概述表，见表1-41。

表1-41　　　　　　　　　　　　资本市场效率概述表

项目	说明
含义	资本市场效率是指资本市场实现金融资源优化配置功能的程度
两个方面	（1）资本市场以最低交易成本为资金需求者<u>提供金融资源</u>的能力 （2）资本市场的资金需求者使用金融资源向社会提供有效产出的能力

【提示】高效率的资本市场，应是将有限的金融资源配置到效益最好的企业及行业，进而创造最大的价值。

（一）有效市场效率的意义（★★）

1.为什么研究市场的有效性（见表1-42）　*（理论假设的基础）*

表1-42　　　　　　　　　　　　市场有效性相关知识表

项目	说明
研究市场有效性的原因	财务管理的基本理论都以市场<u>有效</u>为<u>假设前提</u>。譬如，价值评估理论、投资组合理论、资本结构理论等。有效市场对于公司财务管理实践具有指导意义
研究市场有效性的关键问题	有效市场理论研究价格是否能够反映资产的<u>特征</u>，包括其<u>平均收益</u>、<u>风险</u>、<u>税收待遇</u>和<u>流动性</u>等。关键问题有： （1）<u>信息和证券价格之间的关系</u>，即信息的变化如何引起价格的变动 （2）如何对影响价格的信息和有效市场进行分类，即信息的类别和市场有效程度之间有什么关系
市场有效性与公司理财的密切关系	（1）公司通过资本市场建立<u>代理关系</u>　*（投资者用金钱投票）* （2）股票市场可以检验公司<u>财务目标</u>的实现程度

【提示】

①资本市场连接理财行为、公司价值和股票价格。如果管理当局的行为是理智的，他们将通过投资和筹资增加公司的价值；如果市场是有效的，公司价值的增加将会提高股票价格，使得股东财富增加。省去中间环节，股票价格（股东财富）将是"理财行为"的函数：

公司理财行为 → 公司价值＝F（理财行为）→ 股票价格＝F（公司价值）

②如果市场是无效的，明智的理财行为不能增加企业价值，公司价值的增加不能提高股价，则财务行为就失去了目标和依据。

有效资本市场见表1-43。

表1-43　　　　　　　　　　**有效资本市场**　　*（股票的市价就反映出了其真实的价值）*

项目	说明
有效资本市场的含义	所谓"有效资本市场"是指市场上的价格能够同步地、完全地反映全部的可用信息
有效市场理论的观点	有效市场理论认为，价格能够完全反映资产特征，运行良好市场的价格是公平的，投资人无法取得超额利润
市场有效的外部标志	（1）证券的有关信息能够充分地披露和均匀地分布，使每个投资者在同一时间内得到等量等质的信息　*（静态的反应）* （2）价格能迅速地根据有关信息而变动，而不是没有反应或反应迟钝

【链接1-1】上文中提到，理想的金融市场应具备两个条件：　*（动态的反应）*
①完整、准确和及时的信息；
②市场价格完全由供求关系决定而不受其他力量的干预。

2.市场有效的基础条件（见表1-44）　*理性的投资者立即会接受新的价格，不会等到新项目全部实施后才调整自己的价格。理性的预期决定了股价。*

表1-44　　　　　　　　　　**市场有效的基础条件**

条件	说明	点睛
理性的投资人	假设所有投资人都是理性的，当市场发布新的信息时所有投资者都会以理性的方式调整自己对股价的估计	人人都对，市场就对
独立的理性偏差	即使存在非理性的人，如果假设乐观的投资者和悲观的投资者人数大体相同，他们的非理性行为就可以互相抵消，使得股价变动与理性预期一致，市场仍然是有效的	即使有人错，市场依然对
套利	即使非理性预期没有相互抵消，专业投资者会理性的重新配置资产组合，进行套利交易，使市场保持有效	即使市场错，有人能变对

所有投资者都理性，都有能力迅速对市场做出反应。

理性与非理性并存的环境下，互抵后的结果。

套利就是专业投资者干的事情。

低买高卖。

【提示】以上三个条件只要有一个存在，市场就将是有效的。

【例题1-11·2014年多选题】根据有效市场假说，下列说法中正确的有（　　　　）。
A.只要所有的投资者都是理性的，市场就是有效的
B.只要投资者的理性偏差具有一致倾向，市场就是有效的
C.只要投资者的理性偏差可以互相抵消，市场就是有效的
D.只要有专业投资者进行套利，市场就是有效的

【答案】ACD

【解析】市场有效的条件有三个：理性的投资人、独立的理性偏差和套利行为，只要有一个条件存在，市场就是有效的。理性的投资人是假设所有的投资人都是理性的，A项正确。独立的理性偏差是假设乐观的投资者和悲观的投资者人数大体相同，他们的非理性行为就可以相互抵消，B项错误、C项正确。专业投资者的

套利活动，能够控制业余投资者的投机，使市场保持有效，D项正确。

指买卖后的净现值为0，获得的报酬与投资风险相称，但不能获得超额收益。

3.有效市场理论对公司理财的意义（见表1-45）

表1-45　　　　　　　　有效市场理论对公司理财的意义

意义	说明
管理者不能通过改变会计方法提升股票价值	如果资本市场是有效的，即财务报告信息可以被股价完全吸收，并且财务报告的信息是充分的、合规的，即投资人可以通过数据分析测算出不同会计政策选择下的会计盈利，则这种努力徒劳无益
管理者不能通过金融投机获利	如果资本市场是有效的，购买或出售金融工具的交易的净现值为零，因此，投资者只能获得与投资风险相称的报酬
关注自己公司的股价是有益的	企业市场价值的升降，是企业各方面状况综合作用的结果。资本市场既是企业的一面镜子，又是企业行为的校正器。因此，管理者应该关注自己公司的股价，可以从中看出市场对公司行为的评价

（表头批注）半强式有效即可。

（左侧批注）实业公司从事利率和外汇期货等交易的正当目的是套期保值，锁定其价格，降低金融风险。

→既然市场是有效的，股价就可综合地反映出企业的价值。

例如，公司公布的一项收购计划或投资计划，市场作出明显的负面反应，大多数情况是该计划不是好主意，公司应当慎重考虑是否应继续实施该计划。

【例题1-12·2016年多选题】在有效资本市场上，管理者可以通过（　　）。

A.财务决策增加公司价值从而提升股票价格

B.从高利率、外汇等金融产品的投机交易获取超额利润

C.关注公司股价对公司决策的反映而获得有益信息

D.改变会计方法增加会计盈利从而提升股票价格

【答案】AC

【解析】A、C项正确：在有效资本市场上，财务决策会改变企业的经营和财务状况，而企业状况会及时被市场价格所反映，因此关注自己公司的股价是有益的。B项错误：在有效资本市场上，管理者不能通过金融投机获利。D项错误：在有效资本市场上，管理者不能通过改变会计方法提升股票价格。

【例题1-13·2007年多选题改编】如果资本市场是完全有效的，下列表述中正确的有（　　）。

A.股价可以综合反映公司的业绩

B.运用会计方法改善公司业绩可以提高股价

C.公司的财务决策会影响股价的波动

D.投资者不能获得任何报酬

【答案】AC

【解析】A、C项正确：如果资本市场是有效的，股价可以反映所有的可获得的信息，而且面对新信息完全能迅速地做出调整，因此，股价可以综合地反映公司的业绩。B项错误：如果资本市场是有效的，财务报告信息可以被股价完全吸收，并且财务报告的信息是充分的、合规的，即投资人可以通过数据分析测算出不同会计政策选择下的会计盈利，则这种努力徒劳无益。D项错误：如果资本市场是有效的，购买或出售金融工具的交易的净现值为零，因此，投资者只能获得与投资风险相称的报酬，即没有超额收益，而非不能获得任何报酬。

（二）资本市场效率的程度（★★）（✔对市场有效程度的分类要理解掌握，要会判断市场有效程度，是选择题考点）

1.市场信息的分类（见表1-46）

表1-46　　　　　　　　　　　市场信息的分类

分类	说明
历史信息	指证券价格、交易量等与证券交易有关的历史信息
公开信息	指公司的财务报表、附表、补充信息等公司公布的信息，以及政府和有关机构公布的影响股价的信息
内部信息	指没有发布的只有内幕人知悉的信息

所谓的"内幕者"一般定义为董事会成员、大股东、企业高层经理和有能力接触内部信息的人士。

2.市场有效程度的分类

根据股价反映的信息，把资本市场分为三种有效程度，如图1-1所示。

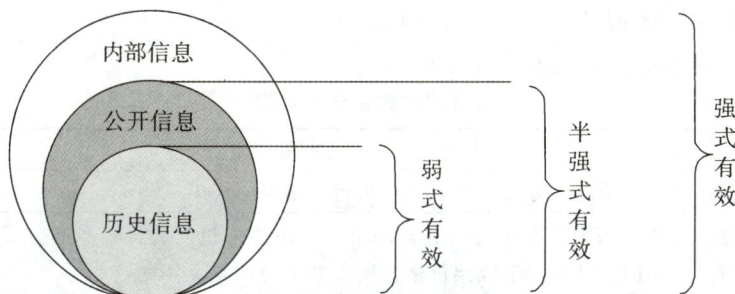

图1-1　市场有效程度分类图

（1）弱式有效市场（Weak Form）——*现在的股价已经包括了该证券的历史资料，历史资料无法再使证券价格产生波动。*

弱式有效市场知识表见表1-47。

表1-47　　　　　　　　　　　弱式有效市场知识表

项目	说明
判断标志	有关证券的历史资料（如价格、交易量等）对证券的现在和未来价格变动没有任何影响
投资启示	（1）如果市场达到弱式有效，则技术分析无用 （2）在一个达到弱式有效的证券市场上，并不意味着投资者不能获取一定的收益，并不是说每个投资人的每次交易都不会获利或亏损（个别投资者、个别时间） （3）"市场有效"只是平均而言，从大量交易的长期观察看，任何利用历史信息的投资策略所获取的平均收益，都不会超过"简单的购买/持有"策略所获取的平均收益（与风险相称的报酬）
检验方法	验证弱式有效的思路是考察股价是否随机变动，不受历史价格的影响： （1）随机游走模型：检验证券价格的变动模式，看其是否与历史价格相关 【提示】选择一支股票，以当天为基准日，建立一个日收益率序列；同时，以前一天为基准日建立该股票的日收益率序列；计算这两个收益率序列的相关系数。如果它们的相关系数接近零，则说明前后两个时期的股价无关，即股价是随机游走的，市场达到弱式有效 （2）过滤检验：设计一个投资策略，将其所获收益与"简单购买/持有"策略所获收益相比较 【提示】使用过滤原则买卖证券的收益率将超过"简单购买/持有"策略的收益率，赚取超额收益，则证券市场尚未达到弱式有效

如果有关证券的历史资料对证券的价格变动仍有影响，则证券市场尚未达到弱式有效。也就是说，历史资料还可以影响证券价格，就是无效资本市场。

【提示】

①无论是采用随机游走模型或过滤检验，都是要证明证券价格的时间序列是否存在显著的系统性变动规律，从而证明市场是否达到弱式有效。

②经过实证研究，美国股市已经达到弱式有效，中国股市尚未达到弱式有效。

【例题1-14·2014年单选题】如果股票价格的变动与历史股价相关，则资本市场（　　）。

A.无效　　　　　　B.弱式有效　　　　C.半强式有效　　　D.强式有效

【答案】A

【解析】如果有关证券的历史信息对证券的价格变动仍有影响，则证券市场尚未达到弱式有效。

（2）半强式有效市场（Semi-strong Form）

半强式有效市场知识表见表1-48。

表1-48　　　　　　　　　　　　　　半强式有效市场知识表

项目	说明
特征	现有股票市价能充分反映所有公开可得的信息
投资启示	对于投资人来说，在半强式有效的市场中不能通过对公开信息的分析获得超额利润。公开信息已反映于股票价格，所以基本分析是无用的
检验方法	（1）事件研究：基本思想是比较事件发生前后的投资收益率，看特定事件（异常事件）的信息能否被价格迅速吸收。如果超常收益只与当天披露的事件相关，则市场属于半强式有效 （2）共同基金表现研究：共同基金的经理们根据公开信息选择股票，他们的平均业绩应当与市场整体的收益率大体一致（牛人赢不了大盘）

某股票超常收益率 ＝该股票当天收益率－当天的市场收益率

长期观察得出的结论，几乎都显示共同基金没有战胜大盘。

【例题1-15·2014年多选题】如果资本市场半强式有效，投资者（　　）。

A.通过技术分析不能获得超额收益　　　　B.运用估价模型不能获得超额收益

C.通过基本面分析不能获得超额收益　　　D.利用非公开信息不能获得超额收益

【答案】ABC

【解析】如果市场半强式有效，技术分析、基本分析和各种估价模型都是无效的，则各种共同基金就不能取得超额收益。并且，半强式有效市场没有反映内部信息，所以可以利用非公开信息获取超额收益。

（3）强式有效市场（Strong Form）*（内幕信息也已经全部反映于证券价格中）*

强式有效市场知识表见表1-49。

表1-49　　　　　　　　　　　　　　强式有效市场知识表

项目	说明
特征	无论可用信息是否公开，价格都可以完全的、同步的反映所有信息
投资启示	由于市价能充分反映所有公开和私下的信息，对于投资人来说，不能从公开的和非公开的信息分析中获得利润，所以内幕消息无用
检验方法	主要考察"内幕者"参与交易时能否获得超常盈利

智能测评

扫码听分享	做题看反馈
第一章的内容学完了，相信你已经了解了财务管理涉及的内容。与明确财务管理的目标一样，我们也要坚定考CPA的目标，制订学习计划，有一个好的开始，坚持就是胜利！ 　　扫描二维码，来听学习导师的分享吧。	学完马上测！ 　　请扫描上方的二维码进入本章测试，检测一下自己学习的效果如何。做完题目，还可以查看自己的个性化测试反馈报告。这样，在以后复习的时候就更有针对性、效率更高啦！

（✔本章非常重要，近几年考核分数大约10分左右，多与其他章节结合考计算分析或综合题。公式虽然多，但记忆有技巧，要注意总结，勤于练习，注意知识的关联）

第二章　财务报表分析和财务预测

本章是非常重要的基础章节，是学习第8章《企业价值评估》的前提。本章涉及数十个公式，多而零散，从数量上讲，对初学者是一个挑战，但是本章公式都比较简单，学习时要注意总结、勤于练习，注意知识的关联。

此外，本章涉及的管理用报表体系以及改进的杜邦分析体系，是注册会计师财务成本管理考试的特色，也是考察的重点。管理用报表知识逻辑性强、结构清晰，要作为一个体系来掌握。

本章重要考点包括：（1）财务比率的计算与分析；（2）杜邦分析体系；（3）管理用财务报表的编制、管理用财务报表指标的计算与分析；（4）外部融资需求的影响因素；（5）内含增长率的计算与结论；（6）可持续增长率的计算、分析与应用。

主要内容

第一节　财务报表分析的目的与方法
第二节　财务比率分析
第三节　财务预测的步骤和方法
第四节　增长率与资本需求的测算

第一节　财务报表分析的目的与方法

◇ 财务报表分析的目的
◇ 财务报表分析的方法
◇ 财务报表分析的局限性

（✔本节属于财务报表分析的预备知识，考生要熟练掌握因素分析法的计算过程，为杜邦分析体系和管理用财务报表分析体系的主观题打下基础）

一、财务报表分析的目的（★）不同的财务报表使用者对信息的侧重点不同。

财务报表分析的目的是将财务报表数据转换成有用的信息，以帮助信息使用者改善决策，见表2-1。

表2-1　　　　　　　　　　　　　财务报表分析的目的

目的	说明
战略分析	确定主要的利润动因及经营风险并定性评估公司盈利能力，包括宏观分析、行业分析和公司竞争策略分析等
会计分析	评价公司会计反映其经济业务的程度，包括评估公司会计的灵活性和适当性、修正会计数据等
财务分析	主要运用财务数据评价公司当前及过去的业绩并评估，包括比率分析和现金流量分析等
前景分析	预测企业未来，包括财务报表预测和公司估值等内容

【提示】本章主要讨论财务分析，与其他分析相比，财务分析更强调分析的系统性和有效性，并透过财务数据发现企业问题，但分析本身不能解决问题。

二、财务报表分析的方法（★）（✓要熟悉因素分析法的过程）

（一）比较分析法

1.比较分析法的含义

财务报表的比较分析法，是对两个或几个有关的可比数据进行对比，从而揭示存在的差异或矛盾。

2.比较分析法的类别

（1）按比较对象（见表2-2）　（和谁比）

表2-2　　　　　　　　　　　　比较分析法按比较对象分类

分类	说明
与本企业历史比	不同时期（2~10年）指标相比，也称"趋势分析"
与同类企业比	与行业平均数或竞争对手比较，也称"横向比较"
与计划预算比	实际执行结果与计划指标比较，也称"预算差异分析"

（2）按比较内容（见表2-3）　（比什么）

表2-3　　　　　　　　　　　　比较分析法按比较内容分类

分类	含义	作用
会计要素的总量	总量是指报表项目的总金额，例如，总资产、净资产、净利润等	①时间序列分析：如研究利润的逐年变化趋势，看其增长潜力 ②同业对比：看企业的相对规模和竞争地位的变化
结构百分比	把资产负债表、利润表、现金流量表转换成结构百分比报表，设定某项目为100%（如收入），计算其他项目占该项目的比重	发现有显著问题的项目，揭示进一步分析的方向
财务比率	财务比率是各会计要素之间的数量关系，反映它们的内在联系	由于其是相对数，排除了规模的影响，具有较好的可比性，是最重要的分析比较内容

（二）因素分析法

1.因素分析法的含义

因素分析法，是将分析指标分解为各个可以计量的驱动因素，依据该指标与其驱动因素之间的关系，从数量上确定各因素对指标的影响程度。

2.计算过程

（1）连环替代法　　　　　　　　　　各个驱动因素的顺序很重要，顺序不同计算的结果会有差异，考试时严格按照题目中所要求的顺序依次进行连环替代计算结果。

①计算过程（见表2-4）：设拟分析指标 $K = A \times B \times C$。

表2-4　　　　　　　　　　　　连环替代法计算过程

步骤	分析指标变化	计算过程及结果	因素变动影响
确定基期（计划）数据	K_0	$A_0 \times B_0 \times C_0$	——
替换A因素	K_1	$A_1 \times B_0 \times C_0$	$K_1 - K_0$：A因素变动对K的影响
替换B因素	K_2	$A_1 \times B_1 \times C_0$	$K_2 - K_1$：B因素变动对K的影响
替换C因素	K_3	$A_1 \times B_1 \times C_1$	$K_3 - K_2$：C因素变动对K的影响

【提示】三因素的共同影响：$(K_1 - K_0) + (K_2 - K_1) + (K_3 - K_2) = K_3 - K_0$

②由计算过程回顾分析步骤（见表2-5）

表2-5　　　　　　　　　　　　由计算过程回顾分析步骤

步骤	说明
确定分析对象	确定需要分析的财务指标，比较其实际数额和标准数额（如上年实际数额），并计算两者的差额
确定财务指标的驱动因素	根据该财务指标的形成过程，建立财务指标与各驱动因素之间的函数关系模型
确定驱动因素的替代顺序	据各驱动因素的重要性进行排序： （1）先数量后质量：例如，产量→单耗→价格 （2）先内（可控）后外（不可控） （3）先主后次
按顺序计算各驱动因素脱离标准的差异对财务指标的影响	（1）正在变化的因素：报告期－基期 （2）尚未变化的因素：固定在基期 （3）已经变化的因素：固定在报告期

【提示】财务分析的核心问题是不断追溯产生差异的原因，本法提供了定量解释差异成因的工具。

（2）差额分析法

当各个因素是连乘或连除的关系时，可以采用差额分析法。设拟分析指标 F = A×B×C：

①第1次替代A因素的影响：$\Delta_1 = (A_1 - A_0) \times B_0 \times C_0$

②第2次替代B因素的影响：$\Delta_2 = A_1 \times (B_1 - B_0) \times C_0$

③第3次替代C因素的影响：$\Delta_3 = A_1 \times B_1 \times (C_1 - C_0)$

该财务指标报告期与基期的变化 $\Delta = \Delta_1 + \Delta_2 + \Delta_3$

三、财务报表分析的局限性（见表2-6）

表2-6　　　　　　　　　　　　财务报表分析的局限性

原因	说明
财务报表本身的局限性	每个企业的会计系统，都会受会计环境和企业会计战略的影响
财务报表的可靠性问题	财务报表的可靠性问题主要依靠CPA的鉴证、把关，但是，CPA不能保证财务报表没有任何错报和漏报
比较基础问题	在进行比较分析时，需要选择比较的参照标准，包括同业数据、本企业历史数据和计划预算数据。这些参照标准能否直接作为企业的比较标准，因时而异

（✔本节介绍了24个财务比率，是财管的基础，也是常考点，可以从各种题型进行考核，首先要理解经济内涵，其次要反复练习，直至最后掌握）

第二节　财务比率分析

◇ 财务指标命名规律提示

◇ 短期偿债能力比率
◇ 长期偿债能力比率
◇ 营运能力比率
◇ 盈利能力比率
◇ 市价比率
◇ 杜邦分析体系
◇ 管理用财务报表分析
◇ 管理用财务分析体系

主要掌握应收账款周转率和存货周转率，能够结合具体的案例来计算，并指明分析时应注意的关键问题。同时，还要与应收账款决策和存货决策建立有机联系，主观题中可能涉及这两个比率。

主要掌握总资产净利率和权益净利率的驱动因素。

主要掌握计算公式，为企业价值评估的相对价值模型打下基础。还要掌握当存在优先股时，对市价比率计算的影响。

需要区别短期、长期指标的不同出发点，同时掌握影响偿债能力的表外因素。

需要熟练运用连环替代法或差额分析法对权益净利率进行驱动因素的分解，对两年中该比率的差异进行计算并作出分析。

* *财务指标命名规律*

一、财务指标命名规律提示（见表2-7）

表2-7　　　　　　　　　　　　财务指标命名规律提示

指标名称	命名规律	示例
XY率	母子率：X位于分母，Y位于分子	权益净利率＝净利润/股东权益
Y比率	分子比率：Y位于分子，分母单独记忆	速动比率＝速动资产/流动负债
X乘数（倍数）	分母乘数（倍数）：X位于分母，分子单独记忆	收入乘数＝每股市价/每股销售收入

涉及短期偿债能力的5个指标和影响短期偿债能力的表外因素，其中的相对指标都符合Y比率的命名规律，理解记忆。

二、短期偿债能力比率（★★）

（一）偿债能力概述

根据后面杜邦分析体系可知，当全部资本利润率高于借款利率时，提高债务比率有利于提高权益净利率。

1.不同利益主体的看法（见表2-8）

表2-8　　　　　　　　　　　　不同利益主体的看法

利益主体	利益偏向
债权人	希望企业债务比例低，比例越低，偿债越安全
股东	在全部资本利润率高于借款利率时，希望提高债务比率
经营者	既不希望负债比率过低（经营效率差），也不希望比率过高（风险太大）

2.偿债能力衡量的方法（见表2-9）

表2-9　　　　　　　　　　　　偿债能力衡量的方法

方法	说明
比较可供偿债资产与债务的存量	资产存量超过债务存量较多，则认为偿债能力较强
比较经营活动现金流量和偿债所需现金	如果产生的现金超过需要的现金较多，则认为偿债能力较强

包括营运资本、流动比率、速动比率、现金比率。

包括现金流量比率。

【提示】

（1）存量与流量的概念（见表2-10）

表2-10　　　　　　　　　　　　存量与流量的概念

项目	说明
存量	反映的是现象在某一时刻的总量，与某一个时点挂钩，也叫时点数
流量	反映的是现象在一段时期内的总量，和某一时间段挂钩，也叫时期数

例如：浴缸里存了多少水？

例如：水龙头流了多少水？

（2）财务指标计算时的取数问题（见表2-11）最终使用哪种数据要看题目要求。

表2-11　　　　　　　　　　　　财务指标计算时的取数问题

项目	说明
理论要求	当一个财务比率的分子和分母，一个为利润表或现金流量表的流量数据，另一个为资产负债表的存量数据时，该存量数据通常需要计算该期间的平均值（偿债能力指标除外）
考试做法	按照以下顺序确定：按照题目要求→谨慎性原则→考虑数据的可获得性

（3）偿债能力的分类（见表2-12）

表2-12　　　　　　　　　　　　偿债能力的分类

长期偿债能力比短期偿债能力多一项利息偿付能力分析。

方法	关注要点
短期偿债能力分析	资产变现能力：有借有还，主要是还本
长期偿债能力分析	偿债基础、结构：还本付息

（二）可偿债资产与短期债务的存量比较

可偿债资产的存量，指资产负债表中列示的流动资产年末余额；短期债务的存量，指资产负债表中列示的流动负债年末余额。

1.营运资本（见表2-13）

表2-13　　　　　　　　　　　　营运资本

项目	说明
含义	营运资本是指流动资产超过流动负债的部分
计算公式	营运资本＝流动资产－流动负债＝长期资本－长期资产
图示	营运资本为正　　有部分长期资本被用于流动资产 流动资产／流动负债／营运资本／长期资产／长期负债／股东权益／长期资本 营运资本为负　　有部分长期资产由流动负债提供资本来源 流动资产／流动负债／营运资本／长期资产／长期负债／股东权益／长期资本
解读	（1）营运资本是流动负债"穿透"流动资产的"缓冲垫"；它是长期资本用于流动资产的部分，不需要在1年内偿还 （2）营运资本的数额越大，财务状况越稳定 （3）营运资本也不是越多越好，因为流动性强的资产盈利性差　适中即可。 （4）如果流动资产、流动负债相等，并不足以保证短期偿债能力没有问题：债务的到期与流动资产的现金生产，不可能同步同量；为维持经营，企业不可能清算全部流动资产来偿还流动负债
缺点	营运资本是绝对数，不便于不同历史时期及不同企业之间的比较（纵横向都不可比）

长资短用，短期偿债能力强。

短资长用，短期偿债能力弱。

【提示】

（1）营运资本的合理性主要通过短期债务的存量比率来评价。

（2）相关指标：营运资本配置率＝营运资本÷流动资产（与流动比率同方向变化）

【例2-1·2016年单选题】下列关于营运资本的说法中，正确的是（　　）。

A.营运资本越多的企业，流动比率越大

B.营运资本越多，长期资本用于流动资产的金额越大

C.营运资本增加，说明企业短期偿债能力提高

D.营运资本越多的企业，短期偿债能力越强

【答案】B

【解析】营运资本＝流动资产－流动负债，是绝对数，流动比率＝流动资产/流动负债，是相对数。绝对数大的，相对数不一定大，所以选项A不正确。同理，绝对数不能代表偿债能力，选项CD不正确。

2.短期债务的存量比率 ~~为比率指标，流动资产为分子，用于衡量短期偿债能力，所以分母为短期负债（即流动负债）。要会计算。~~

（1）流动比率（见表2-14）

表2-14　　　　　　　　　　　　　　流动比率

项目	说明
含义	假设全部流动资产都可用于偿还流动负债，表明每1元流动负债有多少流动资产作为偿债保障
计算公式	流动比率＝流动资产÷流动负债
解读	（1）流动比率是相对数，排除了企业规模的影响，更适合同业比较以及本企业不同历史时期的比较 （2）不存在统一、标准的流动比率数值：营业周期越短的行业，合理的流动比率越低 （3）为了考察流动资产的变现能力，有时还需要分析其周转率
缺点	（1）流动比率假设全部流动资产都可以变为现金并用于偿债，全部流动负债都需要还清： ①经营性流动资产是企业持续经营所必需，不能全部用于偿债 ②经营性应付项目可以滚动存续，无须动用现金全部结清 （2）有些流动资产的账面金额与变现金额有较大差异 →此如应收账款、应收票据。

【提示】营业周期：从外购承担付款义务，到收回因销售商品或提供劳务而产生的应收账款的这段时间。在时间上主要是存货周转天数与应收账款周转天数之和。

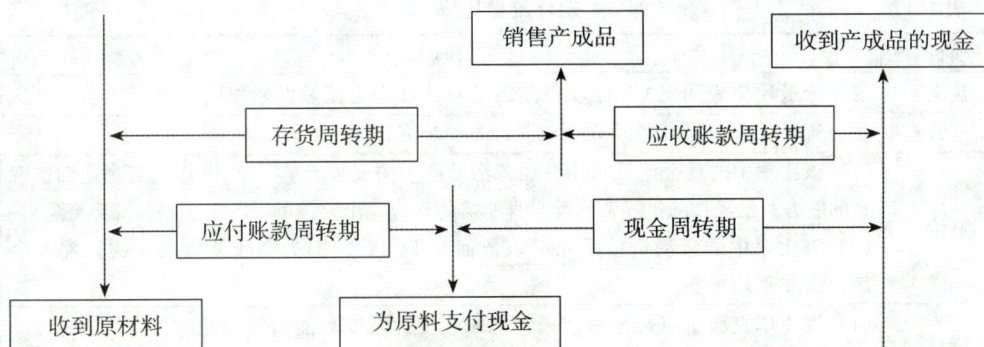

图2-1　营业周期

（2）速动比率（见表2-15）

表2-15　　　　　　　　　　　　　　　　速动比率

项目	说明
含义	假设速动资产是可偿债资产，表明每1元流动负债有多少速动资产作为偿债保障
计算公式	速动比率＝速动资产÷流动负债
解读	①速动资产：可以在较短时间内变现，转变为现金只有一个步骤的资产，包括货币资金、交易性金融资产、各种应收账款 ②不同行业的速动比率差别很大：如大量现金销售的商店的速动比率＜应收账款较多的企业的速动比率 ③影响速动比例可信性的重要因素：应收款项的变现能力 a.账面上的应收款项不一定都能变成现金，实际坏账可能比已计提的准备要多 b.季节性的变化，可能使报表上的应收款项金额不能反映平均水平

应收账款周转率是影响速动比率可信性的重要因素。

【思考】为什么速动资产中不包括存货等项目？因为这些资产的变现金额和时间具有较大的不确定性。

存货周转率是影响流动比率可信性的因素之一，速动比率对此因素予以剔除，增强速动比率的可信性。

①存货变现速度较慢，可能报损，可能抵押，估价中成本与市价可能相差悬殊；
②其他流动资产具有偶然性，不代表正常的变现能力。

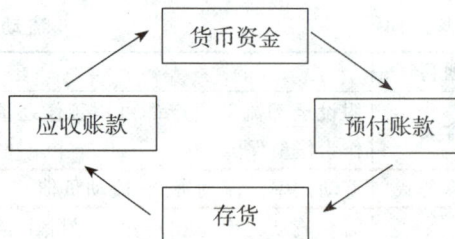

图2-2　速动资产与存货

将影响速动比率可信性的应收账款也予以剔除，进一步缩小可偿债资产的范围，计算出的偿债能力更为合理。

（3）现金比率（见表2-16）

表2-16　　　　　　　　　　　　　　　　现金比率

项目	说明
含义	假设现金资产是可偿债资产，表明每1元流动负债有多少现金资产作为偿债保障
计算公式	现金比率＝货币资金÷流动负债
解读	与其他速动资产不同，现金资产本身就是可以直接偿债的资产，无须等待

（三）现金流量比率（见表2-17）

表2-17　　　　　　　　　　　　　　　　现金流量比率

项目	说明
含义	现金流量比率表明每1元流动负债的经营活动现金流量保障程度
计算公式	现金流量比率＝经营活动现金流量净额÷流动负债
解读	（1）该比率中的现金流量采用"经营活动产生的现金流量净额"，它代表企业创造现金的能力，已经扣除了经营活动自身所需的现金流出，是可以用来偿债的现金流量 （2）该比率中的流动负债采用期末数而非平均数，因为实际需要偿还的是期末金额，而非平均金额
特点	（1）该比率克服了可偿债资产未考虑未来变化及变现能力等问题 （2）实际用以支付债务的通常是现金，而不是其他可偿债资产

【例2-2·2013年单选题】现金流量比率是反映企业短期偿债能力的一个财务指标。在计算年度现金流量比率时，通常使用流动负债的（　　）。

A.年初余额　　　　　　　　　B.年末余额

C.年初余额和年末余额的平均值　　D.各月末余额的平均值

【答案】B

【解析】现金流量比率=经营活动现金流量净额/流动负债，该比率中的流动负债采用期末数而非平均数，因为实际需要偿还的是期末金额，而非平均金额。

（四）影响短期偿债能力的其他因素（见表2-18）—→ *表外因素。*

表2-18　　　　　　　　　**影响短期偿债能力的其他因素**

（✓表外因素经常以文字型备选题进行考核，要求理解记忆）

影响方式	说明
增强短期偿债能力	1. 可动用的银行贷款指标：银行已同意、企业尚未动用的银行贷款限额 2. 准备很快变现的非流动资产 【提示】这一点与会计准则冲突，如果一项非流动资产满足"持有待售"的条件，那么在资产负债表的"划分为持有待售的资产"项目中列报　　*流动资产* 3. 偿债能力的声誉
降低短期偿债能力	1. 与担保有关的或有负债 2. 经营租赁合同中的承诺付款

【例2-3·2010年单选题】下列事项中，有助于提高企业短期偿债能力的是（　　）。

A.利用短期借款增加对流动资产的投资

B.为扩大营业面积，与租赁公司签订一项新的长期房屋租赁合同

C.补充长期资本，使长期资本的增加量超过长期资产的增加量

D.提高流动负债中的无息负债比率

【答案】C

【解析】由于营运资本=长期资本-长期资产，选项A：流动资产和流动负债同时增加，营运资本不变。选项B：经营租赁合同中的承诺付款也是一种承诺，应视同需要偿还的债务，属于降低短期偿债能力的表外因素。选项C：长期资本的增加量超过长期资产的增加量可以导致净营运资本增加，有助于提高企业短期偿债能力。选项D：提高流动负债中的无息负债比率不改变流动负债的总额，所以对短期偿债能力没有影响。

【例2-4·2009年单选题（新）】下列业务中，能够降低企业短期偿债能力的是（　　）。

A.企业采用分期付款方式购置一台大型机械设备

B.企业从某国有银行取得3年期500万元的贷款

C.企业向战略投资者进行定向增发

D.企业向股东发放股票股利

【答案】A

【解析】选项A：长期资产购置合同中的分期付款也是一种承诺，应视同需要

偿还的债务，属于降低短期偿债能力的表外因素。选项B：流动资产（银行存款）增加，流动负债不变（因为3年期500万元的贷款属于非流动负债），营运资本增加，会增强企业短期偿债能力。选项C：流动资产（银行存款）增加，流动负债不变（因为向战略投资者进行定向增发增加股东权益），营运资本增加，会增强企业短期偿债能力。选项D：属于股东权益内部的变化，不会影响企业短期偿债能力。

三、长期偿债能力比率（★★）

长期偿债能力的衡量要考虑长期债务利息的偿付能力。

（一）总债务存量比率（见表2-19）

长期来看，所有债务都要偿还。因此，反映长期偿债能力的存量比率是总资产、总债务和股东权益之间的比例关系。还本能力。

资产负债率与长期资本负债率属于母子率指标，产权比率与权益乘数要单独记忆。

*总债务存量比率

表2-19　　　　　　　　　　　　总债务存量比率

财务指标	计算公式	分析
资产负债率	$\dfrac{总负债}{总资产}$	（1）该指标反映总资产中有多大比例是通过负债取得的，它可以衡量企业清算时对债权人利益的保护程度 （2）还代表企业的举债能力：资产负债率越低，举债越容易 （3）不同企业的资产负债率的质量不同，与持有的资产类别有关　如：房地产的变现价值损失小，专用设备则难以变现。
产权比率	$\dfrac{总负债}{股东权益}$	它们是常用的财务杠杆比率： （1）表明债务的多少与偿债能力有关 （2）影响总资产净利率和权益净利率之间的关系，表明权益净利率风险的大小，与盈利能力的高低有关
权益乘数	$\dfrac{总资产}{股东权益}$	
长期资本负债率	$\dfrac{非流动负债}{非流动负债+股东权益}$	反映企业长期资本结构（狭义的资本结构）

【提示】指标间的区别与联系（见表2-20）：

表2-20　　　　　　　　　　　指标间的区别与联系

项目	说明
区别	（1）资产负债率：侧重于偿债的物质保障 （2）产权比率：表明每1元股东权益借入的债务额 （3）权益乘数：表明每1元股东权益拥有的资产额　侧重于反映财务结构是否稳定。
联系	权益乘数 $=\dfrac{1}{1-资产负债率}=1+$产权比率 三者是同向变动的，如果一个指标达到最大，另外两个指标也达到最大

（二）总债务流量比率　付息能力。

长期债务不需要每年还本，却需要每年付息，如果企业一直保持按时付息的信誉，则长期负债可以延续，举借新债也比较容易。

1.利息保障倍数（见表2-21）

表2-21　　　　　　　　　　　　利息保障倍数

项目	说明
含义	该指标表明每1元利息支付有多少倍的息税前利润作保障，它可以反映债务政策的风险大小　*（权责发生）*
计算公式	利息保障倍数＝息税前利润（EBIT）÷利息费用
参数说明	（1）分子的"利息费用"：本期的全部费用化利息，即计入利润表"财务费用"项目中的"利息费用" （2）分母的"利息费用"：本期的全部应付利息 ①不仅包括计入利润表财务费用的利息费用 ②还包括计入资产负债表固定资产等成本的资本化利息
解读	（1）利息保障倍数＜1：表明自身产生的经营收益不能支持现有的债务规模 （2）利息保障倍数＝1：也很危险，因为EBIT受经营风险的影响，很不稳定，而利息支付却是固定的

此时利润总额、净利润均为0（不考虑非经常性损益）。

【思考】为何采用息税前利润作为利息保障倍数的计算依据？

EBIT＝净利润＋所得税＋利息费用，债权人具有企业日常税前经营利润的优先受偿权利。*股东　　国家　　债权人*

2.现金流量利息保障倍数（见表2-22）*→对利息保障倍数指标的优化。*

表2-22　　　　　　　　　　　　现金流量利息保障倍数

项目	说明
含义	该指标表明每1元利息支付有多少倍的经营活动现金流量净额作保障　*（收付实现）*
计算公式	现金流量利息保障倍数＝经营活动现金流量净额÷利息费用
解读	该指标是现金基础的利息保障倍数，它比以利润为基础的利息保障倍数更可靠，因为实际用以支付利息的是现金，而不是利润

3.现金流量与负债比率（见表2-23）

表2-23　　　　　　　　　　　　现金流量与负债比率　*现金流量与债务之比。*

项目	说明
含义	该指标表明企业用经营现金净流量偿付全部债务的能力
计算公式	现金流量与负债比率＝经营活动现金流量净额÷债务总额
解读	（1）该比率中的流动负债采用期末数而非平均数，因为实际需要偿还的是期末金额，而非平均金额 （2）该指标可用于逆推理论上的最大举债额：一般该比率不低于市场利率 Max举债额＝经营活动现金流量净额÷市场利率

（三）影响长期偿债能力的其他因素（见表2-24） *表外因素。*

表2-24　　　　　　　　　影响长期偿债能力的其他因素

项目	说明
长期经营租赁	当企业的经营租赁额比较大、期限比较长或具有经常性时，就形成了一种长期性筹资 【提示】融资租赁属于表内融资 *——已经在资产负债表内反映。*
债务担保	在分析企业长期偿债能力时，应根据有关资料判断担保责任带来的潜在长期负债问题
未决诉讼	未决诉讼一旦判决败诉，便会影响企业的偿债能力，因此在评价企业长期偿债能力时，也要考虑其潜在影响

【例2-5·2009年多选题（新）】下列各项中，影响企业长期偿债能力的事项有（　　）。

A.未决诉讼　　　　B.债务担保　　　　C.长期租赁　　　　D.或有负债

【答案】ABCD

【解析】以上选项全部都是影响企业长期偿债能力的表外因素。

四、营运能力比率（★★）

（✔基础概念，可考核的形式很多，可以考察各观题，也可以与其他章节结合考查计算或综合，需要掌握）

（一）营运能力比率的含义及计算公式

1.含义

营运能力比率是指衡量企业资产<u>管理效率</u>的财务比率，即企业运用各项资产以赚取收入的能力。

2.计算公式（见表2-25）　*（✔对各个指标的命名规律加以熟悉，对比理解记忆）*

表2-25　　　　　　　　　计算公式

指标名称	计算公式	说明
XX资产周转次数	$\dfrac{销售收入}{XX资产}$	表明1年中XX资产周转的次数，或者说明每1元XX资产投资支持的销售收入
XX资产周转天数	$365 \Big/ \dfrac{销售收入}{XX资产} = \dfrac{365 \times XX资产}{销售收入}$	也称为XX资产收现期，表明从XX资产开始投入到收回现金平均需要的天数
XX资产与收入比	$\dfrac{XX资产}{销售收入}$	表明每1元销售收入需要的XX资产投资额

（二）在计算和使用相关比率时应注意的问题

1.应收账款周转率（见表2-26）

表2-26 应收账款周转率

问题	分析
销售收入的赊销比例问题	应收账款是赊销引起的，其对应的是流量是赊销额，而非全部销售收入。但是，外部分析人员无法取得赊销的数据，只好直接使用销售收入计算： （1）只要现销与赊销的比例保持稳定，不妨碍与上期数据的可比性，只是一贯高估了周转次数 （2）不同企业之间不好直接比较，因为不知道可比企业的赊销比例
应收账款年末余额的可靠性问题	计算时常用多个时点的"平均"应收账款，以排除特定时点的存量、季节性变化、偶然因素或人为影响
应收账款的减值准备问题	如果坏账准备的金额较大，就应进行调整，使用未计提坏账准备的应收账款进行计算。可根据报表附注中披露的应收账款坏账准备的信息来调整
应收票据的影响	通常需要考虑并纳入计算，称为"应收账款及应收票据周转率"
应收账款周转天数是否越少越好	不一定，要结合销售方式、信用政策综合考虑 {表} 周转天数 / 信用期；甲公司 18 / 20；乙公司 15 / 10 【提示】甲公司的收款业绩优于乙公司，尽管其周转天数较多 【联系】第12章"营运资本管理——应收款项管理"
与销售额分析、现金分析相联系	应收账款的起点是销售，终点是现金： （1）正常情况：销售增加引起应收账款增加，现金存量和经营活动现金流量也会随之增加 （2）异常情况：应收账款日益增加，而销售和现金日益减少，则可能是销售出了比较严重的问题，以致放宽信用政策，甚至随意发货，但现金却收不回来

（右侧批注：看坏账准备的金额大小来判断是否需要调整。）

【总结】

（1）应当深入应收账款内部进行分析，并注意应收账款与其他问题的联系，才能正确评价应收账款周转率。

（2）任何财务分析都是以认识经营活动的本质为目的，不可根据数据高低作简单结论。

【例2-6·2014年单选题】甲公司的生产经营存在季节性，每年的6月到10月是生产经营旺季，11月到次年5月是生产经营淡季。如果使用应收账款年初余额和年末余额的平均数计算应收账款周转次数，计算结果会（   ）。

A.高估应收账款周转速度

B.低估应收账款周转速度

C.正确反映应收账款周转速度

D.无法判断对应收账款周转速度的影响

【答案】A

【解析】得到应收账款的年初余额是在1月月初，得到应收账款的年末余额是在12月月末，这两个月份都是该企业的生产经营淡季，应收账款的数额较少，因此用这两个月份的应收账款余额平均数计算出的应收账款周转速度会比较高。

【例2-7·2011年多选题】假设其他条件不变，下列计算方法的改变会导致应收账款周转天数减少的有（　　　）。

　　A.从使用赊销额改为使用销售收入进行计算

　　B.从使用应收账款平均余额改为使用应收账款平均净额进行计算

　　C.从使用应收账款全年日平均余额改为使用应收账款旺季的日平均余额进行计算

　　D.从使用已核销应收账款坏账损失后的平均余额改为使用核销应收账款坏账损失前的平均余额进行计算

【答案】AB

【解析】应收账款周转天数＝365×应收账款/周转额，根据公式可以看出：

A、B项正确：周转额按销售收入计算要比按赊销额计算大，同时应收账款平均净额小于应收账款平均余额，因此会使周转天数减少。C项错误：应收账款旺季的日平均余额通常高于应收账款全年日平均余额，会使周转天数增加。D项错误：核销坏账损失前的应收账款平均余额高于已核销坏账损失后的应收账款平均余额，会使周转天数增加。

【提示】核销应收账款坏账损失的会计分录：

借：坏账准备

　　贷：应收账款

【例2-8·2005年单选题改编】某公司20X5年度销售收入净额为6 000万元。年初应收账款净额为270万元，年末应收账款净额为450万元，坏账准备按应收账款余额的10%提取。每年按360天计算，则该公司应收账款周转天数为（　　　）天。

A.21.6　　　　　　　B.24　　　　　　　C.27　　　　　　　D.30

【答案】B

【解析】应收账款年初余额＝270÷（1－10%）＝300（万元），年末余额＝450÷（1－10%）＝500（万元）。应收账款周转次数＝6 000÷[（300＋500）÷2]＝15（次），应收账款周转天数＝360÷15＝24（天）。

【提示】

（1）当财务比率的分子和分母，一个为利润表或现金流量表的流量数据，另一个为资产负债表的存量数据时，该存量数据通常需要计算该期间的平均值。对于考试，一般题目中给出了存量数据的年初数和年末数，那么计算二者的平均数即可。

（2）计算应收账款周转率时，应收账款需要根据计提坏账准备之前的应收账款"余额"计算。如果考试时单独给出了坏账准备的计提比例，需要将资产负债表中的应收账款"净值"还原成"余额"，再计算周转率。2014年考试的计算分析题，中注协官方就是按照这个思路来制作答案的。

【例2-9·2001年单选题改编】不影响应收账款周转率指标利用价值的因素是（　　　）。

　　A.现金折扣的波动

　　B.季节性经营引起的销售额波动

　　C.大量使用具有融资性质的分期收款结算方式

　　D.大量使用现金结算的销售

【答案】A

【解析】应收账款周转率（周转次数）＝销售收入/平均应收账款。一般来说，应收账款周转率越高，平均收账期越短，说明应收账款的收回越快。

影响应收账款周转率指标利用价值的因素有：

①季节性经营的企业使用这个指标时不能反映实际情况，因为即使使用年末和年初的应收账款平均数，仍无法消除季节性生产企业年末数据的特殊性；

②大量使用具有融资性质的分期收款结算方式，按照会计准则，借记"长期应收款"，应收的合同或协议价款的公允价值，按照其未来现金流量现值或商品现销价格计算确定；

【提示】具有融资性质的分期收款确认收入时的会计分录如下：

借：长期应收款

　贷：主营业务收入

未实现融资收益

③大量的销售使用现金结算，销售额计入了"营业收入"，但不计入"应收账款"；

④年末大量销售或年末销售大幅度下降。

由于计算应收账款周转率公式中的分子"销售收入"是指扣除现金折扣之前的销售额，所以，选项A在计算应收账款周转率时，它与应收账款周转率指标的计算无关。

2.存货周转率（见表2-27）

表2-27　　　　　　　　　　　　　存货周转率

问题	分析
周转额的选择 *（根据所要评估的能力进行周转额选择。）*	（1）选择销售收入的情形： ①短期偿债能力：为了评估资产的变现能力需要计量存货转换为现金的金额和时间 ②分解总资产周转天数：为系统分析各项资产的周转情况并识别主要的影响因素 （2）选择销售成本的情形：为了评估存货管理的业绩 【提示】两种周转率的差额是由毛利引起的： 存货（成本）周转次数＝存货（收入）周转次数×销售成本率
存货周转天数不是越少越好	存货过多会浪费资金，过少不能满足流转需要，在特定的生产经营条件下存在一个最佳的存货水平 【联系】第17章"短期经营决策——订货决策"
应注意应付账款、存货和应收账款（销售收入）之间的关系	（1）一般情况：销售增加会拉动应收账款、存货、应付账款增加，不会引起周转率的明显变化 （2）接受大订单时：通常要先增加存货，然后推动应付账款增加，最后才引起应收账款增加，在该订单未实现销售前，先表现为存货等周转天数的增加 *（并非坏事）* （3）预见销售萎缩时：通常会先减少存货，进而引起存货周转天数等下降，但这并非说明资产管理有所改善 *（并非好事）*

【例2-10·2015年单选题】甲公司是一家电器销售企业，每年6月到10月是销售旺季，管理层拟用存货周转率评价全年存货管理业绩，适合使用的公式是（　　　　）。

A.存货周转率＝销售收入/（∑各月末存货/12）

B.存货周转率＝销售收入/〔（年初存货＋年末存货）/2〕

C.存货周转率＝销售成本／［（年初存货＋年末存货）／2］

D.存货周转率＝销售成本／（∑各月末存货/12）

【答案】D

【解析】为了评价存货管理的业绩，应当使用"销售成本"计算存货周转率。而得到存货的年初余额是在1月月初，得到年末余额是在12月月末，都不属于旺季，存货的数额较少，采用存货余额年初年末平均数计算出来的存货周转率较低，因此应该按月进行平均，比较准确，所以选项D正确。

【例2-11·2003年多选题】下列各项中，可以缩短营业周期的有（　　　　）。

A.存货周转次数增加

B.应收账款余额减少

C.提供给顾客的现金折扣增加，对他们更具吸引力

D.供应商提供的现金折扣降低了，所以提前付款

【答案】ABC

【解析】经营周期＝存货周期＋应收账款周期，A、B、C项均可加速存货或应收账款的周转；而D涉及的是应付账款，与营业周期无关，所以不正确。

3.其他营运能力比率（见表2-28）　　其他营运能力比率，公式命名规律一致。

表2-28　　　　　　　　　　　　　　　其他营运能力比率

比率	分析
流动资产周转率	通常，流动资产中应收账款和存货占绝大部分，因此它们的周转状况对流动资产周转具有决定性影响
营运资本周转率	严格意义上，应仅有经营性资产和负债被用于计算这一指标，即短期借款、交易性金融资产和超额现金等因不是经营活动必需的而应被排除在外
非流动资产周转率	该指标主要用于投资预算和项目管理分析，以确定投资与竞争战略是否一致，收购和剥离政策是否合理等
总资产周转率	该指标的驱动因素是各项资产： 总资产周转天数（与收入比）＝∑各项资产周转天数（与收入比）

（✓盈利能力比率的指标都是母子率指标，多与杜邦分析体系结合考查，要求理解记忆）

五、盈利能力比率（★★）

（一）营业净利率（也叫"销售净利率"）（见表2-29）

表2-29　　　　　　　　　　　　　　　营业净利率

项目	说明
含义	该指标反映每1元销售收入与其成本费用之间可以挤出来的净利润
计算公式	营业净利率＝净利润÷营业收入
驱动因素	该比率的变动，是由利润表各个项目变动引起的，应重点关注金额变动和结构变动较大的项目
解读	"净利润""营业收入"两者相除可以概括企业的全部经营成果

（二）总资产净利率（ROA）（见表2-30）

表2-30　　　　　　　　　　　　　　总资产净利率

项目	说明
含义	该指标反映每1元总资产创造的净利润
计算公式	总资产净利率＝净利润÷总资产
驱动因素	$ROA = \dfrac{净利润}{销售收入} \times \dfrac{销售收入}{总资产} = 营业净利率 \times 总资产周转次数$
解读	该指标是企业盈利能力的关键，是提高权益净利率（ROE）的基本动力

【提示】为何不能将财务杠杆作为提高ROE的基本动力？提高财务杠杆会同时增加企业风险，往往并不增加企业价值。此外，财务杠杆的提高有诸多限制，企业经常处于财务杠杆不可能再提高的临界状态。

（三）权益净利率（ROE）（见表2-31）

表2-31　　　　　　　　　　　　　　权益净利率

项目	说明
含义	该指标反映每1元股东权益赚取的净利润，可以衡量企业的总体盈利能力
计算公式	权益净利率＝净利润÷股东权益
驱动因素	$ROE = \dfrac{净利润}{总资产} \times \dfrac{总资产}{股东权益} = ROA \times 权益乘数$
解读	该指标的分母是股东的投入，分子是股东的所得，对于股权投资者来说，具有非常好的综合性，概括了企业全部的经营业绩和财务业绩

财务杠杆的提高对提高权益净利率的贡献是有限的，重点还是要提高总资产净利率。

详细分析参见"七、杜邦分析体系"。

【例2-12·2009年单选题（新）】甲公司2008年的销售净利率比2007年下降5%，总资产周转次数提高10%，假定其他条件与2007年相同，那么甲公司2008年的权益净利率比2007年提高（　　　）。

A.4.5%　　　　　　B.5.5%　　　　　　C.10%　　　　　　D.10.5%

【答案】A

【解析】权益净利率＝销售净利率×总资产周转次数×权益乘数

设2007年权益净利率＝销售净利率$_{07}$×总资产周转次数$_{07}$×权益乘数$_{07}$

则2008年权益净利率＝销售净利率$_{07}$×（1－5%）×总资产周转次数$_{07}$×（1＋10%）×权益乘数$_{07}$

所以，甲公司2008年的权益净利率比2007年提高＝$(ROE_{08} - ROE_{07})/ROE_{07}$＝（1－5%）×（1＋10%）－1＝1.045－1＝4.5%。

【例2-13·2009年单选题（原）】某企业的总资产净利率为20%，若产权比率为1，则权益净利率为（　　　）。

A.15%　　　　　　B.20%　　　　　　C.30%　　　　　　D.40%

【答案】D

【解析】因为产权比率＝负债/所有者权益＝1，资产＝负债＋所有者权益，可以推出资产等于2倍的所有者权益，故权益乘数＝资产/所有者权益＝2，权益净利率＝总资产净利率×权益乘数＝20%×2＝40%。

六、市价比率（★★★）

（一）市盈率（见表2-32）

表2-32　　　　　　　　　　　　市盈率

项目	说明
含义	该指标反映普通股股东愿意为每1元净利润支付的价格 （而非每股）
计算公式	市盈率＝每股市价÷每股收益
中间指标	每股收益＝普通股股东净利润÷流通在外普通股加权平均数
注意事项	（1）市盈率反映了投资者对公司未来前景的预期，相当于每股收益的资本化 （2）每股收益的概念仅适用于普通股，如果存在优先股，则计算每股收益时需要调整： 每股收益＝（净利润－当年宣告或累积的优先股股利）÷流通在外普通股加权平均数

【例2-14·2012年单选题】甲公司上年净利润为250万元，流通在外的普通股的加权平均股数为100万股，优先股为50万股，优先股股息为每股1元。如果上年末普通股的每股市价为30元，则甲公司的市盈率为（　　）。

A.12　　　　　　　　B.15　　　　　　　　C.18　　　　　　　　D.22.5

【答案】B

【解析】每股收益＝普通股股东净利润/流通在外普通股加权平均数＝（当期净利润－当年或累积优先股股利）/流通在外普通股加权平均数＝（250－50）/100＝2（元），市盈率＝每股市价/每股收益＝30/2＝15。

（二）市净率（见表2-33）

表2-33　　　　　　　　　　　　市净率

项目	说明
含义	该指标反映普通股股东愿意为每1元净资产支付的价格，说明市场对公司资产质量的评价
计算公式	市净率＝每股市价÷每股净资产
中间指标	每股净资产＝普通股股东权益÷流通在外普通股股数
注意事项	既有优先股又有普通股的公司，通常只为普通股计算净资产： 普通股权益＝股东权益总额－优先股权益＝股东权益总额－（清算价值＋拖欠股利）

【例2-15·2000年单选题】市净率指标的计算不涉及的参数是（　　）。

A.年末普通股股数　　　　　　　　B.年末普通股权益

C.年末普通股股本　　　　　　　　D.每股市价

【答案】C

【解析】市净率＝每股市价/每股净资产，每股净资产＝年末普通股股东权益/年末普通股股数，普通股股东权益＝股东权益总额－优先股权益＝股东权益总额－（清算价值＋拖欠股利）。

（三）市销率（见表2-34）

表2-34　　　　　　　　　　　　　市销率

项目	说明
含义	该指标反映普通股股东愿意为每1元销售收入支付的价格，也称为"收入乘数"
计算公式	市销率＝每股市价÷每股销售收入
中间指标	每股销售收入＝销售收入÷流通在外普通股加权平均数

【提示】

1.市价比率主要用于企业价值评估。

2.普通股股数的选择（见表2-35）：

表2-35　　　　　　　　　普通股股数的选择

财务指标	普通股股数的选择
市盈率	加权平均数
市净率	期末数
市销率	加权平均数

3.市价比率之间的关系：

①市净率＝市盈率×ROE

②市销率＝市盈率×销售净利率

（✓非常重要的知识点，多以计算分析及综合题的形式考核，知识与后面章节有牵连，要求掌握）

七、杜邦分析体系 （★★★）

杜邦分析体系是利用各主要财务比率之间的内在联系，对企业财务状况和经营成果进行综合系统评价的方法。该体系以权益净利率为龙头，以资产净利率和权益乘数为分支，重点揭示企业获利能力及杠杆水平对权益净利率的影响，以及各相关指标间的相互作用关系。

* 杜邦分析体系

（一）传统杜邦分析体系的核心比率

1.计算公式

$$ROE = \frac{净利润}{营业收入} \times \frac{销售收入}{总资产} \times \frac{总资产}{股东权益}$$

【助记】ROE = A × B × C

＝营业净利率×总资产周转次数×权益乘数

（盈利能力）（营运能力）　（偿债能力）

2.指标分解（见表2-36）

表2-36　　　　　　　　　　　　　指标分解

因素分解	说明
销售净利率	利润表的概括，可以概括全部经营成果
权益乘数	资产负债表的概括，表明资产、负债和股东权益的比例关系，可以反映最基本的财务状况
总资产周转次数	把利润表和资产负债表联系起来，使ROE可以综合整个企业的经营成果和财务状况

【提示】ROE不仅有很好的可比性，而且有很强的综合性。

（二）权益净利率的驱动因素分解

该分析体系要求，在每一个层次上进行财务比率的比较和分解。通过与上年比较可以识别变动的趋势，通过与同业比较可以识别存在的差距。分解的目的是识别引起变动（或产生差距）的原因，并衡量其重要性，为后续分析指明方向。各影响因素对权益净利率变动的影响程度，可使用连环替代法测定（见表2-37）：

表2-37 　　　　　　　　　　　**权益净利率的驱动因素分解**

步骤	计算	差异分析
基期	$ROE_0 = A_0 \times B_0 \times C_0$	——
替代A因素	$\Delta_1 = (A_1 - A_0) \times B_0 \times C_0$	由于A变动对ROE的影响
替代B因素	$\Delta_2 = A_1 \times (B_1 - B_0) \times C_0$	由于B变动对ROE的影响
替代C因素	$\Delta_3 = A_1 \times B_1 \times (C_1 - C_0)$	由于C变动对ROE的影响
报告期	$ROE_1 = A_1 \times B_1 \times C_1$	报告期相对于基期的变化 $\Delta = \Delta_1 + \Delta_2 + \Delta_3$

【提示】基本分析之后，逐级往下分解，分别考察销售净利率、总资产周转次数和财务杠杆的变动原因。

【扩展】杜邦分析体现的财务平衡：财务政策必须与经营战略相匹配（见表2-38）。

表2-38 　　　　　　　　　　　**杜邦分析体现的财务平衡** *（两个"反向变化"）*

项目	说明	结论
经营战略	分解出来的销售净利率和总资产周转次数，可以反映企业的经营战略，通常，二者呈反方向变化，这种现象不是偶然的： （1）为了提高销售净利率，就要增加产品附加值，这往往需要增加投资，因此会引起周转率下降 （2）为了加快周转，就要降低价格，因此会引起销售净利率下降	仅从销售净利率的高低并不能看出业绩好坏，应把它与总资产周转次数联系起来考察企业经营战略
财务政策	通常，总资产净利率和权益乘数呈反方向变化，这种现象也不是偶然的： 为了提高ROE，企业倾向于尽可能提高财务杠杆，但是贷款提供者更倾向于为预期经营活动现金流量比较稳定的企业提供贷款。为了稳定现金流量，企业可以降低价格以减少竞争，或者增加营运资本以防止现金流中断，这都会导致ROA下降	总资产净利率与财务杠杆负相关，其共同决定了企业的权益净利率

（三）传统杜邦分析体系的局限性（见表2-39）

表2-39　　　　　　　　　传统杜邦分析体系的局限性

局限性	说明
计算ROA的"总资产"与"净利润"不匹配	（1）总资产为全部资产提供者享有，而净利润则专属于股东，"投入与产出"不匹配，该指标不能反映实际的报酬率，要重新调整分子和分母 （2）为公司提供资产的人包括无息负债的债权人、有息负债的债权人和股东。只有有息负债的债权人和股东要求分享收益，需要计量二者投入的资本，并且计量这些资本产生的收益，两者相除才是合理的"总资产净利率"，才能准确反映企业的基本盈利能力
没有区分金融资产、负债与经营资产、负债	（1）企业的金融资产是尚未投入实际经营活动的资产，应将其与经营资产相区别 （2）产生融资成本（利息费用）的负债是金融负债，经营负债是无息负债 （3）经营负债没有固定成本，本来就没有杠杆作用，将其计入财务杠杆，会歪曲杠杆的实际效应，因此，要将金融负债与股东权益相除，可以得到更符合实际的财务杠杆
没有区分经营活动损益和金融活动损益	（1）对大多数企业来说，金融活动是净筹资，它们在金融市场上主要是筹资，而不是投资，筹资活动不产生经营利润，而是支出筹资费用，与经营活动产生的损益有本质区别，需要单独计量筹资成本 （2）正确计量基本盈利能力的前提是区分经营资产和金融资产，金融损益也应该与经营损益相区别，才能使经营资产和经营损益匹配

【提示】此处的"经营活动"包括生产性资本投资活动，与对外发布的"现金流量表"的"经营活动"一词含义不同：在对外发布的"现金流量表"中，将企业活动分为经营活动、投资活动和筹资活动三部分，"经营活动"不包括投资活动。

八、管理用财务报表分析

【重要提示】2017年的考试大纲删除了"管理用财务报表分析"，但是教材中仍存在管理用财务报表的相关概念，更重要的是保留了管理用财务报表体系下的几个核心公式！虽然教材淡化了管理用财务报表的编制以及分析过程，但是，与管理用财务报表相关的内容在注册会计师《财务成本管理》中的地位非常重要，并且出于知识体系完整性的考虑，"表格帝"小周老师依然在教学资料中保留较为完整的"管理用财务报表分析"的内容，只是某些地方会稍做简化处理。多学总比少学好，因为不知道中注协的命题人究竟如何考查。

（一）管理用财务报表（★★）

1.企业的经营活动和金融活动

（1）企业活动的分类（见表2-40）

表2-40   企业活动的分类

分类	说明
经营活动	包括销售商品或提供劳务等营业活动以及与此有关的生产性资产投资活动
金融活动	包括筹资活动以及多余资金的利用，企业在资本市场上进行这些金融活动

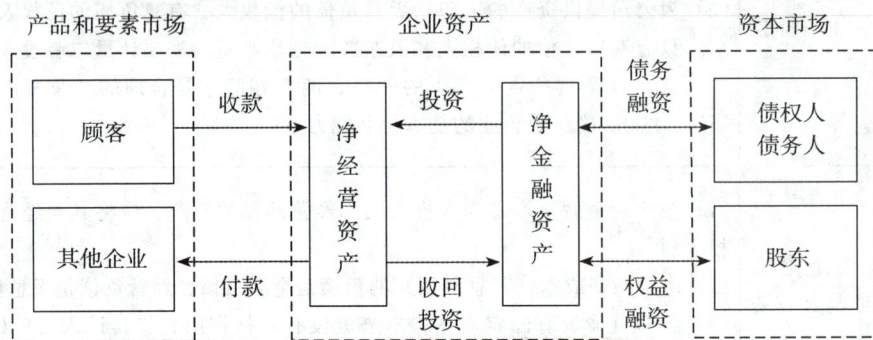

图2-3 企业活动

2.管理用财务报表的分析思路（见表2-41）

表2-41   管理用财务报表的分析思路

内容	说明
总体要求	将可以增加股东财富的经营资产和利用闲置资金的金融资产分开考察
资产负债表	区分经营资产、负债和金融资产、负债
利润表	区分经营损益和金融损益
现金流量表	区分经营现金流量和金融现金流量

【提示】

（1）要明确企业从事的是什么业务：企业经营的业务内容，决定了经营性资产和负债的范围。例如，非金融企业存款贷款是金融性资产和负债；对于金融企业，贷给别人或吸收别人的款项是经营性资产和负债。

（2）一致性原则：经营性资产和负债形成的损益，属于经营损益；金融性资产和负债形成的损益，属于金融损益。

对企业资产、负债进行经营性与金融性的划分是管理用资产负债表编制的基础。应对某一具体项目的性质做到准确划分。

（二）管理用资产负债表

1.区分经营资产、负债与金融资产、负债（见表2-42）"排列组合"

表2-42   区分经营资产、负债与金融资产、负债

	经营	金融
资产	指销售商品或提供劳务所涉及的资产	指利用多余资金进行投资所涉及的资产
负债	指销售商品或提供劳务所涉及的负债	指债务筹资活动所涉及的负债

【提示】常见易混淆的报表项目的区分（见表2-43）：

表2-43　　　　　　　　　　常见易混淆的报表项目的区分

报表项目	特征/包含项目	经营	金融
货币资金	将全部"货币资金"列为经营性资产，理由是企业应当用多余的货币资金购买有价证券，保留在"货币资金"项目中的数额应当是其生产经营所需要的→*全部为金融性资产。*	√	
	根据行业或企业历史平均的"货币资金÷销售收入百分比"以及本期销售收入，推算经营活动所需的货币资金数额，多余部分列为金融资产　*按比例划分。*	？	？
	将"货币资金"全部列为金融资产，理由是货币资金本来就是金融资产，生产经营需要的数量难以估算　*全部为经营性资产。*		√
短期应收、应付票据	无息　*无息的一般都是经营性的。*	√	
	以市场利率计息　*计息的一般都是金融性的。*		√
短期权益性投资	交易性金融资产		√
债权性投资	交易性金融资产、持有至到期投资、可供出售金融资产		√
长期股权投资	对其他企业经营活动的投资	√	
应收利息	来源于债权性投资		√
应收股利	来源于经营性长期权益投资　*→经营性的*	√	
	来源于短期权益性投资　*源于金融性的投资→*		√
递延所得税	看由哪种资产、负债形成　*金融性的*	？	？
优先股	从普通股的角度看		√
应付利息	债务筹资的应计费用		√
应付股利	无论是优先股还是普通股		√
一年内到期的非流动负债			√
长期应付款	融资租赁		√
	经营活动引起	√	
长期应收款	经营活动引起	√	
投资性房地产	用于出租	√	
	用于增值		√

其他资产和负债的属性，需要查找财务报表附注确定；如果附注中没有说明，则一般作为<u>经营项目</u>。

2.管理用资产负债表的编制（见表2-44）

表2-44　　　　　　　　　　　管理用资产负债表的编制

净经营资产		净负债+所有者权益	
经营营运资本	经营性流动资产	金融负债	净（金融）负债
	－经营性流动负债	－金融资产	
净经营性长期资产	经营性长期资产	股东权益	
	－经营性长期负债		

【提示】管理用资产负债表的恒等公式：净经营资产＝净投资资本＝净负债＋股东权益

传统资产负债表中"资产＝负债＋所有者权益"，管理用资产负债表中将各项按照经营性与金融性对各要素进行重分类，实质没变，只是精细了些，便于后面的分析管理使用。

（三）管理用利润表

学习利润表项目时应思考的三个问题：

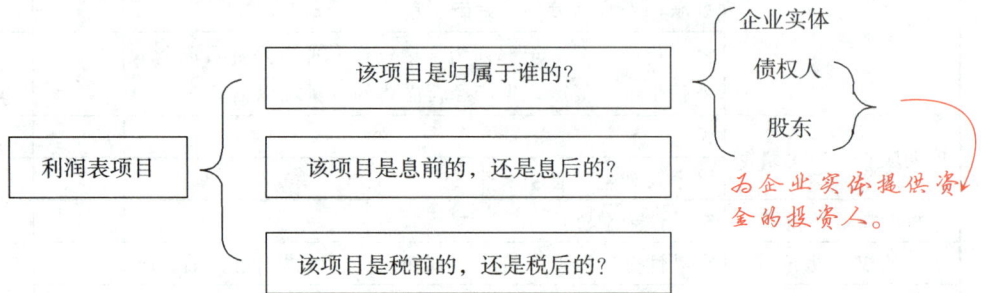

图2-4 学习利润表项目时应思考的三个问题

为企业实体提供资金的投资人。

1.区分经营损益和金融损益

对损益进行经营性与金融性的划分，为管理用利润表的编制作基础。

（1）金融损益和经营损益

经营损益和金融损益的划分，应与资产负债表上经营资产和金融资产的划分相对应，见表2-45。

表2-45　　金融损益和经营损益

项目	说明
金融损益	指金融负债利息与金融资产收益的差额，即扣除利息收入、金融资产公允价值变动收益等以后的利息费用，也称为"广义的利息费用"
经营损益	指除金融损益以外的当期损益

【提示】通过经营活动取得盈利是企业的目的，也是增加股东财富的基本途径，因此，只有经营活动的利润才能反映管理者的业绩。利用投资的剩余部分返回到资本市场上取得金融收益，不是企业的经营目标。

（2）金融损益的调整项目（见表2-46）*都是金融活动中产生的，属于金融性的。*

表2-46　　金融损益的调整项目

报表项目	特征/包含项目	经营	金融
财务费用	现金折扣	√	
	利息支出（减利息费用）、汇兑损益、手续费		√
公允价值变动损益	来源于经营资产	√	
	来源于金融资产		√
投资收益	来源于经营资产	√	
	来源于金融资产		√
资产减值损失	来源于经营资产	√	
	来源于金融资产		√

现金折扣属于商业折扣，在销售过程中为了加速资金回笼而使用的优惠策略，是在经营过程中产生的，所以属于经营性的。

经营活动中产生的就是经营性的，金融活动产生就是金融性的。

计算公式：

金融损益＝财务费用＋金融资产公允价值变动损失、投资损失＋金融资产减值损失

－金融资产公允价值变动收益、投资收益

【提示】

①现金折扣从理论上属于经营损益，但实际被计入财务费用的数额很少，所以可以把"财务费用"全部作为金融损益处理。

②对于其他损益项目，一定要看题目的说明。

2.管理用利润表的编制思路 "分层转换"。

营业收入	财务费用
－营业成本	＋资产减值损失（金融）
－税金及附加	＋公允价值变动损失（金融）
－销售费用	＋投资损失（金融）
－管理费用	－公允价值变动收益（金融）
－资产减值损失（经营）	－投资收益（金融）
＋公允价值变动收益（经营）	
－公允价值变动损失（经营）	
＋投资收益（经营）	
－投资损失（经营）	
±营业外收支	

（息税前利润EBIT － 利息费用I） ×（1－T）＝净利润

简单拆开来看：

$$EBIT×（1－T）－I×（1－T）＝净利润$$

（税后）经营损益 （税后）金融损益

【提示】EBIT也叫作税前经营利润，I代表利息费用（广义的）。

3.用简便方法分摊所得税并编制管理用利润表

（1）所得税的分摊究竟为何？——采用平均所得税率分摊所得税。

根据管理用利润表的编制思路，（EBIT－I）就是传统利润表中的税前利润，由于直接×（1－T）就得到了税后净利润，即（EBIT－I）这个税前利润扣除企业实际缴纳的所得税费用之后，就得到了税后净利润，所以T必然代表企业实际负担的所得税税率。

从而应当根据企业实际负担的平均所得税税率计算经营损益和金融损益应分摊的所得税：

$$平均所得税税率 T = \frac{所得税费用}{利润总额}$$

（2）根据以上分析过程编制管理用利润表（见表2-47）

表2-47　　　　　　　　　　　　**编制管理用利润表**

项目	本年金额	上年金额	归属于谁
●经营损益：			
税前经营利润 EBIT			企业实体
减：经营利润所得税 EBIT×T			
税后经营净利润①			
● 金融损益：	·		
利息费用 I			债权人
减：利息费用抵税 I×T			
税后利息费用②			
净利润＝①－②			股东

【理解】税后经营净利润是企业实现的税后的能够提供给全体投资人（债权人＋股东）的报酬，所以税后经营净利润＝税后利息＋净利润。

4.管理用利润表的基本公式（见表2-48）

表2-48　　　　　　　　　**管理用利润表的基本公式**

指标	计算公式
税后经营净利润	（1）直接法：税后经营净利润＝税前经营利润 EBIT×（1－T） （2）间接法：税后经营净利润＝净利润＋税后利息费用＝净利润＋利息费用×（1－T）
净利润	净利润＝税前经营利润 EBIT×（1－T）－利息费用×（1－T）

（四）管理用现金流量表

1.财务管理中现金流量的理解

在学习管理用现金流量表之前，大家一定要和会计中的"现金流量表"相区分。会计现金流量表中的"现金流量"从本质上来说是一笔"流水账"，反映企业一年之内所有现金和现金等价物的明细变动情况，但没有从生产经营角度反映企业真正能从"经营活动"中获得的"现金资源"，即使是"经营活动现金净流量"这个项目也不能反映企业真正能够获取的经济利益流入企业的情况。例如赊销产生了应收账款，本年末编制报表时仍未收回货款，那么会计现金流量表就无法体现这个业务过程。同时，会计现金流量表中的"经营活动"并未包括为了经营而进行的经营性固定资产等长期资产的投资，是不完整的经营活动。

在财务管理中，我们所谈论的现金流量其实是一个"经济利益流入企业"的概念，仍以赊销产生应收账款为例（贷方发生额为营业收入），虽然没有收到现金，但是这个业务能够使得企业获得经济利益流入，因为应收账款最终都是要收回来的（进行事前决策分析时不考虑坏账问题）。所以，财务管理把全部的销售收入，无论赊销还是现销都作为现金流入量。另外，财务管理的现金流量不包括"现金等价物"，所以，管理用现金流量表的编制与传统现金流量表没有直接关系。

计算实体现金流量的意义在于估计企业价值，以后章节学习到评价项目可行性、计算债券价值、评估企业价值时就会慢慢理解，事物现在的价值等于其可带来的未来净现金流量的现值。

2. 正确认识经营活动现金流量——企业实体现金流量

（1）实体现金流量的含义

企业的实体现金流量，也就是经营现金流量，是企业全部现金流入扣除成本费用和必要的投资后的剩余部分，它是企业一定期间可以提供给所有投资人（包括股权投资人和债权投资人）的税后现金流量。

【提示】经营现金流量指企业因销售商品或提供劳务等营业活动以及与此有关的生产性资产投资活动产生的现金流量。通过经营活动取得正的现金净流量是企业的目的，也是增加股东财富的基本途径。因此，企业的价值取决于企业经营活动产生的现金流量。

企业存在的目的在于通过生产经营活动为投资者带来经济利益，所以企业全部现金流入扣除成本费用及必要投资后的部分（即实体现金流量）就是以后计算企业价值的数据基础。

（2）从实体现金流量的理解到公式的推导——剩余流量法（从实体现金流量的来源分析）：　　　　　　　　　　　　　　　　三步法。

企业获得了收入，先弥补与经营相关的成本费用（不含利息费用），再拿出真金白银给国家交税，然后拿出部分现金用于生产性经营资产（包括短期和长期）的再投资，剩下的就是可以给全部投资人（债权人和股东）的税后现金流量了，也就是"收付实现制"下的全部税后报酬。

但是，前面两张管理用报表中，我们只能得到管理用利润表中的"税后经营净利润"，这是一个利润的概念。那么，如何得到"现金流量"呢？

在计算经营利润（归属于企业实体）时，我们扣除了没有实际支付现金的当年计提的各种长期资产的折旧与摊销，所以，计算现金流量时，需要把这些当年计提的各种长期资产的折旧与摊销加回来，然后再扣除必要的投资（包括短期和长期），得到企业真正从生产经营过程中"生产出来的"现金流量。从而，实体现金流量的编制公式如下（见表2-49）：

表2-49　　　　　　　　实体现金流量的编制公式　（表格中所列公式是基本公式，理解掌握）

项目	说明	本年金额	上年金额	数据来源
经营活动现金流量：				
税后经营利润	而非累计折旧。			管理用利润表
加：折旧与摊销	当年计提金额			现金流量表补充资料
=营业现金毛流量				
减：经营营运资本增加	短期经营投资			管理用资产负债表
=营业现金净流量				
减：资本支出	长期经营投资			管理用资产负债表
=实体现金流量				

资本支出=净经营性长期资产增加+折旧与摊销

（3）从"三步法"到净投资扣除法计算实体现金流量　　*"推倒重建"*

实体现金流量＝税后经营利润＋折旧与摊销－Δ经营营运资本－资本支出……公式Ⅰ

＝税后经营利润＋折旧与摊销－Δ经营营运资本－（Δ净经营性长期资产＋折旧与摊销）

＝税后经营利润－Δ经营营运资本－Δ净经营性长期资产

＝税后经营利润－（Δ经营营运资本＋Δ净经营性长期资产）

＝税后经营利润－实体净投资……公式Ⅱ

【提示】实体净投资＝净经营资产净增加＝期末净经营资产－期初净经营资产

3.站在硬币的背面看融资现金流量

由于整个企业实体背后站的是为企业提供资金的债权人和股东，所以，企业的实体现金流量必然 "全额" 分配给债权人和股东，这就是一枚硬币的两面而已。债权人和股东的现金流量称为 "融资现金流量" 或 "金融现金流量"。

【重要】融资现金流量是站在债权人和股东的角度看的，要跳出企业角度，否则现金流量的符号就会搞错！　*企业资金的来源就是股权和债务，所以，*

企业现金流量＝债务现金流量＋股权现金流量

（1）债务现金流量

指企业与债权人之间的交易形成的现金流量，包括支付利息、偿还或借入债务资金以及购入和出售金融资产，其中，购入金融资产可以看成偿还债务，出售金融资产可以看成借入债务。现在，站在债权人角度看现金流量的符号（见表2-50）：　*注意现金流量的符号。*

表2-50　　　　　　　　站在债权人的角度看现金流量的符号

业务	债权人角度	现金流量符号
企业支付税后利息给债权人	债权人得到现金	＋
企业给债权人偿还借款	债权人得到现金	＋
企业从债权人手里借钱	债权人掏出现金	－

所以：

债务现金流量＝税后利息费用＋偿还债务本金－新增债务本金

＝税后利息费用－（新增债务本金－偿还债务本金）

＝税后利息费用－债权净投资（净负债增加）……公式Ⅲ

【提示】债权净投资＝期末净负债－期初净负债

（2）股权现金流量

指企业与股东之间的交易形成的现金流量，包括股利分配、股份发行和回购。现在，站在股东角度看现金流量的符号（见表2-51）：　*注意现金流量的符号。*

表2-51　　　　　　　　站在股东角度看现金流量的符号

业务	股东角度	现金流量符号
企业支付现金股利给股东	股东得到现金	＋
企业从股东手里回购股票	股东得到现金	＋
企业增发新股给股东	股东掏出现金	－

所以：

股权现金流量＝股利分配＋股票回购－股票发行

＝股利分配－（股票发行－股票回购）

＝股利分配－股权资本净增加……公式Ⅳ

= （净利润 – 留存收益增加） – 股权资本净增加

= 净利润 – （留存收益增加 + 股权资本净增加）

= 净利润 – 股权净投资（股东权益增加）……公式 V

【提示】

①股权资本是指"外部资本"，而不是全部的所有者权益（股东权益），从会计的角度看，企业与股东之间的交易影响的会计科目是股本和资本公积。

②股权净投资是指整个"股东权益"的变化，包括外部资本和内部资本（留存收益）。计算方法为：

股权净投资 = 期末股东权益 – 期初股东权益

③这里的股利分配仅仅指"现金股利"，不包括"股票股利"。

（3）金融活动现金流量汇总（见表 2-52）（金融活动现金流量基本公式，需要理解记忆）

表 2-52　　　　　　　　　　金融活动现金流量汇总

项目	本年金额	上年金额	数据来源
金融活动现金流量：			
税后利息费用			管理用利润表
减：净负债增加			管理用资产负债表
= 债务现金流量①			
股利分配			股东权益变动表
减：股权资本净增加			股东权益变动表
= 股权现金流量②			
融资现金流量 = ① + ②			

4.管理用现金流量表的总结

（1）管理用现金流量表的基本等式

实体现金流量 = 融资现金流量

营业现金毛流量 – 经营营运资本增加 – 资本支出 = 债务现金流量 + 股权现金流量

【提示】由于整个企业实体背后站的是为企业提供资金的债权人和股东，所以，企业的实体现金流量必然"全额"分配给债权人和股东，这就是一枚硬币的两面而已。

（2）实体现金流量的符号（见表 2-53）（金融活动现金流量基本公式，需要理解记忆）

表 2-53　　　　　　　　　　实体现金流量的符号

符号	正数	负数
说明	它有 5 种使用途径： ①向债权人支付利息（提示，对企业而言，利息净现金流出是税后利息费用） ②向债权人偿还债务本金，清偿部分债务 ③向股东支付股利 ④从股东处回购股票 ⑤购买金融资产	企业需要筹集现金，其来源有： ①出售金融资产 ②借入新的债务 ③发行新的股份

5.管理用财务报表之间的关系（见表2-54）*（归属于企业、债权人、股东三个主体的部分，产出与投入之间是一一对应的关系）*

表2-54　　　　　　　　　管理用财务报表之间的关系

	现金流量表		利润表		资产负债表
实体	实体现金流量	=	税后经营利润	−	实体净投资
	‖		‖		‖
债权	债务现金流量	=	税后利息	−	债权净投资
	+		+		+
股权	股权现金流量	=	净利润	−	股权净投资

【提示】管理用财务报表体系，有"三主体、四相等"的重要勾稽关系：

（1）三主体：企业实体、债权人、股东；

（2）四相等：现金流量、税后利润、净投资、价值。

（✓本知识点主要通过主观题考查，需熟练运用连环替代法（不能用差额分析法）对权益净利率进行驱动因素的分析，对两年中该比率的差异进行计算并作出分析）

九、管理用财务分析体系（★★）

（一）改进的财务分析体系的核心公式

1.核心公式（指标）的推导

运用连环替代法进行驱动因素分析，考试过程中，注意题干中设定的连环替代因素的替代顺序。

$$权益净利率 = \frac{净利润}{股权权益} = \frac{税后经营净利润}{股权权益} - \frac{税后利息费用}{股权权益}$$

$$= \frac{税后经营净利润}{净经营资产} \times \frac{净经营资产}{股权权益} - \frac{税后利息费用}{净负债} \times \frac{净负债}{股权权益}$$

$$= \frac{税后经营净利润}{净经营资产} \times \left(1 + \frac{净负债}{股权权益}\right) - \frac{税后利息费用}{净负债} \times \frac{净负债}{股权权益}$$

$$= \frac{税后经营净利润}{净经营资产} + \frac{税后经营净利润}{净经营资产} \times \frac{净负债}{股权权益} - \frac{税后利息费用}{净负债} \times \frac{净负债}{股权权益}$$

$$= \frac{税后经营净利润}{净经营资产} + \left(\frac{税后经营净利润}{净经营资产} - \frac{税后利息费用}{净负债}\right) \times \frac{净负债}{股权权益}$$

$$= 净经营资产净利率 + (净经营资产净利率 - 税后利息率) \times 净财务杠杆$$

【助记】ROE = A + (A − B) × C

2.核心指标分解（见表2-55）

表2-55　　　　　　　　　核心指标分解

分解	说明
净经营资产净利率	净经营资产净利率＝销售税后经营净利率×净经营资产周转次数
经营差异率	（1）表达式：经营差异率＝净经营资产净利率－税后利息率 （2）分析： ①它表示每借入1元债务资本投资于净经营资产所产生的净收益偿还税后利息后的剩余部分，该剩余归股东享有 ②它是衡量借款是否合理的重要依据之一： 1）经营差异率为正数：借款会增加股东报酬 2）经营差异率为负数：借款会减少股东报酬 【提示】从增加股东报酬来看，净资产经营净利率是企业可以承担的借款税后利息率的上限
杠杆贡献率	（1）表达式：杠杆贡献率＝经营差异率×净财务杠杆 （2）分析：如果采用增加借款来提高经财务杠杆，进而拟提高杠杆贡献率，会增加财务风险，推动利息率上升，使经营差异率进一步降低。因此，进一步提高净财务杠杆可能是不明智之举，依靠提高净财务杠杆来提高杠杆贡献率是有限度的

（二）权益净利率的驱动因素分解 （熟悉该连环替代法的应用）

各影响因素对权益净利率变动的影响程度，可使用连环替代法测定（见表2-56）：

表2-56 权益净利率的驱动因素分解

步骤	计算	差异分析
基期	$ROE_0 = A_0 + (A_0 - B_0) \times C_0 \cdots\cdots$①	
替代A因素	$A_1 + (A_1 - B_0) \times C_0 \cdots\cdots$②	$\Delta_1 = $②$-$①：由于A变动对ROE的影响
替代B因素	$A_1 + (A_1 - B_1) \times C_0 \cdots\cdots$③	$\Delta_2 = $③$-$②：由于B变动对ROE的影响
替代C因素	$A_1 + (A_1 - B_1) \times C_1 \cdots\cdots$④	$\Delta_3 = $④$-$③：由于C变动对ROE的影响
报告期	$ROE_1 = A_1 + (A_1 - B_1) \times C_1$	报告期相对于基期的变化 $\Delta = \Delta_1 + \Delta_2 + \Delta_3 = $④$-$①

【提示】基本分析之后，逐级往下分解，分别考察净经营资产净利率、税后利息率和净财务杠杆的变动原因。

第三节 财务预测的步骤和方法

◇ 财务预测的意义
◇ 财务预测的步骤
◇ 财务预测的方法

（✓本节涉及财务预测的基础知识，通常以计算型客观题的形式出现，也可能作为主观题中的一小问。需要熟练掌握计算外部融资需求的总额法和增加额法）

一、财务预测的意义 （★）

1.财务预测的分类（见表2-57）

表2-57 财务预测的分类

分类	说明
狭义	仅指估计企业未来的融资需求
广义	编制全部的预计财务报表

【提示】当年（基期）发放股利、增发股票都不影响"未来"的融资需求。

2.财务预测的意义（见表2-58）

表2-58 财务预测的意义

所以销售是财务预测的起点。

意义	说明
财务预测是融资计划的前提	通常，销售增长率较高时留存收益不能满足企业的需要，即使获利良好的企业也需外部融资。因此，企业需要预先知道自己的财务需求，提前安排融资计划，否则就可能产生资金周转问题
财务预测有助于改善投资决策	企业需要根据可能筹措到的资金来安排销售的增长，以及有关的投资项目，使投资决策建立在可行的基础上
预测的真正目的是有助于应变	预测给人们展现了未来各种可能的前景，促使人们制订出相应的计划，增强企业对不确定事件的反应能力，从而减少不利事件带来的损失，增加利用有利机会带来的收益

将财务预测的结果作为企业经营投资的一个标准，更好的把握经营决策。

二、财务预测的步骤 （★）

（一）销售预测为整个财务预测的起点。

（二）估计经营资产和经营负债。

（三）估计各项费用和留存收益。

（四）估计所需融资。

所有的方法都是有适用前提条件的，销售百分比预测法的假设前提就是资产、负债的变动与销售收入的变动有稳定的比例关系。从假设进一步理解其内涵。

三、财务预测的方法（★★）

（✓本知识点可以文字型客观题的形式考查方法原理，也可以以计算分析题的形式进行考查。涉及到的公式要掌握）

（一）销售百分比法

1.含义与假设（见表2-59）

表2-59　　　　　　　　　　　　　销售百分比法含义与假设

项目	说明
含义	销售百分比预测法，简称销售百分比法，是根据财务报表中有关项目与销售收入之间的依存关系预测资金需要量的一种方法
假设	该方法假设在一定的销售收入范围内，财务报表中的敏感项目与销售收入之间的百分比保持不变，非敏感项目的数额保持不变或没有明显依存关系。其中，敏感项目是指通过历史资料判断随销售收入变动而变动的资产和负债项目

【提示】*经营性项目中非敏感项目在考试时会特别指明，答题时先看清题干中的说明再作答。*

（1）虽然假设中作出了有关项目敏感与否的区分，但是在一般情况下，认为<u>经营性项目</u>都是敏感项目，除非题目特别指明某些经营项目属于非敏感项目。

（2）企业增长的财务意义是销售收入的增长，从而引起资本需求增加，企业的增长率一般指销售增长率。

2.基本原理

会计恒等式：<u>净经营资产</u>＝<u>净负债</u>＋<u>所有者权益</u>

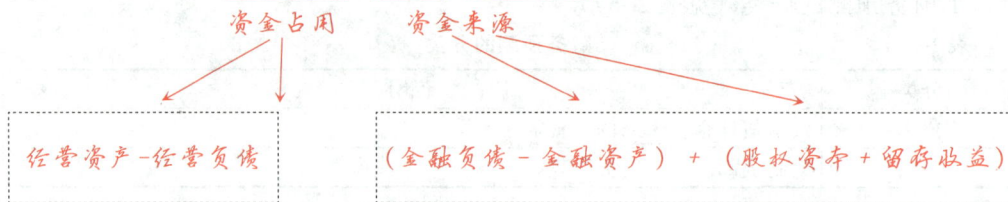

资金占用　　　　资金来源

经营资产-经营负债　　*（金融负债-金融资产）＋（股权资本+留存收益）*

【提示】

（1）融资的目的是进行净经营资产的投资，融资总需求等于净经营资产的增加。

（2）融资的优先顺序（见表2-60）：*先内后外、先债后股。*

表2-60　　　　　　　　　　　　　融资的优先顺序

步骤	来源	
1	内部资金	动用现存的金融资产
2		增加留存收益
3	外部资金	增加金融负债
4		增加股本

*融资需求的计算

3.预测步骤（总额法：根据总的销售收入预测）

（1）确定资产和负债项目的销售百分比

敏感　　　基期"经营"资产（负债）

各项目销售百分比 ＝ $\dfrac{\text{基期资产（负债）}}{\text{基期销售收入}}$

（重点在于能够区分经营性资产与经营性负债，如果不能掌握，注意复习第二章管理用财务报表的知识）

【提示】两个重要事项（见表2-61）：

表2-61　　　　　　　　　　　两个重要事项

事项	说明
报表的选取	采用经过调整的管理用财务报表数据
比例的确定	（1）根据基期的数据确定 （2）根据以前若干年度的平均数确定

（只要了解销售百分比法的假设前提就很容易理解该预计数的计算方法了）

（2）预计各项经营资产和经营负债

各项经营资产（负债）＝预计销售收入×各项目销售百分比

4.计算融资总需求

融资总需求＝预计净经营资产－基期净经营资产＝经营资产增加－经营负债增加

【提示】考试时如果无须编制预计财务报表，则增加的净经营资产可以一步到位求得，无须分项计算加总：净经营资产增加＝基期净经营资产×销售收入增长率

因为经营资产与经营负债都与销售收入呈固定比率，那么净经营资产也可以维持该固定比率。

5.预计可动用的金融资产——根据题干中说明可以计算出可动用的金融资产数额。

可动用的金融资产＝基期金融资产－预计拟持有的金融资产

【提示】如果题目没有特别指明计划期需要持有的金融资产，则期初金融资产全部为可动用的金融资产。

6.预计增加的留存收益

留存收益增加＝预计销售收入×预计销售净利率×（1－预计股利支付率）

【提示】　　　　　　　　　净利润　　　　　利润留存率

（1）股利支付率＋利润留存率＝1
（2）隐含假设：预计销售净利率可以涵盖增加的利息，目的是摆脱融资预测的数据循环（如图2-5所示）。
（3）区分年末留存收益和留存收益增加（当年利润留存）（见表2-62）

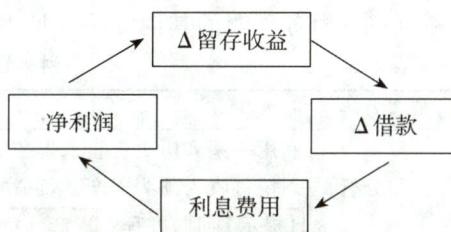

图2-5　融资预测的数据循环

表2-62　　　　　　　　　区分年末留存收益和留存收益增加

概念	说明	计算方法
留存收益增加	利润分配的概念	留存收益增加＝当年净利润－当年股利分配
年末留存收益	资产负债表上的权益类项目	年末留存收益＝年初留存收益＋留存收益增加

7.预计外部融资额——融资总需求－内部资金供应

外部融资额＝融资总需求－可动用的金融资产－Δ留存收益

【提示】

（1）需要的外部融资额，可以通过增加借款或增发股本筹集，涉及资本结构管理问题。
（2）在目标资本结构允许的情况下，企业会优先使用借款融资。
（3）如不宜再增加借款，则需要增发股本。

【例2-16·2012年单选题】销售百分比法是预测企业未来融资需求的一种方法。下列关于应用销售百分比法的说法中，错误的是（　　　）。

A.根据预计存货/销售百分比和预计销售收入，可以预测存货的资金需求

B.根据预计应付账款/销售百分比和预计销售收入，可以预测应付账款的资金需求

C.根据预计金融资产/销售百分比和预计销售收入，可以预测可动用的金融资产

D.根据预计销售净利率和预计销售收入，可以预测净利润

【答案】C

【解析】销售百分比法是假设资产、负债与销售收入存在稳定的百分比关系，根据预计销售收入和相应的百分比预计资产、负债，然后确定融资需求的一种财务预测方法，此处的资产和负债是指经营资产和经营负债。金融资产和金融负债与销售收入没有稳定的百分比关系，所以C项错误。

（二）增加额法（见表2-63）*（计算的整体思路没有变化，顺序稍有不同而已，应对比理解记忆）*

表2-63　　　　　　　　　　　　增加额法

项目	计算方法
融资总需求	融资总需求＝增加的销售收入×（经营资产销售百分比－经营负债销售百分比）＝增加的销售收入×净经营资产销售百分比
外部融资额	外部融资额＝融资总需求－可动用的金融资产－增加的留存收益

【提示】增加的销售收入带来增量的净经营资产的需求（融资总需求），无须分项预测。

（三）财务预测的其他方法（见表2-64）（★）（✓一般了解，能够辨识即可）

表2-64　　　　　　　　　　　　财务预测的其他方法

预测方法	说明
回归分析	利用一系列历史资料求得各资产负债表项目和销售收入的函数关系，然后基于计划销售收入预测资产、负债数量，最后预测融资需求 【提示】回归方程：资产（负债）＝a＋b×销售收入
计算机预测	现实中影响融资需求的变量很多，如产品组合、信用政策、价格政策等。将这些变量纳入预测模型，需要使用计算机才能完成大量的计算过程。主要的预测手段有三种： （1）电子表软件：最简单 （2）交互式财务规划模型：比较复杂 （3）综合数据库财务计划系统：最复杂

【例2-17·2004年多选题】除了销售百分比法以外，财务预测的方法还有（　　　）。

A.回归分析技术　　　　　　　　　B.交互式财务规划模型

C.综合数据财务计划系统　　　　　D.可持续增长率模型

【答案】ABC

【解析】财务预测是指融资需求的预测，财务预测的方法包括销售百分比法、使用回归分析技术、通过编制现金预算预测财务需求、使用计算机进行财务预测，其中使用计算机进行财务预测又包括使用"电子表软件"、使用交互式财务规划模

型和使用综合数据财务计划系统。可持续增长模型是用来预测销售增长率的模型，其并不用来预测外部融资需求。

第四节 增长率与资本需求的测算

（✓本节涉及的资金需求的计算是在第三节外部融资额的基础上进一步拓展的，系考试重点）

◇ 内含增长率的测算

◇ 可持续增长率的测算   *只依靠内部留存收益。*

◇ 外部资本需求的测算   *从资金的来源上对企业增长的分类。*

在资金有限的情况下很难投资更多的项目以获取更多的利润。

一、内含增长率的测算（见表2-65）

表2-65   内含增长率的测算

方式	说明
完全依靠内部资本	内部有限的财务资源往往会限制企业的发展，使其无法充分利用增加企业财富的机会
主要依靠外部资本	从外部筹资，包括增加债务和股东投资，也可以实现增长，但不具有可持续性
	（1）增加负债：财务风险增加，筹资能力下降，最终丧失借款能力
	（2）增发股票：分散控制权，稀释每股收益，除非追加投资有更高的报酬率，否则不能增加股东财富
平衡增长	保持目前的财务结构和与此有关的财务风险，按照股东权益的增长比例增加借款，以此支持销售增长。这种增长，一般不会消耗公司的财务资源，是一种可持续增长
	【提示】内外并举：财务风险可控，控股权不被稀释

（✓本知识点通常以计算型或文字型客观题的形式出现，也可能作为主观题中的一小问）

（一）内含增长率的含义（★★★）→*使外部融资销售增长比率为0的增长率。*

它是指如果企业没有可动用的金融资产，且不能或不打算从外部融资，则只能靠内部积累（即增加留存收益）时的销售增长率。

【提示】销售增加，不一定引起外部融资需求的增加。

（二）内含增长率的计算

1.公式法

设外部融资额为0，由外部融资销售增长比的公式：

需掌握内含增长率的计算公式；如果忘记公式，则需根据内含增长率的含义，使用方程法或简化公式来计算。对于计算公式，考生需要关注中间指标的时期选择问题（本期数还是预计数？）

$$0 = 经营资产销售比 - 经营负债销售比 - \frac{1+增长率}{增长率} \times 预计销售净利率 \times 预计利润留存率$$

解出增长率：

$$内含增长率 = \frac{\dfrac{预计净利润}{预计销售收入} \times \dfrac{基期销售收入}{基期净经营资产} \times \dfrac{预计利润留存}{预计净利润}}{1 - \dfrac{预计净利润}{预计销售收入} \times \dfrac{基期销售收入}{基期净经营资产} \times \dfrac{预计利润留存}{预计净利润}}$$

$$= \frac{预计销售净利率 \times 净经营资产周转次数 \times 预计利润留存率}{1 - 预计销售净利率 \times 净经营资产周转次数 \times 预计利润留存率} \quad \cdots\cdots 助记: \frac{A \times B \times C}{1 - A \times B \times C}$$

$$= \frac{\dfrac{预计净利润}{预计净经营资产} \times 预计利润留存率}{1 - \dfrac{预计净利润}{预计净经营资产} \times 预计利润留存率}$$

【提示】

（1）公式中使用的指标理论上为预测期数据，如果题中给出相关指标不变或沿用基期，则可以使用基期指标。

（2）只要题目没有特别指明，取自资产负债表的数据可以采用期末数。

（3）净经营资产周转次数 $= \dfrac{销售收入}{净经营资产} = 1 \Big/ \dfrac{净经营资产}{销售收入} = 1 \Big/ \dfrac{经营资产 - 经营负债}{销售收入}$

$$= \dfrac{1}{经营资产销售百分比 - 经营负债销售百分比}$$

$$= \dfrac{1}{净经营资产销售百分比}$$

由于内含增长率的计算是基于"销售百分比法"，所以预计的净经营资产周转次数和基期的净经营资产周转次数相等。

（4）一个关键比率的理解（见表2-66）：$\dfrac{预计净利润}{预计净经营资产}$

表2-66　　　　　　　　　　一个关键比率的理解

问题	说明
计算口径	①分子：传统利润表中的净利润，而非管理用利润表中的"税后经营利润" ②分母：管理用资产负债表的"净经营资产" 【提示】该比率不能读成"净经营资产净利率"，因为第二章中已经用到这个名词，表示"税后经营利润/净经营资产"
数据时期	①如果预计净利率和基期净利率一致，则该比率可以用基期的比率： $\dfrac{预计净利润}{预计净经营资产} = \dfrac{基期净利润}{基期净经营资产}$ ②如果预计净利率发生变化，则不能用基期数值计算，必须用预计数值重新计算预计净利润和预计净经营资产： 1）预计净利润 = 预计收入×预计净利率 = 基期收入×（1 + 销售增长率）×预计净利率 2）预计净经营资产 = 基期净经营资产×（1 + 销售增长率）

2.方程法

$0 = 经营资产销售比 - 经营负债销售比 - \dfrac{1+g}{g} \times 预计销售净利率 \times 预计利润留存率$

移项，得：

$经营资产销售比 - 经营负债销售比 = \dfrac{1+g}{g} \times 预计销售净利率 \times 预计利润留存率$

解一元一次方程（初中数学），得出增长率g。

3.简化公式

由于在内含增长条件下，企业的融资需求（增加的净经营资产）完全来自于内部留存收益，所以：

企业不依靠外部资金来源，仅仅靠内部资金来发展，增长率受留存收益的限制。

$内含增长率 = \dfrac{本期留存收益}{期初净经营资产} = \dfrac{本期净利润 \times 利润留存率}{期末净经营资产 - 本期净利润 \times 利润留存率}$

【例2-18·2016年单选题】甲公司2015年经营资产销售百分比为70%，经营负债销售百分比为15%，销售净利率为8%。假设公司2016年上述比率保持不变，没有可运用的金融资产，不打算进行股票回购，并采用内含增长方式支持销售增长，为实现10%的销售增长目标，预计2016年股利支付率为（　　）。

A.37.5%　　　　　　B.62.5%　　　　　　C.57.5%　　　　　　D.42.5%

【答案】A

【解析】净经营资产周转率＝1÷（70%－15%）＝1.8182，设预计2016年利润留存率为r，则有：内含增长率＝8%×1.8182×r÷（1－8%×1.8182×r）＝10%，解得r＝62.5%，所以预计2016年股利支付率＝1－62.5%＝37.5%。

【例2-19·2014年多选题】甲公司无法取得外部融资，只能依靠内部积累增长。在其他因素不变的情况下，下列说法中正确的有（　　　）。

A.销售净利率越高，内含增长率越高

B.净经营资产周转次数越多，内含增长率越高

C.经营负债销售百分比越高，内含增长率越高

D.股利支付率越高，内含增长率越高

【答案】ABC

【解析】内含增长率＝$\dfrac{预计销售净利率×净经营资产周转率×预计利润留存率}{1-预计销售净利率×净经营资产周转率×预计利润留存率}$

A、B项正确：根据公式可知，预计销售净利率、净经营资产周转率、预计利润留存率与内含增长率同向变动。C项正确：经营负债销售百分比提高，会使净经营资产降低，净经营资产周转率提高，从而使内含增长率提高。D项错误：预计利润留存率与预计股利支付率反向变动，所以预计股利支付率与内含增长率反向变动。

【例2-20·2008年多选题】影响内含增长率的因素有（　　　）。

A.经营资产销售百分比　　　　　　B.经营负债销售百分比

C.销售净利率　　　　　　　　　　D.股利支付率

【答案】ABCD

【解析】计算内含增长率是根据"外部融资销售百分比＝0"计算的，即根据"0＝经营资产销售百分比－经营负债销售百分比－[（1＋增长率）÷增长率]×预计销售净利率×（1－预计股利支付率）"计算，由此可知，ABCD项均正确。

4.内含增长率的应用（见表2-67）　　　销售增长率越高，资金需求量越大。

表2-67　　　　　　　　　　内含增长率的应用

预计销售增长率	外部融资
预计销售增长率＝内含增长率	0
预计销售增长率＞内含增长率	＞0（追加外部资金）
预计销售增长率＜内含增长率	＜0（资金剩余）

【提示】预测的真正价值在于有助于应变：未来的不确定性越大，预测能给企业带来的收益越大。

5.内含增长率的扩展

若存在可供动用金融资产，则只能用解方程的办法计算内含增长率：

0＝经营资产销售比－经营负债销售比

$-\dfrac{可动用金融资产}{基期销售收入×g}-\dfrac{1+g}{g}×预计销售净利率×（1-预计股利支付率）$

（✔本知识点可以说是本章最重要的知识点，可以从各个题型来考查。"股票价值评估"、"企业价值评估"、"认股权证"和"可转换债券"等重点内容所涉及的增长率，从本质上讲，都与可持续增长率有关，所以，本知识点也容易与其他章内容相结合来考查，需要深刻掌握）

二、可持续增长率的测算（★★★）

（一）可持续增长率的概念（见表2-68）

表2-68　　　　　　　　　　可持续增长率的概念

项目	说明
含义	可持续增长率是指不发行新股，不改变经营效率（销售净利率和资产周转率）和财务政策（权益乘数和利润留存率）时，其销售所能达到的最大增长率
假设条件	（1）公司销售净利率将维持当前水平，并且可以涵盖新增债务增加的利息 （2）公司总资产周转率将维持当前水平 （3）公司目前的资本结构是目标资本结构（资产负债率等），并且打算继续维持下去 （4）公司目前的利润留存率是目标利润留存率，并且打算继续维持下去 （5）不愿意或不打算增发新股（包括股份回购），增加债务（包括经营负债和金融负债）是唯一的外部筹资来源
深入理解	（1）在上述假设条件成立的情况下：销售的增长率＝可持续增长率 （2）企业的这种增长状态，称为可持续增长或平衡增长，在这种状态下，其资产、负债和股东权益同比例增长

在可持续增长的状态下，资产、负债、所有者权益的增长率都保持不变，与可持续增长率相等。

【提示】可持续增长情况下的资产、负债和股东权益（见表2-69）：

表2-69　　　　　　可持续增长情况下的资产、负债和股东权益

年初资产100	年初负债40
	年初股东权益60
Δ资产10	Δ负债4
	Δ股东权益6

【例2-21·2012年多选题】下列关于可持续增长率的说法中，错误的有（　　　）。

A.可持续增长率是指企业仅依靠内部筹资时，可实现的最大销售增长率

B.可持续增长率是指不改变经营效率和财务政策时，可实现的最大销售增长率

C.在经营效率和财务政策不变时，可持续增长率等于实际增长率

D.在可持续增长状态下，企业的资产、负债和权益保持同比例增长

【答案】ABC

【解析】可持续增长率是指不发行新股，不改变经营效率（不改变销售净利率和资产周转率）和财务政策（不改变负债/权益比和利润留存率）时，其销售所能达到的最大增长率。A项错误：该表述为内含增长率的含义。B、C项错误：遗漏了不增发股票的前提。D项正确：在可持续增长状态下，企业的资产、负债和权益保持同比例增长。

（二）可持续增长率的计算　（✔理解掌握）

1.推导思路

（1）总资产周转率不变：销售增长率＝总资产增长率……条件（2）

（2）资本结构不变：总资产增长率＝股东权益增长率……条件（3）

（3）不增发新股：股东权益增长率 $= \dfrac{本年股东权益的增加}{期初股东权益} = \dfrac{本年留存收益}{期初股东权益}$……条件（5）

【提示】可持续增长率的计算是基于**传统财务报表**，与计算内含增长率时涉及的净经营资产和可动用的金融资产无关。

2.公式推导

（1）根据**期初股东权益**计算

$$g_{可持续} = \frac{本期股东权益的增加}{期初股东权益} = \frac{本期净利润 \times 利润留存率}{期初股东权益} = 期初权益本期净利率 \times 利润留存率$$

$$= \frac{本期净利润}{本期销售收入} \times \frac{本期销售收入}{期末总资产} \times \frac{期末总资产}{期初股东权益} \times 利润留存率$$

$$= 销售净利率 \times 期末总资产周转次数 \times 期末总资产期初权益乘数 \times 利润留存率$$

【提示】

注意是期初股东权益。

①此处的"权益乘数"用"期初股东权益"而非"期末股东权益"计算，其余比率均采用本期发生额或期末数计算。

②可持续增长率的计算与"可动用的金融资产"无关。

（2）根据**期末股东权益**计算

$$g_{可持续} = \frac{本期股东权益的增加}{期初股东权益} = \frac{本期净利润 \times 利润留存率}{期末股东权益 - 本期净利润 \times 利润留存率}$$

$$= \frac{\dfrac{本期净利润}{期末股东权益} \times 利润留存率}{1 - \dfrac{本期净利润}{期末股东权益} \times 利润留存率} = \frac{ROE \times 利润留存率}{1 - ROE \times 利润留存率}$$

$$= \frac{销售净利率 \times 期末总资产周转次数 \times 期末权益乘数 \times 利润留存率}{1 - 销售净利率 \times 期末总资产周转次数 \times 期末权益乘数 \times 利润留存率}$$

【提示】可持续增长时，ROE不变，说明单纯的销售增长不一定会增加股东的投入产出比率。

【例2-22·2011年多选题】在企业可持续增长的情况下，下列计算各相关项目的本期增加额的公式中，正确的有（　　）。

A.本期资产增加 $= \dfrac{本期销售增加}{基期销售收入} \times 基期期末总资产$

B.本期负债增加 $=$ 基期销售收入 $\times$ 销售净利率 $\times$ 利润留存率 $\times \dfrac{基期期末负债}{基期期末股东权益}$

C.本期股东权益增加 $=$ 基期销售收入 $\times$ 销售净利率 $\times$ 利润留存率

D.本期销售增加 $=$ 基期销售收入 $\times \dfrac{基期净利润}{基期期初股东权益} \times$ 利润留存率

【答案】AD

【解析】因为满足可持续增长，所以销售增长率＝资产增长率＝股东权益增长率，增加的留存收益＝增加的股东权益。A项正确：$\dfrac{本期销售增加}{基期销售收入} \times$ 基期期末总资产＝销售增长率×基期期末总资产＝资产增长率×基期期末总资产＝本期资产增加。B项错误：改正方法1，不应该用基期销售收入，而应该用本期销售收入计算，才能将式子化简为根据（本期）期初股东权益计算的可持续增长率，乘以基期期末负债，得到本期负债的增加；改正方法2，不应该用基期期末股东权益，而应采用基期期初股东权益计算，才能将式子化简为根据（基期）期初股东权益计算的可持续增长率，乘以基期期末负债，得到本期负债的增加。C项错误：不应该用基期销售收入，而应该用预计本期销售收入计算，才能得到本期留存收益的增加。D项正确：基期销售收入 × $\dfrac{基期净利润}{基期期初股东权益}$ × 利润留存率 = 基期销售收入 ×

$\dfrac{基期增加的留存收益}{基期期初股东权}$ = 基期销售收入 × 股东权益增长率 = 基期销售收入 × 销售增长率 = 本期销售增加。

【例2-23·2009年单选题（原）】某企业2008年末的所有者权益为2 400万元，可持续增长率为10%。该企业2009年的销售增长率等于2008年的可持续增长率，其经营效率和财务政策与上年相同（包括不增发新的股权）。若2009年的净利润为600万元，则其股利支付率是（　　　）。

A.30% B.40% C.50% D.60%

【答案】D

【解析】·方法1：以2008年数据计算，2008年净利润 = 600/（1 + 10%） = 545.45（万元），设利润留存率为r，由根据期末股东权益计算的可持续增长率的公

式，有：$10\% = \dfrac{\dfrac{545.45}{2\,400} \times r}{1 - \dfrac{545.45}{2\,400} \times r}$，解得：r = 40%，所以，股利支付率 = 1 - 40% =

60%。

·方法2：以2009年数据计算，期初权益本期净利率 = 600 ÷ 2 400 = 25%，设利润留存率为r，由根据期初股东权益计算的可持续增长率的公式，有：10% = 25% × r，解得：r = 40%，所以，股利支付率 = 1 - 40% = 60%。

·方法3：根据题意可知，本题2009年实现了可持续增长，所有者权益增长率 = 可持续增长率 = 10%，所有者权益增加 = 2 400 × 10% = 240（万元） = 2009年利润留存，所以，2009年的利润留存率 = 240 ÷ 600 = 40%，股利支付率 = 1 - 40% = 60%。

【例2-24·2003年多选题】下列计算可持续增长率的公式中，正确的有（　　　）。

A. $\dfrac{利润留存率 \times 销售净利率 \times \left(1 + \dfrac{负债}{期初股东权益}\right)}{\dfrac{总资产}{销售额} - 利润留存率 \times 销售净利率 \times \left(1 + \dfrac{负债}{期初股东权益}\right)}$

B. $\dfrac{利润留存率 \times 销售净利率 \times \left(1 + \dfrac{负债}{期末股东权益}\right)}{\dfrac{总资产}{销售额} - 利润留存率 \times 销售净利率 \times \left(1 + \dfrac{负债}{期末股东权益}\right)}$

C. $\dfrac{本期净利润}{期末总资产} \times \dfrac{期末总资产}{期初股东权益} \times 本期利润留存率$

D. 销售净利率 × 总资产周转率 × 利润留存率 × 期末权益期初总资产乘数

【答案】BC

【解析】可持续增长率的计算公式如下（见表2-70）：

表2-70　　　　　　　　　　　可持续增长率的计算公式

计算方法	计算公式
根据期初股东权益计算	销售净利率×总资产周转率×期初权益期末总资产乘数×利率留存率
根据期初股东权益计算	$\dfrac{\text{销售净利率×总资产周转率×权益乘数×利率留存率}}{1-\text{销售净利率×总资产周转率×权益乘数×利率留存率}}$

如果把A项和B项的分子、分母同时乘以销售额/总资产，可以看出B项即为按期末股东权益计算的公式，而A项分母中期初股东权益应该为期末股东权益，所以A项错误。

由于总资产净利率＝销售净利率×总资产周转率，所以C项即为按期初股东权益计算的公式。D项错误：把期初权益期末总资产乘数写反了。

（三）可持续增长率与实际增长率

实际增长率和可持续增长率经常不一致。分析两者差异，可以了解企业经营效率和财务政策有何变化。

1.经营效率和财务政策不改变

可持续增长率是企业当前经营效率和财务政策决定的内在增长能力。只要公司不断增加的产品能为市场接受，这种增长状态，在资金上可以永远持续发展下去，可称为平衡增长。平衡增长时，以下指标＝本年$g_{可持续}$＝上年$g_{可持续}$＝本年$g_{实际}$（见表2-71）

"内在"即"预期"。

表2-71　　　　经营效率和财务政策不改变时的可持续增长率与实际增长率

报表	财务指标
资产负债表	本年股东权益增长率＝本年总资产增长率＝本年负债增长率
利润表	本年销售收入增长率＝本年税后利润增长率
所有者权益变动表	本年留存收益增长率＝本年股利增长率
现金流量表	实体现金流量增长率＝股权现金流量增长率

（✓表格内的各种关系需要熟悉）

【思维拓展】牛顿运动第一定律：任何物体都要保持匀速直线运动或静止状态，直到外力迫使它改变运动状态为止。力不是维持物体的运动即维持物体的速度的原因，而恰恰是改变物体运动状态即改变物体速度的原因。由此可见，一旦确定了固定的经营效率和财务政策，企业就按照4个财务指标共同决定的增长率持续增长下去。

此内容仅作知识扩展之用，对于应考无须掌握。

【提示】关于"本年$g_{可持续}$＝上年$g_{可持续}$＝本年$g_{实际}$"：

Δ资产＝Δ负债＋Δ权益＝Δ负债＋Δ留存收益 *不发行新股。*

$$\dfrac{\Delta 资产}{\Delta 收入}\times \Delta 收入 = \dfrac{\Delta 负债}{\Delta 留存收益}\times \Delta 留存收益 + \Delta 留存收益$$

$$= \left(\dfrac{\Delta 负债}{\Delta 权益}+1\right)\times \Delta 留存收益$$

$$= \dfrac{\Delta 资产}{\Delta 权益}\times \Delta 留存收益$$

$$= \dfrac{\Delta 资产}{\Delta 权益}\times （收入 + \Delta 收入）\times 销售净利润 \times 利润留存率$$

等式两边同时除以"收入"，有：

$$\frac{\Delta资产}{\Delta收入} \times \frac{\Delta收入}{收入} = \frac{\Delta资产}{\Delta权益} \times \left(1 + \frac{\Delta收入}{收入}\right) \times 销售净利润 \times 利润留存率 \times 利润留存率$$

经过简单的数学处理，有：

$$实际增长率 = \frac{\Delta收入}{收入} = \frac{销售净利率 \times \dfrac{\Delta收入}{\Delta资产} \times \dfrac{\Delta资产}{\Delta权益} \times 利润留存率}{1 - 销售净利率 \times \dfrac{\Delta收入}{\Delta资产} \times \dfrac{\Delta资产}{\Delta权益} \times 利润留存率}$$

$$= \frac{销售净利率 \times 总资产周转次数 \times 权益乘数 \times 利润留存率}{1 - 销售净利率 \times 总资产周转次数 \times 权益乘数 \times 利润留存率}$$

在不发行新股的前提下，四个财务比率本年与上年相同，所以，本年实际增长率＝本年可持续增长率＝上年可持续增长率。

2.经营效率和财务政策发生改变（见表2-72）

表2-72　　经营效率和财务政策发生改变时的可持续增长率与实际增长率

项目	说明	
情形	在不增发新股的情况下，某一年公式中的4个财务比率有一个或多个比率提高	在不增发新股的情况下，某一年公式中的4个财务比率有一个或多个比率降低
结果	（1）本年 $g_{实际}$ ＞上年 $g_{可持续}$ （2）本年 $g_{可持续}$ ＞上年 $g_{可持续}$	（1）本年 $g_{实际}$ ＜上年 $g_{可持续}$ （2）本年 $g_{可持续}$ ＜上年 $g_{可持续}$
解释	由此可见，超常增长是"改变"财务比率的结果，而不是持续当前状态的结果；企业不可能每年提高这4个财务比率，也就不可能使超常增长持续下去	这是超常增长之后的必然结果，公司对此要事先有所准备；如果不愿意接受这种现实，继续勉强冲刺，现金周转的危机很快就会来临
启示	某一年公式中的4个财务比率已经达到公司的极限，只有通过发行新股增加资金，才能提高销售增长率	

【答题技巧】主观题中的分析用语举例：

（1）某一年财务杠杆提高：借入超出可持续增长时所需的负债，增加了高速增长所需的资金，使得当年的可持续增长率上升为……，实际增长率上升为……。

（2）某一年财务杠杆降低：归还借款，使财务杠杆恢复到历史正常水平，同时使总资产减少。在总资产周转率不变的情况下，资产减少使销售额下降。从而当年的持续增长率下降为……，实际增长率下降为……。

【例2-25·2007年多选题】假设企业本年的经营效率、资本结构和股利支付率与上年相同，目标销售收入增长率为30%（大于可持续增长率），则下列说法中正确的有（　　　）。

A.本年权益净利率为30%　　　　　　　B.本年净利润增长率为30%

C.本年新增投资的报酬率为30%　　　　D.本年总资产增长率为30%

【答案】BD

【解析】A项错误：权益净利率＝销售净利率×总资产周转率×权益乘数，经营效率是指资产周转率和销售净利率，资本结构是指权益乘数，由此可知，本年的权益净利率与上年相同，但是不能推出"权益净利率＝销售增长率"这个结论。B项正确：根据销售净利率不变，可知净利润增长率＝销售增长率＝30%。C项错误：新增投资的报酬率与销售增长率之间没有必然的联系。D项正确：根据资产周转率不变，可知总资产增长率＝销售增长率＝30%。

3. 如何确定高速增长（本年 $g_{实际}$ ＞上年 $g_{可持续}$）时所应改变的财务比率（见表 2-73）？

表 2-73　　　　　　　　如何确定高速增长时所应改变的财务比率

拟提高的财务比率	计算方法	
销售净利率、利润留存率	利用可持续增长率的公式倒推求得该财务比率	
总资产周转率	（1）计算本期增加的留存收益 （2）计算期末股东权益＝期初股东权益＋本期留存收益 （3）利用不变的权益乘数计算期末总资产 （4）计算改变后的总资产周转率	不能利用公式倒推，只能利用不变的其他财务比率推算
权益乘数	（1）计算本期增加的留存收益 （2）计算期末股东权益＝期初股东权益＋本期留存收益 （3）利用不变的总资产周转率计算期末总资产 （4）计算改变后的权益乘数	

【提示】

（1）可持续增长的思想，不是说企业的增长不可以高于或低于可持续增长率，问题在于管理人员必须事先预计并且加以解决公司超过可持续增长率之上的增长所导致的财务问题。

（2）某一年公式中的 4 个财务比率已经达到公司的极限，只有通过发行新股增加资金，才能提高销售增长率。　　　（✓本知识点通常以计算型或文字型客观题的形式出现。需要掌握外部融资销售增长比的含义及应用，并会根据计算公式判断其影响因素）

三、外部资本需求的测算（★★）

（一）外部融资销售增长比

外部融资销售增长比，是指每增加 1 元销售收入需要追加的外部融资额。

【提示】外部融资销售增长比就是销售增长和筹资需求之间存在的比例关系，根据这种关系，就可以直接计算特定销售增长下的筹资需求。（"外部融资销售增长比"，看到该比率的名称就应该可以判断公式的内容，即外部融资额与销售增长的比。）

利用外部融资额"增加额"法，将等式的两边同时除以"增加的销售收入"：

（1）计算总的外部融资额

外部融资额＝增加的销售收入×（经营资产销售百分比－经营负债销售百分比）
　　　　　　－可动用的金融资产－预计销售收入×预计销售净利率×预计利润留存率

（2）两边同时除以"增加的销售收入"：

$$\frac{外部融资}{销售增长比}=\frac{经营资产}{销售百分比}-\frac{经营负债}{销售百分比}-\frac{可动用的金融资产}{增加的销售收入}$$

$$-\frac{基期销售收入×（1+销售增长率）}{基期销售收入×销售增长率}×预计销售净利率×预计利润留存率$$

（3）如果可动用的金融资产为零，上式变为：

$$\frac{外部融资}{销售增长比}=\frac{经营资产}{销售百分比}-\frac{经营负债}{销售百分比}-\frac{1+销售增长率}{销售增长率}×\frac{预计销售}{净利率}×\frac{预计利润}{留存率}$$

$$=\frac{净经营资产}{销售百分比}-\frac{1+销售增长率}{销售增长率}×\frac{预计销售}{净利率}×\frac{预计利润}{留存率}$$

（✓公式容易在计算分析题中考查，要求理解记忆）

外部融资销售增长比的应用（见表2-74） （✓可以文字型客观题的形式考查）

表2-74 外部融资销售增长比的应用

作用	说明
预计外部融资额	预计外部融资额＝Δ销售收入×外部融资销售增长比 【提示】Δ销售收入发生变化时，外部融资销售增长比也会变化，需要重新计算
调整股利政策	外部融资销售增长比为负数时，说明企业不仅没有外部融资需求，还有剩余资金，可用于增加股利或进行短期投资（投资于金融资产） 【提示】Δ净经营资产＜Δ留存收益
预计通货膨胀对筹资的影响	含有通货膨胀的销售增长率＝（1＋销量增长率）×（1＋通货膨胀率）－1 【提示】即使销量增长为零，也需要补充资金，以弥补通货膨胀造成的货币贬值损失

通胀情况下，货币购买力下降，企业需要更多的资金以应对货币贬值带来的外部融资需求的增长。

（二）外部融资需求的敏感性分析（见表2-75）

表2-75 外部融资需求的敏感性分析

影响方式	影响因素	影响方向
影响融资总需求	销售增长率	同向
	经营资产销售百分比	同向
	经营负债销售百分比	反向
影响内部资金供应	销售净利率	反向
	利润留存率	反向

【例2-26·2014年多选题】假设其他因素不变，下列变动中有利于减少企业外部融资额的有（　　　）。

A.提高产品毛利率　　　　　　B.提高存货周转率

C.提高权益乘数　　　　　　　D.提高股利支付率

【答案】AB

【解析】外部融资额＝（经营资产销售百分比－经营负债销售百分比）×基期销售额×销售增长率－基期销售额×（1＋销售增长率）×预计销售净利率×（1－预计股利支付率）

A项正确：提高产品毛利率会提高销售净利率，从而减少外部融资额。B项正确：提高存货周转率会减少存货占用资金，即减少经营资产占用资金，从而减少外部融资额。C项错误：外部融资额的公式与权益乘数无关，所以提高权益乘数不会减少外部融资额。D项错误：提高股利支付率会减少新增的留存收益，从而增加外部融资额。

【例2-27·2005年多选题】企业销售增长时需要补充资金。假设每元销售所需资金不变，以下关于外部融资需求的说法中，正确的有（　　　）。

A.股利支付率越高，外部融资需求越大

B.销售净利率越高，外部融资需求越小

C.如果外部融资销售增长比为负数，说明企业有剩余资金，可用于增加股利或短期投资

D.当企业的实际增长率低于本年的内含增长率时，企业不需要从外部融资

【答案】ABCD

【解析】外部融资额＝（经营资产销售百分比－经营负债销售百分比）×基期销售额×销售增长率－基期销售额×（1＋销售增长率）×预计销售净利率×（1－预计股利支付率）

A项正确：股利支付率越高，则留存收益越少，所以外部融资需求越大。B项正确：销售净利率越高，则留存收益越多，所以外部融资需求越小。C项正确：外部融资销售增长比不仅可以预计融资需求量，而且对于调整股利政策和预计通货膨胀对融资的影响等也有作用，当外部融资销售增长比为负数时，说明企业有剩余资金，可用于增加股利或短期投资。D项正确：内含增长率是只靠内部积累实现的销售增长，此时企业的外部融资需求额为0，如果企业的实际增长率低于本年的内含增长率，则企业不需要从外部融资。

四、内含增长率与可持续增长率的区别（见表2-76）

不发行新股，融资来源为：内部留存收益与金融负债的合计。

表2-76　　　　　　内含增长率与可持续增长率的区别

项目	内含增长率				可持续增长率			
融资方式	金融资产	留存收益	金融负债	发行新股	金融资产	留存收益	金融负债	发行新股
	×	√	×	×	×	√	√	×
资本结构	不增加外部债务，资本结构因留存收益的增加而改变				资本结构不变，可以增加外部金融负债，配合股东权益的增加			
股利政策	可以调整				不能调整			
融资需求	是判断外部融资需求的界限				不是判断外部融资需求的界限			
留存收益	Δ净经营资产＝Δ留存收益				Δ股东权益＝Δ留存收益			

智能测评

扫码听分享	做题看反馈
40385	41541
本章有很多公式，同学们不要害怕，配合我们老师讲解的公式记忆规律可以帮助同学跨过这个小山丘，为后面章节的学习奠定基础。 扫一扫二维码，来听导师的分享吧。	学完马上测！ 请扫描上方的二维码进入本章测试，检测一下自己学习的效果如何。做完题目，还可以查看自己的个性化测试反馈报告。这样，在以后复习的时候就更有针对性，效率更高啦！

本章导学视频

40386

第三章　价值评估基础

有关货币时间价值的计算是教材最基本的计算，是后面章节必须用到的知识点。注意结合后续章节，需要多练习，避免眼高手低而出错。与风险和报酬相关的理论部分是教材理论中最难的部分，需要大家有一定的抽象思维能力，需要结合图像来掌握。这部分的内容并非考试的重点，在听懂老师授课的基础上，适当练习，直接掌握知识即可。

本章重要考点包括：（1）货币时间价值的系数之间的关系；（2）资金时间价值计算的灵活运用（采用内插法确定利率、期限；有效年利率、报价利率间的关系）；（3）投资组合的风险和报酬的相关结论；（4）资本资产定价模型的计算；（5）β系数的含义及结论；（6）证券市场线与资本市场线的比较。

主要内容

第一节　利率
第二节　货币的时间价值
第三节　风险和报酬

（✓本章是本书的基础章节，为后面计算奠定基础，多加练习，近几年考核分数为5分左右）

第一节　利率

◇ 基准利率及其特征

◇ 利率的期限结构

◇ 市场利率的影响因素

一、价值评估概述（见表3-1）

表3-1　　　　　　　　　　　价值评估概述

项目	说明
含义	价值评估是指对一项资产价值的估计 （1）资产：可能是金融资产，也可能是实物资产，甚至可能是一个企业 （2）价值：指资产的内在价值，即用适当的折现率计算的资产预期未来现金流量的现值，被称为经济价值或公平价值
评估方法	价值评估的主流方法是现金流量折现法（Discounted Cash Flow），该方法涉及几个基本原理和技术方法： （1）利率：本章第一节讲述，主要介绍利率的决定因素和期限结构 （2）时间价值：本章第二节"货币的时间价值"，主要讨论现值的计算方法 （2）风险价值：本章第三节"风险与报酬"，主要讨论风险价值 （3）现金流量：它因不同资产的特点而异，后续章将结合具体估值对象讨论

【提示】价值评估是财务管理的核心问题，几乎涉及每一项财务决策。

二、基准利率及其特征（★★）

（一）利率概述（见表3-2）

表3-2　　　　　　　　　　　利率概述

项目	说明
含义	利率又称利息率，表示一定时期内利息与本金的比率，通常用百分比表示
计算公式	利率＝利息/本金
表示方法	根据计量的期限标准，可以将利率表示为年利率、月利率、日利率等
影响因素	（1）产业的平均利润水平、货币的供给与需求状况、经济发展的状况 （2）物价水平、利率管制、国际经济状况和货币政策因素

（二）基准利率（见表3-3）

表3-3　　　　　　　　　　　基准利率

项目	说明
含义	基准利率是中央银行公布的商业银行存款、贷款、贴现等业务的指导性利率
作用	（1）是金融市场上具有普遍参照作用的利率，其他利率水平或金融资产价格均可根据这一基准利率水平来确定 （2）是利率市场化机制形成的核心：融资者衡量融资成本，投资者计算投资收益，都将其作为参考
基本特征	（1）市场化：基准利率必须由市场供求关系决定，还要反映市场对未来的预期 （2）基础性：基准利率在利率体系、金融产品价格体系中处于基础性地位 （3）传递性：基准利率所反映的市场信号，能有效地传递到其他金融市场和金融产品价格上

三、利率的期限结构（★★★）

（一）利率期限结构的含义

利率期限结构是指某个时点不同期限的即期利率与到期期限的关系及变化规律。

（二）利率期限结构理论

1.预期理论（见表3-4）

表3-4　　　　　　　　　　　预期理论

项目	说明
含义	该理论提出的命题是，长期债券的利率等于在其有效期内人们所预期的短期利率的平均值
关键假定	债券投资者对于不同到期期限的债券没有特别的偏好，这意味着如果不同期限的债券是完全替代品，这些债券的预期回报率必须相等

2.市场分割理论（见表3-5）

表3-5　　　　　　　　　　市场分割理论

项目	说明
含义	该理论将不同到期期限的债券市场看作完全独立和相互分割的。到期期限不同的每种债券的利率取决于该债券的供给与需求，其他到期债券的预期回报率对此毫无影响
关键假定	不同到期期限的债券根本无法相互替代

【提示】由于存在法律、偏好或其他因素的限制，投资者和债券的发行者都不能无成本地实现资金在不同期限的证券之间的自由转移。因此，证券市场并不是一个统一的无差别的市场，而是分别存在着短期市场、中期市场和长期市场。

3.流动性溢价理论（见表3-6）

表3-6　　　　　　　　　　　　流动性溢价理论

项目	说明
含义	该理论认为长期债券的利率应当等于长期债券到期之前预期短期利率的平均值与随债券供求状况变动而变动的流动性溢价之和
关键假定	不同到期期限的债券是可以相互替代的，这意味着某一债券的预期回报率的确会影响其他到期期限债券的预期回报率，但是该理论承认投资者对不同期限债券的偏好，即不同到期期限的债券并非完全替代品

【提示】本理论是预期理论与分割市场理论相结合的产物。

4.期限优先理论（见表3-7）

表3-7　　　　　　　　　　　　期限优先理论

项目	说明
含义	该理论采取了较为间接的方法来修正预期理论，但得到的结论是相同的
关键假定	投资者对某种到期期限的债券有着特别的偏好，即更愿意投资于这种期限的债券

四、市场利率的影响因素（★★★）

（一）市场利率的确定方法

在市场经济条件下，市场利率的确定方法表示如下：

市场利率 $r = r^* + RP = r^* + IP + DRP + LRP + MRP$

其中：r^*……纯粹利率

　　　　RP……风险溢价（Risk Premium）

　　　　IP……通货膨胀溢价（Inflation Premium）

　　　　DRP……违约风险溢价（Default Risk Premium）

　　　　LRP……流动性风险溢价（Liquidity Risk Premium）

　　　　MRP……期限风险溢价（Maturity Risk Premium）

（二）市场利率的相关参数

1.纯粹利率（见表3-8）

表3-8　　　　　　　　　　　　纯粹利率

项目	说明
含义	也称真实无风险利率，是指在没有通货膨胀、无风险的情况下资金市场的平均利率
近似表达	没有通货膨胀时，短期政府债券的利率可以视作纯粹利率

2.通货膨胀溢价（见表3-9）

表3-9　　　　　　　　　　　　通货膨胀溢价

项目	说明
含义	指证券存续期间预期的平均通货膨胀率
重要计量	纯粹利率与通货膨胀溢价之和，称为"名义无风险利率"，简称"无风险利率"： 名义无风险利率 $r_{RF} = r^* + IP$

3.违约风险溢价（见表3-10）

表3-10　　　　　　　　　　　　违约风险溢价

项目	说明
含义	指债券发行者在到期时不能按约定足额支付本金或利息的风险，该风险越大，债权人要求的贷款利息越高
应用	（1）政府债券：通常认为没有违约风险，违约风险溢价为零，其利率被视为名义无风险利率 （2）公司债券：公司评价越高，违约风险越小，违约风险溢价越低

4.流动性风险溢价（见表3-11）

表3-11　　　　　　　　　　　　流动性风险溢价

项目	说明
含义	指债券因存在不能短期内以合理价格变现的风险而给予债权人的补偿
应用	（1）国债的流动性好，流动性溢价较低 （2）小公司发行的债券流动性较差，流动性溢价相对较高

5.期限风险溢价

它是指债券因面临持续期内市场利率上升导致价格下跌的风险而给予债权人的补偿，因此也被称为"市场利率风险溢价"。

第二节　货币的时间价值

（✔本节介绍财务管理的基本计算技巧，考生朋友们必须掌握并灵活运用）

◇ 货币时间价值的概念
◇ 复利终值和现值
◇ 年金终值和现值
◇ 货币时间价值的灵活运用

一、价值评估概述

价值评估是财务管理的核心问题，几乎涉及每一项财务决策。

（一）价值评估的相关概念（见表3-12）

表3-12　　　　　　　　　　　　价值评估的相关概念

项目	说明
含义	价值评估是指对一项资产价值的估计 （1）资产：可能是金融资产，也可能是实物资产，甚至可能是一个企业 （2）价值：指资产的内在价值，即用适当的折现率计算的资产预期未来现金流量的现值，被称为经济价值或公平市场价值
主流方法	价值评估的主流方法是现金流量折现法（Discounted Cash Flow），涉及三个基本概念： （1）时间价值：本章第二节"货币的时间价值"，主要讨论现值的计算 （2）风险价值：本章第三节"风险与报酬"，主要讨论风险价值 （3）现金流量：它因不同资产的特点而异，后续章节讨论

价值评估要求掌握资产预期未来可以带来的现金流量，对该部分现金流量进行折现所得的就是该资产的现值。

实务链接：上市公司"卖房保壳"扭亏为盈，成功摆脱ST。

（二）内在价值与其他价值的区别 *对比理解，内在价值是企业持续经营状态下预计未来可以带来的经济利益的现值。*

1. 内在价值VS.账面价值（见表3-13）

表3-13　　　　　　　　　　内在价值VS.账面价值

	账面价值	内在价值
含义	指资产负债表上列示的资产价值，也称会计价值，它是历史成本，不包括没有交易基础的资产价值，也不包括资产的预期未来收益	内在价值的计算基础是资产预期的未来现金流量，与历史成本没有关系
时间属性	历史价格	未来价格
交易属性	投入计价	产出计价

实务链接：我国的原油产品市场很没有效率，被政府的"调整机制"所控制。

2. 内在价值VS.市场价值（见表3-14）

表3-14　　　　　　　　　　内在价值VS.市场价值

	市场价值	内在价值
含义	指一项资产在交易市场上的现行价格，是买卖双方竞价产生的双方都能接受的价格	内在价值是公平的市场价值，指在公平的交易中，熟悉情况的双方，自愿进行资产交换或债务清偿的金额
区别	（1）市场效率高时：市场价值可能公平 （2）市场效率低时：市场价值可能不公平	内在价值是公平价值
联系	市场越有效，市场价值向内在价值的回归越迅速	

3. 内在价值VS.清算价值（见表3-15）

表3-15　　　　　　　　　　内在价值VS.清算价值

	清算价值	内在价值
含义	指单项资产单独拍卖产生的价格，是迫售状态下的预计现金流入	企业整体在持续经营过程中产生的价值
假设情景	停止经营	持续经营
发生状态	被迫单项变卖	正常整体运行

（✓本知识点是基础性的概念，必须掌握，是后面诸多章节学习的基础）

二、货币时间价值的概念（见表3-16） —— *时间价值的基本内涵（★）*

表3-16　　　　　　　　　　货币时间价值的概念

项目	说明
含义	指货币经历一定时间的投资和再投资所增加的价值 【提示】计算时使用相对数字表示货币的时间价值，即用增加价值占投入货币的百分数来表示
作用	不同时点产生的现金流量包含了时间价值，需要把它们折算到同一时点，才能进行大小的比较和比率的计算

图 3-1 资金循环

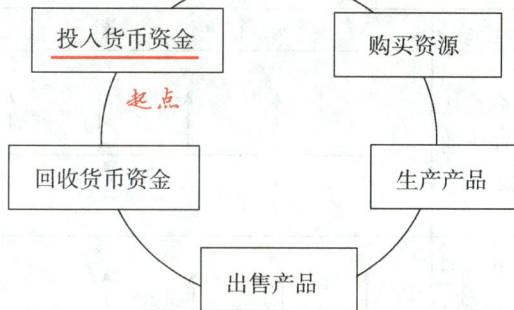

资金循环：随着时间的延续，货币总量在循环和周转中按几何级数增长，使得货币具有时间价值。

三、复利终值和现值 ——时间价值的基本计算（★）

（一）复利和单利（见表3-17）（✔可以考核各观题及计算分析题，较为简单，需要掌握）

表3-17   复利和单利

复利终值和现值

项目	说明
单利	只对本金计算利息，而不将以前计息期产生的利息累加到本金中去计算利息，即对利息不再计息
复利	每经过一个计息期，要将所生利息加入本金再计利息，逐期滚算，俗称"利滚利"

指相邻两次计息的时间间隔，如年、月、日等，除非特别指明，计息期为1年。

（二）复利终值和现值（见表3-18）

表3-18   复利终值和现值

对复利终值和现值的计算公式及符号都要有所了解，两者系数互为倒数的关系要清楚。

	复利终值	复利现值
含义	指现在的特定资金按复利计算的将来一定时间的价值，或者说是现在的一定本金在将来一定时间按复利计算的本金与利息之和	未来一定时间的特定资金按复利计算的现在价值，或者说是为取得将来一定本利和现在所需要的本金
计算公式	$F=P\times(1+i)^n$	$P=F\div(1+i)^n$
系数	$(1+i)^n$	$(1+i)^{-n}$
符号	$(F/P, i, n)$	$(P/F, i, n)$

【提示】

1.复利终值和复利现值都只针对一次性款项。

2.复利终值系数和复利现值系数互为倒数。

四、年金终值和现值 ——年金现值的计算是后面项目价值评估的基础（★★）

（✔可以多种形式考核，各观题与计算分析题都可以）

（一）年金的含义和种类

1.含义

强调的是等期收支的多笔款项，不一定就是一整年。

年金指等额、定期的系列收支。例如，分期付款赊购、分期偿还贷款、发放养老金、分期支付工程款、每年相同的销售收入等，都属于年金收付形式。

【提示】在年金中，等额收支的间隔期不一定是"一年"，只要间隔期相等（不超过一年），都可称之为"年金"，例如每季末等额支付的债务利息也是年金。

2.种类（见表3-19）

表3-19　　年金的种类

种类	特点	图示
普通年金	也称后付年金，从第一期开始每期期末收款、付款	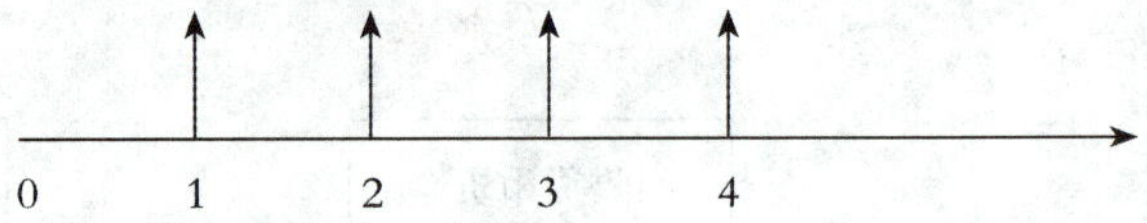
预付年金	从第一期开始每期期初收款、付款，又称即付年金或期初年金	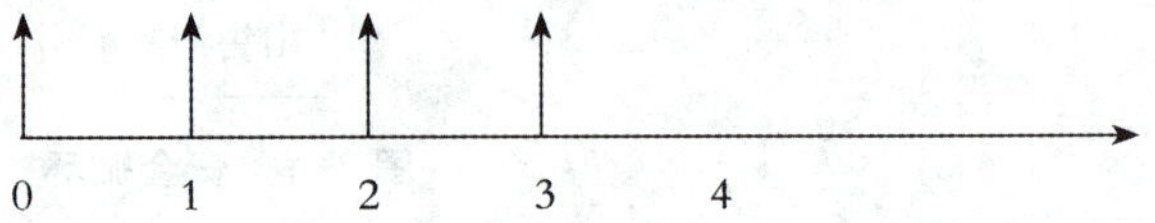
递延年金	从第二期或第二期以后开始收款、付款	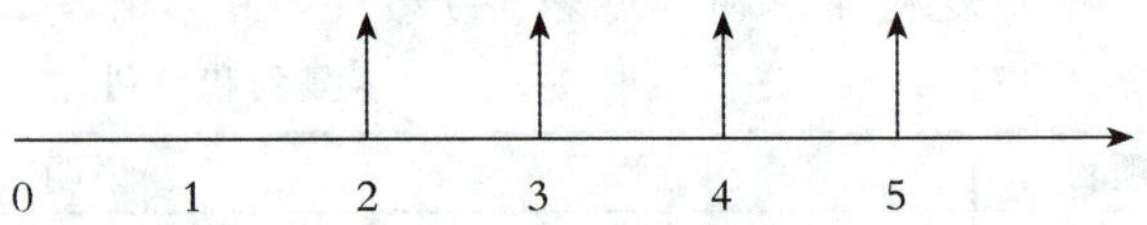
永续年金	无期限定额收款、付款	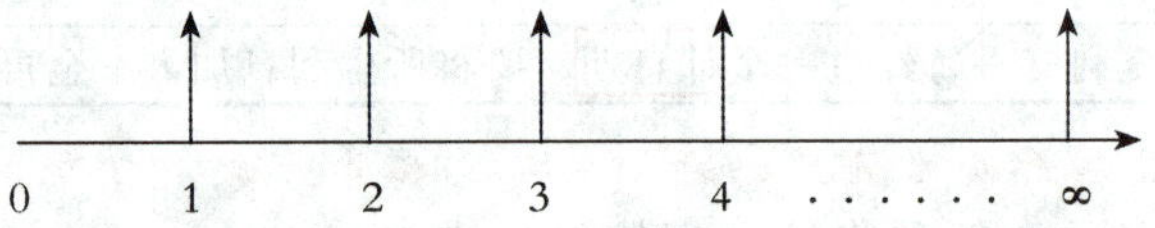

第一期期末开始第一笔收付款。

第一期期初开始。

第二期或以后期末开始。

永远继续，没有终值。

（二）年金终值和现值

1.普通年金（见表3-20）

表3-20　　普通年金的终值和现值

	终值	现值
含义	指最后一次收付时的本利和，它是每次收付款项的复利终值之和	将在一定时期内按相同时间间隔在每期期末收付的相等金额折算到第一期初的现值之和
计算思路	$F = A + A\cdot(1+i)^1 + A\cdot(1+i)^2 + \cdots + A\cdot(1+i)^{n-1}$	$P = A/(1+i) + A/(1+i)^2 + \cdots + A/(1+i)^n$
计算公式	$F=A\times\frac{(1+i)^n-1}{i}$	$P=A\times\frac{1-(1+i)^{-n}}{i}$
符号	(F/A，i, n)	(P/A，i，n)

【提示】（✔要求记住符号，考试会查表找到数字即可。计算过程一般了解即可）

（1）公式推导过程中，使用了等比数列求和公式。例如求年金现值：

$$P=\frac{A}{1+i}+\frac{A}{(1+i)^2}+\frac{A}{(1+i)^3}\cdots+\frac{A}{(1+i)^n}=A\times\left[\frac{1}{1+i}\times\frac{1-\frac{1}{(1+i)^n}}{1-\frac{1}{1+i}}\right]=A\times\frac{1-(1+i)^{-n}}{i}$$

（2）普通年金终值系数和其现值系数的关系为：(F/A，i，n) ＝ (P/A，i，n) × $(1+i)^n$

2.预付年金（见表3-21）

表3-21　　　　　　　　　　　　预付年金的终值和现值

	终值	现值
计算思路	比期数相同的普通年金多复利一次	比期数相同的普通年金少折现一次
计算公式	$F = A \times \dfrac{(1+i)^n - 1}{i} \times (1+i)$ $= A \times [\dfrac{(1+i)^{n+1} - 1}{i} - 1]$	$P = A \times \dfrac{1 - (1+i)^n}{i} \times (1+i)$ $= A \times [\dfrac{1 - (1+i)^{-(n-1)}}{i} + 1]$
符号	$(F/A, i, n) \times (1+i)$ 或 $(F/A, i, n+1) - 1$	$(P/A, i, n) \times (1+i)$ 或 $(P/A, i, n-1) + 1$
计算技巧	普通年金系数为基础，期数+1，系数-1	普通年金系数为基础，期数-1，系数+1

（批注：因为普通年金系数是基础，预付年金比普通年金终值多一期，折现少一期。）

（批注：两种计算关系都要掌握，如果记忆不清，计算分析题按照普通年金对应的现值或终值乘（1+i）即可得到对应的预付年金的现值或终值。）

【提示】普通年金终值时点为最后一次流量发生时点，预付年金终值时点为最后一次流量发生的下一个时点。

【例3-1·2014年单选题】假设银行利率为i，从现在开始每年年末存款1元，n年后的本利和为$\dfrac{(1+i)^n - 1}{i}$元。如果改为每年年初存款，存款期数不变，n年后的本利和应为（　　　）元。

A. $\dfrac{(1+i)^{n+1} - 1}{i}$

B. $\dfrac{(1+i)^{n+1} - 1}{i} - 1$

C. $\dfrac{(1+i)^{n+1} - 1}{i} + 1$

D. $\dfrac{(1+i)^{n-1} - 1}{i} + 1$

【答案】B

【解析】预付年金终值系数和普通年金终值系数相比，期数加1，系数减1。

3.递延年金　　　*（批注：终值的计算与递延期无关。）*

（1）终值（见表3-22）

表3-22　　　　　　　　　　　　递延年金的终值

项目	说明
思路	和普通年金类似，只考虑有几期（n）年金收付，与递延期（m）无关
图示	
计算公式	$F = A \times \dfrac{(1+i)^n - 1}{i} = A \times (F/A, i, n)$

（2）现值　*（批注：必计算型题目考核，重点掌握）*

计算递延年金的现值，有三种方法。

①方法一：两次折现（见表3-23）

表3-23 两次折现

项目	说明
思路	把递延年金视为 n 期普通年金，先求出 n 期年金在递延期末（m 时点）的"现值"，然后再将此"现值"折现到第一期期初（零时点）
图示	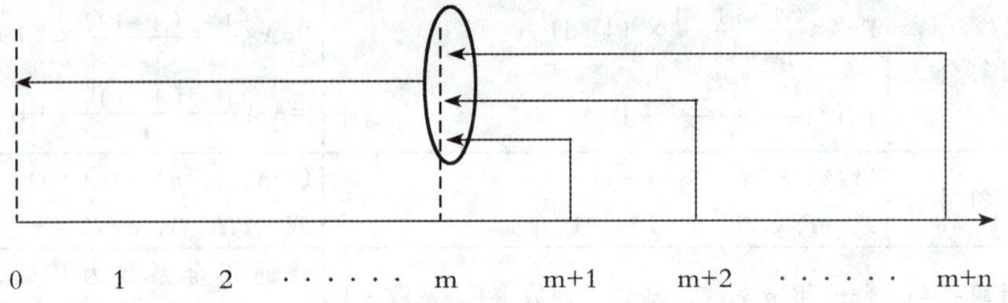 0　1　2　······　m　　m+1　　m+2　······　m+n
计算公式	$P = A \times \dfrac{1-(1+i)^{-n}}{i} \times (1+i)^{-m} = A \times (P/A,\ i,\ n) \times (P/F,\ i,\ m)$

②方法二：年金现值系数之差（见表3-24）

表3-24 年金现值系数之差

项目	说明
思路	假设递延期中也进行支付，先求出（m+n）期的年金现值，然后扣除实际并未支付的递延期（m）的年金现值
图示	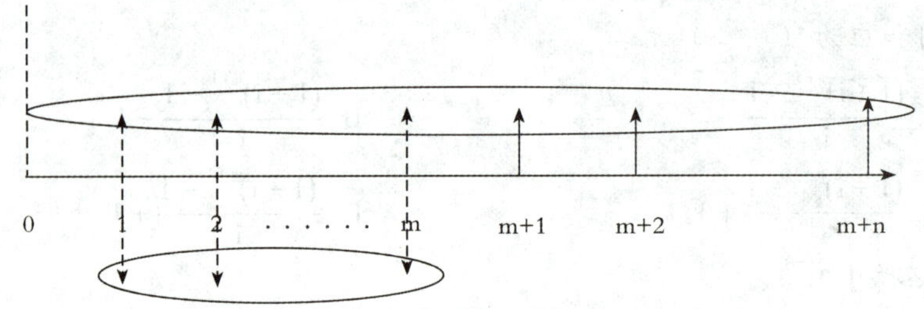 0　1　2　·····　n　　m+1　　m+2　······　m+n
计算公式	$P = A \cdot \left[\dfrac{1-(1+i)^{-(m+n)}}{i} - \dfrac{1-(1+i)^{-m}}{i} \right] = A \cdot \left[(P/A,\ i,\ m+n) - (P/A,\ i,\ m) \right]$

③方法三：先算终值再算现值（见表3-25）

表3-25 先算终值再算现值

项目	说明
思路	将 n 期的年金计算到整个时期末（m+n 时点）的终值，然后再将此终值折现到第一期期初（0时点）求现值
图示	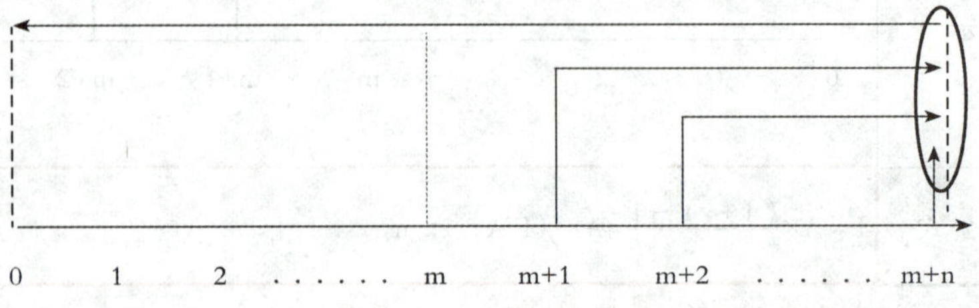 0　1　2　······　m　　m+1　　m+2　······　m+n
计算公式	$P = A \cdot \dfrac{(1+i)^n - 1}{i} \cdot (1+i)^{-(n+m)} = A \cdot (F/A,\ i,\ n) \cdot (P/F,\ i,\ n+m)$

4.永续年金（见表3-26）

永续年金没有终值，永远持续。

表3-26　永续年金

	终值	现值
计算思路	永续年金没有终止的时间，也就没有终值	求期数 n 为无穷大时普通年金现值的极限
计算公式	——	$P = A \times \lim_{n \to \infty} \dfrac{1 - (1+i)^{-n}}{i} = \dfrac{A}{i}$

【提示】永续年金现值的特殊情况：

（1）预付永续年金：$P = A + \dfrac{A}{i}$

（2）递延永续年金：$P = \dfrac{A}{i} \times (P/F, i, m)$ ⟶ *其中：m 为递延期。*

五、货币时间价值的灵活运用

（一）偿债基金与投资回收额（见表3-27）

偿债基金系数与普通年金系数互为倒数（辅助记忆：一般都是年终偿债）。（★★）

表3-27　偿债基金与投资回收额

	偿债基金	投资回收额
含义	指为使年金终值达到既定金额，每年末应收付的年金数额。[已知终值求年金]	指为弥补初始的投资金额，每年末应回收的年金数额。[已知现值求年金]
计算公式	$A = F \times \dfrac{i}{(1+i)^{n} - 1}$	$A = P \times \dfrac{i}{1 - (1+i)^{-n}}$
系数	普通年金终值系数的倒数	普通年金现值系数的倒数
符号	$(A/F, i, n)$	$(A/P, i, n)$

【提示】系数之间的关系总结（见表3-28）

（✔要对表格内的系数间的关系熟练记忆，容易考客观题）

表3-28　系数之间的关系总结

项目	关系
复利终值系数与复利现值系数	互为倒数
普通年金终值系数与偿债基金系数	互为倒数
普通年金现值系数与资本回收系数	互为倒数
预付年金终值系数与普通年金终值系数	（1）期数加1，系数减1 （2）预付年金终值系数 = 普通年金终值系数 ×（1 + i）
预付年金现值系数与普通年金现值系数	（1）期数减1，系数加1 （2）预付年金现值系数 = 普通年金现值系数 ×（1 + i）

【例3-2·2009年多选题】下列关于资金时间价值系数关系的表述中，正确的有（　　）。

A.普通年金现值系数×投资回收系数＝1

B.普通年金终值系数×偿债基金系数＝1

C.普通年金现值系数×（1＋折现率）＝预付年金现值系数

D.普通年金终值系数×（1＋折现率）＝预付年金终值系数

【答案】ABCD

【解析】A项正确：投资回收额是指为弥补初始的投资金额，每年末应回收的年金数额，即"已知现值求年金"，投资回收系数即为普通年金现值系数的倒数。B项正确：偿债基金是指为使年金终值达到既定金额，每年末应支付的年金数额，即"已知终值求年金"，偿债基金系数即为普通年金终值系数的倒数。C、D项正确：由于预付年金起始收付时点比相同期数的普通年金早一期，所以在计算其现值时比普通年金"少折现"一期，在计算其终值时比普通年金"多复利"一期。

【例3-3·2006年单选题】在利率和计息期相同的条件下，以下公式中，正确的是（　　）。

A.普通年金终值系数×普通年金现值系数＝1

B.普通年金终值系数×偿债基金系数＝1

C.普通年金终值系数×投资回收系数＝1

D.普通年金终值系数×预付年金现值系数＝1

【答案】B

【解析】A项错误：普通年金终值系数＝普通年金现值系数×$(1+i)^n$。B项正确：偿债基金是指为使年金终值达到既定金额，每年末应支付的年金数额，即"已知终值求年金"，偿债基金系数即为普通年金终值系数的倒数。C项错误：投资回收额是指为弥补初始的投资金额，每年末应回收的年金数额，即"已知现值求年金"，投资回收系数即为普通年金现值系数的倒数。D项错误：预付年金现值系数＝普通年金现值系数×$(1+i)$。

【例3-4·2000年单选题】假设企业按12%的年利率取得贷款200 000元，要求在5年内每年末等额偿还，每年的偿付额应为（　　）元。

A.40 000　　　　　　B.52 000　　　　　　C.55 482　　　　　　D.64 000

【答案】C

【解析】投资回收额是指为弥补初始的投资金额，每年末应回收的年金数额，即"已知现值求年金"。计算公式为 $A＝P×\dfrac{i}{1-(1+i)^{-n}}＝200\,000/(P/A,12\%,5)＝200\,000/3.6048＝55\,482$（元）。

（✓报价利率与有效年利率的关系公式也需要掌握,容易考计算型题目）

（二）报价利率与有效年利率（见表3-29）

表 3-29　　　　　　　　　　　　报价利率与有效年利率

利率	含义	计算公式
报价利率	银行等金融机构在为利息报价时，通常会提供一个年利率，并且同时提供每年的复利次数（≥1 次），该利率被称为报价利率，也称名义利率	——
计息期利率	借款人对于每 1 元本金每期支付的利息，它可以是年利率，也可以是半年利率、季度利率、每月或每日利率等	计息期利率 $= \dfrac{报价利率}{每年复利次数 m}$
有效年利率	在按照给定的计息期利率和每年复利次数计算利息时，能够产生相同结果的每年复利一次的年利率，也称等价年利率	有效年利率 $= (1 + \dfrac{报价利率}{每年复利次数 m})^m - 1$

【提示】

（1）当每年计息一次时：有效年利率＝报价利率

（2）当每年计息多次时：有效年利率＞报价利率

（3）当题目告知报价利率，要求计算终值或现值，只要将年利率调整为计息期利率，将年数调整为期数即可。

【例 3-5·2013 年单选题】甲公司平价发行 5 年期的公司债券，债券票面利率为 10%，每半年付息一次，到期一次偿还本金。该债券的有效年利率是（　　）。

A.9.5%　　　　　　　B.10%　　　　　　　C.10.25%　　　　　　　D.10.5%

【答案】C

【解析】半年计息期利率 ＝ 10%/2 ＝ 5%，有效年利率 ＝（1 + 5%）^{2} － 1 ＝ 10.25%。

【例 3-6·2010 年多选题】下列关于名义利率与有效年利率的说法中，正确的是（　　）。

A.名义利率是包含通货膨胀的金融机构报价利率

B.计息期小于一年时，有效年利率大于名义利率

C.名义利率不变时，有效年利率随着每年复利次数的增加而呈线性递增

D.名义利率不变时，有效年利率随着计息期利率的递减而呈线性递减

【答案】AB

【解析】A 项正确：名义利率（报价利率）是银行等金融机构提供的利率，它包含了通货膨胀的因素。B 项正确，C、D 项错误：有效年利率是在按照给定的计息期利率和每年复利次数计算利息时，能够产生相同结果的每年复利一次的年利率，也称等价年利率。有效年利率 $= (1 + \dfrac{报价利率}{每年复利次数 m})^m - 1$，报价利率不变时，有效年利率随着每年复利次数的增加而增加，随着计息期利率的递减而增加，但不呈线性关系。

【例 3-7·2001 单选题】某人退休时有现金 10 万元，拟选择一项回报比较稳定的投资，希望每个季度能收入 2 000 元补贴生活。那么，该项投资的实际报酬率应为（　　）。

...

A.2%　　　　　B.8%　　　　　C.8.24%　　　　　D.10.04%

【答案】C

【解析】实际报酬率一般是指"有效年利率"，本题每季度的计息期利率 = 2 000/100 000 = 2%，则有效年利率 $i = (1+2\%)^4 - 1 = 8.24\%$。

（三）折现率和期间的推算（插值法）（见表3-30）

表3-30　　　　　　折现率和期间的推算（插值法）

原理	步骤
时间价值系数 $$\frac{a(?) - a_1}{a_2 - a_1} = \frac{A - A_1}{A_2 - A_1}$$	(1)考察题目已知条件,计算出两个不同的利率i或者期间n下(和)的时间价值系数(和),其中一个大于A,一个小于A (2)代入计算公式 (3)求出未知数a(即为相应的i或n) 【提示】在计算时,将未知数a放在整个等式的最左上的位置,便于在科学计算器上一次性求出结果,且不易出错

【提示】永续年金的利率可以通过公式 i = A/P 来计算。

（四）非整数计息期（见表3-31）

表3-31　　　　　　非整数计息期

项目	说明
案例	若必要报酬率为12%,则46个月后收到的1 000元的现值为多少 【提示】没有特殊说明时,必要报酬率一年复利一次
错误做法	$P = 1\,000/(1+12\%\div12)^{46} = 632.73$
正确做法	$P = 1\,000/(1+12\%)^{46\div12} = 647.64$
错误分析	题目给的必要报酬率是一年复利一次的利率,不能自行增加条件变成每月复利一次,只能对折现时间按照年的倍数进行折现

【提示】本案例还可以根据必要报酬率（有效年利率）倒算按月计算的计息期利率，然后对1 000元进行折现：

按月计算的计息期利率 $= \sqrt[12]{1+12\%} - 1 = 0.9489\%$，现值 $= 1\,000/(1+0.9489\%)^{46} = 647.63$。

第三节　风险和报酬

◇ 风险和报酬研究目的
◇ 风险的含义
◇ 单项资产的风险与报酬
◇ 投资组合的风险与报酬
◇ 资本资产定价模型

一、风险和报酬研究目的（见表3-32）

表3-32   风险和报酬研究目的

项目	说明
目的	讨论风险和报酬的关系，目的是解决估价时如何确定折现率的问题。折现率应当根据投资者要求的必要报酬率来确定
关键问题	不同风险的投资，需要使用不同的折现率。选择折现率的关键问题有两个： （1）投资的风险如何计量 （2）特定的风险需要多少报酬来补偿

【提示】在研究证券的风险与报酬时，针对的都是证券的"收益率"这一相对指标，而非"收益额"这个绝对数。

风险程度不同的投资项目，要求不同的报酬率，确定准确的报酬率才能正确地计算项目净现值，从而作出正确的投资决策。

二、风险的含义（见表3-33）（✔ 基础的概念，一般了解 ★）

表3-33   风险的含义

概念演进	说明
最初概念	风险是发生财务损失的可能性。发生损失的可能性越大，风险越大
新概念	风险是预期结果的不确定性，不仅包括负面效应的不确定性，还包括正面效应的不确定性，即危险与机会并存 （1）对于危险：需要识别、衡量、防范和控制，即对危险进行管理，如保险活动 （2）对于机会：需要识别、衡量、选择和获取增加企业价值的机会
财管概念	与收益相关的风险才是财务管理中所说的风险

凡事都有两面性，看问题要全面，不能只看到危险而看不到机会。财管中分析的风险是可以为企业带来收益的那部分风险。

【提示】 *$R_i = R_f + \beta (R_m - R_f)$，这个公式需要掌握，是后面章节计算、学习的基础。*

（1）衡量与收益相关的风险，需要学习投资组合理论与资本资产定价理论。不断精确定义风险概念是为了明确风险和收益之间的权衡关系，并在此基础上给风险定价。

风险是客观存在的，只是大小不同而已。

（2）区别：投资对象本身固有的风险 VS.投资人需要承担的风险（见表3-34）

表3-34   投资对象本身固有的风险 VS.投资人需要承担的风险

项目	说明
投资对象本身固有的风险	投资对象的风险具有客观性。例如，无论是企业还是个人，投资于国库券其收益的不确定性较小，而投资于股票则收益的不确定性大得多
投资人需要承担的风险	投资人是通过投资获取收益并承担风险的人，可以是任何企业或个人。投资人是否去冒险及冒多大风险，是可以主观选择的，在什么时间、投资于什么样的资产，各投资多少，风险是不一样的

投资组合理论重点在于强调组合投资可以在增加整体投资收益的基础上降低整个投资的风险。

对于不同风险大小的投资可以主观进行组合，在自己能承担的风险范围内选择。

【提示】一语中的：股市有风险（投资对象本身固有的风险），入市需谨慎（投资人需要承担的风险）。

*单项投资的风险报酬

三、单项投资的风险和报酬

（一）概率（见表3-35）

✓ 基础概念，难度较低，多以文字型各观题考核，需要理解衡量单项投资风险的指标的内涵 ★★

表3-35　　　　　　　　　　　　　　　　　概率

项目	说明
随机事件	在经济活动中，某一事件在相同的条件下可能发生，也可能不发生，这类事件称为随机事件
概率	概率就是用来表示随机事件发生可能性大小的数值，取值范围是[0, 1]。其中： ● 0：不可能发生的事件的概率　比如：太阳从西边升起。 ● 1：必然发生的事件的概率　比如：或长或短，生命终将终结。

根据未来可能发生的收益可能性大小来预算未来收益率，作为一种心理期望值来衡量项目的大体收益情况，不能直接用来衡量风险。

（二）期望值（见表3-36）

表3-36　　　　　　　　　　　　　　　　　期望值

项目	说明	
含义	随机变量的各个取值，以相应的概率为权数的加权平均数，叫作随机变量的预期值（数学期望或均值），它反应随机变量取值的平均化	
计算公式	已知未来各种收益率及其概率	已知收益率的历史数据
	$\bar{K} = \sum\limits_{i=1}^{n}(P_i \times K_i)$	$\bar{K} = \sum\limits_{i=1}^{n} K_i / n$

【提示】期望值不能衡量风险。

（三）离散程度

1.绝对指标（见表3-37）

表3-37　　　　　　　　　　　　　　　　　绝对指标

指标		计算公式		说明
		已知未来各种收益率及其概率	已知收益率的历史数据	
方差	总体	$\sigma^2 = \sum\limits_{i=1}^{n}(K_i - \bar{K})^2 \times P_i$	$\sigma^2 = \dfrac{\sum\limits_{i=1}^{N}(K_i - \bar{K})^2}{N}$	（1）含义：表示随机变量离散程度的量数，反映概率分布离均值的远近程度，但只反映距离不反映方向 （2）衡量绝对风险：两项资产期望值相等时才能比较其风险大小。方差或标准差越大，风险越大
	样本		$\sigma^2 = \dfrac{\sum\limits_{i=1}^{n}(K_i - \bar{K})^2}{n-1}$	
标准差	总体	$\sigma = \sqrt{\sum\limits_{i=1}^{n}(K_i - \bar{K})^2 \times P_i}$	$\sigma = \sqrt{\dfrac{\sum\limits_{i=1}^{N}(K_i - \bar{K})^2}{N}}$	
	样本		$\sigma = \sqrt{\dfrac{\sum\limits_{i=1}^{n}(K_i - \bar{K})^2}{n-1}}$	

有概率用概率，没有概率求平均数。

各个变量取值的收益率与期望值之间的差：$(K_i - \bar{K})$ 是偏差；各项偏差平方之和的平均数就是方差。

各项偏差平方之和的平均数就是方差，方差开方就是标准差了。

2.相对指标（见表3-38）→方差和标准差用来衡量项目绝对风险；变化系数衡量项目相对风险。

表3-38　　　　　　　　　　　　相对指标

项目	说明
计算公式	变化系数 = $\sigma/\bar{K}$
意义	变化系数是标准差与均值的比，剔除均值大小的影响，从相对角度观察差异的离散程度

【例3-8·2004年单选题】利用标准差比较不同投资项目风险大小的前提条件是（　　）。

A.项目所属的行业相同　　　　　　B.项目的预期报酬相同

C.项目的置信区间相同　　　　　　D.项目的置信概率相同

【答案】B

【解析】标准差是绝对数，它用于比较预期报酬相同的项目之间风险的大小。

【例3-9·2003年单选题】某企业面临甲、乙两个投资项目。经衡量，它们的预期报酬率相等，甲项目的标准差小于乙项目的标准差。对甲、乙项目可以做出的判断为（　　）。

A.甲项目取得更高报酬和出现更大亏损的可能性均大于乙项目

B.甲项目取得更高报酬和出现更大亏损的可能性均小于乙项目

C.甲项目实际取得的报酬会高于其预期报酬

D.乙项目实际取得的报酬会低于其预期报酬

【答案】B

【解析】根据题意，乙项目的风险大于甲项目，风险就是预期结果的不确定性，高风险可能报酬也高，所以乙项目的风险和报酬均可能高于甲项目。

【例3-10·2000年多选题】关于衡量投资方案风险的下列说法中，正确的是（　　）。

A.预期报酬率的概率分布离散的程度越窄，投资风险越小

B.预期报酬率的概率分布离散的程度越窄，投资风险越大

C.预期报酬率的标准差越大，投资风险越大

D.预期报酬率的变异系数越大，投资风险越大

【答案】ACD

【解析】B项错误：预期报酬率的概率分布的离散程度越窄，投资风险越小。

（✓本知识点非常重要，可以考查客观题及计算分析题，需要掌握★★★）

四、投资组合的风险和报酬

（一）投资组合理论→投资组合可以分散风险。

投资组合理论认为，若干种证券组成的投资组合，其收益是这些证券收益的加权平均数，但是其风险不是这些证券风险的加权平均风险，投资组合能降低风险。

【提示】这里的"证券"是"资产"的代名词，它可以是任何产生现金流的东西，例如一项生产性实物资产、一条生产线或一个企业。

（二）投资组合的期望报酬率（见表3-39）

表3-39　　　　　　　　　　　　投资组合的期望报酬率

项目	说明
计算公式	$r_P = \sum_{j=1}^{m} r_j \cdot A_j$
含义	若干（m）种证券组成的投资组合，期望报酬率是这些证券期望收益率的加权平均数，权数为各种证券在全部投资额中的比重
影响因素	个别资产期望报酬率和投资比重

前面单项投资的期望值的计算理解后，此处的组合期望报酬率就是单项期望值乘以各自在总投资中所占比重。

【提示】组合收益率的范围：

（1）将资金100%投资于最高资产收益率的资产，可获得最高组合收益率；

（2）将资金100%投资于最低资产收益率的资产，可获得最低组合收益率。

（三）投资组合的风险衡量 →证券投资组合是否能降低风险关键在于两种证券之间的关系，是正相关还是负相关。

1.两种证券收益率的相关性

证券组合的标准差，并不是单个证券标准差的简单加权平均。证券组合的风险不仅取决于组合内的证券的风险，还取决于各个证券之间的关系。假设投资100万元，证券A和证券B各占50%：

（1）完全正相关的证券组合数据（见表3-40）

表3-40　　　　　　　　　　完全正相关的证券组合数据

完全正相关的两种证券，其收益率都是同涨同跌，即使组合也没有分散风险的作用。

方案	A			B			组合		
年度	收益额	报酬率	变动	收益额	报酬率	变动	收益额	报酬率	变动
20X1	20	40%	+25%	20	40%	+25%	40	40%	+25%
20X2	-5	-10%	-25%	-5	-10%	-25%	-10	-10%	-25%
20X3	17.5	35%	+20%	17.5	35%	+20%	35	35%	+20%
20X4	-2.5	-5%	-20%	-2.5	-5%	-20%	-5	-5%	-20%
20X5	7.5	15%	0	7.5	15%	0	15	15%	0
平均数	7.5	15%		7.5	15%		15	15%	
标准差		22.6%			22.6%			22.6%	

如果A和B的报酬率完全正相关，即A报酬率的增加永远与B报酬率的增加成正比（本例为1∶1），组合的风险不减少也不扩大，即投资组合报酬率的标准差为A和B各自报酬率的标准差的加权平均数。

备注：报酬率＝收益额/投资额，变动＝某年的报酬率－各年平均报酬率

完全负相关的两种证券，此消彼长，且程度完全相等，那么组合起来可以最大程度地分散风险。

（2）完全负相关的证券组合数据（见表3-41）

表 3-41　　　　　　　　　　　　完全负相关的证券组合数据

方案	A			B			组合		
年度	收益额	报酬率	变动	收益额	报酬率	变动	收益额	报酬率	变动
20×1	20	40%	+25%	-5	-10%	-25%	15	15%	0
20×2	-5	-10%	-25%	20	40%	+25%	15	15%	0
20×3	17.5	35%	+20%	-2.5	-5%	-20%	15	15%	0
20×4	-2.5	-5%	-20%	17.5	35%	+20%	15	15%	0
20×5	7.5	15%	0	7.5	15%	0	15	15%	0
平均数	7.5	15%		7.5	15%		15	15%	
标准差		22.6%			22.6%			0	

　　如果 A 和 B 的报酬率完全负相关，即 A 报酬率的增加永远与 B 报酬率的增加成反比（本例为 1：-1），组合的风险被全部抵销。

　　【结论】各种股票之间不可能完全正相关，也不可能完全负相关，所以不同股票的投资组合可以降低风险，但又不能完全消除风险。一般而言，股票的种类越多，风险越小。

　　【提示】若 B 的收益额减半，那么在 A 与 B 的报酬率为完全正相关时，A 报酬率的增加永远与 B 报酬率的增加呈 2：1 的关系；完全负相关时为 -2：1 的关系。

　　2.投资组合的标准差

　　（1）计算方法（见表 3-42）

表 3-42　　　　　　　　　　　　投资组合标准差的计算方法

项目	说明
计算公式	$\sigma_P = \sqrt{\sum\limits_{j=1}^{m}\sum\limits_{k=1}^{m} A_j \cdot A_k \cdot \sigma_{jk}}$
参数	m——组合内证券种类总数 A_j——第 j 种证券在投资总额中的比重 A_k——第 k 种证券在投资总额中的比重 σ_{jk}——第 j 种证券与第 k 种证券报酬率的协方差

　　（2）中间指标

　　①协方差（见表 3-43）——→协方差比方差还要重要。

表 3-43　　　　　　　　　　　　协方差

项目	说明
计算公式	$\sigma_{jk} = \dfrac{\sum\limits_{i=1}^{n}(x_i - \bar{x}) \times (y_i - \bar{y})}{n-1}$
意义	1）两种证券预期报酬率的协方差，用来衡量它们之间共同变动的程度： A.协方差为正数：表示两种证券报酬率同方向变动 B.协方差为负数：表示两种证券报酬率反方向变动 C.协方差为零：表示两种证券报酬率不一起变动，变化方向相互独立 2）证券组合的风险不仅取决于组合内的各个证券的风险，还取决于各个证券报酬率之间的协同关系

在现实中，各种证券总是在一个大的市场环境中发展，不可能完全正相关，也不可能完全负相关，所以分析各种证券之间的相关系数可以为证券如何组合作出更好的决策。

投资组合中证券数量较多时，总方差主要取决于各证券间协方差，充分组合时，只受证券间协方差的影响，而与各证券本身方差无关。

两种证券的历史已获得收益率见表3-44：

表3-44　　　　　　　　两种证券的历史已获得收益率

年度	A股票收益率（X_i）[%]	B股票收益率（Y_i）[%]	（$X_i - \bar{X}$）[%]	（$Y_i - \bar{Y}$）[%]	（$X_i - \bar{X}$）×（$Y_i - \bar{Y}$）[%²]
1	1.8	1.5	−0.08	0.25	−0.02
2	−0.5	1	−2.38	−0.25	0.595
3	2	0	0.12	−1.25	−0.15
4	−2	−2	−3.88	−3.25	12.61
5	5	4	3.12	2.75	8.58
6	5	3	3.12	1.75	5.46
合计	11.3	7.5			27.075
平均数	1.88	1.25			
标准差	2.8358	2.1389			

解出：$\sigma_{AB} = 27.075 / (6 - 1) = 5.415$ （%²）

②相关系数（见表3-45）

（✔本知识点可以考文字型客观题，也可以融入计算中考查）

表3-45　　　　　　　　　　　　相关系数

项目	说明
计算公式	$r_{jk} = \dfrac{\sigma_{jk}}{\sigma_j \cdot \sigma_k} = \dfrac{\sum\limits_{i=1}^{n}(x_i - \bar{x}) \times (y_i - \bar{y})}{\sqrt{\sum\limits_{i=1}^{n}(x_i - \bar{x})^2} \times \sqrt{\sum\limits_{i=1}^{n}(y_i - \bar{y})^2}}$
意义	相关系数总是在[−1，1]间取值： 1）r=1：表示一种证券报酬率的增长与另一种证券报酬率的增长成比例，反之亦然 2）r=−1：表示一种证券报酬率的增长与另一种证券报酬率的减少成比例，反之亦然 3）r=0：表示缺乏相关性，每种证券的报酬率相对于另外的证券的报酬率独立变动 【提示】一般而言，多数证券的报酬率趋于同向变动

承①中例题，解出：$r_{AB} = \dfrac{27.075}{2.8358 \times 2.1389} = 4.4638$

证券在大的市场中总是不免受整体市场环境的影响。

【提示】①相关系数与协方差都能表示两种证券收益率共同变动的趋势，但经过标准化处理之后，相关系数的取值可以直观地说明收益率之间的相关程度的大小，因此，可以比较不同的证券的相关系数。例如，通用汽车和福特公司的相关系数大大高于通用汽车和IBM公司的相关系数。

② 协方差矩阵（见表3-46）

（✓充分组合下，只受协方差影响，与方差无关。会以各观题形式考查）

表3-46　　　　　　　　　　　　　　　　协方差矩阵

项目	说明
计算公式	$\sum\limits_{j=1}^{m}\sum\limits_{k=1}^{m}A_j \cdot A_k \cdot \sigma_{jk}$
意义	根号内的双重 $\sum$ （求和）符号，表示对所有可能配成组合的协方差，分别乘以两种证券的投资比例，然后求其总和 【例子】当 m = 3 时，所有可能的配对组合的协方差矩阵如下： （见下表） 1）对角线上的投资组合：$\sigma_{11}=r_{11}\sigma_1\sigma_1=\sigma_1^2$ （$r_{11}=1$），即协方差就是各证券自身的方差 2）非对角线上的投资组合：$\sigma_{jk}=\sigma_{kj}$，即计算两次 3）协方差比方差更重要：当组合中证券数量较多时，总方差主要取决于各证券间的协方差（方差项为 m 个，协方差项为 $m^2 - m$ 个）。因此，充分投资组合的风险，只受证券之间协方差的影响，而与各证券本身的方差无关

$A_1A_1\sigma_{11}$	$A_1A_2\sigma_{12}$	$A_1A_3\sigma_{13}$
$A_2A_1\sigma_{21}$	$A_2A_2\sigma_{22}$	$A_2A_3\sigma_{23}$
$A_3A_1\sigma_{31}$	$A_3A_2\sigma_{32}$	$A_3A_3\sigma_{33}$

【提示】计算技巧：两种证券投资组合风险的计算（见表3-47）*（✓汇总表格，常考各观题）*

表3-47　　　　　　　　计算技巧：两种证券投资组合风险的计算

两种证券组合的标准差	相关系数	组合的标准差	风险分散情况
$\sigma_P = \sqrt{a^2+b^2+2ab \cdot r_{1,2}}$ 其中： $a = A_1 \times \sigma_1$，$b = A_2 \times \sigma_2$ A_i……某种证券的投资比例 $R_{1,2}$……两种证券的相关系数	$r_{12} = 1$	$\sigma_P = A_1 \times \sigma_1 + A_2 \times \sigma_2$	σ_P 达到 max：组合不能分散任何风险
	$r_{12} = -1$	$\sigma_P = \mid A_1 \times \sigma_1 - A_2 \times \sigma_2 \mid$	达到 min：组合能最大程度地分散风险
	$-1 < r_{12} < 1$	$0 < \sigma_P < A_1 \times \sigma_1 + A_2 \times \sigma_2$	组合能分散部分风险

1）分散投资不一定总能分散风险，要看证券之间的相关系数：如同即使把5个鸡蛋放在5个篮子里，但是这些篮子一个套一个（相关系数为1），一旦失手，5个鸡蛋都会摔破，没有分散任何风险。

2）只要两种证券期望报酬率的相关系数小于1，证券组合期望报酬率的标准差就小于各证券期望报酬率标准差的加权平均数，即达到风险分散效应。

3）不论投资组合中两项资产收益率之间的相关系数如何，只要投资比例不变，各项资产的期望收益率不变，则该投资组合的期望收益率就不变，即投资组合能分散风险，但不降低预期收益。

【助记】类似完全平方公式：根号下面的 a 和 b 可以念成"比差积"，即比重和标准差的乘积。

【例3-11·2016年多选题】市场上有两种有风险证券x和y，下列情况下，两种证券组成的投资组合风险低于二者加权平均风险的有（　　）。

A.x和y期望报酬率的相关系数是0

B.x和y期望报酬率的相关系数是-1

C.x和y期望报酬率的相关系数是1

D.x和y期望报酬率的相关系数是0.5

【答案】ABD

【解析】如果相关系数小于1，则投资组合会产生风险分散化效应，组合风险就会低于各资产加权平均风险。

（四）两种证券组合的投资比例与有效集

1.不同投资比例的组合 ~~若是投资比例做了调整，那么要将投资比例作为权数进行计~~

之前讨论的是两种证券在固定投资比例下的投资组合的情况，现在，改变两种证券的投资比例，投资组合的预期报酬率和标准差也会发生变化。假设A证券的期望报酬率为10%，标准差为12%；B证券的期望报酬率为18%，标准差为20%；A、B两个证券期望报酬率的相关系数为0.2。计算结果见表3-48：

表3-48　　　　　　　　　计算结果

组合	投资A的比例	投资B的比例	组合的期望收益率	组合的标准差	标准差的加权平均数
1	1	0	10.00%	12.00%	12.00%
2	0.8	0.2	11.60%↑	11.11%↓	13.60%
3	0.6	0.4	13.20%	11.78%	15.20%
4	0.4	0.6	14.80%	13.79%	16.80%
5	0.2	0.8	16.40%	16.65%	18.40%
6	0	1	18.00%	20.00%	20.00%

2.机会集曲线 ~~→（✓本知识点比较重要，多以文字型客观题的形式出现，理解在机会集曲线上的各点代表的含义，为考试做题打好基础）~~

（1）含义

以投资组合的标准差为横轴，期望收益率为纵轴，将上表中的数据在坐标图中描点，连接这些黑点所形成的曲线就称为机会集，它描述了不同投资比例组合（只投资于风险资产时）的风险与报酬的权衡关系。

期望报酬率（%）

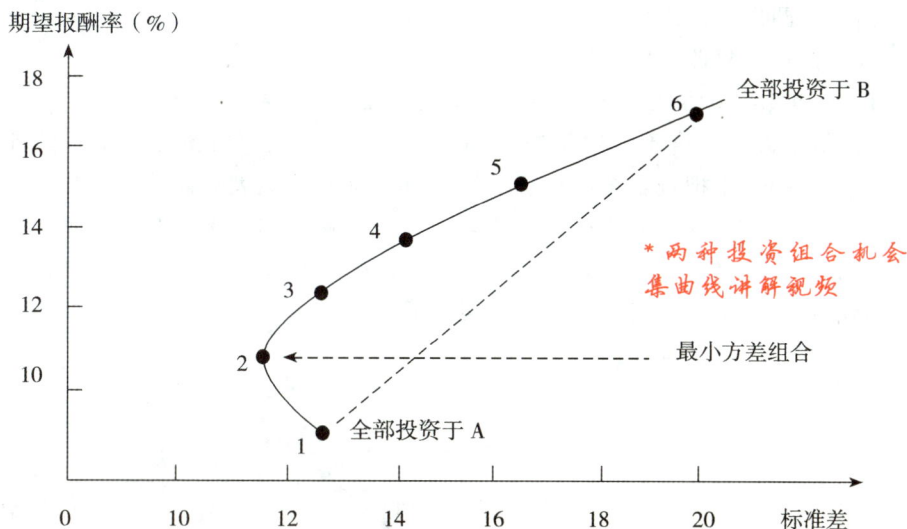

2点属于风险最小的组合情况，1到2之间的这段曲线是无效集，2到6点属于有效集合，在风险相等的基础上，理性的投资人自然会选择期望报酬率高的投资组合。

只有当相关系数小于1时，证券组合才有风险分散的效果，完全正相关是不能分散风险的。

（2）特征（见表3-49）

表3-49　　　　　　　　　　　　　特征

特征	说明
它揭示了分散化效应	比较曲线和以虚线绘制的直线的距离可以判断分散化效应的大小 【提示】直线是由全部投资于A和全部投资于B所对应的两点连接而成。它是当两种证券完全正相关时（无分散化效应）的机会曲线
它表达了最小方差组合	曲线最左端的第2点组合被称作最小方差组合，它在持有证券的各种组合中有最小的标准差。离开此点，无论增加或减少投资于B证券的比例，都会导致标准差的小幅上升
它表达了投资的有效集	有效集亦称有效边界，它位于机会集的顶部，从最小方差组合点起到最高期望报酬率点止。集合内的投资组合在既定的风险水平上，期望报酬率是最高的；或者说在既定的期望报酬率下，风险是最低的

【提示】

①从第1点出发，拿出一部分资金投资于标准差较大的B证券会比将全部资金投资于标准差小的A证券的组合标准差还要小。这种结果与人们的直觉相反，解释了风险分散化的内在特征，一种证券的未预期变化往往会被另一种证券的反向未预期变化所抵消。尽管从总体上看，这两种证券是同向变化的（相关系数大于0），抵消效应还是存在的，在图中表现为机会集曲线有一段1~2的弯曲。

②无效集：

1）曲线1~2被称为"无效集"，相对于有效集上的点（投资组合），其有三种情况：相同的标准差和较低的期望报酬率；相同的期望报酬率和较高的标准差；较低的期望报酬率和较高的标准差。

2）无效集的出现并非必然，与证券收益率之间的相关系数有关：当相关系数不足够小（与1差距不大）时，投资组合分散风险的效应不明显，机会集曲线不会产生向左"凸出"的现象。

③掌握机会集曲线的关键：<u>4个边界</u>

1）期望报酬率∈[单项资产小收益率，单项资产最大收益率]

2）最小方差组合不一定是把全部资金投资于风险（标准差）最小的证券，最大方差组合一定是把资金全部投资于风险（标准差）最大的证券。

【例3-12·2015年单选题】甲公司拟投资于两种证券X和Y，两种证券期望报酬率的相关系数为0.3，根据投资X和Y的不同资金比例测算，投资组合期望报酬率与标准差的关系如下图所示，甲公司投资组合的有效组合是（　　）。

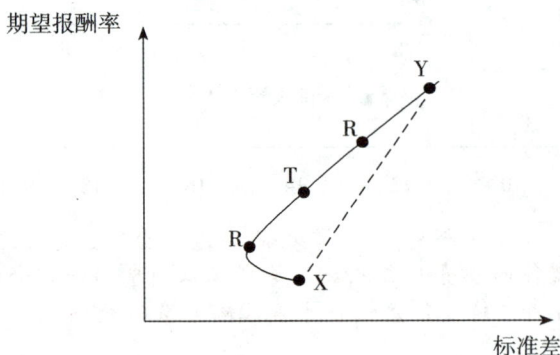

A.XR 曲线

B.X、Y 点

C.RY 曲线

D.XRY 曲线

考查的是对有效集的理解，记住两种证券的投资组合的集合是在一条线上，线上各点代表不同程度的证券组合。后面介绍多种证券组合，有效集合会是一个面。

【答案】C

【解析】从最小方差组合点到最高期望报酬率组合点的那段曲线为机会集，所以选项C正确。

3.相关性对风险的影响　*各种组合是否能分散风险与两者相关系数直接相关。*

在上图的基础上，增加两条相关系数分别为0.5和 -1 的机会集曲线：

相关性对风险的影响

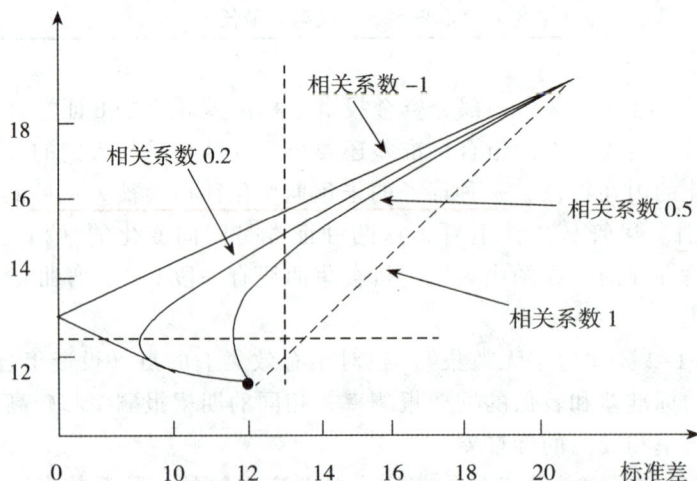

通过多种情况对比，更容易归纳出规律，除相关系数为1时不能分散风险外，证券相关系数越小的，分散风险的能力越强。当两种证券相关系数为-1时，完全分散了风险。

表3-50

相关系数	风险分散效应
1	完全正相关的投资组合，其机会集是一条直线，不具有风险分散化效应
0.5	机会集曲线与完全正相关的直线产生了距离，但没有向点1左侧凸出的现象，能分散部分风险
0.2	相关系数减小，机会集曲线更加弯曲，风险分散化效应也就越强，产生了最小方差组合
-1	机会集是一条折线，拐点与纵轴相交，投资组合能最大程度地分散风险

【例3-13·2013年单选题】下列关于两种证券组合的机会集曲线的说法中，正确的是（　　）。

A.曲线上的点均为有效组合

B.曲线上报酬率最低点是最小方差组合点

C.两种证券报酬率的相关系数越大，曲线弯曲程度越小

D.两种证券报酬率的标准差越接近，曲线弯曲程度越小

【答案】C

【解析】A项错误：曲线上最小方差组合以下的组合是无效的。B项错误：风险最小点是最小方差组合点，由于可能有无效集的存在，最小方差组合点与报酬率最低点不一定一致。C项正确：证券报酬率的相关系数越大，曲线弯曲程度越小，风险分散效应越弱；证券报酬率之间的相关系数越小，机会集曲线就越弯曲，风险分散效应越强。D项错误：曲线弯曲程度与相关系数大小有关，与标准差的大小无关。

【例3-14·2008年多选题】假设甲、乙证券收益的相关系数接近于零，甲证券的预期报酬率为6%，标准差为10%，乙证券的预期报酬率为8%，标准差为15%，则由甲、乙证券构成的投资组合（　　）。

A.最低的预期报酬率为6%　　　　　B.最高的预期报酬率为8%

C.最高的标准差为15%　　　　　　D.最低的标准差为10%

【答案】ABC

【解析】A、B项正确：投资组合的预期报酬率等于单项资产预期报酬率的加权平均数，当把资金全部投资于甲证券时，组合的预期报酬率为6%；当把资金全部投资于乙证券时，组合的预期报酬率为8%。C项正确：投资组合只会分散风险，不可能增加风险，所以组合的最高风险即为把资金全部投资于乙证券时的标准差15%。D项错误：如果相关系数小于1，则投资组合会产生风险分散化效应，并且相关系数越小，风险分散化效应越强，投资组合最低的标准差越小。根据教材例题可知，当相关系数为0.2时，投资组合最低的标准差已经明显低于单项资产的最低标准差，而本题的相关系数接近于零，因此，投资组合最低的标准差一定低于单项资产的最低标准差（10%）。

【例3-15·2005年多选题】A证券的预期报酬率为12%，标准差为15%；B证券的预期报酬率为18%，标准差为20%。投资于两种证券组合的机会集是一条曲线，有效边界与机会集重合，以下结论中正确的有（　　）。

A.最小方差组合是全部投资于A证券

B.最高预期报酬率组合是全部投资于B证券

C.两种证券报酬率的相关性较高，风险分散化效应较弱

D.可以在有效集曲线上找到风险最小、期望报酬率最高的投资组合

【答案】ABC

【解析】投资于两种证券组合的机会集是一条曲线，有效边界与机会集重合，表明两种证券预期报酬率的正相关系数较高，接近完全正相关（相关系数为1），风险分散化效应较弱，所以C项正确；机会集较直，接近为一条直线（线段），在两个端点分别表示全部投资于A证券的最小风险最小报酬和全部投资于B证券的最大风险最大报酬，所以A、B项正确；有效集曲线上的任何一点所表示的投资组合，均体现了风险和收益的对等原则，所以，在有效集曲线上找不到风险最小、期望报酬率最高的投资组合，所以D项错误。

（五）多种证券组合的风险和报酬（见表3-51）

表3-51　　　　　　　　　多种证券组合的风险和报酬

项目	说明
机会集	两种以上证券的所有可能组合会落在一个平面中，图中用阴影部分表示 【提示】随着可供投资证券数量的增加，所有可能的投资组合数量将呈几何级数上升
效集	有效集也称有效边界，位于机会集的顶部，从最小方差组合点起到最高预期报酬率点为止。投资者应在有效集上寻找投资组合，它有以下特点： （1）既定的风险下，期望报酬率最大 （2）既定的期望报酬率下，投资组合风险最小 【提示】在"同质预期"的假设条件下，有效集是市场上理性的投资者的共同选择：不同的风险偏好者只能在有效集上移动，选择不同的投资组合，以获取与风险相称的报酬
无效集	有效集以外的投资组合与有效边界上的投资组合相比，有三种情况： （1）相同的标准差和较低的期望报酬率 （2）相同的期望报酬率和较高的标准差 （3）较低报酬率和较高的标准差

（手写批注）两种证券组合的有效集为一条线（根据两者相关系数不同，或直线或曲线），多种证券组合有效集就是一个平面。

（手写批注）有效集表示的是理性的经济人都会做出的选择范围，但是具体做何决策则根据不同的风险偏好而有不同。

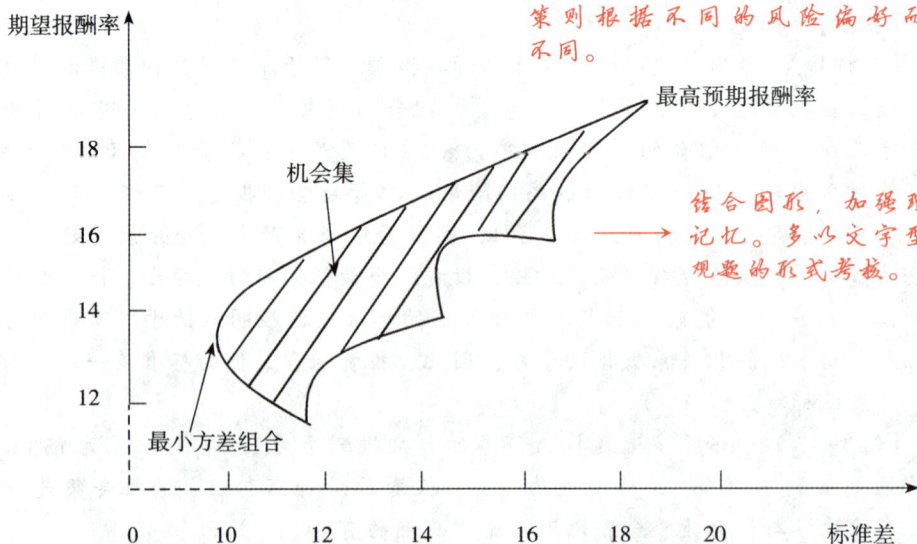

（手写批注）结合图形，加强理解记忆。多以文字型客观题的形式考核。

【提示】投资启示：如果投资者的投资组合是无效的，可以通过改变投资比例

转换到有效边界上的某个组合，以达到提高期望报酬率而不增加风险，或降低风险而不降低期望报酬率，或得到一个既提高期望报酬率又降低风险的组合。

【例3-16·2009年多选题】下列有关证券组合投资风险的表述中，正确的有（　　）。

A.证券组合的风险不仅与组合中每个证券的报酬率标准差有关，而且与各证券之间报酬率的协方差有关

B.持有多种彼此不完全正相关的证券可以降低风险

C.资本市场线反映了持有不同比例无风险资产与市场组合情况下风险和报酬的权衡关系

D.投资机会集曲线描述了不同投资比例组合的风险和报酬之间的权衡关系

【答案】ABCD

【解析】A、B项正确：投资组合的标准差

$$\sigma_P = \sqrt{\sum_{j=1}^{m}\sum_{k=1}^{m} A_j \cdot A_k \cdot \sigma_{jk}} = \sqrt{\sum_{j=1}^{m}\sum_{k=1}^{m} A_j \cdot A_k \cdot \sigma_j \cdot \sigma_k \cdot r_{jk}}$$，证券组合的风险不仅取决于组合内的

各证券的风险，还取决于各个证券之间的协同关系。C项正确：从无风险资产的收益率开始，做有效边界的切线，切点为M，该直线被称为资本市场线，它反映了持有不同比例无风险资产与市场组合情况下风险和报酬的权衡关系。

D项正确：机会集曲线的横坐标是标准差，纵坐标是期望报酬率，它描述了不同投资比例组合的风险和报酬之间的权衡关系。

（六）资本市场线（Capital Market Line，CML）

在上述内容（多种证券组合的风险与报酬）中，假设所有处于有效集上的证券都是有风险的。现在，扩大被投资证券的范围，投资者可以将一个有风险的证券投资组合和一个无风险的证券投资构成新的二次组合，例如将部分资金部分投资于国库券；剩余资金仍然投资于风险资产组合。

有风险投资与无风险投资结合进行投资分析，进一步降低投资组合的风险。

1.资产市场线的含义

如果存在无风险证券，新的有效边界是从无风险资产的报酬率开始并和机会集相切的直线，该直线称为资本市场线。

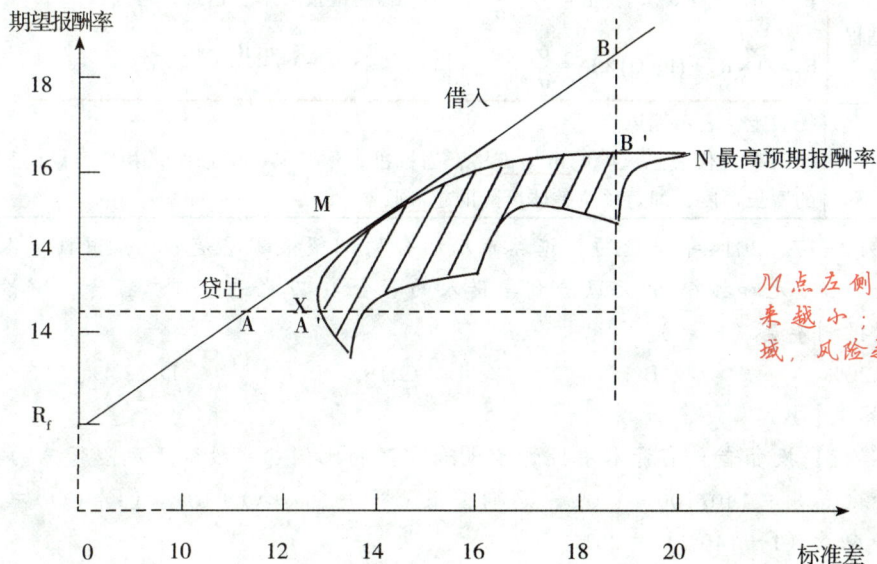

M点左侧的区域，风险越来越小；M点右侧的区域，风险越来越大。

2.二次组合的投资策略

相对于原来只投资于风险资产的组合，二次组合后能更进一步地降低风险：

（1）相同的报酬率和较低的标准差：A点收益率＝A'点收益率，但A点标准差＜A'点标准差

（2）相同的标准差和较高的报酬率：B点标准差＝B'点标准差，但B点收益率＞B'点收益率

3.资本市场线的数理模型

（1）风险与报酬的计算（见表3-52） ✔注意公式中借入、贷出的符号）

表3-52　　　　　　　　　　　风险与报酬的计算

项目	计算公式
组合期望报酬率	总期望报酬率＝风险组合的期望报酬率×Q＋无风险报酬率×（1－Q） 其中： Q……投资者自有资本总额中投资于风险组合M的比重 1－Q……投资于无风险资产的比重
组合风险	总标准差＝风险组合的标准差×Q ● 贷出资金：Q＜1（M点左侧），投资者承担的风险＜市场平均风险 ● 借入资金：Q＞1（M点右侧），投资者承担的风险＞市场平均风险

【提示】如果Q＞1，投资者的投资总额仍然为自有资金：如自有资金为100万元，借入以无风险报酬率计息的资金20万元，则Q＝120/100＝1.2。投资于风险资产组合的资金为自有资金与借入资金的和120万元，而投资于无风险资产的资金为－20万元（负号表示借入），这样，总的投资额仍然为 120＋（－20）＝100万元。

（2）资本市场线的方程式（见表3-53）

表3-53　　　　　　　　　　　资本市场线的方程式

项目	方程式
推导过程	由于 $\sigma_P = Q \times \sigma_M$，变形得 $Q = \dfrac{\sigma_P}{\sigma_M}$，代入总期望报酬率表达式，得到： $$R_P = Q \times R_M + (1-Q) \times R_f = \dfrac{\sigma_P}{\sigma_M} \times R_M + \left(1 - \dfrac{\sigma_P}{\sigma_M}\right) \times R_f = R_f + \dfrac{R_M - R_f}{\sigma_M} \times \sigma_P$$
参数	①截距：表示无风险利率 ②斜率：代表总风险的市场价格，当标准差增长某一幅度时，相应要求的报酬率的增长幅度，即每单位整体风险的超额收益

【例3-17·2014年单选题】证券市场组合的期望报酬率是16%，甲投资人以自有资金100万元和按6%的无风险利率借入的资金40万元进行证券投资，甲投资人的期望报酬率是（　　　）。

A.20%　　　　　　B.18%　　　　　　C.19%　　　　　　D.22.4%

【答案】A

【解析】投资者自有资本中投资于风险资产的比例Q＝投资于风险资产的金额/自有资金总额＝140/100＝140%，总期望报酬率＝16%×Q＋6%×（1－Q）＝16%×140%＋6%×（1－140%）＝20%。

4.重要结论（见表3-54）

表3-54　　　　　　　　　　　　　　　重要结论

项目	说明
市场均衡点	切点M是市场均衡点，它代表唯一最有效的风险资产组合，它是所有证券以各自的总市场价值为权数的加权平均组合，我们将其定义为"市场组合"。现实市场中，M点就是股票综合指数 【提示】共同期望假设：资本市场上的所有投资者对市场和证券的期望收益、方差和协方差都有相同的估计。因为所有投资的各种估计都是根据过去价格的变动和其他公开信息作出的
权衡关系	资本市场线揭示出持有不同比例的无风险资产和市场组合情况下风险和期望报酬率的权衡关系： （1）厌恶风险的投资人：在M点的左侧，将同时持有无风险资产和风险资产组合 （2）偏好风险的投资人：在M点的右侧，将仅持有市场组合M，并且会借入资金以进一步投资于市场组合M，以使期望报酬率增加；与此同时，投资组合的风险（标准差）也增加了
投资者决策过程	投资者的决策包括两个不相关的决策（两个阶段）： （1）确定最佳风险资产组合：调整风险资产投资组合内部的比例，从有效集上的点移动到M点。这一步骤不需考虑投资者的个人特征，比如投资者的风险规避的态度，因为M点是由整个资本市场决定的，是客观存在的 （2）考虑无风险资产和最佳风险资产组合的理想组合：投资者可以部分投资于无风险资产，部分投资于风险资产组合，本阶段受投资人风险反感程度的影响
分离定理	个人的效用偏好与最佳风险资产组合相独立，投资人个人对风险的态度仅仅影响借入或贷出的资金量，而不影响最佳风险资产组合的确定（市场均衡点M的位置）

【例3-18·2014年多选题】下列因素中，影响资本市场线中市场均衡点的位置的有（　　）。

A.无风险利率　　　　　　　　　　B.风险组合的期望报酬率

C.风险组合的标准差　　　　　　　D.投资者个人的风险偏好

【答案】ABC

【解析】资本市场线中，市场均衡点的确定独立于投资者的风险偏好，取决于各种可能风险组合的期望报酬率和标准差，而无风险利率会影响期望报酬率，所以选项A、B、C正确，选项D错误。

（七）系统风险和非系统风险

资产的风险可以用标准差计量，这个标准差是指它的整体风险。按照风险的可分散性程度，把整体风险划分为系统风险和非系统风险（见表3-55）。

表3-55　　　　　　　　　　　　系统风险和非系统风险

风险分类	系统风险	非系统风险
含义	指影响所有公司的因素引起的风险	指发生于个别公司的特有事件造成的风险
例子	战争、经济衰退、通货膨胀、高利率等非预期的变动	一家公司的工人罢工、新产品开发失败、失去重要的销售合同、诉讼失败、宣告发现新矿藏、取得一个重要合同
多样化投资的影响	由于各个股票处于同一系统中，不管投资多样化有多充分，也不可能消除全部风险，即使购买的是全部股票的市场组合	发生于一家公司的不利事件可以被其他公司的有利事件所抵消
别称	（1）市场风险：影响整个资本市场 （2）不可分散风险：没有有效的方法消除	（1）特殊风险：个别公司或个别资产所特有 （2）可分散风险：可以通过投资多样化分散

系统风险固有，一直存在，不可消除，所以理性投资者会以此来衡量自己要求的风险报酬率；非系统风险，可以通过多样组合进行分散。（✓本知识点可能通过文字型客观题进行考核）

【提示】

（1）风险划分对定价的影响：充分的投资组合几乎没有非系统风险，所以理性的投资人都会选择充分投资组合，非系统风险与资本市场无关，市场不会对它给予任何价格补偿，因此，某项资产的必要报酬率只与系统风险有关。

（2）在风险分散过程中，不应当过分夸大资产多样性的作用。一般地，随着资产组合中资产个数的增加，资产组合的风险会逐渐降低；当资产的个数增加到一定程度时，组合风险的降低将非常缓慢直到基本不再降低。

（3）系统风险和非系统风险之间的界线从来都不像我们所划分的那样清晰，甚至一家公司的最细微和特别的信息也有可能在总体经济中掀起波澜。

【例3-19·2009年单选题】下列事项中，能够改变特定企业非系统风险的是（　　）。

A.竞争对手被外资并购　　　　　　B.国家加入世界贸易组织

C.汇率波动　　　　　　　　　　　D.货币政策变化

【答案】A

【解析】A项属于非系统风险；B、C、D项属于系统风险。

【例3-20·2006年单选题】在进行投资项目评价时，投资者要求的风险报酬率取决于该项目的（　　）。

A.经营风险　　　B.财务风险　　　C.系统风险　　　D.特有风险

【答案】C

【解析】由于投资项目的非系统风险可以通过充分的投资组合予以分散，因此理性的投资者都会选择充分投资组合，市场不会给予非系统风险任何补偿，投资者能获得的风险补偿仅取决于投资项目的系统风险。

【提示】经营风险和财务风险是总风险的另一种分类，它们都可能引起系统风险或非系统风险。

【例3-21·2004年单选题】关于证券投资组合理论的以下表述中，正确的是（　　）。

A.证券投资组合能消除大部分系统风险

B.证券投资组合的总规模越大，承担的风险越大

C.最小方差组合是所有组合中风险最小的组合，所以报酬最大

D.一般情况下，随着更多的证券加入到投资组合中，整体风险降低的速度会越来越慢

【答案】D

【解析】A项错误：足够数量的证券投资组合只能有效地消除非系统风险，系统风险无法消除。B项错误：证券投资组合的总规模越大，非系统风险能够被有效消除，投资组合的总体风险会降低。C项错误：由"风险——报酬权衡"原理，不可能找到一个风险最小，而收益率最大的组合。D项正确：在风险分散化的过程中，不应当过分夸大投资多样性和增加投资项目的作用。在投资实践中，经常出现以下情况：在投资组合中，投资项目增加的初期，风险分散的效应比较明显，但增加到一定程度，风险分散的效应就会减弱。有经验数据显示，当投资组合中的资产数量达到20个左右时，绝大多数非系统风险均已被消除，此时，如果继续增加投资项目对分散风险已没有多大实际意义。

五、资本资产定价模型（CAPM）

（✔本知识点非常重要，可以各种题型进行考查，需要掌握 ★★★）

CAPM：Ri = Rf + β(Rm-Rf)，本知识点非常重要，确定出投资者要求的必要收益率后，可以进行股权价值评估，股权价值与债务价值的合计就是企业价值，所以投资者的必要收益率是后面企业价值评估的基础，要掌握。考试可以考文字型或计算型客观题，也可以融入计算分析题中考查。

　　资本资产定价模型的研究对象，是充分组合情况下风险与必要报酬率之间的均衡关系。资本资产定价模型可用于回答如下不容回避的问题：为了补偿某一特定程度的风险，投资者应该获得多大的报酬率？在前面的讨论中，我们已经知道了在高度分散化的资本市场里只有系统风险，并且会得到相应的回报。现在讨论如何衡量系统风险以及如何给风险定价。

　　【提示】资本资产定价模型是由威廉·夏普（William Sharp）根据投资组合理论，于1964年提出来的。该模型是财务学形成和发展过程中最重要的里程碑。它第一次使人们可以量化市场的风险程度，并且能够对风险进行具体定价。基于其在金融经济学方面做出了开创性工作，威廉·夏普获得1990年诺贝尔经济学奖。

　　（一）单项资产系统风险的度量

　　1.度量指标——β系数（见表3-56）　*单项资产的风险与市场风险的相关性。*

表3-56　　　　　　　　　　　　　　　β系数

项目	说明
含义	β系数被定义为某个资产的报酬率与市场组合报酬率之间的相关性
计算公式	$\beta_j = \dfrac{COV(K_j, K_m)}{\sigma_m^2} = \dfrac{r_{j,m} \cdot \sigma_j \cdot \sigma_m}{\sigma_m^2} = r_{j,m} \times \dfrac{\sigma_j}{\sigma_m}$
驱动因素	（1）个别股票与整个股票市场的相关性：同向 （2）个股自身的标准差：同向 （3）整个市场的标准差：反向
经济意义	某一股票的β值告诉我们相对于市场组合而言特定资产的系统风险是多少，反映这种股票报酬率波动与整个股票市场报酬率波动之间的相关性及其程度 （1）A资产的β = 0.5：表明它的系统风险是市场组合系统风险的0.5倍，其报酬率的波动性只有整体市场报酬率波动性的一半，且同向变化 （2）B资产的β = -2：表明它的系统风险是市场组合系统风险的2倍，其报酬率的波动性是整体市场报酬率波动性的两倍，但反向变化

　　【提示】市场组合相对于它自己的贝塔系数是1。

　　2.计算方法（见表3-57）

表3-57　　　　　　　　　　　　　　　计算方法

方法	说明
回归直线法	β系数均可以通过同一时期内的资产报酬率（y）和市场组合报酬率（x）的历史数据，使用线性回归方程预测出来，β系数就是该线性回归方程的回归系数 求解回归方程：y = a + bx （1）列方程组：$\sum xy = a\sum x + b\sum x^2$，$\sum y = na + b\sum x$ （2）解方程组：$a = \dfrac{\sum y - b\sum x}{n}$，$b = \dfrac{n\sum xy - \sum x\sum y}{n\sum x^2 - \left(\sum x\right)^2}$
定义法	根据证券与股票指数报酬率的相关系数、股票指数的标准差和股票报酬率的标准差直接计算

（二）投资组合的贝塔系数（见表3-58）

表3-58　　　　　　　　　　　投资组合的贝塔系数

项目	说明
计算公式	投资组合的贝塔系数等于被组合各证券β值的加权平均数： $\beta_P = \sum_{i=1}^{n} \omega_i \cdot \beta_i$ 【提示】资产组合不能抵消系统风险，所以组合β值直接等于单项资产β值的加权平均数
理解	通过替换资产组合中的资产，或改变不同资产在组合中的价值比重，可以改变组合的风险大小： （1）一个高β值股票被加入到一个平均风险组合中：组合风险将会提高 （2）一个低β值股票被加入到一个平均风险组合中：组合风险将会降低

因为系统风险不能被抵销，所以对贝塔系数进行平均即可得出组合的β值。以文字型客观题考核。

【例3-22·2013年多选题】贝塔系数和标准差都能衡量投资组合的风险。下列关于投资组合的贝塔系数和标准差的表述中，正确的有（　　　）。

A.贝塔系数度量的是投资组合的系统风险

B.标准差度量的是投资组合的非系统风险

C.投资组合的贝塔系数等于被组合各证券贝塔系数的算术加权平均值

D.投资组合的标准差等于被组合各证券标准差的算术加权平均值

【答案】AC

【解析】B项错误：标准差度量的是投资组合的整体风险，包括系统和非系统风险。

D项错误：只有当相关系数等于1时，投资组合的标准差等于被组合各证券标准差的算术加权平均值；当相关系数小于1时，投资组合能分散风险，投资组合的标准差小于组合各证券标准差的算术加权平均值。

（三）证券市场线（见表3-59）

表3-59　　　　　　　　　　　证券市场线

项目	说明
风险和收益的关系	考虑风险的情况下投资者要求的必要收益率： 必要收益率＝无风险收益率＋风险附加率
计算公式	按照资本资产定价模型理论，单一证券的系统风险可由β系数来度量，而且其风险与收益之间的关系可由证券市场线来描述： $R_i = R_f + \beta \times (R_m - R_f)$
参数	1.纵轴（因变量）：第i个股票的必要报酬率 2.横轴（自变量）β：以β值表示的系统风险 3.截距：无风险报酬率（通常以国库券的报酬率来衡量） 【提示】由于无风险证券的$\beta=0$，故R_f成为证券市场线在纵轴的截距 4.平均股票的必要报酬率（指$\beta=1$的股票的必要报酬率，也指包括所有股票的组合即市场组合的必要报酬率） 5.斜率（R_m-R_f）：市场风险溢价率，表示经济系统中风险厌恶感的程度。在均衡状态下，它是投资者为补偿承担超过无风险报酬的平均风险而要求的额外收益，即单位系统风险价格 【提示】①投资者（整体）对风险的厌恶感越强，对风险资产所要求的风险补偿越大，从而对风险资产要求的收益率越高，导致证券市场线的斜率越大 ②斜率反映的是整个股票市场对风险的态度，而非个股 6.某资产的风险附加率：$\beta \times (R_m-R_f)$

（✓非常重要，证券市场线的内涵常以文字型题目考察，或以计算分析题或与其他知识点结合以综合题的形式考查）

结合图形观察记忆。

【提示】从证券市场线可以看出，投资者的必要报酬率不仅仅取决于市场风险，而且还取决于无风险报酬率（证券市场线的截距）和市场风险补偿程度（证券市场线的斜率）。

【例3-23·2013年单选题】证券市场线可以用来描述市场均衡条件下单项资产或资产组合的期望收益与风险之间的关系。当投资者的风险厌恶感普遍减弱时，会导致证券市场线（　　　）。

A.向上平行移动　　B.向下平行移动　　C.斜率上升　　　　D.斜率下降

【答案】D

【解析】证券市场线的斜率表示经济系统中风险厌恶感的程度。一般地说，投资者对风险的厌恶感越强，对风险要求的补偿更多（市场风险溢价越大），证券市场线的斜率越大；投资者对风险的厌恶感越弱，对风险要求的补偿更少（市场风险溢价越小），证券市场线的斜率越小。

【例3-24·2009年多选题】下列关于资本资产定价模型β系数的表述中，正确的有（　　　）。

A.β系数可以为负数

B.β系数是影响证券收益的唯一因素

C.投资组合的β系数一定会比组合中任一单只证券的β系数低

D.β系数反映的是证券的系统风险

【答案】AD

【解析】A项正确：某项证券的β系数为负数，表明其收益率的波动方向与市场组合收益率的波动方向相反。B项错误：由资本资产定价模型 $R_i = R_f + \beta \times (R_m - R_f)$，可知无风险收益率$R_f$、市场组合收益率$R_m$以及β系数都会影响证券收益。C项错误：投资组合的β系数是加权平均的β系数，因此，它一定至少比组合中β系数最低的证券的β系数要高。

【例3-25·2006年多选题】下列各项因素中，能够影响无风险报酬率的有（　　　）。

A.平均资金利润率　　　　　　　　B.资金供求关系

C.国家宏观调控　　　　　　　　　D.预期通货膨胀率

【答案】ABCD

【解析】无风险报酬率＝纯利率＋通货膨胀附加率，而平均资金利润率、资金供求关系和国家宏观调控都会影响纯利率，进而影响无风险报酬率。

【例3-26·2002年单选题】下列关于资本资产定价模型的说法中，错误的是（　　　）。

A.股票的预期收益率与β值线性相关

B.在其他条件相同时，经营杠杆较大的公司β值较大

C.在其他条件相同时，财务杠杆较高的公司β值较大

D.若投资组合的β值等于1，表明该组合没有市场风险

【答案】D

【解析】由资本资产定价模型 $R_i = R_f + \beta \times (R_m - R_f)$，可知：A项正确：股票的预期收益率与β值线性相关。B、C项正确：在其他条件相同时，经营杠杆较大的公司其经营风险较大，总风险也较大；在其他条件相同时，财务杠杆较大的公司其

财务风险较大，总风险也较大。β值反映市场总风险，所以，经营杠杆和财务杠杆的大小与β值同向变化。D项错误：若投资组合的β值等于1，表明该投资组合的市场风险与整个市场的平均风险程度相同，但并不表明该组合没有市场风险。

（四）资本市场线与证券市场线的区别（见表3-60）

表3-60　　　　　　　　　　　资本市场线与证券市场线的区别

资本投向有风险与无风险的资产，进行二次组合，进一步分散风险。

投资于多项证券间的组合。

（✓ 本对比表的内容要理解记忆，避免出多项选择题的混淆选项时被迷惑。）

项目	资本市场线	证券市场线
描述内容	由风险资产和无风险资产构成的投资组合的有效边界	在市场均衡条件下单项资产或资产组合[无论该资产（组合）是否已经有效地分散风险]的期望收益与风险之间的关系
适用范围	窄：仅适用于有效组合（已经有效地分散了风险），不适用于单个证券	宽：适用于单项资产（无效）或资产组合（无效或有效）
函数表达	$R_P = R_f + \dfrac{R_M - R_f}{\sigma_M} \times \sigma_P$	$R_i = R_f + \beta \times (R_m - R_f)$
横轴	（1）测度风险的工具：组合的标准差 （2）测量的风险：总风险（含系统风险和非系统风险）	（1）测度风险的工具：β系数 （2）测量的风险：系统风险
纵轴	期望报酬率：指使净现值为零的报酬率 【联系】第5章"投资项目资本预算"中的"内含报酬率"	必要报酬率：也称最低要求报酬率，是指准确反映预期未来现金流量风险的报酬率，是等风险投资的机会成本
截距	无风险利率 【提示】影响因素：预计通货膨胀率（同向）	
斜率	夏普比率：$\dfrac{R_M - R_f}{\sigma_M}$ 【提示】夏普比率为某段期间内的平均权益风险除以标准差。该比例有时也被称为"收益——风险指标"，其中收益就是指平均超额收益率（相对于无风险资产），而风险指的是标准差	市场风险溢价率：$(R_m - R_f)$
风险厌恶感	投资者个人对风险的态度仅仅影响借入或贷出的资金量，不影响最佳风险组合，也不影响资本市场线的斜率 【提示】（1）考试时，如果没有特别指明，投资者的风险态度一般是说投资者"个人" （2）如果特别指明是投资者"整体/普遍"的风险厌恶感加强，那么资本市场线的斜率就会提高	对市场整体风险厌恶感越强，对风险资产所要求的风险补偿越大，即要求的报酬率越高，证券市场线的斜率越大 【提示】考试时，如果没有特别指明，投资者的风险态度一般是说投资者"整体"

对某项资产组合的投资来说，其资本市场线是固定的，投资者个人的风险偏好不同会影响资金来源的金额（借入还是贷出资金）

【提示】期望报酬率和必要报酬率的关系，决定了投资者的行为，以股票投资为例（见表3-61）：

表3-61　　　　　　　　　　　投资者的行为

期望报酬率与必要报酬率的关系是后面做项目投资分析决策的关键衡量因素，应当掌握。

情形	投资行为
期望报酬率 > 必要报酬率	表明投资会有超额回报，投资者应购入股票
期望报酬率 < 必要报酬率	表明投资无法获得应有回报，投资者应卖出股票
期望报酬率 = 必要报酬率	表明投资获得与所承担风险相应的回报，投资者可选择采取或不采取行动

在完美的资本市场上，投资的期望报酬率等于必要报酬率。

【例3-27·2016年多选题】下列关于证券市场线的说法中，正确的有（　　）。

A.无风险报酬率越大，证券市场线在纵轴的截距越大

B.证券市场线描述了有风险资产和无风险资产构成的投资组合的有效边界

C.预计通货膨胀率提高时，证券市场线将向上平移

D.投资者对风险的厌恶感越强，证券市场线的斜率越大

【答案】ACD

【解析】A项正确：证券市场线在Y轴上的截距为无风险利率。B项错误：资本市场线描述的是有风险资产和无风险资产构成的投资组合的有效边界。而证券市场线描述的是在市场均衡条件下单项资产或资产组合[无论该资产（组合）是否已经有效地分散风险]的期望收益与风险之间的关系。C项正确：预计通货膨胀提高时，无风险报酬率会随之提高，进而导致证券市场线向上平移。D项正确：风险厌恶感的加强，会提高市场风险收益率，从而提高证券市场线的斜率。

【例3-28·2011年单选题】下列关于投资组合的说法中，错误的是（　　）。

A.有效投资组合的期望收益与风险之间的关系，既可以用资本市场线描述，也可以用证券市场线描述

B.用证券市场线描述投资组合（无论是否有效地分散风险）的期望收益与风险之间的关系的前提条件是市场处于均衡状态

C.当投资组合只有两种证券时，该组合收益率的标准差等于这两种证券收益率标准差的加权平均值

D.当投资组合包含所有证券时，该组合收益率的标准差主要取决于证券收益率之间的协方差

【答案】C

【解析】当投资组合只有两种证券时，只有在相关系数等于1的情况下（即投资组合不能分散任何风险），组合收益率的标准差才等于这两种证券收益率标准差的加权平均数；如果相关系数小于1，则该组合收益率的标准差小于这两种证券收益率标准差的加权平均值。

【例3-29·2003年多选题】下列关于β值和标准差的表述中，正确的有（　　）。

A.β值测度系统风险，而标准差测度非系统风险

B.β值测度系统风险，而标准差测度整体风险

C.β值测度财务风险，而标准差测度经营风险

D.β值只反映市场风险，而标准差还反映特有风险

【答案】BD

【解析】β值只反映系统风险（市场风险），而标准差反映的是企业的整体风险，它既包括系统风险，又包括非系统风险（特有风险），所以A选项是错误的；财务风险和经营风险既可能有系统风险，也可能有非系统风险，所以C选项也是错误的。

【例3-30·2016年计算分析题·债券的到期收益率、年金的计算】小W购买个人住房向甲银行借款300 000元，年利率6%，每半年计息一次，期限5年，自2014年1月1日至2019年1月1日止，小W选择等额本息还款方式偿还贷款本息，还款日在每年的7月1日和1月1日。2015年12月末小W收到单位发放的一次性年

终奖60 000元，正在考虑这笔奖金的两种使用方案：

（1）2016年1月1日提前偿还银行借款60 000元。（当日仍需偿还原定的每期还款额）

（2）购买乙国债并持有至到期，乙国债为5年期债券，每份债券面值1 000元，票面利率4%，单利计息，到期一次还本付息，乙国债还有3年到期，当前价格1 020元。

要求：

（1）计算投资乙国债的到期收益率。小W应选择提前偿还银行借款还是投资国债，为什么？

（2）计算当前每期还款额，如果小W选择提前偿还银行借款，计算提前还款后的每期还款额。

【答案】

（1）设乙国债到期收益率为K，有：$1\,020 = 1\,000 \times (1 + 4\% \times 5) \times (P/F, K, 3) = 1\,200 \times (P/F, K, 3)$

K = 5%时，$1\,200 \times (P/F, 5\%, 3) = 1\,200 \times 0.8638 = 1\,036.56$

K = 6%时，$1\,200 \times (P/F, 6\%, 3) = 1\,200 \times 0.8396 = 1\,007.52$

由插值法，有：$(K - 5\%)/(6\% - 5\%) = (1\,020 - 1\,036.56)/(1\,007.52 - 1\,036.56)$

解得：K = 5.57%

借款的半年利率为3%，年有效利率 = $(1 + 3\%)^2 - 1 = 6.09\%$

国债的收益率要小于借款的年有效利率，所以应该提前偿还借款。

（2）假设当前每期还款额为A，有：$300\,000 = A \times (P/A, 3\%, 10)$

解得：A = 300 000/8.5302 = 35 169.16（元）

假设提前偿还借款之后的每期还款额为B，有：

$300\,000 = 35\,169.16 \times (P/A, 3\%, 4) + 60\,000 \times (P/F, 3\%, 4) + B \times (P/A, 3\%, 6) \times (P/F, 3\%, 4)$

即：$300\,000 = 35\,169.16 \times 3.7171 + 60\,000 \times 0.8885 + B \times 5.4172 \times 0.8885$

解得：B = 24 092.73（元）

【例3-31·2003年计算分析题·资本资产定价模型的灵活运用】假设资本资产定价模型成立，表中的数字是相互关联的。求出表中"?"位置的数字（请将结果填写在表3-62中，并列出计算过程）。

表3-62 【例3-31·2003年计算分析题·资本资产定价模型的灵活运用】结果

证券名称	期望报酬率	标准差	与市场组合的相关系数	贝塔值
无风险资产	?	?	?	?
市场组合	?	0.1	?	?
A股票	0.22	?	0.65	1.3
B股票	0.16	0.15	?	0.9
C股票	0.31	?	0.2	?

【答案】（见表3-63）

表3-63　【例3-31·2003年计算分析题·资本资产定价模型的灵活运用】答案

证券名称	期望报酬率	标准差	与市场组合的相关系数	贝塔值
无风险资产	0.025	0	0	0
市场组合	0.175	0.1	1	1
A股票	0.22	0.2	0.65	1.3
B股票	0.16	0.15	0.60	0.9
C股票	0.31	0.95	0.2	1.9

计算过程：

（1）无风险资产的标准差、与市场组合的相关系数、贝他值，显然都为0；市场组合与市场组合的相关系数，显然为1。

（2）设无风险资产报酬率和市场组合的期望报酬率分别为x、y，根据资本资产定价模型列方程组：

$x + 1.3 \times (y - x) = 0.22$

$x + 0.9 \times (y - x) = 0.16$

解得：$x = 0.025$，$y = 0.175$

（3）设A股票的标准差为s，根据求贝塔值的公式$\beta = \dfrac{与市场组合的相关系数 \times 该证券的收益率的标准差}{市场组合收益率的标准差}$，

有：$1.3 = 0.65 \times (s/0.1)$，解得：$s = 0.2$

（4）与（3）同理，求得B股票与市场组合的相关系数为0.6。

（5）设C股票的贝塔值为t，则：$0.025 + t \times (0.175 - 0.025) = 0.31$，解得：$t = 1.9$，从而C股票的标准差 $= 1.9 \times 0.1 / 0.2 = 0.95$

【例3-32·2003年计算分析题·两种证券投资组合的风险与报酬】股票A和股票B的部分年度资料见表3-64（单位为%）：

表3-64　　　　　　　　　年度资料

年度	A股票收益率（%）	B股票收益率（%）
1	26	13
2	11	21
3	15	27
4	27	41
5	21	22
6	32	32

要求：

（1）分别计算投资于股票A和股票B的平均收益率和标准差。

（2）计算股票A和股票B收益率的相关系数。

（3）如果投资组合中股票A占40%，股票B占60%，该组合的期望收益率和标准差是多少？

（4）若市场组合的标准差为6%，股票A与市场组合的相关系数为0.65，证券B与市场组合的相关系数为0.79，分别计算两种股票的贝塔系数。

提示：自行列表准备计算所需的中间数据，中间数据保留小数点后4位。

【答案】

（1）中间数据准备见表3-65：

表3-65　　　　　　　　　　中间数据准备

年度	A股票收益率（%）	B股票收益率（%）	A－Ā（%）	B－B̄（%）	(A－Ā)×(B－B̄)[%]	(A－Ā)²[%²]	(B－B̄)²[%²]
1	26	13	4	－13	－52	16	169
2	11	21	－11	－5	55	121	25
3	15	27	－7	1	－7	49	1
4	27	41	5	15	75	25	225
5	21	22	－1	－4	4	1	16
6	32	32	10	6	60	100	36
合计	132	156	0	0	135	312	472
平均数	22	26					

平均收益率（A）＝（26＋11＋15＋27＋21＋32）/6＝22（%）

平均收益率（B）＝（13＋21＋27＋41＋22＋32）/6＝26（%）

标准差（A）＝$\sqrt{\dfrac{312}{6-1}}$＝7.8994%

标准差（B）＝$\sqrt{\dfrac{472}{6-1}}$＝9.7160%

（2）$r_{AB}=\dfrac{135}{\sqrt{312}\times\sqrt{472}}=0.3518$

（3）①组合期望收益率＝22%×0.4＋26%×0.6＝24.4%

②组合标准差＝$\sqrt{(0.4\times7.8994\%)^2+(0.6\times9.7160\%)^2+2\times(0.4\times7.8994\%)\times(0.6\times9.7160\%)\times0.3518}$

＝7.5451%

（4）A股票的贝塔系数＝0.65×7.8994%/6%＝0.86

B股票的贝塔系数＝0.79×9.7160%/6%＝1.28

智能测评

扫码听分享	做题看反馈
价值评估的基础就是货币时间价值的计算，对复利计息下终值与现值的计算，年金的终值和现值的计算都为后面企业价值评估、股权价值评估以及债券价值评估奠定基础，要熟练把握哦！ 　扫一扫二维码，来听导师的分享吧。	学完马上测！ 　请扫描上方的二维码进入本章测试，检测一下自己学习的效果如何。做完题目，还可以查看自己的个性化测试反馈报告。这样，在以后复习的时候就更有针对性，效率更高啦！

第四章　资本成本

*本章导学视频

本章是财务管理部分的一个核心基础章节，主要阐述资本成本的概念、资本成本的用途和估计各种要素资本成本和企业加权资本成本的方法等。财务管理的核心概念是净现值，而资本成本就是折现率，所以资本成本是后面很多章节的计算基础。

学习资本成本除了熟练掌握本章的主要内容及计算公式外，还应强化本章与相关内容结合上的训练，特别是跨章节习题的训练，结合历年真题熟悉综合题的思路。

本章重要考点：（1）资本成本的概念；（2）债务资本成本估算的四种方法；（3）股权资本成本估算的三种方法；（4）加权平均资本成本的估算；（5）资本成本的影响因素。

主要内容

第一节　资本成本的概念和用途

（✓ 近几年考核分数大约6分左右，注意跨章节习题的练习，结合历年真题熟悉综合题的思路）

第二节　债务资本成本的估计

第三节　普通股资本成本的估计

第四节　混合筹资资本成本的估计

第五节　加权平均资本成本的计算

第一节　资本成本的概念和用途

（✓ 本节内容通常以文字型客观题的形式出现。由于内容具有一定的综合性，所以考生可以在学习相关章的内容之后，再加强本节知识的理解）

◇ 资本成本的概念

◇ 资本成本的用途

◇ 资本成本的影响因素

（不是实际支付的成本，是失去机会的潜在成本。也是基于理性经济人假设，多种投资中，在其他条件相同的基础上，投资人会选择报酬率最高的投资，因为公司资本是有限的，在选定某一投资后，将会丧失投资其他项目的机会，所丧失机会中报酬率最高的那个项目的收益就是现在所选中投资项目的机会成本，选中项目的最低报酬率要高于丧失的机会成本（即投资人最高报酬率）。）

一、资本成本的概念（★）

（一）公司的资本成本

公司资本成本的具体内容见表4-1。

表4-1　　　　　　　　　　公司资本成本的内容

项目	说明
含义	公司的资本成本指投资资本的<u>机会成本</u>，这种成本不是实际支付的成本，而是一种失去的收益，是投资人放弃的其他投资机会中报酬率最高的一个。因此，资本成本也称为<u>最低期望报酬率</u>、<u>投资项目的取舍率</u>、<u>最低可接受的报酬率</u>
两个方面	（1）资本成本与公司的<u>筹资活动</u>有关，它是公司<u>募集</u>和<u>使用</u>资金的成本，即筹资的成本
	（2）资本成本与公司的<u>投资活动</u>有关，它是投资所要求的<u>必要</u>［最低］报酬率
表示方法	以<u>年度的相对比率</u>为计量单位

（通常成本是以绝对数来表示，但是不利于比较不同项目间成本大小，以相对比率表示能够更好地进行对比（无论是不同资本之间还是与投资报酬率之间的比较，都可以）。）

105

【提示】

资本成本是财务管理的一个非常重要的概念，有两个原因：

（1）公司要达到股东财富最大化，必须使所有的投入成本最小化，其中包括资本成本的最小化，所以正确估计和合理降低资本成本是制定筹资决策的基础。

（2）公司为了增加股东财富，公司只能投资于投资报酬率高于其资本成本率的项目，正确估计项目的资本成本是制定投资决策的基础。

分别计算出不同资金来源的资本成本率就可以评估公司的资本成本。

【例题4-1·2000年多选题】下列关于资本成本的说法中，正确的有（　　）。

A.资本成本的本质是企业为筹集和使用资金而实际付出的代价

B.企业的加权平均资本成本由资本市场和企业经营者共同决定

C.资本成本的计算主要以年度的相对比率为计量单位

D.资本成本可以视为项目投资或使用资金的机会成本

【答案】BCD

【解析】A项错误：资本成本是指投资资本的机会成本，这种成本不是实际支付的成本，而是一种失去的收益，是将资本用于本项目投资所放弃的其他投资机会的收益，因此，被称为机会成本。

（二）理解公司的资本成本

1.资本成本是公司取得资本使用权的代价

从筹资人（公司）的角度看，投资人从证券上所取得的报酬就是证券发行公司的成本，因此，投资人的税前的期望报酬率等于公司的税前资本成本。

2.资本成本是公司投资人要求的必要报酬率（见表4-2）

表4-2　　资本成本的内容

要点	说明
资本成本是维持公司股价不变的报酬率	（1）公司的投资报酬率＞投资人的要求：新投资者购买公司股票，股价上升→可以获得超额收益，提升股价。 （2）公司的投资报酬率＜投资人的要求：原投资者抛售公司股票，股价下降 不能满足投资人的最低期望报酬，抛售股票，股价下降。因此，公司的资本成本是投资人投资的最低报酬率，或者说是维持公司股价不变的报酬率
资本成本与资本市场有关	如果市场上其他的投资机会的报酬率升高，公司的资本成本也会上升

3.不同资本来源的资本成本不同

每一种资本要素要求的报酬率被称为要素成本，由于风险不同，每一种资本要素要求的报酬率不同（见表4-3）。

表4-3　　不同资本要素的报酬率

要素成本	说明
债务成本	债权人要求的报酬率比较容易观察：不论是取得银行贷款或发行公司债券，事先规定的利率可以代表投资人的要求，也就是债务的税前成本
权益成本	股东要求的报酬率不容易观察：投资人的收益来自于股利和股价上升，但是二者都是不确定的

债务资本成本可以抵税，核算债务资本成本时要考虑抵税额，以税后债务资本成本来表示。

【提示】

（1）权益投资人要求的报酬率，是一种事前的期望报酬率，而不是已经获得或实际获得的报酬率，实际报酬率可能高于或低于原来的期望。

实际报酬率与期望报酬率的高低可以影响股价的变化。

（2）由于股东的风险比债权人大，所以公司应当为股东支付更高的报酬。原因如下：

权益资本成本核算方法中的"债务收益率风险调整模型"是股东应当比债权人获得更高报酬的反映。

①股利：公司没有义务按照固定的金额支付股利，分配多少股利取决于将来的经营状况和财务状况；→*不确定性高，股利收益不确定，风险大。*

②股价：有时上升，有时下降，会经常变化，股价上升的收益也是不确定的；

③股东的股利求偿顺序：位于债权人的利息之后。*股价波动，股权资本收益也不确定，风险大。*

股东分配的是剩余收益，是满足了其他利益相关者后的部分，风险大。

4.不同公司的筹资成本不同

一个公司资本成本的高低，取决于表4-4中三个因素。

表4-4 　　　　　　　　　　决定资本成本高低的因素

因素	说明
无风险报酬率	指无风险投资所要求的报酬率。典型的无风险投资是政府债券投资
经营风险溢价	指由于公司未来的前景的不确定性导致的要求投资报酬率增加的部分
财务风险溢价	指高财务杠杆产生的风险

影响股权资本成本的计算，一般是用含通胀的长期政府债券的到期报酬率来衡量。后面第三节会详细介绍。

只要公司正在运行就会存在经营风险，经营风险的大小用经营杠杆系数来放大反映，将在第九章详细介绍。

公司的资本结构不同，融资来源不同，会产生不同的财务风险，可以用财务杠杆系数来放大反映，将在第九章详细介绍。

【提示】由于公司所经营的业务不同（经营风险不同）、资本结构不同（财务风险不同），因此，各公司的资本成本不同。→*公司的资本成本要分类计算，加权汇总。*

（三）投资项目的资本成本 →*理解即可，项目风险越高，资本成本越高。*

投资项目的资本成本见表4-5。

表4-5 　　　　　　　　　　投资项目的资本成本

问题	说明
区分公司资本成本和项目资本成本	1.公司资本成本：指全体（债权和股权）投资人针对整个公司（全部资产）要求的最低报酬率 2.项目资本成本：指公司投资于资本支出项目要求的最低报酬率
每个项目有自己的机会资本成本	不同投资项目的风险不同，其高低主要取决于资本运用于什么样的项目，而不是从哪些来源筹资： 1.新的投资项目的风险＝企业现有资产的平均风险：项目资本成本＝公司资本成本 2.新的投资项目的风险＞企业现有资产的平均风险：项目资本成本＞公司资本成本 3.新的投资项目的风险＜企业现有资产的平均风险：项目资本成本＜公司资本成本 【提示】每个项目都有自己的资本成本，它是项目风险的函数

【提示】投资项目的资本成本将在第五章"投资项目资本预算"中详细讨论。

二、资本成本的用途（见表4-6）

表4-6　　　　　　　　　　　　　资本成本的用途

（✓一般了解，公司资本成本是基础，用于各种决策，贯穿于筹资、投资、经营、业绩评价各阶段★）

用途	说明
用于投资决策	（1）投资项目与公司现存业务相同时：公司资本成本是合适的折现率 （2）投资项目与现有资产平均风险不同：公司资本成本不能作为项目现金流量的折现率，但是它提供了一个调整基础，根据项目风险与公司风险的差别，适当调增或调减可以估计项目的资本成本
用于筹资决策	筹资决策的核心问题是决定资本结构，假定资本结构不改变企业现金流，那么使公司价值最大的资本结构就是加权资本成本最小的资本结构
用于营运资本管理	评估营运资本投资政策和营运资本筹资政策。例如，决定存货的采购批量和储存量、制定销售信用政策和决定是否赊购等，都需要使用资本成本作为重要依据
用于企业价值评估	主要采用现金流量折现法，需要使用公司资本成本作为公司现金流量的折现率
用于业绩评价	资本成本与公司实际的投资报酬率进行比较可以评价公司的业绩；计算经济增加值需要使用公司资本成本。公司资本成本与资本市场有关，所以经济增加值可以把业绩评价和资本市场联系在一起

【提示】表4-7列示了与资本成本有关的两个观点。

表4-7　　　　　　　　　　　与资本成本有关的两个观点

观点	说明
资本成本是连接投资和筹资的纽带	（1）筹资决策决定公司的资本成本 （2）公司资本成本是投资决策的依据：它既是平均风险项目要求的最低报酬率，也是其他风险项目资本成本的调整依据 （3）投资决策决定公司所需资金的数额和时间，成为筹资决策的依据 （4）投资于高于现有资产平均风险的项目：会增加公司的风险，提高公司的资本成本
资本成本与财务管理的目标有关	为了实现股东财富最大化的目标，企业应当做到： （1）在筹资活动中寻求资本成本最小化 （2）投资于报酬高于资本成本的项目并力求净现值最大化

就是公司所有资金来源的不同资本成本的加权计算，一般包括：权益资本成本和债务资本成本。

三、资本成本的影响因素

（一）外部因素（✓常以文字型客观题进行考核，以计算分析题中的小问来掌握）

外部因素见表4-8。

表4-8　　　　　　　　　　　　　外部因素

因素	说明
利率	市场利率上升，投资人的机会成本增加了，公司的债务成本会上升；利率上升也会引起普通股和优先股成本的上升。反之亦然　同方向变动。
市场风险溢价	市场风险溢价由资本市场上的供求双方决定，个别公司无法控制。它会影响股权成本，股权成本上升时，各公司会增加债务筹资，并推动债务成本上升
税率	税率是政府政策，税率变化直接影响税后债务成本以及公司加权平均资本成本

债务资本成本有抵税作用，税率直接影响。

（二）内部因素

内部因素见表4-9。

表4-9　　　　　　　　　　　　　　　　内部因素

适度负债，寻找最优资本结构。

因素	说明
资本结构	增加债务的比重，会使平均资本成本趋于降低，同时会加大公司的财务风险。财务风险的提高，又会引起债务成本和股权成本上升。因此，公司应适度负债，寻求资本成本最小化的资本结构
股利政策	改变股利政策，会影响分配给股东的股利，根据股利折现模型，就会引起权益成本的变化
投资政策	公司的资本成本反映现有资产的平均风险。如果公司向高于现有资产风险的资产投资，公司资产的平均风险就会提高，并使得资本成本上升

【例题4-2·2009年多选题】下列行为中，通常会导致纯粹利率水平提高的有（　　）。

A.中央银行提高存款准备金率

B.中央银行降低存款准备金率

C.中央银行发行央行票据回笼货币

D.中央银行增加货币发行

【答案】AC

【解析】在选项AC的情形下，货币资金量减少，会导致市场利率水平提高；在选项BD的情形下，货币资金量增加，会导致市场利率水平降低。

【例题4-3·2005年多选题】以下事项中，会导致公司加权平均资本成本降低的有（　　）。

A.因总体经济环境变化，导致无风险报酬率降低

B.公司固定成本占全部成本的比重降低

C.公司股票上市交易，改善了股票的市场流动性

D.发行公司债券，增加了长期负债占全部资本的比重

【答案】ABC

【解析】在市场经济环境中，多方面因素的综合作用决定着企业资本成本的高低，其中主要的因素有：总体经济环境、证券市场条件、企业内部的经营和融资状况、项目融资规模。A项正确：总体经济环境的影响反映在无风险报酬率上，无风险报酬率降低，则投资者要求的收益率就会相应降低，从而降低企业的资本成本。B项正确：企业内部的经营和融资状况是指经营风险和财务风险的大小，公司固定成本占全部成本的比重降低，会降低经营风险，在其他条件相同的情况下，经营风险降低投资者会有较低的收益率要求，所以会降低企业的资本成本。C项正确：改善股票的市场流动性，投资者想买进或卖出证券相对容易，变现风险减小，要求的收益率会降低，所以会降低企业的资本成本。D项错误：如果超过一定程度地利用财务杠杆，会导致加权平均资本成本上升。

第二节　债务资本成本的估计

◇ 债务资本成本的概念

◇ 税前债务资本成本的估计

◇ 税后债务资本成本的估计

(✔本节内容可以命制各种题型。考生需要着重掌握到期收益率法和风险调整法来估计税前债务资本成本)

一、债务资本成本的概念

(✔分析债务资本成本的因素可以更好地了解债务资本成本的计算★★)

→到期收益率法

（一）债务筹资的特征

估计债务成本就是确定债权人要求的报酬率。债务成本的估计方法与债务筹资的特征有关系。与权益筹资相比，债务筹资有以下特征：

1.债务筹资产生合同义务。筹资公司需要在未来某一特定日期归还本金，以及支付本金之外的利息费用或票面利息。

债务资本成本低于权益资本成本（因为风险小）。

2.公司在履行上述义务时，归还债权人本息的请求权优先于股东的股利。

3.提供债务资本的投资者，没有权利获得高于合同规定利息之外的任何收益。

【提示】（1）由于债务资本的提供者承担的风险显著低于股东，所以其期望报酬率低于股东，即债务的资本成本低于权益筹资。（2）债务资本成本是针对金融负债来说的，不涉及经营负债。

（二）债务资本成本的区分（见表4-10）

表4-10　　　　　　　　　　债务资本成本的区分

提示问题	说明
区分历史成本和未来成本	（1）作为投资决策和企业价值评估依据的资本成本，只能是未来借入新债务的成本
	（2）现有债务的历史成本，对于未来的决策来说是不相关的沉没成本
区分承诺收益与期望收益	（1）对于筹资人来说：债权人的期望收益是其债务的真实成本，因为公司可以违约，所以承诺收益夸大了债务成本
	（2）在实务中，往往把债务的承诺报酬率作为债务成本，原因如下：
	①多数公司的违约风险不大，债务的期望收益与承诺收益的区别很小
	②按照承诺收益计算到期报酬率很容易，而估计违约风险就比较困难
	【提示】如果筹资公司处于财务困境或者财务状况不佳，必须区分承诺收益和期望收益，否则债务的承诺收益可能非常高，用其作为债务成本，就会出现高于权益成本的错误结论
区分长期债务和短期债务	（1）通常，临时性资本需求靠短期借款发行商业票据，其数额和筹资成本经常变动，不便于计划
	（2）由于加权平均资本成本主要用于资本预算，涉及的债务是长期债务，在计算资本成本时，通常只考虑长期债务，而忽略各种短期债务
	【提示】有时候公司无法发行长期债券或取得长期银行借款，被迫采用短期债务筹资并将其不断续约，实质上是一种长期债务，是不能忽略的

【例题4-4·2016年单选题】在进行投资决策时，需要估计的债务成本是（　　）。

A.现有债务的承诺收益

B.未来债务的期望收益

C.未来债务的承诺收益

D.现有债务的期望收益

【答案】B

【解析】作为投资决策，只能是未来借入新债务的成本。现有债务的历史成本，对于未来决策来说是不相关的，选项 AD 排除；对于筹资人来说，债权人的期望收益是其债务的真实成本，所以选项 B 正确。

【例题 4-5·2012 年多选题】企业在进行资本预算时需要对债务成本进行估计。如果不考虑所得税的影响，下列关于债务成本的说法中，正确的有（　　）。

A.债务成本等于债权人的期望收益

B.当不存在违约风险时，债务成本等于债务的承诺收益

C.估计债务成本时，应使用现有债务的加权平均债务成本

D.计算加权平均债务成本时，通常不需要考虑短期债务

【答案】ABD

【解析】企业在进行资本预算时对债务成本进行估计时，主要涉及的是长期债务，计算加权平均债务成本时不是使用所有的现有债务，只涉及全部长期债务成本的加权平均，所以 C 项错误。

二、税前债务资本成本的估计 （✓重点掌握到期收益率法与风险调整法★★）

（一）到期收益率法（见表 4-11）→ 求解的是折现率，使流入现值与流出现值相等的折现率。

表 4-11　　　　　　　　　　　到期收益率法简介

*税前债务资本成本的4种估计方法

项目	说明
适用条件	公司目前有上市的长期债券
计算公式	到期收益率是使下式成立的 K_d：$$P_0 = \sum_{t=1}^{n} \frac{利息}{(1+r_d)^t} + \frac{本金}{(1+r_d)^t}$$　　等式左侧为债券市价（现在筹资流入的价值），右侧为未来现金流出的现值（每期末支付的利息与最后一期归还的本金最现值的合计）。
参数	P_0……债券的市价 r_d……到期收益率即税前债务成本 t……债务的期限，通常以年表示
计算方法	逐步测试法（试误法）：逐步测试求折现率，即找到使得未来现金流出的现值等于现金流入现值的那一个折现率 "内插法"。

【提示】对于 1 年内付息多次的债券，首先计算"计息期折现率"，然后计算税前年有效到期报酬率即资本成本，再确定税后年资本成本；不能使用名义到期收益率作为债务资本成本。

（二）可比公司法（见表 4-12）

表 4-12　　　　　　　　　　　可比公司法简介

本公司没有上市债券，去同行业、同规模、同财务状况的公司中找个参照物算来用。

项目	说明
适用条件	需要计算债务成本的公司，没有上市债券，就要找一个拥有可交易债券的可比公司作为参照物
估计方法	计算可比公司长期债券的到期收益率，[直接将其]作为本公司的长期[税前]债务成本
要求	可比公司应当与目标公司处于同一行业，具有类似的商业模式；最好两者的规模、负债比率和财务状况也比较类似

【例题 4-6·2015 年单选题】甲公司目前没有上市债券，在采用可比公司法测算公司的债务资本成本时，选择的可比公司应具有的特征有（　　）。

A.与甲公司商业模式类似　　　　　　　B.与甲公司在同一行业

C.拥有可上市交易的长期债券　　　　D.与甲公司在同一生命周期阶段

【答案】ABC

【解析】如果需要计算债务成本的公司，没有上市债券，就需要找一个拥有可交易债券的可比公司作为参照物。计算可比公司长期债券的到期收益率，作为本公司的税前长期债务成本。

（三）风险调整法（见表4-13）重点在于计算信用风险补偿率。

表4-13　　　　　　　　　　　　　　风险调整法简介

项目	说明
适用条件	本公司没有上市的债券，而且找不到合适的可比公司，但是有信用评级
估计方法	税前债务成本＝同［到期］期限政府债券的市场回报率＋［同评级］企业的信用风险补偿率
估计信用风险的步骤	1.选择若干信用级别与本公司相同的上市的公司债券（不一定符合可比公司条件） 2.计算这些上市公司债券的［税前年有效］到期收益率 3.计算与这些上市公司债券到期日相同的长期政府债券［税前年有效］到期收益率（无风险利率） 4.计算上述两个到期收益率的差额，即信用风险补偿率 5.计算信用风险补偿率的平均值，并作为本公司的信用风险补偿率

【提示】

（1）关于政府债券的市场回报率，将在股权成本的估计中讨论，这里讨论如何估计企业的信用风险补偿率。

（2）不同期限债券的利率不具有可比性，期限长的债券利率较高。对于已经上市的债券来说，到期日（而非债券的整个"发行期限"）相同则可以认为未来的期限相同，其无风险利率相同，两者的利率差额是风险不同引起的。

（3）实务中，寻找与公司债券到期日完全相同的政府债券几乎不可能，因此，选择到期日与公司债券近似的政府债券即可。

【例题4-7·2013年单选题】甲公司采用风险调整法估计债务成本，在选择若干已上市公司债券以确定本公司的信用风险补偿率时，应当选择（　　）。

A.与本公司债券期限相同的债券

B.与本公司信用级别相同的债券

C.与本公司所处行业相同的公司的债券

D.与本公司商业模式相同的公司的债券

【答案】B

【解析】信用风险的大小可以用信用级别来表示，因此，应选择若干信用级别与本公司相同的上市公司债券。

（四）财务比率法（见表4-14）

表4-14　　　　　　　　　　　　　　财务比率法简介

项目	说明
适用条件	目标公司没有上市的长期债券，也找不到合适的可比公司，并且没有信用评级资料
估计方法	需要知道目标公司的关键财务比率，根据这些比例可以大体上判断该公司的信用级别，有了信用级别就可以使用"风险调整法"确定其债务成本

【提示】财务比率和信用级别存在相关关系。

债务资本成本计算的方法循序渐进，核心是到期收益率法，但是该法的前提是有上市的债券，没有的，找可比公司；还没有的，找信用等级相同的调整风险补偿率；仍然没有的，用关键财务比率判断信用级别，退回到"风险调整法"。

总结如图4-1所示。

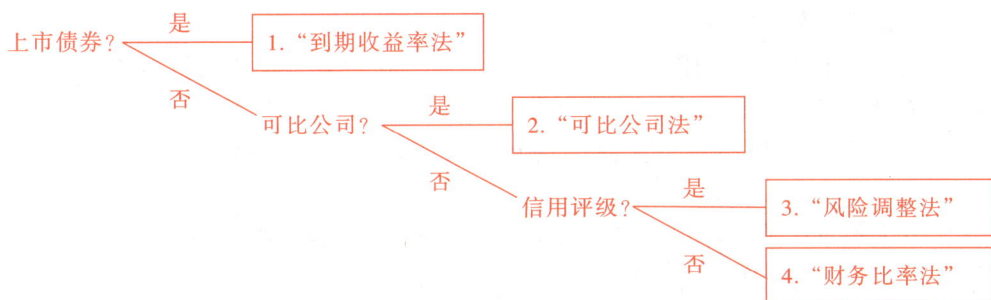

图4-1 总结图

三、税后债务资本成本的估计 *(✔债务成本的计算一定要到税后债务成本★★★)*

具体计算见表4-15。

表4-15   税后债务成本计算

项目	说明
计算公式	税后债务成本＝税前债务成本×（1-所得税税率）
理解	利息可以免税，政府实际上支付了部分债务成本，故公司的债务成本小于债权人要求的收益率

【提示】税后债务成本才是企业真正负担的成本。

第三节　普通股资本成本的估计

◇ 不考虑发行费用的普通股资本成本的估计
◇ 考虑发行费用的普通股资本成本的估计

(✔本节内容可从各种题型命题，重点掌握资本资产定价模型与股利增长模型，为后面企业价值评估打好基础)

一、不考虑发行费用的普通股资本成本的估计

普通股资本成本是指筹资普通股所需的成本。筹集普通资金的方式：（1）增发新的普通股；（2）通过留存收益增加普通股资金。估计普通股成本的方法：（1）资本资产定价模型；（2）股利增长模型；（3）债券收益率风险调整模型。

增发与留存。

(✔对普通股资本成本的估计是权益价值估计的基础，重点掌握★★)

【提示】由于企业的股利都是用税后利润支付的，所以普通股资本成本就是税后的资本成本，无需调整。

重点在CAPM与股利增长模型。

（一）资本资产定价模型

在估计权益成本时，使用最广泛的方法是资本资产定价模型。按照该模型，普通股资本成本等于无风险报酬率加上风险溢价：

＊资本资产定价模型

$$r_S = r_{RF} + \beta \times (r_m - r_{RF})$$

其中：

r_{RF}……无风险报酬率；

β……该股票的贝塔系数；

r_m……平均风险股票报酬率；

明确各个因素的选定根据。

（$r_m - r_{RF}$）……权益市场风险溢价位置；

β×（$r_m - r_{RF}$）……该股票的风险溢价。

1. 无风险利率的估计

估计就是相近的数值，总体来说，政府债券的风险是最小的，接近于无风险报酬率，所以以此为参考。

无风险资产指投资者可以确定预期报酬率的资产。通常认为，政府债券没有违约风险，可以代表无风险利率。具体操作时有三个问题需要解决：

（1）债券期限的选择 → *长期政府债券。*

政府债券有不同的期限，它们的利率不同，在计算公司股权资本成本时选择长期政府债券的利率比较适宜。原因如下：

①普通股是长期的有价证券，政府长期债券期限长，比较接近普通股的现金流。

②资本预算涉及的时间长，长期政府债券的期限和投资项目现金流持续时间能配合。

③长期政府债券的利率波动较小，而短期政府债券的波动性较大。

（2）选择票面利率还是到期收益率？ → *到期报酬率。*

①票面利率不适宜的原因：a.不同时间发行的长期政府债券，其票面利率不同，有时相差较大；b.长期政府债券的付息期不同，有半年期或1年期等，还有到期一次还本付息。

②应当采用上市交易的政府长期债券的［按年计算的有效］到期报酬率作为无风险利率的代表：因为不同年份发行的、票面利率和计息期不等的上市债券，根据当前市价和未来现金流计算的到期报酬率只有很小差别。

（3）选择名义利率还是实际利率？ → *名义利率与实际利率的转化要熟悉。可能以计算型客观题中考核。*

①两种利率的含义与相互关系。

名义利率指包含了通货膨胀因素的利率；实际利率指排除了通货膨胀因素的利率。

相互关系：$1+r_{RF}=（1+r^*）×（1+通货膨胀率）$ → *利率的选择要与现金流量的实际计算情况相吻合。*

②两种现金流量的含义与相互关系（见表4-16）。

表4-16　　　　　　　　**两种现金流量的含义**

项目	含义
实际现金流量	如果企业对未来现金流量的预测是基于预算年度的价格水平，并消除了通货膨胀的影响，那么这种现金流量称为实际现金流量
名义现金流量	指包含了通货膨胀影响的现金流量

相互关系：名义现金流量=实际现金流量×（1+通货膨胀率）ⁿ

其中：n……相对于基期的期数。

【提示】a.在决策分析中必须遵守的原则：一致性原则，即含有通胀的现金流量要使用含有通胀的折现率进行折现，实际的现金流量要使用实际的折现率进行折现。

b.政府债券的未来现金流，都是按含有通胀的货币支付的，据此计算出来的到期收益率是含有通胀利率的。

③利率的选择（见表4-17）。 *一般是用含通胀的名义利率计算。*

表4-17　　　　　　　　　　　　　　　　利率的选择

情形	说明
一般情况	使用含通胀的名义货币编制预计财务报表并确定现金流量，并使用含通胀的无风险利率计算资本成本
特殊情况	使用实际利率： a.存在恶性的通货膨胀（通货膨胀率已经达到两位数）； b.预测周期特别长，通货膨胀的累积影响巨大，例如，核电站投资

2.股票β值的估计————（✔多以文字型各观题进行考核，从理论上掌握）

β值是证券i的报酬率与市场组合报酬率的协方差与市场组合报酬率方差的比值：

$$\beta = \frac{Cov(R_i, R_m)}{\sigma_m^2}$$

其中：

Cov（R_i，R_m）…………证券i的报酬率与市场组合报酬率的协方差；

σ_m^2…………市场组合报酬率的方差。

计算方法可以采用回归直线法，也可以采用定义公式。具体操作时有三个问题需要解决：

（1）选择有关预测期间的长度　没有变化就用5年以上；变化重大就用变化后。

①公司风险特征无重大变化时，可以采用5年或更长的预测期长度。

②如果公司风险特征发生重大变化，应当使用变化后的年份作为预测期长度。

例子 在进行回归分析的区间里，2年前公司举借了大量的债务用于收购其他公司，公司的基本风险特征有很大变化，那么用最近2年的数据计算的结果要比用5年的数据更能反映公司未来的风险。

（2）选择收益计量的时间间隔————每周或每月报酬率最佳。

不同时间间隔的收益计量见表4-18。

表4-18　　　　　　　　　　　不同时间间隔的收益计量

不同时间间隔的收益计量	说明	是否采用？
每日报酬率	使用它会提高回归中数据的观察量，但有些日子没有成交或停牌，该期间的报酬率为0，由此引起的偏差会降低股票报酬率与市场组合报酬率之间的相关性，也会降低该股票的β值	×
年度报酬率	较少采用，因为回归分析需要使用很多年的数据，在此期间资本市场和企业都发生了很大变化	×
每周或每月报酬率	能显著地降低每日报酬率的偏差，也能获取较多的数据，因此被广泛采用	√

（3）历史的贝塔值是否可以指导未来？

财务估价使用的现金流量数据是面向未来的，而计算股权成本使用的β值却是历史的，时间基础不一致。虽然未来的β值不能确定，只要公司β值的驱动因素没有显著改变，就能使用历史的β值。关键驱动因素有：

①经营杠杆
②财务杠杆　}第九章"资本结构"将详细学习。
③收益的周期性：指一个公司的收入和利润对整个经济周期状态的依赖性强弱。

了解β值的驱动因素，可以文字型各观题考核；如果驱动因素没有变化，历史的β值有稳定性，可以指导未来。

115

【提示】只要有一个方面发生改变，就不能利用历史的β值，需要比照第五章"投资项目资本预算"中"投资项目的风险衡量"进行处理。

3.市场风险溢价的估计

市场风险溢价指在一个相当长的历史时期里，权益市场平均报酬率与无风险资产平均报酬率之间的差异。前面已经解决了无风险资产报酬率的估计问题，因此，剩下的只是市场平均报酬率 R_m 的估计。可以利用历史数据进行分析，具体操作时有两个问题需要解决：

（1）选择时间跨度。 *较长时间跨度内平均的数值淡化了极端、异常因素的影响，更具有代表性。*

应选择较长的时间跨度，用过去几十年的数据计算权益市场平均报酬率，既包括经济繁荣时期，也包括经济衰退时期，要比只用最近几年的数据计算更具代表性。

【提示】不选较短时间跨度的原因：股票报酬率非常复杂多变，影响因素很多，较短的期间所提供的风险溢价比较极端，无法反映平均水平。

（2）权益市场平均报酬率的计算方法（见表4-19）。 *采用几何平均更合乎逻辑。*

表4-19　　　　　　　　权益市场平均报酬率的计算

	算数平均数	几何平均数
计算公式	$R_m = \dfrac{\sum\limits_{t=1}^{n} R_t}{n}$, $R_t = \dfrac{P_t - P_{t-1}}{P_{t-1}}$	$R_m = \sqrt[n]{\dfrac{P_n}{P_0}} - 1$
	其中：P_t……股票市场在第 t 年的价格指数	
选择理由	算数平均数更符合资本资产定价模型中的平均方差的结构，因而是下一阶段风险溢价的一个更好的预测指标	几何平均数考虑了复合平均，能更好地预测长期的平均风险溢价，多数人倾向于采用此法

【提示】用几何平均数得出的预期风险溢价，一般情况下比算术平均法要低一些。

知识拓展以下内容来自罗斯《公司理财》第9版（中文版），P.207~P.208，可以探究算术平均数和几何平均数的合理性：假设某人以100元买了一只股票。不幸的是，在他持有的第1年该股票下跌到50元。他持有的第2年股票涨回100元，和开始的购买价一样（期间没有股利支付）。

这项投资的平均报酬率是多少？常识告诉我们，平均收益刚好为零，因为他开始是100元，结束时也是100元。但是如果他按年计算报酬率，会提示到第一年损失50%，第二年赚了100%，因此，2年的平均报酬率是25%（（-50%+100%）÷2）。显然，采用几何平均数更符合逻辑。

【例题4-8·2012年多选题】资本资产定价模型是估计权益成本的一种方法。下列关于资本资产定价模型参数估计的说法中，正确的有（　　　）。

A.估计无风险报酬率时，通常可以使用上市交易的政府长期债券的票面利率

B.估计贝塔值时，使用较长年限数据计算出的结果比使用较短年限数据计算出的结果更可靠

C.估计市场风险溢价时，使用较长年限数据计算出的结果比使用较短年限数据计算出的结果更可靠

D.预测未来资本成本时，如果公司未来的业务将发生重大变化，则不能用企业自身的历史数据估计贝塔值

【答案】CD

【解析】A项错误：估计无风险利率时，应该选择上市交易的政府长期债券的到期收益率，而非票面利率。B项错误：估计贝塔时，较长的期限可以提供较多的数据，但是如果公司风险特征发生重大变化，应使用变化后的年份作为预测长度。

【例题4-9·2010年单选题】下列关于"运用资本资产定价模型估计权益成本"的表述中，错误的是（　　　　）。

A.通货膨胀率较低时，可选择上市交易的政府长期债券的到期收益率作为无风险利率

B.公司三年前发行了较大规模的公司债券，估计β系数时应使用发行债券日之后的交易数据计算

C.金融危机导致过去两年证券市场萧条，估计市场风险溢价时应剔除这两年的数据

D.为了更好地预测长期平均风险溢价，估计市场风险溢价时应使用权益市场的几何平均收益率

【答案】C

【解析】A项正确：估计股权资本成本时，应当采用上市交易的政府长期债券的到期收益率作为无风险利率的代表。B项正确：考虑估计β值的预测期的长度时，如果公司风险特征无重大变化时，可以采用5年或更长的预测期长度；如果公司风险特征发生重大变化，应当使用变化后的年份作为预测期长度。C项错误：由于股票收益率非常复杂多变，影响因素很多，因此较短的期间所提供的风险溢价比较极端，无法反映平均水平，为了使得数据计算更有代表性，因此应选择较长的时间跨度，既要包括经济繁荣时期，也包括经济衰退时期。D项正确：几何平均收益率考虑了复合平均，能更好地预测长期的平均风险溢价，多数人倾向于采用此法。

（二）股利增长模型

股利增长模型

股利增长模型法是依照股票投资的股利不断提高的思路计算权益资本成本，一般假定股利以固定的年增长率递增：

$$r_s = \frac{D_1}{P_0} + g$$

以预期下年的股利报酬率为基础加上固定的增长率来计算。

其中：

r_s……普通股成本；

D_1……预期下年股利额，如果一家企业正在支付股利，那么D_0就是已知的，$D_1 = D_0 \times （1+g）$；

P_0……普通股当前市价；

g……股利的年增长率，预测的关键。

估计长期平均增长率的方法有三种：

1.历史增长率

根据过去的股利支付数据估计未来的股利增长率，可以按几何平均数计算，也可以按算数平均数计算（见表4-20）。

表4-20　　　　　　　　　　　估计未来股利增长率

	算术平均数	几何平均数
含义	某一特定期间按年份计算的每年平均报酬率是多少	某一特定时期按复利计算的每年平均报酬率是多少
计算公式	算术平均数 = $\dfrac{\sum\limits_{t=0}^{n}(D_{t+1}-D_t)/D_t}{n}$	几何平均数 = $\sqrt[n]{\dfrac{FV}{PV}}-1=\sqrt[n]{\dfrac{D_n}{D_0}}-1$
适用条件	适合在某一段时间持有股票的情况	适合投资者在整个期间长期持有股票的情况：本模型的增长率，需要长期的平均增长率，所以几何增长率更符合逻辑

可持续增长的情况下，资产增长率、负债增长率、所有者权益增长率、权益净利率与预期报酬率都相等。

【提示】

（1）如果公司过去的股利增长率相对平稳，且预期这种趋势会继续下去，那么过去的增长率就可以作为未来增长的估计值。

（2）实际上股利稳定增长的公司不多，历史增长率法很少单独应用，它仅仅是估计股利增长率的一个参考，或是一个需要调整的基础。

（3）股利支付与企业所处的生命周期有关，在企业初创期和成长期很少支付股利，进入成熟期以后才会有较多的股利支付。

2.可持续增长率（见表4-21）

表4-21　　　　　　　　　　　可持续增长率

项目	说明
估计方法	股利的增长率=可持续增长率=期初权益预期净利率×留存收益比率
重要假设	（1）未来公司不发行新股； （2）预期新投资的权益净利率等于当前预期报酬率； （3）收益留存率不变； （4）未来投资项目的风险与现有资产相同

可持续增长的情况下，资产增长率、负债增长率、所有者权益增长率都相等。

3.采用证券分析师的预测　→最好的增长率预测方法。

证券分析师发布的各公司增长率预测值，通常是分年度或季度的，而不是一个唯一的长期增长率。对此，有两种解决办法（见表4-22）。

表4-22　　　　　　　　　　　增长率预测

解决办法	说明
将不稳定的增长率平均化	计算未来足够长期间（30~50年）的年度增长率的几何平均数
根据不均匀的增长率直接计算股权成本	利用两阶段增长模型，结合"试误法"求解 K_s，设不匀均增长的时间段为 m 年，之后为固定增长，则有： $P_0=\sum\limits_{t=1}^{m}\dfrac{D_t}{(1+K_s)^t}+\dfrac{P_m}{(1+K_s)^m}$ ， $P_m=\dfrac{D_{m+1}}{K_s-g}$ 其中：P_m……第 m 年末的股价

【提示】

（1）以上三种增长率的估计方法中，采用分析师的预测增长率可能是最好的方法。

（2）估计增长率需要经验和判断。一个公司的长期增长率不太可能与GDP的增长率相差太多。如果给一个公司较高的增长率估值，必须要知道它的长期竞争优势是如何取得和维持的。

（三）债券收益率风险调整模型（见表4-23）

高风险，高收益；风险越高，要求的报酬率越高。股权投资者要求的报酬率＞债权人要求的报酬率。高出的风险溢价大约在3%~5%之间。

表4-23　债券收益率风险调整模型

项目	说明
依据	风险越大，要求的报酬率越高：普通股股东对企业的投资风险大于债券投资者，因而会在债券投资者要求的报酬率上再要求一定的风险溢价
计算公式	$r_s = r_{dt} + RP_c$ 其中： r_{dt}……税后债务成本 RP_c……股东比债权人承担更大风险所要求的风险溢价
风险溢价RP_c的估计	（1）凭借经验估计：某企业普通股风险溢价对其自己发行的债券来讲，大约在3%~5% （2）使用历史数据分析：比较过去不同年份的权益报酬率和债务收益率，虽然权益报酬率和债券报酬率有较大波动，但两者的差额RP_c相当稳定，因此，历史的RP_c可以用来估计未来普通股成本

【例题4-10·2012年单选题】甲公司是一家上市公司，使用"债券收益加风险溢价法"估计甲公司的权益资本成本时，债券收益是指（　　）。

A.政府发行的长期债券的票面利率

B.政府发行的长期债券的到期收益率

C.甲公司发行的长期债券的税前债务成本

D.甲公司发行的长期债券的税后债务成本

【答案】D

【解析】按照债券收益加风险溢价法，权益资本成本＝税后债务成本＋股东比债权人承担更大风险所要求的风险溢价，这里的税后债务成本是指企业自己发行的长期债券的税后债务成本。

（四）留存收益的资本成本　*（✓等于不考虑发行费用时的普通股资本成本★★）*

留存收益来源于净利润，归属于普通股股东。股东愿意将其留在公司，其必要报酬率与普通股相同，是一种典型的机会成本，但无需考虑筹资费用。

二、考虑发行费用的普通股资本成本的估计

如果在估计要素成本时考虑发行费用，需要将其从筹资额中扣除（见表4-24）。

表4-24　权益成本计算

要素成本	计算公式
权益成本	$r_s = \dfrac{D_1}{P_0 \times (1-F)} + g$

F为发行股票的费用率，扣除后可以更精确地计算权益资本成本。

其中：F……发行费用率

【例题4-11·2000年单选题】公司增发的普通股的市价为12元/股，筹资费用率为市价的6%，本年发放股利每股0.6元，已知同类股票的预计收益率为11%，则维持此股价需要的股利年增长率为（　　）。

A.5%　　　　　　　B.5.39%　　　　　　　C.5.68%　　　　　　　D.10.34%

【答案】B

【解析】普通股资本成本即维持股价不变的报酬率。

$$普通股资本成本 = \frac{本期每股股利 \times (1 + 股利年增长率)}{当前每股市价 \times (1 - 筹资费用率)} + 股利年增长率$$

故有：

$$11\% = \frac{0.6 \times (1 + g)}{12 \times (1 - 6\%)} + g$$

解得：

股利年增长率 g=5.39%。

第四节　混合筹资资本成本的估计

◇ 混合筹资的含义及内容 —— ~~优先股是固定的股息支付率，所以是增长率为0的权益成本计算公式。~~

◇ 优先股资本成本的估计

一、混合筹资的含义及内容（见表4-25）

表4-25　　　　　　　　　　混合筹资的含义及内容

项目	说明
含义	混合筹资兼具债权和股权筹资双重属性
内容	优先股筹资、永续债筹资、可转换债券和认股权证筹资等

【提示】第十一章"长期筹资"将详细介绍可转换债券和认股权证筹资。

二、优先股资本成本的估计（★★）（见表4-26）

表4-26　　　　　　　　　　优先股资本成本的估计

项目	说明
含义	优先股资本成本是优先股股东要求的必要报酬率
内容	优先股资本成本包括股息和发行费用
筹资特点	优先股股息通常是固定的，公司以税后利润，在派发普通股股利之前，优先派发优先股股息
计算公式	可以将其视为股利增长率为零的普通股，从而利用零增长股利模型估计其资本成本； $$r_p = \frac{D_p}{P_p \times (1 - F)}$$
字母含义	r_p……优先股资本成本；D_p……优先股每股年利率；P_p……优先股每股发行价格；F……优先股发行费用率

【提示】同一家公司各种要素资本成本的比较：债务成本<优先股成本<留存收益成本<发行新股成本。~~（✓特别重要，客观题选项时适用归纳公式可以快速做判断）~~

三、永续债资本成本的估计（见表4-27）

表4-27　　　　　　　　　　永续债资本成本的估计

项目	说明
含义	永续债是具有一定权益属性的债务工具，其利息是一种永续年金
内容	永续债资本成本包括支付的利息和发行费用
筹资特点	永续债是没有明确到期日或期限非常长的债券，债券发行方只需支付利息，没有还本义务
计算公式	永续债资本成本的估计与优先股类似： $$r_{pd} = \frac{I_{pd}}{P_{pd} \times (1 - F)}$$
字母含义	r_{pd}……永续债资本成本；I_{pd}……永续债每年利息；P_{pd}……永续债发行价格；F……永续债发行费用率

【提示】对于年内付息多次的永续债，首先计算"计息期资本成本"，然后计算税前有效到期收益率，即资本成本，再确定税后年资本成本；不能使用名义到期收益率作为债务资本成本。

第五节　加权平均资本成本的计算

◇　加权平均资本成本的意义

◇　加权平均资本成本的计算方法

（✓本节内容可以命制各种题目。与资本预算、企业价值评估、企业业绩评价内容相关，全面掌握）

一、加权平均资本成本的意义

加权平均资本成本，一般按各种长期资本的比例加权计算，故称为加权平均资本成本。其是公司全部长期资本的平均成本，在公司价值评估、资本结构决策中，是一种可供选择的折现率。

以前面债务资本成本、权益资本成本计算的结果为基础，按照各种融资数额所占比例为权数进行加权平均计算。

【提示】一般情况下，各个要素资本成本都是指"税后"年有效资本成本。

二、估计公司资本成本的计算方法（★★）（见表4-28，表4-29）

表4-28　　　　　　　　　　估计公司资本成本的计算方法

项目	说明
估计方法	公司的资本成本是组成公司资本结构的各种资金来源的成本的组合，也就是各种资本要素成本的加权平均数。只要先估计资本的要素成本，然后根据各种要素所占的百分比，计算加权平均值，就得到了公司的加权平均资本成本
计算公式	$WACC = \sum K_j \cdot W_j$ 其中： $WACC$……公司的加权平均资本成本； K_j……第j种个别资本成本； W_j……第j种个别资本占全部资本的比重（权数）
主要问题	（1）确定每一种资本要素的成本； （2）确定公司总资本结构中各要素的权重 ← *各要素占总资本的比重为权数。*
提示事项	资本成本的主要用途是决策，而决策总是面向未来的，所以： （1）每一种资本成本应当是当前或预期的资本成本； （2）相关的资本成本是未来的增量资金的边际成本，而非已经筹集资金的历史成本

表4-29　　　　　　　　　　加权方案

（✓常与企业价值评估相结合考查，熟练掌握）

加权方案	账面价值权重	实际市场价值权重	目标资本结构权重
含义	根据企业管理用资产负债表上显示的会计价值来衡量每种资本的比例	根据当前负债和权益的市场价值比例衡量每种资本的比例	根据按市场价值计量的目标资本结构衡量每种资本要素的比例
评价	（1）账面结构：反映的是历史的结构，不一定符合未来的状态。 （2）账面价值：会歪曲资本成本，因为账面价值与市场价值有极大的差异	由于市场价值不断变动，负债和权益的比例也随之变动，计算出的加权平均资本成本数额也是转瞬即逝的	公司的目标资本结构，代表未来的将如何筹资的最佳估计： （1）这种权重可以选用平均市场价格，回避证券市场价格变动频繁的不便； （2）可以适用于公司评价未来资本结构，而账面价值权数和实际市场价值权数只反映过去和现在的资本结构

历史结构，一成不变，代表性差。　　　*市场价值，瞬息万变，可计算性差。*

【提示】

（1）加权平均资本成本是公司全部长期资本的平均成本，一般按各种长期资本的比例加权计算，故称加权平均资本成本；同时，一般情况下，都是指"税后"年有效资本成本。

（2）考试时权重按照题目的要求来选，如果考试没有说明以什么为权重，通常是以基于管理用报表的账面价值为权重。考试必题干要求为准。

【例题4-12·2011年多选题】下列关于计算加权平均资本成本的说法中，正确的有（　　）。

A.计算加权平均资本成本时，理想的做法是按照以市场价值计量的目标资本结构的比例计量每种资本要素的权重

B.计算加权平均资本成本时，每种资本要素的相关成本是未来增量资金的机会成本，而非已经筹集资金的历史成本

C.计算加权平均资本成本时，需要考虑发行费用的债务应与不需要考虑发行费用的债务分开，分别计量资本成本和权重

D.计算加权平均资本成本时，如果筹资企业处于财务困境，需将债务的承诺收益率而非期望收益率作为债务成本

【答案】ABC

【解析】A项正确：目标资本结构加权是指根据按市场价值计量的目标资本结构衡量每种资本要素的比例。B项正确：作为投资决策和企业价值评估依据的资本成本，只能是未来新的成本，现有的历史成本，对于未来的决策是不相关的沉没成本。C项正确：存在发行费用，会增加成本，所以需要考虑发行费用的债务应与不需要考虑发行费用的债务分开，分别计量资本成本和权重。D项错误：因为存在违约风险，债务投资组合的期望收益低于合同规定的收益，对于筹资人来说，债权人的期望收益是其债务的真实成本。

发行费用大的时候要进行考虑，发行费用使筹资额减少，资本成本提高。

【例题4-13·2004年单选题】某企业希望在筹资计划中确定期望的加权平均资本成本，为此需要计算个别资本占全部资本的比重。此时，最适宜采用的计算基础是（　　）。

A.目前账面价值　　　　　　　　B.目前市场价值

C.预计账面价值　　　　　　　　D.目标市场价值

【答案】D

【解析】目标价值权数是指债券、股票以未来预计的目标市场价值确定的权数。这种权数能体现期望的资本结构，而不是像账面价值权数和市场价值权数那样只反映过去和现在的资本结构，所以按目标价值权数计算的加权平均资本成本更适用于企业筹措新资金。

智能测评

扫码听分享	做题看反馈
资本成本是站在企业的角度进行的界定，企业资金来源大致分为股权和债务，对于股东和债权人来说承受的风险大小不同，所以预期报酬率也不一样。站在企业角度来看这些资金来源都是要付出成本的，同学们要学会换位思考。 　　扫一扫二维码，来听学习导师的分享吧。	学完马上测！ 　　请扫描上方的二维码进入本章测试，检测一下自己学习的效果如何。做完题目，还可以查看自己的个性化测试反馈报告。这样，在以后复习的时候就更有针对性、效率更高啦！

第五章　投资项目资本预算

本章属于教材中非常重要的一章，和第四章"资本成本的计算"联系最为紧密，与第八章"企业价值评估的现金流量折现模型"也有密切的联系，同时实体现金流量的计算与第十六章的根据本量利公式计算税前经营利润的内容也有很紧密的联系。因此，本章内容可以说是企业筹资决策、经营决策和项目投资决策的一个综合应用，是相关内容综合起来的一个大演练，是理论和实际联系最为紧密的一个应用典范。

本章重要考点：（1）投资决策指标的计算及比较；（2）税后现金流量的确定；（3）互斥方案的排序；（4）固定资产更新决策；（5）投资项目风险的衡量（加权资本成本的确定）；（6）敏感性分析。

主要内容

第一节　投资项目的类型和评价程序
第二节　投资项目的评价方法
第三节　投资项目现金流量的估计
第四节　投资项目折现率的估计
第五节　投资项目的敏感分析

学习本章的主要方法是理解和掌握有关概念原理以及计算公式的应用，强化对相关综合性强、具有很高难度、又紧密联系实际的重点习题的演练。近几年考题在10分左右，考生要强化跨章节演练。

第一节　投资项目的类型和评价程序

◇ 投资项目的类型
◇ 投资项目的评价程序

本节内容较为简单，没有考点，了解即可。

一、投资项目的类型　（简单了解即可★）

经营性长期资产投资项目可分为五种类型（见表5-1）。

表5-1　　　　　　　　　　经营性长期资产投资项目分类

类型	说明
新产品开发或现有产品的规模扩张	通常需要添置新的固定资产，并增加企业的营业现金流入
设备或厂房的更新	通常需要更换固定资产，但不改变企业的营业现金收入
研究与开发	通常不直接产生现实的收入，而得到一项是否投产新产品的选择权
勘探	通常使企业得到一些有价值的信息
其他（如劳动保护设施建设、购置污染控制装置）	不直接产生营业现金流入，而使企业在履行社会责任方面的形象得到改善，有可能减少未来的现金流出

二、投资项目的评价程序（略）

第二节　投资项目的评价方法

◇ 独立项目的评价方法
◇ 互斥项目的优选问题
◇ 总量有限时的资本分配

（✓本节内容单独考查时，一般以计算型或文字型客观题出现。考生要掌握每个评价指标的计算以及对指标的评价，并作出相互比较）

投资项目评价使用的基本方法是现金流量折现法，主要有净现值法和内含报酬率法。此外，还有一些辅助方法，主要是回收期法和会计报酬率法。

NPV法

一、独立项目的评价方法

先熟悉各种计算方法适用的前提条件，掌握其局限性，知道在比较不同项目时应该选择哪种计算方法最优。

（一）净现值法（见表5-2）

表5-2　　　　　　　　　　　　　　　　净现值法

项目	说明		
含义	净现值（net present value/NPV）是指特定项目未来现金流入的现值与未来现金流出的现值之间的差额，它是评价项目是否可行的最重要的指标		
计算公式	$NPV=\sum_{t=0}^{n}\dfrac{I_t}{(1+i)^t}-\sum_{t=0}^{n}\dfrac{O_t}{(1+i)^t}=\sum_{t=0}^{n}\dfrac{NCF_t}{(1+i)^t}$　【提示】折现率i的确定：项目的资本成本		
决策原则	NPV	体现	决策
	>0	投资报酬率＞资本成本	采纳，项目可以增加股东财富
	=0	投资报酬率＝资本成本	没必要，项目不改变股东财富
	<0	投资报酬率＜资本成本	放弃，项目将减损股东财富
依据原理	假设原始投资是按资本成本借入的，当NPV为正数时偿还本息后该项目仍有剩余的收益，当NPV为0时偿还本息后一无所获，当NPV为负数时该项目收益不足以偿还本息		
优点	具有广泛的适用性，在理论上也比其他方法更完善		
局限性	NPV反映一个项目按现金流量计量的净收益现值，是绝对值，不便于比较投资额不同或期限不同的项目		

NPV＝（现金流入现值-现金流出现值），是绝对值，反映投资的效益，当NPV＞0时，项目可行。

财务管理的目标股东财富最大化，重点在于增加股东财富。

掌握优缺点，当涉及不同投资额、不同期限的项目进行比较时不能用净现值法。

注意，当NPV=0时，不代表该投资项目获得的收益为0，只是获得的收益只够偿还本息，没有获得超额收益，不能增加股东财富。

【提示】资本成本是投资人要求的必要报酬率，净现值为正数表明项目可以满足投资人的要求。

（二）现值指数（见表5-3）

表5-3　　　　　　　　　　　　　　　　现值指数

项目	说明
含义	指未来现金流入现值与现金流出现值的比率，亦称现值比率或获利指数。它表示1元初始投资取得的现值毛收益，减去每1元的初始投资就得到现值净收益，即为股东创造的财富
计算公式	$现值指数\ PI=\sum_{t=0}^{n}\dfrac{I_t}{(1+i)^t}\Big/\sum_{t=0}^{n}\dfrac{O_t}{(1+i)^t}$
决策原则	现值指数>1，方案可行
局限性	现值指数消除了投资额的差异，但是没有消除项目期限的差异

相对数，反映投资的效率，当现值指数＞1时，方案可行。

【提示】（1）净现值是绝对数，反映投资的效益；现值指数是相对数，反映投资的效率，两者各有自己的用途。

（2）净现值法和现值指数法虽然考虑了时间价值，可以说明投资项目的报酬率高于或低于资本成本，但没有揭示项目本身可以达到的报酬率是多少。

（三）内含报酬率法（见表5-4）*IRR，计算使未来现金流入量与现金流出量相等的折现率，IRR＞资本成本时，方案可行。*

表5-4　　　　　　　　　　　　　　内含报酬率法

项目	说明
含义	内含报酬率（Internal Rate of Return/IRR）是指使未来现金流入量现值等于未来现金流出量现值的折现率，或是使投资项目净现值为零的折现率，它是项目本身的投资报酬率
计算方法	（1）当各年现金流入量均衡时：利用年金现值系数表，然后通过内插法求出内含报酬率 （2）当各年现金流入量不均衡时，需要使用逐步测试法： ①通过逐步测试找到使得该项目的净现值一个大于0、一个小于0，并且两者之差最小的两个折现率 ②结合内插法求出内含报酬率 →*在计算折现率的情况下，多次使用内插法。*
决策原则	IRR＞资本成本，方案可行
依据原理	如果以内含报酬率作为贷款利率，通过借款来投资本项目，那么，还本付息后将一无所获

【提示】基本指标之间的比较。→（✔*对于前3种方法的对比表，理解记忆*）

1.相同点：在评价单一方案可行与否的时候，结论一致（见表5-5）。

表5-5　　　　　　　　　　在评价单一方案时的结论

净现值	现值指数	内含报酬率
＞0	＞1	＞资本成本
＝0	＝1	＝资本成本
＜0	＜1	＜资本成本

2.不同点（表5-6）。

表5-6　　　　　　　　　　　结论的不同点

项目	净现值	现值指数	内含报酬率
指标性质	绝对指标	相对指标	
指标反映的收益特性	衡量投资的效益	衡量投资的效率	
是否受设定折现率的影响	是（折现率的高低将会影响方案的优先次序）		否
是否反映项目投资方案本身报酬率	否		是

注意：在评价项目时要注意到，比率高的项目绝对数不一定大，反之也一样。这种不同与利润率和利润额不同是类似的。

【案例5-1】不同折现率对项目优先次序的影响（见表5-7）

表5-7　　　　　　　　　不同折现率对项目优先次序的影响

项目	现金流量时间分布（年）			折现率	净现值	现值指数	内含报酬率
	0	1	2				
A项目	-100	20	200	10%	83.47	1.83	52%
				20%	55.56	1.56	
B项目	-100	180	20	10%	80.17	1.80	90%
				20%	63.89	1.64	

【案例5-2】多重内含报酬率的情形（现金流量两次以上的变号）（见表5-8）

表5-8　　　　　　　　　　多重内含报酬率的情形

现金流量时间分布（年）			内含报酬率
0	1	2	
-100	230	-132	10%、20%

【例题5-1·2016年多选题】下列关于投资项目资本成本的说法中，正确的有（　　　）。

A.资本成本是报资项目的取舍率

B.资本成本是投资资本的必要报酬率

C.资本成本是投资项目的内含报酬率

D.资本成本是投资资本的机会成本

【答案】ABD

【解析】A项正确：采用内含报酬率法评价投资项目时，项目资本成本是其"取舍率"或必要报酬率。B、D项正确，C项错误：投资项目的资本成本是指项目本身所需投资资本的机会成本，是公司投资于资本支出项目的必要报酬率。

（四）回收期法（见表5-9）　　*（✓本知识点非常重要，尤其注意考虑了货币时间价值的动态回收期的计算。可以文字型各观题或计算分析题考查）*

表5-9　　　　　　　　　　回收期法

项目	说明	
含义	投资回收期指投资引起的现金流入累计到与投资额相等所需要的时间，它代表收回投资所需要的年限。回收年限越短，对项目越有利	
计算公式	静态回收期（不考虑货币时间价值）	动态回收期（考虑货币时间价值）
	（1）每年现金流入量相等时： 回收期 = $\dfrac{原始投资额}{每年现金净流入量}$ （2）每年现金流入量不等时，设第M年是收回原始投资的前一年： 回收期 = M + $\dfrac{第M年尚未回收的投资额}{第(M+1)年的现金净流量}$	（1）每年现金流入量相等时，利用插值法计算，解出下列等式中的期数n： $(P/A，i，n) = \dfrac{原始投资额现值}{每年现金净流量}$ （2）每年现金流入量不等时，设第M年是收回原始投资的前一年： 回收期 = M + $\dfrac{PV(第M年尚未回收的投资额)}{PV[第(M+1)年的现金净流量]}$
优点	（1）计算方便； （2）容易被决策人正确理解； （3）可以大体上衡量项目的流动性和风险。 【提示】一般说来，回收期越短的项目风险越低，因为时间越长越难以预计，风险越大。短期项目给企业提供了较大的灵活性，快速收回的资金可用于别的项目	
缺点	（1）静态回收期忽视了时间价值，把不同时间的货币收支看成是等效的； （2）二者没有考虑回收期以后的现金流，也就是没有衡量盈利性； （3）二者促使公司接受短期项目，放弃有战略意义的长期项目。 【提示】有战略意义的长期投资往往早期收益较低，而中后期收益较高	

（✓优缺点的考核多以文字型各观题出现）

【提示】考试时如果没有特别指明，回收期指的是"静态"回收期。

【例题5-2·2013年多选题】动态投资回收期法是长期投资项目评价的一种辅助方法，该方法的缺点有（　　　）。

A.忽视了资金的时间价值

B.忽视了折旧对现金流的影响

C.没有考虑回收期以后的现金流

D.促使放弃有战略意义的长期投资项目

【答案】CD

【解析】A项错误：动态投资回收期要考虑资金的时间价值。B项错误：投资回收期是以现金流量为基础的指标，在考虑所得税的情况下，需要考虑折旧对现金流量的影响。

（五）会计报酬率法（见表5-10）

即为通常所说的投资报酬率，没考虑货币时间价值。

表5-10 会计报酬率法

项目	说明
特点	计算时使用会计报表上的数据，以及普通会计的收益和成本观念计算出来的报酬率
计算公式	会计报酬率＝$\dfrac{\text{年平均净收益}}{\text{原始投资额}}$
优点	（1）一种衡量盈利性的简单方法，使用的概念易于理解； （2）使用财务报告的数据，容易取得； （3）考虑了整个项目寿命期的全部利润； （4）该方法揭示了采纳一个项目后财务报表将如何变化，使经理人员知道业绩的预期，便于项目的后续评价
缺点	（1）使用账面收益而非现金流量，忽视了折旧对现金流量的影响； （2）忽视了净收益的时间分布对于项目经济价值的影响

【提示】会计报酬率就是人们平时经常谈论的"投资报酬率"，不考虑货币的时间价值。

二、互斥项目的优选问题

(✓本知识点经常以计算分析题出现，或结合其他章节考查综合题，非常重要，重点掌握★★★)

（一）互斥项目概述（见表5-11） *二选一的项目，要分析就优就劣。*

寿命期限与投资额不同的情况下，项目优劣的选择。

表5-11 互斥项目

项目	说明
含义	互斥项目，是指接受一个项目就必须放弃另一个项目的情况，通常，它们是为解决一个问题设计的两个备选方案 【例子】为了生产一个新产品，可以选择进口设备，也可以选择国产设备，它们的使用寿命、购置价格和生产能力均不同。企业只需购买其中之一就可解决目前的问题，而不会同时购置
评价指标相互矛盾的原因	如果互斥项目都有正的净现值，我们需要知道哪一个更好，用不同的评价指标来评价，会出现矛盾，主要是净现值和内含报酬率的矛盾，产生的原因主要有两种： （1）投资额不同：在项目寿命期限相同的情况下，如果是投资额不同引起的矛盾，以净现值法优先，因为净现值大，可以给股东带来的财富就大，股东需要的是实实在在的报酬而不是报酬的比率； （2）如果是项目有效期不同引起的矛盾，我们有两种解决办法：共同年限法和等额年金法 *项目投资额相同，有效期不同，将其重置成相同的年限予以判断。* 【提示】一个项目投资3年创造了较少的净现值，另一个项目投资6年创造了较多的净现值，它们的NPV没有可比性，后者的盈利性不一定比前者好

（二）共同年限法（表5-12）

表5-12　　　　　　　　　　　　共同年限法

项目	说明
基本原理	假设投资项目可以在终止时进行重置，通过重置使两个项目达到相同的年限，然后比较其净现值，该法亦称重置价值链法 【提示】通常选最小公倍数为共同年限
决策原则	选择调整后净现值最大的方案为优

【提示】共同年限法有一个困难问题：共同比较期的时间可能很长，我们无法预计遥远未来的数据。

（三）等额年金法（表5-13）*不用对两个项目进行重置，计算等额年金额进行比较。*

表5-13　　　　　　　　　　　　等额年金法

项目	说明
计算步骤	（1）计算两个项目的净现值； （2）计算净现值的等额年金额：等额年金额 $= \dfrac{\text{该方案净现值}}{(P/A,\ i,\ n)}$ （3）假设项目可以无限重置，且每次都在该项目的终止期，等额年金的资本化就是项目的净现值：永续净现值 $= \dfrac{\text{等额年金额}}{\text{资本成本}}$ 【提示】在资本成本相同时，等额年金大的项目永续净现值肯定大，根据等额年金大小就可以直接判断项目的优劣
决策原则	选择永续净现值最大的方案为优

（四）决策方法的总结与评价（见表5-14）

对于决策流程图及各方法的优缺点要熟练记忆，多以文字型客观题进行考核。

表5-14　　　　　　　　　　决策方法的总结与评价

项目	说明
决策流程	项目寿命是否相同？ 是 → 投资额是否相同？ 　　是 → 比较 NPV 或 IRR 　　否 → 比较 NPV 否 → 共同年限法/等额年金法
共同缺点	（1）有的领域技术进步快，目前就可以预期升级换代不可避免，不可能原样复制； （2）如果通货膨胀比较严重，必须考虑重置成本的上升，对此两种方法都没有考虑； （3）从长期来看，竞争会使项目净利润下降，甚至被淘汰，对此分析时没有考虑
简化做法	通常在实务中，只有重置概率很高的项目才适宜采用上述分析方法。对于预计项目年限差别不大的项目，可直接比较净现值，不需要做重置现金流的分析

【例题5-3·2010年多选题】下列关于投资项目评估方法的表述中，正确的有（　　）。

A.现值指数法克服了净现值法不能直接比较投资额不同的项目的局限性，它在数值上等于投资项目的净现值除以初始投资额

B.动态回收期法克服了静态回收期法不考虑货币时间价值的缺点，但是仍然不能衡量项目的盈利性

C.内含报酬率是项目本身的投资报酬率，不随投资项目预期现金流的变化而变化

D.内含报酬率法不能直接评价两个投资规模不同的互斥项目的优劣

【答案】BD

【解析】A项错误：现值指数是未来现金流入现值与现金流出现值的比率。B项正确：无论动态回收期还是静态回收期都没有考虑回收期期满以后的现金流量，所以不能衡量盈利性。C项错误：内含报酬率的高低不随预期折现率的变化而变化，但会随投资项目预期现金流、期限的变化而变化。D项正确：对于互斥项目应当净现值法优先，因为净现值大可以给股东带来的财富就大，股东需要的是实实在在的报酬而不是报酬的比率。

【例题5-4·2009年单选题】下列关于项目投资决策的表述中，正确的是（　　）。

A.两个互斥项目的初始投资额不一样，在权衡时选择内含报酬率高的项目

B.使用净现值法评估项目的可行性与使用内含报酬率法的结果是一致的

C.使用获利指数法进行投资决策可能会计算出多个获利指数

D.投资回收期主要测定投资方案的流动性而非盈利性

【答案】D

【解析】A项错误：互斥方案中，如果初始投资额不同，衡量时用绝对数指标判断对企业是否有利，可以最大限度地增加企业价值，所以在权衡时选择净现值大的方案。B项错误：在投资额不同或项目计算期不同时，利用净现值和内含报酬率在进行项目选优时会有冲突。C项错误：获利指数即现值指数，是未来现金流入现值与现金流出现值的比率，在相关因素确定的情况下只会计算出一个结果，具有唯一性。D项正确：回收期没有考虑回收期满以后的流量，所以主要测定投资方案的流动性而非盈利性。

在有效的资本市场情况下，只要是NPV＞0的情况下都可以进行投资，但是现实中会存在资金有限的情况，此时要选择NPV组合最大的项目。

三、总量有限时的资本分配

（一）独立项目的概念（见表5-15）

表5-15　　　　　　　　　　　　独立项目的概念

项目	说明
独立项目	指被选项目之间是相互独立的，采用一个项目时不会影响其他项目的采用或不采用
资本分配	指在企业投资项目有总量预算约束的情况下，如何选择相互独立的项目

（二）资本分配的原则（见表5-16）

先以各个项目的现值指数进行排序，在资本总量范围内组合各个项目，选择各种组合下净现值最大的那个。

表5-16 资本分配的原则

情形	资本分配原则
总量资本无限	只要投资项目的NPV>0，都可以选择
总量资本有限	（1）计算项目的现值指数并排序； （2）将全部项目排列出不同的组合，每个组合的投资需要不超过资本总量； （3）计算各项目的净现值以及各组合的净现值合计； （4）选择净现值最大的组合作为采纳的项目

【提示】这种资本分配方法仅适用于单一期间的资本分配，不适用于多期间的资本分配问题。所谓多期间资本分配，是指资本的筹集和使用涉及多个期间。例如，今年筹资的限额是10 000万元，明年又可以筹资10 000万元；与此同时，已经投资的项目可以不断收回资金并及时用于另外的项目。

第三节 投资项目现金流量的估计

◇ 投资项目现金流量的构成
◇ 投资项目现金流量的估计方法

（✓本节内容相当重要，一般每年都在主观题中考核，考生要熟练掌握投资项目税后现金流量的构成和计算。题目一般有两大类，新建项目决策和固定资产更新决策）

一、投资项目现金流量的构成

投资项目现金流量的概念（见表5-17）

表5-17 投资项目现金流量的概念

项目	说明
含义	由一项长期投资方案所引起的在未来一定期间所发生的现金收支，叫做现金流量（Cash Flow） *必须是由该投资方案引起的现金流量。*
构成	（1）现金流出量：现金支出，如建设投资、流动资金垫支、付现成本、其他现金流出、企业所得税等。 *基期流出* *期初流出，期末收回。* （2）现金流入量：现金收入，如营业收入、固定资产余值、回收流动资金等。 （3）现金净流量：现金流入量与现金流出量相抵后的余额
理解	这里的"现金"是广义的现金： （1）它不仅包括各种货币资金； （2）而且还包括项目需要投入的企业现有的非货币资源的变现价值

【提示】一个项目需要使用原有的厂房、设备和材料等，相关的现金流量是指它们的变现价值，而不是其账面价值。

二、投资项目现金流量的估计方法

（一）投资项目现金流量的影响因素（见表5-18）

能够区分成本是否相关，注意多项选择题选项的混淆。

表5-18 投资项目现金流量的影响因素

影响因素	说明
区分相关成本和非相关成本	（1）相关成本：指与特定决策有关的、在分析评价时必须加以考虑的成本。例如，差额成本、未来成本、重置成本、机会成本 （2）非相关成本：指与特定决策无关的、在分析评价时不必加以考虑的成本。例如，沉没成本、过去成本、账面成本
不要忽视机会成本	机会成本不是通常意义上的一种支出或费用，而是失去的收益，这种收益不是实际发生的，而是潜在的
对公司其他项目的影响	采纳一个新的项目后，该项目可能对公司的其他项目造成有利或不利的影响
对营运资本的影响	所谓营运资本的需要（垫支），指增加的经营性流动资产与增加的经营性流动负债之间的差额 *对于垫支的营运资本要记得期初流出，期末收回。*

✓本知识点常以计算分析题或与其他章节知识点结合以综合题形式出现，需要重点掌握。

如果潜在不利影响或有利影响都是由新投资项目引起的，作分析决策时应当加以考虑。

【提示】对营运资本的影响。

①公式推导：

营运资本垫支＝本年营运资本需用额－上年营运资本需用额

＝（本年经营流动资产－本年经营流动负债）－（上年经营流动资产－上年经营流动负债）

＝（本年经营流动资产－上年经营流动资产）－（本年经营流动负债－上年经营流动负债）

＝Δ经营流动资产－Δ经营流动负债

②如何理解投资项目对营运资本的影响？

一般情况下，当公司开办一项新业务并使销售额扩大后，对于存货和应收账款等经营性流动资产的需求也会增加，公司必须筹措新的资金以满足这种额外需求；另外，公司扩充后，应付账款与一些应付费用等经营性流动负债也会同时增加，从而降低营运资金的实际需要。

（二）投资项目现金流量的简要构成

一个投资项目的计算期是指从投资建设开始到最终清理结束整个过程的全部时间（如图5-1所示）。

在考试当中涉及计算分析题或者综合题时，自己绘制一个现金流量示意图，从建设期到终结点标明每笔流量的金额，搞清现金流量时间，计算才不易出错。

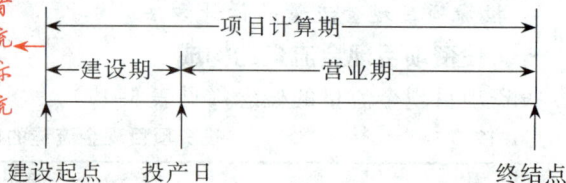

图5-1　现金流量示意图

一般而言，在整个项目计算期内，投资项目的现金流量包括现金流出量、现金流入量和现金净流量。一定期间内的现金净流量（NCF）等于该期间内的现金流入量减去现金流出量。在不考虑所得税影响的条件下，投资项目现金流量的简要构成见表5-19。

表5-19　　　　　　　　　　投资项目现金流量的简要构成

垫支的营运资本类似于追加的原始投资，期初流出，期末流入。

在考试中，垫支的营运资本经常被遗忘，所以在阅读题干时看到有涉及垫支营运资本的部分，先用荧光笔标识，答题时提高警惕，防止功亏一篑。

阶段	现金流量
建设期	建设期主要是进行原始投资，一般只有现金流出量： （1）长期资产投资：例如购置生产线的价款，可能是一次性支出，也可能分几次支出； （2）垫支营运资本：长期资产的购置扩大了企业的生产能力，引起对流动资产需求的增加，同时流动负债也相应增加，企业需要追加营运资本
营业期	项目在营业期，主要是不断产生收入和发生成本费用，营业现金流量的计算如下： 营业现金流量＝销售收入－付现成本 　　　　　　＝销售收入－（总成本－折旧） 　　　　　　＝利润＋折旧 【提示】成本分为付现成本和非付现成本，前者指需要每年支付现金的成本，后者指每年不需要支付现金的成本，其中主要是折旧费，有时还包括其他摊销费用
终结点	项目在终结点的活动主要有两个，主要是得到现金流入： （1）回收长期资产的残值收入或变价收入； （2）回收建设期和营业期（如有）垫支的营运资本

【提示】（1）如何理解垫支营运资本的收回：当投资方案的生命周期快要结

束时，公司将与项目有关的存货出售，应收账款变为现金，应付账款和应付费用也随之偿付，营运资本恢复到原有水平。通常，假定开始投资时筹措的营运资本在项目结束时收回。

（2）现金流量的时点假设：

①以第一笔现金流出的时间为"现在"时间即"零"时点，不管它的日历时间是几月几日。在此基础上，一年为一个计息期。

②对于原始投资，如果没有特殊指明，均假设现金在每个"计息期期初"支付；如果特别指明支付日期，如3个月后支付100万元，则要考虑在此期间的时间价值。

③对于营运资本垫支，只有当建设期结束并进入营业期后才开始在每个"计息期期初"支付。

④对于收入、成本、利润，如果没有特殊指明，均假设在"计息期期末"取得。

对于未明示流量流入流出时间点的，通常假设期初流出，期末流入。

【例题5-5·1999年多选题】某公司正在开会讨论是否投产一种新产品，对以下收支发生争论。你认为不应列入该项目评价的现金流量有（　　）。

A. 新产品投产需要占用营运资金80万元，它们可在公司现有周转资金中解决，不需要另外筹集

B. 该项目利用现有未充分利用的厂房和设备，如将该设备出租可获收益200万元，但公司规定不得将生产设备出租，以防止对本公司产品形成竞争

C. 新产品销售会使本公司同类产品减少收益100万元，如果本公司不经营此产品，竞争对手也会推出此类新产品，使得本公司同类产品减少相同的收益

D. 动用为其它产品储存的原料约200万元

【答案】BC

【解析】A、D项：没有实际的现金流动，但是动用了企业现有可利用的资源，其机会成本构成了项目的现金流出量。B、C项：由于是否投产新产品不改变企业总的现金流量，不应列入项目现金流量。

（✓讲解在免税企业中固定资产更新项目的决策以及在考虑所得税与折旧的情况下的决策。考查点重在计算型题目★★★）

（三）投资项目现金流量的估计举例

1. 固定资产更新项目概述（见表5-20）

表5-20　　　　　　　　　　固定资产更新项目概述　*设备用旧or换新？重点判断哪个方案成本低。*

项目	说明
含义	固定资产更新是对技术上或经济上不宜继续使用的旧资产，用新的资产更换，或用先进的技术对原有设备进行局部改造
主要问题	决定是否更新，即继续使用旧资产还是更换新资产

2. 更新决策的现金流量分析

【案例5-3】某企业有一旧设备，工程技术人员提出更新要求，有关数据见表5-21。

表5-21　　　　　　　　　　　　　更新要求数据　　　　　　　　　　　　单位：元

	旧设备	新设备
原值	2 200	2 400
预计使用年限	10	10
已经使用年限	4	0
最终残值	200	300
变现价值	600	2 400
年运行成本	700	400

已知企业要求的最低报酬率为15%，且属于<u>所得税免税企业</u>。基于现有数据，是否应当更换新设备呢？思考过程见表5-22。

表5-22　　　　　　　　　　　　　思考过程

思考过程	说明
更新决策特殊性	（1）一般说来，设备更换并不改变企业的生产能力，不增加企业的现金流入； 【提示】无论用新设备还是旧设备生产产品，市场反应与此无关，消费者购买时只会关注产品本身，而非产品用何种设备生产 （2）更新决策的现金流量主要是现金流出，即使有少量的残值变现收入，也属于支出抵减，而非实质上的流入增加 【提示】由于只有现金流出，而没有现金流入，就给折现现金流量分析带来了困难
比较总成本	不能。因为旧设备尚可使用6年，新设备可使用10年，两个方案取得的"产出"并不相同
差额分析	不能使用差额分析法，根据实际的现金流动进行分析： （1）两个方案投资相差1 800（2 400-600）元，作为更新的现金流出；每年运行成本相差300（700-400）元，是更新带来的成本节约额，视同现金流入 （2）问题在于旧设备第6年报废，新设备第7~10年仍可使用，后4年无法确定成本节约额。<u>除非新、旧设备未来使用年限相同</u>（这种情况十分罕见），或能确定继续使用旧设备时第7年选择何种设备（这也是相当困难的），才能在10年内做差额分析

【提示】确定相关现金流量应注意的问题：

（1）旧设备的初始投资额：以其<u>变现价值</u>考虑；

（2）设备的使用年限：按<u>尚可用年限</u>考虑。

（手写批注：新旧设备的未来尚可使用年限不同，不能直接对每年的现金流量进行比较。）

（手写批注：计算比较两方案的平均年成本，将两个方案视作互斥方案，消除了未来可使用年限不同的障碍。）

3.固定资产的平均年成本

为了比较继续使用旧设备还是购买新设备，较好的分析方法是比较继续使用和更新的年成本，即获得1年的生产能力所付出的代价，据以判断方案的优劣。以较低者作为好方案（见表5-23）。

表5-23 固定资产的平均年成本

项目	说明
含义	固定资产的平均年成本，是指该资产引起的现金流出的年平均值，它是未来使用年限内现金流出总现值与年金现值系数的比值，即平均每年的现金流出［已知现值倒求年金］
计算公式	$$平均年成本 = \frac{\sum_{t=0}^{n} PV(现金流出_t)}{(P/A, i, n)}$$

延续"2.更新决策现金流量分析"中的例题，计算新旧设备平均年成本：

$$旧设备平均年成本 = \frac{600 + 700 \times (P/A, 15\%, 6) - 200 \times (P/F, 15\%, 6)}{(P/A, 15\%, 6)}$$

$$= \frac{600 + 700 \times 3.7845 - 200 \times 0.4323}{3.7845}$$

$$= 835.70（元）$$

计算的是新旧设备的平均年成本，所以现金流量要用流出额现值减去流入额现值，流入流出的现金流量要保证符号正确。

$$新设备平均年成本 = \frac{2\,400 + 400 \times (P/A, 15\%, 10) - 300 \times (P/F, 15\%, 10)}{(P/A, 15\%, 10)}$$

$$= \frac{2\,400 + 400 \times 5.0188 - 200 \times 0.2472}{5.0188}$$

$$= 868.35（元）$$

【提示】使用平均年成本法时要注意的问题。

平均年成本法是把继续使用旧设备和购置新设备看成两个<u>互斥</u>的方案，而不是一个更换设备的特定方案：

① 一个方案是用600元购置旧设备，可使用6年；另一个方案是用2400元购置新设备，可使用10年。在此基础上比较各自的平均年成本的高低，不能将旧设备的变现价值作为购置新设备的一项现金流入。

② 对于更新决策来说，除非未来使用年限相同，否则，不能根据实际现金流动分析的净现值或内含报酬率法解决问题。

4.固定资产的经济寿命（见表5-24）

表5-24 固定资产的经济寿命

项目	说明
含义	固定资产的经济寿命指最经济的使用年限，使固定资产的<u>平均年成本最低</u>的那一个使用年限
计算公式	$$UAC = \left[C + \sum_{t=1}^{n} \frac{C_t}{(1+i)^t} - \frac{S_n}{(1+i)^n} \right] \Big/ (P/A, i, n)$$
字母含义	C……固定资产原值，S_n……n年后固定资产余值，C_t……第t年运行成本，n……预计使用年限，i……投资必要报酬率

【例题5-6·2015年单选题】在设备更换不改变生产能力且新旧设备未来使用年限不同的情况下，固定资产更新决策应选择的方法是（　　）。

A.折现回收期法　　　　　　　B.净现值法

C.平均年成本法　　　　　　　D.内含报酬率法

【答案】C

【解析】对于使用年限不同的互斥方案，决策标准应当选用平均年成本法。

（四）所得税和折旧对现金流量的影响——考虑成本抵税和收入纳税。

1.税后成本和税后收入（见表5-25）

表5-25 税后成本和税后收入

项目	说明
税后成本	凡是可以减免税负的项目，实际支付额并不是真实的成本，而应将因此而减少的所得税考虑进去，扣除了所得税影响以后的费用净额，称为税后成本： 税后成本=支出金额×（1-税率）
税后收入	由于所得税的作用，企业营业收入的金额有一部分会流出企业，企业实际得到的现金流入是税后收入： 税后收入=收入金额×（1-税率） 【提示】收入金额指根据税法需要纳税的收入，不包括项目结束时收回垫支资金等现金流入

【提示】本节主要讨论单一项目的现金流量，两个项目的差量现金流将在习题册中详细指明。

2.折旧的抵税作用——在计算企业价值评估时也要考虑折旧抵税的作用。

所得税是企业的一种现金流出，它取决于利润大小和税率高低，而利润大小受折旧方法的影响。因此，讨论所得税问题必然会涉及折旧问题。

由于折旧的存在，使得企业所得税减少了"折旧额×税率"（元），这笔现金保留在企业里，不必缴出。从增量分析的观点来看，由于增加了一笔折旧，企业获得了"折旧额×税率"的现金流入：

税负减少额=折旧额×税率

3.税后现金流量

（1）投资期现金流量（见表5-26）——计算的是差量现金流量。

税后现金流量

表5-26 投资期现金流量

现金流量构成		计算方法与流量方向
Ⅰ.原有旧资产的利用（如有）	变现价值	旧资产原本可以变现，现在由于继续使用旧资产，损失了该笔变现收入，应将其全额作为继续使用旧资产的现金流出量
	变现净损益的所得税对现金流量的影响	①变现利得（变现价值＞按税法确定的目前账面价值）乘以税率：原本要交税，现在由于继续使用旧资产，避免了该笔税收的流出，应将其作为现金流入量
		②变现损失（变现价值＜按税法确定的目前账面价值）乘以税率：原本可抵税，现在由于继续使用旧资产，损失了该笔抵税的作用，应将其作为现金流出量
Ⅱ.购置新长期资产		购置成本全额为现金流出量 【提示】无论是否纳税，购置资产与所得税无关
Ⅲ.垫支的营运资本		现金流出量=本年营运资本需求额-上年营运资本需求额

税负影响要考虑。

垫支的营运资本部分期末会收回。

【提示】①在具体的考试题目中，投资期可能还有"费用化"的支出，例如支付一些日常费用等，这些费用在会计中作为期间费用列示，可以税前列支；从财务管理的现金流量角度考虑，真正的税后现金流出量=支付的费用×（1-所得税税率）。

②互斥项目中垫支营运资本的考虑：例如A方案相比B方案的初始营运资本可

能有节约的差量，该差量可以作为A方案初始的一项现金流入；但是不要忘记项目终结时，这项初始的现金流入要作为A方案终结点的现金流出，因为相比B方案，A方案在终结点回收的营运资本要少。

【例题5-7·2000年单选题】某公司购入一批价值20万元的专用材料，因规格不符无法投入使用，拟以15万元变价处理，并已找到购买单位。此时，技术部门完成一项新产品开发，并准备支出50万元购入设备当年投产。经化验，上述专用材料完全符合新产品使用，故不再对外处理，可使企业避免损失5万元，并且不需要再为新项目垫支流动资金。公司适用的所得税税率为25%。在评价该项目时第一年的现金流出应按（　　）万元计算。

A.63.75　　　　　B.66.25　　　　　C.68.75　　　　　D.71.25

【答案】B

【解析】本题中给出的准备用于购买设备的支出50万元为该项目投产当年的现金流出之一；而与此相关的专用材料支出为15万元（即该材料的可变现价值），以及如果出售该批专用材料，将因处置损失而获得抵税价值1.25万元（5×25%），是由于选择了用专用材料投产项目而不选择卖出专用材料方案的机会成本，因此，亦应属于生产方案的现金流出之一。3项现金流出的合计为66.25万元。需要提示的是，专用材料的当初购买价格20万元，属于沉没成本，即无关成本，不予考虑。

50 + 15 + （5 × 25%）= 66.25
购买设备。
丧失出售材料的机会成本。
丧失出售材料亏损的抵税额。

（2）营业期现金流量（见表5-27）　三种方法不是所有的都要加上折旧抵税。

表5-27　　　　　　　　　　营业期现金流量

计算方法	计算公式
直接法	营业收入-付现成本-所得税
间接法	税后经营利润＋非付现成本［主要是固定资产年折旧额］
税盾法	营业收入×（1-T）-付现成本×（1-T）+折旧×T　折旧抵税，折旧年限与残值都要按照税法规定来计算。

【提示】①上述三个公式，最常用的是"税盾法"，因为企业的所得税是根据企业总利润计算的。在决定某个项目是否投资时，往往使用的是"差额分析法"确定现金流量，并不知道整个企业的利润以及与此有关的所得税，这就妨碍了"直接法"和"间接法"的应用，而使用本法无需知道企业的利润是多少，比较方便。但是，对于有些题目，间接法也是很方便的。

②计算营业现金流量时，不能想当然地加上"折旧抵税（折旧×T）"作为一笔现金流入量，要看采用哪种方法计算。

③有关折旧的问题。

a.年折旧额的计算：按照题目中税法的规定计算，即考察税法规定的残值、税法规定的使用年限，与企业自己会计账上如何计算没有关系。

b.两种加速折旧计算方法（见表5-28）

两种加速折旧方法作为基础的知识熟练掌握。

表5-28　　　　　　　　两种加速折旧计算方法

折旧方法	计算公式
双倍余额递减法	年折旧率=2/预计使用年限
	年折旧额=固定资产账面净值×年折旧率
	最后2年平均摊销=（固定资产账面净值−预计净残值）/2
年数总和法	年折旧率=尚可使用年限÷预计使用寿命的年数总和
	年折旧额=（固定资产原价−预计净残值）×年折旧率

c.折旧抵税的年限的确定：税法规定尚可使用年限与企业估计尚可使用年限孰短法（见表5-29）　规定之中选短者。

表5-29　　　　　尚可使用年限与企业估计尚可使用年限孰短法

情形	税法规定尚可使用年限	企业估计尚可使用年限	抵税年限
提前报废	5年	4年	4年
超龄使用		6年	5年

d.固定成本是否包含折旧？如果题目中没有特别说明不含折旧，就默认成本中包含折旧。

④如果题目涉及了"增量垫支营运资本"，则对现金流量需要特别考虑。假设营运资本需求与［税前］销售收入成固定比例（如10%）（见表5-30）

表5-30　　　　　　　　增量垫支营运资本的处理

情形	营业期的处理	终结点的处理
营业收入每年都有增长	每年的"增量垫支营运资本"=每年增加的营业收入×10%，作为现金流出量	把营业期各年"增量垫支营运资本"连同建设期垫支营运资本一并收回，作为现金流入量
营业收入每年都有下降	每年的"增量垫支营运资本"=−每年减少的营业收入×10%，作为现金流入量	将尚未收回完毕的建设期垫支的营运资本收回，作为现金流入量

⑤在营业期间，有的题目也会出现"资本化支出"，此时需要按照题目的"摊销年限"计算各年度的相关流量。

⑥如果新项目的建设对公司原有其他项目有影响，则需要考虑对其他项目的税后销售收入、税后付现营业成本和营运资本垫支的影响。

（3）终结点现金流量（见表5-31）

表5-31　　　　　　　　终结点现金流量

现金流量构成		计算方法与流量方向
I.处置固定资产	变现价值	全额作为现金流入量
	变现净损益的所得税对现金流量的影响	①变现利得（变现价值>税法规定的最终残值）乘以税率：项目结束时变现利得需要纳税，应将其作为现金流出量。②变现损失（变现价值<税法规定的最终残值）乘以税率：项目结束时变现损失可以抵税，应将其作为现金流入量。【提示】处置固定资产时的变现净损益的所得税对现金流量的影响，与建设期原有旧资产的利用（如有）的影响相似，只是方向相反
II.垫支营运资本的收回		将以前期间所有垫支的营运资本（包括营业期"增量"垫支的营运资本）全部加总，作为现金流入量

【提示】如果新项目的建设对公司原有其他项目有影响，在终结点时需要考虑原有其他项目营运资本垫支收回金额的影响。

【助记】3类10项433（如图5-2所示）

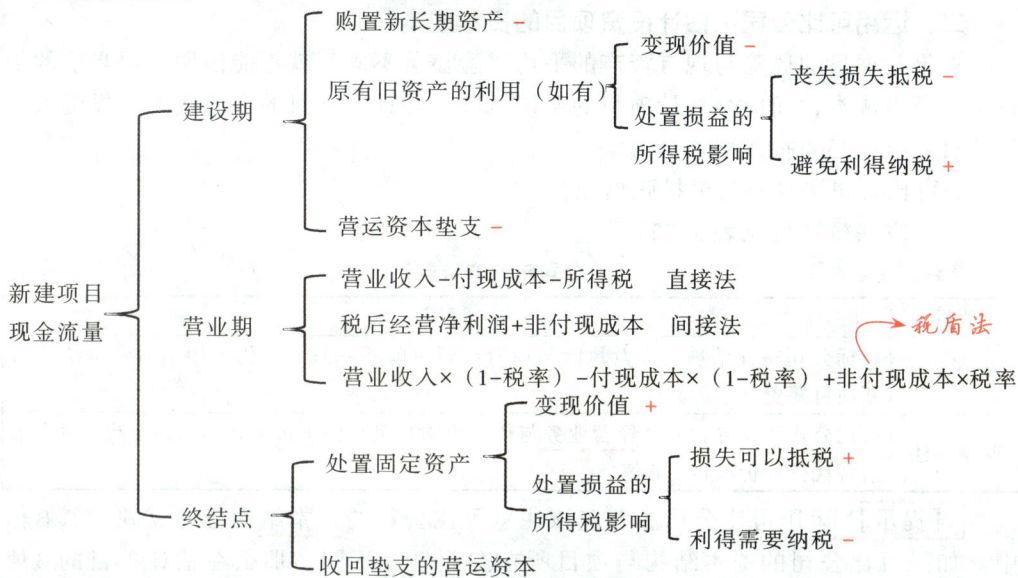

新建项目
现金流量
- 建设期
  - 购置新长期资产
  - 原有旧资产的利用（如有）
    - 变现价值 −
    - 处置损益的所得税影响
      - 丧失损失抵税 −
      - 避免利得纳税 +
  - 营运资本垫支 −
- 营业期
  - 营业收入−付现成本−所得税　直接法
  - 税后经营净利润+非付现成本　间接法
  - 营业收入×（1−税率）−付现成本×（1−税率）+非付现成本×税率　　← 税盾法
- 终结点
  - 处置固定资产
    - 变现价值 +
    - 处置损益的所得税影响
      - 损失可以抵税 +
      - 利得需要纳税 −
  - 收回垫支的营运资本

图5-2　3类10项433

【例题5-8·2000年单选题】在计算投资项目的未来现金流量时，报废设备的预计净残值为120 00元，按税法规定计算的净残值为14 000元，所得税率为33%，则设备报废引起的预计现金流入量为（　　）元。

A.7 380　　　　　B.8 040　　　　　C.12 660　　　　　D.16 620

【答案】C　　← 现金流量的计算，考虑机会成本，该设备少买了钱，少交了税，成本的减少，视为现金流入额。

【解析】残值处置现金流入量=12 000（元），处置损失抵税=（14 000−12 000）×33%=660（元），预计现金流入量=12 000+660=12 660（元）。

第四节　投资项目折现率的估计

◇ 使用企业当前加权平均资本成本作为投资项目的资本成本
◇ 运用可比公司法估计投资项目的资本成本

（✓本节内容从本质上说是讨论投资项目折现率，就是加权平均资本成本，既可以单独命制客观题，也可以命制计算分析题，更可能放在综合题中考查，必须掌握的知识点）

一、使用企业当前加权平均资本成本作为投资项目的资本成本

任何投资项目都有风险或不确定性。针对投资项目的风险，可以通过调整折现率即资本成本进行衡量，再计算净现值。

（一）项目风险与企业当前资产的平均风险

使用企业当前的资本成本作为项目的资本成本，应同时具备两个条件：

（1）项目的风险与企业当前资产的平均风险相同[等经营风险]；

（2）公司继续采用相同的资本结构为新项目筹资[等财务风险]。

【提示】使用当前的资本成本作为折现率，隐含了一个重要假设，即新项目是企业现有资产的复制品，它们的系统风险相同，要求的报酬率才会相同。

（二）继续采用相同的资本结构为新项目筹资

企业当前的资本结构包含了当前企业的资本结构。如果市场是完善的，资本结

构不改变企业的平均资本成本，则平均资本成本反映了当前资产的平均风险。

如果市场是不完善的，筹资结构就会改变企业的平均资本成本。当公司的资本成本所占比例发生变化时，仍然用当前的平均资本成本作为折现率是不合适的。

二、运用可比公司法估计投资项目的资本成本

如果新项目的风险与现有资产的平均风险显著不同，就不能使用公司当前的加权平均资本成本，而应当估计项目的系统风险，并计算项目的资本成本即投资人对于项目要求的必要报酬率。

1.可比公司法（非规模扩张型项目）

（1）方法概述（见表5-32）

表5-32　　　　　　　　　**可比公司法的方法概述**

项目	说明
适用情况	目标公司待评估项目经营风险与原有经营风险不一致，但仍采用当前资本结构为新项目筹资
调整方法	可比公司法是寻找一个经营业务与待评价项目类似的上市公司，以该上市公司的β值替代待评价项目的β值

【提示】 运用可比公司法，应该注意可比公司的资本结构已经反映在其β值中。如果可比公司的资本结构与项目所在企业显著不同，那么在估计项目的β值时，应针对资本结构差异做出相应调整。

（2）计算步骤（见表5-33）

表5-33　　　　　　　　　**可比公司法的计算步骤**

步骤	计算公式
卸载可比企业财务杠杆	根据可比企业股东收益波动性估计的β值，是含有财务杠杆的β权益。可比企业的资本结构与待评估项目的目标公司不同，要将资本结构因素排除，确定可比公司不含财务杠杆的β值，该过程通常叫"卸载财务杠杆"： $\beta_{资产} = 可比公司的\beta_{权益} \Big/ \left[1 + \dfrac{(1-可比企业税率)\times 可比企业负债}{可比企业权益}\right]$ **【提示】** $\beta_{资产}$ 是假设全部用权益资本融资的β值，此时没有财务风险，或者说，此时股东权益的风险与资产的风险相同，股东只承担经营风险即资产的风险
加载目标企业财务杠杆	根据目标企业的资本结构调整β值，该过程称为"加载财务杠杆"： $\beta_{权益} = \beta_{资产} \times \left[1 + \dfrac{(1-目标公司税率)\times 目标公司负债}{目标公司权益}\right]$ **【提示】** 加载的财务杠杆是投资新项目后公司整体的产权比率，而非项目本身的结构
根据目标企业β权益计算股权成本	此时的β权益既包含了项目的经营风险，也包含了目标企业的财务风险，可据以计算股东权益成本，即股东要求的报酬率： 股东权益成本=无风险报酬率+$\beta_{权益}$×市场风险溢价
计算投资项目的加权资本成本	如果使用实体现金流量法计算项目的净现值，还需要计算加权平均成本： WACC=负债税前成本×（1-T）×项目负债比重+权益成本×项目权益比重

*可比公司法

可比公司法非规模扩张，适用于满足公司投资前后资本结构不变，但是项目风险与当前经营风险不一致的情况。

排除可比企业资本结构因素对企业风险的影响。

加载本企业资本结构因素对企业风险的影响。

CAPM的运用

【提示】$\beta_{资产}$不含财务风险，$\beta_{权益}$既包含了项目的经营风险，也包含了目标企业的财务风险。

2.可比公司法的拓展（规模扩张型项目）

（1）方法概述（见表5-34） *满足等风险假设，不符合等资本结构的前提的情况下。*

表5-34　　　　　　　　　　可比公司法的拓展方法概述

项目	说明
适用情况	目标公司待评估项目经营风险与公司原有经营风险一致，但项目的资本结构与公司原有资本结构不一致，满足等风险假设，但不满足等资本结构假设
调整方法	以本公司的原有β值替代待评估项目的β值

（2）计算步骤（见表5-35）

直接用本公司原有的$\beta_{权益}$来调整。

表5-35　　　　　　　　　　计算步骤

步骤	计算公式
卸载原有企业财务杠杆	$\beta_{资产} = \dfrac{公司原有的\beta_{权益}}{1 + (1 - 公司原适用税率) \times 公司原产权比率}$
加载新投资项目后企业新的财务杠杆	$\beta_{权益} = \beta_{资产} \times \left[1 + (1 - 公司新适用税率) \times 公司新产权比率\right]$
根据新β权益计算股东要求的报酬率	股东权益成本＝无风险利率＋$\beta_{权益}$×市场风险溢价
计算投资项目的加权资本成本	WACC＝负债税前成本×（1-T）×项目负债比重＋权益成本×项目权益比重

【提示】如果待评价项目的经营风险和资本结构都发生了变化，处理方法与前文一致，只是在加载财务杠杆时应该加载企业的新的目标资本结构，即：

$$\beta_{权益} = \beta_{资产} \times \left[1 + (1 - 目标公司新适用税率) \times 目标公司新产权比率\right]$$

【例题5-9·2004年单选题】某公司的主营业务是生产和销售制冷设备，目前准备投资汽车项目。在确定项目系统风险时，掌握了以下资料：汽车行业上市公司的β值为1.05，行业平均资产负债率为60%，投资汽车项目后，公司将继续保持目前50%的资产负债率。本项目含有负债的股东权益β值是（　　　）。（计算时不考虑所得税）

A.0.84　　　　　　B.0.98　　　　　　C.1.26　　　　　　D.1.31

【答案】A

在计算小题涉及卸载可比企业财务杠杆、加载本公司财务杠杆，同时注意资产负债率与产权比率间的快速转化方法。

【解析】行业产权比率＝1/（1-资产负债率）-1＝1/（1-60%）-1＝1.5，本项目产权比率＝1

β（资产）＝1.05/（1+1.5）＝0.42

β（权益）＝0.42×（1+1）＝0.84

第五节　投资项目的敏感性分析

◇ 敏感性分析的含义　（✔近五年综合题中，除了2013年没有涉及到本考点
◇ 敏感性分析的方法　外，年年以综合题一小问进行考查，要求掌握★★★）

一、敏感性分析的含义

敏感性系数与参数变动幅度无关，而与选取的基点相关，基点改变则系数改变；敏感系数大小排序不是固定不变的，要视具体情况而定。

　　敏感性分析是投资项目评价中常用的一种研究不确定的方法。它在确定性分析的基础上，进一步分析不确定性因素对投资项目的最终经济效果指标影响及影响程度。

　　【提示】 若某参数（如销售收入）的小幅度变化能导致经济效果指标（如项目净现值）的较大变化，则称此参数为敏感性因素，反之则称其为非敏感性因素。

二、敏感性分析的方法

　　投资项目的敏感性分析，通常是在假定其他变量不变的情况下，测定某一变量发生特定变化时对净现值（或内含报酬率）的影响。（详见表5-36）

表5-36　　　　　　　　　　　　　敏感性分析方法

正所谓不拘端不深剖，计算最大值、最小值更易于观察出规律。

方法		最大最小法	敏感程度法
	步骤	（1）给定计算净现值的每个变量的预期值，即最可能发生的数值； （2）根据变量的预期值计算净现值，即基准净现值； （3）选择一个变量并假设其他变量不变，令净现值等于零，计算选定变量的临界值； （4）选择第二个变量，并重复步骤（3）	（1）计算项目的基准净现值（方法与最大最小法相同）； （2）选定一个变量，如每年税后营业现金流入，假设其发生一定幅度的变化，而其他因素不变，重新计算净现值； （3）计算选定变量的敏感系数： $$敏感系数 = \frac{目标值变动的百分比}{选定变量变动的百分比}$$
	注意事项	与目标值同向变动的因素，计算最小值；反向变动的因素，计算最大值	敏感系数表示选定变量变化1%时导致目标值变动的百分数，可以反映目标值对于选定变量变化的敏感程度
	意义	通过上述步骤，可以得出使基准净现值由正值变为负值（或相反）的各变量最大（或最小）值，可以帮助决策者认识项目的特有风险	敏感程度法向决策人展示了不同前景出现时的后果，这些信息可以帮助决策人认识项目的特有风险和应关注的重点
（✔优缺点可以客观题考查）	优点	计算过程简单，也易于理解	
	局限性	（1）在进行敏感性分析时，只允许一个变量发生变动，而假设其他变量保持不变，但在现实中这些变量是相互关联的，会一起发生变动，但是变动的幅度不同。 （2）每次测算一个变量变化对净现值的影响，可以提供一系列分析结果，但是没有给出每一个数值发生的可能性	

智能测评

扫码听分享	做题看反馈
    　　项目评价方法的核心思路是将未来现金流量进行折现，对投资项目现金流量的估计属于本章的重点知识，在随后企业价值评价上也是同样的思路，请同学们在本章加强学习，到企业价值评估知识的学习时会感到一通百通。 　　扫一扫二维码，来听学习导师的分享吧。	 　　学完马上测！ 　　请扫描上方的二维码进入本章测试，检测一下自己学习的效果如何。做完题目，还可以查看自己的个性化测试反馈报告。这样，在以后复习的时候就更有针对性、效率更高啦！

第六章 债券、股票价值评估

本章属于次重点章。本章的固定增长股票价值的计算模型为"第八章 企业价值评估"中的现金流量折现模型提供了方法；债券到期收益率的计算也与第四章中的债务资本成本的计算有着密切联系。因此，需要进行全面复习，综合掌握。

本章重要考点：（1）债券价值的估算；（2）债券价值的影响因素；（3）债券的到期收益率；（4）股票价值的估算；（5）股票的期望报酬率。

主要内容

第一节 债券价值评估 *(✔本章近几年考核分值为3分左右)*

第二节 普通股价值评估

第三节 混合筹资工具价值评估

第一节 债券价值评估

◇ 债券估价的意义

◇ 债券的类型

◇ 债券价值的评估方法

◇ 债券价值的影响因素

◇ 债券的到期收益率

(✔本节内容主要从客观题考查，有时会考查计算分析题，需要熟练掌握各种债券的价值评估方法，并理解债券价值的影响因素；债券的到期收益率是计算债券税前资本成本的一个基本方法，必须掌握)

一、债券估价的意义 *投资决策判断标准。*

债券估价的意义见表6-1。

表6-1　　　　　　　　　　　债券估价的意义

角度	说明
新发行债券	（1）定价偏低：企业会因付出更多现金而遭受损失 （2）定价偏高：企业会因发行失败而遭受损失　*筹资*
流通债券	投资人需要比较债券市价与内在价值，判断是否投资　*投资*
经理人员	债券的价值体现了债券投资人要求的报酬，对于经理人员来说，不知道债券如何定价就是不知道投资人的要求，也就无法使他们满意

二、债券的类型

(✔本知识点涉及的内容多以文字型客观题考核，根据分类名称就可以了解债券的特点，容易掌握★★)

（一）债券的概念（见表6-2）　*(✔本知识点涉及债券的基本概念，理解掌握)*

表6-2　　　　　　　　　　　债券的概念

概念	说明
债券	指发行者为筹集资金发行的、在约定时间支付一定比例的利息，并在到期时偿还本金的一种有价证券　→*定期付息，到期还本。*
债券面值	指设定的票面金额，它代表发行人借入并且承诺于未来某一特定日期偿付给债券持有人的金额 【提示】无论债券是否按平价发行，到期日发行公司都按照面值偿还，而非偿还实际的发行价格
债券票面利率	指债券发行者预计一年内向投资者支付的利息占票面金额的比率 【提示】债券的计息和付息方式有多种，可能使用单利或复利计息，利息支付可能半年一次、一年一次或到期日一次总付
债券的到期日	指偿还本金的日期

（二）债券的分类

1.按债券是否记名分类（见表6-3）

表6-3　　　　　　　　　债券的分类（按是否记名分类）

分类	说明
记名债券	指在公司债券上记载持券人姓名或名称的债券
无记名债券	指没有在公司债券上记载持券人姓名或名称的债券

2.按债券能否转换为股票分类（见表6-4）

表6-4　　　　　　　债券的分类（按能否转换为股票分类）

分类	说明
可转换债券	指能转换为本公司股票的公司债券
不可转换债券	指不能转换为本公司股票的公司债券

债券持有人可以自己决定到期是否将其转换为公司股票。

【提示】本章所称的债券均指不可转换债券。

到期予以还本，债券持有人不可将其转成股票，没有转股权。

3.按有无财产抵押分类（见表6-5）

表6-5　　　　　　　债券的分类（按有无财产抵押分类）

分类	说明
信用债券	指没有特定财产作为抵押，凭信用发行的债券
抵押债券	指发行公司以特定财产作为抵押品的债券，分为： （1）一般抵押债券：以公司全部资产作为抵押品而发行的债券 （2）不动产抵押债券：以公司的不动产为抵押品而发行的债券 （3）设备抵押债券：以公司的机器设备为抵押品而发行的债券 （4）证券信托债券：以公司持有的股票证券以及其他担保证书交付给信托公司作为抵押

4.按能否上市分类（见表6-6）　*按交易场所的不同，场内还是场外。*

表6-6　　　　　　　　债券的分类（按能否上市分类）

分类	说明
上市债券	指可在证券交易所挂牌交易的债券。它有以下特点： （1）优点：信用度高，且变现速度快，故而容易吸引投资者 （2）缺点：上市条件严格，并且需要承担上市费用
非上市债券	指不在证券交易所上市，只能在场外交易的债券。它的缺点是，流动性差，持有人蒙受损失的风险较大，作为补偿要给予较高的利率才能抵消其风险

5.按偿还方式分类（见表6-7）

表6-7　　　　　　　　债券的分类（按偿还方式分类）

分类	说明
到期一次债券	指发行公司于债券到期日一次集中清偿本息的债券
分期债券	指一次发行而分期、分批偿还的债券

6.按债券的发行人分类（见表6-8）（✓ 一般了解即可）

表6-8　　　　　　　　债券的分类（按债券的发行人分类）

分类	说明
政府债券	通常指中央政府发行的债券，也称国库券，按时偿还利息和本金，一般没有拖欠风险
地方政府债券	指地方政府发行的债券，有拖欠风险
公司债券	指公司发行的债券，有拖欠风险
国际债券	指外国政府或外国公司发行的债券，有拖欠风险；如果以国外货币结算，购买者还需承担汇率风险

三、债券价值的评估方法

（✓ 可以命制计算型题目，需要掌握 ★★）
实质是债券未来现金流出量的现值。

债券的价值是发行者按照合同规定从现在至债券到期日所支付的款项的<u>现值</u>。

【提示】债券的价值即债券本身的<u>内在价值</u>。

（一）债券的估值模型

典型的债券是固定利率、每年计算并支付利息、到期归还本金。按此模式，债券价值计算的基本模型是：

$$V_d = \frac{I_1}{(1+r_d)} + \frac{I_2}{(1+r_d)^2} + \cdots + \frac{I_n}{(1+r_d)^n} + \frac{M}{(1+r_d)^n}$$

每年年末支付利息，到最后一期归还本金，发行债券这一时点对未来诸多期不同时点要支付的款项进行折现，就是债券的价值。（如果不懂再回过头来看第3章，货币时间价值的计算）

其中：

V_d 代表债券价值；

I 代表每年的利息（面值×票面利率）；

M 代表到期的本金（面值）；

r_d 代表折现率，一般采用当前同等风险投资的<u>市场利率</u>；

n 代表债券到期前的年数。

【提示】投资决策原则：当债券价值高于购买价格时，值得购买。

（二）债券估价的拓展模型

1.新发行债券的价值

（1）平息债券（见表6-9）

债券折现率要与付息期相对应，理解报价利率与有效年利率的概念差别。

*拓展模型
40406

表6-9　　　　　　　　　　平息债券

项目	说明
含义	指利息在到期时间内<u>平均支付</u>的债券。利息支付的频率可能是一年一次、半年一次或每季度一次等
计算公式	$$V_d = \sum_{t=1}^{mn} \frac{I/m}{\left(1+\frac{r_d}{m}\right)^t} + \frac{M}{\left(1+\frac{r_d}{m}\right)^{mn}}$$ 其中：m代表每年付息次数。 【提示】折现时采用计息期折现率（r_d/m），债券的发行期"年数（n）"变为"计息期数（mn）"

【提示】估价规则的内在统一性原则：凡是利率都可以分为报价利率和有效年利率。当一年内要复利几次时，给出的利率是报价利率，报价利率除以年内复利次数得出计息周期利率，根据计息周期利率可以换算出有效年利率。<u>对于这一规则</u>，<u>（票面/报价）利率和折现率都要遵守</u>，否则就破坏了估价规则的内在统一性，

也就失去了估价的科学性。因此，折现率也有报价折现率、周期折现率和有效年折现率之分。当一年内要折现几次时，给出的年折现率是报价年折现率，报价折现率除以年内折现次数得出折现周期利率，折现周期利率可以换算为有效年折现率。

考试时只要不特指，债券的折现率与票面利率是一样的计息方式和计息规则。

（2）纯贴现债券（见表6-10）　*未来只有一笔款项支付，将其折现即可。*

表6-10　　　　　　　　　　　　　　　　　纯贴现债券

项目	说明
含义	指承诺在未来某一确定日期作某一单笔支付的债券，到期日前购买人不能得到任何现金支付
计算公式	$V_d = \dfrac{F}{(1+r_d)^n}$ 【提示】纯贴现债券有两种情况： ①对于零息债券来说，F＝本金 ②对于到期一次还本付息债券来说，F＝到期本利和（一般按单利计算）

【提示】零息债券没有标明利息计算规则的，通常采用按年计息的复利计算规则。

2.流通债券的价值　*因为是在二级市场上流通的债券，所以会涉及非整数计息期的问题，做题时要画一个时间轴，在数轴中从0时点标明一共多少期，这样就不容易出错了。*

（1）流通债券的含义

流通债券指已发行并在二级市场上流通的债券。它们不同于新发行债券，已经在市场上流通了一段时间。

（2）流通债券的特点（见表6-11）

表6-11　　　　　　　　　　　　　　流通债券的特点

特点	说明
到期时间	小于债券发行在外的时间
估价的时点	不在发行日，可以是任何时点，会产生"非整数计息期"问题 【提示】新发行债券，总是在发行日估计现值的，到期时间等于发行在外的时间

（3）流通债券价值的计算方法

【例题6-1】有一面值为1 000元的债券，票面利率为8%，每年支付一次利息，20×1年5月1日发行，20×6年4月30日到期。现在是20×4年4月1日，假设年折现率为10%，问该债券的价值是多少？

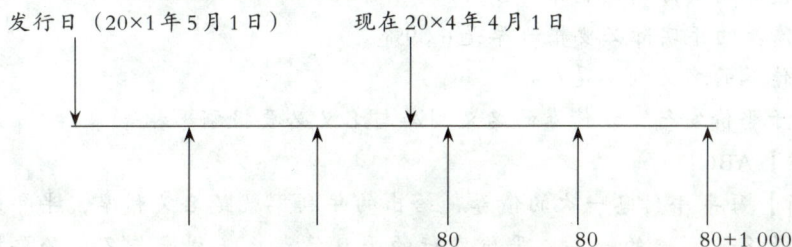

方法1：以现在为折算时间点，历年现金流量按非整数计息期折现。

$$PV = \frac{I}{(1+i)^{1/12}} + \frac{I}{(1+i)^{13/12}} + \frac{I}{(1+i)^{25/12}} + \frac{M}{(1+i)^{25/12}}$$

第一种方法每次现金流都按非整数计息期计算，比较麻烦；第二种方法相对简单，建议采纳。

方法2：两个阶段折现。

（1）以未来最近一次付息时间（20×4年5月1日）为折算时间点，计算历次现金流量现值：

$$PV' = I + I \times (P/A, i, 2) + M \times (P/F, i, 2)$$

（2）然后将其折算到现在时点：

$$V_d = \frac{PV'}{(1+i)^{\frac{1}{12}}}$$

【思考】如果把题目条件改为半年支付一次利息，问该债券的价值是多少？

【答案】债券的价值 PV＝［40＋40×（P/A，10%/2，2×2）＋1 000（P/F，10%/2，2×2）］÷（1+10%/2）1/6＝（40＋40×3.5460＋1 000×0.8227）÷1.00816＝996.41（元）

【例题6-2·2001年单选题】某公司拟发行5年期债券进行筹资，债券票面金额为100元，票面利率为12%，而当时市场利率为10%，那么，该公司债券发行价格应为（　　）元。

A.93.22　　　　　B.100　　　　　C.105.35　　　　　D.107.58

【答案】D

【解析】债券发行价格＝100×12%×（P/A，10%，5）＋100×（P/F，10%，5）＝12×3.7908＋100×0.6209＝107.58（元）。

四、债券估值的影响因素 （✓本知识点经常出选择题，需要掌握★★）

（一）债券价值与折现率（见表6-12）

折现率越高，现值越小；债券折现率与债券价值成反向变化。

表6-12　债券价值与折现率

情形	债券价值	发行方式
票面利率=折现率	=面值	平价发行
票面利率<折现率	<面值	折价发行
票面利率>折现率	>面值	溢价发行

【提示】投资决策原则：当债券价值高于价格时，可以购买。

【例题6-3·2004年多选题】某企业准备发行三年期企业债券，每半年付息一次，票面年利率6%，面值1 000元，平价发行。以下关于该债券的说法中，正确是（　　）。

A.该债券的实际周期利率为3%

B.该债券的年实际必要报酬率是6.09%

C.该债券的名义利率是6%

D.由于平价发行，该债券的名义利率与名义必要报酬率相等

【答案】ABCD

【解析】每半年付息一次的债券，给出的年利率就是名义利率，半年的实际周期利率应是名义利率的一半，平价发行的平息债券名义利率与名义必要报酬率相等，根据年实际必要报酬率和名义必要报酬率之间的关系，实际必要报酬率＝（1+3%）2-1=6.09%。

影响因素归纳表（简表）见表6-13。

表6-13　　　　　　　影响因素归纳表（因债券价值与折现率）

影响因素	相关性	影响方式
面值	同向	面值↑，债券价值↑
票面利率	同向	票面利率↑，债券价值↑
折现率	反向	折现率↑，债券价值↓

归纳表，记忆；遇到多选题的迷惑项时能够辨别。表中的因素，带票面的是同向，折现率是反向。

（二）债券价值与到期时间　*对于平价发行的债券，债券到期时间对债券价值不产生影响。*

债券的到期时间，是指当前日至债券到期日之间的时间间隔。随着时间的延续，债券的到期时间逐渐缩短，至到期日时该间隔为零。

1.折现率在债券发行后维持不变　*（✓归纳表，多以文字型各观题考查，需要结合图形理解记忆）*

债券影响方式表见表6-14。

表6-14　　　　　　　　　　债券影响方式表

债券类型	影响方式
流通债券	考虑付息期间的变化：债券价值在两个付息日之间呈周期性变动
新发行的平息债券	（1）每隔一段时间支付一次利息，考虑付息期间的变化：债券价值会呈现周期性波动 （2）付息期无限小（连续支付利息），不考虑付息期间的变化：债券价值逐渐接近其票面价值，即债券价值表现为一条直线 ①溢价发行的债券：到期时间↓（↑），债券价值↓（↑） ②平价发行的债券：到期时间↓（↑），债券价值不变 ③折价发行的债券：到期时间↓（↑），债券价值↑（↓）
纯贴现债券	到期时间↓，债券价值↑，向面值（或本利和）接近

【例题6-4】已知市场利率为8%，某公司刚刚发行了3种5年期债券，票面利率分别为10%、8%和6%。随着到期时间的临近，3种债券的价值计算见表6-15。

表6-15　　　　　　　　　　债券价值计算表　　　　　　　　　单位：元

到期时间	5年	4年	3年	2年	1年	0
溢价发行（10%）	1 084.27	1 066.21	1 051.51	1 036.67	1 018.52	1 000
平价发行（8%）	1 000	1 000	1 000	1 000	1 000	1 000
折价发行（6%）	924.28	933.73	948.43	965.24	981.48	1 000

【提示】折价发行的平息债券：发行后价值逐渐升高，在付息日由于割息而价值下降，然后又逐渐上升；总的趋势是波动上升的。越临近付息日，利息的现值越大，债券的价值有可能超过面值；付息日后债券的价值下降，会低于其面值。

【例题6-5·2014年单选题】假设折现率保持不变，溢价发行的平息债券自发行后债券价值（　　　）。

A.直线下降，至到期日等于债券面值

B.波动下降，到期日之前一直高于债券面值

C.波动下降，到期日之前可能等于债券面值

D.波动下降，到期日之前可能低于债券面值

【答案】B

【解析】溢价发行的平息债券发行后债券价值随着到期日的临近是波动下降的，因为溢价债券在发行日和付息时点债券的价值都是高于面值的，而在两个付息日之间债券的价值又是上升的，所以到期日之前债券的价值会一直高于债券的面值。

【例题6-6·2012年多选题】下列关于债券价值的说法中，正确的有（　　）。

A.当市场利率高于票面利率时，债券价值高于债券面值

B.当市场利率不变时，随着债券到期时间的缩短，溢价发行债券的价值逐渐下降，最终等于债券面值

C.当市场利率发生变化时，随着债券到期时间的缩短，市场利率变化对债券价值的影响越来越小

D.当票面利率不变时，溢价出售债券的计息期越短，债券价值越大

【答案】BCD

【解析】当市场利率高于票面利率时，债券价值应低于债券面值。

【例题6-7·2009年单选题】债券A和债券B是两只在同一资本市场上刚发行的按年付息的平息债券。它们的面值和票面利率均相同，只是到期时间不同。假设两只债券的风险相同，并且同等风险投资的必要报酬率低于票面利率，则（　　）。

A.偿还期限长的债券价值低

B.偿还期限长的债券价值高

C.两只债券的价值相同

D.两只债券的价值不同，但不能判断其高低

【答案】B

【解析】由于同等风险投资的必要报酬率低于票面利率，所以两只债券都是溢价发行。因为债券的面值和票面利率相同，若同时满足两债券的必要报酬率和利息支付频率相同，对于平息溢价发行的债券（即分期付息债券），偿还期限越长，表明未来获得的高于市场利率的利息机会越多，则债券价值越高。

【例题6-8·2005年单选题】某公司发行面值为1 000元的5年期债券，债券票面利率为10%，半年付息一次，发行后在二级市场上流通，假设必要投资报酬率为10%并保持不变，以下说法正确的是（　　）。

A.债券溢价发行，发行后债券价值随到期时间的缩短而逐渐下降，至到期日债券价值等于债券面值

B.债券折价发行，发行后债券价值随到期时间的缩短而逐渐上升，至到期日债券价值等于债券面值

C.债券按面值发行，发行后债券价值一直等于票面价值

D.债券按面值发行，发行后债券价值在两个付息日之间呈周期性波动

【答案】D

【解析】对于流通债券，债券的价值在两个付息日之间呈周期性波动，其中折价发行的债券其价值是波动上升的；溢价发行的债券其价值是波动下降的；平价发行的债券其价值的总趋势是不变的，但在每个付息日之间，越接近付息日，其价值越高。

2.折现率在债券发行后发生变动　看看推导过程，记住结论就可以了。

随着到期时间的缩短，折现率变动对债券价值的影响越来越小。这就是说，债券价值对折现率特定变化的反应越来越不灵敏。

【原理】某债券主要资料为：面值1 000元，票面利率8%，平价发行，每年付息一次。现在市场利率（折现率）从8%提高到10%。债券价值变化表见表6-16。

表6-16　　　　　　　　　债券价值变化表

到期时间	债券价值（折现率10%）	下降幅度
5年	924.28	（1 000-924.28）/1 000＝7.6%
2年	965.24	（1 000-965.24）/1 000＝3.5%

（三）利息支付频率（付息期）（见表6-17）　平价发行的债券不受利息支付频率的影响。

表6-17　　　　　　债券影响方式表（利息支付频率（付息期））

债券类型	影响方式
平价发行的债券	付息频率↑（付息期↓），债券价值不变
溢价发行的债券	付息频率↑（付息期↓），债券价值↑
折价发行的债券	付息频率↑（付息期↓），债券价值↓

【原理】某债券主要资料为：面值1 000元，票面利率8%，每年付息一次，期限5年。现改为每半年付息一次，则相关变化见表6-18。

表6-18　　　　　　　　　某债券资料　　　　　　　　金额单位：元

付息方式 指标 折现率	按年付息 债券价值	按半年付息					
		债券价值		有效年票面利率		有效年折现率	
		结果	变动	结果	变动率	结果	变动率
8%	1 000	1 000	不变	8.16%	$\dfrac{8.16\%-8\%}{8\%}$ ＝2%	8.16%	2%
6%	1 084.29	1 085.31	↑			6.09%	1.5%
10%	924.28	922.77	↓			10.25%	2.5%

【助记】加快付息频率：溢价越溢，折价越折，平价不影响。

【例题6-9·2011年多选题】假设其他因素不变，下列事项中，会导致折价发行的平息债券价值下降的有（　　　　）。

A.提高付息频率　　　　　　　　B.延长到期时间

C.提高票面利率　　　　　　　　D.同等风险债券的市场利率上升

【答案】ABD

【解析】A项正确：对于折价发行的债券加快付息频率会使债券价值下降。B项正确：对于折价发行的债券，到期时间越长，表明未来获得的低于市场利率的利息情况越多，则债券价值越低。C项不正确：提高票面利率会使债券价值提高。D项正确：同等风险债券的市场利率上升，债券价值下降。

【例题6-10·2009年判断题】两种债券的面值、到期时间和票面利率相同，一

年内复利次数多的债券实际周期利率较高。（　　　）

【答案】×

【解析】债券的实际周期利率＝票面利率÷年内复利次数，一年内复利次数多的债券实际周期利率较低。

【例题6-11·2006年多选题】债券A和债券B是两只刚发行的平息债券，债券的面值和票面利率相同，票面利率均高于必要报酬率，以下说法中，正确的有（　　　）。

A．如果两债券的必要报酬率和利息支付频率相同，则偿还期限长的债券价值低

B．如果两债券的必要报酬率和利息支付频率相同，则偿还期限长的债券价值高

C．如果两债券的偿还期限和必要报酬率相同，则利息支付频率高的债券价值低

D．如果两债券的偿还期限和利息支付频率相同，则必要报酬率与票面利率差额大的债券价值高

【答案】BD

【解析】A项错误，B项正确，因为债券的面值和票面利率相同，若同时满足两债券的必要报酬率和利息支付频率相同这一条件，那么对于平息溢价发行的债券（即分期付息债券），偿还期限越长，表明未来获得的高于市场利率的利息机会就越多，则债券价值越高。C项错误：对于溢价发行的债券，加快付息频率，债券价值会上升。D项正确：对于溢价发行的债券，票面利率高于必要报酬率，所以当必要报酬率与票面利率差额越大时，即表明必要报酬率越低，则债券价值越大。

五、债券的到期收益率

债券的收益水平通常用到期收益率来衡量，到期收益率相关知识见表6-19。

表6-19　　　　　　　　　　　　到期收益率相关知识表

项目	说明
含义	债券的到期收益率是指以特定价格购买债券并持有至到期日所能获得的收益率，它是使未来现金流量现值等于债券购入价格的折现率
计算公式	求解含有折现率i的方程： $P_0 = I \times (P/A, r_d, n) + M \times (P/F, r_d, n)$
用内插法计算	（1）平价购入的债券：到期收益率＝票面利率 （2）溢价购入的债券：到期收益率＜票面利率 （3）折价购入的债券：到期收益率＞票面利率
决策原则	如果收益率高于投资人要求的报酬率，则应买进该债券，否则应放弃

（左侧手写批注：等式左侧为债券市价（买价），右侧为未来现金流入的现值（每期末收到的利息与最后一期收回的本金最后的现值合计））

【提示】

（1）题目要求计算债券的到期收益率时，如果到期收益率前面没有加上定语"年有效"，即为计算"名义"到期收益率。对于年内付息多次的债券，首先计算"计息期到期收益率"，然后直接将计息期到期收益率乘以年内计息次数即可；无需计算"年有效"到期收益率。这一点和利用到期收益率法计算债券的税前资本成本不同。

（2）债券的到期收益率的计算方法与"第五章 投资项目资本预算"中计算<u>内含报酬率</u>的方法相同，因此债券的到期收益率可以理解为债券投资的内含报酬率。

【例题6-12·2006年单选题】ABC公司平价购买刚发行的面值为1 000元（5年期、每半年支付利息40元）的债券，该债券按年计算的到期收益率为（　　）。

A.4%　　　　　　　B.7.84%　　　　　　C.8%　　　　　　　D.8.16%

【答案】D

【解析】平价发行的分期付息债券的票面计息期利率等于到期收益率的计息期利率，由于计息期利率为4%（40÷1 000），则有效年利率$=(1+4\%)^2-1=8.16\%$。

【例题6-13·2002年单选题】债券到期收益率计算的原理是（　　）。

A.到期收益率是购买债券后一直持有到期的内含报酬率

B.到期收益率是能使债券每年利息收入的现值等于债券买入价格的折现率

C.到期收益率是债券利息收益率与资本利得收益率之和

D.到期收益率的计算要以债券每年末计算并支付利息、到期一次还本为前提

【答案】A

【解析】到期收益率是指持有债券至到期日的债券投资收益率，即使得未来现金流入（包括利息和本金）的现值等于债券购入价格的折现率，也就是债券投资的内含报酬率。B项错误：现金流入量没有包括本金。C项错误：没有考虑货币时间价值。D项错误：前提表述不正确，到期收益率对于任何付息方式的债券都能计算。

【例题6-14·2000年多选题】在复利计息、到期一次还本的条件下，债券票面利率与到期收益率不一致的情况有（　　）。

A.债券平价发行，每年付息一次

B.债券平价发行，每半年付息一次

C.债券溢价发行，每年付息一次

D.债券折价发行，每年付息一次

【答案】CD

【解析】只要是平价发行的债券，无论其计息方式如何，其票面利率与到期收益率一致。除非特别指明，必要报酬率与票面利率采用同样的计息规则，包括计息方式（单利还是复利）。

第二节　普通股价值评估

◇ 普通股价值的评估方法

◇ 普通股的期望报酬率

本节内容常从客观题角度考查，有时会出计算分析题。普通股价值评估方法为企业价值评估提供了计算手段，股票的期望报酬率是计算股权资本成率的重要方法之一，必须熟练掌握。

一、普通股价值的评估方法

股票价值是指股票预期能够提供的所有未来现金流量的现值，即其<u>内在价值</u>。对某种股票的价值进行评估，可以用来判断其交易价格被市场高估或低估。

（一）股票估值的基本模型——（✔多以计算型题目考核，必须掌握★★）

股票带给持有者的现金流入包括两部分：<u>股利收入和出售时的售价</u>（而非资本利得）。股票的内在价值由一系列的股利和将来出售时售价的现值所构成。

1.股东拟永远持有股票（见表6-20）

表6-20 股票估值基本模型（永远持有）

项目	说明
现金流量	股东只能获得股利，是一个永续的现金流入
计算公式	$V = \dfrac{D_1}{1+R_s} + \dfrac{D_2}{(1+R_s)^2} + \cdots + \dfrac{D_n}{(1+R_s)^n} = \sum \dfrac{D_t}{(1+R_s)^t}$

其中：

D_t代表第t年的股利；

P_t代表第t年的股票价格；

R_s代表折现率（一般采用资本成本率或投资的必要报酬率）；

t代表折现期数。

有多期股利流入和最后出售股票的价额，进行折现即可。

2.股东拟持有一段时间后出售股票（见表6-21）

表6-21 股票估值基本模型（持有一段时间后出售）

项目	说明
现金流量	股东可以获得几次股利和出售时的股价
计算公式	$P_0 = \dfrac{D_1}{1+R_s} + \dfrac{P_1}{1+R_s}$ ……① $P_0 = \dfrac{D_2}{1+R_s} + \dfrac{P_2}{1+R_s}$ ……② 将②式代入①式，得到：$P_0 = \dfrac{D_1}{1+R_s} + \dfrac{D_2}{(1+R_s)^2} + \dfrac{P_2}{(1+R_s)^2}$ 以后各期不断代入，得到：$P_0 = \sum \dfrac{D_t}{(1+R_s)^t}$

【提示】基本模型在实际应用时，面临的主要问题是如何预计未来每年的股利，以及如何确定折现率。股利及折现率说明表见表6-22。

表6-22 股利及折现率说明表

项目	说明
股利	股利的多少，取决于每股盈利和股利支付两个因素。对其归集的方法是历史资料的统计分析，例如回归分析、时间序列的趋势分析等。股票评价的基本模型要求无限期的预计历年股利，实际上不可能做到。因此，应用的模型都是各种简化办法，如每年股利相同或固定比率增长等
折现率	折现率应当是投资的必要报酬率

基本模型不常用，下面优化出简化模型，需重点掌握。

【例题6-15·2000年多选题】估算股票价值时的折现率，可以使用（ ）。

A.股票市场的平均收益率

B.债券收益率加适当的风险报酬率

C.国债的利息率

D.投资人要求的必要报酬率

【答案】ABD

【解析】股票投资有风险，因此不能用国债的利息率作为估算股票价值时的折现率。

永远持有股票，只有股利收入而没有资本利得。长远看来，属于永续现金流量。

（二）股票估值的简化模型

股票估值的简化模型

1.零增长股票的价值（见表6-23）

表6-23　　　　　　　　　　　　零增长股票的价值

项目	说明
股票特点	假设未来股利不变，其支付过程是一个永续年金
计算公式	$P_0 = \dfrac{D}{r_s}$　　　简化后的情形属于求永续年金现值，公式也一样。

2.固定增长股票的价值（见表6-24）

表6-24　　　　　　　　　　　　固定增长股票的价值

（根据股利增长模型计算的普通股成本）与固定增长股票价值的计算公式实质是一样的）

项目	说明
股票特点	有些企业的股利是不断增长的，假设其增长率是固定的
计算公式	$D_t = D_0 \times (1+g)^t \rightarrow P_0 = \sum \dfrac{D_0 \times (1+g)^t}{(1+r_s)^t}$ 当g为常数，且 $r_s > g$ 时：$P_0 = \dfrac{D_0 \times (1+g)}{r_s - g} = \dfrac{D_1}{r_s - g}$
参数	（1）区分 D_1 和 D_0：D_1 在估值时点的下一个时点，D_0 和估值时点在同一点 （2）R_s 的确定：利用资本资产定价模型 （3）g的确定　满足可持续增长条件：g＝可持续增长率 　　　　　　　　固定股利支付率政策：g＝净利润增长率

区分股利支付的期数，是当期还是下一期，不要弄混清。

【提示】该公式具有通用性，"第八章 企业价值评估"会用到此公式。只要未来现金流量逐年稳定增长，且期限趋于无穷，就可以利用此公式计算未来现金流量的现值。

【例题6-16·2014年单选题】甲上市公司2013年度的利润分配方案是每10股派发现金股利12元，预计公司股利可以10%的速度稳定增长，股东要求的收益率为12%。于股权登记日，甲公司股票的预期价格为（　　）元。

A.60　　　　　　　B.61.2　　　　　　　C.66　　　　　　　D.67.2

【答案】D

【解析】当前每股股利＝12÷10＝1.2（元/股），股票的价格＝1.2×（1+10%）÷（12%－10%）+1.2＝67.2（元）。

【提示】在股权登记日的股票价格包含本次拟发放的股利，在除权日之后，股票价格不包含本次拟发放的股利。

大多数公司股票发展的趋势是，前几期股利逐年增长，随后在一个较长的时期内保持固定的一个增长率。

3.非固定增长股票的价值（见表6-25）

表6-25　　　　　　　　　　　　非固定增长股票的价值

项目	说明
股票特点	股利在一段时间里高速增长（增长可能呈不规则变化），在另一段时间里正常固定增长或固定不变，此时，需要分段计算，才能确定股票价值
计算公式	（1）非正常增长期（持续m年）： $\sum\limits_{t=1}^{m} PV(D_t) = PV(D_1) + PV(D_2) + \cdots + PV(D_m)$ （2）固定增长期：计算在第m年年底的内在价值 $P_m = \dfrac{D_{m+1}}{R_s - g} = \dfrac{D_m \times (1+g)}{R_s - g}$ （3）估值时点（0时点）的股票价值＝$\sum\limits_{t=1}^{m} PV(D_t) + P_m \times (P/F, R_s, m)$

公式表示的是对每年股利的折现。
公式表示的是对股票维持在固定增长率的情况下，永续股利的折现。

公式表示前几期不固定股利折现合计与固定增长阶段折现值之和。

普通股期望报酬率讲解

40408

（三）决策原则

若股票价值高于市价（购买价格），该股票值得购买。

二、普通股的期望报酬率 （✔求现金流入流出额相等时的折现率★★★）

普通股的期望报酬率知识表见表6-26。

表6-26 普通股的期望报酬率知识表

项目	说明
计算思路	找到使未来的现金流入现值等于现金流出现值的折现率 【提示】类似于债券的到期收益率，也类似于"第五章投资项目资本预算"中的内含报酬率
前提假设	（1）股票价格是公平的市场价格，证券市场处于均衡状态 （2）在任一时点证券价格都能完全反映有关该公司的任何可获得的公开信息，而且证券价格对新信息能迅速作出反应 【提示】在这种假设条件下，股票的期望报酬率=必要报酬率
计算公式	$R = \dfrac{D_1}{P_0} + g$
公式分解	（1）股利收益率（D_1/P_0）：根据预期现金股利除以当前股价计算 （2）股利增长率（g）：由于股利的增长速度也就是股价的增长速度，因此，g可以解释为股价增长率或资本利得收益率 【提示】g的数值可以根据公司的可持续增长率估计，因为在满足可持续增长的前提下，净利润按照可持续增长率增长，股利支付率不变，所以股利增长率等于可持续增长率
作用	P_0是股票市场形成的价格，只要能预计出下一期的股利，就可以估计股东预期报酬率，在有效市场中它就是与该股票风险相适应的必要报酬率，也就是公司的权益资本成本 【提示】股东期望或者说要求公司赚取15%的收益：如果股东的要求＞15%，他就不会进行这种投资；如果股东的要求＜15%，就会争购该股票，使得价格升上去。既然股东们接受了P_0的价格，就表明他们要求的是15%的报酬率

【提示】 另外两种股票的期望报酬率的计算方法见表6-27。 *可以用于投资决策、企业价值评估、业绩评价。*

表6-27 期望报酬率的计算方法

股票类型	期望报酬率的计算
零增长	$R_s = D/P_0$
非固定增长	逐步测试结合内插法

（✔内插法在求债券到期收益率、股票期望报酬率时都会用到，是经常出现在计算分析题中的计算方法，要求掌握）

【例题6-17·2013年单选题】 假设资本市场有效，在股利稳定增长的情况下，股票的资本利得收益率等于该股票的（ ）。

A.股利收益率　　　B.股利增长率　　　C.期望收益率　　　D.风险收益率

【答案】 B

【解析】 根据固定增长模型，$P_0=D_1/（R_s-g）$，$P_1=D_2/（R_s-g）=D_1×（1+g）/（R_s-g）$，假设资本市场有效，在股利稳定增长的情况下，股票的资本利得收益率=$（P_1-P_0）/P_0=g$。

【例题6-18·2012年单选题】 在其他条件不变的情况下，下列事项中能够引起股票期望收益率上升的是（ ）。

股票价值表示股票实际值多少钱；市价就类似于市场中该股票的标价。

要从经济意义上理解该公式的含义，考试不仅会以文字型客观题考核，还会以计算分析型题目考查，需要掌握。

A.当前股票价格上升　　　　　　　C.预期现金股利下降

B.资本利得收益率上升　　　　　　D.预期持有该股票的时间延长

【答案】B

【解析】股票的期望收益率 $r_S = \dfrac{D_1}{P_0} + g$，第一部分 D_1/P_0 叫做股利收益率，第二部分 g 叫股利增长率，由于股利的增长速度也就是股票价值的增长速度，因此 g 可以解释为股价增长率或资本利得收益率。持有股票的时间对股票的期望收益率没有影响。

第三节　混合筹资工具价值评估

(✔ 本节内容主要考查计算型或文字型各观题，结合有关优先股的内容一并掌握)

◇ 优先股的特殊性

◇ 优先股价值的评估方法

◇ 优先股的期望报酬率

混合筹资工具是既带有债务融资特征又带有权益融资特征的特殊融资工具，常见的有优先股、永续债、可转换债券、认股权证等。此处以优先股为例讲述混合筹资工具的价值评估。

一、优先股的特殊性

优先股的特殊性见表6-28。 *优先于普通股东分配利润。*

表6-28　　　　　　　　　　　　优先股的特殊性

特殊性	说明
优先分配利润	公司应当以现金的形式向优先股股东支付股息，在完全支付约定的股息之前，不得向普通股股东分配利润
优先分配剩余财产	公司因解散、破产等原因进行清算时，公司的剩余财产，应当优先向优先股股东支付未派发的股息和公司章程约定的清算金额；不足以支付的按照优先股股东持股比例分配 【联系】在第二章中计算"市净率"时，先求普通股每股净资产，普通股权益＝股东权益总额－（优先股全部拖欠的股利＋优先股清算价值）
表决权限制 *只有与优先股相关的事项，优先股股东才可以享有表决权，否则不行。*	除以下情况外，优先股股东不出席股东大会会议，所持股份没有表决权： （1）修改公司章程中与优先股相关的内容 （2）一次或累计减少公司注册资本超过10% （3）公司合并、分立、解散或变更公司形式 （4）发行优先股 （5）公司章程规定的其他情形 【提示】上述事项的决议，除须经出席会议的普通股股东（含表决权恢复的优先股股东）所持表决权的2/3以上通过之外，还须经出席会议的优先股股东（不含表决权恢复的优先股股东）所持表决权的2/3以上通过 其中，表决权恢复是指公司累计3个会计年度或连续2个会计年度未按约定支付优先股股息的，优先股股东有权出席股东大会会议，每股优先股股份享有公司章程规定的表决权： ①对于股息可累计到下一会计年度的优先股，表决权恢复直至公司全额支付所欠股息 ②对于股息不可累计的优先股，表决权恢复直至公司全额支付当年股息

累计优先股与非累计优先股，这是对优先股股息是否累积来做的分类，在第七章中介绍。

【例题6-19·2015年多选题】相对普通股而言，下列各项中，属于优先股特殊性的有（　　　）。

A.当公司破产清算时，优先股股东优先于普通股股东求偿

B.当公司分配利润时，优先股股东优先于普通股股利支付

C.当公司选举董事会成员时，优先股股东优先于普通股股东当选

D.当公司决定合并、分立时，优先股股东表决权优先于普通股股东

【答案】AB

【解析】优先股有如下特殊性：（1）优先分配利润：公司应当以现金的形式向优先股股东支付股息，在完全支付约定的股息之前，不得向普通股股东分配利润。（2）优先分配剩余财产：公司因解散、破产等原因进行清算时，公司的剩余财产，应当优先向优先股股东支付未派发的股息和公司章程约定的清算金额；不足以支付的按照优先股股东持股比例分配。（3）表决权限制。

二、优先股价值的评估方法 *固定股息率的优先股计算公式等于永续年金计算公式。*

优先股价值的评估方法见表6-29。

表6-29　　　　　　　　　　　优先股价值的评估方法

项目	说明
计算思路	优先股采用股利的现金流量折现模型估值。当优先股存续期均采用相同的固定股息率时，每期股息就形成了无限期定额支付的年金，即永续年金，优先股则相当于永久债券
计算公式	$V_P = \dfrac{D_P}{r_P}$
参数	V_P 代表优先股的价值 D_P 代表优先股每期股息 r_P 代表折现率，一般采用资本成本率或投资的必要报酬率

【提示】永续债的估值与优先股类似，只需将分子替换成每年的利息，分母替换成当前市场利率即可。

三、优先股的期望报酬率

$$r_P = D_P / P_P$$

式中：r_P：优先股期望报酬率；D_P：优先股每股年股息；P_P：优先股当前股价。

【提示】永续债的期望报酬率与优先股类似，只需将分子替换成每年的利息，分母替换成当前价格即可。

$$r_{Pd} = \frac{I}{P_{pd}}$$

式中：r_{pd}：永续债期望报酬率；I：永续债每年的利息；P_{pd}：永续债当前股价。

智能测评

扫码听分享	做题看反馈
债券与股票价值评估核心思路一样，未来现金流量折现就是其价值，而债券的到期收益率就是使得现金流入流出相等的那个折现率，一个思路的正反推导过程而已，你清楚了吗？ 扫一扫二维码，来听学习导师的分享吧。	学完马上测！ 请扫描上方的二维码进入本章测试，检测一下自己学习的效果如何。做完题目，还可以查看自己的个性化测试反馈报告。这样，在以后复习的时候就更有针对性、效率更高啦！

第七章　期权价值评估

本章属于重点章，是整本财务成本管理教材中最难的一章。期权的有关理论和估值方法属于投资学和理财学的重要内容，应用领域非常广泛。内容自成体系，与其他章节的关系不大，由于内容很难，考试时一般只考察基本概念和基本计算，很多时候考的都是教材例题的变形。所以学习本章应在把握基本概念和原理的基础上，认真搞清楚教材例题，举一反三，通过多做练习题强化理解。

本章重要考点：（1）期权四种投资策略的特点及组合收益的确定；（2）期权价值的影响因素；（3）期权估值的复制原理和风险中性原理；（4）二叉树模型估计期权价值；（5）BS模型参数确定时应注意的问题；（6）看涨期权——看跌期权平价定理。

主要内容

第一节　期权的概念、类型和投资策略　　（✔重点掌握教材例题，考试如果有涉及相关知识点，不会与教材例题差别太大，近几年考核分值大约7分左右）

第二节　金融期权价值评估

第一节　期权的概念、类型和投资策略

（✔本节内容重点在于期权的到期日价值和期权的投资策略，可以命制文字型和计算型客观题，也可以作为计算分析题中的一小问进行考查）

◇　期权的概念

◇　期权的类型

◇　期权的投资策略

一、期权的概念　→（✔掌握期权相关基本概念，对后面期权计算的原理会更清楚★）

期权是指一种合约，该合约赋予持有人在某一特定日期或该日之前的任何时间以固定价格购进或售出一种资产的权利。　可以选择行权或不行权。

期权定义的要点如下：

（一）期权是一种权利　→如果投资者不行权，期权费也就是他的损失额。

期权合约至少涉及购买人（多头）和出售人（空头）两方。期权赋予持有人做某件事的权利，但他不承担必须履行的义务，可以选择执行或者不执行该权利。期权投资人购买期权合约必须支付期权费，作为不承担义务的代价。

【提示】期权不同于远期合约（双方协商）和期货合约（标准化合同），对于后两者：（1）双方的权利和义务是对等的，双方互相承担责任，各自具有要求对方履约的权利。（2）投资人签订远期或期货合约时不需要向对方支付任何费用。

（二）期权的标的资产　→期权不能独立存在，是依附于另外的一些金融资产的，是衍生出来的，所以叫衍生金融资产。

1.含义

期权的标的资产是指选择购买或出售的资产，包括股票、政府债券、货币、股票指数、商品期货等，期权是这些标的物"衍生"的，因此，称为衍生金融工具。

2. 标的资产的性质（见表7-1） *这两个性质是相互呼应的。*

表7-1　　　　　　　　　　　　标的资产的性质

事项	说明
期权出售人不一定拥有标的资产	期权可以"卖空"，购买人也不一定真的想购买标的资产，期权到期时双方不一定进行标的物的实物交割，而只需按价差补足价款即可。
期权的源生股票发行公司并不能影响期权市场	该公司并不从期权市场上筹集资金；期权持有人没有选举公司董事、决定公司重大事项的投票权，也不能获得该公司的股利

3. 到期日 →*到期日之前都有效。*

（1）含义

双方约定的期权到期的那一天称为"到期日"，在那一天之后，期权失效。

（2）按照期权执行时间对期权的分类（见表7-2）

表7-2　　　　　　　　按照期权执行时间对期权的分类

分类	说明
欧式期权	期权只能在到期日执行　*辅助记忆：噢，天啊，只能在到期日那一天才能执行。*
美式期权	期权可以在到期日或到期日之前的任何时间执行

辅助记忆：到期日之前可以随时执行，听着都美。

4. 期权的执行（见表7-3）

表7-3　　　　　　　　　　　期权的执行

概念	说明
执行	依据期权合约购进或售出标的资产的行为　*或买入或卖出。*
执行价格	在期权合约中约定的、期权持有人据以购进或售出标的资产的固定价格

提前约定好的固定价格。

二、期权的类型（见表7-4）

表7-4　　*辅助记忆：看跌就卖。*　　期权的类型　　*辅助记忆：看涨就买。*

类型	看涨期权	看跌期权
含义	指期权赋予持有人在到期日或到期日之前，以固定价格购买标的资产的权利，又称为择购期权、买入期权、买权	指期权赋予持有人在到期日或到期日之前，以固定价格出售标的资产的权利，又称为择售期权、卖出期权、卖权

期权的到期日价值是指到期时执行期权可以取得的净收入，它依赖于标的股票的到期日价格和执行价格。

【提示】为简便起见，我们假设各种期权均持有至到期日，不提前执行，并且忽略交易成本。　*→欧式期权*

（一）看涨期权（见表7-5）

表7-5　　　　　　　　　　　　　看涨期权

*期权到期日价值讲解视频

	买入（多头/主动）	卖出（空头/被动）
图示		
到期日价值	$Max（S_T-X，0）$	$-Max（S_T-X，0）$
净损益	到期日价值－期权费	到期日价值＋期权费
特点	（1）净损失：有限（最大值为期权价格） （2）净收益：潜力巨大	（1）净损失：潜力巨大 （2）净收益：有限（最大值为期权价格）

对于买入看涨期权方来说，购买期权需要支付期权费，如果到期日价格低于可执行价格，购买者可以选择不行权，那么已经支付的期权费将是他的最大损失。

对于卖出看涨期权方来说，卖出期权可以收取期权费，如果到期日价格低于可执行价格，购买者选择不行权，那么已经收取的期权费将是他的最大收益。

【提示】多头和空头彼此是零和博弈。

（二）看跌期权（见表7-6）

表7-6　　　　　　　　　　　　　看跌期权

	买入（多头/主动）	卖出（空头/被动）
图示		
到期日价值	$Max（X-S_T，0）$	$-Max（X-S_T，0）$
净损益	到期日价值－期权费	到期日价值＋期权费
特点	净收益和净损失都有限	

（三）总结（见表7-7）

俗话说："破财免灾"，买方支付了期权费，获得的好处是锁定最小净损益；卖方收取期权费，锁定了最大净损益。

表7-7　　　　　　　　　　　　　损益特点

交易方	损益特点
买方（多头）	由于主动，锁定的是Min收入和净损益
卖方（空头）	由于被动，锁定的是Max收入和净损益

【例题7-1·2014年单选题】同时出售甲股票的1股看涨期权和1股看跌期权，执行价格均为50元，到期日相同，看涨期权的价格为5元，看跌期权的价格为4

元。如果到期日的股票价格为48元，该投资组合的净收益是（　　　）元。

A.5　　　　　　　　B.7　　　　　　　　C.9　　　　　　　　D.11

【答案】B

【解析】见表7-8。

表7-8　　　　　　　　　　　　　净损益计算　　　　　　　　　　　　　单位：元

	看涨期权	看跌期权
到期日现金流量①	0	-2
初始投资②	-5	-4
到期日净损益③=①-②	5	2

组合的净收益=5+2=7（元）。

三、期权的投资策略 →根据不同的投资组合来选择最优的决策。

不同的期权有不同的损益特点，理论上，期权能帮助我们建立任意形式的损益状态，用于控制投资风险。用于股票未来很可能下跌的情况下，套期保值。

（一）期权+股票（见表7-9）

表7-9　　　　　买入股票+买入该股票的看跌期权。　　　期权+股票　　　买入股票+卖出该股票的看涨期权

	保护性看跌期权（S+P）	抛补看涨期权（S-C）
投资背景	投资者买了股票，担心未来出售时股价下跌，现在市场上有以该股票为标的物的看跌期权	投资者买了股票，担心未来出售时股价下跌，现在市场上有以该股票为标的物的看涨期权
投资策略	若未来股价果真下跌，需要将期权市场上的收入对冲现货股票市场上的亏损，如何操作？一旦股价下跌，看跌期权的买方将会行权，可以获得>0的净流入，所以该投资人需要买入该看跌期权，以对冲现货股票市场的亏损	若未来股价果真下跌，需要将期权市场上的收入对冲现货股票市场上的亏损，如何操作？一旦股价下跌，买方不会行权，净流入=0；但卖方在零时点收取的期权费可以一定程度上对冲现货股票市场的亏损，所以投资人需要初始时点抛售看涨期权
现货市场		
期权市场	● 买入看跌期权 	● 卖出看涨期权
投资组合		
投资结果	锁定了Min净收入X、Min净损益X-（S_0+P）；但净损益的预期也因此降低了，降低金额为初始期权投资P	锁定了Max净收入X、Max净损益X-（S_0-C）；但股价下跌时，净损失比单纯购买股票要小，减少的金额为初始期权收费C

*期权投资策略讲解视频

【提示】

（1）出售抛补的看涨期权是机构投资者常用的投资策略。

（2）以上两个投资组合都是基于害怕未来股价下跌而做的套期保值，且认为下跌的概率>上涨的概率；当股价真的下跌时，用期权市场上的到期正的现金流入（买入看跌期权）或初始正的现金流入（出售看涨期权），来弥补现货股票市场的亏损。

（二）对敲（见表7-10）（只做期权投资）

表7-10 买入看涨期权+买入看跌期权。对敲　　卖出看涨期权+卖出看跌期权。

	多头对敲（C+P）		空头对敲（-C-P）	
投资背景	预计市场价格将发生剧烈变动，但是不知道升高还是降低		预计市场价格将相对比较稳定	
投资策略	同时买进一只股票的看涨期权和看跌期权，它们的执行价格、到期日都相同，在股价波动时行权，获取确定的净流入		同时出售一只股票的看涨期权和看跌期权，它们的执行价格、到期日都相同，在股价稳定时获取确定的出售期权的收入	
到期股价变化	$S_d < X$	$S_u > X$	$S_d < X$	$S_u > X$
到期组合净收入①	$X - S_d$	$S_u - X$	$-(X - S_d)$	$-(S_u - X)$
初始投资②	P+C		-(P+C)	
组合净损益③=①-②	$(X - S_d) - (P+C)$ $\|S_T - X\| - (P+C)$	$(S_u - X) - (P+C)$	$-(X - S_d) + P + C$ $-\|S_T - X\| + (P+C)$	$-(S_u - X) + P + C$
投资结果	（1）最坏结果是到期股价与执行价格一致，白白损失了看涨期权和看跌期权的购买成本。（2）股价偏离执行价格的差额必须超过期权购买成本，才能给投资者带来净收益 锁定了最低净收入和最低净损益。		（1）最坏结果是到期股价与执行价格不一致，无论股价上涨或下跌投资者都会遭受较大的损失。（2）最好结果是到期股价与执行价格一致，投资者赚取出售看涨期权和看跌期权的收入 锁定了最高净收入和最高净损益。	

【例题7-2·2014年多选题】甲投资人同时买入一只股票的1份看涨期权和1份看跌期权，执行价格均为50元，到期日相同，看涨期权的价格为5元，看跌期权的价格为4元。如果不考虑期权费的时间价值，下列情形中能够给甲投资人带来净收益的有（　　）。

A.到期日股票价格低于41元

B.到期日股票价格介于41元至50元之间

C.到期日股票价格介于50元至59元之间

D.到期日股票价格高于59元

【答案】AD

【解析】多头对敲，股价偏离执行价格的差额必须超过期权购买成本，才能给投资者带来净收益，本题期权购买成本是9元，执行价格是50元，所以股价必须大于59或者小于41。

【例题7-3·2012年单选题】同时卖出一支股票的看涨期权和看跌期权，它们的执行价格和到期日均相同。该投资策略适用的情况是（　　）。

　　A.预计标的资产的市场价格将会发生剧烈波动

　　B.预计标的资产的市场价格将会大幅度上涨

　　C.预计标的资产的市场价格将会大幅度下跌

　　D.预计标的资产的市场价格稳定

【答案】D

【解析】同时卖出一支股票的看涨期权和看跌期权，它们的执行价格和到期日均相同，该投资策略属于空头对敲，适合预计标的资产的市场价格稳定的情况。选项A适合多头对敲策略；选项B适合看涨期权；选项C适合看跌期权。

【例题7-4·2010年单选题】下列关于期权投资策略的表述中，正确的是（　　）。

　　A.保护性看跌期权可以锁定最低净收入和最低净损益，但不改变净损益的预期值

　　B.抛补看涨期权可以锁定最低净收入和最低净损益，是机构投资者常用的投资策略

　　C.多头对敲组合策略可以锁定最低净收入和最低净损益，其最坏的结果是损失期权的购买成本

　　D.空头对敲组合策略可以锁定最低净收入和最低净损益，其最低收益是出售期权收取的期权费

【答案】C

【解析】A项错误：保护性看跌期权可以锁定最低净收入和最低净损益，但净损益的预期也因此降低了。B项错误：抛补看涨期权可以锁定最高净收入和最高净损益。C项正确：多头对敲最坏的结果是股价没有变动，白白损失了看涨期权和看跌期权的购买成本。D项错误：空头对敲组合策略可以锁定最高净收入和最高净损益，其最高收益是出售期权收取的期权费。

第二节　金融期权价值评估

◇ 金融期权价值的影响因素

◇ 金融期权价值的评估方法

（✓本节内容非常重要，最近几年每年必考，可以命制除综合题外的各种题型，已经连续考了2年计算分析题，学习时要注意理解期权价值评估的原理，结合期权的投资策略，不能死记硬背公式）

一、金融期权价值的影响因素

（一）期权的内在价值和时间溢价

期权价值=内在价值+时间溢价

【提示】期权价值是指期权的现值，不同于期权的到期日价值。

1.期权的内在价值

期权的内在价值，是指期权立即执行产生的经济价值（执行净收入）。内在价值的大小，取决于期权标的资产的现行市价与期权执行价格的高低。

【提示】"内在价值"对于期权和股票或债券的含义是不同的：对于前者，内在价值指期权立即执行产生的经济价值；对于后者，内在价值指未来现金流量按照等风险投资的必要报酬率折现计算的现值。

（1）市价>执行价格（见表7-11）

表7-11　　　　　　　　　　市价>执行价格

	看涨期权	看跌期权
是否执行？	可能被执行，可能不被执行[①]	×
内在价值	$S_0 - X$	0
期权状态	实值期权（溢价状态）	虚值期权（折价状态）

【提示】马上执行可能净损益小于零（内在价值<期权价格）；只有到期日的实值期权才肯定会被执行，因为此时已经不能再等待。

（2）市价<执行价格（见表7-12）

表7-12　　　　　　　　　　市价<执行价格

	看涨期权	看跌期权
是否执行？	×	可能被执行，可能不被执行[①]
内在价值	0	$X - S_0$
期权状态	虚值期权（折价状态）	实值期权（溢价状态）

【提示】马上执行可能净损益小于零（内在价值<期权价格）；只有到期日的实值期权才肯定会被执行，因为此时已经不能再等待。

（3）市价=执行价格（见表7-13）

表7-13　　　　　　　　　　市价=执行价格

	看涨期权	看跌期权
是否执行？	×	×
内在价值	0	0
期权状态	平价期权（平价状态）	平价期权（平价状态）

2.期权的时间溢价（见表7-14）　*时间越长，波动可能性越大，价值越大。*

表7-14　　　　　　　　　　期权的时间溢价

项目	说明
含义	指期权价值超过内在价值的部分：时间溢价＝期权价值-内在价值
理解	时间溢价是一种等待的价值： （1）购买人愿意支付超出内在价值的溢价，是寄希望于标的股票价格的变化可以增加期权的价值。对于美式期权，其他条件不变时，离到期时间越远，股价波动的可能性越大 （2）如果已经到了到期时间，期权的价值（价格）就只剩下内在价值（时间溢价为零），因为已经不能再等待了
比较	（1）期权的时间价值：是"波动"的价值，时间越长，出现波动的可能性越大，时间溢价也就越大。 （2）货币的时间价值：是"延续"的价值，时间延续得越长，货币的时间价值越大

【提示】处于虚值状态的看涨期权，仍然可能按正的价格出售，尽管其内在价值为零，但它还有时间溢价。

【例题7-5·2013年单选题】甲公司股票当前市价为20元，有一种以该股票为标的资产的6个月到期的看涨期权，执行价格为25元，期权价格为4元，该看涨期权的内在价值是（　　）元。

A.1   B.4   C.5   D.0

【答案】D

【解析】期权的内在价值是指期权立即执行产生的经济价值。对于看涨期权，如果资产的现行市价等于或低于执行价格时，立即执行不会给持有人带来净收入，持有人也不会去执行期权，此时看涨期权的内在价值为0元。

【例题7-6·2011年单选题】某公司股票的当前市价为10元，有一种以该股票为标的资产的看跌期权，执行价格为8元，到期时间为三个月，期权价格为3.5元。下列关于该看跌期权的说法中，正确的是（　　）。

A.该期权处于实值状态

B.该期权的内在价值为2元

C.该期权的时间溢价为3.5元

D.买入一股该看跌期权的最大净收入为4.5元

【答案】C

【解析】由于市价高于执行价格，对于看跌期权属于虚值状态，期权的内在价值为0，由于期权价格为3.5，则期权的时间溢价为3.5元，所以选项A、B错误，选项C正确。看跌期权的最大净收入为执行价格8元，最大净收益为4.5元（执行价值−期权价格），所以选项D错误。

（二）影响期权价值的因素 *（✔各个影响期权价值的因素已经选读6年考查文字型客观题，考生一定要掌握★★★）*

一个变量增加（其他变量不变）对期权价格的影响（见表7-15）。

表7-15　　　　　　　　　　　期权价格的变化

变量	欧式		美式	
	看涨期权	看跌期权	看涨期权	看跌期权
股票价格	+	−	+	−
执行价格	−	+	−	+
到期期限	不一定	不一定	+	+
股价波动率	+	+	+	+
无风险利率	+	−	+	−
红利	−	+	−	+

*期权的影响因素

40413

欧式期权只有到行权日才可以执行，所以到期时间长短对其价值影响不一定。

不论欧式美式，全都是同向变动。

【提示】股价波动率对期权价值的影响。

（1）股票价格的波动率：指股票价格变动的不确定性，通常用标准差衡量；股票价格的波动率越大，股票上升或下降的机会越大。

（2）股价波动对期权价值的影响：股价的波动率增加会使期权价值增加。

（3）在期权估价过程中，股票价格的变动性是<u>最重要</u>的因素（见表7-15）。

表7-15　　　　　　　　　　　股票价格的变动性

期权类型	投资结果
看涨期权持有人	股价上升可以获利，股价下降时最大损失以期权费为限，两者不会抵消
看跌期权持有人	股价下降可以获利，股价上升时放弃执行，最大损失以期权费为限，两者不会抵消

【案例7-1】有A和B两种股票，其现行价格相同，未来股票价格的期望值也相同（50元）；以该股票为标的的看涨期权有相同的执行价（48元），只要股价的变动性不同，则期权价值就会有显著不同（见表7-16，表7-17）。

表7-16　　　　　　　　　　　A股票

概率	0.1	0.25	0.3	0.25	0.1	合计
未来股票价格	40	46	50	54	60	
股票价格期望值	4	11.5	15	13.5	6	<u>50</u>
期权执行价格	48	48	48	48	48	
期权到期日价值	0	0	2	6	12	
期权到期日价值期望值	0	0	0.6	1.5	1.2	<u>2.3</u>

表7-17　　　　　　　　　　　B股票

概率	0.1	0.25	0.3	0.25	0.1	合计
未来股票价格	30	40	50	60	70	
股票价格期望值	3	10	15	15	7	<u>50</u>
期权执行价格	48	48	48	48	48	
期权到期日价值	0	0	2	12	22	
期权到期日价值期望值	0	0	0.6	3	2.2	<u>5.8</u>

由于B股票的价格波动性大于A股票，所以以B股票为标的的看涨期权的期望到期日价值大于以A股票为标的的看涨期权。由此可见，<u>期权的价值并不依赖股票价格的期望值，而是股票价格的变动性（标准差）</u>。如果一种股票的价格变动性很小，其期权也值不了多少钱。

【提示】为便于理解，此处的举例说的是期权的"到期日价值"，对于期权的现值该原理仍然适用。

【例题7-7·2016年单选题】在其他条件不变的情况下，下列关于股票的欧式看涨期权内在价值的说法中，正确的是（　　）。

A.股票市价越高，期权的内在价值越大

B.期权到期期限越长，期权的内在价值越大

C.期权执行价格越高，期权的内在价值越大

D.股票波动率越大，期权的内在价值越大

【答案】A

【解析】期权的内在价值，是指期权立即执行产生的经济价值。A项正确：如果看涨期权在将来某一时间执行，其收入为股票价格与执行价格的差额，如果其他因素不变，随着股票价格的上升，看涨期权的价值也增加。B项错误：到期期限对欧式期权的影响不确定。C项错误：看涨期权的执行价格越高，其价值越低。D项错误：内在价值不包括时间溢价，与股价波动无关。

【例题7-8·2015年多选题】假设其他因素不变，下列各项中会引起欧式看跌期权价值增加的有（　　）。

A.到期期限延长　　　　　　　　B.执行价格提高

C.无风险报酬率增加　　　　　　D.股价波动率加大

【答案】BD

【解析】无风险报酬率越高，看跌期权的价值越低，选项C不正确。对于欧式期权来说，较长的时间不一定能增加期权价值，所以，选项A不正确；无风险报酬率越高，看跌期权的价值越低，选项C不正确。

【例题7-9·2014年单选题】对股票期权价值影响最主要的因素是（　　）。

A.股票价格　　　　　　　　　　B.执行价格

C.股票价格的波动性　　　　　　D.无风险利率

【答案】C

【解析】在期权估价过程中，价格的变动性是最重要的因素，而股票价格的波动率代表了价格的变动性，如果一种股票的价格变动性很小，其期权也值不了多少钱。

【例题7-10·2014年多选题】在其他条件不变的情况下，下列变化中能够引起看涨期权价值上升的有（　　）。

A.标的资产价格上升　　　　　　B.期权有效期内预计发放红利增加

C.无风险利率提高　　　　　　　D.股价波动加剧

【答案】ACD

【解析】在除息日后，红利的发放引起股票价格降低，看涨期权价格降低。

【例题7-11·2013年单选题】假设其他因素不变，期权有效期内预计发放的红利增加时，（　　）。

A.美式看涨期权价格降低　　　　B.欧式看跌期权价格降低

C.欧式看涨期权价格不变　　　　D.美式看跌期权价格降低

【答案】A

【解析】假设其他因素不变，期权有效期内预计发放的红利增加时，会使看涨期权价格降低，看跌期权价格上涨。

【例题7-12·2012年单选题】在其他因素不变的情况下，下列变动中能够引起看跌期权价值上升的是（　　）。

A.股价波动率下降　　　　　　　B.执行价格下降

C.股票价格上升　　　　　　　　D.预期红利上升

【答案】D

【解析】选项ABC均会使看跌期权价值下降。

【例题7-13·2011年多选题】在其他因素不变的情况下，下列事项中，会导致欧式看涨期权价值增加的有（　　）。

A.期权执行价格提高　　　　　　B.期权到期期限延长

C.股票价格波动率增加　　　　　D.无风险利率提高

【答案】CD

【解析】选项B的结论对于欧式看涨期权不一定成立，对美式期权结论才成立。选项A说反了。

（三）期权价值的范围（如图7-1所示）

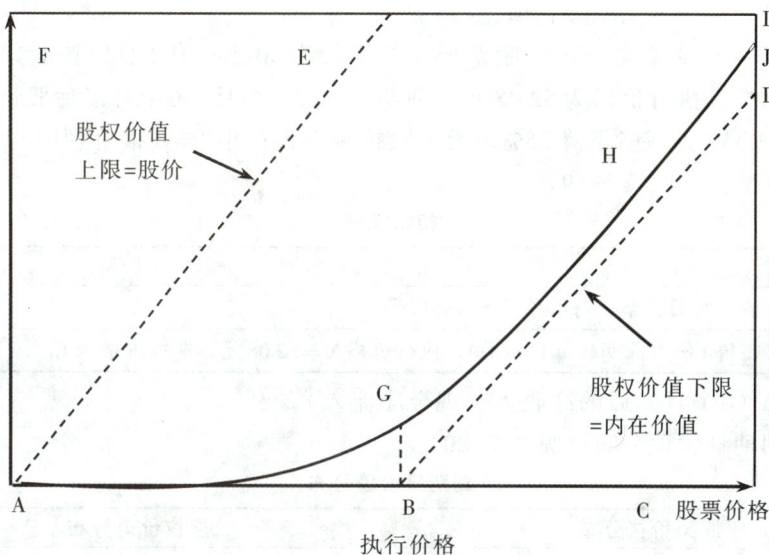

图7-1　期权价值的范围

具体说明见表7-18。但是期权的价值永远不可能超过股票的价格。

表7-18　　　　　　　　　　　　　　图形说明

关键图形	说明
原点（A点）	股票价格为零，期权的价值也为零
最低价值线	（1）线段AB：表示执行日股票价格低于执行价格，看涨期权不会执行，期权价值为零 （2）线段BD：表示执行日股票价格高于执行价格，看涨期权的价值等于股票价格与执行价格的差额
期权价值上限	点画线AE是期权的价值上限，两种理解方法： （1）一种简单而不全面的理解：期权的到期日价值=max（S_T-X，0），由于执行价格不可能为0，所以期权的到期日价值最多为到期日股票价格S_T；将到期日价值"折现"到零时点来看，S_T的"现值"就是零时点的股票价格S_0，所以期权的价值不可能高于股票价格 （2）在执行日，股票的最终收入总要高于期权的最终收入。无论未来股价如何变化，购买股票总比购买期权有利，即使期权定价等于股价，由于投资人抛售期权，买入股票，将迫使期权价格下降，所以期权的价值不可能高于股票价格

【提示】在执行日之间，由于存在时间溢价，期权价值（AGJ）永远不会低于最低价值线。

二、金融期权价值的评估方法

使用现金流量折现法难以解决期权估价问题：因为期权的必要报酬率非常不稳定。期权的风险依赖于标的资产的市场价格，而市场价格是随机变动的，期权投资的必要报酬率也处于不断变动之中。既然找不到一个适当的折现率，现金流量折现法也就无法使用。

因为之前通常用到的现金流量折现法无法适用，所以复制同样风险的组合，求出期权的价值。

（一）复制（套期保值）原理1—抛补看涨期权 *买入股票+卖出看涨期权*

基本思想：构造一个股票和期权的投资组合，使得无论股价如何变动，投资组合在到期日的现金净流量都是确定的（即完全套期保值），那么，该投资组合为无风险投资组合，产生无风险利率。

* 复制原理

• 资料：假设 ABC 公司的股票现在的市价为 50 元。有 1 股以该股票为标的资产的看涨期权，执行价格为 52.08 元，到期时间是 6 个月。6 个月以后股价有两种可能：上升 33.33%，或者下降 25%，无风险报酬率为每年 4%（报价利率）。

1.初始投资（见表7-19）

表7-19 初始投资

市场	投资方式
现货市场	购入 H 股股票，每股价格 S_0 = 50 元
期权市场	出售 1 份看涨期权（1股/手），执行价格 X = 52.08 元，期权价格为 C_0

2.半年（6个月）后的净收入（现金净流入）

（1）到期日价值分布（见表7-20）

表7-20 到期日价值分布

股票价格分布	期权价值分布
S_0 { $S_u = S_0 \times u = 50 \times 1.3333 = 66.66$; $S_d = S_0 \times d = 50 \times 0.75 = 37.5$	C_0 { $C_u = Max(S_u - X, 0) = 14.58$; $C_d = Max(S_d - X, 0) = 0$

（2）到期日现金流量分布（见表7-21）

股票下行价格＜执行价格，选择不行权，期权下行价值为0。

表7-21 到期日现金流量分布

股价情况	上升 S_u =66.66（u=1.3333）	下降 S_d =37.5（d=0.75）
现货市场（出售股票变现）	66.66H	37.5H
期权市场（补差价）	-14.58	0
投资组合	66.66H-14.58	37.5H

（3）确定 H 的数值 *现货市场股价波动风险+期权市场风险为0。*

构建投资组合的目的是把现货市场股价波动的风险通过期权市场完全对冲，即该组合是无风险组合，期权到期时，该组合带来的现金净流量是确定的，到期日现金净流量为：

熟悉之后，计算直接套用公式即可。

$$66.66H - 14.58 = 37.5H$$

解得：$H = \dfrac{14.58 - 0}{66.66 - 37.5} = \dfrac{C_u - C_d}{S_u - S_d} = \dfrac{C_u - C_d}{S_0 \times (u - d)} = \dfrac{\Delta 期权价值}{\Delta 股票价格} = 0.5$ ··套期保值比率/对冲比率/德尔塔系数

其经济含义为：每出售 1 份看涨期权，对应购入 0.5 股股票，才能把风险完全对冲。

3.按照项目投资的观点求期权价值

（1）投资期限内现金流量的分布（见表7-22）

表7-22　　　　　　　　　投资期限内现金流量的分布

时点	现金流量
零时点	现金流出量（初始投资成本）=50H- C_0
6个月后	现金流入量=37.5H（或者66.66H-14.58，两者相等，但使用37.5H更方便计算）

（2）由于该投资组合为无风险投资，则其内含报酬率为无风险期利率，即6个月后的现金流入量按无风险期利率折现的现值=初始投资成本：

$$\frac{37.5H}{1+r_f} = 50H- C_0$$

代入数字，有：

$$\frac{37.5 \times 0.5}{1+4\%/2} = 50 \times 0.5- C_0$$

从而解出看涨期权的初始价值 C_0 =6.62（元）。

【提示】折现期权行权时（6个月后）的现金流量应当使用"无风险期利率"，无风险年报价利率为4%，期利率为2%。

4.复制原理：将"股票+期权"的投资组合复制出无风险利率借款

在教材中，出现了"按照无风险利率借入资金"的概念，我们可以换一个思路理解。

（1）零时点的等效选择

①购买投资组合（买股票+卖看涨期权）的流出量=50×0.5-6.62=18.38（元），该组合是无风险投资组合；

②既然投资是无风险投资，可以把18.38元投资于无风险资产，一般就是购买国库券（年利率4%），投资半年，则报酬率为4%÷2=2%。

（2）现在购买投资组合，放弃了国库券的无风险收益，属于机会成本，视同按照无风险利率借入资金投资于投资组合，6个月后的投资组合现金流量=偿还借款现金流量，设初始借款金额为B，有：

$H \times S_u - C_u = B \times (1+r_f)$ 或者 $H \times S_d - C_d = B \times (1+r_f)$ ··· r_f：无风险利率

解得： $B = \frac{H \times S_u - C_u}{1+r_f} = \frac{H \times S_d - C_d}{1+r_f} = \frac{0.5 \times 66.66 - 14.58}{1+2\%} = \frac{0.5 \times 37.5 - 0}{1+2\%} = 18.38$（元）

这个数字也就是教材中讲到的借款金额。

5.期权定价的理论基础

期权定价以套利理论为基础。

（1）假设 C_0 >6.62：就会有人购入0.5股股票，卖出1股看涨期权，同时借入18.38元，肯定可以盈利。

【案例7-3】若 C_0 =7：将来无需任何付出，目前就获得了0.38的资金。

①零时点现金流入：借款18.38元，投资于"买股票+卖看涨期权"的投资组合，投资成本为18元（50×0.5-7），这样，投资人就有现金净流入0.38元（18.38-18）。

②到期日现金净流量（见表7-23）。

表7-23　　　　　　　　　　　　　　　　　到期日现金净流量

股价走势	到期日现金净流量（被行权并偿还借款）
股价上升	（66.66×0.5−14.58）−18.38×（1+2%）=0
股价下跌	（37.5×0.5−0）−18.38×（1+2%）=0

由此可见，只要期权价格高于6.62元，则投资人可以在零时点获取无风险的现金流入，获得盈利。

（2）假设 C_0 <6.62：就会有人卖空0.5股股票，买入1股看涨期权，同时借出18.38元，肯定可以盈利。

【案例7-3】若 C_0 =6：将来无需任何付出，目前就获得了0.62元的资金。

①零时点现金流入：贷出18.38元，投资于"卖股票+买看涨期权"的投资组合，投资成本为−19元［−（50×0.5−6）］，负数表示现金流入（负投资），这样，投资人就有现金净流入0.62元（19−18.38）。

②到期日现金净流量（见表7-24）。

表7-24　　　　　　　　　　　　　　　　　到期日现金净流量

股价走势	到期日现金净流量（行权并收回贷款）
股价上升	（−66.66×0.5+14.58）+18.38×（1+2%）=0
股价下跌	（−37.5×0.5+0）+18.38×（1+2%）=0

由此可见，只要期权价格低于6.62元，则投资人就可以在零时点获取无风险的现金流入，获得盈利。

（3）结论：只要期权定价不是6.62元，市场上就会出现一台"造钱机器"，套利活动会促使期权只能定价为6.62元。

（二）复制（套期保值）原理2-保护性看跌期权 →买入股票+买入看跌期权

1.初始投资（见表7-25）

表7-25　　　　　　　　　　　　　　　　　初始投资

市场	投资方式
现货市场	购入H股股票，每股价格 S_0 =50元
期权市场	买入1份看跌期权（1股/手），执行价格X=52.08元，期权价格为 P_0

已知无风险年利率为4%（报价利率）。

2.半年（6个月）后的净收入（现金净流入）

（1）到期日价值分布（见表7-26）。 当执行价格<股票价格时，期权价值为0

表7-26　　　　　　　　　　　　　　　　　到期日价值分布

股票价格分布	期权价值分布
$S_0 \bigl\langle \begin{array}{l} S_u = S_0 \times u = 50 \times 1.3333 = 66.66 \\ S_d = S_0 \times d = 50 \times 0.75 = 37.5 \end{array}$	$P_0 \bigl\langle \begin{array}{l} P_u = Max（X-S_u，0）=0 \\ P_d = Max（X-S_d，0）=14.58 \end{array}$

（2）到期日现金流量分布（见表7-27）。

表7-27　　　　　　　　　　　　　　　到期日现金流量分布

股价情况	上升 S_u=66.66（u=1.3333）	下降 S_d=37.5（d=0.75）
现货市场（出售股票变现）	66.66H	37.5H
期权市场（补差价）	0	14.58
投资组合	66.66H	37.5H+14.58

（3）确定 H 的数值。

构建投资组合的目的是把现货市场股价波动的风险通过期权市场完全对冲，即该组合是<u>无风险组合</u>，期权到期时，该组合带来的现金净流量是确定的，到期日现金净流量为：

66.66H=37.5H+14.58

解得：$H=\dfrac{14.58-0}{66.66-37.5}=\dfrac{P_d-P_u}{S_u-S_d}=\dfrac{P_d-P_u}{S_0\times(u-d)}=\dfrac{\Delta 期权价值}{\Delta 股票价格}=0.5$

其经济含义为：每买入 1 份看跌期权，对应购入 0.5 股股票，才能把风险完全对冲。

3.按照项目投资的观点求期权价值 ——*整体思路与前面复制抛补看涨期权组合一样。*

（1）投资期限内现金流量的分布（见表7-28）。

表7-28　　　　　　　　　　　　　　投资期限内现金流量的分布

时点	现金流量
零时点	现金流出量（初始投资成本）=50H+ P_0
6个月后	现金流入量=66.66H（或者 37.5H+14.58，两者相等，但使用 66.66H 更简单）

（2）由于该投资组合为无风险投资，则其<u>内含报酬率</u>为<u>无风险期利率</u>，即 6 个月后的现金流入量按<u>无风险期利率</u>折现的现值=<u>初始投资成本</u>：

$\dfrac{66.66H}{1+r_f}=50H+P_0$

代入数字，有：$\dfrac{66.66\times0.5}{1+4\%/2}=50\times0.5+P_0$

从而解出看涨期权的初始价值 P_0=7.68（元）。

<u>【提示】</u> 折现期权行权时（6 个月后）的现金流量应当使用"无风险期利率"（4%/2）。

4.复制原理：将"股票+期权"的投资组合复制出无风险利率借款

（1）零时点的等效选择

①购买投资组合（买股票+买看跌期权）的流出量=50×0.5+7.68=32.68（元），这个组合是无风险投资；

②既然投资是无风险投资，可以把 32.68 元投资于无风险资产，一般就是购买国库券（年利率 4%），投资半年，则报酬率为 4%÷2=2%。

（2）现在购买投资组合，放弃了国库券的无风险收益，属于<u>机会成本</u>，视同按照无风险利率借入资金投资于投资组合，6 个月后的投资组合现金流量=偿还借款现金流量，设初始借款金额为 B，有：

$H\times S_u+P_u=B\times(1+r_f)$ 或者 $H\times S_d+P_d=B\times(1+r_f)$

解得：$B = \dfrac{H \times S_u + P_u}{1 + r_f} = \dfrac{H \times S_d + P_d}{1 + r_f} = \dfrac{0.5 \times 66.66 + 0}{1 + 2\%} = \dfrac{0.5 \times 37.5 + 14.58}{1 + 2\%} = 32.68$（元）

这个数字也就是教材中讲到的借款金额。

（三）风险中性原理（只需考虑对期权作单方面投资）

1.基本思想

（1）假设投资者对待风险的态度是中性的，风险中性的投资者不需要额外的收益补偿其承担的风险；

（2）所有证券的预期收益率都应当是无风险利率；

（3）在风险中性的世界里，将期望值用无风险利率折现，可以获得现金流量的现值。

2.期权价值的计算

（1）先看投资股票的期望报酬率

由于在期权到期日，股票的价格要么上升（上行）要么下降（下行），而无论股价上升还是下降，都是有一个概率的，那么投资者投资于股票的期望报酬率计算如下：

期望报酬率=上行概率×上行时报酬率+下行概率×下行时报酬率

【提示】由于股票的价格要么上升（上行）要么下降（下行），所以上行概率+下行概率=1，将上行概率设为P，则下行概率为（1–P）。

（2）再来一个前提

假设股票不派发股利，股票价格的上升百分比就是股票投资的收益率：

期望报酬率=上行概率×股价上升百分比+下行概率×（–股价下降百分比）

解出上行概率P和下行概率（1–P）。

（3）期权价值的计算

期权定价时先求出期权执行日的期望值，然后用无风险期利率折现，就可以求出期权的现值，即零时点的期权价值 C_0。

$$C_0 = \frac{C_u \times 上行概率 + C_d \times 下行概率}{1 + r_f}$$

（四）二叉树期权定价模型

1.单期二叉树定价模型

（1）理论基础

由单期二叉树模型推导到两期二叉树模型再到多期二叉树模型。

风险中性原理的应用：假设投资者对待风险的态度是中性的，则所有证券的预期收益率=无风险利率。

（2）计算思路

根据风险中性原理，零时点看涨期权的价值为：

$$C_0 = \frac{C_u \times 上行概率 + C_d \times 下行概率}{1 + r_f}$$ ……上行概率+下行概率=1

采用逆向思维：为求得期权的价值，必须得到股票价格上、下行的概率；为求得概率，必须采用"股价涨跌收益率的期望值=无风险期利率 r_f"倒算；为得到"股价涨跌收益率的期望值"，需要计算股价涨跌时求上行、下行收益率，在不派发股利的情况下，股票上、下行的收益率就是股价上行和下行的百分比。

*风险中性原理讲解

股票上行概率　　　　　股票下行概率

预期收益率＝股票上行概率×上行收益率+股票下行概率×下行收益率

$r_f = P \times$ 上行收益率 $+ (1-P) \times$ 下行收益率

R_f 是无风险收益率，也就是预期收益率。

$= P \times \dfrac{S_0 \times u - S_0}{S_0} + (1-P) \times \dfrac{S_0 \times d - S_0}{S_0}$ ……前提：不派发股利

$= P \times (u-1) + (1-P) \times (d-1)$ ……u、d 为上行、下行乘数

解出： $P = \dfrac{1 + r_f - d}{u - d}$ ， $1 - P = \dfrac{u - 1 - r_f}{u - d}$

助记 无论上行还是下行概率，都记住 $\dfrac{u-d}{u-d}$ ，变动分子即可得到上、下行概率：

①求上行概率：将 u 换成 $1 + r_f$

②求下行概率：将 d 换成 $1 + r_f$

至此，可以求得零时点看涨期权的价值：

$$C_0 = \left(C_u \times \dfrac{1 + r_f - d}{u - d} + C_d \times \dfrac{u - 1 - r_f}{u - d} \right) \Big/ (1 + r_f)$$

2.两期二叉树模型 就是单期二叉树模型的二次应用，将到期时间划分为两部分。

（1）模型来历

单期的定价模型假设本来股价只有两个可能，对于时间很短的期权来说是可以接受的；若到期时间很长，如前文半年时间，就与事实相去甚远，改善的办法是把到期时间（6个月）分割成两部分，每期3个月，这样就可以增加股价的选择。

●资料：继续采用前文所述数据，把6个月的时间分为2期，每期3个月；期权标的股票现在的市价仍然为50元，看涨期权的执行价格X仍然为52.08元。发生变动的数据如下：

①每期（3个月）股价有两种可能：上升 22.56% 或者下降 18.4%

②无风险期（3个月）利率 $r_f = 1\%$（4%÷4）

【提示】由单期模型向两期模型的扩展，不过是单期模型的两次应用。

（2）二叉树图示（如图7-2所示）

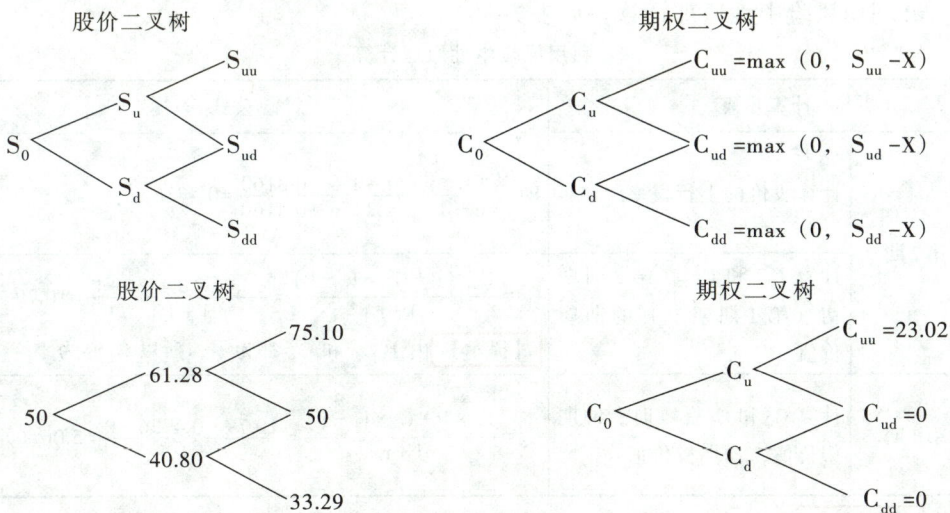

股价二叉树

$$S_0 \quad \begin{array}{c} S_u \nearrow S_{uu} \\ \searrow S_{ud} \\ S_d \nearrow S_{ud} \\ \searrow S_{dd} \end{array}$$

期权二叉树

$$C_0 \quad \begin{array}{c} C_u \nearrow C_{uu} = \max(0, S_{uu} - X) \\ \searrow C_{ud} = \max(0, S_{ud} - X) \\ C_d \nearrow C_{ud} = \max(0, S_{ud} - X) \\ \searrow C_{dd} = \max(0, S_{dd} - X) \end{array}$$

股价二叉树

$$50 \quad \begin{array}{c} 61.28 \nearrow 75.10 \\ \searrow 50 \\ 40.80 \nearrow 50 \\ \searrow 33.29 \end{array}$$

期权二叉树

$$C_0 \quad \begin{array}{c} C_u \nearrow C_{uu} = 23.02 \\ \searrow C_{ud} = 0 \\ C_d \nearrow C_{ud} = 0 \\ \searrow C_{dd} = 0 \end{array}$$

图7-2　二叉树图示

【提示】求 C_u 不能用 $S_u - X$ 计算，因为欧式期权到期日前不能行权，只有到期日才能求差价； C_d 亦然。

（3）计算方法 *计算顺序从后往前，计算方法与单期二叉树一样。*

先利用单期二叉树定价模型，根据 C_{uu} 和 C_{ud} 计算节点 C_u 的价值，根据 C_{ud} 和 C_{dd} 计算 C_d 的价值；然后，再次利用单期定价模型，根据 C_u 和 C_d 计算 C_0 的价值，从后向前推进。

①采用套期保值原理（复制原理）计算（见表7-29）

表7-29　　　　　　　采用套期保值原理（复制原理）计算

计算步骤		计算公式
第2期	计算套保比率	$H_2 = \dfrac{C_{uu} - C_{ud}}{S_{uu} - S_{ud}} = \dfrac{23.02 - 0}{75.10 - 50} = 0.9171$
	计算第2期期初（第1期期末）构建投资组合的成本，即借款金额	$B_2 = H_2 \times S_{ud} / (1 + r_f) = \dfrac{0.9171 \times 50}{1 + 1\%} = 45.40$ （元）
	计算第2期期初（第1期期末）在股价上升时的期权价值	$C_u = H_2 \times S_u - B_2 = 0.9171 \times 61.28 - 45.40 = 10.80$ （元） 【提示】由于 C_{ud} 和 C_{dd} 都为零，所以 C_d 亦为零
第1期	计算套保比率	$H_1 = \dfrac{C_u - C_d}{S_u - S_d} = \dfrac{10.80 - 0}{61.28 - 40.80} = 0.5273$
	计算零时点构建投资组合的成本，即借款金额	$B_1 = H_1 \times S_d / (1 + r_f) = \dfrac{0.5273 \times 40.80}{1 + 1\%} = 21.30$ （元）
	计算零时点期权价值	$C_0 = H_1 \times S_0 - B_1 = 0.5273 \times 50 - 21.30 = 5.07$ （元）

②利用风险中性原理计算（见表7-30）

表7-30　　　　　　　利用风险中性原理计算

计算步骤		计算公式
第2期	计算股价的上行概率	$P = \dfrac{1 + r_f - d}{u - d} = \dfrac{1 + 1\% - 0.8160}{1.2256 - 0.8160} = 0.4736$
	计算 C_{uu} 和 C_{ud} 在第2期期初（第1期期末）的期望价值	$C_u = \dfrac{C_{uu} \times P + C_{ud} \times (1 - P)}{1 + r_f} = \dfrac{23.02 \times 0.4736 + 0}{1 + 1\%} = 10.79$ 【提示】由于 C_{ud} 和 C_{dd} 都为零，所以 C_d 亦为零
第1期	计算 C_u 和 C_d 在零时点的期望价值，即期权价值	$C_0 = \dfrac{C_u \times P + C_d \times (1 - P)}{1 + r_f} = \dfrac{10.79 \times 0.4736 + 0}{1 + 1\%} = 5.06$ （元）

【提示】两种方法计算出来的期权价值有些许误差，乃计算过程中四舍五入所致，不代表真正的差别。

3. 多期二叉树模型（见表 7-31） *就是单期二叉树模型的多次应用，将到期时间划分为很多部分。*

表 7-31　　　　　　　　　　　　　**多期二叉树模型**

项目	说明
模型来历	如果继续增加分割的期数，就可以使期权价值更接近实际。从原理上看，与两期模型一样，<u>从后向前逐级推进</u>，只不过多了几个层次
主要问题	期数增加以后带来的主要问题是股价上升与下降的百分比如何确定问题：期数增加以后，要调整价格变化的升降幅度，以保证<u>年收益率的标准差不变</u>
解决办法	把年收益率标准差和股票价格升降百分比联系起来的公式是： • 上行乘数 $u = 1 +$ 上行百分比 $= e^{\sigma\sqrt{t}}$ • 下行乘数 $d = 1 -$ 下降百分比 $= 1/u$ 其中：σ——标的资产连续复利收益率的标准差（历史数据） 　　　　t——二叉树划分的期数中"每个间隔期"以年表示的时段长度（t 可以为小数或分数）

记住上行乘数的公式，下行乘数等于上行乘数的倒数。

（五）两种期权估价方法的比较（以单期二叉树为例）（见表 7-32）

表 7-32　　　　　　　　　**两种期权估价方法的比较**

计算步骤		复制（套期保值）原理	风险中性原理
构造二叉树	第1步	求股价变化的升降幅度： • 上行乘数 $u = 1 +$ 股价上升百分比 $= e^{\sigma\sqrt{t}}$ • 下行乘数 $d = 1 -$ 股价下降百分比	
	第2步	确定到期日可能的股票价格：$\begin{cases} S_u = S_0 \times u \\ S_d = S_0 \times d \end{cases}$	
	第3步	根据执行价格 X 计算到期日的期权价值：$\begin{cases} C_u = \max(S_u - X,\ 0) \\ C_d = \max(S_d - X,\ 0) \end{cases}$	
关键比率	第4步	计算<u>套期保值比率</u>： $H = \dfrac{C_u - C_d}{S_u - S_d} = \dfrac{\triangle 期权价值}{\triangle 股票价格}$	计算<u>上行概率</u>：$P = \dfrac{1 + r_f - d}{u - d}$
	第5步	计算初始借款金额：$B = \dfrac{H \times S_d}{1 + r_f}$	计算到期日期权期望价值：$\overline{C} = C_u \times P + C_d \times (1-P)$
	第6步	计算零时点期权价值：$C_0 = H \times S_0 - B$	计算零时点期权价值：$C_0 = \dfrac{\overline{C}}{1 + r_f}$

考试时通常会直接给出升降幅度。

考多期二叉树模型计算也是从后向前，按照表格中归纳的顺序逐步计算即可。

【提示】 对于复制（套期保值）原理，无需计算上下行概率；对于风险中性原理，无需计算套期保值比例。

（六）布莱克-斯科尔斯期权定价模型 *（BS 模型）* *（✓假设前提可以命制文字型客观题。）*

二叉树模型是一种近似的方法，在零时点与期权到期日之间还可以进一步分割，如果每个期间无限小，<u>股价</u>就成了<u>连续分布</u>，布莱克-斯科尔斯模型就诞生了。

1. 布莱克-斯科尔斯模型的假设

（1）在期权寿命期内，买方期权标的股票不发放股利，也不做其他分配；

（2）股票或期权的买卖没有交易成本；

（3）短期的无风险利率是已知的，并且在期权寿命期内保持不变；

就是单期二叉树模型的无限次应用,将到期时间划分为无限多个部分,推导到极致。

（4）任何证券购买者都能以短期的无风险利率借得任何数量的资金；

（5）允许卖空，卖空者将立即得到所卖空股票当天价格的资金；

（6）看涨期权只能在到期日执行［欧式］；

（7）所有证券交易都是连续发生的，股票价格随机游走。

2.布莱克-斯科尔斯模型

（1）计算公式

① $C_0 = S_0 \cdot [N(d_1)] - X \cdot e^{-r_c \cdot t} \cdot [N(d_2)] = S_0 \cdot [N(d_1)] - PV(X) \cdot [N(d_2)]$

【助记】期权价值=最终股票价格的期望现值－期权执行价格的期望现值

② $d_1 = \dfrac{\ln\left(\dfrac{S_0}{X}\right) + \left(r_c + \dfrac{\sigma^2}{2}\right) \cdot t}{\sigma\sqrt{t}} = \dfrac{\ln\left[\dfrac{S_0}{PV(X)}\right]}{\sigma\sqrt{t}} + \dfrac{\sigma\sqrt{t}}{2}$

③ $d_2 = d_1 - \sigma\sqrt{t}$

（2）参数含义（见表7-33）

表7-33 参数含义

参数	含义
S_0	标的股票的当前价格
$X \cdot e^{-r_c \cdot t}$	按连续复利计算的执行价格X的现值，也可以写成PV（X）
$N（d）$	标准正态分布中离差小于d的概率：看涨期权到期时处于实值状态的风险调整概率 表格： <table><tr><td>N（d₁）和N（d₂）的取值</td><td>期权价值</td></tr><tr><td>接近1</td><td>期权肯定被执行：$C_0 = S_0 - X \cdot e^{-r_c \cdot t}$</td></tr><tr><td>接近0</td><td>期权几乎肯定不被执行：$C_0 \approx 0$</td></tr><tr><td>（0，1）</td><td>潜在收入的现值</td></tr></table> 【提示】当股价上升时，d_1 和 d_2 都会上升，N（d_1）和N（d_2）也都会上升，股票价格越是高出执行价格，期权越有可能被执行
r_c	连续复利的年度的无风险利率
t	期权到期日前的时间（年）
σ^2	连续复利的以年计的股票收益率的方差

【提示】通过该模型可以看出，决定期权价值的因素有5个：股价（↑↑）、股价的标准差（↑↑）、利率（↑↑）、执行价格（↑↓）、到期时间（↑↑）。其中：↑↑表示因素的取值与期权价值同向变化，↑↓表示反向变化。

3.模型参数的估计

BS模型有5个参数。其中，现行股票价格、执行价格和到期日的剩余年限（以年计）容易取得，比较难估计的是无风险利率和股票报酬率的标准差。

（1）无风险年利率的估计 *到期日相同的国库券按连续复利计算的到期报酬率。*

①估计时应注意的问题（见表7-34）

表7-34　　　　　　　　　　　　估计时应注意的问题

问题	说明
证券要求	无风险利率应当用无违约风险的固定证券收益来估计，例如国库券的利率
期限要求	选择与期权到期日相同（或最接近）的国库券利率
利率要求	这里所说的国库券利率是指其市场利率，而不是票面利率。国库券的市场利率是根据市场价格计算的［年度］到期报酬率
计息要求	模型中的无风险利率是指按连续复利计算的利率，而不是常见的年复利。由于布莱克——斯科尔斯模型假设套期保值率是连续变化的，因此，利率要使用连续复利

②计算公式

由终值的计算公式，有：$F = P \times \lim_{m \to \infty}\left(1 + \dfrac{r_c}{m}\right)^{t \cdot m} = P \times e^{r_c \cdot t}$。

进行数学处理后，可以得出：$r_c = \dfrac{\ln(F/P)}{t}$。

【提示】严格说来，期权估值中使用的利率都应当是连续复利，包括二叉树模型和BS模型。即使在资本预算中，使用的折现率也应当是连续复利率，因为全年收入和支出总是陆续发生的，只有连续复利率才能准确完成终值和现值的折算。

③简化计算方法

由于期权价值对于利率的变化并不敏感，可以采用简化的分期复利利率来计算，例如，年复利率4%，期权到期日为半年的计算见表7-35。

表7-35　　　　　　　　　　　　期权价值计算

计算方法	说明
按有效年利率计算	年复利率（折现率）为4%，则等价的半年复利率=$\sqrt{1+4\%}-1=1.98\%$
按报价利率折算	报价年利率为4%，则半年期利率=4%/2=2%

（2）收益率标准差的估计（见表7-36）

表7-36　　　　　　　　　　　　收益率标准差的估计

指标	计算公式	
标准差	股票收益率的标准差可以使用历史收益率来估计： $\sigma = \sqrt{\dfrac{1}{n-1} \cdot \sum\limits_{t=1}^{n}\left(R_t - \bar{R}\right)^2}$ 其中：R_t……收益率的连续复利值	
收益率	连续复利的股票收益率：$R_t = \ln\left(\dfrac{P_t + D_t}{P_{t-1}}\right)$	其中： R_t……股票在第t年的收益率 P_t……第t年的价格 P_{t-1}……第t-1年的价格 D_t……第t年的股利
	分期复利的股票收益率：$R_t = \dfrac{P_t - P_{t-1} + D_t}{P_{t-1}}$	

【提示】在期权估值中，严格说来应当使用连续复利报酬率的标准差。有时为了简化，也可以使用分期复利报酬率的标准差作为替代。

（七）看跌期权估价

在套利驱动的均衡状态下，看涨期权价格、看跌期权价格和股票价格之间存在一定的依存关系。

1.看涨期权−看跌期权平价定理

标的股票的价格 S_0 +看跌期权的价格 P_0 −看涨期权的价格 C_0 =执行价格的现值 $PV(X)$

【提示】等式成立的前提条件：（✔成立的前提条件可以命制文字型客观题）

（1）都是欧式期权；（2）都有相同的执行价格和到期日。

2.分析方法

零时点扩大投资组合的范围，构建无风险投资，使得在到期日无论股票价格是上升还是下跌，投资组合的现金净流量都是确定的。

（1）构建投资组合

买入一股股票，同时买入以该股票为标的物的一份看跌期权，卖出以该股票为标的物的一份看涨期权，以期充分分散股票价格下降的风险。

（2）现金流量分析

①零时点的现金流出量：

初始投资成本= S_0 + P_0 − C_0

②到期日的现金流入量（见表7-37）

表7-37　　　　　　　　　到期日的现金流入量

股价情况	上升 S_u	下降 S_d
现货市场（出售股票变现）	S_u	S_d
看涨期权（弥补差价）	−（ S_u −X）	0
看跌期权（收到差价）	0	X− S_d
投资组合	X	X

由于该投资组合为无风险投资，则其内含报酬率为无风险期利率 r_f ：

NPV=PV（X）−（ S_0 + P_0 − C_0 ）=0

经调整后得到：

S_0 + P_0 − C_0 =PV（X）

【例题7-14·2013单选题】某股票的现行价格为20元，以该股票为标的资产的欧式看涨期权和欧式看跌期权的执行价格均为24.96元，都在6个月后到期，年无风险利率为8%，如果看涨期权的价格为10元，看跌期权的价格为（　　）元。

A.6.89　　　　　　　B.13.11　　　　　　　C.14　　　　　　　D.6

【答案】C

【解析】根据"看涨期权−看跌期权平价定理"，标的股票的价格 S_0 +看跌期权的价格 P_0 −看涨期权的价格 C_0 =执行价格的现值 $PV(X)$ ，有：看跌期权价格=执行价格的现值−标的股票价格+看涨期权价格=24.96÷（1+8%÷2）−20+10

（✔记住看涨看跌期权平价定理，可以命制计算型客观题，也可以在计算分析题中设一小问进行考查）

=14（元）。

【提示】对执行价格折现时，需要使用无风险"期利率"。

【例题7-15·2009单选题】欧式看涨期权和欧式看跌期权的执行价格均为19元，12个月后到期，若无风险年利率为6%，股票的现行价格为18元，看跌期权的价格为0.5元，则看涨期权的价格为（　　　）。

    A.0.5元   B.0.58元   C.1元   D.1.5元

【答案】B

【解析】根据"看涨期权－看跌期权平价定理"，标的股票的价格 S_0＋看跌期权的价格 P_0－看涨期权的价格 C_0＝执行价格的现值 $PV(X)$，有：看涨期权的价格＝标的股票价格＋看跌期权价格－执行价格的现值＝18＋0.5－19/（1＋6%）＝0.58（元）。

（八）派发股利的期权定价 *派发股利的期权定价比不派发股利的期权定价只多了一项已派发股利现值。*

1.分析思路

股利的现值是股票价值的一部分，但是只有股东可以享有该收益，期权持有人不能享有。因此，在期权估价时要从股价中扣除期权到期日前所派发的全部股利的现值。也就是说，把所有到期日前预期发放的未来股利视同已经发放，将这些股利的现值从现行股票价格中扣除。此时，模型建立在调整后的股票价格而不是实际价格基础上。

2.计算公式

（1）$C_0 = S_0 \cdot e^{-\delta t} [N(d_1)] - X \cdot e^{-r_c \cdot t} \cdot [N(d_2)]$

（2）$d_1 = \dfrac{\ln\left(\dfrac{S_0}{X}\right) + \left(r_c - \delta + \dfrac{\sigma^2}{2}\right) \cdot t}{\sigma\sqrt{t}}$

（3）$d_2 = d_1 - \sigma\sqrt{t}$

其中：δ……标的股票的年股利报酬率（假设股利连续支付，而不是离散分期支付）。

【提示】如果标的股票的年股利报酬率为零，则与前面介绍的BS模型相同。

（九）美式期权估价 *总体来说，美式期权也可以使用BS模型，计算结果有参考价值。*

美式期权在到期前的任意时间都可以执行，除享有欧式期权的全部权利之外，还有提前执行的优势，因此，美式期权的价值应当至少等于相应欧式期权的价值，在某种情况下比欧式期权的价值更大（见表7-38）。

表7-38   期权股价

股利情况	期权估价
不派发股利	此时可以直接用BS模型进行估值
派发股利	理论上不能用BS模型进行估值，但如果用BS模型进行估值，结果仍然具有参考价值

智能测评

扫码听分享	做题看反馈
本章讲述的期权因为在日常生活中较少遇到，很多朋友都不熟悉，不过不用担心，期权估价只是公式看起来比较复杂，当跳出公式，从整体原理来考量就易于掌握该知识点了。 　　扫一扫二维码，来听学习导师的分享吧。	学完马上测！ 　　请扫描上方的二维码进入本章测试，检测一下自己学习的效果如何。做完题目，还可以查看自己的个性化测试反馈报告。这样，在以后复习的时候就更有针对性、效率更高啦！

第八章　企业价值评估

本章导学观频

本章属于<u>重点章</u>。本章主要阐述<u>企业价值评估的两种方法</u>（现金流量折现法和相对价值法）在企业价值评估中的具体应用。价值评估是现代公司财务管理的重要内容之一，本章既是第六章债券和股票估值内容的延续，同时也是第五章项目评估内容的进一步扩大和丰富。企业价值评估主要是为现代公司并购提供计价依据，同时在评估中也综合运用了公司的相关财务数据和资料，是一项具有极强综合性而又非常重要的工作。

第四章加权平均资本成本为本章企业价值评估的现金流量折现法提供了折现工具，第六章固定增长股票价值的计算模型也为本章现金流量折现法下的折现模型提供了方法，而第五章项目实体现金流量可以看作本章企业价值评估中实体现金流量内容的进一步扩充，因此应加强与相关章节内容的结合。

本章重要考点：（1）企业价值评估的对象；（2）现金流量折现模型以及应用；（3）相对价值模型的原理及驱动因素；（4）相对价值模型的优缺点与适用范围。

（✔ 注意在与第十章股利支付政策结合的基础上编制预测会计报表，计算预测期现金流量。近几年考核分值大约在7分）

为了更好地展示教材内容并理清逻辑，本书将教材的第二节拆分成两节，分别是第二节"现金流量折现模型"和第三节"相对价值评估模型"。

主要内容

第一节　企业价值评估的目的和对象
第二节　现金流量折现模型
第三节　相对价值评估模型

第一节　企业价值评估的目的和对象

◇ 价值评估的目的
◇ 企业价值评估的对象

（✔ 本知识点通常以文字型客观题考查，考点单一，没有综合性，理解企业价值评估的相关概念）

企业价值评估简称企业估值，目的是分析和衡量一个企业或一个经营单位的<u>公平市场价值</u>，并提供有关信息以帮助投资人和管理当局改善决策。

一、价值评估的目的（见表8-1）　（✔ 一般了解即可，考查形式为文字型客观题。★）

表8-1　　　　　　　　　　　价值评估的目的

用途	说明
用于投资分析	投资人寻找并且购进被市场低估的证券或企业，以期获得高于必要报酬率的收益
用于战略分析	战略分析是指使用定价模型清晰地说明经营设想和发现这些设想可能创造的价值，目的是评价企业目前和今后增加股东财富的关键因素是什么。价值评估在战略分析中起核心作用 【提示】在收购这一战略决策中，收购企业要估计目标企业的合理价格，在决定收购价格时要对合并前后的价值变动进行评估，以判断收购能否增加股东财富，以及依靠什么来增加股东财富
用于以价值为基础的管理	企业决策正确性的根本标志是能否增加企业价值，价值评估是改进企业一切重大决策的手段

【提示】企业价值评估的注意事项：

（1）不要过分关注最终结果而忽视评估过程产生的其他信息，中间信息也是很有意义的，如企业价值是由哪些因素驱动的，销售净利率对企业价值的影响有多大，提高投资资本报酬率对企业价值的影响有多大等。

公平市场价值，市场是有效的但不完善。

（2）价值评估提供的是有关"公平市场价值"的信息：价值评估不否认市场的有效性，但是不承认市场的完善性，股东价值的增加，只能利用市场的不完善才能实现，利用市场的缺点寻找被低估的资产。

（3）价值评估提供的结论有很强的时效性：企业价值受企业状况和市场状况的影响，随时都会变化。

二、企业价值评估的对象 →（✔本知识点通常以文字型客观题考查。★★）

价值评估的一般对象是企业整体的经济价值，指企业作为一个整体的公平市场价值。

（一）企业的整体价值（见表8-2）

企业整体价值来源于各个要素的有机结合、持续运营的过程中。

表8-2　　　　　　　　　　　　企业的整体价值

体现	说明
整体不是各部分的简单相加	企业整体能够具有价值，在于它可以为投资人带来现金流量：这些现金流量是所有资产联合起来运用的结果，而不是资产分别出售获得的现金流量
整体价值来源于要素的结合方式	整体内各部分之间的有机联系是企业形成整体的关键。企业资源的重组，即改变各要素之间的结合方式，可以改变企业的功能和效率
部分只有在整体中才能体现出其价值	一个部门被剥离出来，其功能会有别于它原来作为企业一部分时的功能和价值，剥离后的企业也会不同于原来的企业
整体价值只有在运行中才能体现出来	如果企业停止运营，整体功能随之丧失，不再具有整体价值，它就只剩下一堆机器、存货和厂房，此时企业的价值是这些财产的变现价值，即清算价值

（二）企业的经济价值

前面债券和股票估值用的也是这种方法：未来现金流量的现值。

经济价值是经济学家所持的价值观念，指一项资产的公平市场价值，通常用该资产所产生的未来现金流量的现值来计量。

1.会计价值与市场价值（见表8-3）

表8-3　　　　　　　　　　会计价值与市场价值

项目		会计价值	市场价值
含义		会计价值是指资产、负债和所有者权益的账面价值，大多使用历史成本	市场价值是指资本化价值，即一项资产未来现金流量的现值
属性	交易属性	属于投入计价类型	属于产出计价类型
	时间属性	属于历史价格	属于未来价格

【提示】　只关注历史账面价值。　　　立足现在，着眼于未来。更符合投资决策分析。

（1）会计报表数据的真正缺点，主要不是没有采纳现实价格，而在于没有关注未来。

（2）**未来现金流量现值**面向的是**未来**，而不是历史或现在，符合决策面向未来的时间属性。只有未来售价计价符合企业价值评估的目的。除非特别指明，企业价值评估的"价值"是指未来现金流量现值。

2.现时市场价格与公平市场价值（见表8-4）

表8-4　　　　　　　现时市场价值与公平市场价值

概念	说明
公平市场价值	公平市场价值是指在公平的交易中，熟悉情况的双方，自愿进行资产交换或债务清偿的金额。资产被定义为未来的经济利益（现金流入），由于不同时间的现金不等价，需要经过折现处理，因此，资产的公平市场价值就是未来现金流入的**现值**
现时市场价格	现时市场价格是指按现行市场价格计量的资产价值，它可能是公平的，也可能是不公平的

（手写批注）公平一定要涉及双方，双方都认可的价值才能称为公平的市场价值。

【例题8-1·2004年多选题】关于企业公平市场价值的以下表述中，正确的有（　　）。

A.公平市场价值就是未来现金流量的现值

B.股票公平市场价值就是股票的市场价格

C.公平市场价值应该是股权的公平市场价值与债务的公平市场价值之和

D.公平市场价值应该是持续经营价值与清算价值中的较高者

【答案】ACD

【解析】A项正确，B项错误：公平的市场价值是指在公平的交易中，熟悉情况的双方，自愿进行资产交换或债务清偿的金额，也就是资产的未来现金流入的现值。C项正确：企业公平市场价值指的是企业整体的公平市场价值，包括股权的公平市场价值与债务的公平市场价值。D项正确：持续经营价值简称"续营价值"，是指由营业所产生的未来现金流量的现值；清算价值是指停止经营，出售资产产生的现金流。一个企业的公平市场价值，应当是续营价值与清算价值中较高的一个。

（三）企业整体经济价值的类别

在进行企业价值评估时，首先要明确拟评估的对象是什么，不同的评估对象，有不同的用途，需要使用不同的方法进行评估。

1.按照评估的对象（见表8-5）

表8-5　　　　　　　　按照评估对象分类

分类	实体价值	股权价值
含义	实体价值是指企业全部资产的总体价值	股权价值是指股权的公平市场价值
说明	**企业实体价值＝股权价值＋净债务价值** 【提示】这里的价值都是公平市场价值，而非账面价值（会计价值）	

（手写批注）企业实体价值就是由企业整体享有的全部资产的总价值，企业实体包括了债务和股权。

（手写批注）对应的是股东享有的全部价值。

【提示】大多数企业并购是以购买股份的形式进行的。因此，评估的最终目标和双方谈判的焦点是卖方的股权价值。但是，买方的实际收购成本等于股权成本加上所承接的债务。例如，甲企业10亿元取得乙企业的全部股份，并承担乙企业原有的5亿元的债务，实际上甲企业的股东要花15亿元（不考虑货币时间价值）购买乙企业的全部资产。

2.按照评估的时期（见表8-6）

表8-6　　　　　　　　　　　　按照评估的时期分类

是否持续经营？两者中选高者。

分类	持续经营价值	清算价值
含义	持续经营价值是指由营业所产生的未来现金流量的现值	清算价值是指停止经营，出售资产产生的现金流
说明	（1）一个企业的公平市场价值，应当是其持续经营价值与清算价值中较高的一个 （2）根据"自利原则"，一个企业持续经营的基本条件，是其持续经营价值＞清算价值	

【提示】一个企业的持续经营价值已经低于其清算价值，本应当进行清算。但是，也有例外，那就是控制企业的人拒绝清算，企业得以持续经营。这种持续经营，摧毁了股东本来可以通过清算得到的价值。

3.按照评估的范围（见表8-7）

表8-7　　　　　　　　　　　　按照评估的范围分类

分类	少数股权价值/V（当前）	控股权价值/V（新的）
含义	少数股权价值是指在现有管理和战略条件下，企业能够给股票投资者带来的现金流量现值	控股权价值是指企业进行重组，改进管理和经营战略后可以为投资人带来的未来现金流量的现值
说明	（1）在股票市场上交易的只是少数股权，掌握控股权的股东，不参加日常的交易。买入企业的少数股权是承认企业现有的管理和经营战略，买入者只是一个旁观者。买入企业的控股权，投资者获得改变企业生产经营方式的充分自由，或许还能增加企业的价值 （2）少数股权与控股股权的价值差异出现在收购交易当中。一旦控股权参加交易，股价会迅速飙升，甚至达到少数股权价值的数倍。新的价值与当前价值的差额称为控股权溢价，它是由于转变控股权而增加的价值： 控股权溢价＝V（新的）－V（当前）	

【例题8-2·2012年多选题】下列关于企业价值的说法中，错误的有（　　　）。

A.企业的实体价值等于各单项资产价值的总和

B.企业的实体价值等于企业的现时市场价格

C.企业的实体价值等于股权价值和净债务价值之和

D.企业的股权价值等于少数股权价值和控股权价值之和

【答案】ABD

【解析】A项错误：整体不是各部分的简单相加。B项错误：现时市场价格可能是公平的，也可能是不公平的；而企业实体价值是公平的市场价值。D项错误：少数股权价值是现有管理和战略条件下企业能够给股票投资人带来的未来现金流量的现值；控股权价值是企业进行重组，改进管理和经营战略后可以为投资人带来的未来现金流量的现值。

第二节 现金流量折现模型

◇ 现金流量折现模型
◇ 现金流量折现模型的参数和种类
◇ 现金流量折现模型参数的估计
◇ 现金流量折现模型的应用

（✓本节内容一般以主观题考查，通常与管理用报表分析、销售百分比法、资本结构与股利分配政策等重要问题结合。考生要熟练掌握现金流量折现模型评估企业实体价值和股权价值的基本计算方法，在资本结构是否改变的两种情况下，灵活解决价值评估的问题）

一、现金流量折现模型

（一）基本思想

现金流量折现模型是企业价值评估使用最广泛、理论上最健全的模型，它的基本思想是<u>增量现金流量</u>原则和<u>时间价值</u>原则，即任何资产的价值是其产生的未来现金流量按照含有风险的折现率计算的现值。

原理相通，作出评估站的高度不同，站在企业的高度看，投资某一具体的项目要看具体项目给企业带来的现金流量的现值大小；站在高于企业的高度看，将企业实体作为一个独立体，其未来带来的现金流量现值就是这个企业实体的价值。

【例题8-3·2000年判断题】 在并购目标企业的价值估计方法中，相对于相对价值法，现金流量折现法没有考虑并购中的风险因素。（ ）

【答案】 ×

【解析】 现金流量折现模型中的"资本成本"，是计算现值时使用的折现率。折现率是现金流量风险的函数，风险越大则折现率越大，因此，折现率和现金流量要相互匹配。

（二）企业价值评估和投资项目评估的比较

企业也是资产，具有资产的一般特征。但是，它又与实物资产有区别，是一种特殊的资产。

1.相同点

（1）都能给投资主体带来现金流量，现金流越大则经济价值越大；

（2）现金流都具有<u>不确定性</u>，其价值计量都要使用<u>风险</u>概念；

（3）现金流都是<u>陆续产生</u>的，其价值计量都要使用<u>现值</u>概念。

【提示】 企业也是一个大项目，是一个由若干投资项目组成的复核项目，或者说是一个项目组合。

2.不同点

企业价值评估和投资项目评估的不同点见表8-8。

表8-8　　　　　企业价值评估和投资项目评估的不同点

项目	投资项目评估	企业价值评估
寿命期	有限	无限
现金流量分布	稳定或下降	增长（收益再投资）
现金流量归属	投资人	决策层决定分配它们时才流向所有者

（✓本知识点是本章的重点，重点掌握三种现金流量折现模型，通常以计算分析题进行考查。★★★）

*现金流量折现模型

二、现金流量折现模型的参数和种类

（一）现金流量折现模型的参数（见表8-9）

任何资产都可以使用现金流量折现模型来估价：价值 $= \sum_{t=1}^{n} \dfrac{现金流量_t}{(1+资本成本)^t}$

做题时先确定出永续期开始时间，在此之前的就为预测期。

表8-9   现金流量折现模型的参数

参数	说明
现金流量	现金流量是指各期的预期现金流量。对于投资者来说，企业现金流量有三种：股利现金流量、股权现金流量和实体现金流量
资本成本	资本成本是指计算现值使用的折现率。折现率是现金流量风险的函数，<u>风险越大</u>则折现率越大，折现率和现金流量要匹配 *折现率越大，现值越小。*
时间序列	时间序列n是指产生现金流量的时间，通常用"年"数来表示。企业的寿命通常是不确定的，通常采用<u>持续经营假设</u>。但是，预测无限期的现金流量数据是很困难的，为了避免预测无限期的现金流量，大部分估值将预测的时间分为两个阶段： （1）第一阶段：有限的、明确的预测期，称为"详细预测期"，简称"预测期"，在此期间需要对每年的现金流量进行详细预测，并根据现金流量模型计算预测期的价值； （2）第二阶段：预测期以后的无限时期，称为"后续期"或"永续期"，在此期间假设企业进入稳定状态，有一个稳定的增长率，可以用简便方法直接估计后续期价值 【提示】企业价值＝预测期价值＋后续期价值

用三种不同的折现模型对应选取不同的现金流量。

预测期的各年处于不同的增长率，需要逐年折现进行合计。

【提示】后续期价值的计算方法（见表8-10）

表8-10   后续期价值的计算方法

后续期现金流量特点	计算公式
现金流量为常数	现金流量$_{t+1}$／资本成本×（P/F，i，t）
现金流量按固定比率永续增长	现金流量$_{t+1}$／（资本成本－后续期现金流量永续增长率）×（P/F，i，t）

（二）现金流量折现模型的种类（见表8-11）

表8-11   现金流量折现模型的种类

种类	计算公式	现金流量
［Ⅰ］股利现金流量模型	$$股权价值 = \sum_{t=1}^{\infty} \frac{股利现金流量_t}{(1+股权资本成本)^t}$$	股利现金流量：指企业分配给股权投资人的现金流量
［Ⅱ］股权现金流量模型	$$股权价值 = \sum_{t=1}^{\infty} \frac{股权现金流量_t}{(1+股权资本成本)^t}$$	股权现金流量：指一定期间企业<u>可以提供</u>给股权投资人的现金流量，也称股权自由现金流量 股权现金流量＝实体现金流量－债务现金流量
［Ⅲ］实体现金流量模型	$$实体价值 = \sum_{t=1}^{\infty} \frac{实体自由现金流量_t}{(1+加权资本成本)^t}$$ $$净债务价值 = \sum_{t=1}^{\infty} \frac{偿还债务现金流量_t}{(1+债务资本成本)^t}$$ 股权价值＝实体价值－净债务价值	实体现金流量：指企业全部现金流入<u>扣除成本费用和必要的投资后的剩余部分</u>，它是企业一定期间可以提供给所有投资人（股权投资人＋债权投资人）的<u>税后</u>现金流量 【提示】净债务价值一般用基期净负债的账面价值

由于外部很难掌握公司股利分配数额，所以大多数采用Ⅱ、Ⅲ两种方法。

股东享有的现金流量，可以是股利，可以是股权。

【提示】

（1）股权现金流量中有多少作为股利分配给股东，取决于企业的筹资和股利分配政策，如果把股权现金流量全部作为股利分配，则模型Ⅰ和模型Ⅱ相同。由于股利分配政策有较大变动，股利现金流量很难预计，模型Ⅰ在实务中很少被使用，大多数的企业估价使用模型Ⅱ或模型Ⅲ。

（2）考试时一般求股权价值，因为股票市价容易确定，以便决策。

（3）各种现金流量和价值之间的关系：

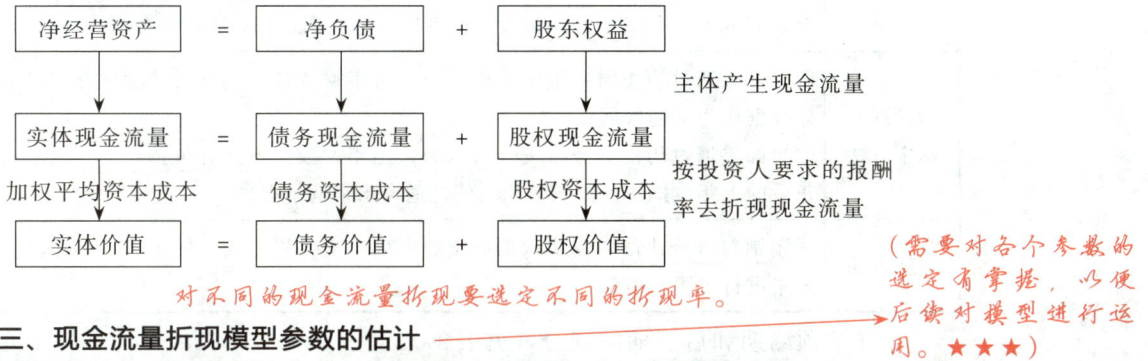

净经营资产	=	净负债	+	股东权益

主体产生现金流量

实体现金流量	=	债务现金流量	+	股权现金流量

加权平均资本成本　　债务资本成本　　股权资本成本

按投资人要求的报酬率去折现现金流量

实体价值	=	债务价值	+	股权价值

对不同的现金流量折现要选定不同的折现率。

三、现金流量折现模型参数的估计

（需要对各个参数的选定有掌握，以便后续对模型进行运用。★★★）

现金流量模型的参数包括预测期的年数、各期的现金流量和资本成本。资本成本的估计在前面的章节已经介绍过，这里主要说明现金流量的估计和预测期的确定。

未来现金流量的数据需要通过财务预测取得。财务预测分为单项预测和全面预测，说明见表8-12。

全面预测优于单项预测。

表8-12　　　　　　　　　　　　单项预测和全面预测

	单项预测	全面预测
预测方法	利用计算现金流量的各种公式计算	编制成套的预测管理用财务报表，通过预计财务报表获取需要的预测数据
评价	单项预测计算方便，但是容易忽视财务数据之间的联系，不利于发现预测假设的不合理性。全面预测正好相反	

（一）预测销售收入

预测销售收入是全面预测的起点，大部分财务数据与销售收入有内在联系，具体见表8-13。

表8-13　　　　　　　　　　　　　　预测销售收入

项目	说明
预测对象	根据基期销售收入和预计增长率计算预测期的销售收入
考虑因素	销售增长率的预测以历史增长率为基础，根据未来的变化进行修正，要考虑宏观经济、行业状况和企业的经营战略： （1）如果预计未来在这三个方面不会发生明显变化，则可以按上年增长率进行预测 （2）如果预计未来有较大变化，则需要根据其主要影响因素调整销售增长率

（二）确定预测期间

预测的时间范围涉及预测基期、详细预测期和后续期。

1.预测的基期（见表8-14）

表8-14　　　　　　　　　　　　　　预测的基期

项目	说明
相关概念	（1）基期：指作为预测基础的时期，它通常是预测工作的上一个年度 （2）基数：指基期的各项数据，它们是预测的起点，不仅包括各项财务数据的金额还包括它们的增长率以及反映各项财务数据之间联系的财务比率
基数的确定方法	（1）如果通过历史财务报表分析认为，上年财务数据具有可持续性，则以上年实际数据作为基期数据； （2）如果通过历史财务报表分析认为，上年的数据不具有可持续性，就应当以修正后的上年数据作为基期数据，使之适合未来的情况
预测方法	采用销售百分比法，需要根据历史数据确定主要报表项目的销售百分比，作为对未来进行预测的假设

2.详细预测期和后续期的划分（见表8-15）

表8-15　　　　　　　　　　　　详细预测期和后续期的划分

项目	说明
预测期时间	通常为5~7年，很少超过10年，与竞争均衡理论有关： （1）一个企业不可能永远以高于宏观经济增长率的速度发展下去，否则其会超过宏观经济的总规模。"宏观经济"与企业所处的业务范围有关 （2）一个企业通常不可能在竞争的市场中长期取得超额利润，其净投资资本报酬率会逐渐恢复到正常水平。其中： $$净投资资本报酬率=\frac{税后经营利润}{净投资资本}=\frac{税后经营利润}{净负债+股东权益}$$ 【提示】净投资资本报酬率就是第二章的"净经营资产净利率"，只不过这里的投资资本用的是期初数
进入稳定状态的标志	（1）具有稳定的销售增长率，它大约等于宏观经济的名义增长率 （2）具有稳定的净投资资本报酬率，它与资本成本接近

【例题8-4·2004年多选题】在进行企业价值评估时，判断企业进入稳定状态的主要标志有（　　）。

A.现金流量是一个常数

B.投资额为零

C.有稳定的销售增长率，它大约等于宏观经济的名义增长率

D.企业有稳定的净投资资本报酬率，它与资本成本接近

【答案】CD

【解析】企业进入稳定状态的标志为：具有稳定的销售增长率，它大约等于宏观经济的名义增长率；具有稳定的净投资资本报酬率，它与资本成本接近。

（✓预测的相关基础概念，了解即可。考试时能够区分预测期与后续期即可）

当企业销售增长率与宏观经济名义增长率大约等同时，企业就进入了稳定增长阶段。

（三）估计详细预测期现金流量

1.从实体现金流量的形成过程分析

实体现金流量＝税后经营净利润＋折旧与摊销－经营营运资本增加－资本支出

营业现金毛流量

营业现金净流量

中间指标的确定方法见表8-16。

表8-16　　　　　　　　　　　中间指标的确定方法

中间指标	计算依据	计算方法
税后经营净利润	预计利润表	
折旧与摊销	当年"计提"金额，一般为已知条件；有时也可使用销售百分比法预计	
经营营运资本增加	预计资产负债表：经营营运资本增加＝年末金额－年初金额	
资本支出	预计资产负债表：资本支出＝净经营长期资产增加＋折旧与摊销	

【提示】

（1）经营营运资本增加和资本支出都是企业的投资现金流出，因此，它们的合计称为"净经营资产总投资"（投资支出现金总流出量），即：净经营资产总投资＝净经营资产净投资＋折旧与摊销。

（2）考试时题目条件可能简化处理，直接给出资本支出与销售收入同比增长。

2.从实体现金流量的去向分析

由于企业提供的现金流量就是投资人得到的现金流量，因此，实体现金流量等于债务现金流量与股权现金流量之和：实体现金流量＝融资现金流量＝债务现金流量＋股权现金流量。具体见表8-17。　*在管理用报表的基础上计算。*

表8-17　　　　　　　　　　　从实体现金流量的去向分析

融资现金流量	计算公式
债务现金流量	债务现金流量＝税后利息＋偿还债务－新增债务＝税后利息－净负债的增加
股权现金流量	股权现金流量＝实体现金流量－债务现金流量

3.净投资扣除法求现金流量　*保持目标资本结构不变。*

当已知企业的目标资本结构，且现在处于目标资本结构并打算继续维持时，可以用"净投资扣除法"计算各类现金流量，其思想方法为：

某主体现金流量＝归属于该主体的税后收益－应由该主体承担的净投资

	现金流量表		利润表		资产负债表
实体	实体现金流量	＝	税后经营净利润	－	实体净投资
	‖		‖		‖
债权	债务现金流量	＝	税后利息	－	债权净投资
	＋		＋		＋
股权	股权现金流量	＝	净利润	－	股权净投资

其中：

（1）实体净投资＝年初净经营资产×销售收入增长率＝Δ销售收入×净经营资产销售百分比

（2）债权净投资＝实体净投资×目标债务比例

（3）股权净投资＝实体净投资×目标权益比例

【提示】

（1）税后经营净利润＝息税前利润EBIT×（1－T）

（2）至此，我们学习了股权现金流量的三种计算方法，具体见表8-18。

理解现金流量
与享有现金流
量主体的对应
关系。

表8-18　　　　　　　　　股权现金流量的三种计算方法

方法	计算公式
融资现金流量法	股权现金流量＝股利分配＋股票回购－股票发行
从现金流量去向角度来确定 （剩余现金流量法）	股权现金流量＝实体现金流量－债务现金流量
净投资扣除法	股权现金流量＝净利润－股权净投资

（3）考试时如果没有要求编制预计报表，就可以根据简化的净投资扣除法计算现金流量。

【例题8-5·2014年多选题】下列关于实体现金流量计算的公式中，正确的有（　　）。

A.实体现金流量＝税后经营净利润－净经营资产净投资

B.实体现金流量＝税后经营净利润－经营营运资本增加－资本支出

C.实体现金流量＝税后经营净利润－经营资产增加－经营负债增加

D.实体现金流量＝税后经营净利润－经营营运资本增加－净经营长期资产增加

【答案】AD

【解析】实体现金流量＝税后经营净利润＋折旧与摊销－经营营运资本增加－资本支出

$$=\frac{税后}{经营净利润}+\frac{折旧}{与摊销}-\frac{经营营运}{资本增加}-\left(\frac{净经营}{长期资产增加}+\frac{折旧}{与摊销}\right)$$

$$=\frac{税后}{经营净利润}-\frac{经营营运}{资本增加}-\frac{净经营长}{期资产增加}$$

＝税后经营净利润－净经营资产净投资（净经营资产增加）

根据以上计算过程可知，选项A、D正确，选项B需要加上折旧与摊销；选项C应改为税后经营净利润－经营资产增加＋经营负债增加。

【例题8-6·2005年多选题】在对企业价值进行评估时，下列说法中正确的有（　　）。

A.实体现金流量是企业可提供给全部投资人的税后现金流量之和

B.实体现金流量＝营业现金净流量－资本支出

C.实体现金流量＝税后经营净利润＋折旧与摊销－经营流动资产增加－资本支出

D.实体现金流量＝股权现金流量＋税后利息支出

【答案】AB

【解析】A项正确：实体现金流量是企业全部现金流入扣除成本费用和必要的

投资后的剩余部分，它是企业一定期间可以提供给所有投资人（股权投资人＋债权投资人）的税后现金流量。B项正确：实体现金流量是营业现金净流量扣除资本支出后的剩余部分。C项错误：实体现金流量＝税后经营净利润＋折旧与摊销－经营营运资本增加－资本支出，其中，经营营运资本增加＝经营流动资产增加－经营流动负债增加。D项错误：实体现金流量＝股权现金流量＋债务现金流量，其中，债务现金流量＝税后利息支出－净负债增加。

【例题8-7·2000单选题】下列关于"自由现金流量"的表述中，正确的是（　　）。

A.自由现金流量＝税后经营净利润＋折旧与摊销

B.自由现金流量就是经营活动产生的现金流量净额

C.自由现金流量＝经营活动产生的现金流量净额＋投资活动产生的现金流量净额＋筹资活动产生的现金流量净额

D.自由现金流量就是企业履行了所有财务责任和满足了再投资需要以后的现金流量净额

【答案】D

【解析】自由现金流量也称实体现金流量，是企业全部现金流入扣除成本费用和必要的投资后的剩余部分，它是企业一定期间可以提供给所有投资人（股权投资人＋债权投资人）的税后现金流量，所以D项正确。A项错误：营业现金毛流量＝税后经营净利润＋折旧与摊销。B、C项错误：财务管理中所讲的"现金流量"，是一个预测值，而不是会计报表中"现金流量表"里面所涉及的报告年度真正现金流量的各种细节。

（四）后续期现金流量增长率的估计（见表8-19）

表8-19　　　　　　　　后续期现金流量增长率的估计

项目	说明
后续期价值的计算	后续期价值＝现金流量$_{t+1}$/（资本成本 - 后续期现金流量永续增长率）×（P/F，i，t）
后续期现金流量的特征	在稳定状态下，实体现金流量、股权现金流量和销售收入的增长率相同，因此，可以根据销售增长率即可持续增长率估计现金流量增长率 【提示】在"稳定状态下"，经营效率和财务政策不变，即资产税后经营利润率（净经营资产净利率）、资本结构（净负债/股东权益）和股利分配政策不变，管理用财务报表将按照稳定的增长率在扩大的规模上被复制。影响实体现金流量和股权现金流量的各因素都与销售额同步增长，故现金流量增长率与销售增长率相同
增长率的估计	根据竞争均衡理论，后续期的销售增长率大体上等于宏观经济的名义增长率，如果不考虑通货膨胀因素，宏观经济的实际增长率大多在2%~6%之间。

【例题8-8·2009多选题】下列关于企业价值评估的表述中，正确的有（　　）。

A.现金流量折现模型的基本思想是增量现金流量原则和时间价值原则

B.实体自由现金流量是企业可提供给全部投资人的税后现金流量之和

C.在稳定状态下实体现金流量增长率一般不等于销售收入增长率

D.在稳定状态下股权现金流量增长率一般不等于销售收入增长率

【答案】AB

【解析】C、D项错误：在"稳定状态下"，经营效率和财务政策不变，即资产息前税后经营利润率、资本结构和股利分配政策不变，财务报表将按照稳定的增长率在扩大的规模上被复制；影响实体现金流量和股权现金流量的各因素都与销售额同步增长，故现金流量增长率与销售增长率相同。

四、现金流量折现模型的应用

（✔本知识点比较重要，在对计算原理理解的基础上多加练习，通常会以计算分析题或综合题进行考查。★★★）

（一）主体价值的计算（见表8-20）

*现金流量折现模型视频讲解

表8-20 **主体价值的计算**

模型	计算公式	使用情形
永续增长	$$主体价值 = \frac{主体下期现金流量}{资本成本 - 永续增长率}$$	企业必须处于永续状态：具有永续的增长率和净投资资本报酬率
两阶段增长	$$主体价值 = 预测期价值 + 后续期价值$$ $$预测期价值 = \sum_{t=1}^{m} \frac{主体现金流量_t}{(1+资本成本)^t}$$ $$后续期价值 = \frac{主体现金流量_{m+1}}{资本成本 - 永续增长率} \bigg/ (1+资本成本)^m$$	增长呈现两个阶段的企业：（1）阶段Ⅰ：超常增长阶段（前m年），增长率明显快于永续增长阶段；（2）阶段Ⅱ：具有永续增长的特征，增长率较低，是正常的增长率

【提示】预测时点作为零时点。

评估价值时资本成本的选定要与现金流量的性质匹配。

（二）主体的选择（见表8-21）

表8-21 **主体的选择**

主体	资本成本	评价
股东角度	股权资本成本	股权成本受资本结构的影响较大，估计起来比较复杂：债务↑→风险↑→股权成本↑→上升的幅度不容易测定
企业实体	加权资本成本	加权平均资本成本受资本结构的影响较小，比较容易估计：债务成本较低，增加债务比重{直接导致WACC↓ / 同时，风险↑→股权成本↑→WACC↑}（1）在无税和交易成本的情况下，两者可以完全抵消，即资本结构无关论（2）在有税和交易成本的情况下，债务成本的下降会大部分被股权成本的上升所抵消，平均资本成本对资本结构变化不敏感

【提示】利用实体现金流量模型时，如果提问要求计算股权价值，则分两步完成：

（1）计算实体现金流量并以加权平均资本成本为折现率计算实体价值；

（2）计算股权价值，其公式为：股权价值 = 实体价值 - 净债务价值。

【例题8-9·2006年多选题】以下关于企业价值评估现金流量折现法的表述中，错误的有（　　）。

A.预测基数应为上一年的实际数据，不能对其进行调整

B.预测期是指企业增长的不稳定时期，通常在5至7年之间

C.实体现金流量应该等于融资现金流量

D.后续期的现金流量增长率越高，企业价值越大

【答案】AD

【解析】A项错误：预测的基数有两种确定方式：一种是上年的实际数据；另一种是修正后的上年数据，即可以对上年的实际数据进行调整。C项正确：实体现金流量是从企业角度考察的，融资现金流量是从投资人角度考察的，二者必然相等。D项错误：有些时候后续期的现金流量增长率的高低对企业价值的影响很小，因为较高的永续增长率要求较高的资本支和增加较多的经营营运资本。

（三）融资政策与股权现金流量

1.资本结构维持不变（见表8-22）　（结合剩余股利政策）

表8-22　　　　　　　　　　　　　资本结构维持不变

表述	计算方法
企业融资结构处于目标资本结构，且继续保持	股权现金流量＝净利润－Δ净经营资产（实体净投资）×目标权益比重 ＝净利润－本年留存收益 ＝现金股利

【提示】考试时一般都不会涉及增发股票，即股权资本不变，所以剩余净利润发给股东，形成股权现金流量。

2.资本结构发生改变（见表8-23）　先确定现金股利再计算本年留存收益。

表8-23　　　　　　　　　　　　　资本结构发生改变

表述	计算方法
多余的现金先归还借款，直到将要达到的目标资本结构（极端情况：期初债务全部偿还），剩余的现金发放股利	（1）先计算某年度企业实体现金流量，偿还本年借款利息（税后），得出剩余的现金流量α，其中： 本年借款利息（税后）＝年初借款金额×税前借款利率×（1－所得税税率） 【提示】此时的借款利息只能根据年初借款金额计算，因为归还借款的缘故，年末借款金额不确定 （2）假设用全部α偿还年初借款金额，使得年末借款金额为目标资本结构下的金额，看α是否足够，其中： 拟归还借款β＝年初借款金额－年末净经营资产×目标债务比例 ①足够：得出现金流量α－β＝γ，则γ为当年分配的现金股利； ②不够：α全部用来归还年初借款金额，当年没有现金股利分配。 （3）计算当年度留存收益的增加： 本年留存收益＝净利润－现金股利 （4）以后年度：重复步骤（2）和（3），直到归还借款使其达到目标资本结构

【提示】

股权现金流量确定的关键是考察题目的资本结构是否发生改变，并结合"净利润＝现金股利＋本年留存收益"这个基本公式。如果资本结构不变，则先确定本年留存收益，再得到现金股利；如果资本结构发生改变，则先确定现金股利，再得到

（本知识点非常重要，如果考查都会以你合题的形式出现，考生要对剩余股利政策的目标理解到位。企业保持固定的目标资本结构，先确定本年留存收益，再计算现金股利。）

*融资政策视频讲解

40423

本年留存收益。

【例题8-10·2008年多选题】E公司2007年销售收入为5 000万元，2007年年底净负债及股东权益总计为2 500万元（其中股东权益2 200万元），预计2008年销售增长率为8%，税后经营利润率为10%，净经营资产周转率保持与2007年一致，净负债的税后利息率为4%，净负债利息按上年末净负债余额和预计利息率计算。企业的融资政策为：多余现金优先用于归还借款，归还全部借款后剩余的现金全部发放股利。下列有关2008年的各项预计结果中，正确的有（　　　）。

A.净经营资产净投资为200万元

B.税后经营净利润为540万元

C.实体现金流量为340万元

D.本年留存收益为500万元

【答案】ABCD

【解析】A项正确：根据"净经营资产周转率保持与2007年一致"可知2008年净经营资产增长率＝销售收入增长率＝8%，即2008年净经营资产增加2 500×8%＝200（万元），由此可知，2008年净投资为200万元。B项正确：2008年税后经营净利润＝5 000×（1＋8%）×10%＝540（万元）。C项正确：实体现金流量＝税后经营净利润－净经营资产净投资＝540－200＝340（万元）。D项正确：税后利息＝300×4%＝12（万元），在支付税后利息后，企业剩余现金＝340－12＝328（万元），由于期初净负债为300万元，将328万元的剩余现金偿还全部的期初净负债后，还剩28万元可以作为当期股利支付；2008年净利润＝540－（2 500－2 200）×4%＝528（万元），本年留存收益＝净利润－现金股利＝528－28＝500（万元）。

第三节　相对价值评估模型

◇ 相对价值评估模型概述　　（✓本节可以命制计算型或文字型的各观题或计算分析题。考生需要熟练掌握相对价值法的原理、驱动因素、优缺点及适用条件）

◇ 相对价值评估模型的原理

◇ 修正的市价比率

一、相对价值评估模型概述

这种方法是利用类似企业的市场定价来估计目标企业价值的方法，亦称价格乘数法或可比交易价值法，具体见表8-24。

重点在于正确确定主要变量来选定一个类似的企业，然后根据目标企业的对应资料，加权后得到目标企业的相对价值。

表8-24　　　　　　　　　　　相对价值评估模型概述

项目	说明
假设前提	存在一个支配企业市场价值的主要变量（如净利润等），市场价值与该变量的比值，各企业是类似的、可以比较的
基本做法	（1）寻找一个影响企业价值的关键变量（如净利润） （2）确定一组可以比较的类似企业，计算可比企业的市价/关键变量的平均值（如平均市盈率） （3）根据目标企业的关键变量（如净利润）乘以得到的平均值（如平均市盈率），计算目标企业的评估价值
计算公式	目标企业每股价值＝$\dfrac{可比企业每股市价}{可比企业每股XX（关键变量）}$×目标企业每股XX（关键变量）

【提示】用相对价值法得出的结论是相对于可比企业来说的，以可比企业价值为基准，是一种相对价值，而非目标企业的内在价值。

【例题8-11·2006年判断题】在进行企业价值评估时，按照市盈率模型可以得出目标企业的内在价值。（　　）

【答案】×

【解析】企业价值评估中的相对价值法下的企业价值是指目标企业的相对价值，而非内在价值。

二、相对价值模型的原理（见表8-25）

表8-25　　　　　　　　　　相对价值模型的原理

关键变量	模型
每股收益	市盈率模型
每股净资产	市净率模型
每股销售收入	市销率模型

（一）市盈率模型

1.基本模型

该模型假设每股市价是每股收益的一定倍数。每股收益越大，则每股价值越大。同类企业有类似的市盈率，所以目标企业的每股价值可以用每股收益乘以可比企业的平均市盈率计算：

目标企业每股价值＝可比企业平均市盈率×目标企业的每股收益

2.模型原理（见表8-26）

表8-26　　　　　　　　　　模型原理

分析步骤	数理推导
根据股利折现模型，计算处于稳定状态企业的每股价值	每股价值 $P_0 = \dfrac{每股股利_1}{股权成本 - 增长率} = \dfrac{D_1}{K_s - g}$
两边同时除以 每股收益$_0$（EPS$_0$）	本期市盈率 $= \dfrac{P_0}{EPS_0} = \dfrac{D_1}{EPS_0} \Big/ (K_s - g)$ $= \dfrac{D_0 \times (1+g)}{EPS_0} \Big/ (K_s - g) = \dfrac{股利支付率 \times (1+g)}{K_s - g}$
将上一步的 EPS$_0$ 替换成预计下期的 EPS$_1$	内在（预期）市盈率 $= \dfrac{D_1}{EPS_1} \Big/ (K_s - g) = \dfrac{股利支付率}{K_s - g}$

【提示】

（1）市盈率与净利的匹配原则：估值时，目标企业本期净利必须要乘以可比企业本期市盈率；目标企业的预期净利必须要乘以可比企业预期市盈率，两者必须匹配。

（2）这一原则不仅适用于市盈率，也适用于市净率和市销率；不仅适用于未修正的价格乘数，也适用于后面要讲的各种修正的价格乘数。

3.市盈率的驱动因素

（1）企业的增长潜力；

（2）股利支付率；

（3）风险（股权资本成本的高低与其风险有关）。

【提示】

（1）可比企业需要选择这三个比率类似的企业，同业企业不一定都具有这种类似性。

（2）最关键的因素是增长潜力："增长潜力类似"不仅指具有相同的增长率，还包括增长模式的类似性，如同为永续增长，还是同为由高增长转为永续低增长。处在生命周期同一阶段的同业企业，大体上有类似的增长率，可以作为判断增长率类似的主要依据。

【例题8-12·2009多选题】应用市盈率模型评估企业的股权价值，在确定可比企业时需要考虑的因素有（   ）。

A.收益增长率   B.销售净利率   C.未来风险   D.股利支付率

【答案】ACD

【解析】B项是市销率模型的驱动因素。

【例题8-13·2005判断题】运用市盈率模型进行企业价值评估时，目标企业股权价值可以用每股净利乘以行业平均市盈率计算。（   ）

【答案】×

【解析】运用市盈率模型进行企业价值评估时，目标企业股权价值可以用每股净利乘以可比企业平均市盈率计算。

【提示】市盈率的驱动因素是企业的增长潜力、股利支付率和风险（股权资本成本），这三个因素类似的企业，才会具有类似的市盈率。可比企业实际上应当是这三个比率类似的企业，同业企业不一定都具有这种类似性。

4.模型的评价（见表8-27）

表8-27   模型的评价

项目	说明
优点	（1）计算市盈率的数据容易取得，并且计算简单； （2）市盈率把价格和收益联系起来，直观地反映投入和产出的关系； （3）市盈率涵盖了风险补偿率、增长率、股利支付率的影响，具有很高的综合性
局限性	（1）如果收益是负值，市盈率就失去了意义； （2）市盈率除了受企业本身基本面的影响以外，还受整个经济景气程度的影响：

企业特点	经济繁荣时期	经济衰退时期
β值显著 > 1	评估价值被夸大	评估价值被缩小
β值显著 < 1	评估价值偏低	评估价值偏高
周期性的企业	企业价值可能被歪曲	

	【提示】如果目标企业的β值大于1，当市场平均收益率发生波动时，目标企业收益率的波动（每股收益引起）比市场平均波动更大，会导致评估的股价偏高
适用范围	最适合连续盈利，并且β值接近1的企业

（手写批注）优缺点及适用范围经常以文字型客观题的形式考查，也可以命制为计算分析题中的一小问，重点掌握。

（二）市净率模型 →适合于拥有大量资产、净资产为正的企业。

1.基本模型 →基本模型的设定与市盈率、市销率的思路一致。

该模型假设每股市价是每股净资产的一定倍数。每股净资产越大，则每股价值越大。同类企业有类似的市净率，所以目标企业的每股价值可以用每股净资产乘以可比企业的平均市净率计算：

目标企业每股价值＝可比企业平均市净率×目标企业的每股净资产

2.模型原理

（1）如果把股利折现模型的两边同时除以同期每股净资产，就可以得到本期市净率：

$$本期市净率=\frac{P_0}{每股净资产_0}=\frac{P_0}{EPS_0}\times\frac{EPS_0}{每股净资产_0}=本期市盈率\times ROE_0=\frac{股利支付率\times(1+g)}{K_s-g}\times ROE_0$$

（2）将上式中的"每股净资产$_0$"换成预期下期的"每股净资产$_1$"，则可以得到内在（预期）市净率：

$$内在（预期）市净率=\frac{P_0}{每股净资产_1}=\frac{P_0}{EPS_1}\times\frac{EPS_1}{每股净资产_1}=内在市盈率\times ROE_1=\frac{股利支付率}{K_s-g}\times ROE_1$$

【例题8-14·2016年单选题】甲公司进入可持续增长状态，股利支付率50%，权益净利率20%，股利增长率5%，股权资本成本10%。甲公司的内在市净率是（　　）

A.2　　　　　　　B.10.5　　　　　　　C.10　　　　　　　D.2.1

【答案】D

【解析】内在市净率＝内在市盈率×权益净利率＝［股利支付率/（股权资本成本－股利增长率）］×权益净利率＝［50%/（10%－5%）］×20%＝2。

【例题8-15·2015单选题】甲公司采用固定股利支付率政策，股利支付率60%，2014年甲公司每股收益3元，预期可持续增长率5%，股权资本成本13%，期末每股净资产20元，没有优先股，2014年末甲公司的本期市净率为（　　）。

A.1.12　　　　　　B.1.08　　　　　　C.1.18　　　　　　D.1.24

【答案】C

【解析】本期市净率＝本期市盈率×本期权益净利率＝$\frac{60\%\times(1+5\%)}{13\%-5\%}\times\frac{3}{20}=1.18$。

3.市净率的驱动因素

（1）权益净利率［最关键］；（2）股利支付率；（3）增长率；（4）风险（股权资本成本的高低与其风险有关）。

【提示】这四个比率类似的企业，会有类似的市净率。不同企业市净率的差别，也是由于这4个比例不同引起的。

市净率的驱动因素比市盈率的多一项，考生要知道最关键的驱动因素是哪个。

【例题8-16·2006年单选题】市净率的关键驱动因素是（　　）。

A.增长潜力　　　　　　　　　　B.销售净利率

C.权益净利率　　　　　　　　　D.股利支付率

【答案】C

【解析】市净率的驱动因素有股利支付率、增长率、股权资本成本和权益净利率，但关键驱动因素是权益净利率。

（✓优缺点要记忆，理解市净率是对市盈率方法的补充。考查形式为文字型题目）

4.模型的评价（见表8-28）

不能用市盈率估值的企业，下一步可以考虑用市净率法。

表8-28 模型的评价

项目	说明
优点	（1）净利为负值的企业不能用市盈率进行估值，而市净率极少为负值，可用于大多数企业； （2）净资产账面价值的数据容易取得，并且容易理解； （3）净资产账面价值比净利稳定，也不像利润那样经常被人为操纵； （4）如果会计标准合理并且各企业会计政策一致，市净率的变化可以反映企业价值的变化
局限性	（1）账面价值受会计政策选择的影响，如果各企业执行不同的会计标准或会计政策，市净率会失去可比性； （2）固定资产很少的服务性企业和高科技企业，净资产与企业价值的关系不大，其市净率比较没有实际意义； （3）少数企业的净资产为负值，市净率没有意义，无法用于比较
适用范围	需要拥有大量资产、净资产为正值的企业

（三）市销率模型

适用于销售成本率比较低的服务企业或销售成本率趋同的传统行业企业。

1.基本模型

该模型假设每股市价是每股销售收入的一定倍数。每股销售收入越大，则每股价值越大。同类企业有类似的市销率，所以目标企业的每股价值可以用每股销售收入乘以可比企业的平均市销率计算：

目标企业每股价值＝可比企业平均市销率×目标企业的每股销售收入

2.模型原理（见表8-29）

表8-29 模型原理

数据时期	计算公式
使用本期数据	本期市销率 $= \dfrac{P_0}{每股销售收入_0} = \dfrac{P_0}{EPS_0} \times \dfrac{EPS_0}{每股销售收入_0}$ $=$ 本期市盈率×销售净利率$_0 = \dfrac{股利支付率×(1+g)}{K_s - g} ×$ 销售净利率$_0$
使用预计数据	内在市销率 $= \dfrac{P_0}{每股销售收入_1} = \dfrac{P_0}{EPS_1} \times \dfrac{EPS_1}{每股销售收入_1}$ $=$ 内在市盈率×销售净利率$_1 = \dfrac{股利支付率}{K_s - g} ×$ 销售净利率$_1$

【例题8-17·2004年判断题】根据相对价值法的市销率模型，在基本影响因素不变的情况下，增长率越高，市销率越小。（   ）。

【答案】×

【解析】根据市销率的计算公式：本期市销率＝［销售净利率×股利支付率×（1＋增长率）］／（股权成本－增长率），可知，在基本影响因素不变的情况下，增长率越高，分子越大同时分母越小，所以市销率越大。

3.驱动因素——*驱动因素比市盈率多一项销售净利率，是市销率最关键的驱动因素。*

（1）销售净利率［最关键］；（2）股利支付率；（3）增长率；（4）股权成本（股权资本成本的高低与其风险有关）。

【提示】这四个比率类似的企业，会有类似的市销率。

【例题8-18·2005年单选题】按照企业价值评估的市销率模型，以下四种不属于市销率驱动因素的是（　　）。

A.股利支付率　　　　　　　　B.权益净利率

C.企业的增长潜力　　　　　　D.股权资本成本

【答案】B

【解析】市销率的计算公式为：本期市销率 $= \dfrac{P_0}{每股销售收入_0} = \dfrac{P_0}{EPS_0} \times$

$\dfrac{EPS_0}{每股销售收入_0} =$ 本期市盈率 $\times$ 销售净利率$_0 = \dfrac{股利支付率 \times (1+g)}{K_s - g} \times$

销售净利率$_0$。B项为市净率模型的驱动因素之一。

4.模型的评价（见表8-30）*（优缺点要记忆，理解市销率适用范围。考查形式为文字型题目。）*

表8-30　　　　　　　　　　　　　　模型的评价

项目	说明
优点	（1）它**不会出现负值**，对于亏损企业和资不抵债的企业，也能计算出一个有意义的价值乘数 （2）它比较**稳定**、可靠，不容易被操纵 （3）市销率对**价格政策**和**企业战略**变化敏感，可以反映这种变化的后果
局限性	不能反映**成本的变化**，而成本是影响企业现金流量和价值的重要因素之一
适用范围	**销售成本率较低**的服务类企业，或**销售成本率趋同**的传统行业企业

【例题8-19·2013年单选题】下列关于相对价值估价模型适用性的说法中，错误的是（　　）。

A.市净率估价模型不适用于资不抵债的企业

B.市净率估价模型不适用于固定资产较少的企业

C.市销率估价模型不适用于销售成本率较低的企业

D.市盈率估价模型不适用于亏损的企业

【答案】C

【解析】A、B项正确：市净率估价模型适用于需要拥有大量资产，净资产为正值的企业，资不抵债说明所有者权益为负值，导致市净率也为负值，没有意义。C项错误：市销率模型适用于销售成本率较低的服务类企业，或者销售成本率趋同的传统行业的企业。D项正确：市盈率模型最适合连续盈利，并且β值接近1的企业。

三、修正的市价比率

由于相对价值模型要求的可比条件比较严格，或者同行业的上市企业很少，在选择可比企业的时候，经常找不到足够的可比企业。解决问题的办法之一是对模型进行修正，剔除关键驱动因素的影响，将关键驱动因素不同的企业纳入可比范围。

放宽可比企业的选定范围，剔除关键驱动因素的不同企业的市价比率，使得修正后的市价比率能够更好地反映目标企业的价值。

＊修正的市价比率

结合名称记忆，先平均比率，再修正剔除。

（一）修正平均市X率法（见表8-31）

表8-31　　　　　　　　　　　修正平均市X率法

步骤	计算公式	
1	计算两个"算术"平均数	可比企业：平均市X率 $= \dfrac{\sum 可比企业的市X率}{n}$
		可比企业：平均关键驱动因素 $= \dfrac{\sum 可比企业的关键驱动因素}{n}$
2	可比企业：修正平均市X率 $= \dfrac{可比企业平均市X率}{可比企业平均关键驱动因素 \times 100}$	
3	目标企业每股股权价值 $=$ 可比企业修正平均市X率×目标企业关键驱动因素×100×目标企业每股关键变量	

【助记】先平均后修正。

（二）股价平均法（见表8-32）　　结合名称记忆，先修正剔除，再对股价平均。

表8-32　　　　　　　　　　　股价平均法

步骤	计算公式
1	计算每个可比企业$_i$的修正市X率 $= \dfrac{可比企业_i的市X率}{可比企业_i的关键驱动因素 \times 100}$
2	目标企业相对于每个可比企业的每股股权价值$_i =$ 步骤1×目标企业关键驱动因素×100×目标企业关键变量
3	目标企业平均每股股权价值 $= \dfrac{\sum 目标企业相对于每个可比企业的每股股权价值_i}{n}$

【助记】先修正后平均。

【例题8-20·2011年单选题】使用市价比率模型进行企业价值评估时，通常需要确定一个关键因素，并用可比企业的此因素平均值对可比企业的平均市价比率进行修正。下列说法中，正确的是（　　）。

A.修正市盈率的关键因素是每股收益

B.修正市盈率的关键因素是股利支付率

C.修正市净率的关键因素是权益净利率

D.修正市销率的关键因素是增长率

【答案】C

【解析】修正市盈率的关键因素是增长率，修正市净率的关键因素是权益净利率，修正市销率的关键因素是销售净利率。

智能测评

扫码听分享	做题看反馈
企业价值评估时，对不同的现金流量进行折现要用不同的资本成本，这点很好理解，资本成本的计算与现金流量的估计是企业价值评估的重点。第一遍能体会到这种程度就很不错了，继续加油！ 　　扫描二维码，来听学习导师的分享吧。	学完马上测！ 　　请扫描上方的二维码进入本章测试，检测一下自己学习的效果如何。做完题目，还可以查看自己的个性化测试反馈报告。这样，在以后复习的时候就更有针对性、效率更高啦！

第九章　资本结构

（✓本章属于一般章，知识难度不大，近几年考核分值在5分左右）

本章主要阐述资本市场和资本结构有关的问题。

在学习本章内容时，要注意每股收益无差别点与第二章的外部融资需求量的结合；经营杠杆系数的计算与第十六章利润对销量的敏感系数和息税前利润计算的结合；财务杠杆系数的计算与第二章利息保障倍数计算的结合等。

重要考点预览：（1）三个杠杆系数的计算与应用；（2）资本结构的各种理论；（3）每股收益无差别点的计算与应用；（4）企业价值比较法的应用。

主要内容

第一节　资本结构理论

第二节　资本结构决策分析

第三节　杠杆系数的衡量

第一节　资本结构理论

◇ 资本结构的 MM 理论

◇ 资本结构的其他理论

（✓本节内容通常以文字型的客观题出现。学习时要注重理解，不能死记硬背）

资本结构，是指企业各种长期资本来源的构成和比例关系。通常，在资本结构概念中不包含短期负债。短期资本的需要量和筹集是经常发生变化的，且在整个资本总量中所占的比重不稳定，因此不列入资本结构管理范围，而作为营运资本管理。

一、资本结构的MM理论　（★★）

（一）MM理论的假设前提

（1）经营风险可以用息税前利润的方差来衡量，具有相同经营风险的公司称为风险同类（homogeneous risk class）；

（2）投资者等市场参与者对公司未来的收益与风险的预期是相同的（homogeneous expectations）；

（3）完美资本市场（perfect capital markets），即在股票与债券进行交易的市场中没有交易成本，且个人与机构投资者的借款利率与公司相同；

（4）借债无风险，即公司或个人投资者的所有债务利率均为无风险利率，与债务数量无关；

（5）全部现金流是永续的，即公司息税前利润具有永续的零增长特征，债券也是永续的。

【提示】

（1）无负债企业实体流量等于股权流量，在无税条件下，均等于EBIT；

（2）有负债企业的实体流量等于无负债企业的实体流量。

（二）无税 MM 理论 —————— *有负债企业与无负债企业的价值差在利息抵税部分，当该部分为0时，V（有负债企业）=V（无负债企业）*

1. 命题Ⅰ–企业角度（见表9-1）

表9-1　　　　　　　　　　　　　　　　　　企业角度

项目	说明
基本观点	负债企业的价值与无负债企业的价值相等，即无论企业是否有负债，企业的资本结构与企业价值无关
表达式	$$V_L = \frac{EBIT}{K_{WACC}^0} = V_U = \frac{EBIT}{r_s^U}$$ 其中： V_L——有负债企业的价值 V_U——无负债企业的价值 EBIT——企业全部资产的预期收益（永续） K_{WACC}^0——有负债企业的加权平均资本成本 r_s^U——既定风险等级的无负债企业的权益资本成本
相关结论	（1）无论企业是否有负债，加权平均资本成本将保持不变，企业价值仅由预期收益决定，即全部预期收益（永续）按照与企业风险等级相同的必要报酬率计算的现值 （2）企业加权平均资本成本与其资本结构无关，仅取决于经营风险

2. 命题Ⅱ–股东角度（见表9-2）*股东对于不同风险的公司要求的资本成本是有差别的。*

表9-2　　　　　　　　　　　　　　　　　　股东角度

项目	说明
基本观点	有负债企业的权益资本成本随着财务杠杆的提高而增加 权益资本成本等于无负债企业的权益资本成本加上风险溢价，而风险溢价与以市值计算的财务杠杆成正比
表达式	*对财务风险的补偿* $$r_s^L = r_s^U + 风险溢价 = r_s^U + (r_s^U - r_d) \times \frac{D}{E}$$ 其中： r_s^L——有负债企业的权益资本成本 r_s^U——无负债企业的权益资本成本 D——有负债企业的债务市场价值 E——有负债企业的权益市场价值 r_d——有负债企业税前债务资本成本

【提示】命题Ⅱ的表达式是否有似曾相识的感觉？对，就是和第二章改进的杜邦分析体系类似：

ROE = 净经营资产净利率 +（净经营资产净利率 – 税后利息率）×净财务杠杆

【总结】

（1）资本结构改变的影响（见表9-3）。

表9-3   资本结构改变的影响

财务指标	影响
企业价值	不变
WACC	不变
债务成本	不变
权益成本	随负债比例同向变化

无企业所得税条件下MM的命题Ⅰ和命题Ⅱ如图9-1所示。

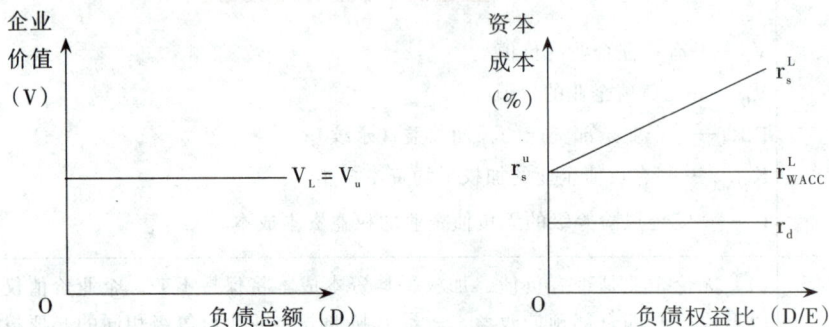

图9-1　无企业所得税条件下MM的命题Ⅰ和命题Ⅱ

$$r_{WACC}^{L} = \frac{E}{E+D} \times r_s^L + \frac{D}{E+D} \times r_d = r_s^u$$

（2）不存在最优资本结构，筹资决策无关紧要。

（3）无税的MM理论又称为"资本结构无关论"，要正确理解"无关"：

①无关是在无税前提下的无关，有税则有关；

②无关是在企业层面上的无关，股权则有关。

（三）有税MM理论 ✔经常以各观题的形式考核

1.命题Ⅰ－企业角度（见表9-4）在考虑税收影响的情况下，有债务与无债务的企业价值差在债务利息抵税的部分。

表9-4   企业角度

项目	说明
基本观点	有负债企业的价值等于具有相同风险等级的无负债企业的价值加上债务利息抵税收益的现值→由于债务利息可从税前扣除，形成了债务利息的抵税收益，相当于增加了企业的现金流量，增加了企业的价值。
表达式	$V_L = V_u + PV$（利息抵税）$= V_u + D \times T$
相关结论	随着企业负债比例的提高，企业价值也随之提高，在理论上全部融资来源于负债时，企业价值达到最大　最优资本结构

【例题9-1·2016年单选题】根据有税的MM理论，下列各项中会影响企业价值的是（　　）。

A.债务困境成本　B.债务代理收益　C.债务代理成本　D.债务利息抵税

【答案】D

【解析】在有税MM理论下，有负债企业价值＝无风险企业价值＋债务利息抵税收益现值。选项A属于权衡理论，选项BC属于代理理论。只有选项D是有税MM理论需要考虑的。

2.命题Ⅱ－股东角度（见表9-5）　比无税理论多考虑一项税盾的影响即可。

表9-5　　　　　　　　　　　　　　　　股东角度

项目	说明
基本观点	有负债企业的权益资本成本随着财务杠杆的提高而增加
表达式	$r_s^L = r_s^U +$ 风险溢价 $= r_s^U + (r_s^U - r_d) \times \dfrac{D}{E} \times (1 - T)$
相关结论	在财务杠杆相同时，由于（1－T）<1，使有负债企业的权益资本成本比无税时要小

【总结】资本结构改变的影响（见表9-6）

表9-6　　　　　　　　　　　　　　资本结构改变的影响

财务指标	影响
企业价值	随负债比例同向变化
WACC	随负债比例反向变化*
债务成本	不变
权益成本	随负债比例同向变化

*考虑所得税时负债企业加权资本成本为：

$$r_{WACC}^T = \frac{E}{E+D} \times r_s^L + \frac{D}{E+D} \times r_d \times (1-T) = \frac{E}{E+D} \times r_s^L + \frac{D}{E+D} \times r_d - \frac{D}{E+D} \times r_d \times T$$

【提示】有税条件下的 r_s^L 低于无税条件下的 r_s^L，计算有税时的加权资本成本不能用无税时的权益成本 K_e^L 计算。

考虑企业所得税条件下MM的命题Ⅰ和命题Ⅱ如图9-2所示。

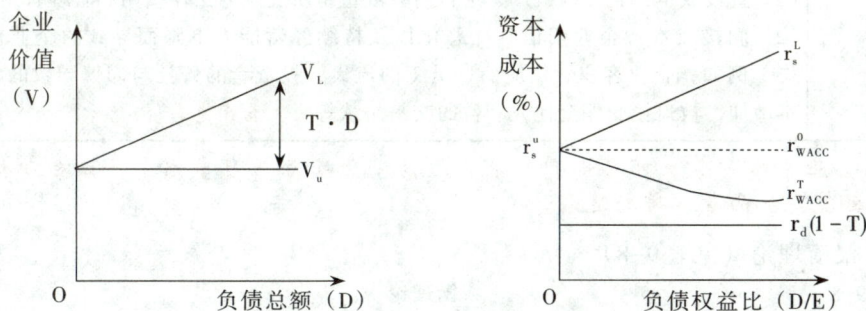

图9-2　考虑企业所得税条件下MM的命题Ⅰ和命题Ⅱ

【例题9-2·2013年单选题】根据有税的MM理论，当企业负债比例提高时，（　　　）。

A.债务资本成本上升　　　　　　　　B.加权平均资本成本上升

C.加权平均资本成本不变　　　　　　D.股权资本成本上升

【答案】D

【解析】根据有税的MM理论，当企业负债比例提高时，债务资本成本不变，加权资本成本下降，但股权资本成本会上升。有债务企业的权益成本等于相同风险等级的无负债企业的权益资本成本加上与市值计算的债务与权益比例成比例的风险报酬。

【例题9-3·2011年多选题】下列关于MM理论的说法中，正确的有（　　）。

A.在不考虑企业所得税的情况下，企业加权平均资本成本的高低与资本结构无关，仅取决于企业经营风险的大小

B.在不考虑企业所得税的情况下，有负债企业的权益成本随负债比例的增加而增加

C.在考虑企业所得税的情况下，企业加权平均资本成本的高低与资本结构有关，随负债比例的增加而增加

D.一个有负债企业在有企业所得税情况下的权益资本成本要比无企业所得税情况下的权益资本成本高

【答案】AB

【解析】A、B正确：无企业所得税条件下的MM理论认为，企业的资本结构与企业价值无关，企业加权平均资本成本与其资本结构无关，有负债企业的权益资本成本随着财务杠杆的提高而增加。C项错误：有企业所得税条件下的MM理论认为，企业加权平均资本成本的高低与资本结构有关，随负债比例的增加而降低。D项错误：有负债企业在有企业所得税情况下的权益资本成本比无税时的要小。

二、资本结构的其他理论 （★★）　（✔ 基础概念，简单记忆能够区分即可，常以各观题形式考核）

（一）权衡理论（Trade-off Theory）

1.财务困境成本（见表9-7）

表9-7　　　　　　　　　　　　财务困境成本

项目	说明
含义	未来现金流不稳定以及对经济冲击高度敏感的企业，如果使用过多的债务，会导致其陷入财务困境（Financial Distress）
内容	（1）直接成本：企业因破产、进行清算或重组所发生的法律费用和管理费用等 （2）间接成本：企业资信状况恶化以及持续经营能力下降而导致的企业价值损失。例如，企业客户、供应商、员工的流失，投资者的警觉与谨慎导致的融资成本增加，被迫接受保全他人利益的交易条款等　　信用危机

权衡理论重点在于：企业举债一方面可以用利息抵税，另一方面举债过多则会导致企业信用危机，如何取舍作出权衡就要把两者都考虑进来。

2.权衡理论（见表9-8）

表9-8　　　　　　　　　　　　权衡理论

项目	说明
观点	强调在平衡债务利息的抵税收益与财务困境成本的基础上，实现企业价值最大化时的最佳资本结构
最优结构	债务抵税收益的边际价值＝增加的财务困境成本的现值
表达式	$V_L = V_U + PV$（利息抵税）$- PV$（财务困境成本）

续表

项目	说明
财务困境成本现值决定因素	（1）发生财务困境的可能性：与企业收益现金流的波动程度有关 （2）企业发生财务困境成本的大小：取决于这些成本来源的相对重要性以及行业特征： ①高科技企业：潜在客户与核心员工的流失以及缺乏容易清算的有形资产，财务困境成本高； ②不动产密集企业：企业价值大多来自相对容易出手和变现的资产，财务困境成本低
意义	（1）财务困境成本的存在有助于解释为什么有的企业负债水平很低但没有充分利用债务抵税收益； （2）财务困境成本的大小和现金流的波动性有助于解释不同行业之间的企业杠杆水平的差异

（二）代理理论　*股东、经营者和债权人之间存在的代理问题易走极端：过度投资or投资不足。*

1.债务代理成本

债务代理成本既可以表现为因过度投资使经理和股东受益而发生债权人价值向股东转移，也可以表现为因投资不足问题而发生股东为避免价值损失而放弃给债权人带来的价值增值。过度投资与投资不足的区别见表9-9。

表9-9　　　　　　　　　　　　过度投资与投资不足的区别

	过度投资问题	投资不足问题
含义	过度投资指因企业采纳不盈利项目或高风险项目而产生的损害股东以及债权人的利益并降低企业价值的现象 *（不该投的反而投）*	投资不足指因企业放弃净现值为正的投资项目而使债权人利益受损并进而降低企业价值的现象 *（该投的反而不投）*
发生情形	（1）当企业经理与股东之间存在利益冲突时，经理的自利行为产生的过度投资问题； （2）当企业股东与债权人之间存在利益冲突时，经理代表股东利益采纳成功率低甚至净现值为负的高风险项目	发生在企业陷入财务困境且有比例较高的债务时（即企业具有风险债务），股东如果预见采纳新投资项目会以牺牲自身利益为代价补偿了债权人，股东就缺乏积极性选择该项目进行投资

【提示】债务代理成本在企业负债比重较大时发生。

【案例1】过度投资问题：某公司有一笔100万元年末到期债务，如果公司的策略不变，年末的资产市值仅为90万元，显然公司将违约。公司经理正在考虑一项充满风险的新策略，新策略无须增量投资。

两种策略下债务与股权的价值见表9-10。

表9-10　　　　　　　　　　　两种策略下债务与股权的价值　　　　　　　　　单位：万元

项目	原策略	新策略			新－原
		成功（50%）	失败（50%）	期望值	
资产价值	90	130	30	80	－10
债务价值	90	100	30	65	－25
股权价值	0	30	0	15	15

在企业遭遇财务困境时，即使投资了净现值为负的投资项目，股东仍可能从企业的高风险投资中获利。股东有动机投资于净现值为负的高风险项目，并伴随着风险从股东向债权人的转移，即产生的过度投资问题。这种通过高风险项目的过度投资实现将债权人的财富转移到股东手中的现象被称为"资产替代问题"（Asset Substitution）。

【案例2】投资不足问题：续案例1，假设该公司不采取高风险的投资项目。相反，经理考虑另一个有吸引力的投资机会，该投资要求投资10万元，预期将产生50%的无风险报酬率。由于企业处于财务困境，无法借入新的债务和增发新股，现有股东向企业提供所需要的10万元新资本。

有新项目和无项目时债权人和股东收到的支付见表9-11。

表9-11　　　　　　　有新项目和无新项目时债权人和股东收到的支付　　　　　单位：万元

项目	无新项目	有新项目
现有资产	90	90
新项目		15
公司的总价值	90	105
债务	90	100
股权	0	5

由于债权人得到该项目的大部分收益，所以，尽管该项目为公司提供了正的净现值，对股东来说却只能得到净现值为负的投资回报（5－10＝－5）。当企业面临财务困境时，股东会拒绝净现值为正的项目，放弃投资机会的净现值，产生了投资不足问题。

2.债务代理收益

债务的代理收益将有利于减少企业的价值损失或增加企业价值，具体表现为：

（1）在债务合同中加入限制性条款，以避免发生企业价值受损的潜在风险；

借款合同中可以加入限制债务人资金用途的条款，如果债务人不按约定使用资金，则债权人可以提前收回借款或停止发放贷款。

（2）债务利息额约束性特征有利于激励企业经理尽力实现营业现金流的稳定性，保证履行偿付义务；

（3）债务的存在使企业承担了未来还本付息的责任，从而减少企业剩余的现金流量，进而减少了管理层的浪费性投资与在职消费行为。

企业管理者手中的资金减少了，浪费的可能性相应就会降低。

【提示】说明适度负债是有益的。

3.债务代理成本与收益的权衡

企业负债所引发的代理成本以及相应的代理收益，最终均反映在对企业价值产生的影响。在考虑了企业债务的代理成本与代理收益后，资本结构的权衡理论模型扩展为：

$$V_L = V_U + PV（利息抵税）－PV（财务困境成本）－PV（债务代理成本）＋PV（债务代理收益）$$

（三）优序融资理论（Pecking Order Theory）（见表9-12）　*最基本的融资顺序：先内后外；先债后股。先普通债券，后可转债。*

表9-12　　　　　　　　　　　　　　　　优序融资理论

项目	说明
表述	当企业存在融资需求时，首先选择内源融资，其次会选择债务融资，最后选择股权融资
理论依据	在信息不对称和逆向选择行为影响下研究资本结构的一个分析

【提示】

（1）信息不对称：指内部管理层通常要比外部投资者拥有更多更准的有关企业的信息。此时，企业管理层的许多决策，如筹资方式的选择、股利分配等，不仅具有财务上的意义，而且向市场传递着信号。外部投资者只能通过管理层的这些决策所传递出的信息了解企业对未来收益的预期和投资风险，间接地评价企业价值。具体见表9-13。

表9-13　　　　　　　　　　信息不对称下增发新股

情形	当前股价	管理层预期	权益定价结果	增发新股票结果
企业前景较好	50元	60元	股票价值被低估	新投资者仅支付50元便可获得价值60元的股票
企业前景看淡	50元	40元	股票价值被高估	新投资者支付50元只能获得价值40元的股票

如果企业股票价值被低估，将会偏好使用留存收益或债务为投资项目筹资，而不是依赖股权融资。

（2）逆向选择：外部投资者担心企业在发行股票或债务时期价值被高估，经理人员在筹资时为摆脱利用价值被高估进行外部融资的嫌疑，尽量以内源融资方式从留存收益中筹措项目资金。如不足，则进行外部融资，由于投资者认为企业股票被高估的可能性超过了债券，所以企业融资时，按照风险程度的差异，优先考虑债权融资（先普通债券后可转换债券），不足时再考虑权益融资。

【助记】先内后外，先债后股。

【例题9-4·2015年单选题】在信息不对称和逆向选择的情况下，根据优序融资理论，选择融资方式的先后顺序应该是（　　）。

A.普通股、优先股、可转换债券、公司债券

B.普通股、可转换债券、优先股、公司债券

C.公司债券、可转换债券、优先股、普通股

D.公司债券、优先股、可转换债券、普通股

【答案】C

【解析】企业在筹集资金的过程中，遵循着先内源融资后外源融资的基本顺序。在需要外源融资时，按照风险程度的差异，优先考虑债权融资（先普通债券后

可转换债券），不足时再考虑权益融资。所以，选项C正确。

【例题9-5·2012年单选题】甲公司目前存在融资需求。如果采用优序融资理论，管理层应当选择的融资顺序是（   ）。

A.内部留存收益、公开增发新股、发行公司债券、发行可转换债券

B.内部留存收益、公开增发新股、发行可转换债券、发行公司债券

C.内部留存收益、发行公司债券、发行可转换债券、公开增发新股

D.内部留存收益、发行可转换债券、发行公司债券、公开增发新股

【答案】C

【解析】优序融资理论遵循先内源融资后外源融资的基本顺序。在需要外源融资时，按照风险程度的差异，优先考虑债权融资（先普通债券后可转换债券），不足时再考虑权益融资。

【例题9-6·2010年多选题】下列关于资本结构理论的表述中，正确的有（   ）。

A.根据MM理论，当存在企业所得税时，企业负债比例越高，企业价值越大

B.根据权衡理论，平衡债务利息的抵税收益与财务困境成本是确定最优资本结构的基础

C.根据代理理论，当负债程度较高的企业陷入财务困境时，股东通常会选择投资净现值为正的项目

D.根据优序融资理论，当存在外部融资需求时，企业倾向于债务融资而不是股权融资

【答案】ABD

【解析】A项正确：按照有税的MM理论，有负债企业的价值等于具有相同风险等级的无负债企业的价值加上债务利息抵税收益的现值，因此负债越多企业价值越大。B项正确：权衡理论就是强调在平衡债务利息的抵税收益与财务困境成本的基础上，实现企业价值最大化时的最佳资本结构。C项错误：根据代理理论，在企业陷入财务困境时，更容易引起过度投资问题与投资不足问题，导致发生债务代理成本。过度投资是指企业采用不盈利项目或高风险项目而产生的损害股东以及债权人的利益并降低企业价值的现象，投资不足问题是指企业放弃净现值为正的投资项目而使债权人利益受损进而降低企业价值的现象。D项正确：根据优序融资理论，当企业存在融资需求时，首先是选择内源融资，其次会选择债务融资，最后选择股权融资。

第二节　资本结构决策分析

◇ 资本结构的影响因素
◇ 资本结构决策分析方法

（✔本节内容比较重要，知识点易与其他相关章节综合考查，重点掌握资本结构的每股收益无差别法与企业价值比较法）

一、资本结构的影响因素（★★）

债务融资虽然可以实现抵税收益，但在增加债务的同时也会加大企业的风险，并最终要由股东承担风险的成本。因此，企业资本结构决策的主要内容是权衡债务的收益与风险，实现合理的目标资本结构，从而实现企业价值最大化。

（一）一般影响因素（见表9-14）

寻找各种融资方式中资本成本最低、企业价值最大、每股收益最高的方式

表9-14   一般影响因素

项目	具体因素
内部因素	通常有营业收入、成长性、资产结构、盈利能力、管理层偏好、财务灵活性以及股权结构等
外部因素	通常有税率、利率、资本市场、行业特征等

（二）具体影响因素（见表9-15）

表9-15   具体影响因素

企业类型	负债水平（高低）/能力（强弱）
收益与现金流量波动大的企业	低
成长性好的企业，快速发展，对外部资金需求较大	高
盈利能力强的企业，内源融资的满足率较高	低
一般性用途资产比例高的企业，资产作为债务抵押的可能性较大	高
财务灵活性大的企业，利用闲置资金和剩余的负债能力以应付可能发生的偶然情况和把握预见机会的能力较好	强

二、资本结构决策分析方法（★★★）

（一）资本成本比较法（见表9-16） （✓重点对优缺点进行记忆，容易以客观题考核）

表9-16   资本成本比较法

项目	说明
含义	资本成本比较法，是指在不考虑各种融资方式在数量和比例上的约束以及财务风险差异时，通过计算各种基于市场价值的长期融资组合方案的加权平均资本成本，并根据计算结果选择加权平均资本成本最小的融资方案，确定为相对最优的资本结构
优点	本法仅以资本成本最低为选择标准，是一种比较便捷的方法
缺点	（1）本法只是比较了各种融资组合方案的资本成本，难以区别不同融资方案之间的财务风险因素差异； （2）在实际计算中有时也难以确定各种融资方式的资本成本

（二）每股收益无差别点法 （✔重点掌握计算方式，容易以计算分析题考核）

1.基本原理（见表9-17）

"总的"指：原有EBIT + 新增EBIT

表9-17　　　　　　　　　　基本原理

项目	EPS 说明　　　　　EBIT
方法	在计算不同融资方案下的企业每股收益相等时所对应的盈利水平基础上，通过比较在企业预期盈利水平下的不同融资方案的每股收益，进而选择每股收益较大的融资方案 【提示】这里的预期EBIT是指当新增融资后企业总的息前税前利润
关键指标	每股收益无差别点：指每股收益不受融资方式影响的EBIT水平
计算公式	$$EPS = \frac{(EBIT - I_1) \times (1-T) - PD_1}{N_1} = \frac{(EBIT - I_2) \times (1-T) - PD_2}{N_2}$$ 其中： EBIT——每股收益无差别时的息税前利润 I_i——不同融资方式下的年利息支出 PD_i——不同融资方式下支付的优先股股利 N_i——不同融资方式下发行在外的普通股股数

有时考试中会特指用销售收入来表示，则此时每股收益无差别点是指每股收益不受融资方式影响的销售收入。

2.EPS无差别点与筹资策略

（1）两方案下EBIT无差别点的简便计算（见表9-18）

表9-18　　　　　　　两方案下EBIT无差别点的简便计算

项目	方案1	方案2
方案特点	融资费用高，但普通股股数少	融资费用低，但普通股股数多
税前财务负担（万元）	$L_1 = I_1 + \dfrac{PD_1}{1-T}$	$L_2 = I_2 + \dfrac{PD_2}{1-T}$
普通股股数（万股）	N_1	N_2
EPS无差别点	EPS无差别点EBIT$= \dfrac{N_2 \times L_1 - N_1 \times L_2}{N_2 - N_1} = \dfrac{大股数 - 大利息 - 小股数 - 小利息}{大股数 - 小股数}$	

【例题9-7·2012年单选题】甲公司因扩大经营规模需要筹集长期资本，有发行长期债券、发行优先股、发行普通股三种筹资方式可供选择。经过测算，发行长期债券与发行普通股的每股收益无差别点为120万元，发行优先股与发行普通股的每股收益无差别点为180万元。如果采用每股收益无差别点法进行筹资方式决策，下列说法中，正确的是（　　　）。

A.当预期的息税前利润为100万元时，甲公司应当选择发行长期债券

B.当预期的息税前利润为150万元时，甲公司应当选择发行普通股

C.当预期的息税前利润为180万元时，甲公司可以选择发行普通股或发行优先股

D.当预期的息税前利润为200万元时，甲公司应当选择发行长期债券

【答案】D

【解析】因为增发普通股的每股收益线的斜率低，增发优先股和增发债券的每股收益线的斜率相同，由于发行优先股与发行普通股的每股收益无差别点（180万

元）高于发行长期债券与发行普通股的每股收益无差别点（120万元），可以肯定发行债券的每股收益线在发行优先股的每股收益线上，即本题按每股收益判断始终债券筹资优于优先股筹资。因此当预期的息税前利润高于120万元时，甲公司应当选择发行长期债券，当预期的息税前利润低于120万元时，甲公司应当选择发行股票。

【提示】

①股数、利息都是采取某一新增融资方案之后的企业"总的"股数和税前财务负担，而非新增加的数量；

②如果某方案税前财务负担和普通股股数都大，则EPS越小，该方案不可行，直接排除；

③优先股股利（PD）需要还原成税前金额。

（2）多方案筹资策略的考虑（见表9-19）

表9-19　　　　　　　　　　多方案筹资策略的考虑

项目	存在普通股股数相同的方案	各方案普通股股数不同
图示	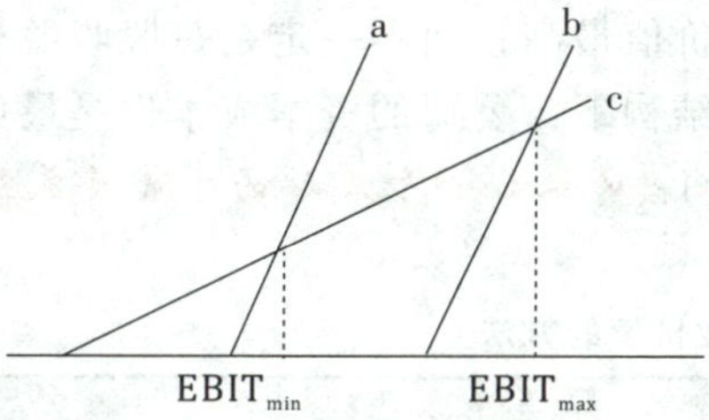	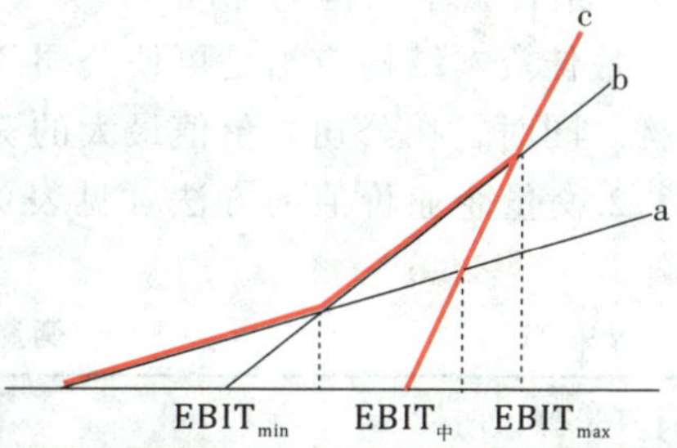
图形特点	肯定有平行线：如增发普通股VS.发行债券VS.发行优先股，则债券线∥优先股线	每条线都有交点（因斜率各不相同）
图形画法	①先在坐标中画出3条直线，两条平行且斜率较大（a和b），另一条斜率较小与两条平行线相交（c）； ②c直线：因增发普通股，总股数增加，故其斜率小； ③计算2个EPS无差别点EBIT，判断发行债券和增发优先股对应直线的上下。一般的，直线a为发行债券，直线b为发行优先股	①先在坐标中画出3条相交的直线（a，b，c）。斜率依次变大。 ②计算3个EPS无差别点EBIT，根据大小在横轴上标出每条直线对应的筹资方案，除去EBIT中，剩下的EBITmin和EBITmax将横轴分为3个区域； ③描出三条直线在各个EBIT区域的最高位置，则红色的折线段为对应EBIT区域里的最大EPS
相关EBIT	EBITmin	EBITmin和EBITmax
决策原则	（1）当预期总的EBIT小于EBITmin时，采用直线c对应的融资方式； （2）当预期总的EBIT大于EBITmin时，采用直线a对应的融资方式	（1）当预期总的EBIT小于EBITmin时，采用直线a对应的融资方式； （2）当预期总的EBIT位于EBITmin和EBITmax之间时，采用直线b对应的融资方式； （3）当预期总的EBIT大于EBITmax时，采用直线c对应的融资方式

【提示】关键是考察筹资后是否存在普通股股数相同的方案。

（3）每股收益无差别点法的评价（见表9-20）（✔需要记忆优缺点，容易以各观题考核）

表9-20　　　　　　　　　　每股收益无差别点法的评价

项目	说明
优点	本方法在为企业管理层解决在某一特定预期盈利水平下应该选择什么融资方式提供了一个简单的分析方法
缺点	本方法没有考虑风险因素：只有在风险不变的情况下，每股收益的增长才会直接导致股东财富上升，实际上经常是随着每股收益的增长，风险也会加大；如果每股收益的增长不足以补偿风险增加所需的报酬时，尽管每股收益增加，股东财富仍然会下降。 *DFL增加*

【提示】每股收益无差别点法不能用于确定最优资本结构。

（三）企业价值比较法

1.最优资本结构的标准

最佳资本结构应当是可使公司的总价值最高，而不一定是每股收益最大的资本结构。同时，在公司总价值最大的资本结构下，公司的资本成本也是最低的。

2.衡量企业价值的方法（见表9-21）（✔权益资本成本的公式要熟悉，经常在计算题中考查。）

表9-21　　　　　　　　　　衡量企业价值的方法

计算步骤	说明
权益价值	假设企业的<u>经营利润永续</u>，普通股股东要求的回报率（权益资本成本）不变，则股票的市场价值（现值）则等于企业未来的净收益按股东要求的报酬率折现：$$S = \frac{(EBIT - I) \times (1 - T) - PD}{r_s}$$ *假设企业的净利润全部作为股利分配给股东。* 其中：$r_s = r_{RF} + \beta \times (r_m - r_{RF})$
债务价值	假设长期债务（长期借款和长期债券）的现值等于其账面价值
企业价值	公司市场总价值（V）＝权益资本的市场价值（S）＋债务资本的市场价值（D）
资本成本	通过上述公式计算出企业的总价值和加权平均资本成本，以<u>企业价值最大化</u>为标准确定最佳资本结构，此时的加权平均资本成本最小：$$r_{WACC} = r_d \times (1 - T) \times \frac{D}{V} + r_s \times \frac{S}{V}$$

如果存在优先股，视为长期债务。

第三节　杠杆系数的衡量

◇ 财务管理中杠杆的含义
◇ 经营杠杆系数的衡量
◇ 财务杠杆系数的衡量
◇ 联合杠杆系数的衡量
◇ 杠杆系数的总结

（✔本节内容比较重要，可以单独考查，也可以和相关章节的知识综合考查。考生要重点掌握三种杠杆系数的定义公式和计算公式。）

一、财务管理中杠杆的含义 （见表9-22）（✔ 基础概念，掌握分类及引起原因。）

表9-22   财务管理中杠杆的含义

项目	说明
杠杆效应	杠杆效应指固定成本提高公司期望收益，同时也增加公司风险的现象。从数量上说，指由于存在固定性成本费用，使得某一财务变量发生较小的变动，会引起另一个变量较大的变动
杠杆种类	（1）经营杠杆：是由与产品生产或提供劳务有关的固定性经营成本所引起的杠杆效应； （2）财务杠杆：是由债务利息等固定性融资成本所引起的杠杆效应； （3）联合杠杆：由于固定性经营成本和固定性融资成本的共同存在所引起的杠杆效应

杠杆作用就是凭借一个变量的微小变动引起另一变量的巨大变动。

一般简称"固定成本"。

二、经营杠杆系数的衡量 （★★★）

（一）经营风险 （见表9-23）（✔ 准确掌握，经营风险的含义，可能考客观题）

表9-23   经营风险

因素	影响方式
含义	经营风险是指企业未使用债务时经营的内在风险，它是企业投资决策的结果，是企业由于生产经营上的原因而导致的资产报酬波动的风险
影响因素	引起企业经营风险的主要原因是市场需求和生产成本等因素的不确定性，例如产品需求、产品售价、产品成本、调节价格的能力和固定成本的比重

影响经营风险最基本的因素是固定成本的比重。

（二）经营杠杆系数的衡量方法 （Degree of Operating Leverage）

（✔ 经营杠杆系数的计算公式要求掌握，经常以计算型题目考核。）

1.经营杠杆效应 $DOL=$（营业收入-变动成本）/（营业收入-变动成本-固定成本）

在某一固定成本比重的作用下，由于营业收入一定程度的变动引起息税前利润产生更大程度变动的现象被称为经营杠杆效应，即息税前利润对销售额（量）的敏感系数。

【案例】

某企业销售单一产品，单价为5元/件，单位变动成本为3元件，固定成本为1万元。

- 销售量为1万件时：$EBIT=（5-3）\times 10\,000-10\,000=10\,000$（元）
- 销售量为2万件时：$EBIT=（5-3）\times 20\,000-10\,000=30\,000$（元）

结论：销售量（营业收入）提高100%，EBIT提高了200%。

【提示】

固定成本是引发经营杠杆效应的根源，但并非引发经营风险的根源。经营杠杆本身并不是资产报酬不确定的根源，只是资产报酬波动的表现。

2.定义公式－用于预测   *需要两期数据才可以计算*

$$DOL=\frac{\text{息税前利润变化的百分比}}{\text{营业收入变化的百分比}}=\frac{\Delta EBIT/EBIT}{\Delta S/S}=\frac{\Delta EBIT/EBIT}{\Delta Q/Q}\quad\text{（产品单价不变时）}$$

【提示】

（1）计算时需要两期（基期、预测期）数据。

（2）经营杠杆能放大企业营业收入变化对 EBIT 影响的程度，即放大市场和生产等因素变化对利润波动的影响，这种影响程度是经营风险的一种测度，经营杠杆系数越高，表明经营风险也就越大。

【思考】已知企业的销售收入为100元，息税前利润为20万元，经营杠杆系数为2。如果企业的销售收入增加1万元，息税前利润增加多少万元？

【提示】DOL是两个变动率的比值，不是两个变动量的比值。

3.计算公式－用于计算（见表9-24）

只需基期数据就可以算

当 F＝0 时，DOL＝1，此时无经营杠杆效应。

表9-24　　　　　　　　　　　　　　　　　　计算公式

企业类型	说明			
单产品	$DOL_Q = \dfrac{\text{基期边际贡献}}{\text{基期息税前利润}}$	$= \dfrac{M}{M-F}$	$= \dfrac{Q \times (P-V)}{Q \times (P-V)-F}$	$= \dfrac{EBIT+F}{EBIT}$
单产品或多产品	$DOL_S = \dfrac{\text{基期边际贡献}}{\text{基期息税前利润}}$	$= \dfrac{M}{M-F}$	$= \dfrac{S-VC}{S-VC-F}$	

【提示】

（1）计算时只需基期数据。

（2）销售量水平与盈亏平衡点的相对位置决定了经营杠杆的大小，即经营杠杆的大小是由固定性经营成本和息税前利润共同决定的。

（3）如果固定成本等于0，则 DOL 为1，即不存在经营杠杆效应。

（4）关系公式：经营杠杆系数＝1/安全边际率

【例题9-8·2012单选题】下列关于经营杠杆的说法中，错误的是（　　）。

A.经营杠杆反映的是营业收入的变化对每股收益的影响程度

B.如果没有固定性经营成本，则不存在经营杠杆效应

C.经营杠杆的大小是由固定性经营成本和息税前利润共同决定的

D.如果经营杠杆系数为1，表示不存在经营杠杆效应

【答案】A

【解析】A项错误：经营杠杆反映的是营业收入的变化对息税前利润的影响程度。

【例题9-9·2009单选题（旧）】已知经营杠杆系数为4，每年的固定成本为9万元，利息费用为1万元，则利息保障倍数为（　　）。

A.2　　　　　　　　　　　　　　　　B.2.5

C.3　　　　　　　　　　　　　　　　D.4

【答案】C

【解析】经营杠杆系数＝（EBIT＋F）/EBIT＝（EBIT＋9）/EBIT＝4，解出：EBIT＝3（万元），所以利息保障倍数＝EBIT/I＝3/1＝3。

【例题9-10·2008单选题】C公司的固定成本（包括利息费用）为600万元，资产总额为10 000万元，资产负债率为50%，负债平均利息率为8%，净利润为800万元，该公司适用的所得税税率为20%，则息税前利润对销量的敏感系

数是（　　）。

A.1.43　　　　　　　　　　　B.1.2

C.1.14　　　　　　　　　　　D.1.08

【答案】C

【解析】利息费用＝10 000×50%×8%＝400（万元），固定经营成本＝600－400＝200（万元），息税前利润＝800/（1－20%）＋400＝1 400（万元），边际贡献＝1 400＋200＝1 600（万元），息税前利润对销量的敏感系数＝经营杠杆系数＝边际贡献/息税前利润＝1 600/1 400＝1.14。

（三）经营杠杆的影响因素（见表9-25）

（✓经营杠杆的影响因素要灵活掌握，经常以客观题或融入到主观题中考核）

表9-25　　　　　　　　　　　经营杠杆的影响因素

项目	说明			
影响因素	销售数量	销售单价	变动成本	固定成本
影响形式	反向	反向	同向	同向

根据经营杠杆的本质原理解掌握，对公司不利的因素增长会导致经营风险加大（比如成本是越低越好，当成本上涨时，经营风险就加大），所以是同方向变化。相反，对公司有利的因素增长会降低公司经营风险（比如销售单价、销售量的上涨对公司经营有利，就是反方向变化）。

三、财务杠杆系数的衡量（★★★）

（一）财务风险（✓非常重要！需要掌握财务杠杆系数的计算方法）

财务风险是指企业运用债务筹资方式而产生的丧失偿付能力的风险，而这种风险最终由普通股股东承担。

（二）财务杠杆系数的衡量方法（Degree of Financial Leverage）

1.财务杠杆效应

在某一固定的债务与权益融资结构下由于息税前利润的变动引起每股收益产生更大变动程度的现象被称为财务杠杆效应。

【案例】某企业目前的利息费用为10万元（永续），普通股股数为100万股，适用的所得税税率为25%。

- 息税前利润为100万元时：$EPS = \dfrac{(100-10)\times(1-25\%)}{100} = 0.675$（元）

- 息税前利润为200万元时：$EPS = \dfrac{(200-10)\times(1-25\%)}{100} = 1.425$（元）

结论：EBIT提高了100%，EPS提高了111.11%。

【提示】与经营杠杆效应不同的是，固定融资成本既是引发财务杠杆效应的根源，也是引发财务风险的根源。

2.定义公式－用于预测

$$DFL = \frac{每股收益变化的百分比}{息税前利润变化的百分比} = \frac{\Delta EPS/EPS}{\Delta EBIT/EBIT}$$

【提示】

（1）计算时需要两期（基期、预测期）数据。

（2）财务杠杆能放大企业EBIT的变化对EPS的影响程度，这种影响程度是财务风险的一种测度，财务杠杆系数越高，表明财务风险越大。

3.计算公式-用于计算（见表9-26）

表9-26　　　　　　　　　　　　　　　　　　计算公式

企业类型	说明	
单产品	$DFL = \dfrac{基期息税前利润}{基期归属于普通股股东的税前利润}$	$= \dfrac{Q \times (P-V) - F}{Q \times (P-V) - F - [I + PD/(1-T)]}$
单产品或多产品	$DFL = \dfrac{基期息税前利润}{基期归属于普通股股东的税前利润}$	$= \dfrac{EBIT}{EBIT - [I + PD/(1-T)]}$

【提示】

（1）计算时只需基期数据。

（2）固定性融资成本是引发财务杠杆效应的根源，但息税前利润与固定性融资成本之间的相对水平决定了财务杠杆的大小，即财务杠杆的大小是由固定性融资成本和息税前利润共同决定的。

（3）如果债务利息成本和优先股股利等于0，则DFL为1，即不存在财务杠杆效应。

【例题9-11·2014单选题】甲公司只生产一种产品，产品单价为6元，单位变动成本为4元，产品销量为10万件/年，固定成本为5万元/年，利息支出为3万元/年。甲公司的财务杠杆为（　　）。

A.1.18　　　　　　B.1.25　　　　　　C.1.33　　　　　　D.1.66

【答案】B

【解析】财务杠杆系数＝息税前利润/（息税前利润－利息）＝［（6－4）×10－5］/［（6－4）×10－5－3］＝1.25。

（✓财务杠杆的影响因素多以客观题形式考核）

（三）财务杠杆的影响因素（见表9-27）

表9-27　　　　　　　　　财务杠杆的影响因素

影响税前优先股股利。

项目	说明		
影响因素	息税前利润	债务资本比重	所得税税率
影响形式	反向	同向	同向

记忆方法同经营杠杆的影响因素，对企业有利的因素上涨会降低企业财务风险，二者呈反方向变化（比如EBIT↑则财务风险↓）；对企业不利的因素上涨则会增加企业财务风险（比如债务资本成本和所得税税率↑则财务风险↑）二者同方向变化。

【提示】财务杠杆有助于企业管理层在控制财务风险时，不是简单考虑负债融资的绝对量，而是关注负债利息成本与盈利水平的相对关系。

【例题9-12·2009多选题（新）】下列关于财务杠杆的表述中，正确的有（　　）。

A.财务杠杆越高，利息抵税的价值越高

B.如果企业的融资结构中包括负债和普通股，则在其他条件不变的情况下，提高公司所得税税率，财务杠杆系数不变

C.企业对财务杠杆的控制力要弱于对经营杠杆的控制力

D.资本结构发生变动通常会改变企业的财务杠杆系数

【答案】BD

【解析】A项错误：财务杠杆如果过高会增加财务风险，导致负债资本成本也提高，因此利息抵税的现值不一定会高。B项正确：由于没有优先股，财务杠杆系数＝EBIT/（EBIT－I），从公式可以看出，所得税税率对财务杠杆系数没有影响。C项错误：企业对财务杠杆的控制力要强于对经营杠杆的控制力。D项正确：资本结构发生变动通常会改变税前利息，从而改变企业的财务杠杆系数。

（✓要求掌握计算，经常以计算型各观题形式考核，或融入到主观题中考核）

四、联合杠杆系数的衡量（★★★）

（一）联合杠杆系数的衡量方法（Degree of Combine Leverage）

1.联合杠杆效应

联合杠杆效应是指由于固定经营成本和固定融资费用的存在，导致普通股每股收益变动率大于营业收入变动率的现象。

【例题9-13·2013单选题】联合杠杆可以反映（　　　）。

A.营业收入变化对息税前利润的影响程度

B.营业收入变化对每股收益的影响程度

C.息税前利润变化对每股收益的影响程度

D.营业收入变化对边际贡献的影响程度

【答案】B

【解析】A项反映的是经营杠杆，C项反映的是财务杠杆。联合杠杆系数＝每股收益变动率/营业收入变动率，所以B项正确。

2.定义公式－用于预测

$$DTL = \frac{每股收益变化的百分比}{营业收入变化的百分比} = \frac{\Delta EPS/EPS}{\Delta S/S} = DOL \times DFL$$

【提示】计算时需要两期（基期、预测期）数据。

【例题9-14·2016单选题】甲公司2015年每股收益1元，经营杠杆系数1.2，财务杠杆系数1.5。假设公司不进行股票分割，如果2016年每股收益想达到1.9元，根据杠杆效应，其营业收入应比2015年增加（　　　）。

A.50%　　　　　　B.90%　　　　　　C.75%　　　　　　D.60%

【答案】A

【解析】每股收益增长率＝（1.9－1）/1＝90%，联合杠杆系数＝1.2×1.5＝1.8，则有：1.8＝每股收益增长率/营业收入增长率，所以，营业收入增长率＝每股收益增长率/1.8＝90%/1.8＝50%。

【例题9-15·2002单选题】某公司的经营杠杆系数为1.8，财务杠杆系数为1.5，则该公司销售额每增长1倍，就会造成每股收益增加（　　　）。

A.1.2倍　　　　　　B.1.5倍　　　　　　C.0.3倍　　　　　　D.2.7倍

【答案】D

【解析】联合杠杆系数＝经营杠杆系数×财务杠杆系数＝1.8×1.5＝2.7，所以当销售额增长1倍时，每股收益将增长2.7倍。

3.计算公式－用于计算（见表9-28）

表9-28　　　　　　　　　　　　　　计算公式

企业类型	说明
单产品	$DTL = \dfrac{\text{基期边际贡献}}{\text{基期归属于普通股股东的税前利润}} = \dfrac{Q \times (P-V)}{Q \times (P-V) - F - [I + PD/(1-T)]}$
单产品或多产品	$DTL = \dfrac{\text{基期边际贡献}}{\text{基期归属于普通股股东的税前利润}} = \dfrac{EBIT + F}{EBIT - [I + PD/(1-T)]}$

【提示】计算时只需基期数据。

【例题9-16·2001单选题】某公司年营业收入为500万元，变动成本率为40%，经营杠杆系数为1.5，财务杠杆系数为2。如果固定成本增加50万元，那么，联合杠杆系数将变为（　　　）。

A.2.4　　　　　　　　B.3　　　　　　　　C.6　　　　　　　　D.8

【答案】C

【解析】边际贡献＝500×（1－40%）＝300（万元），经营杠杆系数＝边际贡献/（边际贡献－固定成本）＝2，解得：固定成本＝100（万元）；财务杠杆系数＝（边际贡献－固定成本）/（边际贡献－固定成本－利息费用）＝2，解得：利息费用＝100（万元）；固定成本增加50万元，即总额为150万元时，联合杠杆系数＝边际贡献/（边际贡献－固定成本－利息费用）＝300/（300－150－100）＝6。

（二）联合杠杆的影响因素（见表9-29）

根据前面讲述的联合杠杆的计算方式也可以看出，凡是影响经营杠杆或财务杠杆的所有因素都会对联合杠杆产生影响。

表9-29　　　　　　　　　　　　联合杠杆的影响因素

项目	说明
存在前提	只要企业同时存在固定性经营成本和固定性融资费用的债务或优先股，就存在营业收入较小变动引起每股收益较大变动的联合杠杆效应
与总风险的关系	联合杠杆放大了销售收入变动对普通股收益的影响，联合杠杆系数越高，表明普通股收益的波动程度越大，整体风险也就越大
影响因素	影响经营杠杆和影响财务杠杆的因素都会影响联合杠杆
对公司管理层的意义	（1）使公司管理层在一定的成本结构与融资结构下，当营业收入变化时，能够对每股收益的影响程度做出判断，即能够估计出营业收入变动对每股收益造成的影响； （2）通过经营杠杆与财务杠杆之间的相互关系，有利于管理层对经营风险与财务风险进行管理，即为了控制某一联合杠杆系数，经营杠杆和财务杠杆可以有很多不同的组合

【例题9-17·1998多选题改编】融资决策中的联合杠杆具有如下性质（　　　）。

A.联合杠杆能够起到财务杠杆和经营杠杆的综合作用

B.联合杠杆能够估计出销售额变动对每股收益的影响

C.联合杠杆系数越大，企业经营风险越大

D.联合杠杆系数越大，企业财务风险越大

【答案】AB

【解析】联合杠杆系数越大，企业的总风险越大。企业的总风险是由经营风险和财务风险构成的，总风险越大，可能产生经营风险，也可能产生财务风险；但不能说联合杠杆系数越大，一定经营风险越大或者财务风险越大。C、D项表述不全面，所以错误。

四、杠杆系数的总结

利润的形成过程如图9-3所示。

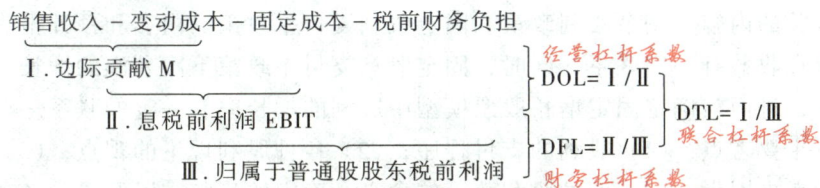

销售收入 − 变动成本 − 固定成本 − 税前财务负担

Ⅰ.边际贡献 M ——— 经营杠杆系数 DOL=Ⅰ/Ⅱ

Ⅱ.息税前利润 EBIT ——— DTL=Ⅰ/Ⅲ 联合杠杆系数

Ⅲ.归属于普通股股东税前利润 ——— 财务杠杆系数 DFL=Ⅱ/Ⅲ

图9-3　利润的形成过程

【提示】三个利润相互除，得到三个杠杆系数。

智能测评

扫码听分享	做题看反馈
40430	41548
学到了这里已经完成了财管大部分的知识学习，从本章之后的章节都比较简单了，胜利的曙光已然显现，请同学们继续向前！ 　　扫一扫上面的二维码，来听学习导师的分享吧。	学完马上测！ 　　请扫描上方的二维码进入本章测试，检测一下自己学习的效果如何。做完题目，还可以查看自己的个性化测试反馈报告。这样，在以后复习的时候就更有针对性、效率更高啦！

第十章　股利分配、股票分割与股票回购

(✓ 近几年本章考核分值大约在3分)

*本章导学视频

本章属于一般章节，主要阐述各种股利理论的含义和特点、股利相关论下影响股利分配的因素、四种股利分配政策的含义和特点，以及股票股利、股票分割和股票回购有关的内容。剩余股利政策和固定股利支付率政策的内容和预计报表的编制中确定留存收益有一定联系，同时，固定股利支付率政策下净利润的增长率等于股利增长率，进而与确定固定增长股票模型中股利的增长率有一定的联系。

本章主要考点：（1）股利的支付程序；（2）各种股利理论的观点；（3）股利分配政策的考虑因素；（4）四种股利政策的含义，确定的步骤，以及采取各种股利政策的理由；（5）股票股利、股票分割、股票回购对股东和公司的影响。

主要内容

第一节　股利理论与股利政策

第二节　股利的种类、支付程序与分配方案

第三节　股票分割与股票回购

第一节　股利理论与股利政策

◇ 股利理论

◇ 股利政策的类型

◇ 股利政策的影响因素

(✓ 本节内容较为重要，通常以文字型或计算型各观题出现。考生需要重点关注各种股利理论的观点，4种股利政策的含义和采用理由，尤其是注意剩余股利政策与企业融资需求、企业价值评估的结合)

股利分配的核心问题是如何权衡公司股利支付决策与未来长期增长之间的关系，以实现公司价值最大化的财务管理目标。围绕着公司股利政策是否影响公司价值这一问题，主要有两类不同的股利理论：股利无关论和股利相关论。

公司可供分配的股利是公司的利润，而公司的利润中作为留存收益留下的部分也是公司可用来进一步扩大生产的资金来源，所以，公司的利润到底是分配给出资的股东还是留下来进一步发展公司？哪种方式能使公司价值最大化？这是本节要解决的问题。

一、股利理论（★★）

（一）股利无关论

(✓ 股利理论的考查形式为各观题或简答小问，重点理解、掌握股利相关论部分)

1.理论假设

*股利理论讲解

股利无关论认为股利分配对公司的市场价值（或股票价格）不会产生影响。这一理论是米勒（Merton Miller）与莫迪格利安尼（Franco Modigliani）于1961年在下面列举的一些假设上提出的：

（1）公司的投资政策已确定并且已经为投资者所理解；

（2）不存在股票的发行和交易费用（即不存在股票筹资费用）；

（3）不存在个人或公司所得税；

（4）不存在信息不对称；

（5）经理与外部投资者之间不存在代理成本。

完全市场的诸多前提假设。

【提示】以上假设描述的是一种完美资本市场，因而股利无关论又被称为完全

市场理论。

2.主要观点（见表10-1）

表10-1　　　　　　　　　　　　　主要观点

观点	说明
投资者并不关心公司股利的分配	（1）如果分红太少，股价走高，股东可以卖股票换现金当作分红 （2）如果分红太多，股价走低，股东可以拿股利买股票增加持股 【提示】投资者对股利和资本利得并无偏好
股利的支付比率不影响公司的价值	（1）既然投资者不关心股利的分配，公司的价值就完全由其投资政策及其获利能力所决定 （2）即使公司有理想的投资机会而又支付了高额股利，也可以募集新股，新投资者会认可公司的投资机会

> 不存在个税，不存在交易费，所以针对任何一个股东来说，其所持股部分的股利与资本利得此消彼长，总和不变，所以投资者不关心股利分配问题。

> 完全市场中，公司所有的投资政策都为投资者所理解，公司股价会被股东接受，即使发放了股利，还可以再重新募集新股，融资不受影响。

（二）股利相关论

如果放宽完美资本市场的一系列假设，股利政策就会显现出对公司价值（或股票价格）产生的影响。

1.税差理论

（1）税差概念

在现实条件下，现金股利税与资本利得税不仅是存在的，而且会表现出差异性，具体见表10-2。

表10-2　　　　　　　现金股利税与资本利得税的差异

项目	说明
税率差	出于保护和鼓励资本市场投资的目的，会采用股利收益的税率高于资本利得税率发差异税率制度，从而股东会偏好资本利得而不是派发现金股利
时间差	股利收益纳税是在收取股利的当时，而资本利得纳税只是在股票出售时才发生，继续持有股票来延迟资本利得的纳税时间，可以体现递延纳税的时间价值

> 因为税率不同，所以公司少发股利，股东就少缴个税，股东要想提现就需要直接卖股。

> 货币时间价值的体现。

【提示】我国个人所得税法规定：

①现金股利属于"利息、股利、红利所得"项目，自2015年9月8日起，个人从公开发行和转让市场取得的上市公司股票股息红利计税情况见表10-3。

表10-3　　　　　　　　股息红利计税情况

持股期限	计税规定
≤1个月	股息红利所得全额计入应纳税所得额（税负为20%）
1个月＜持股期限≤1年	股息红利所得暂减按50%计入应纳税所得额（税负为10%）
＞1年	股息红利所得暂免征收个人所得税

②资本利得属于"财产转让所得"：（境内上市公司）股票转让所得暂不征收个人所得税。

> 税差理论重点是：股利税PK（资本利得税+交易成本）
> 因为股利税＞资本利得税，
> 当交易成本＝0时，股利税＞资本利得税，少发股利能省税→低股利支付率。
> 当交易成本≠0且股利税＜（资本利得税+交易成本）时，多发股利才能省税→高股利支付率。

（2）主要观点

①如果不考虑股票交易成本，分配股利的比率越高，股东的股利收益纳税负担会明显高于资本利得纳税负担，企业应采取低现金股利比率的分配政策，以提高留存收益再投资的比率，使股东在实现未来的资本利得中享有税收节省。

②如果存在股票的交易成本，甚至当资本利得税与交易成本之和大于股利收益税时，偏好取得定期现金股利收益的股东自然会倾向于企业采用高现金股利支付率政策。

【提示】税差理论说明了当股利收益税率与资本利得税率存在差异时，将使股东在继续持有股票以期取得预期资本利得与立即实现股利收益之间进行权衡。

2.客户效应理论（见表10-4）　*高收入者，低股利支付率；低收入者，高股利支付率。*

表10-4　　　　　　　　　　　　　客户效应理论

项目	说明
客户效应	客户效应指投资者依据自身边际税率显示出的对实施相应股利政策股票的选择偏好现象
主要观点	（1）收入高的投资者因其拥有较高的税率，表现出偏好低股利支付率的股票，希望少分或不分现金股利，以更多的留存收益进行再投资，从而提高所持有的股票价格 （2）收入低的投资者以及享有税收优惠的养老金投资者，表现出偏好高股利支付率的股票，希望支付较高而且稳定的现金股利

【提示】

（1）该理论是对税差效应理论的进一步扩展，研究处于不同税收等级的投资者对待股利分配态度的差异。

（2）在中国实践中，客户效应理论不适用：

①个人所得税采用分项计征，而不是综合计征。

②工资薪金所得和劳务所得采用累进税率，利息、股利、红利所得和财产转让所得采用单一税率。

3."一鸟在手"理论（见表10-5）

表10-5　　　　　　　　　　　　　"一鸟在手"理论

项目	说明
谚语含义	一鸟在手，胜于二鸟在林：资本利得好像林中之鸟，虽然看上去很多，但却不一定抓得到；而现金股利则好像在手之鸟，是股东有把握按时、按量得到的现实收益
主要观点	（1）根据"一鸟在手"理论所体现的收益与风险的偏好，股东更偏好于现金股利而非资本利得，倾向于选择股利支付率高的股票 （2）当股利支付率提高时，股东承担的收益风险会降低，其所要求的权益资本报酬率也越低，权益资本成本也会降低，从而根据永续年金计算所得的企业权益价值将会上升 【提示】企业权益价值＝分红总额/权益资本成本

【提示】"一鸟在手"（One bird in hand is worth two in the bush）理论强调为了实现股东价值最大化的目标，企业应实行高股利分配率的股利政策。

4.代理理论（见表10-6）　*公司资金总额固定，债权人希望公司多留点资金还债，希望低股利支付率。*

表10-6　　　　　　　　　　　代理理论

代理关系	代理成本	主要观点
两类投资者（股东和债权人）之间	股东在进行投资与融资决策时，有可能为增加自身的财富而选择加大债权人风险的决策	债权人为保护自身利益，希望企业采取低股利支付率，通过多留存少分配的股利政策以保证有较为充裕的现金以偿还债务
股权分散情形下内部经理人员与外部分散投资者之间	企业拥有较多的自由现金流时，经理人员有可能把资金投资于低回报项目，或为了个人私利而追求额外津贴及在职消费等	实施多分配少留存的股利政策，既有利于抑制经理人员随意支配自由现金流量的代理成本，也有利于股东取得股利收益
股权集中情形下控制性大股东与外部中小股东之间	管理层通常由大股东直接出任或直接指派，管理层与大股东的利益趋于一致。控股股东有可能也有能力通过各种手段侵害中小股东的利益	对处于外部投资者保护程度较弱环境的中小股东希望企业采用多分配少留存的股利政策，以防控股股东的利益侵害

外部分散投资者怕公司经理浪费钱，希望自己可以多拿到手一些，希望高股利支付率。

中小股东处于弱势，没有话语权，还是希望多拿到手，高股利支付率。

【提示】

（1）代理理论的分析视角为研究与解释处于特定治理环境中的企业股利分配行为提供了一个基本的分析逻辑，企业股利分配政策的选择将是多种因素权衡的复杂过程。

（2）解决冲突采取的股利政策应当是保护正当利益或保护弱势方利益的股利政策。

5.信号理论（见表10-7）

表10-7　　　　　　　　　　　信号理论

项目	说明
股利信号	企业经理人员比外部投资者拥有更多的企业经营状况与发展前景的信息，使企业股东或市场中的投资者依据股利信息对企业经营状况与发展前景作出判断
主要观点	在信息不对称的情况下，公司可以通过股利政策向市场传递有关公司未来盈利能力的信息。股利政策所产生的信息效应会影响股票的价格

【提示】鉴于投资者对股利信号信息的理解不同，所做出的对企业价值的判断也不同，具体见表10-8。

表10-8　　　　　　　　　　依据信号作出的判断

	好信号	坏信号
提高股利支付率	企业未来业绩将大幅增长	企业没有前景好的投资项目
降低股利支付率	企业有前景好的投资项目	企业未来无法避免衰退预期

【例题10-1·2011年单选题】下列关于股利分配理论的说法中，错误的是（　　）。

A.税差理论认为，当股票资本利得税与股票交易成本之和大于股利收益税时，应采用高现金股利支付率政策

B.客户效应理论认为，对于高收入阶层和风险偏好投资者，应采用高现金股利支付率政策

C."一鸟在手"理论认为，由于股东偏好当期股利收益胜过未来预期资本利得，应采用高现金股利支付率政策

D.代理理论认为，为解决控股股东和中小股东之间的代理冲突，应采用高现金股利支付率政策

【答案】B

【解析】客户效应理论认为，对于低收入阶层和风险厌恶投资者，由于其税负低，并且偏好现金股利，他们希望公司多发放现金股利，所以公司应该实施高现金分红比例的股利政策。对于高收入阶层和风险偏好投资者，由于其税负高，并且偏好资本增长，他们希望公司少发放现金股利，并且通过获得资本利得适当避税，因此，公司应实施低现金分红比例，甚至不分红的股利政策。

二、股利政策的类型（★★）

（✓主要以文字型或计算型客观题考查，重点关注剩余股利政策与企业融资需求及企业价值评估的结合考查）

（一）剩余股利政策

1.剩余股利政策的含义及分配程序（见表10-9）

*剩余股利政策讲解

表10-9　　　　　　　　　剩余股利政策的含义及分配程序

项目	说明
含义	剩余股利政策是指在公司有着良好的投资机会时，根据一定的目标资本结构（最佳资本结构），测算出投资所需的权益资本，先从盈余当中留用，然后将剩余的盈余作为股利予以分配
分配程序	（1）设定目标资本结构（债务/权益），使得加权平均资本成本达到最低水平 （2）确定目标资本结构下投资所需的股东权益数额 （3）最大限度地使用保留盈余来满足投资方案所需的权益资本数额 （4）投资方案所需权益资本已经满足后若有剩余盈余，再将其作为股利发放给股东

根本目的：保持理想资本结构，使加权平均资本成本最低。

【提示】

（1）资本需求是指净经营资产的增加，它要按照目标资本结构分别靠长期有息负债和权益资金（包括留存收益和增发股份）筹集。

（2）股利分配与公司的资本结构相关，而资本结构又是由投资所需资金构成的，因此实际上股利政策要受到投资机会及其资本成本的双重影响。

2.分析时需注意的问题

（1）关于财务限制（见表10-10）

表10-10   财务限制

问题	说明
资本结构的问题	①财务限制主要是指资本结构限制，资本结构是<u>长期有息负债</u>（长期借款和公司债券）和<u>所有者权益</u>的比率，保持目标资本结构，不是资产负债率不变 【提示】无息负债和短期借款不可能也不需要保持某种固定比率。短期负债筹资是营运资本管理的问题，不是资本结构的问题 ②保持目标资本结构，不是指一年中始终保持同样的资本结构，而是指利润分配后（特定时点）形成的资本结构符合既定目标，而不管后续经营造成的所有者权益变化
分配股利的现金问题	分配股利的现金问题，是营运资金管理问题，如果现金存量不足，可以通过短期借款解决，与筹集长期资本无直接关系 【联系】第十八章《全面预算》－现金预算

公司是成长发展的，资本结构不是静态一成不变的，只要在特定时点保持即可。

（2）关于法律限制

不考虑年初累计亏损的情况下，根据法律，企业必须按照10%的比例从当年净利润中提取公积金作为收益留存，记为A；按照剩余股利政策，企业应当按照目标权益比例乘以当年实体净投资作为留存收益，记为B。本条法律规定对企业利润分配的影响需要比较A与B的大小，具体见表10-11。

表10-11   法律限制

比较结果	说明
A≤B	实质上，A已经作为B的一部分，计入了当期的留存收益，这条法律规定并没有构成实际限制
A＞B	由于法律规定的收益留存大于按照剩余股利政策计算出来的留存收益，企业必须首先遵守法律，从当年净利润中提取A作为当期的留存收益，剩余的盈余用于发放股利

【提示】法律的这条规定，实际上只是对本年利润"留存"数额的限制，而不是对股利分配的限制。

（3）限制动用以前年度未分配利润分配股利

限制动用以前年度未分配利润分配股利的真正原因，来自财务限制和采用的股利分配政策。只有在资金有剩余的情况下，才会超本年盈余进行分配。超量分配，然后再去借款或向股东要钱，不符合经济原则。因此，该公司不会动用以前年度未分配利润，只能分配<u>本年利润的剩余部分</u>给股东。

【提示】

①以前年度未分配利润本质上属于企业在目标资本结构下现有权益资本的一部分，一旦被动用，就会破坏企业的资本结构，在本年度的利润分配之后，无法达到目标资本结构，导致企业加权资本成本上升。

②如果公司不采用剩余股利政策，动用以前年度的未分配利润分配股利，法律

对此并无限制。

（4）针对事后（已经实现）的利润分配还是事前（预计）的利润分配（见表 10-12）

表 10-12　　　　　　　　事后利润分配与预计利润分配的区别

事后的利润分配	预计的利润分配
上年度净利润－上年现金股利	预计年度净利润－预计年度现金股利
上年 Δ 留存收益=预计今年投资需求×目标权益比例	预计年度 Δ 留存收益=预计同年投资需求×目标权益比例

【提示】

（1）事后的利润分配与两个年度有关，而预计的利润分配只与一个年度有关。

（2）采用剩余股利政策的根本理由在于保持理想的资本结构，使加权平均资本成本最低。

【例题 10-2·2014 年单选题】甲公司 2013 年实现税后利润 1000 万元，2013 年年初未分配利润为 200 万元，公司按 10%提取法定盈余公积。预计 2014 年需要新增投资资本 500 万元，目标资本结构（债务/权益）为 4/6，公司执行剩余股利分配政策，2013 年可分配现金股利（　　　）万元。

A.600　　　　　　　B.700　　　　　　　C.800　　　　　　　D.900

【答案】B

【解析】2013 年利润留存 = 500×60% = 300（万元），股利分配 = 1 000 - 300 = 700（万元）。

【提示】采用剩余股利政策分配股利，不能动用以前年度的未分配利润。

【例题 10-3·2014 年多选题】公司基于不同的考虑会采用不同的股利分配政策。采用剩余股利政策的公司更多地关注（　　　）。

A.盈余的稳定性　　B.公司的流动性　　C.投资机会　　　　D.资本成本

【答案】CD

【解析】剩余股利政策就是在公司有着良好投资机会时，根据一定的目标资本结构（最佳资本结构），推算出投资所需的权益资本，先从盈余当中留用，然后将剩余的盈余作为股利予以分配。可见，更多关注的是投资机会和资本成本。

【例题 10-4·2010 年单选题】某公司采用剩余股利政策分配股利，董事会正在制订 2009 年度的股利分配方案。在计算股利分配额时，不需要考虑的因素是（　　　）。

A.公司的目标资本结构　　　　　　　B.2009 年末的货币资金

C.2009 年实现的净利润　　　　　　　D.2010 年需要的投资资本

【答案】B

【解析】分配股利的现金问题是营运资金管理问题，如果现金存量不足，可以通过短期借款解决，与筹集长期资本无直接关系。

【例题 10-5·2006 年多选题】以下关于剩余股利分配政策的表述中，错误的有（　　　）。

A.采用剩余股利政策的根本理由是为了使加权平均资本成本最低

B.采用剩余股利政策时，公司的资产负债率要保持不变

C.采用剩余股利政策时，要考虑公司的现金是否充足

D.采用剩余股利政策时，公司不能动用以前年度的未分配利润

【答案】BC

【解析】A项正确：企业采用剩余股利分配政策的根本理由是为了保持理想的资本结构，使加权平均资本成本最低。B项错误：保持目标资本结构，不是指保持全部资产负债比例不变，无息负债和短期借款不可能也不需要保持某种固定比例。C项错误：分配股利的现金问题是营运资金管理问题，如果现金不足，可以通过短期借款解决，与股利分配政策无直接关系。D项正确：只有在资金有剩余的情况下，才会超本年盈余进行分配；超量分配，然后再去借款或向股东要钱，不符合经济原则。因此在剩余股利分配政策下，公司不会动用以前年度未分配利润，只能分配本年利润的剩余部分。

【例题10-6·2004年单选题】企业采用剩余股利分配政策的根本理由是（　　　）。

A.最大限度地用收益满足筹资的需要

B.向市场传递企业不断发展的信息

C.使企业保持理想的资本结构

D.使企业在资金使用上有较大的灵活性

【答案】C

【解析】企业采用剩余股利分配政策的根本理由是为了保持理想的资本结构，使加权平均资本成本最低。

【例题10-7·2002年多选题】公司实施剩余股利政策，意味着（　　　）。

A.公司接受了股利无关理论

B.公司可以保持理想的资本结构

C.公司统筹考虑了资本预算、资本结构和股利政策等财务基本问题

D.兼顾了各类股东、债权人的利益

【答案】ABC

【解析】A项正确：公司采用剩余股利政策意味着它认为股利分配对公司的市场价值（或股票价格）不会产生影响，而这正是股利无关论的观点。B项正确：采用剩余股利政策的根本理由是为了保持理想的资本结构，使加权平均资本成本最低。C项正确、D项错误：剩余股利政策是指在公司有着良好的投资机会时，根据一定的目标资本结构，测算出投资所需的权益资本，先从盈余当中留用，然后将剩余的盈余作为股利予以分配。它考虑了资本预算、资本结构和股利政策等财务基本问题，但是并非从兼顾各类股东、债权人利益的角度出发。

【例题10-8·2000年单选题】主要依靠股利维持生活的股东和养老基金管理人最不赞成的公司股利政策是（　　　）。

A.剩余股利政策

B.固定股利政策

C.固定股利支付率政策

D.低正常股利加额外股利政策

【答案】A

【解析】在剩余股利政策下，股利是投资机会的函数，投资人无法确定股利收入多少，不利于投资者安排收入与支出。

（二）固定股利政策（见表10-13）

表10-13　　　　　　　　　　固定股利政策

(旁注：每年发放一个固定的数额，只有当公司盈余增长劲头势不可挡的时候才提高发放额。)

项目	说明
含义	将每年发放的股利固定在一个水平上并在较长的时期内不变，只有当公司认为未来盈余将会显著地、不可逆转地增长时，才提高年度的股利发放额
采用理由	（1）稳定的股利向市场传递公司正常发展的信息，有利于树立公司良好的形象，增强投资者对公司的信心，稳定股票的价格 （2）有利于投资者安排股利收入和支出
缺点	（1）股利支付与盈余脱节 （2）不能像剩余股利政策那样保持较低的资本成本

【例题10-9·2006年单选题】以下股利分配政策中，最有利于股价稳定的是（　　）。

A.剩余股利政策　　　　　　　　B.固定股利政策

C.固定股利支付率政策　　　　　D.低正常股利加额外股利政策

【答案】B

【解析】固定股利政策是指将每年发放的股利固定在一个水平上并在较长的时期内不变，只有当公司认为未来盈余将会显著地、不可逆转地增长时，才提高年度的股利发放额。稳定的股利向市场传递公司正常发展的信息，有利于树立公司良好的形象，增强投资者对公司的信心，稳定股票的价格。

【例题10-10·2001年单选题】容易造成股利支付额与本期净利相脱节的股利分配政策是（　　）。

A.剩余股利政策　　　　　　　　B.固定股利政策

C.固定股利支付率政策　　　　　D.低正常股利加额外股利政策

【答案】B

【解析】固定股利政策是指将每年发放的股利固定在一个水平上并在较长的时期内不变，只有当公司认为未来盈余将会显著地、不可逆转地增长时，才提高年度的股利发放额。该股利政策的缺点在于股利的支付与盈余脱节，当盈余较低时仍要支付固定的股利，这可能导致资金短缺，财务状况恶化。

（三）固定股利支付率政策（见表10-14）

表10-14　　　　　　　　　　固定股利支付率政策

项目	说明
含义	公司确定一个股利占盈余的比率，长期按此比率支付股利的政策
采用理由	能使股利与公司盈余紧密地配合，以体现多盈多分，少盈少分，无盈不分的原则
缺点	各年的股利变动较大，极易造成公司不稳定的感觉，对稳定股票价格不利

【提示】股利支付率是指股利与净利润的比率：

（1）按年度计算的股利支付率非常不可靠：由于累计的以前年度盈余也可以用于股利分配，有时股利支付率会大于100%；

（2）作为一种财务政策，股利支付率应该是若干年度的平均值。

（四）低正常股利加额外股利政策（见表10-15）

表10-15　　　　　　　　　　　低正常股利加额外股利政策

项目	说明
含义	（1）公司一般情况下每年只支付固定的、数额较低的股利； （2）在盈余较多的年份，再根据实际情况向股东发放额外股利。但额外股利并不固定化，不意味着公司永久地提高了规定的股利率
优点 采用理由	（1）使公司具有较大灵活性： ①正常年份：维持设定的较低但正常的股利，使股东不会有股利跌落感； ②丰收年份：增发股利，股东分享经济繁荣，增强股东对公司的信心。 （2）使那些依靠股利度日的股东每年至少可以得到虽然较低但比较稳定的股利收入，从而吸引住这部分股东

【提示】以上各种股利政策各有所长，公司在分配股利时应借鉴其基本决策思想，制定适合自己实际情况的股利政策。

【总结】四种股利政策的比较如图10-1所示。

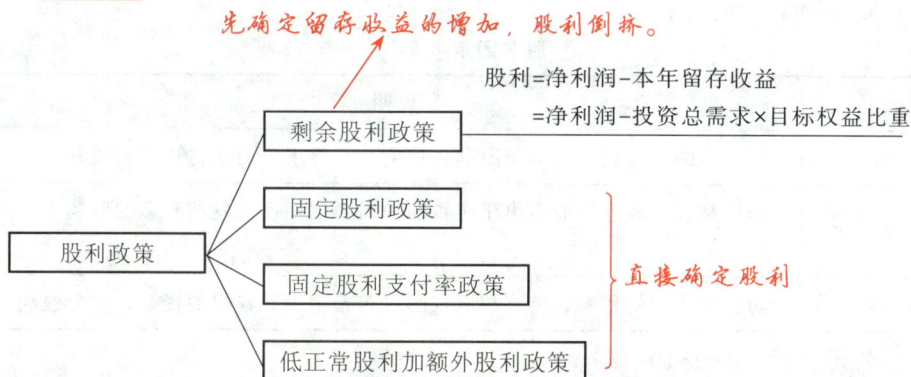

先确定留存收益的增加，股利倒挤。

股利＝净利润－本年留存收益
　　　＝净利润－投资总需求×目标权益比重

股利政策 —— 剩余股利政策
　　　　　　固定股利政策
　　　　　　固定股利支付率政策
　　　　　　低正常股利加额外股利政策

直接确定股利

图10-1　各种股利政策的比较

【例题10-11·2012年单选题】下列关于股利分配政策的说法中，错误的是（　　）。

A.采用剩余股利分配政策，可以保持理想的资本结构，使加权平均资本成本最低

B.采用固定股利支付率分配政策，可以使股利和公司盈余紧密配合，但不利于稳定股票价格

C.采用固定股利分配政策，当盈余较低时，容易导致公司资金短缺，增加公司风险

D.采用低正常股利加额外股利政策，股利和盈余不匹配，不利于增强股东对公司的信心

【答案】D

【解析】采用低正常股利加额外股利政策，使得一些依靠股利度日的股东每年至少可以得到虽然较低但比较稳定的股利收入，从而吸引住这部分股东。

三、股利政策的影响因素（★★）

（一）法律限制（见表10-16）

表10-16 法律限制

考虑因素	说明
资本保全的限制	公司不能用资本（包括股本和资本公积）发放股利
企业积累的限制	按照法律规定，公司税后利润必须先提取法定公积金。此外还鼓励公司提取任意公积金，只有当提取的法定公积金达到注册资本的50%时，才可以不再提取
净利润的限制	规定公司年度累计净利润必须为正数时才可发放股利，以前年度亏损必须足额弥补
超额累积利润的限制	许多国家规定公司不得超额累积利润，一旦公司的保留盈余超过法律认可的水平，将被加征额外税额
无力偿付的限制	基于对债权人的利益保护，如果一个公司已经无力偿付负债，或股利支付会导致公司失去偿债能力，则不能支付股利

（二）股东因素（见表10-17）

表10-17 股东因素

考虑因素	说明
稳定的收入	一些股东的主要收入来源是股利，他们往往要求公司支付稳定的股利
避税	一些股利收入较多的股东出于避税的考虑，往往反对发放较多的股利 *低股利支付率*
控制权的稀释	为防止控制权的稀释，持有控股权的股东希望少募集权益资金，少分股利

（三）公司因素（见表10-18）

表10-18 公司因素

考虑因素	说明
盈余的稳定性	盈余相对稳定的公司对于盈余不稳定的公司而言具有较高的股利支付能力【提示】盈余稳定的公司面临的经营风险和财务风险较小，筹资能力较强
公司的流动性	公司流动性指及时满足财务应付义务的能力
举债能力	具有较强的举债能力的公司往往采取较宽松的股利政策，而举债能力弱的公司往往采取较紧的股利政策 *举债能力强，多分配*
投资机会	（1）处于成长中的公司，有良好投资机会，多采用低股利政策；（2）处于经营收缩中的公司，缺乏良好投资机会，多采用高股利政策
资本成本	保留盈余（不存在筹资费用）的资本成本低于发行新股。从资本成本考虑，如果公司有扩大资金的需要，也应当采取低股利政策
债务需要	具有较高债务偿还需要的公司一般采取低股利政策

【例题10-12·2004年多选题】下列情形中会使企业减少股利分配的有（　　　　）。

A.市场竞争加剧，企业收益的稳定性减弱

B.市场销售不畅，企业库存量持续增加

C.经济增长速度减慢，企业缺乏良好的投资机会

D.为保证企业的发展，需要扩大筹资规模

【答案】ABD

【解析】A项正确：盈余不稳定的公司一般采用低股利政策。B项正确：市场销售不畅，企业库存量持续增加，资产的流动性降低，因为资产流动性较低的公司往往支付较低的股利。C项错误：经济增长速度减慢，企业缺乏良好投资机会时，应增加股利的发放。D项正确：如果企业要扩大筹资规模，则对资金的需求增大，所以会采用低股利政策。

债权人希望公司多留点资金还他的债，希望公司低股利支付率。

（四）其他因素（见表10-19）

表10-19　　　　　　　　　　　　　其他因素

考虑因素	说明
债务合同约束	如果债务合同限制现金股利支付，公司只能采取低股利政策
通货膨胀	通货膨胀时期，公司计提的折旧不能满足重置固定资产的需要，需要动用盈余补足重置固定资产的需要，通货膨胀时期股利政策往往偏紧

通胀时期，货币购买力下降，公司多留资金以发展，采取低股利支付率。

【例题10-13·2003年多选题】下列各项中，会导致企业采取低股利政策的事项有（　　）。

A.物价持续上升　　　　　　　B.金融市场利率走势下降

C.企业资产的流动性较弱　　　D.企业盈余不稳定

【答案】ACD

【解析】由于权益筹资成本大于债务筹资成本，在金融市场利率走势下降的情况下，企业完全可以采取高股利政策，而通过债务筹集更低的资金，从而降低加权平均资金成本，B不正确。

第二节　股利的种类、支付程序与分配方案

◇ 股利的种类

◇ 股利支付程序

◇ 股利分配方案

（✓本节内容通常以文字型客观题的形式出现，考点较为单一。要注意股利支付程序与股票价值计算的结合）

一、股利的种类（见表10-20）（★★）

表10-20　　　　　　　　　　　　　股利的种类

种类	说明
现金股利	现金股利指以现金支付的股利，它是股利支付的主要形式
股票股利	股票股利指公司以增发的股票作为股利的支付方式
财产股利	财产股利指以现金以外的资产支付的股利，主要是以公司所拥有的其他企业的有价证券，如债券、股票，作为股利支付给股东
负债股利	负债股利指公司以负债支付的股利，通常以公司应付票据支付给股东，在不得已的情况下也有发行公司债券抵付股利的

以本公司股票支付股利才是股票股利，如果是其他企业的有价证券则属于财产股利。

235

【提示】财产股利和负债股利实际上是现金股利的替代。这两种股利方式目前在我国公司实务很少使用，但并非法律所禁止。

【例题10-14·2016年单选题】如果甲公司以所持有的乙公司股票作为股利支付给股东，这种股利属于（　　　）。

A.现金股利　　　　B.负债股利　　　　C.财产股利　　　　D.股票股利

【答案】C

【解析】财产股利是以现金以外的资产支付的股利，主要是以公司所拥有的其他企业的有价证券，如债券、股票，作为股利支付给股东。

二、股利支付程序（见表10-21）（★★）　（✓以客观题考查，理解即可）

表10-21　　　　　　　　　　　　　股利支付程序

日期	说明
股利宣告日 公告日	公司董事会将股东大会通过本年度利润分配方案的情况以及股利支付情况予以公告的日期
股权登记日	有权领取本期股利的股东资格登记截止日期：只有在股权登记日这一天在册的股东（在此日及之前持有或买入股票的股东）才有资格领取本期股利；而在这一天以后登记在册的股东，即使是在股利支付日之前买入的股票，也无权领取本期分配的股利
除息日	也称除权日，是指股利所有权与股票本身分离的日期，将股票中含有的股利分配权予以解除，即在除息日当日及以后买入的股票不再享有本次股利分配的权利 【提示】 （1）我国上市公司的除息日通常是在登记日的下一个交易日（而非自然日） （2）除息日之前的股票价格包含了本次派发的股利，自除息日起的股票价格则不包含本次派发的股利
股利支付日	公司向股东正式发放股利的日期

（批注）股东的身份以股东名册登记的为准，所以股东名册上有的股东有领取股利的资格。

【提示】与我国上市公司不同，美国的上市公司通常按季度发放股利，并把除息日确定在股权登记日之前的第二个交易日。在登记日的前两个交易日即除息日之前购买了公司的股票，才能成为本次股利的派发对象。如果是在除息日这一天或之后买入了股票，股利的发放对象依然是卖出股票的人。

【例题10-15·2014年单选题】甲上市公司2013年度的利润分配方案是每10股派发现金股利12元，预计公司股利可以10%的速度稳定增长，股东要求的收益率为12%。于股权登记日，甲公司股票的预期价格为（　　　）元。

A.60　　　　　　B.61.2　　　　　　C.66　　　　　　D.67.2

【答案】D

$$P_0 = \frac{D_0(1+g)}{R_s - g}$$

【解析】股票的价格＝1.2×（1＋10%）/（12%－10%）＋1.2＝67.2（元）。

【提示】在股权登记日的股票价格包含本次拟发放的股利，在除权日之后，股票价格不包含本次拟发放的股利。

三、股利分配方案（★）

企业的股利分配方案一般包括以下几个方面：

（1）股利支付形式。

（2）股利支付率。

（3）股利政策的类型。

（4）股利支付程序。

利润分配决策是股东当前利益与企业未来发展之间权衡的结果，将引起企业的资金存量与股东权益规模及结构的变化，也将对企业内部的筹资活动和投资活动产生影响。

第三节　股票分割与股票回购

◇ 股票分割
◇ 股票回购

（✔本节内容通常以文字型或计算型客观题的形式出现，考生需要掌握股票股利、股票分割和股票回购各自对公司和股东的影响，以及相互之间的区别）

一、股票分割（★★）

（一）股票分割的含义

不是股利分配方式，只是单纯为了增加股票数量来降低每股市价，从而吸引更多的投资者。

股票分割是指将面额较高的股票交换成面额较低的股票的行为，如将原来的一股股票交换成两股股票。

【提示】股票分割不属于某种股利方式，但其产生的效果与发放股票股利近似。

（二）股票分割的影响（见表10-22）

表10-22　　　　　　　　　股票分割的影响

不会变化	发生变化
（1）公司价值； （2）资本结构； （3）股东权益总额； （4）股东权权益内部各项目之间的比例； （5）股东持股比例	（1）面值变小； （2）股东持股股数； （3）每股收益降低*； （4）每股市价降低*。

【提示】*前提是盈利总额和市盈率不变。

（三）股票分割的意义

（1）对于公司来讲，实行股票分割的主要目的在于通过增加股票股数降低每股市价，从而吸引更多的投资者。

（2）股票分割往往是成长中公司的行为，所以宣布股票分割后容易给人一种"公司正处于发展之中"的印象，这种利好信息会在短时间内提高股价。

【提示】如果公司认为自己股票价格过低，为提高股价，会采取反分割（也称股票合并）的措施，即将数股面值较低的股票合并为一股面额较高的股票。

【例题10-16·2015年单选题】在净利润和市盈率不变的情况下，公司实行股票反分割导致的结果是（　　　）。

A.每股收益上升　　　　　　　　B.每股面额下降

C.每股市价下降　　　　　　　　D.每股净资产不变

【答案】A

【解析】股票反分割也称股票合并，是股票分割的相反行为，即将数股面额较低的股票合并为一股面额较高的股票，将会导致每股面额上升、每股市价上升、每股收益上升，股东权益总额不变，由于股数减少，所以每股净资产上升，选项A正确。

（四）股票分割与股票股利的比较（见表10-23） *（✓对比记忆股票分割与股票股利的异同，以各观题或计算分析题考查）*

表10-23　　　　　　　　　　股票分割与股票股利的比较

比较	股票股利	股票分割
相同点	（1）公司价值/股东财富不变 （2）资本结构不变（资产总额、负债总额、股东权益总额不变） （3）普通股股数增加 （4）每股收益和每股市价下降 （5）每个股东持股比例/市值不变 （6）向人们传递一种"公司正处于发展中"的信息，从纯粹经济角度看，二者没区别	
不同点	（1）面值不变 （2）股东权益内部结构变化 （3）属于股利支付方式 （4）在公司股价<u>上涨幅度不大</u>时，往往通过发放股票股利将股价维持在理想的范围之内	（1）面值变小 （2）股东权益结构不变 （3）不属于股利支付方式 （4）在公司股价<u>暴涨</u>且预期难以下降时，才采用股票分割的办法降低股价

【例题10-17·2013年单选题】实施股票分割与发放股票股利产生的效果相似，它们都会（　　）。

A.增加股东权益总额

B.降低股票每股价格

C.降低股票每股面值

D.改变股东权益结构

【答案】B

【解析】A项错误：股票分割与发放股票股利不会影响股东权益总额。C项错误：股票分割会降低股票每股面值，但股票股利的发放不影响股票面值。D项错误：股票股利发放会改变股东权益结构，但股票分割不影响股东权益的结构。

二、股票回购（★★）

不属于股利支付方式，公司以多余现金购回本公司股份，减少流通在外的股份数，使股价上升，股东获得资本利得。

（一）股票回购的含义

股票回购是指公司在有多余现金时，向股东回购自己的股票，以此来<u>代替现金股利</u>。

【提示】

（1）直接现金股利与间接资本利得的权衡。

（2）至此，我们就能理解第一章教材中的一段话：企业与股东之间的交易也会影响股价，但不影响股东财富。例如分派股利时股价下跌，回购股票时股价上升等。

（二）股票回购与相关概念的比较

1.股票回购与现金股利的比较（见表10-24）

表10-24　　　　　　　　　　股票回购与现金股利的比较

比较	股票回购	现金股利
相同点	（1）现金减少 （2）所有者权益减少	
不同点	（1）不属于股利支付方式 （2）股东得到的资本利得，需缴纳资本利得税，税负低 （3）股票回购对股东利益具有不稳定的影响 （4）可配合公司资本运作需要	（1）属于股利支付方式 （2）发放现金股利后股东则须缴纳股息税，税负高 （3）稳定到手的收益

【例题10-18·2009年多选题（新）】下列关于股票股利、股票分割和股票回购的表述中，正确的有（　　　）。

A.发放股票股利会导致股价下降，因此股票股利会使股票总市场价值下降

B.如果发放股票股利后股票的市盈率增加，则原股东所持股票的市场价值增加

C.发放股票股利和进行股票分割对企业的所有者权益各项目的影响是相同的

D.股票回购本质上是现金股利的一种替代选择，但是两者带给股东的净财富效应不同

【答案】BD

【解析】A项错误：若盈利总额和市盈率不变，股票股利发放不会改变股东持股的市场价值总额。C项错误：发放股票股利会使权益内部结构改变，股票分割不改变权益的内部结构。

2.股票回购与股票分割及股票股利的比较（见表10-25）

表10-25　　　　　　股票回购与股票分割及股票股利的比较

项目	股票回购	股票分割及股票股利
股数	减少	增加
每股市价	提高	降低
每股收益	提高	降低
资本结构	改变，提高财务杠杆水平	不影响
控制权	巩固既定控制权或转移公司控制权	不影响

（三）股票回购的意义

1.对股东的意义（见表10-26）

表10-26　　股票回购对股东的意义

项目	说明
替代效应	公司以多余现金购回股东所持有的股份，使流通在外的股份减少，每股收益和每股股利增加，从而会使股价上升，股东能因此获得资本利得，这相当于公司支付给股东现金股利
税收优惠	股票回购后股东得到资本利得，当资本利得税率小于现金股利税率时，股东将得到纳税上的好处　*税差理论*

【提示】股票回购相比现金股利对股东利益具有不确定的影响：上述分析是建立在各种假设之上的，如假设按照预期每股价格回购、假设股票回购后市盈率不变等；但实际上这些因素很可能因股票回购而发生变化，其结果是否对股东有利难以预料。

2.对公司的意义

对公司而言，股票回购有利于增加公司的价值：

（1）向市场传递了股价被低估的信号。

（2）当公司可支配的现金流明显超过投资项目所需的现金流时，用自由现金流进行股票回购，有助于增加每股盈利水平，同时降低管理层的代理成本。

（3）避免股利波动带来的负面影响：在维持一个相对稳定的股利支付率的基础上，通过股票回购发放股利。

（4）发挥财务杠杆的作用：如果公司认为资本结构中权益资本的比例较高，通过发行债券融资回购本公司股票，可以快速提高负债比例，从而改变公司的资本结构，并有助于降低加权平均资本成本。

（5）在一定程度上降低了公司被收购的风险。

（6）调节所有权结构。

【提示】回购的股票（库存股）的用途：交换被收购公司的股票、满足认股权证持有人或可转换公司债券持有人的行权需要、执行管理层与员工股票期权。

【例题10-19·2015年多选题】甲公司盈利稳定，有多余现金，拟进行股票回购用于将来奖励本公司职工，在其他条件不变的情况下，股票回购产生的影响有（　　）。

A.每股收益提高

B.每股面额下降

C.资本结构变化

D.自由现金流减少

【答案】ACD

【解析】A项正确：股票回购会使股数减少，每股收益提高。B项错误：股票回购不会改变每股面额。C项正确：股票回购会使所有者权益减少。D项正确：因一部分现金流用于股票回购，所以自由现金流量减少。

（四）股票回购的方式分类

1.按股票回购的地点分类（见表10-27）

表10-27　　　　　　　　　　按股票回购的地点分类

回购方式	说明
场内公开收购	公司委托证券公司代自己按照公司股票当前市场价格回购
场外协议收购	公司与某一类或某几类投资者直接见面，通过协商来回购股票

【提示】场内公开收购透明度较高，场外协议收购则相反。

2.按股票回购的对象分类（见表10-28）

表10-28　　　　　　　　　　按股票回购的对象分类

回购方式	说明
资本市场上随机回购	该方式最为普遍，但往往受到监管机构的严格监控
向全体股东招标回购	回购价格通常高于当时的股票价格，一般委托金融中介机构进行，回购费用较高
向个别股东协商回购	必须保持回购价格的公正合理性，以免损害其他股东的利益

3.按照筹资方式分类（见表10-29）

表10-29　　　　　　　　　　按照筹资方式分类

回购方式	说明
举债回购	企业通过银行等金融机构借款的办法来回购本公司的股份 【提示】目的是防御其他公司的恶意兼并与收购
现金回购	企业利用剩余资金来回购本公司的股份
混合回购	既动用剩余资金，又向银行等金融机构举债来回购本公司股票

4.按照回购价格的确定方式分类（见表10-30）

表10-30　　　　　　　　按照回购价格的确定方式分类

回购方式	说明
固定价格要约回购	企业在特定时间发出的以某一高出股票当前市场价格的水平，回购既定数量股票的卖出报价 【提示】该回购方式赋予所有股东向公司出售其所有持股票的均等机会，而且通常情况下公司享有在回购数量不足时取消回购计划或延长要约有效期的权利，可以在短时间内回购大量的股票
荷兰式拍卖回购	公司指定回购价格的范围（通常较宽）及回购数量范围（可以上下限的形式表示），然后股东进行投标，最后根据股东提交的愿意出售的股票价格和数量，确定最终的回购价格 【提示】荷兰式拍卖回购在回购价格方面给予公司更大的灵活性

智能测评

扫码听分享	做题看反馈
40434	41549
亲爱的同学，股利分配的种类是较为简单的知识点，学起来会比较轻松，应了解不同股利分配方式的特点。 　　扫一扫二维码，来听学习导师的分享吧。	学完马上测！ 　　请扫描上方的二维码进入本章测试，检测一下自己学习的效果如何。做完题目，还可以查看自己的个性化测试反馈报告。这样，在以后复习的时候就更有针对性、效率更高啦！

(✓本章内容是2016教材第十二、十三章的整合，历年考查分值大约在3分，重点掌握配股除权价格、可转换债券的赎回条款和内含报酬率的计算)

第十一章　长期筹资

本章内容由2016年教材中有关长期筹资板块的两章合并而成。前两节属于一般性内容，主要概括介绍了普通股、长期借款和发行债券等筹资方式的特点和比较，可以理解为一般的筹资理论基础。后两节属于重要内容，主要概括介绍了三种主要的混合筹资方式，包括发行优先股、发行附认股权证债券、发行可转换债券，以及租赁筹资方式。本章内容有一定难度，需要和相关章节的内容结合起来学习。

本章主要考点：（1）掌握各种筹资方式的特点；（2）股权再融资；（3）债券发行价格的确定；（4）长期借款的保护性条款；（5）优先股的特征及有关规定；（6）附认股权证债券的特征及其资本成本的计算；（7）可转换债券的要素及其资本成本的计算；（8）租赁的类型与租赁决策分析。

主要内容

第一节　普通股筹资
第二节　长期债务筹资
第三节　混合筹资
第四节　租赁筹资

第一节　普通股筹资

◇ 普通股筹资的特点
◇ 普通股的首次发行
◇ 股权再融资

(✓本节内容通常以文字型客观题形式出现，没有综合性，简单注意配股除权价和配股权价值的计算)

普通股指股份公司依法发行的具有表决权、股利不固定的一类股票。普通股具有股票的最一般特征，每一份股权包含对公司的财产享有的平等权利。

一、普通股筹资的特点（见表11-1）　（★★）

表11-1　　　　　　　　　普通股筹资的特点

特点	说明
优点	（1）没有固定利息负担 （2）没有固定到期日 （3）筹资风险小（普通股没有固定到期日，不用支付固定的利息，因此风险小）； （4）能增加公司的信誉（有了较多的自有资金，就可以为债权人提供较大的损失保障） （5）筹资限制较少（经营具有灵活性） （6）在通货膨胀时普通股筹资容易吸收资金
缺点	（1）普通股的资本成本较高 （2）会增加股东，可能会分散公司的控制权 （3）信息披露成本大，也增加了公司保护商业秘密的难度 （4）股票上市会增加公司被收购的风险

与债务融资对比。

【例题11-1·2005年单选题】从公司理财的角度看，与长期借款筹资相比较，普通股筹资的优点是（　　）。

A.筹资速度快　　　B.筹资风险小　　　C.筹资成本小　　　D.筹资弹性大

【答案】B

【解析】发行普通股筹资没有固定的利息负担，也没有到期还本的压力，所以筹资风险小。A、C、D项是长期借款筹资的优点。

二、普通股的首次发行（Initial Public Offering）（★★）

股份有限公司在设立时要发行股票，即初次发行。股份的发行，实行公平、公正的原则，必须同股同权、同股同利。同次发行的股票，每股的发行条件和价格应当相同。

（一）股票的发行方式（见表11-2）

表11-2　　　　　　　　　　　股票的发行方式

发行方式	公开间接发行	不公开直接发行
含义	通过中介机构，公开向社会公众发行股票	不公开对外发行股票，只向少数特定的对象直接发行，因而不需经中介机构承销
情形	采用募集设立方式成立的股份有限公司和向社会公开发行股票，应当由证券公司承销	采用发起设立方式成立股份有限公司和向特定对象募集方式发行新股
优点	（1）发行范围广，发行对象多，易于足额筹集资本 （2）股票的变现性强，流通性好 （3）有助于提高发行公司的知名度和扩大影响力	弹性较大，发行成本低
缺点	手续繁杂，发行成本高	发行范围小，股票变现性差

【实务链接】《证券法》规定有下列情形之一者属于公开发行：

1.向不特定对象发行证券；

2.向累计超过200人的特定对象发行证券；

3.法律、行政法规规定的其他发行行为。

【例题11-2·2013年单选题】与不公开直接发行股票方式相比，公开间接发行股票方式（　　）。

A.发行范围小　　　B.发行成本高　　　C.股票变现性差　　　D.发行条件低

【答案】B

【解析】公开间接方式发行股票的发行范围广，发行对象多，易于足额募集资本；股票的变现性强，流通性好。但这种发行方式也有不足，主要是手续繁杂，发行成本高。

【例题11-3·2001年多选题】以公开间接方式发行股票的特点是（　　）。

A.发行范围广，易募足资本　　　　B.股票变现性强，流通性好

C.有利于提高公司知名度　　　　　D.发行成本低

【答案】ABC

【解析】公开间接方式发行股票，手续繁杂，发行成本高。

（二）股票的销售方式（见表11-3）

表11-3　　　　　　　　　　　　　股票的销售方式

| | 自行销售 | 委托销售 | |
		包销	代销
含义	发行公司自己直接将股票销售给认购者	根据承销协议商定的价格，证券经营机构一次性全部发行公司公开募集的全部股份，然后以较高的价格出售给社会上的认购者	证券经营机构代替发行公司代售股票，并由此获取一定的佣金，在承销期结束时，将未售出的证券全部退还给发行人
优点	（1）发行公司可直接控制发行过程，实现发行意图 （2）节省发行费用	可及时筹足资本，发行公司不承担发行风险	（1）可获部分溢价收入 （2）降低发行费用
缺点	（1）筹资时间较长 （2）发行公司要承担全部发行风险 （3）需要发行公司有较高的知名度、信誉和实力	（1）损失部分溢价 （2）发行成本高	承担发行风险

一次性全部出售给承销机构，风险转移给承销机构，由承销机构包了，公司不再承担发行风险。

证券经营机构只是代替公司出售股票，期满后未售出的部分退回给发行人，风险由发行人自己承担。

【实务链接】

1.《公司法》规定股份有限公司向社会公众公开发行股票，必须与经依法设立的证券经营机构签订承销协议，由证券经营机构承销。

2.非公开发行股票且发行对象均属于原前10名股东的，可以自行销售。

（三）普通股发行定价

1.发行价格的类型（见表11-4）

表11-4　　　　　　　　　　　　　发行价格的类型

类型	说明
等价	指以股票面额为发行价格，也称平价发行或面值发行
时价	以公司原发行同种股票的现行市场价格为基准来选择增发新股的发行价格，也称市价发行
中间价	取股票市场价格与面额的中间值作为股票的发行价格

【实务链接】

（1）我国《公司法》规定公司发行股票不准折价发行，即不准以低于股票面额的价格发行。

（2）我国《证券法》规定，股票发行价格由发行人和承销的证券公司协商确认。

2.发行价格的参数

根据《证券法》的规定，股票发行采取溢价发行的，其发行价格由发行人与承销的证券公司协商确定。发行人通常会参考公司经营业绩、净资产、发展潜力、发行数量、行业特点、股市状态等，确定发行价格。

*股权再融资及配股除权价的计算

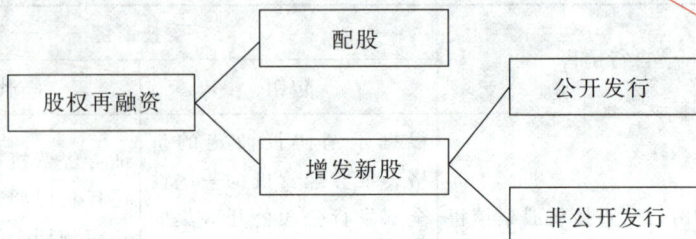

三、股权再融资（Seasoned Equity Offering）（如图11-1所示）（★★）

（✓掌握配股除权价和配股权价值的计算，注意考查计算型选择题）

图11-1　股权在融资

（一）配股

1.与配股相关的概念（见表11-5）

表11-5　　　　　　　　　　　　与配股相关的概念

项目	说明
配股含义	配股是指向原普通股股东按其持股比例、以低于市价的某一特定价格配售一定数量新发行股票的融资行为。老股东以优惠的价格增加持股数量。
配股目的	（1）不改变老股东对公司的控制权和享有的各种权利 （2）因发行新股将导致短期内每股收益稀释，通过折价配售的方式可以给老股东一定的补偿 （3）鼓励老股东认购新股，以增加发行量
配股权	指当股份公司需再筹集资金而向现有股东发行新股时，股东可以按原有的持股比例以较低的价格购买一定数量的新发行股票
配股价格	配股一般采取网上定价（而非竞价、询价）的方式。配股价格由主承销商和发行人协商确定

【提示】

（1）配股权是普通股股东的优惠权，实际上是一种短期的看涨期权。

（2）配股权与公司公开发行的、期限很长的认股权证不同，后者是混合筹资的一种形式。

2.配股条件

上市公司向原股东配股，需要符合公开发行股票的一般规定以及配股的特别规定，综合来看主要条件详见表11-6：

表11-6　　　　　　　　　　　　配股的主要条件

条件	说明
业绩要求	最近3个会计年度连续盈利（扣除非经营性损益前后孰低）
分红要求	最近3年以现金方式累计分配的利润不少于最近3年实现的年平均可分配利润的30%
配股限额	拟配售股份数量不超过本次配售股份前股本总额的30%。最多"十配三"
控股承诺	控股股东应当在股东大会召开前公开承诺认配股份的数量
发行方式	采用证券法规定的代销方式发行。只能代销！

3.与配股有关的计算

（1）除权价格

计算公式

通常配股股权登记日后要对股票进行除权处理。除权后股票的理论除权基准价格为：

$$配股除权价格 = \frac{配股前股票市值 + 配股价格 \times 配股数量}{配股前股数 + 配股数量}$$

$$= \frac{配股前每股价格 + 配股价格 \times 股份变动比例}{1 + 股份变动比例}$$

（助记：$\dfrac{配股后总市值}{配股后总股数}$）

【提示】

①当所有股东都参与配股时，股份变动比例（即实际配售比例）等于拟配售比例。

②除权价只是作为计算除权日股价涨跌幅度的基准，提供的只是一个基准参考价（而非实际股价）。

（2）配股对股东财富的影响（见表11-7）

表11-7　　　　　　　　　　　配股对股东财富的影响

情形	股东财富
除权后股票交易市价＞除权基准价格	参与配股的股东财富较配股前有所增加，一般称之为"填权"
除权后股票交易市价＜除权基准价格	参与配股的股东财富较配股前有所减少，一般称之为"贴权"

①配股权价值。

一般来说，老股东可以以低于配股前股票市价的价格购买所配发的股票，即配股权的执行价格低于当前股票价格，此时配股权是实值期权，因此配股权具有价值。

公式1：$配股权价值 = \dfrac{配股后股票价格 - 配股价格}{购买一股新股所需的认股权数}$

配股权是给老股东的优惠，是有价值的。

公式2：配股权价值 = 配股前每股价格 - 配股除权价

【提示】配股权在某一股权登记日前颁发，在此之前购买的股东享有配股权，即此时股票的市场价格中含有配股权的价值。

②是否参与配股对股东财富的影响（见表11-8）。

表11-8　　　　　　　　　　　是否参与配股对股东财富的影响

情形	结果
参与配股的股东	股东财富不变
不参与配股的股东	股东财富减少

【提示】不考虑新投资的净现值引起的企业价值的变化，配股后股票的价格应等于配股除权价格。

【例题11-4·2016年单选题】甲公司采用配股方式进行融资，拟每10股配1股，配股前价格每股9.1元，配股价格每股8元。假设所有股东均参与配股，则配股除权价格是（　　　）元。

A.8　　　　　　　B.10.1　　　　　　C.9　　　　　　D.8.8

【答案】C

【解析】配股除权价格=（9.1+8×10%）÷（1+10%）=9（元）。

【例题11-5·2014年单选题】甲公司采用配股方式进行融资，每10股配2股，配股前股价为6.2元，配股价为5元。如果除权日股价为5.85元，所有股东都参加了配股，除权日股价下跌（　　　）。

A.2.42%　　　　　B.2.50%　　　　　C.2.56%　　　　　D.5.65%

【答案】B

【解析】配股除权价格=（配股前每股价格+配股价格×股份变动比例）÷（1+股份变动比例）=（6.2+5×0.2）÷（1+0.2）=6（元），除权日股价下跌（6-5.85）÷6=2.50%。

【例题11-6·2012年单选题】配股是上市公司股权再融资的一种方式。下列关于配股的说法中，正确的是（　　　）。

A.配股价格一般采取网上竞价方式确定

B.配股价格低于市场价格，会减少老股东的财富

C.配股权是一种看涨期权，其执行价格等于配股价格

D.配股权价值等于配股后股票价格减配股价格

【答案】C

【解析】A项错误：配股一般采取网上定价的方式，配股价格由主承销商和发行人协商确定。B项错误、C项正确：配股权是一种看涨期权，执行价格等于配股价格，若配股价格低于市场价格，则配股权是实值期权，对股东有利。

D项错误：配股权价值=$\dfrac{\text{配股后股票价格－配股价格}}{\text{购买一股新股所需的认股权数}}$

（二）增发新股

1.两种增发方式的主要区别（见表11-9）

表11-9　　　　　　　　　　两种增发方式的主要区别

项目	公开增发	非公开增发（定向增发）
含义	面向不特定对象的新股发行	面向特定对象的新股发行
发行对象	没有特定的发行对象，股票市场上的投资者均可以认购	（1）机构投资者： ①财务投资者：通过短期持有上市公司股票适时套现，实现获利，一般不参与公司的重大战略决策 ②战略投资者：与发行人具有合作关系或合作意向和潜力，与发行公司业务联系紧密且欲长期持有发行公司的股票 【提示】上市公司通过非公开增发引入战略投资者不仅获得战略投资者的资金，还有助于引入其管理理念与经验，改善公司治理 （2）大股东及关联方

	公开增发	非公开增发（定向增发）
特别规定 （经常在各观题中考查，需要熟练记忆。）	除满足上市公司公开发行的一般规定外，还应符合以下规定： （1）最近3个会计年度连续盈利① （2）最近3个会计年度加权平均净资产收益率①平均不低于6% （3）最近3年以现金方式累计分配的利润不少于最近3年实现的年均可分配利润的30% （4）除金融企业外，最近1期期末不存在持有金额较大的交易性金融资产和可供出售的金融资产、借予他人款项、委托理财等财务性投资的情形 【提示】①扣除非经常性损益后的净利润与扣除前的净利润相比，以低者作为计算依据	非公开增发没有过多发行条件上的限制，除发行对象为境外机构投资者（QFII）需经国务院相关部门事先批准外，只要特定发行对象符合股东大会规定的条件，且在数量上不超过10名，并且不存在一些严重损害投资者合法权益和社会公共利益的情形均可申请非公开发行股票 【提示】对于一些以往盈利记录未能满足公开融资条件，但又面临重大发展机遇的公司而言，非公开增发提供了一个关键性的融资渠道
新股定价	［零售价］发行价格应不低于公告招股意向书前20个交易日公司股票均价或前1个交易日的均价	［批发价］发行价格应不低于定价基准日前20个交易日公司股票均价的90% 【提示】 （1）定价基准日：可以是董事会决议公告日、股东大会决议公告日或发行期的首日 （2）对于以通过非公开发行进行重大资产重组或者引进长期战略投资为目的的，可以在董事会、股东大会阶段确定发行价格 （3）对于以筹集资金为目的的发行，应当在取得发行核准批准文后采取竞价方式定价
	【提示】股票均价并非将N天的收盘价加起来再求简单算术平均数，需采用下面公式计算： 前20个交易日公司股票均价＝前20个交易日股票交易总额/前20个交易日股票交易总量	
认购方式	通常为现金认购	不限于现金，还包括权益、债权、无形资产、固定资产等非现金资产 【提示】通过非现金认购的非公开增发往往是以重大资产重组或引进长期战略投资为目的

非公开增发，针对特定对象，最多打九折。

【例题11-7·2010年单选题】下列关于普通股筹资定价的说法中，正确的是（　　）。

A.首次公开发行股票时，发行价格应由发行人与承销的证券公司协商确定

B.上市公司向原有股东配股时，发行价格可由发行人自行确定

C.上市公司公开增发新股时，发行价格不能低于公告招股意向书前20个交易日公司股票均价的90%

D.上市公司非公开增发新股时，发行价格不能低于定价基准日前20个交易日公司股票的均价

【答案】A

【解析】B项错误：配股一般采取网上定价发行的方式，配股价格由主承销商和发行人协商确定。C项错误：上市公司公开增发新股的定价通常按照"发行价格应不低于公开招股意向书前20个交易日公司股票均价或前1个交易日的均价"的原则确定增发价格。D项错误：上市公司非公开增发新股时，发行价格应不低于定价基准日前20个交易日公司股票均价的90%。

2.增发新股定价对股东财富的影响（见表11-10）

表11-10　　　　　　　　　增发新股定价对股东财富的影响

情形	结果
增发价格＞增发前市价	老股东的财富增加，并且老股东财富增加的数量等于新股东财富减少的数量
增发价格＝增发前市价	老股东和新股东的财富不变
增发价格＜增发前市价	老股东的财富减少，并且老股东财富减少的数量等于新股东财富增加的数量

新老股东处于零和博弈状态。

（三）股权再融资对企业的影响（见表11-11）

表11-11　　　　　　　　　股权再融资对企业的影响

影响	说明
公司资本结构	（1）一般来说，权益资本成本高于债务资本成本，采用股权再融资会降低资产负债率，并可能会使资本成本增大 （2）如果股权再融资有助于企业目标资本结构的实现，增加企业的财务稳健性，降低债务的违约风险，就会在一定程度上降低企业的加权平均资本成本，增加企业的整体价值
企业财务状况	（1）在企业运营及盈利状况不变的情况下，采用股权再融资的形式筹资资金会降低企业的财务杠杆水平，并降低净资产报酬率 （2）如果能将股权再融资筹集的资金投资于具有良好发展前景的项目，获得正的投资活动净现值，或者能改善企业的资本结构，降低资本成本，就有利于增加企业的价值
控制权	（1）配股：由于全体股东具有相同的认购权利，控股股东只要不放弃认购的权利，就不会削弱控制权 （2）公开增发：会引入新的股东，股东的控制权受到增发认购数量的影响 （3）非公开增发相对复杂： ①若对财务投资者和战略投资者增发，则会降低控股股东的控股比例 ②若面向控股股东的增发是为了收购其优质资产或实现集团整体上市，则会提高控股股东的比例，增强控股股东对上市公司的控制权

【提示】需要具体问题具体分析（有利有弊）。

第二节　长期债务筹资

◇ 长期债务筹资的特点

◇ 长期借款筹资

◇ 长期债券筹资

（✓本章多以客观题考查，尤其注意多选题迷惑项，长期债务筹资包括长期借款和长期债券，重点掌握两种筹资方式的对比以及优缺点）

一、长期债务筹资的特点　（★★）

（一）债务筹资与普通股筹资相比的特点（见表11-12）

见表11-12　　　　　债务筹资与普通股筹资相比的特点

区别点	债务筹资	普通股筹资
资本成本	低（利息可抵税；债权投资人风险小，要求回报低）	高（股利不能抵税；股票投资人风险大，要求回报高）
公司控制权	不分散控制权	会分散控制权
筹资风险	高（到期偿还，支付固定利息）	低（无到期日，没有固定的股利负担）
资金使用的限制	限制条款多	限制少

→指按期支付利息，到期偿还本金的压力。

【提示】股东能控制企业，就没有必要去限制企业；债权人限制企业，是因为他无法控制企业。

（二）长期负债与短期负债相比的特点（见表11-13）

表11-13　　　　　长期负债与短期负债相比的特点

项目	说明
优点	（1）可以解决企业长期资金的不足 （2）筹资风险小：归还期长，债务人可对债务的归还作长期安排，还债压力或风险相对较小
缺点	（1）筹资成本较高，即长期负债的利率一般高于短期负债的利率 （2）长期负债的限制较多

长期负债通常都会用于满足长期资金需求。

【提示】在我国，长期债务筹集主要有长期借款和长期债券两种方式。

二、长期借款筹资　（★★）

（一）长期借款的种类（见表11-14）

表11-14　　　　　长期借款的种类

分类标准	借款种类
按用途	固定资产投资借款、更新改造借款、科技开发和新产品试制借款
按提供贷款的机构	政策性银行贷款、商业银行贷款、从信托投资公司取得实物或货币形式的信托投资贷款、从财务公司取得各种中长期贷款等
按有无担保	（1）信用贷款：指不需企业提供抵押品，仅凭其信用或担保人信誉而发放的贷款 （2）抵押贷款：指要求企业以抵押品作为担保的贷款

信用贷款因为没有提供抵押品，所以贷款利率通常高于抵押贷款的利率。

（二）长期借款的保护性条款（见表11-15）

表11-15　　　　　　　　　　长期借款的保护性条款

项目	说明
一般性保护条款	应用于大多数合同，但根据具体情况会有不同内容（见教材）
特殊性保护条款	针对某些特殊情况而出现在部分借款合同中，主要有： （1）资金用途方面 ①贷款专款专用 ②不能投资于短期内不能收回资金的项目 （2）高管人员方面： ①限制企业高级职员的薪金和奖金总额 ②要求主要领导人在合同期内担任领导职务 ③要求主要领导人购买人身保险

（✓记住特殊性保护条款，能够在选择题中对选项作出区分）

债权人有权利在借款合同中约定资金的用途，若债务人未能按照合同约定用途使用的，债权人有权提前收回借款或停止发放贷款。

债权人比较看重某些高管的能力，则会提前对此做约定。

【提示】

（1）只要记住特殊性的，剩下的就是一般性的。

（2）短期借款筹资中的周转信贷协定、补偿性余额等条件，也同样适用于长期借款。

【例题11-8·2015年多选题】下列各项中，属于企业长期借款合同一般性保护条款的有（　　）。

A.限制企业租入固定资产的规模

B.限制企业股权再融资

C.限制企业高级职员的薪金和奖金总额

D.限制企业增加具有优先求偿权的其他长期债务

【答案】AD

【解析】一般性保护条款应用于大多数借款合同。特殊性保护条款是针对某些特殊情况而出现在部分借款合同中的。选项C属于特殊性保护条款的内容。股权融资会增加企业偿债能力，不属于限制条款。

【例题11-9·2003年判断题】按照国际惯例，大多数长期借款合同中，为了防止借款企业偿债能力下降，都严格限制借款企业资本性支出规模，而不限制借款企业租赁固定资产的规模。（　　）

【答案】×

【解析】为了防止借款企业偿债能力下降，大多数长期借款合同中，也会限制租赁固定资产的规模，其目的在于防止企业负担巨额租金以致削弱其偿债能力，还在于防止企业以租赁固定资产的办法摆脱其净经营性长期资产总投资和负债的约束。

（三）长期借款筹资的优点和缺点（见表11-16）——→ *对于优缺点要记忆掌握，常在各观题中考核，优缺点是相对于哪种筹资而言的也要区分记忆）*

表11-16　　　　　　　　长期借款筹资的优点和缺点

项目	说明
优点	（1）筹资速度快：可以迅速地获得资金 （2）借款弹性好：企业与金融机构可以直接接触，可通过直接商谈来确定借款的时间、数量、利息、偿付方式等条件　*（1对1）*
缺点	（1）财务风险较大：长期借款必须定期还本付息，在经营不利的情况下，可能会产生不能偿付的风险，甚至会导致破产 （2）限制条款较多：借款合同中一般有较多的限制条款 *相对于股权融资来说。*

【例题11-10·2000年单选题】长期借款筹资与长期债券筹资相比，其特点是（　　）。

A.利息能节税　　　　　　　　B.筹资弹性大

C.筹资费用大　　　　　　　　D.债务利息高

【答案】B

【解析】对于长期借款，企业与金融机构可以直接接触，可通过直接商谈来确定借款的时间、数量、利息、偿付方式等条件；在借款期间，如果企业情况发生变化，也可与金融机构进行协商，修改借款合同；借款到期后，如有正当理由，还可延期归还。

【提示】与长期债券筹资相比，长期借款筹资的特点为：筹资速度快、借款弹性大、借款成本低和限制条款比较多。

三、长期债券筹资 （★★）　*（✓基础概念，难度不大，对债券发行价格的计算要掌握）*

（一）债券发行价格

＊长期债券筹资

债券的发行价格是债券发行时使用的价格，亦即投资者购买债券时所支付的价格。

1.债券发行价格的确定

债券发行价格的形成受诸多因素的影响，其中主要是票面利率与市场利率的一致程度，具体见表11-17。

表11-17　　　　　　　　债券发行价格的确定

票面利率与市场利率的关系	发行价格
票面利率＞市场利率	溢价发行（发行价格＞面值）
票面利率＝市场利率	平价发行（发行价格＝面值）
票面利率＜市场利率	折价发行（发行价格＜面值）

【提示】债券的票面金额、票面利率在债券发行前即已参照市场利率和发行公司的具体情况确定下来，一并载明于债券之上。但在发行债券时已确定的票面利率不一定与当时的市场利率一致，所以会产生债券发行价溢折价的问题。

2.计算方法（见表11-18）

表11-18 　　　　　　　　　　　长期债券的计算方法

项目	说明
基本原理	将债券的全部现金流按照债券发行时的市场利率进行折现并求和
计算公式	债券发行价格 $= \sum\limits_{t=1}^{n} \dfrac{\text{面值} \times \text{票面利率}}{(1+\text{市场利率})^t} + \dfrac{\text{面值}}{(1+\text{市场利率})^n}$

【提示】无论采用溢价、折价还是平价发行，其目的都是使投资者持有债券的到期收益率等于当时市场利率。

试想一下，如果债券的发行价格比该债券的实际价值还要高，说白了，该债券就不值那么多钱，那么就没有理性的人愿意买，就会导致发行失败。

3.发行成功的条件

发行价格不高于债券价值。

（二）债券评级 　*对债券进行评级可以很快地区分债权的安全可靠程度。*

根据中国人民银行的有关规定，凡是向社会公开发行的企业债券，都需要由经中国人民银行认可的资信评级机构进行评信。

（三）债券的偿还

1.债券的偿还时间（见表11-19）

表11-19 　　　　　　　　　　　债券的偿还时间

偿还时间	说明
到期偿还	（1）分批偿还：企业在发行同一种债券的当时就为不同编号或不同发行对象的债券规定了不同的到期日 （2）到期一次偿还
提前偿还	只有在企业发行债券的契约中明确规定了有关允许提前偿还的条款，企业才可以进行此项操作。具有提前偿还条款的债券可使企业融资有较大的弹性： （1）当企业资金有结余时，可提前赎回债券 （2）当预测利率下降时，也可提前赎回债券，而后以较低的利率来发行新债券
滞后偿还	（1）转期：指将较早到期的债券换成到期日较晚的债券，实际上是将债务的期限延长 【提示】常用的办法： ①直接以新债券兑换旧债券 ②用发行新债券得到的资金来赎回旧债券 *（拆东墙补西墙）* （2）转换：指股份有限公司发行的债券可以按一定的条件转换成本公司的股票 *（可转债）*

企业融资有较大的灵活性。

2.债券的偿还形式（见表11-20）

建立偿债基金，还债更有计划性。

表11-20 　　　　　　　　　　　债券的偿还形式

支付形式	说明
用现金偿还	为了确保债券到期时有足够的现金偿还债券，有时企业需要建立偿债基金
以新债券换旧债券	也被称为"债券的调换"
用普通股偿还	如果企业发行的是可转换债券，可以通过转换变成普通股来偿还

（四）债券筹资的优点和缺点（见表11-21）

（✓基础概念，难度不大，对债券发行价格的计算要掌握）

表11-21　　　　　　　　　　债券筹资的优点和缺点

项目	说明
优点	（1）筹资规模较大：债券属于直接融资，发行对象分布广泛，市场容量相对较大 （2）具有长期性和稳定性：债券的期限可以比较长，且债券的投资者一般不能在债券到期前向企业索取本金　*相对于短期借款。* （3）有利于资源配置：债券是公开发行的，投资者可以方便地交易，有助于加速市场竞争，优化社会资金的资源配置效率
缺点	（1）发行成本高：企业公开发行债券程序复杂，需要聘请中介机构 （2）信息披露成本高：发行债券以及债券上市后需要公开披露各类文件，且对保守企业内部各种信息不利　*相对于股权融资。* （3）限制条件多：通常比优先股及短期债务更为严格

第三节　混合筹资

（✓本节内容可以命制各种题型，需要考生全面掌握）

◇　优先股筹资
◇　附认股权证债券筹资
◇　可转换债券筹资

混合筹资筹集的是混合性资金，即兼具股权和债务特征的资金。我国上市公司目前取得混合性资金的方式主要包括发行优先股筹资、发行可转换债券筹资和认股权证筹资。

一、优先股筹资（Preferred Stock）（★★）

（一）上市公司发行优先股的相关规定　*（✓对于本部分知识点，需要反复阅读，加强记忆）*

1.一般条件（见表11-22）

表11-22　　　　　　　　　　优先股发行的一般条件

项目	说明
盈利能力	最近3个会计年度实现的年均可分配利润应当不少于优先股1年的股息
现金分红	最近3年现金分红情况应当符合公司章程及中国证监会的有关监管规定
会计问题	报告期不存在重大会计违规事项： （1）公开发行优先股，最近3年财务报表被注册会计师出具的审计报告应当为标准审计报告或带强调事项段的无保留意见的审计报告 （2）非公开发行优先股，最近1年财务报表被注册会计师出具的审计报告为非标准审计报告的，所涉及事项对公司无重大不利影响或者在发行前重大不利影响已经消除
发行规模	已发行的优先股不得超过公司普通股股份总数的50%，且筹资金额不得超过发行前净资产的50%，已回购、转换的优先股不纳入计算

2.公开发行的特别规定（见表11-23）

表11-23　　　　　　　　　　　公开发行的特别规定

特别规定	说明
基本规定	上市公司公开发行优先股，应当符合以下情形之一： （1）其普通股为上证50指数成份股 （2）以公开发行优先股作为支付手段收购或吸收合并其他上市公司 （3）以减少注册资本为目的回购普通股的，可以公开发行优先股作为支付手段，或者在回购方案实施完毕后，可公开发行不超过回购减资总额的优先股
盈利要求	最近3个会计年度应当连续（而非"累积"）盈利。扣除非经常性损益后的净利润与扣除前净利润相比，以孰低者作为计算依据
公司章程	上市公司公开发行优先股应当在公司章程中规定以下事项： （1）采取固定股息率 （2）在有可分配税后利润的情况下必须向优先股股东分配股息（强制性优先股） （3）未向优先股股东足额派发股息的差额部分应当累积到下一个会计年度 （4）优先股股东按照约定的股息率分配股息后，不再同普通股股东一起参加剩余利润分配 【提示】商业银行发行优先股补充资本的，可就第（2）项和第（3）项事项另行约定
优先购买	上市公司公开发行优先股的，可以向原股东优先配售
法定障碍	最近36个月内因违反工商、税收、土地、环保、海关法律、行政法规或规章，受到行政处罚且情节严重的，不得公开发行优先股
失信禁止	公司及其控股股东或实际控制人最近12个月内不存在违反向投资者作出的公开承诺的行为

（批注）固定股息率就是优先股股东所享有的部分，只是股息部分优先于普通股股利进行分配而已。

（批注）累计优先股

（批注）时间不要混淆！

3.其他规定（见表11-24）

表11-24　　　　　　　　　　　其他规定

（批注）与股票一样不得折价发行

项目	说明
票面金额	优先股每股票面金额为100元，发行价格不得低于优先股票面金额
票面股息率	（1）公开发行的优先股：以市场询价或证监会认可的其他公开方式确定 （2）非公开发行的优先股：不得高于最近两个会计年度的年均加权平均净资产收益率
转换权利	上市公司不得发行可转换为普通股的优先股 【提示】商业银行可根据商业银行资本监管规定，非公开发行触发事件发生时强制转换为普通股的优先股，并遵守有关规定
发行对象	上市公司非公开发行优先股仅向本办法规定的合格投资者发行，每次发行对象不得超过200人，且相同条款优先股的发行对象累计不得超过200人

（二）优先股的筹资成本（见表11-25）

表11-25　　　　　　　　　　　　优先股的筹资成本

项目	说明
同一公司的优先股股东要求的必要报酬率比债权人高	优先股投资的风险比债券大： （1）在公司财务困难时，债务利息会被优先支付，优先股股利则其次 （2）当企业面临破产时，优先股的求偿权低于债权人
同一公司的优先股股东的必要报酬率比普通股股东低	优先股投资的风险比普通股低： （1）在公司分配利润时，优先股股息通常固定且优先支付 （2）当企业面临破产时，优先股股东的求偿权优先于普通股股东

【提示】同一公司的优先股股东的必要报酬率比债权人高，比普通股股东低。

（三）优先股筹资的优缺点（见表11-26）——（✓熟悉优缺点，可以命制文字型客观题或融入资本成本计算分析题中作为一小问考查）

表11-26　　　　　　　　　　　　优先股筹资的优缺点

项目	与债券相比	与普通股相比
优点	不支付股利不会导致公司破产；没有到期期限，不需要偿还本金	发行优先股一般不会稀释股东权益
缺点	优先股股利不可以税前扣除，是优先股筹资的税收劣势	优先股的股利通常被视为固定融资成本，与负债筹资的利息没有什么差别，会增加公司的财务风险进而增加普通股的成本

二、附认股权证债券筹资（Warrant）（★★）

（一）认股权证的特征——→（✓认股权证与看涨期权的异同）

认股权证是公司向股东发放的一种凭证，授权其持有者在一个特定期间以特定价格购买特定数量的公司股票。

1.认股权证与看涨期权的共同点（见表11-27）

表11-27　　　　　　　　　　　　认股权证与看涨期权的共同点

项目	说明
标的资产	均以股票为标的资产，其价值随股票价格变动
选择权	均在到期前均可以选择执行或不执行，具有选择权
执行价格	均有一个固定的执行价格

2.认股权证与看涨期权的区别（见表11-28）

表11-28　　　　　　　　　　　　认股权证与看涨期权的区别

项目	认股权证	看涨期权
行权影响	当认股权执行时，股票是新发股票，会引起股份数的增加，从而稀释每股收益与股价	看涨期权执行时，其股票来自二级市场，不会稀释每股收益与股价 【提示】标准化的期权合约，在行权时只是与发行方结清价差，根本不涉及股票交易
期限	期限长，可以长达10年，甚至更长	期限短，通常只有几个月
BS模型	认股权证不能假设有效期内不分红，5~10年不分红很不现实，不能用BS模型定价	BS模型假设没有股利支付，看涨期权可以适用

【例题11-11·2015年单选题】下列关于认股权证与股票看涨期权共同点的说法中，正确的是（   ）。

A.两者行权后均会稀释每股价格

B.两者均有固定的行权价格

C.两者行权后均会稀释每股收益

D.两者行权时买入的股票均来自二级市场

【答案】B

【解析】看涨期权执行时，其股票来自二级市场，不存在稀释每股收益和股价问题；当认股权证执行时，股票是新发股票，不是来自二级市场会引起股份数的增加，从而稀释每股收益和股价，A、C、D项错误。

【例题11-12·2013年多选题】下列关于认股权证与看涨期权的共同点的说法中，错误的有（   ）。

A.行权时都能稀释每股收益

B.都能使用布莱克-斯科尔斯模型定价

C.都能作为筹资工具

D.都有一个固定的行权价格

【答案】ABC

【解析】A项错误：看涨期权执行时，其股票来自二级市场，不存在稀释每股收益问题；当认股权证执行时，股票是新发股票，会引起股份数的增加，从而稀释每股收益和股价。B项错误：认股权证期限长，可以长达10年，甚至更长，不能用布莱克-斯科尔斯模型定价。C项错误：认股权证与公司债券同时发行，用来吸引投资者购买票面利率低于市场要求的长期债券，具有筹资工具的作用；但是看涨期权没有筹资工具的作用。

3.发行认股权证的用途（见表11-29）

表11-29　　　　　　　　　　发行认股权证的用途

用途	说明
补偿作用	在公司发行新股时，为避免原有股东每股收益和股价被稀释，给原有股东配发一定数量的认股权证，使其可以按优惠价格认购新股，或直接出售认股权证，以弥补新股发行的稀释损失
奖励作用	作为奖励发给本公司的管理人员 【提示】通常讲的"奖励期权"，其实是奖励认股权证，它与期权并不完全相同
筹资作用	作为筹资工具，认股权证与公司债券同时发行，用来吸引投资者购买票面利率低于市场要求的长期债券

【提示】本章主要讨论认股权证和债券的"捆绑发行"，我们把它们作为一个整体融资工具来讨论。

（二）附认股权证债券的筹资成本

1.附认股权证债券

附认股权证债券，是指公司债券附认股权证，持有人依法享有在一定期间内按约定价格（执行价格）认购公司股票的权利，是债券加上认股权证的产品组合，详

（手写批注）补偿老股东

（手写批注）附认股权证债券，主要目的是发行债券而不是发行股票，是为了发债而附带期权，以潜在的股权稀释为代价换取当前较低的利息。

*认证股权筹资成本讲解

40438

见表11-30。

表11-30　　　　　　　　　　　　附认股权证债券

类型	说明
分离型	认股权证与公司债券可以分开，单独在流通市场上自由买卖
非分离型	认股权证无法与公司债券分开，两者存续期限一致，同时流通转让，自发行至交易均合二为一，不得分开转让 【提示】近似于可转债
现金汇入型	当持有人行使认股权利时，必须再拿出现金来认购股票
抵缴型	公司债券票面金额本身可按一定比例直接转股，如现行可转换公司债的方式

2.分离型附认股权证债券筹资成本

（1）计算思路

附带认股权债券的［税前］资本成本，可以用投资人的内含报酬率（IRR）来估计，详见表11-31。

使得现金流入的现值与现金流出的现值相等的折现率。

表11-31　　　　　　分离型附认股权证债券筹资成本的计算思路

项目	说明
现金流出	购买债券和认股权证的总价款
现金流入	（1）债券存续期限内，每年年末票面利息 （2）行权时的认股权证行权价差收入 （3）债券到期时收回本金
计算公式	购买价款=利息×（P/A，IRR，n）+（行权时股票市价 - 行权价）×每份债券附带认股权证张数×（P/F，IRR，m）+债券面值×（P/F，IRR，n）

【提示】

①题目没有特别说明时，默认债券平价发行。

②行权时股票市价的计算：一般根据发行附认股权证债券时的初始股票价格，按照固定的股价增长率（股利增长率）持续计算，可以用可持续增长率代替。

（2）筹资成本的可行区间与发行条款的修改（见表11-32）

修改相关条款，使得投资人内含报酬率处于可行的区间。

表11-32　　　　　　筹资成本的可行区间与发行条款的修改

项目	说明
可行区间	计算出的内含报酬率必须处在债务的市场利率和税前普通股成本之间，才可以被发行人和投资人同时接受 【提示】 （1）如果它的税后成本高于权益成本，则不如直接增发普通股（没有固定利息负担） （2）如果它的税前成本低于普通债券的利率则对投资人没有吸引力
条款修改	（1）修改思路：提高投资人的报酬率，增加其未来现金流入量 （2）修改方案：提高债券的票面利率、降低认股权证的执行价格

3.附认股权证筹资的优点和缺点（见表11-33）

表11-33　　　　　　　附认股权证筹资的优点和缺点

（✓认股权证的优缺点要理解记忆，多以文字型客观题考查）

项目	说明
优点	(1) 一次发行，两次融资 (2) 降低相应债券的利率——→主要是为了当前以低于普通债券利率发行债券。
缺点	(1) 灵活性较差：附带认股权证的债券发行者，主要目的是发行债券而不是股票，是发债而附带期权。认股权证的执行价格，一般比发行时的股价高出20%~30%。如果将来公司发展良好，股票价格会大大超过执行价格，原有股东会蒙受较大损失 (2) 附带认股权证债券的承销费用高于债务融资

【提示】附认股权证债券的发行人主要是高速增长的小公司，这些公司有较高的风险，直接发行债券需要较高的票面利率。发行附有认股权证的债券，是以潜在的股权稀释为代价换取较低的利息。

【例题11-13·2012年多选题】下列关于附认股权证债券的说法中，错误的有（　　）。

A.附认股权证债券的筹资成本略高于公司直接增发普通股的筹资成本

B.每张认股权证的价值等于附认股权证债券的发行价格减去纯债券价值

C.附认股权证债券可以吸引投资者购买票面利率低于市场利率的长期债券

D.认股权证在认购股份时会给公司带来新的权益资本，行权后股价不会被稀释

【答案】ABD

【解析】A项错误：附认股权证债券的筹资成本应低于公司直接增发普通股的筹资成本，否则无法对筹资人有利。B项错误：每张认股权证的价值= $\dfrac{附认股权证债券的发行价格-纯债券价值}{每张债券附带的认股权数}$。D项错误：认股权证在认购股份时，由于认购价低于市价，因此行权后股价会被稀释。

【例题11-14·2010年多选题】某公司是一家生物制药企业，目前正处于高速成长阶段。公司计划发行10年期限的附认股权债券进行筹资。下列说法中，正确的有（　　）。

A.认股权证是一种看涨期权，可以使用布莱克-斯科尔斯模型对认股权证进行定价

B.使用附认股权债券筹资的主要目的是当认股权证执行时，可以以高于债券发行日股价的执行价格给公司带来新的权益资本

C.使用附认股权债券筹资的缺点是当认股权证执行时，会稀释股价和每股收益

D.为了使附认股权债券顺利发行，其内含报酬率应当介于债务市场利率和［税前］普通股成本之间

【答案】CD

【解析】A项错误：布莱克-斯科尔斯模型假设没有股利支付，看涨期权可以适

用；认股权证不能假设有效期限内不分红，认股权证是长期的，5~10年不分红很不现实，不能用布莱克–斯科尔斯模型定价。B项错误：认股权证筹资的主要优点是可以降低相应债券的利率。

主要是为了以高于当前股价的价格发行股票，附带未来的转股权。可以命制文字型客观题或计算型题目。

三、可转换债券筹资（Convertible Bond）（★★）

（一）可转换债券的相关概念

可转换债券，是一种特殊的债券，它在一定期间内依据约定的条件可以转换成普通股。它有以下特征：

1.可转换性 —— *把持有的债券转换成对应的股票，不再增加现金流入。*

（1）这种转换，在资产负债表上只是负债转换为普通股，并不增加额外的资本。认股权证与之不同，认股权证会带来新的资本。

（2）这种转换是一种期权，证券持有人可以选择转换，也可选择不转换而继续持有债券。

【提示】可转换债券转股时的会计分录：

借：应付债券——可转换债券（面值、利息调整、应计利息）

　　　应付利息

　　　其他权益工具

　　贷：股本

　　　　资本公积——股本溢价

2.转换价格

可转换债券发行时规定的转换发生时投资者为取得［每一张］普通股每股所支付的实际价格。转换价格通常比发行时的股价高出20%~30%。

【提示】转换价格是放弃债券的形式支付，不是向发行公司交付现金。 *把持有的债券转换成对应的股票，不再增加现金流入。*

3.转换比率（见表11-34）

表11-34　　　　　　　　　　　　　转换比率

项目	说明
含义	转换比率是债权人每张债券通过转换可获得的普通股股数
计算公式	转换比率=债券面值÷转换价格

【提示】（1）转换价格是以放弃的债券面值衡量，不是以债券市值衡量。

（2）同时报考会计的同学请注意，在会计教材中，持有人行使转换权时，如果存在发行人应付未付的利息，则连同可转换债券的面值一并转股；在财务管理中，不考虑应付未付利息的影响。

4.转换期

转换期指可转换债券转换为股份的起始日至结束日的期间，可以与债券的期限相同，也可以短于债券的期限。超过转换期后的可转换债券，不再具有转换权，自动成为不可转换债券（或普通债券）。

【实务链接】我国《上市公司证券发行管理办法》规定，自发行结束之日起6个月后方可转换为公司股票，转股期限由公司根据可转换公司债券的存续期限及公司财务状况决定。 *最小转换期为6个月。*

5.赎回条款——*保护公司，促使债券持有人转换股份。*

（1）赎回条款的含义及内容

赎回条款是可转换债券的<u>发行企业</u>可以在债券到期日之前提前赎回债券的规定，主要包括下列内容，详见表11-35：

表11-35　　　　　　　　赎回条款的含义及内容

项目	说明
不可赎回期	指可转换债券从发行时开始，不能被赎回的那段期间 【提示】设立不可赎回期的<u>目</u>的，在于保护债券持有人的利益，防止发行企业滥用赎回权
赎回期	指可转换债券的发行公司可以赎回债券的期间 【提示】赎回期安排在不可赎回期之后，不可赎回期结束之后，即进入可转换债券的赎回期
赎回价格	指事先规定的发行公司赎回债券的出价。赎回价格一般高于可转换债券的面值，两者之差为<u>赎回溢价</u>。赎回溢价随着债券到期日的临近而减少
赎回条件	指对可转换债券发行公司赎回债券的情况要求，即需要在什么样的情况下才能赎回债券

（2）设置赎回条款的目的（见表11-36）

表11-36　　　　　　　　设置赎回条款的目的

目的	说明
加速行权	促使债券持有人转换股份，因此赎回条款又被称为<u>加速条款</u>
利率保护	使发行公司避免市场利率下降后，继续向债券持有人支付较高的债券票面利率所蒙受的损失

【提示】发行公司在赎回债券之前，要向债券持有人发出通知，要求他们在将债券转换为普通股与卖给发行公司（即发行公司赎回）之间作出选择。一般而言，债券持有人会将债券转换为普通股。

【例题11-15·2016年单选题】有些可转债券在赎回条款中设置不可赎回期，其目的是（　　）。

A.防止赎回溢价过高

B.保证可转换债券顺利转换成股票

C.保证发行公司长期使用资金

D.防止发行公司过度使用赎回权

【答案】D

【解析】设置不可赎回期的目的是保护投资者的利益，防止发行企业滥用赎回权。

【例题11-16·2003年判断题】在发行可转换债券时，设置按高于面值的价格赎回可转换债券的条款，是为了保护可转换债券持有人的利益，以吸引更多的债券投资者。（　　）

【答案】×

【解析】可赎回条款是为了促使债券持有人转换股份，因此又被称为加速条款；同时也能使发行公司避免市场利率下降后，继续向债券持有人按较高的债券票面利率支付利息所蒙受的损失。

【例题11-17·2002年判断题】可转换债券中设置赎回条款，主要是为了促使债券持有人转换股份，同时锁定发行公司的利率损失。（　　）

【答案】√

【解析】可赎回条款是为了促使债券持有人转换股份，因此又被称为加速条款；同时也能使发行公司避免市场利率下降后，继续向债券持有人按较高的债券票面利率支付利息所蒙受的损失。

6.回售条款（见表11-37）保护债券持有人，股票价格极度异常时，债券持有人可以按约定卖给发行公司。

表11-37　　　　　　　　　　回售条款

项目	说明
含义	指在可转换债券发行公司的股票价格达到某种恶劣程度时，债券持有人有权按照约定的价格将可转换债券卖给发行公司的有关规定
目的	设置回售条款可以保护债券投资人的利益，使他们能够避免遭受过大的投资损失，从而降低投资风险，可以使投资者具有安全感，因而有利于吸引投资者

【例题11-18·2004年多选题】以下关于可转换债券的说法中，正确的有（　　）。

A.在转换期内逐期降低转换比率，不利于投资人尽快进行债券转换

B.转换价格高于转换期内的股价，会降低公司的股本筹资规模

C.设置赎回条款主要是为了保护发行企业与原有股东的利益

D.设置回售条款可能会加大公司的财务风险

【答案】BCD

【解析】A项错误：在转换期内逐期降低转换比率，使转换价格逐期提高，有利于投资者尽快地把债券转换成股票。B项正确：股本筹资规模是指发行股票后筹集的股本（股数×每股面值），如果转换价格高于转换期内的股价，则将可转换债券转换为股票增加的股数小于直接发行股票增加的股数，而每股面值是一定的，所以会降低公司的股本筹资规模。C项正确：设置赎回条款能促使持有人将债券转换成股票，同时也能使发行公司避免市场利率下降后，继续向债券持有人支付较高的债券利息所蒙受的损失，保护了发行企业与原有股东的利益。D项正确：发行可转换债券后，如果公司业绩不佳，股价长期低迷，当达到回售条件时，可转换债券持有人会将债券回售给公司，公司短期内偿还债券压力很大，从而会加大公司的财务风险。

7.强制性转换条款（见表11-38）保护发行公司。

表11-38　　　　　　　　　　强制性转换条款

项目	说明
含义	指在某些条款具备之后，债券持有人必须将可转换债券转换为股票，无权要求偿还债券本金的规定
目的	为了保证可转换债券顺利地转换成股票，实现发行公司扩大权益筹资的目的

（二）可转换债券的成本

1.可转换债券有关的价值（见表11-39）

表11-39 可转换债券有关的价值

价值项目	含义	计算公式
纯债券价值	指可转债不能被转换时的售价	利息×（P/A，r，t）+面值×（P/F，r，t） 其中： t——债券的到期时间； r——等风险普通债券的市场利率
转换价值	指债券必须立即转换时的债券售价，即每一张债券转换成股票的价值	转换时的股票价值 P_m×转换比率 其中： $P_m=P_0×（1+g）^m$ 其中： g——股利年增长率； m——转换时间
底线价值	可转换债券的最低价值，应当是债券价值和转换价值两者中的较高者	max（债券价值，转换价值）

【提示】可转换债券的市场价值不会低于底线价值。

2.分析筹资成本

（1）计算思路

内含报酬率的计算过程中会涉及内插法。

可转换债券的［税前］资本成本，可以用投资人的内含报酬率（IRR）来估计，详见表11-40。

表11-40 筹资成本的计算思路

项目	说明
现金流出	购买可转换债券的价款
现金流入	（1）转股前每年末票面利息； （2）转股时的转换价值
计算公式	购买价款=利息×（P/A，IRR，m）+转换价值×（P/F，IRR，m）

使得流入流出金额相等的折现率。

（2）筹资成本的可行区间与发行条款的修改（见表11-41）

表11-41 筹资成本的可行区间与发行条款的修改

项目	说明
可行区间	计算出的内含报酬率必须处在债务的市场利率和税前普通股成本之间，才可以被发行人和投资人同时接受 【提示】 （1）如果它的税后成本高于权益成本，则不如直接增发普通股（没有固定利息负担） （2）如果它的税前成本低于普通债券的利率则对投资人没有吸引力
条款修改	（1）修改思路：提高投资人的报酬率，增加其未来现金流入量 （2）修改方案：提高债券的票面利率、提高转换比例（降低转股价）、延长赎回保护期限

最终的筹资成本是使得发行人和投资人都满意的一个数值。

【例题11-19·2016年多选题】在其他条件不变的情况下，关于单利计息，到期一次还本付息的可转换债券的内含报酬率，下列选项中正确的有（　　）。

A.债券期限越长，债券的内含报酬率越高

B.票面利率越高，债券的内含报酬率越高

C.转换比率越高，债券的内含报酬率越高

D.转换价格越高，债券的内含报酬率越高

【答案】BC

【解析】A项错误：可转换债券的内含报酬率指的是使得可转换债券的投资人获得的现金流入的现值等于投资额的折现率，也就是说，在其他条件不变的情况下，可转换债券的内含报酬率的高低取决于持有期间获得的现金流入的高低，与债券期限没有必然的联系。B项正确：本题的可转换债券是到期一次还本付息，也就是说，如果在到期前没有转股，则投资人在到期日收到全部利息，因此，在其他条件不变的情况下，票面利率越高，债券的内含报酬率越高。C项正确：如果在到期前转股，则投资人只能收到按照转换价值计算的现金流入，不能收到利息，而转换价值=股价×转换比率，所以，在其他条件不变的情况下，转换比率越高，债券的内含报酬率越高。D项错误：由于在其他条件不变的情况下，转换价格越高，意味着转换比率越低，债券的内含报酬率越低。

【例题11-20·2014年单选题】甲公司拟发行可转换债券，当前等风险普通债券的市场利率为5%，股东权益成本为7%。甲公司的企业所得税税率为20%。要使发行方案可行，可转换债券的税后资本成本的区间为（　　）。

A.4%～7%

B.5%～7%

C.4%～8.75%

D.5%～8.75%

【答案】A

【解析】等风险普通债券的税后利率=5×（1-20%）=4%，所以可转换债券的税后资本成本的区间是4%～7%。

（三）可转换债券筹资的优点和缺点　（✓本知识点可以命制文字型客观题）

1.优点（见表11-42）

表11-42　　　　　　　　　　　　可转换债券筹资的优点

项目	说明
与普通债券相比	可转换债券使得公司能够以较低的利率取得资金，其票面利率低于同一条件下的普通债券的利率，降低了公司前期的筹资成本 【提示】可转换债券转换成普通股后，其原有的低息优势将不复存在，公司要承担普通股的筹资成本
与普通股相比	可转换债券使得公司取得了以高于当前股价出售普通股的可能性。因此，在发行新股时机不理想时，可以先发行可转换债券，然后通过转换实现较高价格的股权筹资

（手写批注）与不同的融资方式相比有不同的优缺点，对比掌握。

（手写批注）可转换债券的主要目的就是发行股票，但是当前的股价并不理想，发行股票不能很好的融资，所以先发行债券，赋予投资人一定期限之后的转换权。

（手写批注）可转换债券发行时的低利率是以未来所附期权的形式换取的。

2.缺点（见表11-43）→ *不论股价上涨还是股价低迷，发行人都会承担对应的风险。*

表11-43   可转换债券筹资的缺点

项目	说明
股价上涨风险	如果转换时股票价格大幅上涨，公司只能以较低的固定转换价格换出股票，会降低公司的股权筹资额
股价低迷风险	发行可转换债券后，如果股价没有达到转股所需要的水平，可转换债券持有者没有如期转换普通股，则公司只能继续承担债务，加大偿债压力
筹资成本高于普通债券	尽管可转换债券的票面利率比普通债券低，但是加入转股成本之后的总筹资成本比普通债券要高

【例题11-21·2005年判断题】可转换债券转换成普通股后，公司不再支付债券利息，因此综合资本成本将下降。（   ）

【答案】×

【解析】可转换债券转换成普通股后，公司不再支付债券利息，但是要支付普通股股利，由于债券资本成本比股权资本成本低，所以，可转换债券转换成普通股后，综合资本成本将提高。

（四）可转换债券和附认股权证债券的区别（见表11-44）

表11-44   可转换债券和附认股权证债券的区别

注意两者的区分，虽然"认股权证"名称中含有"股"但其主要目的是发行债券；虽然"可转换债券"名称中含有"债券"但是其主要目的是为了发行股票。

项目	附认股权证债券	可转换债券
行权影响	在认购股份时给公司带来新的权益资本［花钱买股］	在转换时只是报表项目之间的变化，没有增加新的资本［弃债转股］
灵活性	灵活性较少	类型繁多，千姿百态，它允许发行者规定可赎回条款、强制转换条款等
适用情况	主要目的是发行债券而不是股票，是发债而附带期权，只是因为当前利率要求高，希望通过捆绑期权吸引投资者以降低利率	主要目的是发行股票而不是债券，只是因为当前股价偏低，希望通过将来转股以实现较高的股票发行价
发行费用	承销费用介于债务融资和普通股之间	承销费用与纯债券类似
发行人	高风险、高增长的小公司	各种公司

第四节　租赁筹资

◇ 租赁的原因及概念　*（✓本节内容可以命制各种题型，需要考生全面掌握）*

◇ 经营租赁和融资租赁

◇ 租赁的税务处理

◇ 售后回租

一、租赁的原因及概念　（★★★）

（一）租赁的原因（见表11-45）　（✓可以命制文字型客观题，理解掌握）

表11-45　租赁的原因

原因	说明
节税	节税是长期租赁存在的主要原因：如果承租方的有效税率低于出租方，资产应该放在高税率企业账上计提折旧，从而将节税的好处在租赁双方之间分摊
降低交易成本	交易成本的差别是短期租赁存在的主要原因：租赁公司可以大批量购置某种资产，从而获得价格优惠；对于租赁资产的维修，他们可能更内行或者更有效率；对于旧资产的处置，他们更有经验；此外，租赁公司的融资成本往往比承租人低
减少不确定性	租赁的风险主要与租赁期满时租赁资产的余值有关：承租人不承担此类风险

影响公司决策的因素很多，不同风险偏好也应考虑。

【提示】不同风险偏好的公司对租赁的选择，见表11-46：

表11-46　不同风险偏好的公司对租赁的选择

类型	说明
规模较小或新成立的公司	公司的总风险较大，希望尽可能降低风险，较倾向于租赁
蓝筹公司	有能力承担资产余值风险，更偏好自行购置

【例题11-22·2007年判断题】长期租赁的主要优势在于能够使租赁双方得到抵税方面的好处，而短期租赁的主要优势则在于能够降低承租方的交易成本。（　　　）

【答案】√

【解析】节税是长期租赁存在的主要原因，如果没有所得税制度，长期租赁可能无法存在。租赁公司可以大批量购置某种资产，从而获得价格优惠，对于租赁资产的维修，租赁公司可能更内行更有效率，对于旧资产的处置，租赁公司更有经验，承租人通过租赁可以降低交易成本，交易成本的差别是短期租赁存在的主要原因。

（二）租赁的概念

1.租赁的当事人

按照当事人之间的关系，租赁可以划分为三种类型，具体见表11-47：

表11-47　租赁的类型

类型	说明	当事人
直接租赁	出租方（租赁企业或生产厂商）直接向承租人提供租赁资产	出租人、承租人
售后租回	承租人先将某资产卖给出租人，再将该资产租回的形式 【提示】承租人一方面通过出售资产［一次性］获得了现金，另一方面又通过租赁满足了对资产的需要，而租金却可以分期支付	出租人、承租人

只涉及双方当事人

续表

类型	说明	当事人
杠杆租赁	（1）出租方自己只投入部分资金，通常为资产价值的20%~40%，其余资金则通过将该资产抵押担保的方式，向第三方（通常为银行）申请贷款解决 （2）租赁公司将购进的设备出租给承租方，用收取的租金偿还贷款，该资产的所有权属于出租方	出租人、承租人、贷款者 （1）对承租人：杠杆租赁和直接租赁没有什么区别 （2）对出租人：既是资产的出租者，同时又是款项的借入者

此普通的租赁关系多一方贷款人。

【例题11-23·2009年单选题（新）】甲公司2009年3月5日向乙公司购买了一处位于郊区的厂房，随后出租给丙公司。甲公司以自有资金向乙公司支付总价款的30%，同时甲公司以该厂房作为抵押向丁银行借入余下的70%价款。这种租赁方式是（　　）。

A.经营租赁

B.售后回租租赁

C.杠杆租赁

D.直接租赁

【答案】C

【解析】本题中租赁是有贷款者参与的一种租赁形式。在这种形式下，出租人引入资产时只支付引入所需款项（如购买资产的贷款）的一部分（通常为资产价值的20%~40%），其余款项则以引入的资产或出租权等为抵押，向另外的贷款者借入，资产租出后，出租人以收取的租金向债权人还贷。这样，出租人利用自己少量的资金就推动了大额的租赁业务，故称为杠杆租赁。

【例题11-24·2009年判断题（原）】从承租人的角度来看，杠杆租赁与直接租赁并无区别。（　　）

【答案】√

【解析】从承租人的角度来看，杠杆租赁和直接租赁没有什么区别，都是向出租人租入资产。

2.租赁期 *长租与短租，是与租赁资产的使用寿命相比。*

租赁期是指租赁开始日至终止日的时间。根据租赁期的长短，租赁可以划分为两种类型，详见表11-48：

表11-48　　　　租赁根据租赁期长短的分类

类型	说明
短期租赁	租赁的时间明显少于租赁资产的经济寿命
长期租赁	租赁的时间接近租赁资产的经济寿命

【提示】短期和长期的区分不是以1年为限。

3.租赁费用 ——→ *租赁费用的报价形式要区分不同情况。*

（1）租赁费用的经济内容（见表11-49）

表11-49　　　　　　　　　　　租赁费用的经济内容

经济内容	明细构成
出租人的全部出租成本	（1）租赁资产的购置成本 （2）营业成本 （3）相关的利息（占用资金的应计成本）
出租人的利润	如果出租人收取的租赁费用超过其成本，剩余部分则成为利润

（2）租赁费用的报价形式

①合同类型（见表11-50）

表11-50　　　　　　　　　　　合同类型

类型	购置成本	相关利息	营业成本	利润
分别约定租金、利息和手续费	租金	利息	手续费补偿出租人的营业成本，剩余成为利润	
分别约定租金和手续费	租金			
只约定一项综合租金	租金			

②合同案例（见表11-51）——→ *结合案例进一步讲解。*

表11-51　　　　　　　　　　　合同案例

案例	购置成本	相关利息	营业成本	利润
合同Ⅰ	（1）租赁资产购置成本100万元，分10年偿付，每年租赁费10万元，在租赁开始日首付	（2）尚未偿还的租赁资产购置成本按年利率6%计算利息，在租赁开始日首付	（3）租赁手续费10万元，在租赁开始日一次付清	
合同Ⅱ	（1）租赁费110万元，分10年支付，每年11万元，在租赁开始日首付		（2）租赁手续费10万元，在租赁开始日一次付清	
合同Ⅲ	租赁费120万元，分10年支付，每年12万元，在租赁开始日首付			

【提示】租赁费的支付形式具有多样性，但典型的租赁费支付形式是预付年金，即分期（年、半年、季度月或日等）的期初等额系列付款。

③根据全部租金是否超过资产的成本，租赁可以划分为两种类型，详见表11-52：

表11-52　　　　　　　租赁的分类（根据全部租金是否超过资产成本）

类型	说明
不完全补偿租赁	租金不足以补偿租赁资产的全部成本（不仅是购置成本）
完全补偿租赁	租金超过资产全部成本

【例题11-25·2009年单选题（新）】2009年9月承租人和出租人签订了一份租赁合同，合同规定租赁资产的购置成本200万元，承租人分10年偿还，每年支付

租金20万元，在租赁开始日首付，尚未偿还的租赁资产购置成本以5%的年利率计算并支付利息，在租赁开始日首付。租赁手续费为15万元，于租赁开始日一次性付清。根据这份租赁合同，下列表述中，正确的是（　　）。

A.租金仅指租赁资产的购置成本

B.租金不仅仅指租赁资产的购置成本

C.仅以手续费补偿出租人的期间费用

D.利息和手续费就是出租人的利润

【答案】A

【解析】租赁费用的经济内容包括出租人的全部出租成本和利润，报价形式总结见表11-50。

4.租赁的撤销 → 承租人是否可以行使撤销权来划分。

根据租赁是否可以随时解除，租赁可以划分为两种类型，见表11-53：

表11-53　　　　　租赁的分类（根据租赁是否可以随时解除）

类型	说明
可以撤销租赁	指合同中注明承租人可以随时解除的租赁。通常，提前终止合同，承租人要支付一定的赔偿额
不可撤销租赁	指在合同到期前不可以单方面解除的租赁。如果经出租人同意或承租人支付一笔足够大的额外款项，该租赁也可以提前终止

5.租赁资产的维修 → 出租人角度。

根据出租人是否负责租赁资产的维护（维修、保险和财产税等），租赁可以划分为两种类型，见表11-54：

表11-54　　　　　租赁的分类（根据出租人是否负责租赁资产的维护）

类型	说明
毛租赁	由出租人负责资产维护的租赁
净租赁	由承租人负责资产维护的租赁

经营租赁与融资租赁的划分十分重要，重点在融资租赁的决策原则上，可以命制各种类型的题目，重点掌握。

二、经营租赁和融资租赁（见表11-55）（★★★）

表11-55　　　　　　　　　经营租赁和融资租赁

	经营租赁	融资租赁
含义	租赁物短期使用权的交易合同	出租人根据承租人对出卖人、租赁物的选择，向出卖人购买租赁物，提供给承租人使用，承租人支付租赁费的合同 【提示】三方当事人、两个合同
目的	取得经营活动需要的短期使用的资产，用以替代经营资产购置，属于经营活动	取得拥有长期资产所需要的资本，用以替代借款筹资，属于筹资活动
说明	典型的经营租赁是短期的、可撤销的、不完全补偿的毛租赁	典型的融资租赁是长期的、不可撤销的、完全补偿的净租赁
主要特征	最主要的外部特征是租赁期短	最主要的外部特征是租赁期长

【提示】在全部的CPA科目中，融资租赁是一个常见的重要考点，科目不同，掌握的重点不同，详见表11-56：

表11-56　　　　　　　　　　融资租赁在CPA科目中的要点

科目	要点
经济法	掌握融资租赁的定义
会计	掌握融资租赁的判断标准
税法	掌握融资租赁的税前抵扣
财管	掌握融资租赁的决策原则

【例题11-26·2012年单选题】从财务管理的角度看，融资租赁最主要的财务特征是（　　　）。

A.租赁期长

B.租赁资产的成本可以得到完全补偿

C.租赁合同在到期前不能单方面解除

D.租赁资产由承租人负责维护

【答案】A

【解析】典型的融资租赁是指长期的、完全补偿的、不可撤销的净租赁。融资租赁最主要的财务特征是租赁期长。

【例题11-27·2008年判断题】典型的融资租赁是长期的、完全补偿的、不可撤销的毛租赁。（　　　）

【答案】×

【解析】典型的融资租赁是长期的、完全补偿的、不可撤销的净租赁。

三、租赁的税务处理　（★★★）

*经营租赁和融资租赁的区分讲解

（一）经营租赁和融资租赁的区分

满足其中一项就是融资租赁，全部不满足的是经营租赁。

我国企业所得税法没有规定租赁的分类标准，可以采用会计准则对租赁的分类和确认标准。按照我国的会计准则，满足以下一项或数项标准的租赁属于融资租赁（资本化租赁），见表11-57：

表11-57　　　　　　　　　　经营租赁和融资租赁的区分

角度	说明
设备归属	（1）在租赁期届满时，租赁资产的所有权转移给承租人
	（2）承租人有购买租赁资产的选择权，所订立的购价预计将远低于行使选择权时租赁资产的公允价值，因而在租赁开始日就可以合理确定承租人将会行使这种选择权

续表

角度	说明
价值转移	（3）租赁期占租赁资产［尚］可使用年限的大部分（通常解释为等于或大于75%） 【提示】一般以税法规定的折旧年限作为可使用年限 两个数值要记清楚，不要混淆。
	（4）租赁开始日最低租赁付款额的现值几乎相当于（通常解释为等于或大于90%）租赁开始日租赁资产的公允价值 【提示】计算最低租赁付款额时的折现率：税前有担保的债券利率
	（5）租赁资产性质特殊，如果不做重新改制，只有承租人才能使用

【提示】 踩线原则。

（1）根据具体的租赁合同，只要有条款满足以上任一项规定，则该租赁属于融资租赁；只有以上5项规定都不满足时，才能将租赁合同认定为经营租赁。

（2）融资租赁，是指实质上转移了与资产所有权有关的全部风险和报酬的租赁，其所有权最终可能转移，也可能不转移。貌似"租"，其实和"买"也差不多了。

【例题11-28·2007年单选题】下列有关租赁的表述中，正确的是（　　）。

A.由承租人负责租赁资产维护的租赁，被称为毛租赁

B.合同中注明出租人可以提前解除合同的租赁，被称为可以撤销租赁

C.按照我国税法规定，租赁期为租赁资产使用年限的大部分（75%或以上）的租赁，被视为融资租赁

D.按照我国会计制度规定，租赁开始日最低付款额的现值小于租赁开始日租赁资产公允价值90%的租赁，按融资租赁处理

【答案】C

【解析】A项错误：应该把"毛租赁"改为"净租赁"。B项错误：应该把"出租人"改为"承租人"。D项错误：应该把"小于租赁开始日租赁资产公允价值90%"改为"大于或等于租赁开始日租赁资产公允价值的90%"。

（二）租赁的税务处理

1.经营租赁

以经营租赁方式租入固定资产发生的租赁费支出，按照租赁期（含免租期）均匀扣除。

【提示】经营租赁的租赁费可以税前列支。

2.融资租赁（见表11-58）

表11-58　　　　　　　　　融资租赁的税务处理

项目	说明
扣除规定	以融资租赁方式租入固定资产发生的租赁费支出，按照规定构成融资租入固定资产价值的部分应当提取折旧费用，分期扣除

续表

项目	说明
计税基础	（1）约定付款总额：约定的付款总额＋签订租赁合同过程中发生的相关税费 （2）未约定付款总额：公允价值＋签订租赁合同过程中发生的相关税费

【提示】

（1）融资租赁的租赁费不能作为费用扣除，只能作为取得成本构成租入固定资产的计税基础。按照这一规定，税法只承认经营租赁是真正的租赁，所有融资租赁都是名义租赁并认定为分期付款购买。

（2）融资租赁资产折旧的税会差异，见表11-59。

作出决策时，主要考虑的是租赁资产的计税基础和扣除时间对现金流量的影响，税法有规定的要遵从税法的规定。

表11-59　　　　　　　　　融资租赁资产折旧的税会差异

	会计	税法
图示	折旧　未确认融资费用／融资租入资产　长期应付款	折旧　融资租入资产　长期应付款
应计折旧额	会计入账价值＝PV（付款额）＋相关税费	税法入账价值＝∑付款额＋相关税费
	需要折现	不需折现
折旧年限	预计使用年限	存在最低折旧年限

（3）税收法规规定了租赁资产的计税基础和扣除时间，并且与会计准则不一致时，应遵循税收法规。财管中折旧额的计算遵从税法的规定。

【例题11-29】某企业需要使用一台特种起重机，现在以下三种方案可供考虑：

①自行购买方案：设备的购置成本100万元。

②经营租赁方案：每年租金26万元，年末支付，租期1年。

③融资租赁方案：每年租金26万元，年末支付，租期5年。

已知：税法规定该类设备的折旧年限5年，净残值率为5%，所得税税率为20%。

要求：

不考虑其他因素，求三种方案下每年的抵税金额。

【答案】

①自行购买折旧抵税＝［100×（1-5%）/5］×20%＝3.80（万元）

②经营租赁租金抵税＝26×20%＝5.20（万元）

③融资租赁折旧抵税＝［（26×5）×（1-5%）/5］×20%＝4.94（万元）

（三）租赁的决策分析（★★★）

财务管理主要从融资角度研究租赁，把租赁视为一种融资方式，无论经营租赁还是融资租赁都是"租赁融资"。

【提示】财务管理主要研究承租人的决策分析，而出租人的租赁分析是投资学的研究内容。

1.租赁分析的主要程序

（1）分析是否应该取得一项资产 *NPV的计算。*

这是租赁分析的前置程序。这一决策通过常规的资本预算程序完成。通常，确信投资于该资产有正的净现值之后才会考虑如何筹资的问题。

【提示】筹资决策也可能反过来影响投资决策，参见"项目的调整净现值"的概念。

（2）分析公司是否有足够的现金用于该项资产投资 *→项目可行时再考虑筹资方式。*

通常，运行良好的公司没有足够的多余资金用于固定资产投资，需要为新的项目筹资。

（3）分析可供选择的筹资途径

租赁和借款对资本结构的影响类似，1元的租赁等于1元的借款。如果公司拟通过借款筹资，就应分析借款和租赁哪个更有利。

（4）利用租赁分析模型计算租赁净现值（见表11-60） *比较租赁相对于购置的净现值。*

表11-60　利用租赁分析模型计算租赁净现值

项目	说明
基本模型	租赁净现值=租赁的现金流量总现值–自行（借款）购买的现金流量总现值 【提示】计算现值使用的折现率，实务中大多采用简单的解决办法，即采用有担保债券的税后利率作为折现率，它比无风险利率稍微高一点
现金流量的确定	一个基本原则是只考虑差异部分，相同部分不予考虑。如租入设备维修费用由承租方承担，不考虑；如果由出租方承担，则租赁方案不考虑，自行购买方案要考虑 【提示】差量现金流量一般是与购买设备相关的流量，不涉及投资项目本身的收入和成本费用
决策原则	（1）租赁净现值＞0：租赁方案可行 （2）租赁净现值＜0：租赁方案不可行 *←差额比较法。*

2.经营租赁（租赁费可以直接抵税的租赁） *折旧年限与计提方法都要按照税法规定来计算。*

（1）自行购买的现金流量（如图11-2所示）

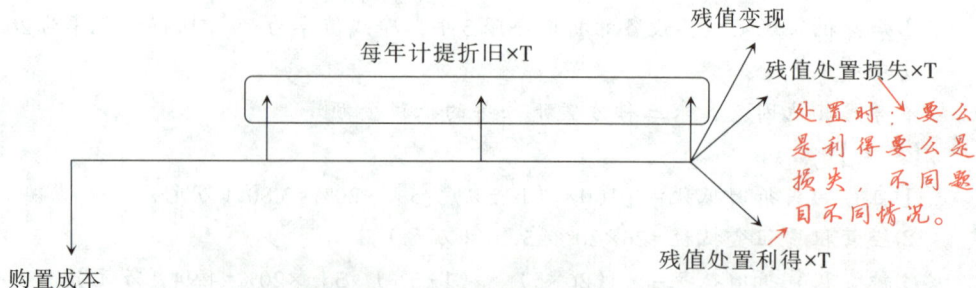

残值变现

每年计提折旧×T

残值处置损失×T

残值处置利得×T

购置成本

图11-2　自行购买的现金流量

274

【提示】

（1）计提折旧要遵守税法规定。

（2）期末处置设备时利得和损失不会共存，需要根据实际情况判断属于处置利得或处置损失，这里只是用图形来表示可能涉及的流量。融资租赁的现金流量分析亦如此。

（2）租赁的现金流量（如图11-3所示）　——→ 租金支付时间按照具体题目规定来处理

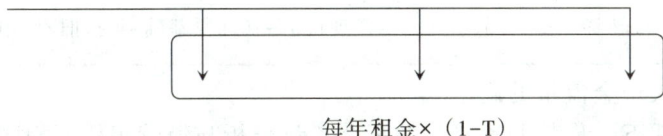

每年租金×（1-T）

图11-3　租赁的现金流量

【提示】等额租金也有可能是从租赁期开始日就支付，属于预付年金。做题时需要仔细辨别。下同。

【例题11-30·2009年多选题（新）】下列关于企业筹资管理的表述中，正确的有（　　）。

A.在其他条件相同的情况下，企业发行包含美式期权的可转债的资本成本要高于包含欧式期权的可转债的资本成本

B.由于经营租赁的承租人不能将租赁资产列入资产负债表，因此资本结构决策不需要考虑经营性租赁的影响

C.由于普通债券的特点是依约按时还本付息，因此评级机构下调债券的信用等级，并不会影响该债券的资本成本

D.由于债券的信用评级是对企业发行债券的评级，因此信用等级高的企业也可能发行低信用等级的债券

【答案】AD

【解析】A项正确：由于美式期权的价值通常高于欧式期权的价值，投资人的收益高，所以发行包含美式期权的可转债的资本成本要高于包含欧式期权的可转债的资本成本。B项错误：财务分析人员把长期租赁都视为负债，不管它是否列入资产负债表。C项错误：信用等级下调说明该债券的风险大，投资人要求的额外风险补偿高，债务的资本成本会提高。

3.融资租赁（租赁费不能直接抵税的租赁）

（1）融资租赁下租赁资产折旧的计算

①计算方法（见表11-61）

*融资租赁讲解

表11-61　　　　　　　　　**融资租赁下租赁资产折旧的计算**

合同类型	计税基础	年折旧额
约定付款总额	约定的付款总额+相关税费	$\dfrac{计税基础×（1-同类设备预定残值率）}{同类设备折旧年限}$
未约定付款总额	公允价值+相关税费	

②租赁期末所有权转移与否的税务影响（见表11-62）

表11-62　　　　　　　　　租赁期末所有权转移与否的税务影响

情形	未提足折旧的损失或变现利得（或损失）
期末所有权不转移	计税基础-年折旧×使用年限
期末所有权转移	变现价值-（计税基础-年折旧×使用年限）

（2）承租人现金流量的确定

在融资租赁下，借款购置资产的现金流量分析与经营租赁下相同，所以此处只进行租赁的现金流量分析。

①租赁资产期末所有权不转移（如图11-4所示）

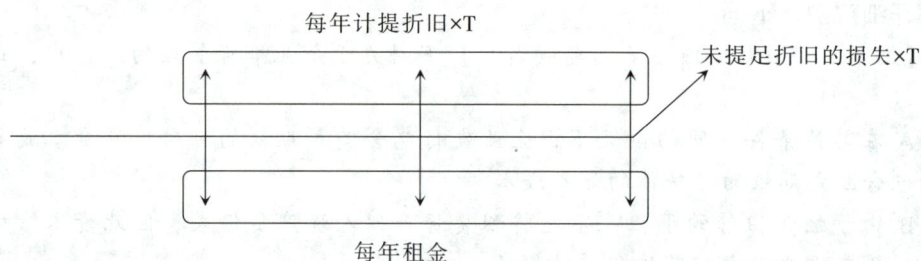

图11-4　租赁资产期末所有权不转移

【提示】融资租赁下折旧的计提基础是租赁资产计税基础，与自行借款购买条件下的折旧计算结果可能不同。

②租赁资产期末所有权转移（如图11-5所示）

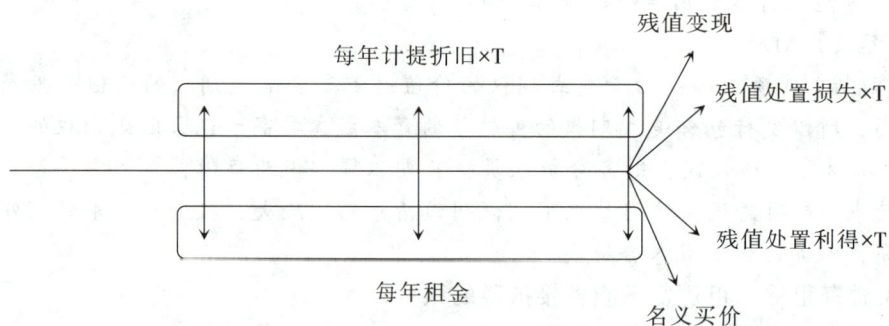

图11-5　租赁资产期末所有权转移

【提示】

（1）如存在期末名义买价，需将其纳入"约定的付款总额"之中，考虑对固定资产计税基础以及年折旧的影响；

（2）残值处置损失和残值处置利得不会同时存在。

4.租赁分析的折现率

从原则上说，折现率应当体现现金流量的风险，租赁涉及的各种现金流量风险并不完全相同，应当使用不同的折现率（见表11-63）。

表 11-63　　　　　　　　　　　　　　　　租赁分析的折现率

项目	折现率
租赁费	租赁费定期支付，类似债券的还本付息，折现率应采用类似债务的利率
折旧抵税额	折旧抵税额的风险比租金大一些，折现率也应高一些
WACC 期末资产余值	通常认为，持有资产的经营风险大于借款的风险，因此期末资产余值的折现率要比借款利率高。多数人认为，资产余值应使用项目的必要报酬率即加权平均资本成本作为折现率

【提示】在实务中的惯例是采用简单的办法，就是统一使用有担保的债券利率作为折现率。与此同时，对于折旧抵税额和期末资产余值进行比较谨慎的估计，即根据风险大小适当调整预期现金流量。

【例题 11-31·2007 年多选题（改编）】某企业已决定添置一台设备。企业的平均资本成本率为 15%，权益资本成本率为 18%；借款的预期税后平均利率为 13%，其中担保借款利率 12%，无担保借款利率 14%。该企业在进行设备租赁与购买的决策分析时，下列作法中不适宜的有（　　　）。

A.将租赁期现金流量的折现率定为 12%，租赁期末设备余值的折现率定为 15%

B.将租赁期现金流量的折现率定为 13%，租赁期末设备余值的折现率定为 15%

C.将租赁期现金流量的折现率定为 14%，租赁期末设备余值的折现率定为 18%

D.将租赁期现金流量的折现率定为 15%，租赁期末设备余值的折现率定为 13%

【答案】BCD

【解析】租赁期现金流量的折现率为税后有担保借款利率，租赁期末设备余值的折现率为项目的必要报酬率即加权平均资本成本。

5.租赁决策对投资决策的影响（见表 11-64）

分析项目是否可行要站在企业整体的高度，相关的影响因素全部考虑进来后判断。

表 11-64　　　　　　　　　　　　　　租赁决策对投资决策的影响

项目	说明
分析背景	在前面的租赁分析中，把资产的投资决策和筹资决策分开考虑，并假设该项投资本身有正的净现值。这种做法通常是可行的，但有时并不全面。有时一个投资项目按常规筹资有负的净现值，如果租赁的价值较大，抵补常规分析负的净现值后还有剩余，则采用租赁筹资可能使该项目具有投资价值。经过租赁净现值调整的项目净现值，称为"调整净现值"　*(剧情反转)*
计算公式	项目的调整净现值＝项目的常规净现值＋租赁净现值

【提示】常规净现值折现率：投资人要求的必要报酬率，即 WACC，与第四章资本成本中的含义一致。

6.损益平衡租金的确定（见表 11-65）

表 11-65　　　　　　　　　　　　　　损益平衡租金的确定

项目	说明
含义	（1）承租人的损益平衡租金是其可以接受的最高租金 （2）出租人的损益平衡租金是其可以接受的最低租金
计算方法	令租赁净现值为 0，倒求租金即可

【提示】

（1）损益平衡租金一般指"税前"的租金，为避免出错，计算时可以通过令租赁净现值为零先求"税后"的租金，然后再还原成税前租金。

（2）只有出租人的损益平衡租金低于承租人的损益平衡租金，出租人才能获利。

【例题11-32·2011年多选题】从财务角度看，下列关于租赁的说法中，正确的有（　　）。

A.经营租赁中，只有出租人的损益平衡租金低于承租人的损益平衡租金，出租人才能获利

B.融资租赁中，承租人的租赁期预期现金流量的风险通常低于期末资产预期现金流量的风险

C.在经营租赁中，出租人购置、维护、处理租赁资产的交易成本通常低于承租人

D.租赁费现金流的折现率应采用加权平均资本成本作为折现率

【答案】ABC

【解析】D项错误：租赁费现金流的折现率应采用有担保的债券利率，它比无风险利率稍高一些。

【例题11-33·2007年多选题】下列关于租赁分析中的损益平衡租金特点的表述中，正确的有（　　）。

A.损益平衡租金是指租赁损益为零的租金额

B.损益平衡租金是指税前租金额

C.损益平衡租金是承租人可接受的最高租金额

D.损益平衡租金是出租人可接受的最低租金额

【答案】BCD

【解析】A项错误、B项正确：损益平衡租金指的是净现值为零的税前租金。C、D项正确：对于承租人来说，损益平衡租金是可接受的最高租金额，对于出租人来说，损益平衡租金是可接受的最低租金额。

四、售后回租 （★★★）

（一）售后回租的含义和经济意义（见表11-66）

表11-66　　　　　　　　　售后回租的含义和经济意义

项目	说明
含义	卖主（承租人）将一项自制或外购的资产出售后，又将该项资产从买主（出租人）租回
经济意义	（1）对承租人（资产原所有者）：在保留对资产的占有权、使用权和控制权的前提下，将固定资产转化为货币资本，在出售时可取得全部价款的现金，而租金却是分期支付的，从而获得了所需的资金 （2）对出租人（资产新所有者）：找到了一个风险小、回报有保障的投资机会

【提示】由于在售后回租交易中资产的售价和租金是相互关联的，是以一揽子方式谈判，一并计算的，所以资产的出售和回租实质上是同一笔业务。

（二）售后回租的会计处理（见表11-67）

表11-67 售后回租的会计处理

项目	说明
承租人	根据发生制的要求，售后回租交易产生的任何损益均应在以后各受益期采用合理的方法进行分摊，而不是确认为当期损益
出租人	同其他租赁业务的会计处理没有什么区别

（三）售后回租的税务处理（见表11-68）

表11-68 售后回租的税务处理

项目	说明
承租人	承租人出售资产的行为，不确认为销售收入，对融资性租赁的资产，仍按承租人出售前原账面价值作为计税基础计提折旧。租赁期间，承租人支付的属于融资利息的部分，作为企业财务费用在税前扣除
出租人	出租人的租金收入，企业所得税法并未就如何计算应纳税所得作出专门规定，企业可以按照财务会计处理办法的规定确认收入或支出

智能测评

扫码听分享	做题看反馈
 40443 各种筹资方式的优缺点经常以文字型客观题出现，要清楚地记忆，没有难度，需要勤奋来攻克，加油！ 扫一扫二维码，来听学习导师的分享吧。	 41550 学完马上测！ 请扫描上方的二维码进入本章测试，检测一下自己学习的效果如何。做完题目，还可以查看自己的个性化测试反馈报告。这样，在以后复习的时候就更有针对性、效率更高啦！

*本章导学
观频

第十二章　营运资本管理

（✓近几年考核分值在7分左右）

本章考试内容重点围绕与应收账款信用政策决策有关的计算，以及存货管理经济订货量控制的基本模式和保险储备量模式有关的计算内容和决策，作为计算分析题的相关内容和其他章节的联系点并不是很多，因此，主要是熟悉本章相关的计算内容。

本章主要考点：（1）营运资本投资策略的种类及特点；（2）三种确定现金持有量模式的相关成本和确定方法；（3）应收账款信用政策决策；（4）应付账款的成本；（5）短期借款的资本成本计算。

主要内容

第一节　营运资本管理策略
第二节　现金管理
第三节　应收账款管理
第四节　短期债务管理

第一节　营运资本管理策略

◇ 营运资本投资策略
◇ 营运资本筹资策略
◇ 政策的对比

（✓本节内容通常以文字型客观题的形式出现，考点单一，没有综合性）

营运资本是指流动资产和流动负债的差额，是投入日常经营活动的资本。营运资本管理可以分为流动资产管理和流动负债管理两个方面，前者是对营运资本投资的管理，后者是对营运资本筹资的管理。

营运资本 = 流动资产 - 流动负债，是第二章学过的一个计算公式。

一、营运资本投资策略

1.流动资产投资的相关成本（见表12-1）

表12-1　　　　　　　　　　流动资产投资的相关成本

项目	短缺成本	持有成本
含义	指随着流动资产投资水平降低而增加的成本 *（同向）*	指随着流动资产投资水平上升而增加的成本 *（反向）*
说明	例如，因投资不足发生现金短缺，需要出售有价证券并承担交易成本；出售有价证券不足以解决问题时，需要紧急借款并承担较高的利息等	持有成本主要是与流动资产相关的机会成本。这些投资如果不用于流动资产，可用于其他投资机会并赚取收益。这些失去的等风险投资的期望收益，就是流动资产投资的持有成本

【提示】流动资产的持有成本低于企业的加权资本成本，也低于总资产的平均报酬率，因为流动性越高的资产，其报酬率越低，一般不会高于短期借款的利率。

2.最优投资规模 *（持有成本+短缺成本）最小。*

流动资产最优的投资规模，取决于持有成本和短缺成本总计的最小化。企业持有成本随投资规模而增加，短缺成本随投资规模而减少，在两者相等时达到最佳的投资规模。

3.流动资产投资政策的含义

流动资产投资政策，是指如何确定流动资产投资的相对规模。流动资产的相对规模，通常用流动资产/收入比率来衡量：

$$流动资产/收入比率 = \frac{流动资产}{销售收入} = 1元销售收入占用流动资产$$

4.营运资本投资策略的种类（见表12-2）

表12-2　　　　　　　　　　营运资本投资策略的种类

种类	流动资产投资状况	成本特征
适中型投资政策	按照预期的流动资产周转天数、销售额及其增长，成本水平和通货膨胀等因素确定的最优投资规模，安排流动资产投资 [提示] 通货膨胀会影响收入的名义金额	短缺成本和持有成本之和最小化
保守型投资策略	企业持有较多的现金和有价证券、充足的存货，提供给客户宽松的付款条件并保持较高的应收账款水平，表现为较高的流动资产/收入比率	较大的持有成本和较小的短缺成本
激进型投资策略	公司持有尽可能低的现金和小额的有价证券投资；在存货上作少量投资；采用严格的销售信用政策或者禁止赊销，表现为较低的流动资产/收入比率	较小的持有成本和较大的短缺成本

无疑是我们要选择的流动资产投资政策。

因为害怕资金短缺而预留更多的流动资产，使得持有成本高而短缺成本低，注意文字型各观题考查。

【提示】现实世界中的流动资产周转天数、销售额及其增长和成本水平都是不确定的，因此，流动资产的需求是不稳定的。流动资产投资管理的核心问题就是如何应对投资需求的不确定性。

【例题12-1·2013年单选题】企业采用保守型流动资产投资政策时，流动资产的（ ）。

A.短缺成本较高　　　　　　　　B.管理成本较低

C.机会成本较低　　　　　　　　D.持有成本较高

【答案】D

【解析】保守型流动资产投资政策，表现为安排较高的流动资产/收入比率，承担较大的持有成本，但短缺成本较小。

二、营运资本筹资策略

营运资本的来源如何解决？是采取短资短用？还是长资短用？或者是短资长资加以搭配使用？

（一）营运资本筹资政策的含义

营运资本筹资策略，是指在总体上如何为流动资产筹资，采用短期资金来源还是长期资金来源，或者兼而有之。制定营运资本筹资政策，就是确定流动资产所需资金中短期资本和长期资本的比例。

（二）流动资产与流动负债的分类

1.流动资产的分类

有3种筹资策略：适中型、保守型、激进型。

流动资产相对于长期资产属于短期要占用的资金；而流动资产中，仍然有相对长期和相对短期占用的资金。

（经营）流动资产按照投资需求的时间长短分为两部分，具体见表12-3。

表12-3　　　　　　　　　　　　　　流动资产分类

分类	稳定性流动资产 *相对长期需求*	波动性流动资产 *相对短期需求*
含义	指那些即使在企业处于经营淡季也仍然需要保留的、用于满足企业长期、稳定运行的流动资产所需的资金 *不论淡季与旺季都需要的资金*	指那些受季节性、周期性影响的流动资产需要的资金，如季节性存货、销售旺季的应收账款等 *到了旺季需要增加的资金*
性质	从投资需求上看，稳定性流动资产是长期需求，甚至可以说是永久需求，应当用长期资金支持	只有季节性变化引起的资金需求才是真正的短期需求，可以用短期资金来源支持

【提示】长期资金需求的资产指长期资产和稳定性流动资产，短期资金需求的资产指波动性流动资产。

2.流动负债的分类

流动负债按照资金提供的时间长短分为两部分，具体见表12-4。

表12-4　　　　　　　　　　　　　　流动负债的分类

分类	自发性（经营性）流动负债 *长期*	临时性流动负债 *短期*
含义	指直接产生于企业持续经营中的负债，与销售商品或提供劳务有关	指为了满足临时性流动资金需要所发生的负债
举例	应付账款、应付职工薪酬等	利用短期银行借款等短期金融负债工具

【提示】企业长期资金的来源：股东权益+长期债务+经营性流动负债；短期资金来源：临时性流动负债。

3.流动资产筹资结构的衡量指标

流动资产的筹资结构，可以用经营流动资产中长期筹资来源的比重来衡量，该比率称为易变现率：

长期资金来源　　　　　*长期资金占用*

$$易变现率=\frac{（股东权益+长期债务+经营性流动负债）-长期资产}{经营性流动资产}$$

【提示】

（1）经营性流动资产=稳定性流动资产+临时性流动资产。

（2）易变现率的公式不涉及金融性的项目：

①分子：不含临时负债，因为它不是稳定性的；

②分母：不含金融资产，因为它不是经营性的。

4.营运资本筹资策略的种类

（1）适中型筹资策略（见表12-5）　*长资长用、短资短用，相互匹配*

表12-5　　　　　　　　　　　　　　适中型筹资策略

项目	说明
特点	尽可能贯彻筹资的匹配原则，即长期投资由长期资金支持，短期投资由短期资金支持。 *真正的短期资金占用* （1）波动性流动资产：用临时性负债筹集，即利用短期银行借款等短期金融负债工具筹集。 *真正的长期资金占用* （2）稳定性流动资产和长期资产：用自发性流动负债、长期债务和权益资本筹集

易变现率讲解

40445

续表

项目	说明		
数量关系	波动性流动资产=临时性流动负债（短期金融负债） 稳定性流动资产+长期资产=股东权益+长期债务+经营性流动负债		
易变现率	经营低谷		经营高峰
	<table><tr><td>稳定流资</td><td rowspan="2">经营流负 长期负债 股东权益</td></tr><tr><td>长期资产</td></tr></table>		<table><tr><td>波动流资</td><td>临时流负</td></tr><tr><td>稳定流资</td><td>经营流负 长期负债</td></tr><tr><td>长期资产</td><td>股东权益</td></tr></table>
	易变现率=1		易变现率<1
策略原因	按照投资持续时间结构去安排筹资的时间结构，有利于降低利率风险和偿债风险		
匹配分析	资金来源有效期和资产有效期的匹配，是一种战略性的匹配，而不要求完全匹配。原因是： （1）资产角度：企业不可能为每一项资产按其有效期配置单独的资金来源，只能分成短期来源和长期来源两大类来统筹安排筹资 （2）权益角度：企业必须有股东权益筹资，它是无限期的资本来源，而资产总是有期限的，不可能完全匹配 （3）负债角度：资产的实际有效期是不确定的，而还款期是确定的，必然会出现不匹配		

筹资策略按照经营低谷的易变现率来判断。低谷期易变现率=1为适中型；低谷期易变现率<1为激进型；低谷期易变现率>1为保守型。

企业是持续运营的，不可能固定不变地绝对匹配。

【思考】为什么要遵循匹配原则？通过以下案例说明，具体见表12-6：

表12-6　　　　　　　　案例说明匹配原则

项目	说明
决策背景	一个粮食购销公司，其中有一个仓库（长期资产），专门用于收购、存储和销售小麦（流动资产）。仓库的使用期限为10年，在购买时可以用长期借款，也可以用短期借款筹资。两种借款的利率相等
建造仓库使用长期借款	（1）锁定借款利率，规避未来10年的利率风险 （2）保持资金的可持续性，通过折旧形式陆续收回现金，可用来分期偿还长期借款，避免公司卖掉仓库偿债的风险
储存小麦采用短期借款	（1）购入小麦时借款，售出时还款，流动资产和流动负债同步同量即营运资本为零，在小麦全部出售以后流动资产为零 （2）如果用长期资金支持，因为小麦存量有季节性变化，处于低谷时会出现多余现金，白白浪费了筹资的利息

长资长用

短资短用

【提示】资金来源有效期结构和资产需求有效期结构的匹配，并非是所有企业在所有时间里的最佳筹资策略：

①有时预期短期利率会下降，那么，在整个投资有效期中短期负债的成本比长期负债成本低。有些企业愿意承担利率风险和偿债风险，较多地使用短期负债。

不同企业投资者的风险偏好不同。

②另外一些企业与此相反，宁愿让贷款的有效期超过资产的有效期，以求减少利率风险和偿债风险。

由于以上原因，出现了保守型筹资政策和激进型筹资政策。

【例题12-2·2012年单选题】下列关于适中型营运资本筹资政策的说法中，正确的是（　　）。

A.临时性流动资产通过自发性流动负债筹集资金

B.长期资产和稳定性流动资产通过权益、长期债务和自发性流动负债筹集资金

C.部分临时性流动资产通过权益、长期债务和自发性流动负债筹集资金

D.部分临时性流动资产通过自发性流动负债筹集资金

【答案】B

【解析】适中型营运资本筹资政策下，贯彻筹资的匹配原则，长期资产和稳定性流动资产通过权益、长期债务和自发性流动负债筹集资金，临时性流动资产均通过短期金融负债筹集解决。

（2）保守型筹资策略（见表12-7）。

表12-7 保守型筹资策略

项目	说明
含义	短期金融负债（临时性流动负债）只融通部分波动性流动资产的资金需要，另一部分波动性流动资产和全部稳定性流动资产，则由长期资金来源支持
数量关系	波动性流动资产＞临时性流动负债（短期金融负债） 稳定性流动资产＋长期资产＜股东权益＋长期债务＋经营性流动负债
易变现率	
匹配分析	（1）一方面，由于短期金融负债所占比重较小，所以企业无法偿还到期债务的风险较低，同时蒙受短期利率变动损失的风险也较低。 （2）另一方面，却会因长期负债资本成本高于短期金融负债的资本成本，以及经营淡季时资金有剩余但仍需承担长期负债利息，从而降低企业的收益

【例题12-3·2015年单选题】甲公司是一家生产和销售电暖气的企业，夏季是其生产经营淡季，应收账款、存货和应付账款处于正常状态。根据甲公司资产负债表（见表12-8），该企业的营运资本筹资策略是（　　）。

A.保守型筹资策略

B.适中型筹资策略

C.激进型筹资策略

D.无法判断

表 12-8　　　　　　　　　　　甲公司资产负债表

2015 年 6 月 30 日　　　　　　　　　　　　　单位：万元

资产	金额	负债及股东权益	金额
货币资金（经营）	30	应付账款	100
交易性金融资产	50	长期借款	200
应收账款	120	股东权益	300
存货	150		
固定资产	250		
资产总计	600	负债及股东权益总计	600

【答案】A

【解析】在生产经营的淡季存在短期金融资产，属于保守型筹资策略。或者，易变现率＝（600-250）÷（30+120+150）＝1.17＞1，属于保守型筹资策略。

【例题 12-4·2014 年多选题】与采用激进型营运资本筹资政策相比，企业采用保守型营运资本筹资政策时（　　）。

A.资金成本较高　　　　　　　　B.易变现率较高

C.举债和还债的频率较高　　　　D.蒙受短期利率变动损失的风险较高

【答案】AB

【解析】与激进型筹资政策相比，保守型筹资政策下短期金融负债占企业全部资金来源的比例较小，所以举债和还债频率较低，蒙受短期利率变动损失的风险也较低，所以 C、D 项错误。

【例题 12-5·2013 年多选题】甲公司的生产经营存在季节性，公司的稳定性流动资产为 300 万元，营业低谷时的易变现率为 120%。下列各项说法中，正确的有（　　）。

A.波动性流动资产全部来源于短期资金

B.稳定性流动资产全部来源于长期资金

C.营业低谷时，公司有 60 万元的闲置资金

D.公司采用的是激进型筹资政策　　低谷期易变现率=1为适中型；低谷期易变现率<1为激进型；低谷期易变现率>1为保守型。

【答案】BC

【解析】A、D 项错误：营业低谷时的易变现率为 120%，说明公司采取的是保守型筹资政策，当处于营业旺季时，有部分波动性流动资产来源于长期资金。B、C 项正确：营业低谷时的易变现率为 120%，可知，长期资金来源（长期资产）＝300×120%＝360 万元，在营业低估时，波动性流动资产为 0，公司的稳定性流动资产为 300 万元，则会有 60 万元的闲置资金。

易变现率＝$\dfrac{（股东权益＋长期债务＋经营性流动负债）-长期资产}{经营性流动资产}$

【例题 12-6·2011 年多选题】某企业的波动性流动资产为 120 万元，经营性流动负债为 20 万元，短期金融负债为 100 万元。下列关于该企业营运资本筹资政策的说法中，正确的有（　　）。

A.该企业采用的是适中型营运资本筹资政策

B.该企业在营业低谷时的易变现率大于1

C.该企业在营业高峰时的易变现率小于1

D.该企业在生产经营淡季，可将20万元闲置资金投资于短期有价证券

【答案】BCD

（红色批注：低谷期易变现率=1为适中型；低谷期易变现率<1为激进型；低谷期易变现率>1为保守型）

【解析】A项错误：由于短期金融负债小于波动性流动资产，该企业采用的是保守型营运资本筹资政策。B项正确：在营业低谷时，保守型营运资本筹资政策的易变现率大于1，适中型营运资本筹资政策的易变现率等于1，激进型营运资本筹资政策的易变现率小于1。C项正确：在经营高峰时易变现率均小于1。D项正确：由于在经营季节性需要时企业波动性流动资产120万元，短期金融负债100万元，所以在经营淡季，企业会有闲置资金20万元，可投资于短期有价证券。

（3）激进型筹资策略（见表12-9）

（红色批注：低谷期易变现率<1；短资长用；高风险高收益。）

激进型筹资策略讲解 40447

表12-9　　激进型筹资策略

项目	说明
含义	短期金融负债不但融通波动性流动资产的资金需要，还解决部分长期性资产的资金需要。
数量关系	波动性流动资产<临时性流动负债（短期金融负债）　→短期资金来源 稳定性流动资产+长期资产>股东权益+长期债务+经营性流动负债→长期资金来源
易变现率	
匹配分析	（1）一方面，由于短期金融负债的资本成本一般低于长期负债和权益资本的资本成本，且短期金融负债所占比重较大，所以，该政策下企业的资本成本较低。 （2）另一方面，为了满足长期性资产的长期资金需要，企业必然要在短期金融负债到期后重新举债或申请债务延期，从而加大筹资困难和风险；还可能面临由于短期负债利率的变动而增加企业资本成本的风险

【例题12-7·2012年单选题】下列关于激进型营运资本筹资政策的表述中，正确的是（　　）。

A.激进型筹资政策的营运资本小于0

B.激进型筹资政策是一种风险和收益均较低的营运资本筹资政策

C.在营业低谷时，激进型筹资政策的易变现率小于1

D.在营业低谷时，企业不需要短期金融负债

【答案】C

【解析】A项错误：流动资产分为波动性流动资产和稳定性流动资产，流动负债分为短期金融负债和自发性流动负债，激进型营运资本筹资政策的临时性流动负

债大于波动性流动资产，但是还有稳定性流动资产存在，所以激进型筹资政策的营运资本不一定小于0。

B项错误：激进型筹资政策是一种风险和收益均较高的营运资本筹资政策。

D项错误：激进型筹资政策即使是在营业低谷时，企业也会有短期金融负债的存在，解决部分长期性资产的资金需要。

【例题12-8·2006年单选题】下列营运资金筹集政策中，临时性负债占全部资金来源比重最大的是（　　）。

A.适中型筹资政策　　　　　　　B.激进型筹资政策

C.保守型筹资政策　　　　　　　D.紧缩型筹资政策

【答案】B

【解析】在适中型筹资政策下，临时性负债等于波动性流动资产；在保守型筹资政策下，临时性负债小于波动性流动资产，相比其他政策，临时性负债占全部资金来源比重最小；在激进型筹资政策下，临时性负债大于波动性流动资产，相比其他政策，临时性负债占全部资金来源比重最大。

三、政策的对比（见表12-10）

本归纳表中将三种政策进行对比，多考查文字型客观题，需要强化记忆。

表12-10　　　　　　　　　　政策的对比

种类		适中型	激进型	保守型
临时性负债		比重居中	比重最大	比重最小
易变现率	低谷	=1	<1	>1
	高峰	<1		<1
快速判断低谷		净金融流动负债为0	存在净金融流动负债	存在净金融流动资产
风险与收益		资本成本和风险、收益均适中	资本成本低，风险、收益均高	资本成本高，风险、收益均低

【提示】计算易变现率时分子不变，分母在营业低谷与高峰时各不相同（波动性流动资产的原因）。

【例题12-9·2005年多选题】以下关于营运资金筹集政策的表述中，正确的有（　　）。

A.采用激进型筹资政策时，企业的风险和收益均较高

B.如果企业在季节性低谷，除了自发性负债没有其他流动负债，则其所采用的政策是适中型筹资政策

C.采用适中型筹资政策最符合股东财富最大化的目标

D.采用保守型筹资政策时，企业的易变现率比率最高

【答案】AD

【解析】A项正确：激进型筹资政策多利用短期债务进行筹资，是一种收益性和风险性均较高的营运资本筹资政策。B项错误：企业在季节性低谷时，适中型筹资政策和保守型筹资政策均没有临时性负债，只有自发性负债。C项错误：理论上讲，适中的营运资本持有政策（而非筹资政策），对于投资者财富最大化是最佳的。D项正确：采用保守型筹资政策，临时性负债只融通部分波动性流动资产的资

金需要，该筹资政策的临时性流动负债最少，长期资本来源最多，所以其<u>易变现率</u><u>最高</u>。

（✔本节内容通常以文字型或计算型客观题形式出现，也有单独命制计算题的可能性，考生应重点关注最佳现金持有量的存货模式与随机模式的区别，在理解的基础上记忆各自的公式）

第二节　现金管理

◇ 现金管理的目标及方法

◇ 最佳现金持有量的分析

　　财务管理中讨论的现金包括库存现金、各种形式的银行存款和银行本票、银行汇票。有价证券是企业现金的一种转换形式，企业有多余现金时，常将现金兑换成有价证券；需要补充现金时，再出让有价证券换回现金。获取收益是持有有价证券的原因，这里将其视为现金的替代品，是"现金"的一部分。

一、现金管理的目标及方法（★★）

辅助记忆"企业的正常生产经营中，要踏踏实实，尽量做到预防投机交易"。

（一）企业置存现金的原因（见表 12-11）

表 12-11　　　　　　　　　企业置存现金的原因

需要	含义	影响因素
交易性需要 *用于日常交易。*	指满足日常业务的现金支付需要	流动资产投资需求的影响因素
预防性需要 *预防意外。*	指置存现金以防发生意外的支付	（1）现金流量的不确定性和可预测性 （2）企业举债能力的强弱
投机性需要 *抓住偶然的机会。*	指置存现金用于不寻常的购买机会	拥有相当数量的现金，确实为突然的大批采购提供了方便

（二）现金管理的方法（见表 12-12）（★★）　*（✔可命制文字型客观题）*

表 12-12　　　　　　　　　现金管理的方法

管理策略	说明
力争现金流量同步	如果企业能尽量使它的现金流入与现金流出发生的时间趋于一致，就可以使其所持有的<u>交易性现金余额降到最低水平</u>　*持有成本最低。*
使用现金浮游量	从企业开出支票，收票人收到支票并存入银行，至银行将款项划出企业账户，中间需要一段时间。现金在这段时间的占用称为现金浮游量（未达账项）。在这段时间里，尽管企业已开出了支票，却仍可动用在活期存款账户上的这笔资金。不过，在使用现金浮游量时，一定要控制好使用的时间，否则会发生银行存款的透支　*利用时间差。*
加速收款	这主要指缩短应收账款的时间。做到既利用应收账款吸引顾客，又缩短收款时间，从两者之间找到适当的平衡点　*早收*
推迟应付账款的支付	指企业在不影响自己信誉的前提下，尽可能地推迟应付款的支付期，充分运用供货方所提供的信用优惠　*晚付*

二、最佳现金持有量的分析（★★）

（一）成本分析模式（见表12-13）

（✓讲解了3种分析模式，其中各个模型的概述部分可以命制文字型客观题，模型数理计算部分可以命制计算分析题或计算型客观题）

表12-13　　　　　　　　　　　　　　　成本分析模式

项目	说明		
含义	成本分析模式是通过分析持有现金的成本，寻找使持有成本最低的现金持有量		
相关成本	机会成本 *持有的现金越多，丧失的机会成本就越大。*	管理成本	短缺成本 *持有的现金越多，发生短缺的概率越小。*
与现金持有量的关系	正比例变动	无明显的比例关系（固定成本）*固定的管理成本。*	反比例变动
决策原则	最佳现金持有量是使上述三项成本之和最小的现金持有量		
计算方法	先分别计算出各种方案的机会成本、管理成本、短缺成本之和，再从中选出总成本之和最低的现金持有量即为最佳现金持有量		

三项成本之和最小就是最佳的现金持有量。

【提示】现金短缺成本不考虑企业其他资产的变现能力，仅就不能以充足的现金支付购买费用而言，包括丧失购买机会（甚至使生产中断造成停工损失）、造成信用损失和得不到折扣好处。

【例题12-10·2016年多选题】企业采用成本分析模式管理现金，在最佳现金持有量下，下列各项中正确的有（　　）。

A.机会成本等于短缺成本　　　　　B.机会成本与管理成本之和最小

C.机会成本与短缺成本之和最小　　D.机会成本等于管理成本

【答案】AC

【解析】在成本分析模式下，机会成本、管理成本、短缺成本之和最小的现金持有量是最佳现金持有量。管理成本是一种固定成本，与现金持有量之间无明显的变动关系，因此机会成本和短缺成本之和最小时的现金持有量为最佳现金持有量，此时机会成本等于短缺成本。

【例题12-11·2014年单选题】使用成本分析模式确定现金持有规模时，在最佳现金持有量下，现金的（　　）。

A.机会成本与管理成本相等

B.机会成本与短缺成本相等

C.机会成本等于管理成本与短缺成本之和

D.短缺成本等于机会成本与管理成本之和

【答案】B

【解析】成本分析模式下，管理成本是固定成本，和现金持有量之间无明显的比例关系。所以机会成本和短缺成本相等时的现金持有量即为最佳现金持有量。

【例题12-12·2010年单选题】使用成本分析模式确定最佳现金持有量时，持有现金的总成本不包括现金的（　　）。

A.管理成本　　　　B.机会成本　　　　C.交易成本　　　　D.短缺成本

【答案】C

【解析】成本分析模式下需要考虑的成本包括机会成本、管理成本和短缺成本，不含交易成本。

【例题12-13·1997年判断题】因为现金的管理成本是相对固定的，所以在确定现金最佳持有量时，可以不考虑它的影响。（ ）

【答案】√

【解析】管理成本作为固定成本，是决策的非相关成本。

（二）存货模式　　*现金需要量与流出量恒定时使用。*

*存货模式讲解

1.存货模式概述（见表12-14）

表12-14　　　　　　　　　　　　**存货模式概述**

项目	说明
含义	将存货经济订货批量模型用于确定目标现金持有量
假设前提	（1）企业预算期内（年）现金需要总量可以预测 （2）每当现金余额降至零时（没有保险储备），均通过变现部分有价证券得以补足（不允许短缺） （3）现金的支出过程比较稳定，波动较小 （4）证券的利率或报酬率以及每次固定交易费用都可以获知

【提示】如果企业平时只持有较少的现金，在有现金需要时（手头现金用尽），通过出售有价证券换回现金，便能既满足现金的需要，避免短缺成本，又能减少机会成本。因此，适当的现金与有价证券之间的转换，是企业提高资金使用效率的有效途径。存货模式就能解决有价证券与现金的每次转换量（最佳现金持有量）。

2.决策的相关成本（见表12-15）

表12-15　　　　　　　　　　　　**决策的相关成本**

相关成本	机会成本	交易成本
含义	指企业因保留一定现金余额而丧失的再投资收益，一般是有价证券的年收益率	指企业用现金购入有价证券以及转让有价证券换取现金时付出的交易费用
与现金持有量的关系	正比例变动	反比例变动
决策原则	使得现金管理总成本最小的那一个现金持有量	

3.数理模型（见表12-16）

表12-16　　　　　　　　　　　　**数理模型**

参数	计算公式
［年］交易成本	交易成本=年交易次数×每次交易成本=$\dfrac{T}{C}×F$
［年］机会成本	机会成本=平均现金持有量×有价证券年利息率=$\dfrac{C}{2}×K$
最佳现金持有量	$C^{*}=\sqrt{\dfrac{2T\cdot F}{K}}$
最小相关总成本	$TC（C^{*}）=\sqrt{2T\cdot F\cdot K}$　　→把处于分母的K算到分子上 【提示】此时，交易成本=机会成本=最小相关总成本×$\dfrac{1}{2}$

其中：

C——各循环期之初的现金持有量；

T——一定期间内（一般为1年）的现金需求量；

F——每次出售有价证券以补充现金所需的交易成本；

K——持有现金的机会成本率（一般为年资本成本）。

4.模型评价（见表12-17）（✓优缺点可以命制文字型客观题）

表12-17   模型评价

项目	说明
优点	现金持有量的存货模式是一种简单、直观的确定最佳现金持有量的方法
缺点	（1）该模型假设现金需要量恒定并且现金的流出量稳定不变，实际上这种情况很少出现 （2）假设计划期内未发生其他净现金流入，需要现金靠变现证券满足，未考虑现金安全库存

【例题12-14·2009年单选题（新）】甲公司采用存货模式确定最佳现金持有量。如果在其他条件保持不变的情况下，资本市场的投资回报率从4%上涨为16%，那么企业在现金管理方面应采取的对策是（　　）。

A.将最佳现金持有量提高29.29%

B.将最佳现金持有量降低29.29%

C.将最佳现金持有量提高50%

D.将最佳现金持有量降低50%

【答案】D

【解析】$C_{原}^{*}=\sqrt{\dfrac{2TF}{4\%}}$，$C_{新}^{*}=\sqrt{\dfrac{2TF}{16\%}}$，$\dfrac{C_{新}^{*}-C_{原}^{*}}{C_{原}^{*}}=\dfrac{\sqrt{\dfrac{2TF}{16\%}}-\sqrt{\dfrac{2TF}{4\%}}}{\sqrt{\dfrac{2TF}{4\%}}}=-50\%$。

【例题12-15·2006年单选题】某公司根据存货模式确定的最佳现金持有量为100 000元，有价证券的年利率为10%。在最佳现金持有量下，该公司与现金持有量相关的现金使用总成本为（　　）元。

A.5 000

B.10 000

C.15 000

D.20 000

【答案】B

【解析】根据最佳现金持有量的存货模型，达到最佳现金持有量时，机会成本=交易成本，即与现金持有量相关的现金使用总成本为机会成本的2倍，机会成本=$\dfrac{C^{*}}{2}\times K$=100 000÷2×10%=5 000（元），所以，与现金持有量相关的现金使用总成本=2×5 000=10 000（元）。

（三）随机模式 *现金总需求量和收支未知时使用，计算出的现金持有量较高。*

1.随机模式概述（见表12-18）

表12-18　　　　　　　　　　随机模式概述

项目	说明
含义	随机模式是在现金需求量难以预知的情况下进行现金持有量控制的方法
基本原理	企业根据历史经验和现实需要，测算出一个现金持有量的控制范围，即制定出现金持有量的上限和下限，将现金量控制在上下限之内： （1）当现金量达到控制上限（含）时：用现金购入有价证券，使金持有量下降到最优返回线 （2）当现金量达到控制下限（含）时：抛售有价证券换回现金，使现金持有量回升到最优返回线 （3）当现金量在控制的上下限（不含）之间时：不必进行现金与有价证券的转换，保持它们各自的现有存量

只有当现金量触碰到上下限时才进行操作，其他都不用管。

2.决策的相关成本（见表12-19）

表12-19　　　　　　　　　　决策的相关成本

项目	说明	
相关成本	机会成本	交易成本
与现金持有量的关系	正比例变动	反比例变动

3.数理模型（见表12-20）

表12-20　　　　　　　　　　数理模型

参数	计算公式
现金存量的下限	L：根据企业每日的最低现金需要、管理人员的风险承受倾向等因素确定
现金返回线	$R=\sqrt[3]{\dfrac{3b\delta^2}{4i}}+L$　*管理人员主观确定的一个数值* 其中： b——每次有价证券的固定转换成本 δ——预期每日现金余额变化的标准差（可根据历史资料测算） i——有价证券的日利率
现金存量的上限	$H=3R-2L$ 【助记】$H-R=2（R-L）$

【提示】现金返回线的公式看上去比较复杂，如何记忆？将存货模式的公式联合起来记，详见表12-21。

表12-21 存货模式与随机模式的区别

项目	存货模式	随机模式
年需求量	现金年需求量已知,所以公式里面有T	需求量难以预测,所以公式里面没有T
每日现金余额变化	现金的支出过程比较稳定,所以公式里面没有反映现金余额变化的标准差δ	现金流出量波动较大,所以公式里面需要反映现金余额变化的标准差δ
最低现金余额	现金存量可以降到零,不考虑保险储备	考虑每日最低现金需要,建立保险储备L
分子与开方	公式开平方(2次方),所以分子是2	公式开立方(3次方),所以分子是3
分母与时间	有价证券的"年"利率	有价证券的"日"利率

4.模型评价(见表12-22)

表12-22 模型评价

项目	说明
适用范围	随机模式建立在企业的现金未来需求总量和收支不可预测的前提下
特点	计算出来的现金持有量比较保守(偏高)

【例题12-16·2014年多选题】甲公司采用随机模式确定最佳现金持有量,最优现金返回线水平为7 000元,现金存量下限为2 000元。公司财务人员的下列做法中,正确的有( )。

A.当持有的现金余额为1 500元时,转让5 500元的有价证券

B.当持有的现金余额为5 000元时,转让2 000元的有价证券

C.当持有的现金余额为12 000元时,购买5 000元的有价证券

D.当持有的现金余额为20 000元时,购买13 000元的有价证券

【答案】AD

【解析】H=3R-2L=3×7 000-2×2 000=17 000(元) *H-R=2(R-L)*

A项正确:当现金余额为1 500元时,低于现金持有量下限,应转让有价证券7 000-1 500=5 500(元),使现金持有量回升为7 000元。B、C项错误:现金余额为5 000元和12 000元时,均介于17 000元和2 000元之间,不必采取任何措施。D项正确:当现金余额为20 000元时,超过现金持有量上限,应购买有价证券20 000-7 000=13 000(元),使现金持有量回落为7 000元。

【例题12-17·2011年多选题】某企业采用随机模式控制现金的持有量。下列事项中,能够使最优现金返回线上升的有( )。

A.有价证券的收益率提高

B.管理人员对风险的偏好程度提高

C.企业每日的最低现金需求量提高

D.企业每日现金余额变化的标准差增加

【答案】CD

【解析】最优现金返回线 $R=\sqrt[3]{\dfrac{3b\sigma^2}{4i}}+L$。

A 项错误：有价证券的收益率（i）提高会使现金返回线下降。B 项错误：管理人员对风险的偏好程度提高，L 会下降，则最优现金返回线会下降。

【例题 12-18·2007 年单选题】下列关于现金最优返回线的表述中，正确的是（　　）。

A.现金最优返回线的确定与企业最低现金每日需求量无关

B.有价证券利息率增加，会导致现金最优返回线上升

C.有价证券的每次固定转换成本上升，会导致现金最优返回线上升

D.当现金的持有量高于或低于现金最优返回线时，应立即购入或出售有价证券

【答案】C

【解析】最优现金返回线 $R=\sqrt[3]{\dfrac{3b\sigma^2}{4i}}+L$。

A 项错误：L 与企业最低现金每日需求量有关。B 项错误：i 表示的是有价证券的日利息率，会导致最优现金返回线下降。C 项正确：b 表示的是有价证券的每次固定转换成本，转换成本上升，会导致最优现金返回线上升。D 项错误：如果现金的持有量在上下限之内，则不需要购入或出售有价证券。

【例题 12-19·2003 年单选题】某公司持有有价证券的平均年利率为 5%，公司的现金最低持有量为 1 500 元，现金余额的最优返回线为 8 000 元。如果公司现有现金 20 000 元，根据现金持有量随机模型，此时应当投资于有价证券的金额是（　　）元。

A.0   B.6 500

C.12 000   D.18 500

【答案】A

【解析】现金持有上限 H=3R-2L=3×8 000-2×1 500=21 000（元），大于 20 000 元。根据现金管理的随机模式，如果现金量在控制上下限之间，可以不必进行现金与有价证券的转换。

【例题 12-20·2001 年单选题】采用随机模式控制现金持有量，计算最优现金返回线 R 的各项参数中不包括（　　）。

A.每次现金与有价证券转换时发生的固定转换成本

B.现金存量的上限

C.有价证券的日利率

D.预期每日现金余额的标准差

【答案】B

【解析】最优现金返回线 $R=\sqrt[3]{\dfrac{3b\sigma^2}{4i}}+L$，其中：b 表示每次有价证券的固定转换成本，σ 表示预期每日现金余额变化的标准差，i 表示有价证券的日利率，L 表示现金存量的下限。

【总结】最佳现金持有量三种方法的区别详见表 12-23。

表12-23   最佳现金持有量三种方法的区别

区别点		成本分析模式	存货模式	随机模式
控制方式		点控制	点控制	区间控制
适用条件	有现金需求量恒定的要求		√	
	是否考虑有价证券		√	√
	是否考虑安全储备		√	√
相关成本	机会成本	√	√	√
	管理成本	√		
	短缺成本	√		
	交易成本（转换成本）		√	√

【例题12-21·2007年单选题】运用随机模式和成本分析模式计算最佳现金持有量，均会涉及现金的（   ）。

A.机会成本   B.管理成本   C.短缺成本   D.交易成本

【答案】A

【解析】在成本分析模式下，企业持有的现金有三种成本：机会成本、管理成本、短缺成本；而在随机模式下有价证券的日利息率，就是机会成本。

【例题12-22·2005年多选题】存货模式和随机模式是确定最佳现金持有量的两种方法。对这两种方法的以下表述中，正确的有（   ）。

A.两种方法都考虑了现金的交易成本和机会成本

B.存货模式简单、直观，比随机模式有更广泛的适用性

C.随机模式可以在企业现金未来需要总量和收支不可预测的情况下使用

D.随机模式确定的现金持有量，更易受到管理人员主观判断的影响

【答案】ACD

【解析】A项正确：根据计算公式可知，确定最佳现金持有量的存货模式考虑了机会成本和转换成本，随机模式考虑了每次有价证券的固定转换成本（即交易成本）以及有价证券的日利息（即机会成本）。B项错误：现金持有量的存货模式是一种简单、直观的确定最佳现金持有量的方法；但是，由于其假设现金的流出量稳定不变，而这实际上是很少见的，因此普遍适用性较差。C项正确：随机模式建立在企业的现金未来需求总量和收支不可预测的前提下。D项正确：现金存量下限的确定要受到企业每日的最低现金需要、管理人员的风险承受倾向等因素的影响。

第三节 应收账款管理

(✓本节内容通常命制计算分析题，应收账款信用政策中的应收账款和存货占用资金应计利息的计算与第二章应收账款周转率和存货周转率的计算有一定联系，同时和第十六章有关变动成本和边际贡献等内容也有较紧密的联系)

◇ 应收账款的产生原因及管理方法

◇ 信用政策分析

◇ 应收账款的收账

一、应收账款的产生原因及管理方法（★★）*增加净收益*

应收账款是企业的一项资金投放，是为了扩大销售和盈利而进行投资。投资肯

定要发生成本（包括承担风险），只有当应收账款所增加的盈利超过所增加的成本时，才应当实施应收账款赊销，或改变赊销政策。

【提示】应收账款的相关成本包括：机会成本、折扣成本、坏账成本、管理费用等。

二、信用政策分析（★★）

（一）信用政策的构成（见表12-24）

表12-24 信用政策的构成

构成	说明
信用期间	指企业允许顾客从购货到付款之间的时间，或者说是企业给予顾客的付款期间
信用标准	指顾客获得企业的交易信用所应具备的条件。如果顾客达不到信用标准，便不能享受企业的信用或只能享受较低的信用优惠
现金折扣	现金折扣是企业对顾客在商品价格上所做的扣减。向顾客提供这种价格上的优惠，目的有： （1）吸引顾客为享受优惠而提前付款，缩短企业的平均收款期 （2）招揽一些视折扣为减价出售的顾客前来购货，借此扩大销售量 【提示】折扣的表示常采用如"5/10、3/20、n/30"这样一些符号形式

（手写批注）10天内付款，可享受销售额5%的优惠。　20天内付款，可享受销售额3%的优惠。　30天内付款，不能享受优惠。

【例题12-23·2000年单选题】企业赊销政策的内容不包括（　　）。

A.确定信用期间　　　　　　　　B.确定信用条件

C.确定现金折扣政策　　　　　　D.确定收账方法

【答案】D

【解析】应收账款赊销的效果好坏，依赖于企业的信用政策。信用政策包括：信用期间、信用标准（信用条件）和现金折扣政策。

（二）确定信用标准时考虑的因素 *（手写批注：可以命制文字型客观题）*

企业在设定某一顾客的信用标准时，往往先要评估他赖账的可能性。这可以通过"5C"系统来评估客户信用品质，详见表12-25。

表12-25 通过"5C"系统来评估客户信用品质

项目	说明
品质（character）	指顾客的信誉，即履行偿债义务的可能性
能力（capacity）	指顾客的（短期）偿债能力，即其流动资产的数量和质量以及与流动负债的比例
资本（capital）	指顾客的财务实力和财务状况，表明顾客可能偿还债务的背景
抵押（collateral）	指顾客拒付款项或无力支付款项时能被用作抵押的资产
条件（conditions）	指可能影响顾客付款能力的经济环境

【例题12-24·2008年单选题】在依据"5C"系统原理确定信用标准时，应掌握客户"能力"方面的信息，下列各项指标中最能反映客户"能力"的是（　　）。

A.净经营资产利润率　　　　　　B.杠杆贡献率

C.现金流量比率　　　　　　　　D.长期资本负债率

【答案】C

【解析】能力指顾客的偿债能力，即其流动资产的数量和质量以及与流动负债的比例，所以主要指短期偿债能力。C项属于短期偿债能力的指标。

【例题12-25·2004年单选题】根据"5C"系统原理，在确定信用标准时，应掌握客户"能力"方面的信息。下列各项中最能反映客户"能力"的是（　　）。

A.流动资产的数量、质量及与流动负债的比例

B.获取现金流量的能力

C.财务状况

D.获利能力

【答案】A

【解析】能力指顾客的偿债能力，即其流动资产的数量和质量以及与流动负债的比例。

*信用政策的决策原则讲解

40450

（三）信用政策的决策原则 →（✓对于计算过程要熟悉，常命制计算型题目）

先计算每种信用政策方案下与之相关的各项目金额，然后选择税前损益最大的方案为优。政策方案的选择计算程序见表12-26。

决策相关

计算的整体思路为：对改变信用政策决策相关的引起税前损益变动的各项因素加以考虑。

存货应计利息是信用政策下销售货物的进货成本占用的资金的机会成本。

表12-26　　　　　　　　　　政策方案的选择计算程序

相关项目（总额法）	计算公式
（1）边际贡献	M=收入-变动成本=销售量×单位边际贡献
（2）应收账款应计利息	应计利息=应收账款年占用资金×年资本成本 ＝平均应收账款×变动成本率×年资本成本 ＝年赊销额÷360×平均收现期×变动成本率×年资本成本
（3）存货应计利息	应计利息=存货年占用资金（平均余额）×年资本成本
（4）应付账款抵减应计利息	抵减应计利息=应付账款年占用资金（平均余额）×年资本成本
（5）收账费用+坏账损失	收账、坏账成本=逾期应收账款×某百分比+赊销额×某百分比
（6）折扣成本	折扣成本=年赊销额×折扣率×享受折扣的（按销售额计算）客户比例
（7）税前损益	某方案的（决策相关）税前损益=边际贡献-（2）~（6）各项成本费用

改变信用政策后的边际贡献。

应收账款应计利息涉及的也就是尚未收回的销货款丧失的利息收入。

是一项收益。

现金折扣的成本

【备注1】边际贡献的问题，改变信用政策一般只会引起销售量的变化，导致销售收入和变动成本改变；但是，如果题目特别指明固定成本因此而改变，需要考虑。

【备注2】平均收现期的计算，见表12-27：

表12-27　　　　　　　　　　平均收现期的计算

情形	计算公式
只有信用期、没有折扣期	平均收现期=信用期
既有信用期、又有折扣期	平均收现期=折扣期×享受折扣客户比率+信用期×放弃折扣客户比率

【备注3】存货平均余额（占用资金）的确定。

1）已知平均库存量（见表12-28）

表12-28　　　　存货平均余额（占用资金）的确定（已知平均库存量）

企业类别	存货平均余额的计算
商业企业	存货平均余额=平均库存量×单位进货成本
生产企业	存货平均余额=平均库存量×单位变动成本

2）已知存货周转次数或周转天数

$$存货平均余额=\frac{销货成本}{周转次数}=\frac{销货成本}{365}×周转天数=\frac{销货收入}{365}×销售成本率×周转天数$$

该公式对于任何类型的企业都适用。

3）如果改变信用决策，与存货有关的固定成本不变，则为不相关成本；如改变，则要考虑固定成本的变化。

【备注4】折扣成本的问题，当企业提供多重现金折扣时，现金折扣成本=总销售额×$\sum$（折扣率×享受该档折扣的客户百分比）。

【例题12-26·2012年单选题】甲公司全年销售额为30 000元（一年按300天计算），信用政策是"1/20、n/30"，平均有40%的顾客（按销售额计算）享受现金折扣优惠，没有顾客逾期付款。甲公司应收账款的年平均余额是（　　）元。

A.2 000　　　　　B.2 400　　　　　C.2 600　　　　　D.3 000

【答案】C

【解析】平均收现期=20×40%+30×60%=26（天），应收账款年平均余额=日销售额×平均收现期=30 000÷300×26=2 600（元）。

【例题12-27·2007年多选题】制定企业的信用政策，需要考虑的因素包括（　　）。

A.等风险投资的最低报酬率　　　　　B.收账费用

C.存货数量　　　　　D.现金折扣

【答案】ABCD

【解析】信用政策包括信用期间、信用标准和现金折扣政策。由此可知，D项正确。信用期的确定，主要是分析改变现行信用政策对收入和成本的影响，此时需要考虑收账费用、坏账损失、应收账款占用资金应计利息以及存货占用资金应计利息等等，计算应收账款占用资金应计利息以及存货占用资金应计利息时，按照等风险投资的最低报酬率作为利息率，所以，A、B、C项也都正确。

【例题12-28·2005年单选题】应收账款赊销效果的好坏，依赖于企业的信用政策。公司在对是否改变信用期间进行决策时，不需要考虑的因素是（　　）。

A.等风险投资的最低报酬率　　　　　B.产品变动成本率

C.应收账款的坏账损失率　　　　　D.公司的所得税税率

【答案】D

【解析】在进行应收账款信用决策时，按照差量分析法只要改变信用政策所带来的税前净损益大于0，信用政策改变就可行，不用考虑所得税税率。

【例题12-29·2002年单选题】在信用期限、现金折扣的决策中，必须考虑的因素是（　　）。

A. 货款结算需要的时间差

B. 公司所得税税率

C. 销售增加引起的存货资金增减变化

D. 应收账款占用资金的应计利息

【答案】D

【解析】在信用期限、现金折扣的决策中，主要考虑因素为信用政策增加的收益与增加的成本之间的权衡，增加的成本中必须考虑的因素是应收账款占用资金的应计利息；如果再进一步分析的话，还要考虑销售增加引起的存货增加而多占用资金的应计利息；更进一步地细致分析，还应考虑存货增加引起的应付账款的增加，会节约企业的营运资金，减少营运资金的应计利息。

三、应收账款的收账（见表12-29）（★★）　（✓一般了解）

表12-29　　　　　　　　　　　应收账款的收账

项目	说明
应收账款收回的监督	实施对应收账款回收情况的监督，可通过编制账龄分析表进行
决策原则	比较各收账方案相关成本的大小，选择总成本最小的方案。收账相关成本有： （1）应收账款占用资金应计利息 （2）收账费用 （3）坏账损失

第四节　短期债务管理

（✓本知识点通常以文字型或计算型客观题的形式出现）

◇ 短期债务筹资的特点

◇ 商业信用筹资

◇ 短期借款筹资

一、短期债务筹资的特点（见表12-30）（★）——相对于长期负债筹资而言

表12-30　　　　　　　　　　　短期债务筹资的特点

特点	说明
筹资速度快，容易取得	短期负债在较短时间内即可归还，故债权人顾虑较少，容易取得
筹资富有弹性	短期负债的限制相对宽松，使筹资企业的资金使用较为灵活、富有弹性
筹资成本较低	一般地讲，短期负债的利率低于长期负债，短期负债筹资的成本也就较低
筹资风险高	（1）短期负债需在短期内偿还，因而要求筹资企业在短期内拿出足够的资金偿还债务，若企业届时资金安排不当，就会陷入财务危机（相对于权益筹资而言。） （2）此外，短期负债利率的波动比较大，一时高于长期负债的水平也是可能的

二、商业信用筹资（★★）

（一）商业信用筹资概述　　晚付　　早收

商业信用是指在商品交易中由于延期付款或预收货款所形成的企业间的借贷关系。商业信用产生于商品交换之中，是所谓的"自发性筹资"。商业信用的具体形式有应付账款、应付票据、预收账款等。

（二）应付账款

1.应付账款的信用（见表12-31）

表12-31　　　　　　　　　　　　应付账款的信用

项目	免费信用	有代价信用	展期信用
含义	买方企业在规定的折扣期内享受折扣而获得的信用	买方企业放弃折扣付出代价而获得的信用	买方企业超过规定的信用期推迟付款而强制获得的信用
利益	享受折扣	多占用n天资金且保持信用	长期占用卖方资金
弊端	少占用n天资金	丧失折扣	丧失信用

（批注：享有现金折扣）

（批注：在信用期结束时支付款项，没有享受到现金折扣额，但尽量晚地支付价款，更长期地占用了资金。）

（批注：商业信用丧失）

【提示】对买方来说，延期付款等于向卖方借用资金购进商品，可以满足短期的资金需要。

2.应付账款的成本（见表12-32）→年化利率

*（批注左侧：*应付账款的成本讲解　40451）*

表12-32　　　　　　　　　　　　应付账款的成本

情形	计算公式
信用期付款	$放弃现金折扣成本=\dfrac{折扣百分比}{1-折扣百分比}\times\dfrac{360}{信用期-折扣期}$
展期付款	$放弃现金折扣成本=\dfrac{折扣百分比}{1-折扣百分比}\times\dfrac{360}{付款期-折扣期}$

【提示】

（1）放弃现金折扣（年）成本$=\dfrac{资金占用费}{资金占用额}\times\dfrac{全年天数}{资金占用天数}$，其中，资金占用费=全款×折扣率，资金占用额=全款×（1-折扣率）。

（2）影响因素：放弃现金折扣的成本与折扣百分比、折扣期同向变化，与信用期、付款期反向变化。企业在放弃折扣的情况下，推迟付款的时间越长，其成本便会越小。

（批注：带有"折扣"两字的都是同向变化，信用期是反向变化。）

（3）利用现金折扣的决策。

（a）单方案决策原则（见表12-33）。

表12-33　　　　　　　　　　　　单方案决策原则

情形	决策
放弃现金折扣成本>短期借款利率	借入短期借款支付货款，享受现金折扣
放弃现金折扣成本<短期投资收益率	放弃现金折扣，将资金用于短期投资获得更高收益
展期付款所降低的折扣成本>展期付款的信用损失	展期付款

（批注：选择成本低、收益高的方式；基于理性经济人假设。）

【提示】放弃是成本，享受是收益。

（b）多方案决策原则。

如果面对两家以上提供不同信用条件的卖方，应通过衡量放弃折扣成本的大小，选择信用成本最小（或所获利益最大）的一家，详见表12-34。

表12-34　　　　　　　　　　多方案决策原则

情形	决策
决定享受现金折扣	应选择放弃现金折扣成本最大的方案，即享受时选高的（收益最大）
决定放弃现金折扣	应选择放弃现金折扣成本最小的方案，即放弃时选低的（成本最小）

【例题12-30·2013年单选题】甲公司按"2/10、N/40"的信用条件购入货物，该公司放弃现金折扣的年成本（一年按360天计算）是（　　）。

A.18.37%　　　　B.24%　　　　C.24.49%　　　　D.18%

【答案】C

放弃现金折扣成本 $=\dfrac{折扣百分比}{1-折扣百分比}\times\dfrac{360}{信用期-折扣期}$

【解析】放弃现金折扣的年成本 $=\dfrac{2\%}{1-2\%}\times\dfrac{360}{40-10}=24.49\%$。

【例题12-31·2003年多选题】放弃现金折扣的成本受折扣百分比、折扣期和信用期的影响。下列各项中，使放弃现金折扣成本提高的情况有（　　）。

A.信用期、折扣期不变，折扣百分比提高

B.折扣期、折扣百分比不变，信用期延长

C.折扣百分比不变，信用期和折扣期等量延长

D.折扣百分比、信用期不变，折扣期延长

【答案】AD

考查影响现金折扣成本的因素对折扣成本的影响。

【解析】放弃现金折扣成本 $=\dfrac{折扣百分比}{1-折扣百分比}\times\dfrac{360}{信用期-折扣期}$

B项错误：信用期延长，公式的分母增大，公式的计算结果变小。

C项错误：信用期和折扣期等量延长，公式的分母不变，公式的计算结果不变。

只要记住三个因素中，名称中带有"折扣"的都是正向变动，剩下的信用期是反向变动即可。

（三）应付票据的含义和特点（见表12-35）

表12-35　　　　　　　　　　应付票据的含义和特点

项目	说明
含义	应付票据是企业进行延期付款商品交易时开具的反映债权债务关系的票据
特点	（1）应付票据的利率（如带息）一般比银行借款的利率低，且不用保持相应的补偿性余额和支付协议费，所以应付票据的筹资成本低于银行借款成本 （2）但是，应付票据必须归还，如若延期便要交付罚金，因而风险较大

（四）预收账款的含义和特点（见表12-36）

表12-36　　　　　　　　　　预收账款的含义和特点

项目	说明
含义	预收账款是卖方企业在交付货物之前向买方预先收取部分或全部货款的信用形式
特点	对于卖方来讲，预收账款相当于向买方借用资金后用货物抵偿。预收账款一般用于生产周期长、资金需要量大的货物销售

三、短期借款筹资（★★）

（✓本知识点可命制文字型或计算型客观题，难点在计算型题目）

（一）借款的信用条件（见表12-37）

表12-37　　　　　　　　　　　借款的信用条件

信用条件	含义	注意问题
信贷限额	指银行对借款人规定的无担保贷款的最高额	（1）企业在批准的信贷限额内，可随时使用银行借款 （2）但是，银行并不承担必须提供全部信贷限额的义务。如企业信誉恶化，也可能拿不到贷款 *不是必然可拿到的*
周转信贷协定	指银行具有法律义务地承诺提供不超过某一最高限额的贷款协定	（1）在协定的有效期内，只要企业的借款总额未超过最高限额，银行必须满足企业任何时候提出的借款要求 （2）企业享用周转信贷协定，通常要就贷款限额的未使用部分付给银行一笔承诺费 *从而提高了有效年利率，承诺费也要计入筹资成本* （3）有效期通常超过1年，但实际上贷款每几个月发放一次，所以具有短期和长期借款的双重特点
补偿性余额	指银行要求借款企业保持按贷款限额或实际借款额一定百分比（一般为10%~20%）的最低存款余额	（1）从银行的角度讲，补偿性余额可降低贷款风险，补偿遭受的贷款损失 （2）对于借款企业来讲，补偿性余额提高了借款的有效年利率 有效年利率 = $\dfrac{\text{实际支付的年利息}}{\text{实际可用的借款额}}$　*实际利息支付额÷实际资金占用额* 【提示】如果银行对补偿性余额支付利息，计算有效年利率的分子应为"利息支出-利息收入"
借款抵押	指银行发放贷款时要求企业有抵押品担保	（1）短期借款的抵押品经常是借款企业的应收账款、存货、股票、债券等 （2）抵押借款的成本通常高于非抵押借款，这是因为银行主要向信誉好的客户提供非抵押借款，而抵押借款看成是一种风险投资，故而收取较高的利率

对于三种不同利息支付方式的分类常考计算型客观题，不要混淆。

（二）短期借款利息的支付方法（见表12-38）

表12-38　　　　　　　　　　短期借款利息的支付方法

★短期借款利息的支付方法讲解

40452

支付方法	含义	有效年利率
收款法	指在借款到期时向银行支付利息	有效年利率=报价年利率
贴现法	指银行向企业发放贷款时，先从本金中扣除利息部分，而到期时借款企业要偿还全部本金	有效年利率 = $\dfrac{\text{全部本金×报价年利率}}{\text{全部本金×（1-报价年利率）}}$ *实际利息支付额÷实际资金占用额*
加息法	在分期等额偿还贷款的情况下，银行要将根据报价利率计算的利息加到贷款本金上，计算出贷款的本息和，要求企业在贷款期内分期偿还本息之和的金额	有效年利率≈报价年利率×2 【提示】由于贷款分期均衡偿还，借款企业实际上只平均使用了贷款本金的半数，却支付全额利息 *加息法的名字由此而来。*

【提示】两种易混的借款方式下到期偿还金额的区别（见表12-39）。

表12-39　　　　　　两种易混的借款方式下到期偿还金额的区别

借款条款	到期偿还金额
补偿性余额	在银行中保留原本金一定比例的最低存款余额，只还"实际"借到的钱，而非借款合同中规定的原"本金"
贴现法付息	先从本金中扣除利息部分，到期偿还贷款"全部"本金

【实务链接】《中华人民共和国合同法》第200条：借款的利息不得预先在本金中扣除。利息预先在本金中扣除的，应当按照实际借款数额返还借款并计算利息。

【例题12-32·2016年单选题】甲公司与银行签订周转信贷协议：银行承诺一年内随时满足甲公司最高8 000万元的贷款，承诺费按承诺贷款额度的0.5%于签订协议时支付，公司取得贷款部分已支付的承诺费在一年后返还。甲公司在签订协议同时申请一年期贷款5 000万元，年利率8%，按年单利计息，到期一次还本付息，在此期间未使用承诺贷款额度的其他贷款。该笔贷款的实际成本最接近于（　　）。

A.8.05%　　　　　B.8.80%　　　　　C.8.37%　　　　　D.8.30%

【答案】C

【解析】实际资本成本＝实际支付的年利息÷实际可动用贷款额＝[5 000×8%＋（8 000－5 000）×0.5%]÷（5 000－8 000×0.5%）＝8.37%。

【例题12-33·2014年单选题】甲公司向银行借款900万元，年利率为8%，期限1年，到期还本付息，银行要求按借款金额的15%保持补偿性余额（银行按2%付息）。该借款的有效年利率为（　　）。

A.7.70%　　　　　B.9.06%　　　　　C.9.41%　　　　　D.10.10%

【答案】B

【解析】利息＝900×8%－900×15%×2%＝72－2.7＝69.3（万元），实际借款额＝900×（1－15%）＝765（万元），有效年利率＝69.3÷765＝9.06%。

【例题12-34·2013年单选题】甲公司按年利率10%向银行借款1 000万元，期限1年。若银行要求甲公司维持借款金额10%的补偿性余额。该项借款的有效年利率为（　　）。

A.10%　　　　　B.11%　　　　　C.11.11%　　　　　D.9.09%

【答案】C

【解析】有效年利率＝10%÷（1－10%）＝11.11%。

【例题12-35·2010年单选题】某公司拟使用短期借款进行筹资。下列借款条件中，不会导致有效年利率（利息与可用贷款额的比率）高于报价利率（借款合同规定的利率）的是（　　）。

A.按贷款一定比例在银行保持补偿性余额

B.按贴现法支付银行利息

C.按收款法支付银行利息

D.按加息法支付银行利息

【答案】C

【解析】按贷款一定比例在银行保持补偿性余额、按贴现法支付银行利息和按加息法支付银行利息均会使企业实际可用贷款金额降低，从而会使有效年利率高于报价利率。按收款法支付银行利息是在借款到期时向银行支付利息的方法，有效年利率和报价利率相等。 三种只有收款法的有效年利率与报价年利率相等。

【例题12-36·2009年单选题（新）】甲公司与乙银行签订了一份周转信贷协定，周转信贷限额为1 000万元，借款利率为6%，承诺费率为0.5%，甲公司需按照实际借款额维持10%的补偿性余额。甲公司年度内使用借款600万元，则该笔借款的实际税前资本成本是（　　）。

A.6%　　　　　　B.6.33%　　　　　　C.6.67%　　　　　　D.7.04%

【答案】D

【解析】
600万元的年利息额　400万元未使用资金的承诺费

$$\text{该笔借款的实际}\over\text{税前资本成本} = \frac{600\times6\% + (1\,000-600)\times0.5\%}{600-600\times10\%} = 7.04\%。$$

实际资金占用额

【例题12-37·2002年单选题】某企业向银行取得一年期贷款4 000万元，按6%计算全年利息，银行要求贷款本息分12个月等额偿还，则该项借款的实际利率大约为（　　）。

A.6%　　　　　　B.10%　　　　　　C.12%　　　　　　D.18%

【答案】C

【解析】在加息法付息的条件下，有效年利率大约相当于报价利率的2倍。

智能测评

扫码听分享	做题看反馈
[二维码 40453]	[二维码 41551]
亲爱的同学，本章内容涉及营运资本的计算，最佳现金持有量的计算方法以及信用政策的分析运用，应付账款成本的计算，都需要在理解的基础上掌握。 　扫一扫二维码，来听学习导师的分享吧。	学完马上测！ 　请扫描上方的二维码进入本章测试，检测一下自己学习的效果如何。做完题目，还可以查看自己的个性化测试反馈报告。这样，在以后复习的时候就更有针对性、效率更高啦！

第十三章 产品成本计算

（✔近几年考核分值在10分左右）

本章属于重点章。本章的生产费用在完工产品和在产品之间进行分配的约当产量法和定额比例法的应用，逐步结转分步法和平行结转分步法下的成本计算等都是成本会计中非常重要的内容。

本章主要考点：（1）辅助生产费用的分配方法；（2）生产费用在完工产品和在产品之间的分配方法；（3）联产品的成本分配；（4）三种成本计算方法的特点和适用范围；（5）运用两种分步法计算产品成本。

主要内容

第一节 产品成本分类与变动成本法
第二节 产品成本的归集和分配
第三节 产品成本计算的品种法
第四节 产品成本计算的分批法
第五节 产品成本计算的分步法

第一节 产品成本分类与变动成本法

◇ 制造成本与非制造成本
◇ 产品成本与期间成本
◇ 直接成本与间接成本
◇ 变动成本法

（✔本节内容属于2017年教材新增，注意可能会以文字型客观题的形式出现，考点单一，没有综合性。考生需要掌握各个分类的细节）

一、制造成本与非制造成本（见表13-1）

表13-1　　　　制造成本与非制造成本

项目	说明
制造成本	包括直接材料成本、直接人工成本与制造费用三项
非制造成本	包括销售费用、管理费用和财务费用，它们不构成产品的制造成本

期间费用不构成产品制造成本。

二、产品成本与期间成本（见表13-2）　*按照费用的发生与产品成本的关系进行划分。*

表13-2　　　　产品成本与期间成本

项目	说明
产品成本	指与产品的生产直接相关的成本，包括产品生产中所耗用的直接材料成本、直接人工成本和制造费用等
期间成本	企业经营活动中所发生的与该会计期间的销售、经营和管理等活动相关的成本，如管理费用、销售费用、财务费用等

三、直接成本与间接成本（见表13-3） 按照计入成本对象的方式进行划分。

表13-3 直接成本与间接成本

项目	说明
直接成本	指与成本对象直接相关的、可以用经济合理的方法追溯到成本对象的那一部分成本
间接成本	指与成本对象相关联的成本中不能用一种经济合理的方式追溯到成本对象，不适宜直接计入的那一部分成本

四、变动成本法

（一）变动成本法的含义

变动成本法也称直接成本法、边际成本法。在此方法下。产品成本只包括直接材料、直接人工和变动制造费用，即变动生产成本，变动生产成本随生产量的变化呈正比例变化。

（二）变动成本法与完全成本法的区别（见表13-4）

表13-4 变动成本法与完全成本法的区别

项目	完全成本法	变动成本法
成本区分	制造成本与非制造成本	变动成本与固定成本
产品成本	包括生产制造过程的全部成本（变动和固定）	只计算生产制造过程的变动成本
期间费用	非制造成本	非制造成本和固定制造成本

【提示】现行《企业会计准则》要求，存货成本按全部制造成本报告。

（三）变动成本法的作用

1.变动成本法消除了在完全成本法下，销售不变但可通过增加生产、调节库存来调节利润的问题，可以使企业内部管理者更加注重销售，更加注重市场，便于进行更为合理的内部业绩评价，为企业内部管理提供有用的管理信息，为企业预测前景、规划未来和作出正确决策服务。

2.变动成本法能够揭示利润和业务量之间的正常关系。

3.变动成本法便于分清各部门的经济责任，有利于进行成本控制和业绩评价。

4.变动成本法可以简化成本计算，便于加强日常管理。

第二节 产品成本的归集和分配

◇ 产品成本计算的基本步骤

◇ 生产费用（基本生产成本）的归集和分配

◇ 辅助生产费用的归集和分配

◇ 完工产品和在产品的成本分配

◇ 联产品和副产品的成本分配

（✔本节内容属于成本会计的基础，通常以计算型客观题的形式出现，有时也会通过计算分析题来考查。
（1）不同生产费用项目的分配有共性，建议考生记住统一公式。
（2）辅助生产费用的分配通常在综合题中作为产品成本计算的第一小问加以考查，基础地位不言而喻。
（3）完工产品和在产品成本的六种分配方法要注重理解，不能死记硬背。
（4）联产品成本的三种分配方法需要区分使用条件）

一、产品成本计算的基本步骤（如图13-1所示）

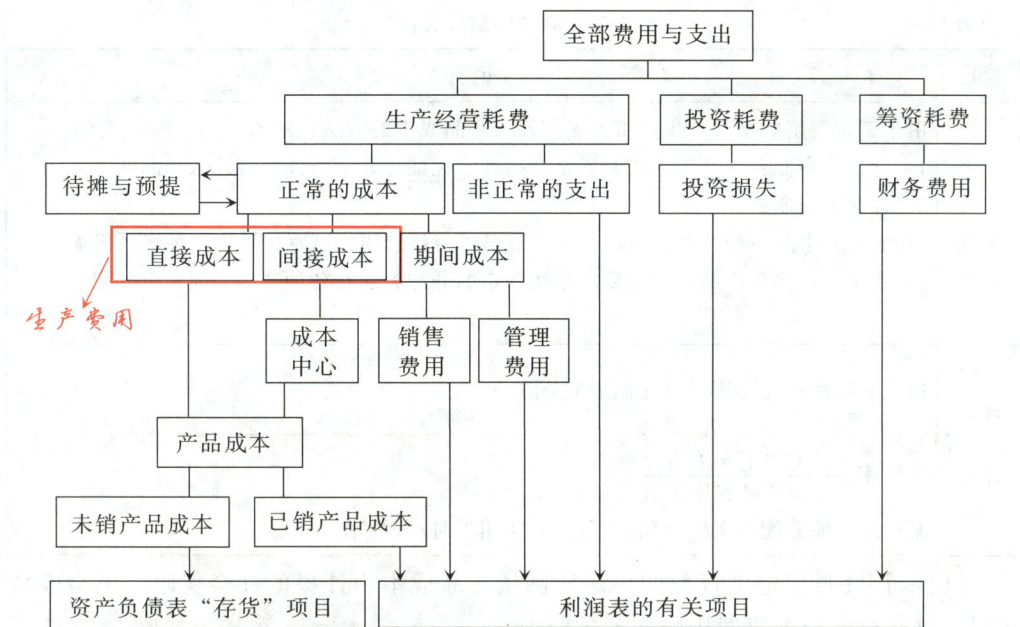

图13-1　产品成本计算的基本步骤

（✔各种生产费用分配的通用公式，整体掌握）

二、生产费用（基本生产成本）的归集和分配（★★★）

$$生产费用分配率=\frac{待分配的生产费用合计}{各个分配对象的分配标准合计}$$

某分配对象应分配的生产费用=生产费用分配率×某分配对象的分配标准

生产成本的分配原因就是多种产品同时耗用同种资源，需要明确各种产品分别耗用的金额，核定成本，所以需要进行分配。

（一）材料费用的归集和分配（见表13-5）

表13-5　　　　　　　　　材料费用的归集和分配

* 分配通用公式

项目	说明
分配标准	在消耗定额比较准确时，通常采用材料定额消耗量比例或材料定额成本的比例进行分配 前提是消耗定额准确。
计算公式	$分配率=\dfrac{材料总消耗量（或实际成本）}{各种产品材料定额消耗量（或定额成本）之和}$ 某种产品应分配的材料数量（费用）=该种产品的材料定额消耗量（或定额成本）×分配率

【提示】

1.用于产品生产的原料及主要材料，通常是按照产品分别领用的，属于直接费用；但是，有时一批材料为几批产品共同耗用，就需要按照一定标准进行分配。

2.不同规格的同类产品，如果产品的结构和大小相近，也可以按产量或重量比例分配。

（二）职工薪酬的归集和分配（见表13-6） *计件或计时*

表13-6 职工薪酬的归集和分配

项目	说明
工资制度	由于工资制度的不同，生产工人工资计入产品成本的方法也不同： 1）计件工资制：生产工人工资通常根据产量凭证计算工资并直接计入产品成本 2）计时工资制： a）如果只生产一种产品，生产人员工资属于直接费用，可直接计入该种产品成本 *无须分配* b）如果生产多种产品，这就要求采用一定的分配方法在各种产品之间进行分配 *需要分配*
分配标准	通常采用按产品实用工时比例分配的方法
计算公式	分配率= 生产工人工资总额 / 各种产品实用工时之和 某种产品应分配的工资费用=该种产品实用工时×分配率

【提示】按照规定工资额的一定比例从产品成本中计提的社会保险、工会经费和职工教育费，与工资费用一起分配。

（三）外购动力费的归集和分配（见表13-7） *企业内部提供辅助生产的成本有两种分配方式，后面会详细讲解。*

表13-7 外购动力费的归集和分配

项目	说明	
分配标准	按用途和使用部门分配，也可以按仪表记录、生产工时、定额消耗量比例进行分配	
分配去向	直接用于产品生产的动力费用	属于照明、取暖等用途的动力费用
	列入"燃料和动力费用"成本项目，计入"生产成本"	按其使用部门分别计入"制造费用""管理费用"等

【提示】如果企业设有供电车间这一辅助生产车间，则外购电费应先记入"生产成本——辅助生产成本"科目，再加上供电车间本身发生的工资等项费用，作为辅助生产成本进行分配。

（四）制造费用的归集和分配

1.制造费用的归集（见表13-8）

谁使用谁负担，一种产品耗用的，直接计入成本；多种产品同时耗用的，需要进行分配。

表13-8 制造费用的归集

项目	说明
制造费用的内容	制造费用是指企业各生产单位为组织和管理生产而发生的各项间接费用。它包括工资和福利费、折旧费、修理费、办公费、水电费、机物料消耗、劳动保护费、租赁费、保险费、排污费及其他制造费用
核算特点	归集在"制造费用"科目借方的各项费用，月末时应全部分配转入"生产成本"科目，计入产品成本。"制造费用"科目一般月末没有余额： （1）在生产一种产品的车间中，制造费用可以直接计入其产品成本 （2）在生产多种产品的车间中，就要将制造费用分配计入各种产品成本

【例题13-1·2016年单选题】企业在生产中为生产工人发放安全头盔所产生的费用，应计入（　　）。

A.直接材料　　　B.管理费用　　　C.制造费用　　　D.直接人工

【答案】C

【解析】这个属于劳动保护费，应该记入"制造费用"科目。制造费用是指企业各生产单位为组织和管理生产而发生的各项间接费用。它包括工资和福利费、折旧费、修理费、办公费、机物料消耗、劳动保护费、租赁费、保险费及其他制造费用。

2.制造费用的分配（见表13-9）

表13-9　　　　　　　　　　制造费用的分配

项目	说明
分配标准	常用的方法有按生产工时、定额工时、机器工时、直接人工费等比例分配的方法
计算公式	分配率＝制造费用总额／各种产品生产（或定额、机器）工时之和 某产品应负担的制造费用=该种产品工时数×分配率

按消耗量来分配。

【提示】制造费用的大部分支出，属于产品生产的间接费用，因而不能按照产品制定定额，而只能按照车间、部门和费用项目编制制造费用计划加以控制。

三、辅助生产费用的归集和分配（★★★）

（✓考试中常考的就是电、气、热力，辅助生产费用的分配，可以出计算型客观题，也可以考计算分析题，需要重点掌握交互分配法）

（一）辅助生产的含义

企业的辅助生产主要是为基本生产服务的。有的只生产一种产品或提供一种劳务，如供电、供气、运输等辅助生产；有的则生产多种产品或提供多种劳务，如从事工具、模具、备件的制造以及机器设备的修理等辅助生产。

（二）辅助生产费用的分配

1.直接分配法（见表13-10）

实际就是各辅助生产费用直接对外分配法，当相互提供辅助生产费用数额较大时计算结果就不准确了。

表13-10　　　　　　　　　　直接分配法

项目	说明
分配方法	不考虑辅助生产内部相互提供的劳务量，直接将各辅助生产车间发生的费用分配给辅助生产以外的各个受益单位或产品 【提示】只算外账，不算内账
图示	辅助生产车间1 →按对外供应产品或劳务数量分配→ 辅助生产车间以外的各受益单位或产品 辅助生产车间2 →按对外供应产品或劳务数量分配→
计算公式	辅助生产的单位成本＝辅助生产费用总额／（辅助生产提供劳务总量－对其他辅助部门提供的劳务量） 各受益车间、产品或部门应分配的费用=辅助生产的单位成本×该车间、产品或部门的耗用量
优点	采用直接分配法，由于各辅助生产费用只是对外分配，计算工作简便

项目	说明
缺点	当辅助生产车间相互提供产品或劳务量差异较大时，分配结果往往与实际不符
适用条件	在辅助生产内部相互提供产品或劳务不多、不进行费用的交互分配，对辅助生产成本和产品制造成本影响不大的情况下采用

2.交互分配法（见表13-11）　*先内后外，分配两次，结果准确。*

表13-11　　　　　　　　　　　　交互分配法

交互分配法

项目	说明
分配方法	对各辅助生产车间的成本费用进行两次分配： （1）根据各辅助生产车间相互提供的产品或劳务的数量和交互分配前的单位成本，在各辅助生产车间之间进行一次交互分配 （2）将各辅助生产车间交互分配后的实际费用，对辅助生产车间以外的各受益单位进行分配 【提示】先算内账，再算外账
图示	
计算公式	（1）对内分配率 = $\dfrac{\text{辅助生产费用总额}}{\text{辅助生产提供的总产品或劳务总量}}$ （2）对外分配率 = $\dfrac{\text{交互分配前的费用总额} + \text{交互分配转入的费用} - \text{交互分配转出的费用}}{\text{对辅助生产车间以外的其他部门提供的产品或劳务总量}}$
优点	采用交互分配法，辅助生产内部相互提供产品或劳务全部都进行了交互分配，从而提高了分配结果的正确性
缺点	各辅助生产费用要计算两个单位成本，进行了两次分配，因而增加了计算工作量

【总结】通过以上各种费用的分配和归集，应计入本月产品成本的各种产品的费用都已记入"生产成本——基本生产成本"科目的借方，并已在各种产品之间划分清楚，而且按成本项目分别登记在各自的产品成本计算单（基本生产成本明细账）中了。

【例题13-2·2012年多选题】甲公司有供电、燃气两个辅助生产车间，公司采用交互分配法分配辅助生产成本。本月供电车间供电20万度，成本费用为10万元，其中燃气车间耗用1万度电；燃气车间供气10万吨，成本费用为20万元，其中供电车间耗用0.5万吨燃气。下列计算中，正确的有（　　）。

A.供电车间分配给燃气车间的成本费用为0.5万元

B.燃气车间分配给供电车间的成本费用为1万元

C.供电车间对外分配的成本费用为9.5万元

D.燃气车间对外分配的成本费用为 19.5 万元

【答案】ABD

【解析】A 项正确：供电车间分配给燃气车间的成本＝10÷20×1＝0.5（万元）。B 项正确：燃气车间分配给供电车间的成本＝20÷10×0.5＝1（万元）。C 项错误：供电车间对外分配的成本＝10－0.5＋1＝10.5（万元）。D 项正确：燃气车间对外分配的成本＝20－1＋0.5＝19.5（万元）。

四、完工产品和在产品的成本分配（★★★）

（一）分配原理 *（✓重点掌握约当产量法，多以计算题的形式考核）*

本月发生的生产费用和月初、月末在产品及本月完工产成品成本这四项费用的关系可用下列公式表达：

月末在产品成本＝月初在产品成本＋本月发生的生产费用－本月完工产品成本

或者：

月初在产品成本＋本月发生的生产费用＝本月完工产品成本＋月末在产品成本

由于公式中前两项为已知数（待分配费用），所以，在完工产品与月末在产品之间分配费用的方法有两类（见表 13-12）：

表 13-12　　　　　完工产品与在产品的成本分配

方法	说明
分配法	将前两项之和按一定比例在后两项之间进行分配，从而求得完工产品与月末在产品的成本
倒挤法	先确定月末在产品成本，再计算求得完工产品的成本

【提示】无论采用哪一种方法，都必须取得在产品数量的核算资料。

（二）在产品的概念 *针对具有多个生产步骤或生产环节的产品而言，广义在产品包括完成某一环节或步骤，但并没有完成全部环节或步骤的产品。*

企业的在产品是指没有完成全部生产过程、不能作为商品销售的在产品，可以分为两个子概念（见表 13-13）：

表 13-13　　　　　在产品的概念

子概念	说明
狭义的在产品	就某一车间或某一生产步骤来说，在产品只包括该车间生产步骤正在加工中的那部分在产品，车间或生产步骤完工的半成品不包括在内
广义的在产品	（1）正在车间加工中的在产品（狭义的在产品）*对于本加工步骤来说* （2）已经完成一个或几个生产步骤但还需继续加工的半成品 *对于企业来说*

【提示】本黑体标题"三"下的在产品均指广义的在产品。

（三）分配方法 ——→ *各种分配方法的优缺点与适用条件要加以掌握，常以选择题的形式考查。*

企业应当根据在产品数量的多少、各月在产品数量变化的大小、各项费用比重的大小以及定额管理基础的好坏等具体条件，选择既合理又简便的分配方法。

1.倒挤法

（1）不计算在产品成本（即在产品成本记为零）（见表13-14）

表13-14　　不计算在产品成本

项目	说明
适用条件	月末在产品数量很小，在产品成本的计算对完工产品成本影响不大的情况
计算公式	月末在产品成本=0 本月完工产品成本=本月发生的生产费用

在产品数量太小了，可以忽略不计，省去核算成本，方便简单。

（2）在产品成本按年初固定数计算（见表13-15）

表13-15　　在产品成本按年初数固定计算

项目	说明
适用条件	月末在产品数量很小，或者在产品数量虽大但各月之间在产品数量变动不大，月初、月末在产品成本的差额对完工产品成本影响不大的情况
计算公式	（1）1~11月： 月末在产品成本=年初固定数 本月完工产品成本=本月发生的生产费用 （2）12月： 月末在产品成本=年末盘点数 本月完工产品成本=年初固定数+本月发生的生产费用-年末盘点数

重点是各月在产品数量的变动都不大，用年初的固定值即可大体反应在产品成本的负担情况，注意每年年末调整计算，查看与实际是否有出入。

【提示】年终时，根据实地盘点的在产品数量，重新调整计算在产品成本，以避免在产品成本与实际出入过大，影响成本计算的正确性。

（3）在产品成本按定额成本计算（见表13-16）　*每月末在产品数量都差不多且定额成本准确。*

表13-16　　在产品成本按定额成本计算

项目	说明
适用条件	在产品数量稳定或者数量较少，并且制定了比较准确的定额成本
计算公式	月末在产品成本=月末在产品数量×在产品定额单位成本 本月完工产品成本=月初在产品成本（定额）+本月发生的生产费用-月末在产品成本（定额）

【提示】实际脱离定额的差异（本月实际发生的生产费用与定额生产费用的差异）完全由完工产品承担。　*→注意以选择、判断题的形式考查。*

2.分配法　*在产品数量变化较大的时候就需要在完工产品与在产品之间进行分配了。*

（1）在产品成本按其所耗用的原材料费用计算（见表13-17）　*材料费用比重大。*

表13-17　　在产品成本按其所耗用的原材料费用计算

项目	说明
适用条件	原材料费用在产品成本中所占比重较大，而且原材料是在生产开始时一次就全部投入。为简化核算工作，月末在产品可以只计算原材料费用（不含加工成本），其他费用全部由完工产品负担（含材料、加工成本）

续表

项目	说明
计算公式	（1）原材料的分配： 原材料分配率=$\dfrac{\text{月初在产品材料成本}+\text{本月发生的材料成本}}{\text{完工产品产量}+\text{月末在产品产量}}$ 完工产品应分配的材料成本=完工产品产量×原材料分配率 月末在产品应分配的材料成本=月末在产品产量×原材料分配率 （2）其他费用的分配： 在产品成本=0 完工产品成本=本月发生费用

（手写批注）耗费的所有材料成本除以产品总产量

【例题13-3】在产品成本按其所耗用的原材料费用计算示例见表13-18。

表13-18　　　　　在产品成本按其所耗用的原材料费用计算示例　　　　金额单位：元

项目	直接材料	直接人工	制造费用	合计
月初在产品	5 000	0	0	5 000
本月生产费用	25 000	2 000	1 000	28 000
小计	30 000	2 000	1 000	33 000
分配率	$\dfrac{30\,000}{200+100}=100$			
完工产品（200件）	20 000	2 000	1 000	23 000
在产品（100件）	10 000	0		10 000

（2）按定额比例分配完工产品和月末在产品成本的方法（定额比例法）（见表13-19）

表13-19　按定额比例分配完工产品和月末在产品成本的方法（定额比例法）

项目	说明
适用条件	如果各月末在产品数量变动较大，但制定了比较准确的消耗定额，生产费用可以在完工产品和月末在产品之间用定额消耗量或定额费用按比例分配
计算公式	分配率=$\dfrac{\text{月初在产品实际成本}+\text{本月发生的实际生产费用}}{\text{完工产品定额消耗}+\text{月末在产品定额消耗}}$ 完工产品应分配的成本=完工产品定额消耗×分配率 月末在产品应分配的成本=月末在产品定额消耗×分配率

（手写批注）材料费用比重低且定额管理基础好。

【提示】通常，材料费用按定额消耗量比例分配，而其他费用按定额工时比例分配。

（3）约当产量法

①约当产量法概述（见表13-20）

约当产量法

材料费用比重低但定额管理基础差。约当产量法非常重要，会以计算型题目考核，需要掌握。

表13-20　　　　　　　　　　约当产量法概述

项目	说明
含义	（1）约当产量：指在产品按其完工程度折合成完工产品的产量 （2）按约当产量比例分配的方法：将月末结存的在产品，按其完工程度折合成约当产量；然后再将产品应负担的全部生产费用，按完工产品产量和在产品约当产量的比例进行分配
适用条件	月末在产品数量变动较大，原材料费用在产品成本中所占比重不大

②计算步骤（见表13-21）

非常重要，整体计算思路不变，注意区分直接材料的实际投入时间不同则计算方法有差异。

表13-21　　　　　　　　　　计算步骤

步骤	计算公式
确定在产品约当产量	月末在产品约当产量=月末在产品数量×完工程度 【提示】这里的"完工程度"指在产品相对于"整个生产过程"的完工度，而非相对于某个生产步骤的完工度
计算产品的单位成本	单位成本 $= \dfrac{月初在产品成本 + 本月发生的生产费用}{产成品产量 + 月末在产品约当产量}$
分配产品总成本	产成品成本=单位成本×产成品产量 月末在产品成本=单位成本×月末在产品约当产量 【提示】在计算月末在产品成本时，单位成本要乘以月末在产品的"约当产量"，而非在产品的实际数量

（4）在产品完工程度的确定（★★★★★）

①分配直接人工和制造费用的完工程度 ← 加工成本

在具备产品工时定额的条件下，可按每道工序累计单位工时定额除以单位产品工时定额计算求得，即采用"累计工时法"计算（见表13-22）：

表13-22　　　　分配直接人工和制造费用的完工程度

情形	确定方法
通常假定处于某工序的在产品只完成本工序的一半	某工序完工程度 $= \dfrac{前面各道工序工时定额之和 + 本道工序工时定额 \times 50\%}{单位产品工时定额}$
题目特指了在产品所处工序的完工程度	某工序完工程度 $= \dfrac{前面各工序工时定额之和 + 本工序工时定额 \times 本工序平均完工程度}{单位产品工时定额}$

没有特别说明就是50%

【提示】考试时如果没有特别指明，本步骤平均完工程度都按50%计算。

【例题13-4】在产品完工程度的确定示例（见表13-23）。

表13-23　　　　　　　　　　　　　　在产品完工程度的确定示例

工序	单位工时定额（h）	本步骤完工程度	相对于整个生产过程的完工度	在产品数量（件）	约当产量（件）
1	10	50%	10×50%÷24=21%	100	100×21%=21
2	8	50%	（10+8×50%）÷24=58%	100	100×58%=58
3	6	50%	（10+8+6×50%）÷24=88%	200	200×88%=176
合计	24			400	255

②分配直接材料的完工程度（见表13-24）

无论是否完工，都已经用了材料，都需要负担原材料成本。

表13-24　　　　　　　　　　　　　　分配直接材料的完工程度

情形		确定方法
原材料在生产开始时一次投入		每件在产品无论完工程度如何，都应和每件完工产品同样负担材料，即原材料完工程度为100%*无须约当*
原材料分工序投入	在每一道工序开始时一次投入	某工序完工程度＝$\dfrac{\text{本工序累积材料消耗定额}}{\text{单位产品材料消耗定额}}$
	每一道工序随加工进度陆续投入	某工序完工程度＝$\dfrac{\text{前面各工序累积材料消耗定额}＋\text{本工序材料消耗定额}×50\%}{\text{单位产品材料消耗定额}}$ 【提示】此时与人工费用和制造费用的分配方法一样

结合实际负担原材料的状况来计算。

【例题13-5】分配直接材料的完工程度示例（见表13-25）。

表13-25　　　　　　　　　　　　　　分配直接材料的完工程度示例

工序	单位材料定额（kg）	相对于整个生产过程的完工度	在产品数量（件）	约当产量（件）
1	100	100÷200=50%	100	100×50%=50
2	50	（100+50）÷200=75%	100	100×75%=75
3	50	（100+50+50）÷200=100%	200	200×100%=200
合计	200		400	325

【例题13-6·2014年单选题】甲公司生产某种产品，需两道工序加工完成，公司不分步计算产品成本。该产品的定额工时为100小时，其中第一道工序的定额工时为20小时，第二道工序的定额工时为80小时。月末盘点时，第一道工序的在产品数量为100件，第二道工序的在产品数量为200件。如果各工序在产品的完工程度均按50%计算，月末在产品的约当产量为（　　）件。

A.90　　　　　　　　B.120　　　　　　　　C.130　　　　　　　　D.150

【答案】C

【解析】具体计算过程见表13-26。

表13-26　　　　　　　　　　　　具体计算过程表

工序	定额工时	完工度	在产品数量（件）	约当产量（件）
1	20	20×50%÷100=10%	100	100×10%=10
2	80	(20+80×50%)÷100=60%	200	200×60%=120
合计	100	—	300	130

【例题13-7·2007年单选题】甲产品在生产过程中，需经过两道工序，第一道工序定额工时2小时，第二道工序定额工时3小时。期末，甲产品在第一道工序的在产品40件，在第二道工序的在产品20件。作为分配计算在产品加工成本（不含原材料成本）的依据，其期末在产品约当产量为（　　）件。

A.18　　　　　　　　　　　　　　B.22

C.28　　　　　　　　　　　　　　D.36

【答案】B

【解析】具体计算过程见表13-27。

表13-27　　　　　　　　　　　　具体计算过程表

工序	单位工时定额（h）	本步骤完工程度	相对于整个生产过程的完工度	在产品数量（件）	约当产量（件）
1	2	50%	2×50%÷5=20%	40	40×20%=8
2	3	50%	(2+3×50%)÷5=70%	20	20×70%=14
合计	5		—	60	22

【例题13-8·2000年单选题】某厂的甲产品单位工时定额为80小时，经过两道工序加工完成，第一道工序的工时定额为20小时，第二道工序的定额工时为60小时。假设本月末第一道工序有在产品30件，平均完工程度为60%；第二道工序有在产品50件；平均完工程度为40%。则分配人工费用时在产品的约当产量为（　　）件。

A.32　　　　　　　　　　　　　　B.38

C.40　　　　　　　　　　　　　　D.42

【答案】A

【解析】具体计算过程见表13-28。

表13-28　　　　　　　　　　　　具体计算过程表

工序	定额工时	完工度	在产品数量（件）	约当产量（件）
1	20	20×60%÷80=15%	30	30×15%=4.5
2	60	(20+60×40%)÷80=55%	50	50×55%=27.5
合计	80	—	80	32

【总结】完工产品和在产品的成本分配总结如图13-2。

概括掌握此归纳图，了解各种分配方法的适用前提。

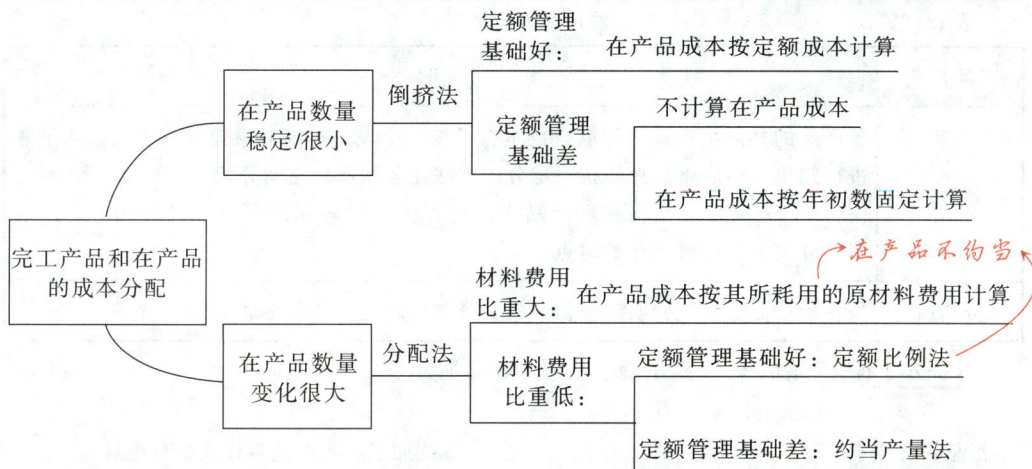

图13-2　完工产品和在产品的成本分配总结

【例题13-9·2001年单选题】某企业生产的产品需要经过若干加工工序才能形成产成品，且月末在产品数量变动较大，产品成本中原材料所占比重较小。该企业在完工产品和在产品之间分配生产费用时，宜采用（　　）。

A.不计算在产品成本的方法

B.在产品成本按年初数固定计算的方法

C.在产品成本按其所耗用的原材料费用计算的方法

D.约当产量法

【答案】D

【解析】A项错误：不计算在产品成本的方法适用于月末在产品数量很小的情况。B项错误：在产品成本按年初数固定计算的方法适用于月末在产品数量很小，或者在产品数量虽大但各月之间在产品数量变动不大的情况。C项错误：在产品成本按其所耗用的原材料费用计算的方法适用于原材料费用在产品成本中所占比重较大，而且原材料是在生产开始时一次就全部投入的情况下。D项正确：约当产量法适用于月末在产品数量变动较大，原材料费用在产品成本中所占比重不大。

五、联产品和副产品的成本分配（★★★）

（✓比较重要的知识点，常从选择题或计算分析题中进行考核。了解联产品、副产品的概念并熟悉其计算）

（一）联产品加工成本的分配

1.联产品（co-product）的含义

联产品，是指使用同种原料，经过同一生产过程同时生产出来的两种或两种以上的主要产品。

2.联产品成本计算过程

联产品成本的计算，通常分为两个阶段进行（见表13-29）：

表13-29 联产品成本的计算

阶段	说明
分离前	各产品的共同生产费用即联合成本,可按一个成本核算对象设置一个成本明细账进行归集,然后将其总额按一定分配方法在各联产品之间分配 【提示】分离点,是指在联产品生产过程中,投入相同原料,经过同一生产过程,分离为各种联产品的时点
分离后	按各种产品分别设置明细账,归集其分离后所发生的加工成本

【提示】联产品成本计算示意图如图13-3所示:

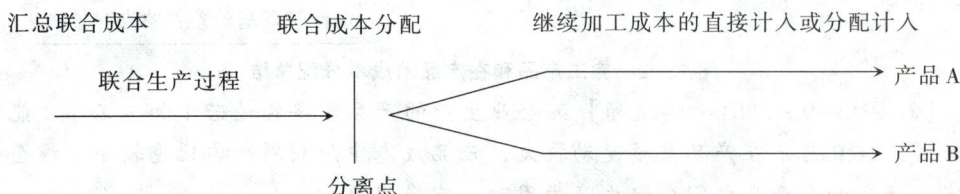

汇总联合成本　　　　　　　联合成本分配　　　　　　继续加工成本的直接计入或分配计入

联合生产过程 ⟶　　　　　　　　　　　　　　　　　　⟶ 产品A

　　　　　　　　　　　　　　　　　　　　　　　　　⟶ 产品B

分离点

图13-3 联产品成本计算示意图

3.联产品成本的分配

根据分配方法的名称进行记忆。产出的产品可以直接对外销售。

(1)售价法(见表13-30)

表13-30 售价法

项目	说明
分配方法	联合成本是以分离点上每种产品的销售价格为比例进行分配的 【提示】本方法要求产品经过分离点后能够"直接"被用来销售,无须进一步加工;并且每种产品在分离点时的销售价格都能够可靠地计量
计算方式	联合成本分配率=$\dfrac{待分配联合成本}{A产品分离点的总售价+B产品分离点的总售价}$ A产品应分配联合成本=联合成本分配率×A产品分离点的总售价 B产品应分配联合成本=联合成本分配率×B产品分离点的总售价

(2)可变现净值法(见表13-31)

表13-31 可变现净值法

项目	说明
分配方法	如果联产品尚需要进一步加工后才能用于销售,只能以分离点上每种产品的可变现净值为比例对联合成本进行分配
计算方式	某产品的可变现净值=分离点产量×该产成品的单位售价-分离后该产品的后续单独加工成本 联合成本分配率=$\dfrac{待分配联合成本}{A产品分离点的可变现净值+B产品分离点的可变现净值}$ A产品应分配联合成本=联合成本分配率×A产品分离点的可变现净值 B产品应分配联合成本=联合成本分配率×B产品分离点的可变现净值

计算的思路与售价法相似,只是因为产品不能直接对外销售,所以只能用预计售价减去进一步加工成本,计算可变现净值。

（3）实物数量法（见表13-32）　*是对前两种方法都无法使用的情况下所做的补充分配方法。*

表13-32　　　　　　　　　　　　　　　实物数量法

项目	说明
分配方法	联合成本是以产品的实物数量为基础分配的。这里的"实物数量"通常可以是数量、重量 【提示】实物数量法通常适用于所生产产品的价格很不稳定或无法直接确定的情形
计算方式	联合成本分配率＝$\dfrac{\text{待分配联合成本}}{\text{A产品分离点的实物数量}＋\text{B产品分离点的实物数量}}$ A产品应分配联合成本＝联合成本分配率×A产品分离点的实物数量 B产品应分配联合成本＝联合成本分配率×B产品分离点的实物数量

4.副产品（by-product）加工成本的分配（见表13-33）　*成本确定的顺序为：先副后主。*

表13-33　　　　　　　　　　　　副产品加工成本的分配

项目	说明
副产品的含义	副产品，是指在同一生产过程中，使用同种原料，在生产主要产品的同时附带生产出来的非主要产品
副产品成本的分配	由于副产品价值相对较低，而且在全部产品生产中所占的比重较小，因而可以采用简化的方法确定其成本（如按预先规定的固定单价确定成本），然后从总成本中扣除，其余额就是主产品的成本： 主产品成本＝总成本－副产品成本

第三节　产品成本计算的品种法

（✓本节内容一般通过文字型各观题加以考查。考生按照表13-34掌握即可）

按成本计算对象的不同，成本计算的基本方法分为品种法、分批法和分步法三种。企业可以根据生产经营的特点、生产经营组织类型和成本管理要求，具体确定成本计算方法（具体见表13-34）。

表13-34　　　　　　　　　　　　产品成本计算的品种法

项目	说明
含义	产品成本计算的品种法，是指以产品品种为成本计算对象计算成本的方法
适用条件	（1）大量大批单步骤生产的企业：在这种类型的生产中，产品的生产技术过程不能从技术上划分为步骤（如企业或车间的规模较小，或者车间是封闭式的） （2）生产是按流水线组织的，但管理上不要求按照生产步骤计算产品成本的企业 【提示】标准化的产品，同质性高，如KFC
主要特点	（1）成本计算对象是产品品种 （2）一般定期（每月月末）计算产品成本，成本计算期与会计核算报告期一致 （3）如果月末有在产品，要将生产费用在完工产品和在产品之间进行分配
举例	发电、供水、采掘等企业

第四节　产品成本计算的分批法

产品成本计算的分批法详见表13-35中介绍。

（✔本节内容一般通过文字型客观题加以考查。考生按照此表格掌握即可）

表13-35　　　　　　　　　　　产品成本计算的分批法

分批法，通常是生产周期跨年度，成本计算期要与生产周期相一致。

项目	说明
含义	产品成本计算的分批法，是指按照产品批别计算产品成本的一种方法
适用条件	（1）单件小批类型的生产，如造船业、重型机器制造业等 （2）一般企业中的新产品试制或试验的生产、在建工程以及设备修理作业
主要特点	（1）成本计算对象是产品的批别：由于产品的批别大多是根据销货订单确定的，因此，这种方法又称为订单法 （2）产品成本计算不定期：成本计算期与产品生产周期基本一致，而与核算报告期不一致 （3）在计算月末产品成本时，一般不存在完工产品与在产品之间分配费用的问题： （a）单件生产，不存在分配问题 （b）小批生产，要么全部完工，要么全部未完工，一般也不存在分配问题 （c）大批生产，跨月陆续完工交货时，需要进行分配

【思考】什么情况下涉及完工产品和在产品的成本分配？

【答案】当成本核算周期＝会计核算周期，但是≠生产周期时，会出现完工品和在产品之间的成本分配问题。

【例题13-10·2009年新单选题】甲制药厂正在试制生产某流感疫苗。为了核算此疫苗的试制生产成本，该企业最适合选择的成本计算方法是（　　）。

A.品种法
B.分步法
C.分批法
D.品种法与分步法相结合

【答案】C

【解析】分批法适合于小批单件生产的情况，也可以用于一般企业中的新产品试制或试验的生产、在建工程以及设备修理作业等。

【例题13-11·2002年单选题】产品成本计算不定期，一般也不存在完工产品与在产品之间费用分配问题的成本计算方法是（　　）。

A.平行结转分步法
B.逐步结转分步法
C.分批法
D.品种法

【答案】C

【解析】题目所述是分批法的特点。

【例题13-12·2001年单选题】适合汽车修理企业采用的成本计算方法是（　　）。

A.品种法
B.分批法
C.逐步结转分步法
D.平行结转分步法

【答案】B

【解析】分批法适用于单件小批类型的生产，汽车修理正属于该类生产。

【例题13-13·2000年多选题】成本计算分批法的特点是（　　）。

A.产品成本计算期与产品生产周期基本一致，成本计算不定期

B.月末无须进行在产品与完工产品之间的费用分配

C.比较适用于冶金、纺织、造纸行业企业

D.以成本计算品种法原理为基础

【答案】AD

【解析】B项错误：使用分批法计算产品成本，如果当月该批产品就完工，当然就没有在产品与完工产品之间的费用分配问题；如果当月该批产品尚未完工，则在产品与完工产品之间需要进行费用分配。C项错误：分批法适用于单件小批类型的生产；冶金、纺织、造纸行业企业适宜采用分步法计算成本。

第五节　产品成本计算的分步法

◇ 分步法概述

◇ 逐步结转分步法（计算半成品成本分步法）

◇ 平行结转分步法（不计算半成品成本分步法）

◇ 逐步结转分步法与平行结转分步法的比较

（✓本节内容几乎每年都会考查主观题，非常重要。分步法其实并不难，只要理解逐步结转分步法和平行结转分步法各自的计算程序，区分两种分步法下"半成品"的含义，就可以应对考试要求）

一、分步法概述（见表13-36）　*大量大批、多步骤。*

表13-36　　　　　　　　　　　　分步法概述

项目	说明
含义	产品成本计算的分步法，是指按照产品的生产步骤计算产品成本的一种方法
适用条件	它适用于大量大批的，管理上要求按照生产步骤计算产品成本的多步骤生产
举例	冶金、纺织、大量大批的机械制造企业

二、逐步结转分步法（计算半成品成本分步法）（★★★）

（一）逐步综合结转分步法的含义与计算程序（见表13-37）　*看表格图示中的计算流程，用心体会。*

表13-37　　　　　　　　逐步综合结转分步法的含义与计算程序

项目	说明
含义	逐步综合结转分步法，是指上一步骤转入下一步骤的半成品成本，以"直接材料"或专设的"半成品"项目综合列入下一步骤的成本计算单中
计算程序	从第二步骤开始，每个步骤都领用上一步骤生产的半成品： 第一步骤　材料 ＋ 人工、制造 ＝ 半成品成本 ＋ 在产品成本 第二步骤　半成品 ＋ 人工、制造 ＝ 半成品成本 ＋ 在产品成本 依次结转、逐步累积，直到最后步骤 最后步骤　半成品 ＋ 人工、制造 ＝ 产成品成本 ＋ 在产品成本 【提示】按照产品加工的顺序，逐步计算并结转半成品成本，直到最后加工步骤才能计算产成品成本。

第一步骤此处的"半成品成本"属于狭义的在产品，指的是在本步骤已经完工，要结转到下一步骤作为半成品的那部分。

（二）成本计算单的填写

1.典型的成本计算单（见表13-38）

表13-38 典型的成本计算单 金额单位：元

项目	产品数量（件）	直接材料	直接人工	制造费用	合计
月初在产品成本					
本月生产费用					
合计					
分配率					
本月完工产品成本					
月末在产品成本					

2.填写思路：上一个环节的"本期减少"=下一个环节的"本期增加"

成本计算单的填写思路如图13-4所示。

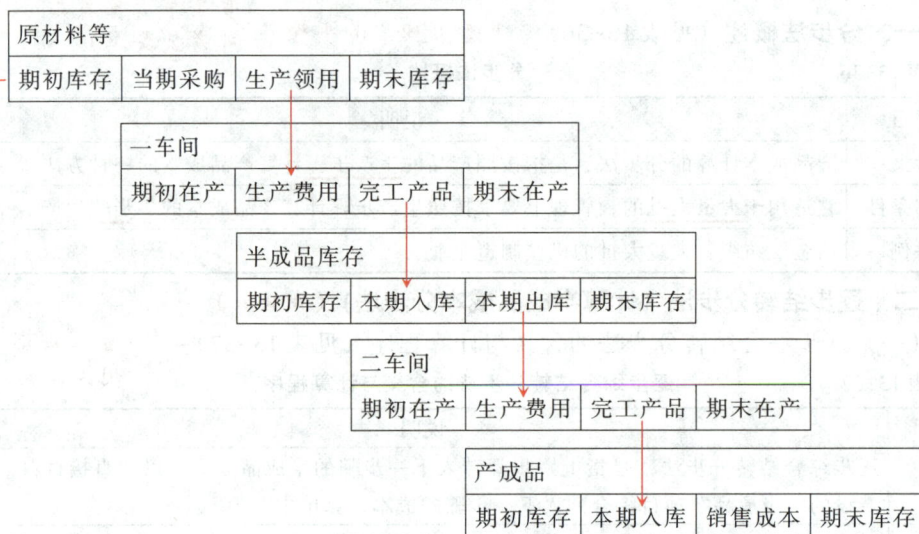

原材料等			
期初库存	当期采购	生产领用	期末库存

一车间			
期初在产	生产费用	完工产品	期末在产

半成品库存			
期初库存	本期入库	本期出库	期末库存

二车间			
期初在产	生产费用	完工产品	期末在产

产成品			
期初库存	本期入库	销售成本	期末库存

图13-4 成本计算单的填写思路图

【提示】由于各月所生产的半成品的单位成本不同，因为所耗半成品的单位成本可以如同材料核算一样，采用先进先出或加权平均等方法计算。

3.综合结转的成本还原（见表13-39）

表13-39 综合结转的成本还原

项目	说明
成本还原的含义	综合结转的成本还原，是指从最后一个步骤起，把各步骤所耗上一步骤半成品的综合成本按照上一步骤所产半成品成本的结构，逐步分解为原材料（半成品）、工资及福利费、制造费用等原始成本项目，从而求得按原始成本项目反映的产成品成本资料 【提示】成本还原的次数较正常生产步骤少一步。
计算公式	还原分配率=$\dfrac{本步骤所耗用上步骤半成品成本}{上步骤本月所产半成品全部成本}$ 原始成本项目的成本还原=还原分配率×上步骤所产半成品原始成本项目的成本

【提示】典型的成本还原计算单（2步骤生产）（见表13-40）

表13-40　　　　典型的成本还原计算单（2步骤生产）

项目	还原分配率	半成品	直接材料	直接人工	制造费用	成本合计
还原前产成品成本		A2		B2	C2	
本月所产半成品成本		A1	B1	C1		
成本还原	$k=\dfrac{A2}{A1+B1+C1}$	-A2	a1=k·A1	b1=k·B1	c1=k·C1	
还原后产成品成本			a1	B2+b1	C2+c1	
还原后产成品单位成本						

（右侧批注：本知识点的核心考点。）

（三）逐步结转分步法的特点（见表13-41）

表13-41　　　　逐步结转分步法的特点

项目	说明
优点	（1）能提供各个生产步骤的半成品成本资料 （2）为各生产步骤的在产品实物管理及资金管理提供资料 （3）能够全面的反映各生产步骤的生产耗费水平，更好的满足各生产步骤成本管理的要求
适用条件	大量大批连续式复杂生产的企业。这种企业，有的不仅将产成品作为商品对外销售，而且生产步骤所产半成品也经常作为商品对外销售

（右侧批注：对优点进行把握，注意考试作为多选题考查。）

三、平行结转分步法（不计算半成品成本分步法）（★★★）

（一）平行结转分步法的含义与计算程序——不用进行成本还原。

1.平行结转分步法的含义

平行结转分步法是指在计算各步骤成本时，不计算各步骤所产半成品成本，也不计算各步骤所耗上一步骤的半成品成本，而只计算本步骤发生的各项其他费用，以及这些费用中应计入产成品成本的份额，将相同产品的各步骤成本明细账中的这些份额平行结转、汇总，即可计算出该种产品的产成品成本。

【提示】在实物流转上，半成品转入下一步骤继续加工（否则无法进行后续生产），但是在成本核算上，不计算上一步骤所产半成品成本，不计算下一步骤所耗半成品成本。

2.平行结转分步法的计算程序

找出每个生产步骤中完工产品应当负担的生产费用（如图13-5所示）：

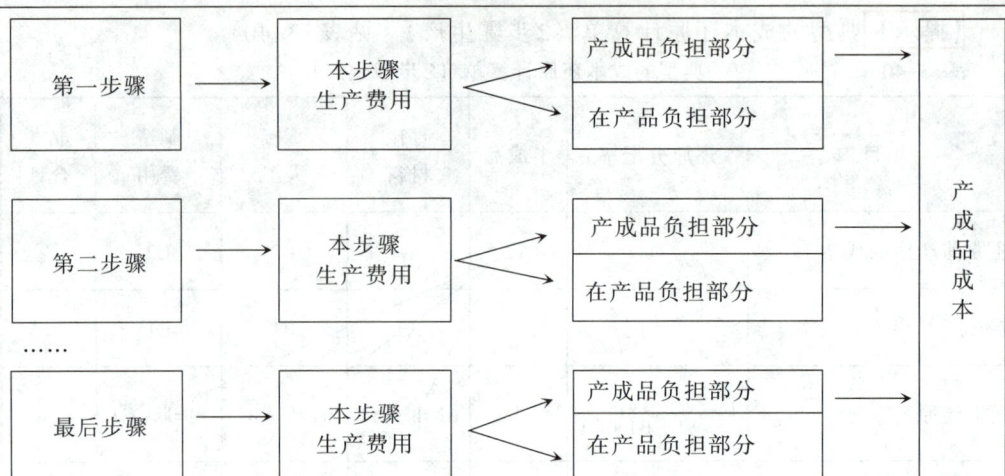

图13-5　每个生产步骤中完工产品应当负担的生产费用

【提示】

（1）平行结转分步法的成本计算对象是各种产成品及其经过的各生产步骤中的成本份额，而各步骤的产品生产费用并不随着半成品实物的结转而结转。

（2）当产品最终完工入库时，才将各步骤费用中应由完工产品负担的份额，从各步骤成本计算单中转出，平行汇总计算产成品的成本。

（二）平行结转分步法下完工与在产的划分

采用平行结转分步法，每一生产步骤的生产费用也要在其完工产品与月末在产品之间进行分配，具体见表13-42。

表13-42　　　　　　　　平行结转分步法下完工与在产的划分

项目	含义
完工产品	仅指企业最终完工的产成品
在产品	指广义的在产品，包括各步骤尚未加工完成的在产品和各步骤已完工但尚未最终完成的产品

【提示】有关广义在产品的精确理解（详见表13-43）：

表13-43　　　　　　　　有关广义在产品的精确理解

项目	说明
折算比例	最终完工的产成品需要返回到各个生产步骤去计算应承担的生产费用，此时，需要根据"完工领用比"（折算比例）来计算最终完工产成品在各个生产步骤中的"中间完工产品"的数量。所以： 某步骤中间完工产品数量=最终完工产品数量×倒推至本步骤的完工领用比
约当产量	如果采用约当产量法进行完工产品与在产品的生产费用分配，对于每一个生产步骤，尚未加工完成的在产品（狭义的在产品）需要计算约当产量；已完成本步骤生产但尚未最终完工的在产品（广义的在产品），无需计算约当产量，即相对于本步骤的完工度为100%，但是需要根据"完工领用比"计算它们相对于本步骤而言的"中间在产品"数量。所以： 后续步骤在产品折算数量=后续步骤在产品数量×倒推至本步骤的完工领用比 广义在产品的数量=本步骤在产品数量+后续步骤在产品折算数量 广义在产品的约当产量=本步骤在产品数量×完工程度+后续步骤在产品折算数量

【例题13-14·2011年单选题】某企业只生产一种产品，生产分两个步骤在两个车间进行，第一车间为第二车间提供半成品，第二车间将半成品加工成产成品。月初两个车间均没有在产品。本月第一车间投产100件，有80件完工并转入第二车间，月末第一车间尚未加工完成的在产品相对于本步骤的完工程度为60%；第二车间完工50件，月末第二车间尚未加工完成的在产品相对于本步骤的完工程度为50%。该企业按照平行结转分步法计算产品成本，各生产车间按约当产量法在完工产品和在产品之间分配生产费用。月末第一车间的在产品约当产量为（　　）件。

A.12　　　　　　　B.27　　　　　　　C.42　　　　　　　D.50

【答案】C

【解析】具体计算过程见表13-44。

表13-44　　　　　　　　　　　　　具体计算过程

		第一车间	第二车间
期初在产品		0	0
本月投产	本步骤完工	80	50
	本步骤在产	20	30
最终产成品		50	50
月末广义在产品	本步骤在产	20	30
	后续在产	30	—
约当广义在产品	本步骤在产	20×60%=12	30×50%=15
	后续在产	30	—
	合计	42	15

【例题13-15·2008年多选题】F公司是一个家具制造企业。该公司该生产步骤的顺序，分别设置加工、装配和油漆三个生产车间。公司的产品成本计算采用平行结转分步法，按车间分别设置成本计算单。装配车间成本计算单中的"月末在产品成本"项目的"月末在产品"范围应包括（　　）。

A.加工车间正在加工的在产品

B.装配车间正在加工的在产品

C.装配车间已经完工的半成品

D.油漆车间正在加工的在产品

【答案】BCD

【解析】采用平行结转分步法，每一生产步骤的生产费用也要在其完工产品与月末在产品之间进行分配。但这里的完工产品是指企业最后完工的产成品，这里的在产品是指各步骤尚未加工完成的在产品和各步骤已完工但尚未最终完成的产品。解释如下：某个步骤的"在产品"指的是"广义在产品"，包括该步骤尚未加工完成的在产品和该步骤已完工但尚未最终完成的产品。换句话说，凡是"参与"了该步骤加工，但还未最终完工形成产成品的，都属于该步骤的"广义在产品"。

（三）平行结转分步法的特点（见表13-45）—— 对于优缺点要记忆，多以各观题进行考核。

表13-45　　　　　　　　　平行结转分步法的特点

项目	说明
优点	（1）各步骤可以同时计算产品成本，平行汇总计入产成品成本，不必逐步结转半成品成本 （2）能够直接提供按原始成本项目反映的产成品成本资料，不必进行成本还原，因而能简化和加速成本计算工作
缺点	（1）不能提供各个步骤的半成品成本资料 （2）在产品的费用在产品最后完成以前，不随实物转出而转出，即不按其所在的地点登记，而按其发生的地点登记，因而不能为各个生产步骤在产品的实物和资金管理提供资料 （3）各生产步骤的产品成本不包括所耗半成品费用，因而不能全面地反映该步骤产品的生产耗费水平（第一步骤除外），不能更好地满足这些步骤成本管理的要求

【例题13-16·2012年单选题】下列成本核算方法中，不利于考察企业各类存货资金占用情况的是（　　）。

A.品种法　　　　　　　　　　B.分批法

C.逐步结转分步法　　　　　　D.平行结转分步法

【答案】D

【解析】平行结转分步法不计算各步骤在产品的成本，因而不利于考察企业各类存货资金占用情况。

【例题13-17·2007年单选题】在基本生产车间均进行产品成本计算的情况下，不便于通过"生产成本"明细账分别考察各基本生产车间存货占用资金情况的成本计算方法是（　　）。

A.品种法　　　　　　　　　　B.分批法

C.逐步结转分步法　　　　　　D.平行结转分步法

【答案】D

【解析】平行结转分步法的缺点是：不能提供各个步骤的半成品成本资料，在产品的费用在产品最后完成以前，不随实物转出而转出，即不按其所在的地点登记，而按其发生的地点登记，从而也就不便于通过"生产成本"明细账分别考察各基本生产车间存货占用资金情况。

四、逐步结转分步法与平行结转分步法的比较（见表13-46）—— 对于两种方法的特点进行对比记忆，以各观题的标准掌握。

表13-46　　　　　　　　逐步结转分步法与平行结转分步法的比较

项目	逐步结转分步法	平行结转分步法
是否计算半成品成本	√	×
生产费用与半成品实物转移是否同步	√	×
完工产品的含义	各步骤的完工产品	最终完工的产成品

项目	逐步结转分步法	平行结转分步法
在产品的含义	狭义的在产品（仅指本步骤尚未加工完成的半成品）	广义的在产品（既包括本步骤尚未加工完成的半成品，也包括本步骤加工完毕，但尚未最终完工的产品）
是否需要成本还原	(1) 逐步综合结转法：√ (2) 逐步分项结转法：×	×
各步骤能否同时计算产成品成本	不能，需要依次结转、逐步累积，直到最后一个步骤才能计算出产成品成本	可以，各步骤能同时计算产成品成本，平行汇总计算最终完工产品的成本

【例题13-18·2010年单选题】下列关于成本计算分步法的表述中，正确的是（　　）。

A.逐步结转分步法不利于各步骤在产品的实物管理和成本管理

B.当企业经常对外销售半成品时，应采用平行结转分步法

C.采用逐步分项结转分步法时，无须进行成本还原

D.采用平行结转分步法时，无须将产品生产费用在完工产品和在产品之间进行分配

【答案】C

【解析】A项错误：逐步结转分步法要计算各步骤半成品成本，所以有利于各步骤在产品的实物管理和成本管理。B项错误：平行结转分步法不计算各步骤半成品成本，当企业经常对外销售半成品时，应采用逐步结转分步法。D项错误：采用平行结转分步法，每一生产步骤的生产费用也要在其完工产品与月末在产品之间进行分配，但这里的完工产品是指企业最后完工的产成品，这里的在产品是指各步骤尚未加工完成的在产品和各步骤已完工但尚未最终完成的产品。

【例题13-19·2006年多选题】以下关于成本计算分步法的表述中，正确的有（　　）。

A.逐步结转分步法有利于各步骤在产品的实物管理和成本管理

B.当企业经常对外销售半成品时，不宜采用平行结转分步法

C.采用逐步分项结转分步法时，需要进行成本还原

D.采用平行结转分步法时，无须将产品生产费用在完工产品和在产品之间进行分配

【答案】AB

【解析】A项正确：逐步结转分步法有利于各步骤在产品的实物管理和成本管理，同时也有利于计算各步骤的半成品成本。B项正确：当企业经常对外销售半成品时，适宜采用逐步结转分步法，而不宜采用平行结转分步法（不计算各步骤的半成品成本法）。C项错误：采用逐步综合结转分步法时，需要进行成本还原；而采用分项结转分步法时，无需进行成本还原。D项错误：采用平行结转分步法时，需要将产品生产费用在完工产品和（广义）在产品之间进行分配。

智能测评

扫码听分享	做题看反馈
 　　从本章以后进入成本管理科目，比较简单，同学们接下来会觉得学习起来比以前轻松，不过不可掉以轻心，在学习中细心是很重要的。 　　扫一扫二维码，来听学习导师的分享吧。	 　　学完马上测！ 　　请扫描上方的二维码进入本章测试，检测一下自己学习的效果如何。做完题目，还可以查看自己的个性化测试反馈报告。这样，在以后复习的时候就更有针对性、效率更高啦！

*本章导学视频

第十四章 标准成本法

（✔近几年考核分值为6分左右。）

本章属于一般重点章，主要讲述标准成本的分类以及标准成本的制定，各类成本差异的影响因素及成本差异的计算，内容相对独立。注意结合第二章财务报表分析中的因素分析法来计算各项变动成本的差异，以及固定制造费用的二因素和三因素分析。本章的主要学习方法是认真理解和掌握教材中的有关概念、计算和影响因素等内容。

本章主要考点：（1）标准成本的种类（含义及特点）；（2）各类标准成本的制定；（3）各类成本差异的影响因素以及成本差异的计算。

主要内容

第一节 标准成本及其制定
第二节 标准成本的差异分析

第一节 标准成本及其制定

◇ 标准成本的概念
◇ 标准成本的种类
◇ 标准成本的制定

（✔本节内容通常以文字型或计算型客观题的形式出现，考点单一，没有综合性。考生需要掌握各个概念的细节。）

一、标准成本的概念（见表14-1）（★★★）（✔属于基础概念，就是一种预计成本。）

表14-1　　　　　　　　　　　标准成本的概念

项目	说明
基本概念	标准成本是指通过精确的调查、分析与技术测定而制定的，用来评价实际成本、衡量工作效率的一种目标成本
两种含义	（1）成本标准=单位产品标准成本=单位产品标准消耗量×标准单价 （2）标准成本（总额）=实际产量×单位产品标准成本

【提示】

1.标准成本和估计成本的比较（见表14-2）

表14-2　　　　　　　　　　　标准成本和估计成本的比较

项目	标准成本	估计成本
相同点	都属于预计成本	
不同点	要体现企业的目标和要求，主要用于衡量产品制造过程的工作效率和控制成本，也可用于存货和销货成本计价	不具有衡量工作效率的尺度性，主要体现可能性，供确定产品销售价格使用

2.讨论标准成本制定时，"标准成本"是指单位产品标准成本；讨论成本差异计算时，"标准成本"是指实际产量下的标准成本。

二、标准成本的种类（★★★） （✓对标准成本分类要理解掌握）

（一）第一组：按制定时所依据的生产技术和管理水平分类（见表14-3）

表14-3　　　　标准成本按制定时所依据的生产技术和管理水平分类

项目	理想标准成本	正常标准成本
含义	指在最优条件下，利用现有的规模和设备能够达到的最低成本	指在效率良好的条件下，根据下期一般应该发生的生产要素消耗量、预计价格和预计生产经营能力利用程度制定出来的标准成本
依据	理论上的业绩标准、生产要素的理想价格和可能实现的最高生产经营能力利用水平	考虑了生产经营过程中难以避免的损耗和低效率 【提示】偶然的、意外的项目需要排除在外
用途	提供一个完美无缺的目标，揭示实际成本下降的潜力，不宜作为考核依据	实际工作中广泛使用

左侧批注：最优条件下的最低成本，太过完美，不宜作为考核依据

【提示】

1.理想标准成本的"最优条件"（见表14-4）

表14-4　　　　理想标准成本的"最优条件"

项目	说明
理论业绩标准	指在生产过程中毫无技术浪费时的生产要素消耗量，最熟练的工人全力以赴工作、不存在废品损失和停工时间等条件下可能实现的最优业绩
最高生产经营能力利用水平	指理论上可能达到的设备利用程度，只扣除不可避免的机器修理、改换品种、调整设备等的时间
生产要素的理想价格	指原材料、劳动力等生产要素在计划期间最低的价格水平

2.正常标准成本的特点（见表14-5）

表14-5　　　　正常标准成本的特点

特点	说明
客观性和科学性	用科学方法根据客观实验和过去实践经充分研究后制定出来的
现实性	排除了各种偶然性和意外情况，又保留目前条件下难以避免的损失，代表正常情况下的消耗水平
激励性	它是应该发生的成本，可以作为评价业绩的尺度，成为督促职工去努力争取的目标
稳定性	可以在工艺技术水平和管理有效性水平变化不大时持续使用，不需要经常修订

3.有关损耗是否纳入计算（见表14-6）

表14-6　　　　　　　　　　有关损耗是否纳入计算

损耗		理想标准成本	正常标准成本
不可避免	机器修理	√	√
	改换品种	√	√
	设备调整	√	√
很难避免	产品销路不佳	×	√
	生产技术故障	×	√
	正常废品损失	×	√
	停工时间	×	√
应该避免	偶然和意外情况	×	×
	不应该的浪费	×	×

4.正常标准成本从数量上看，它应大于理想标准成本，但又小于历史平均水平，是要经过努力才能达到的一种标准，因而可以调动职工的积极性。在标准成本系统中广泛使用正常标准成本。

【例题14-1·2005年单选题】下列有关制定正常标准成本的表述中，正确的是（　　　）。

A.直接材料的价格标准不包括购进材料发生的检验成本

B.直接人工标准工时包括自然灾害造成的停工工时

C.直接人工的价格标准是指标准工资率，它可能是预定的工资率，也可能是常的工资率

D.企业可以在采用机器工时作为变动制造费用的数量标准时，采用直接人工工时作为固定制造费用的数量标准

【答案】C

【解析】A项错误：直接材料的价格标准，是预计下一年度实际需要支付的进料单位成本，包括发票价格、运费、检验和正常损耗等成本，是取得材料的完全成本。B项错误：标准工时是指在现有生产技术条件下，生产单位产品所需要的时间，包括直接加工操作必不可少的时间，以及必要的间歇和停工，如工间休息、调整设备时间、不可避免的废品耗用工时等；而不包含偶然或意外发生的时间。D项错误：固定制造费用的用量标准与变动制造费用的用量标准相同，包括直接人工工时、机器工时、其他用量标准等，并且两者要保持一致，以便进行差异分析。

（二）第二组：按适用期分类（见表14-7）

外部生产情况改变，是否改变标准成本？

表14-7　　　　　　　　　　　　标准成本按适用期分类

一般不变，三大类情况下改变。一定记住，反复考查！

*基本标准成本

项目	现行标准成本	基本标准成本
含义	指根据其适用期间应该发生的价格、效率和生产经营能力利用程度等预计的标准成本	指一经制定，只要生产的基本条件无重大变化，就不予变动的一种标准成本
依据	在这些决定因素发生变化时，需要按照改变了的情况加以修订	生产的基本条件无重大变化
用途	(1) 可以作为评价实际成本的依据 (2) 可以用来对存货和销货成本进行计价	与各期实际成本进行对比，可以反映成本变动的趋势；但不宜用来直接评价工作效率和成本控制的有效性

【提示】有关条件发生变化时是否对标准成本作出改变？（见表14-8）

表14-8　　　　　　　　　有关条件发生变化时是否对标准成本作出改变

需要对导致基本标准成本改变的生产基本条件的重大变化记忆。

变化性质		现行标准成本	基本标准成本
生产基本条件的重大变化	产品的物理结构的变化（物）	√	√
	生产技术和工艺的根本变化（物）	√	√
	重要原材料和劳动力价格的重要变化（采购）	√	√
非生产基本条件的重大变化	生产经营能力利用程度的变化（人）	√	×
	工作方法改变而引起的效率变化（人）	√	×
	市场供求变化导致的售价变化（销售）	√	×

【例题14-2·2016年多选题】下列各项中，需要修订产品基本标准成本的情况有（　　）。

A.产品生产能量利用程度显著提升　　B.生产工人技术操作水平明显改进

C.产品主要材料价格发生重要变化　　D.产品物理结构设计出现重大改变

【答案】CD

【解析】C、D项正确：基本标准成本是指一经制定，只要生产的基本条件无重大变化，就不予以变动的一种标准成本。所谓生产的基本条件的重大变化是指产品的物理结构变化，重要原材料和劳动力价格的重要变化，生产技术和工艺的根本变化等。A、B项错误：由于市场供求变化导致的售价变化和生产经营能力利用程度的变化、由于工作方法改变而引起的效率变化等，不属于生产的基本条件变化，对此不需要修订基本标准成本。

【例题14-3·2014年多选题】甲公司制定产品标准成本时采用现行标准成本。下列情况中，需要修订现行标准成本的有（　　）。

A.季节原因导致材料价格上升　　B.订单增加导致设备利用率提高

C.采用新工艺导致生产效率提高　　D.工资调整导致人工成本上升

【答案】ABCD

【解析】现行标准成本指根据其适用期间应该发生的价格、效率和生产经营能力利用程度等预计的标准成本。在这些决定因素变化时，现行标准成本需要按照改变了的情况加以修订。

【例题14-4·2014年多选题】甲公司制定产品标准成本时采用基本标准成本。下列情况中，需要修订基本标准成本的有（　　）。

A.季节原因导致材料价格上升　　B.订单增加导致设备利用率提高

C.采用新工艺导致生产效率提高　　D.工资调整导致人工成本上升

【答案】CD

【解析】需要修订基本标准成本的条件有产品的物理结构变化、重要原材料和劳动力价格的重要变化、生产技术和工艺的根本变化。选项A属于是由于市场供求变化导致的价格变化，选项B属于由于生产能力利用程度的变化，不属于生产的基本条件变化，对此不需要修订基本标准成本。

【例题14-5·2012年单选题】甲公司制定成本标准时采用基本标准成本。出现下列情况时，不需要修订基本标准成本的是（　　）。

A.主要原材料的价格大幅度上涨

B.操作技术改进，单位产品的材料消耗大幅度减少

C.市场需求增加，机器设备的利用程度大幅度提高

D.技术研发改善了产品性能，产品售价大幅度提高

【答案】C

【解析】基本标准成本是指一经制定，只要生产的基本条件无重大变化，就不予变动的一种标准成本。所谓生产的基本条件的重大变化是指产品的物理结构变化、重要原材料和劳动力价格的重要变化、生产技术和工艺的根本变化等。只有这些条件发生变化，基本标准成本才需要修订。由于市场供求变化导致的售价变化和生产经营能力利用程度的变化，由于工作方法改变而引起的效率变化等，不属于生产的基本条件变化，对此不需要修订基本标准成本。

【例题14-6·2009年单选题（新）】下列情况中，需要对基本标准成本进行修订的是（　　）。

A.重要的原材料价格发生重大变化　　B.工作方法改变引起的效率变化

C.生产经营能力利用程度的变化　　D.市场供求变化导致的售价变化

【答案】A

【解析】基本标准成本是指一经制定，只要生产的基本条件无重大变化，就不予变动的一种标准成本。所谓生产的基本条件的重大变化是指产品的物理结构变化、重要原材料和劳动力价格的重要变化、生产技术和工艺的根本变化等。只有这些条件发生变化，基本标准成本才需要修订。由于市场供求变化导致的售价变化和生产经营能力利用程度的变化，由于工作方法改变而引起的效率变化等，不属于生产的基本条件变化，对此不需要修订基本标准成本。

【例题14-7·2001年单选题】出现下列情况时，不需要修订基本标准成本的是（　　）。

A.产品的物理结构发生变化

B.重要原材料和劳动力价格发生变化

C.生产技术和工艺发生变化

D.市场变化导致的生产能力利用程度发生变化

【答案】D

【解析】A、B、C项属于生产的基本条件的重大变化，需要修订基本标准成本。D项不属于生产的基本条件的重大变化，不需要修订基本标准成本。

三、标准成本的制定（★★★）

（一）标准成本制定的原则

制定时，无论是哪一个成本项目，都需要分别确定其用量标准和价格标准（见表14-9），两者相乘后得出标准成本。

表14-9　　　　　　　　　　用量标准和价格标准

项目	用量标准	价格标准
内容	包括单位产品材料消耗量、单位产品直接人工工时等	包括原材料单价、小时工资率、小时制造费用分配率等
制定部门	由生产技术部门主持制定，吸收执行标准的部门（如销售部门）和职工参加	由会计部门和有关其他部门共同研究确定： （1）材料价格：采购部门负责； （2）小时工资：劳资部门和生产部门负责； （3）小时制造费用率：各生产车间负责

（左侧批注）实际成本与标准成本间的差异可分为价格差异和用量差异。区分后方便改价及追责。

【提示】无论是价格标准还是用量标准，都可以是理想状态的或正常状态的，据此得出理想的标准成本或正常的标准成本。教材介绍的是正常标准成本的制定。

（二）正常标准成本的制定

1.直接材料

直接材料标准成本的制定见表14-10。

表14-10　　　　　　　　直接材料标准成本的制定

标准	制定方法
用量标准	现有技术条件生产单位产品所需的材料数量，包括必不可少的消耗以及各种难以避免的损失
价格标准	预计下一年度实际需要支付的进料单位成本，包括发票价格、运费、检验和正常损耗等成本，是取得材料的完全成本 【提示】结合会计上存货的入账价值

（左侧批注）不包括仓储费，仓储费属于储存环节的成本，不属于进料环节的成本。

【提示】正常损耗率的处理方法：标准成本=不考虑损耗的标准成本÷（1-损耗率）

【例题14-8·2014年单选题】甲公司是一家化工生产企业，生产单一产品，按正常标准成本进行成本控制。公司预计下一年度的原材料采购价格为13元/千克，运输费为2元/千克，运输过程中的正常损耗为5%，原材料入库后的储存成本为1元/千克。该产品的直接材料价格标准为（　　　）元。

A.15　　　　　　　　B.15.75　　　　　　　C.15.79　　　　　　　D.16.79

【答案】C

【解析】直接材料的价格标准包含发票价格、运费、检验费和正常损耗等成本。所以本题该产品的直接材料价格标准=（13+2）÷（1-5%）=15.79（元）。

【例题14-9·2013年多选题】制定正常标准成本时，直接材料价格标准应包括（　　　）。

A.仓储费　　　　　　　　　　B.入库检验费

C.运输途中的合理损耗　　　　D.运输费

【答案】BCD

【解析】直接材料的价格标准是预计下一年度实际需要支付的进料单位成本，包括发票价格、运费、检验和正常损耗等。A项属于储存环节的成本，不属于进料环节的成本。

2.直接人工

直接人工标准成本的制定见表14-11。

表14-11　　　　　　　　　　直接人工标准成本的制定

标准	制定方法
用量标准	单位产品的标准工时：指在现有生产技术条件下，生产单位产品所需要的时间，包括直接加工操作必不可少的时间，以及必要的间歇和停工，如工间休息、调整设备时间、不可避免的废品耗用工时等 【提示】直接人工的用量标准可以作为制造费用的用量标准
价格标准	标准工资率：它可能是预定的工资率，也可能是正常的工资率。 1）计件工资制： a）标准工资率=每件产品支付的工资÷标准工时 b）标准工资率=预定的小时工资 2）月工资制：标准工资率=月工资总额÷可用工时总量

【提示】标准工时示意图（如图14-1所示）：

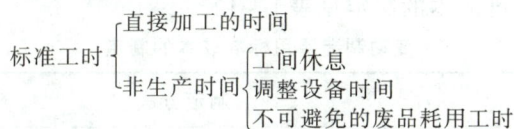

$$标准工时\begin{cases}直接加工的时间 \\ 非生产时间\begin{cases}工间休息 \\ 调整设备时间 \\ 不可避免的废品耗用工时\end{cases}\end{cases}$$

图14-1　标准工时示意图

【例题14-10·2015年单选题】甲公司是制造业企业，生产W产品，生产工人每月工作22天，每天工作8小时，平均月薪为13 200元，该产品的直接加工必要时间为每件3小时，正常工间休息和设备调整等非生产时间每件0.2小时，正常的废品率为8%，单位产品直接人工标准成本是（　　）。

A.244.57元　　　　B.240元　　　　C.259.2元　　　　D.260.87元

【答案】D

【解析】价格标准=13 200÷（22×8）=75（元/小时），用量标准=（3+0.2）÷（1-8%）=3.4782（小时），单位产品直接人工标准成本=［13 200÷（22×8）］×［（3+0.2）÷（1-8%）］=260.87（元）。

【例题14-11·2014年单选题】甲公司是一家模具制造企业，正在制定某模具的标准成本。加工一件该模具需要的必不可少的加工操作时间为90小时，设备调整时间为1小时，必要的工间休息为5小时。正常的废品率为4%。该模具的直接人工标准工时是（　　）小时。

A.93.6　　　　B.96　　　　C.99.84　　　　D.100

【答案】D

（✓要求理解价差、量差的计算公式，能够应对计算型题目。）

【解析】标准工时是指在现有生产技术条件下，生产单位产品所需要的时间，包括直接加工操作必不可少的时间，以及必要的间歇和停工，如工间休息、调整设备时间、不可避免的废品耗用工时等。所以该模具的直接人工标准工时＝（90+1+5）÷（1-4%）＝100（小时）。

【例题14-12·2003年单选题】下列各项中，属于"直接人工标准工时"组成内容的是（　　）。

A.由于设备意外故障产生的停工工时

B.由于更换产品产生的设备调整工时

C.由于生产作业计划安排不当产生的停工工时

D.由于外部供电系统故障产生的停工工时

【答案】B

【解析】标准工时是指在现有生产技术条件下，生产单位产品所需要的时间，包括直接加工操作必不可少的时间，以及必要的间歇和停工，如工间休息、调整设备时间、不可避免的废品耗用工时等；而不包含偶然或意外发生的时间，所以由于设备意外故障产生的停工工时、由于生产作业计划安排不当产生的停工工时、由于外部供电系统故障产生的停工工时，均不正确。

3.制造费用

制造费用的标准成本按部门分别编制，然后将同一产品涉及的各部门单位制造费用标准加以汇总，得出整个产品制造费用标准成本。

（1）变动制造费用——按工时数进行分配。

变动制造费用标准成本的制定见表14-12。

表14-12　　　　　　　　　变动制造费用标准成本的制定

标准	制定方法
用量标准	单位产品直接人工工时（或机器工时）
价格标准	每一工时变动制造费用的标准分配率＝$\dfrac{变动制造费用预算总数}{直接人工标准总工时}$

【提示】作为数量标准的计量单位，应尽可能与变动制造费用保持较好的线性关系。

（2）固定制造费用

固定制造费用标准成本的制定见表14-13。

表14-13　　　　　　　　　固定制造费用标准成本的制定

标准	制定方法
用量标准	单位产品直接人工工时（或机器工时）
价格标准	每一工时固定制造费用的标准分配率＝$\dfrac{固定制造费用预算总数}{直接人工标准总工时}$

【提示】固定制造费用的用量标准与变动制造费用的用量标准相同，包括直接人工工时、机器工时、其他用量标准等，并且两者要保持一致，以便进行差异分析。这个标准的数量在制定直接人工用量标准时已经确定。

【例题 14-13·2010年单选题】下列关于制定正常标准成本的表述中，正确的是（ ）。

A.直接材料的价格标准不包括购进材料发生的检验成本

B.直接人工标准工时包括直接加工操作必不可少的时间，不包括各种原因引起的停工工时

C.直接人工的价格标准是指标准工资率，它可以是预定的工资率，也可以是正常的工资率

D.固定制造费用和变动制造费用的用量标准可以相同，也可以不同，例如，以直接人工工时作为变动制造费用的用量标准，同时以机器工时作为固定制造费用的用量标准

【答案】C

【解析】A项错误：直接材料的价格标准，是预计下一年度实际需要支付的进料单位成本，包括发票价格、运费、检验和正常损耗等成本，是取得材料的完全成本。B项错误：标准工时是指在现有生产技术条件下，生产单位产品所需要的时间，包括直接加工操作必不可少的时间，以及必要的间歇和停工，如工间休息、调整设备时间、不可避免的废品耗用工时等。C项正确：直接人工的价格标准是指标准工资率，它可能是预定的工资率，也可能是正常的工资率。D项错误：固定制造费用的用量标准与变动制造费用的用量标准相同，包括直接人工工时、机器工时、其他用量标准等，并且两者要保持一致，以便进行差异分析。

第二节 标准成本的差异分析

◇ 变动成本的差异分析

◇ 固定制造费用成本差异分析

（✔本节内容通常以文字型或计算型客观题的形式出现，也可能单独命制计算分析题。对于变动成本的差异分析，可以联系第二章财务报分析中的"因素分析法"；对于固定制造费用的差异分析，要在理解各个明细差异的汉语名称的基础上记忆公式。）

一、变动成本的差异分析（★★★）

（一）差异的通用分析模式

1.分析模式推导（因素分析法）

（✔以计算分析题的标准掌握。）

直接材料、直接人工和变动制造费用都属于变动成本，它们的实际成本高低取决于实际用量和实际价格，标准成本的高低取决于标准用量和标准价格，所以其成本差异可以归结为价格脱离标准造成的价格差异与用量脱离标准造成的数量差异两类，成本差异的通用分析图如图14-2所示：

*差异的通用分析模式

```
                          标准数量×标准价格（率）        ①
            数量差异
            ②-①
                          实际数量×标准价格（率）        ②
总成本差异
③-①
            价格差异
            ③-②
                          实际数量×实际价格（率）        ③
```

计算变动成本差异通用的思路。

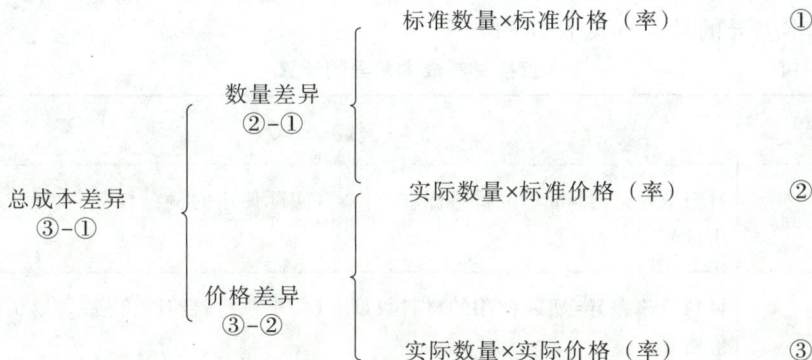

图 14-2 成本差异的通用分析图

【助记】价格差异定"实数"，数量差异定"标价"。

【推导】

成本差异=实际成本-标准成本

=实际数量×实际价格（率）-标准数量×标准价格（率）

$$=\frac{实际}{数量}\times\frac{实际价格}{（率）}-\frac{实际}{数量}\times\frac{标准价格}{（率）}+\frac{实际}{数量}\times\frac{标准价格}{（率）}-\frac{标准}{数量}\times\frac{标准价格}{（率）}$$

$$=\frac{实际}{数量}\times\left(\frac{实际价格}{（率）}-\frac{标准价格}{（率）}\right)+\left(\frac{实际}{数量}-\frac{标准}{数量}\right)\times\frac{标准价格}{（率）}$$

=价格差异+数量差异

2.分析模式可视化（如图14-3所示）

每工时、每kg（或材料的其他计量单位）的单位价格（分配率）P

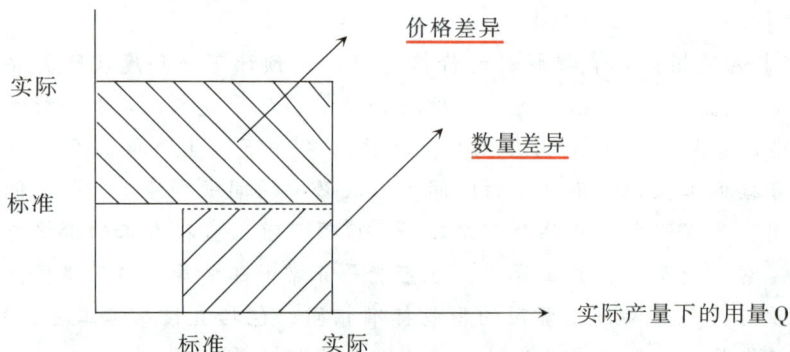

差异	计算	助记
数量差异	$P_{标准}\times\left(Q_{实际}-Q_{标准}\right)$	外-内
价格差异	$Q_{实际}\times\left(P_{实际}-P_{标准}\right)$	上-下

图14-3　成本分析模式可视化图示

其中：

$P_{实际}$=实际变动成本÷$Q_{实际}$

$Q_{标准}$=实际产量×标准单位用量

【提示】不管实际数与标准数的大小如何，都在坐标轴上按此顺序标出，以便计算。

（二）直接材料成本差异分析

1.成本差异的计算（见表14-14）

表14-14　　　　　　　　直接材料成本差异的计算

差异	计算公式
数量差异	材料数量差异=每单位材料标准价格×（实际使用的材料数量-实际产量下标准用量）
价格差异	材料价格差异=实际使用的材料数量×（每单位材料实际价格-每单位材料标准价格）

计算数量差异时，实际数量与标准用量相减，最后乘以标准价格

计算价格差异时，实际价格与标准价格相减，最后乘以实际数量。

2.成本差异的责任归属（见表14-15）

表14-15　　　　　　　　直接材料成本差异的责任归属

差异	责任归属
数量差异	1）材料数量差异是在材料耗用过程中形成的，反映生产部门的成本控制业绩 2）有时多用料并非生产部门的责任，如购入材料质量低劣、规格不符会使用料超过标准，又如工艺变更、检验过严也会使数量差异加大
价格差异	材料价格差异是在采购过程中形成的，不应由耗用材料的生产部门负责，而应由采购部门对其作出说明

责任归属要记清，可能以客观题形式考核。

（三）直接人工成本差异分析

1.成本差异的计算（见表14-16）

表14-16　　　　　　　　直接人工成本差异的计算

差异	计算公式
数量差异	人工效率差异=标准工资率×（实际工时-实际产量下标准工时）
价格差异	工资率差异=实际工时×（实际工资率-标准工资率）

与材料成本差异的计算实质相同。

【提示】注意不同性质差异的汉语名称。

2.成本差异的责任归属（见表14-17）　　*影响因素很多，抓住一般情况后具体分析。*

表14-17　　　　　　　　直接人工成本差异的责任归属

差异	责任归属
数量差异	直接人工效率差异的形成原因，包括工作环境不良、工人经验不足、劳动情绪不佳、新工人上岗太多、机器或工具选用不当、设备故障较多、作业计划安排不当、产量太少无法发挥批量节约的优势等。它主要是生产部门的责任，但这也不是绝对的，例如，材料质量不好也会影响生产效率
价格差异	工资率差异形成的原因复杂且难以控制，包括直接生产工人升级或降级使用、奖励制度未产生实效、工资率调整、加班或使用临时工、出勤率变化等。一般来说，应归属于人事劳动部门管理，差异的具体原因会涉及生产部门或其他部门

（四）变动制造费用的差异分析

1.成本差异的计算（见表14-18）

表14-18　　　　　　　　变动制造费用成本差异的计算

差异	计算公式
数量差异	效率差异=变动制造费用标准分配率×（实际工时-实际产量下标准工时）
价格差异	耗费差异=实际工时×（变动制造费用实际分配率-变动制造费用标准分配率）

【提示】注意不同性质差异的汉语名称。

2.成本差异的责任归属（见表14-19）

表14-19 变动制造费用成本差异的责任归属

差异	责任归属
数量差异	变动制造费用的效率差异，是由于实际工时脱离了标准，多用工时导致的费用增加，因此其形成原因与人工效率差异相同
价格差异	耗费差异是<u>部门经理</u>的责任，他们有责任将变动制造费用控制在弹性预算限额之内

【例题14-14·2014年单选题】甲公司采用标准成本法进行成本控制。某种产品的变动制造费用标准分配率为3元/小时，每件产品的标准工时为2小时。2014年9月，该产品的实际产量为100件，实际工时为250小时，实际发生变动制造费用1 000元，变动制造费用耗费差异为（　　）元。

A.150　　　　　　B.200　　　　　　C.250　　　　　　D.400

【答案】C

【解析】变动制造费用的耗费差异=（变动制造费用实际分配率-变动制造费用标准分配率）×实际工时=（1 000÷250-3）×250=250（元）。

【例题14-15·2014年多选题】下列各项原因中，属于材料价格差异形成原因的有（　　）。

A.材料运输保险费率提高　　　　　　B.运输过程中的损耗增加

C.加工过程中的损耗增加　　　　　　D.储存过程中的损耗增加

【答案】AB

【解析】材料价格差异是在采购过程中形成的，采购部门未能按标准价格进货的原因有许多，如供应厂家价格变动、未按经济采购批量进货、未能及时订货造成的紧急订货、采购时舍近求远使运费和途耗增加、不必要的快速运输方式、违反合同被罚款、承接紧急订货造成额外采购等。

【例题14-16·2010年多选题】在进行标准成本差异分析时，通常把变动成本差异分为价格脱离标准造成的价格差异和用量脱离标准造成的数量差异两种类型。下列标准成本差异中，通常应由生产部门负责的有（　　）。

A.直接材料的价格差异　　　　　　B.直接人工的数量差异

C.变动制造费用的价格差异　　　　　　D.变动制造费用的数量差异

【答案】BCD

【解析】A项错误：材料价格差异是在采购过程中形成的，不应由耗用材料的生产部门负责，而应由采购部门对其作出说明。B项正确：直接人工的数量差异，它主要是生产部门的责任。C项正确：变动制造费用的价格差异是部门经理的责任，他们有责任将变动制造费用控制在弹性预算限额之内。D项正确：变动制造费用数量差异，是由于实际工时脱离了标准工时，多用工时导致费用增加，因此其形成原因与人工数量差异相同。

【例题14-17·2002年单选题】在标准成本差异分析中，材料价格差异是根据实际数量与价格脱离标准的差额计算的，其中实际数量是指材料的（　　）。

A.采购数量　　　　B.入库数量　　　　C.领用数量　　　　D.耗用数量

【答案】D

【解析】材料价格差异是采购过程中形成的，实际数量似乎是指材料的入库数量，但在标准成本差异分析中是站在使用部门的角度来分析的，这里的实际数量是指材料的耗用数量。

【例题14-18·2002年多选题】下列成本差异中，通常不属于生产部门责任的有（　　）。

A.直接材料价格差异　　　　B.直接人工工资率差异

C.直接人工效率差异　　　　D.变动制造费用效率差异

【答案】AB

【解析】直接材料价格差异应由采购部门负责，直接人工工资率差异主要由劳动人事部门负责。

二、固定制造费用成本差异分析（★★★）

（✔二因素分析法与三因素分析法都要掌握，可以多种形式出题考核。）

固定制造费用总差异=实际制造费用-实际产量下标准固定制造费用

【提示】固定制造费用的差异分析与各项变动成本差异分析不同。

（一）二因素分析法

二因素分析法，是将固定制造费用差异分为耗费差异和能量差异。

1.耗费差异

由于以固定制造费用的预算数作为成本差异分析的标准，因此耗费差异实际就是固定制造费用的实际数减去固定制造费用的标准数。

耗费差异的含义和计算公式见表14-20。

表14-20　　耗费差异的含义和计算公式

*固定制造费用成本差异分析

项目	说明
含义	指固定制造费用的实际金额与其预算金额之间的差额。固定费用与变动费用不同，不因业务量的变动而变动，故差异分析有别于变动费用。在考核时不考虑业务量的变动，以原来的预算数作为标准，实际数超过预算数即视为耗费过多
计算公式	耗费差异=固定制造费用实际数-固定制造费用预算数 =固定制造费用实际数-生产能量×标准分配率

【提示】

1）生产能量=预算产量×单位产品标准工时。

2）标准分配率=固定制造费用预算数÷生产能量。

2.能量差异

能量差异的含义和计算公式见表14-21。

表14-21　　能量差异的含义和计算公式

项目	说明
含义	指固定制造费用预算金额与固定制造费用标准成本的差额，或者说是实际业务量的标准工时与生产能量的差额用标准分配率计算的金额。它反应实际产量标准工时未能达到生产能量而造成的损失
计算公式	能量差异=固定制造费用预算数-固定制造费用标准成本 =生产能量×标准分配率-实际产量标准工时×标准分配率 =（生产能量-实际产量下标准工时）×标准分配率

（二）三因素分析法 （✓看下图，对比二因素分析法与三因素分析法的关系，区别记忆。）

三因素分析法，是将固定制造费用差异分为耗费差异、效率差异和闲置能量差异三部分。耗费差异的计算与二因素分析法相同。二因素分析法中的"能量差异"进一步分为两部分：

1.闲置能量差异

闲置能量差异的含义和计算公式见表14-22。

表14-22　　　　　　　　闲置能量差异的含义和计算公式

项目	说明
含义	指实际工时未达到生产能量而形成的闲置能量差异。
计算公式	闲置能量差异=固定制造费用预算数-实际工时×标准分配率 =生产能量×标准分配率-实际工时×标准分配率 =（生产能量-实际工时）×标准分配率

2.效率差异

效率差异的含义和计算公式见表14-23。

表14-23　　　　　　　　效率差异的含义和计算公式

项目	说明
含义	指实际工时脱离实际产量下标准工时而形成的效率差异
计算公式	效率差异=（实际工时-实际产量下标准工时）×标准分配率

【提示】产量为什么会没达到标准呢？假设预算标准是1天生产100件产品，结果只生产90件，为什么会造成这种差异？你会解释说：人手不够，有一台设备没启动，实际工时没达标，造成生产能力闲置差异；或者有一位新人刚上岗，是新手，动作不快，效率不高，造成生产效率差异。因此，能量差异还可以分解为闲置能量差异和效率差异。

（三）固定制造费用的差异分析比较

采用二因素分析法和三因素分析法分析固定制造费用差异，其比较如图14-4所示。

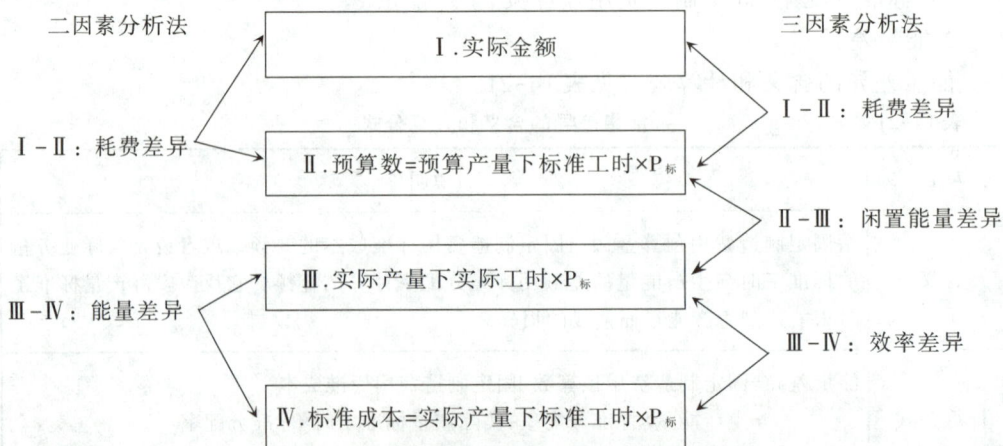

图14-4　二因素分析法和三因素分析法的比较

【提示】各差异的命名规律（见表14-24）：

表14-24 各差异的命名规律

差异名称	说明
耗费差异	与物料相关，和实际数联系在一起
能量差异	与产能相关，和预算数联系在一起
效率差异	与工时相关，和标准数联系在一起

【例题14-19·2015年单选题】甲公司本月发生固定制造费用35 800元，实际产量为2 000件，实际工时为2 400小时。企业生产能量为3 000小时，每件产品标准工时为1小时，固定制造费用标准分配率为10元/小时，固定制造费用耗费差异是（ ）。

A.不利差异5 800元
B.不利差异4 000元
C.不利差异6 000元
D.不利差异10 000元

【答案】A

【解析】固定制造费用耗费差异=固定制造费用实际数-固定制造费用预算数=35 800-3 000×10=5 800（元）。

【例题14-20·2013年单选题】使用三因素分析法分析固定制造费用差异时，固定制造费用的效率差异反映（ ）。

A.实际工时脱离生产能量形成的差异
B.实际工时脱离实际产量标准工时形成的差异
C.实际产量标准工时脱离生产能量形成的差异
D.实际耗费与预算金额的差异

【答案】B

【解析】选项A为闲置能量差异，选项D为耗费差异，选项C为能量差异。

【例题14-21·2012年单选题】企业进行固定制造费用差异分析时可以使用三因素分析法。下列关于三因素分析法的说法中，正确的是（ ）。

A.固定制造费用耗费差异=固定制造费用实际成本-固定制造费用标准成本
B.固定制造费用闲置能量差异=（生产能量-实际工时）×固定制造费用标准分配率
C.固定制造费用效率差异=（实际工时-标准产量标准工时）×固定制造费用标准分配率
D.三因素分析法中的闲置能量差异与二因素分析法中的能量差异相同

【答案】B

【解析】A项错误：固定制造费用耗费差异=固定制造费用实际成本-固定制造费用预算成本。C项错误：固定制造费用效率差异=（实际产量实际工时-实际产量标准工时）×固定制造费用标准分配率。D项错误：二因素分析法中的能量差异可以进一步分解为三因素法中的闲置能量差异和效率差异。

【例题14-22·2010年多选题】下列关于固定制造费用差异的表述中，正确的有（ ）。

A.在考核固定制造费用的耗费水平时以预算数作为标准，不管业务量增加或减少，只要实际数额超过预算即视为耗费过多

B.固定制造费用闲置能量差异是生产能量与实际产量的标准工时之差与固定制造费用标准分配率的乘积

C.固定制造费用能量差异的高低取决于两个因素：生产能量是否被充分利用、已利用生产能量的工作效率

D.固定制造费用的闲置能量差异计入存货成本不太合理，最好直接结转本期损益

【答案】ACD

【解析】B项错误：按照二因素分析法，生产能量与实际产量的标准工时之差与固定制造费用标准分配率的乘积是能量差；按照三因素分析法，生产能量与实际产量的实际工时之差与固定制造费用标准分配率的乘积是闲置能量差异。

【例题14-23·2009年单选题（原）】某公司生产单一产品，实行标准成本管理。每件产品的标准工时为3小时，固定制造费用的标准成本为6元，企业生产能力为每月生产产品400件。7月份该公司实际生产产品350件，发生固定制造成本2 250元，实际工时为1 100小时。根据上述数据计算，7月份该公司固定制造费用效率差异为（　　）元。

A.100　　　　　　　B.150　　　　　　　C.200　　　　　　　D.300

【答案】A

【解析】固定制造费用效率差异=（实际产量实际工时–实际产量标准工时）×固定制造费用标准分配率=（1 100–350×3）×6÷3=100（元）。

【例题14-24·2006年单选题】在进行成本差异分析时，固定制造费用的差异可以分解为（　　）。

A.价格差异和数量差异　　　　　　B.耗费差异和效率差异

C.能量差异和效率差异　　　　　　D.耗费差异和能量差异

【答案】D

【解析】固定制造费用的差异可以分解为两部分：耗费差异和能量差异；或分解为三部分：耗费差异、闲置能量差异和效率差异。

【例题14-25·2005年多选题】以下关于固定制造费用差异分析的表述中，错误的有（　　）。

A.根据二因素分析法，固定制造费用差异分为耗费差异与效率差异

B.固定制造费用闲置能量差异是生产能量与实际产量的标准工时之差，与固定制造费用标准分配率的乘积

C.固定制造费用的实际金额与固定制造费用预算金额之间的差额，称为固定制造费用效率差异

D.固定制造费用能量差异反映未能充分使用现有生产能量而造成的损失

【答案】ABC

【解析】A项错误：根据二因素分析法，固定制造费用差异分为耗费差异与能量差异。B项错误：固定制造费用闲置能量差异是生产能量与实际工时之差，与固定制造费用标准分配率的乘积。C项错误：固定制造费用的实际金额与固定制造费

用预算金额之间的差额，称为固定制造费用耗费差异。

智能测评

扫码听分享	做题看反馈
  40465 　　理解标准成本的通用分配公式，重点掌握固定制造费用差异的分析方法。亲爱的同学，我们不奢求能够一跃千里，只希望每天都能够前进一步，由量变引起质变，最终将知识点全部拿下！ 　　扫一扫二维码，来听学习导师的分享吧。	 41553 　　学完马上测！ 　　请扫描上方的二维码进入本章测试，检测一下自己学习的效果如何。做完题目，还可以查看自己的个性化测试反馈报告。这样，在以后复习的时候就更有针对性、效率更高啦！

第十五章　作业成本法

（✔近几年考核分值为2分左右。）

本章属于重点章节。考生应从主观题的角度去把握如何利用传统的成本计算方法和作业成本计算法分配间接成本以及计算产品成本，并对两者的主要区别能够用文字阐述；同时注意与第十三章有关本期生产费用在完工产品成本和月末在产品成本之间分配的方法，以及与产品成本计算的品种法、分批法和分步法结合考综合题。

本章主要考点：（1）作业成本法的特点；（2）作业成本库的分类和作业动因的分类；（3）利用传统的成本计算方法和作业成本计算方法分配间接成本并计算产品成本；（4）作业成本法的优缺点和适用条件。

（✔本节内容通常以文字型客观题的形式出现，主要考查考生对作业成本法概念与特点的理解。作业成本法下的概念较多，比较抽象，但是结合具体的产品生产过程来看，则会有直观的感受，需要考生有一定的实务经验或者想象力。）

主要内容

第一节　作业成本法的概念与特点
第二节　作业成本计算
第三节　作业成本管理

第一节　作业成本法的概念与特点

◇ 作业成本法的产生背景及其含义
◇ 作业成本法的核心概念
◇ 作业成本法的主要特点

一、作业成本法的产生背景及其含义（★★）

（✔各种方法的优缺点要理解记忆，可能以文字型客观题的形式考查。）

（一）传统成本计算方法的缺点（见表15-1）

表15-1　　　　　　　　　　传统成本计算方法的缺点

缺点	说明	解决办法
将固定成本分摊给不同产品	按照这种做法，随着产量的增加，<u>单位产品分摊的固定成本下降</u>，即使单位变动成本不变，平均成本也会随产量的增加而下降。在销售收入不变的情况下，增加生产量可以使部分固定成本被吸收，减少当期销货成本，增加当期利润，从而刺激经理人员过度生产	变动成本法
产生误导决策的成本信息	在传统的成本计算方法下，制造费用通常按直接人工、直接材料等<u>产量基础</u>分配。实际上，有许多制造费用项目不是产量的函数，而与生产批次等其他变量存在因果关系。全部按产量基础分配制造费用，会产生误导决策的成本信息	作业成本法

【提示】作业成本法的产生背景：随着"机器取代人"的自动化制造时代来临，企业的经营环境正在发生巨大改变，产品或劳务的成本结构亦发生重大改变，其特征就是直接人工成本比重大大下降，制造费用（主要是折旧费用等固定成本）比重大大增加，因此，制造费用分配的科学与否将在很大程度上决定产品成本计算是否准确以及成本控制是否有效。

（二）作业成本法的含义　*是对传统成本计算方法的优化。*

作业成本法的含义和原理见表15-2。

表15-2　　　　　　　　作业成本法的含义和原理

项目	说明
含义	作业成本法是将间接成本和辅助费用更准确地分配到产品和服务的一种成本计算方法
原理	在计算产品成本时，首先按经营活动中发生的各项作业来归集成本，计算出作业成本；然后再按各项作业成本与成本对象（产品、服务或顾客）之间的因果关系，将作业成本分配到成本对象，最终完成成本计算过程

【提示】在作业成本法下，直接成本可以直接计入有关产品，与传统成本计算方法并无差异，只是直接成本的范围比传统成本计算方法下的要大，凡是易于追溯到产品的材料、人工和其他成本都可以直接归属于特定产品（如特定产品的专用设备折旧费），尽量减少不准确的分配。不能追溯到产品的成本，则先追溯有关作业或分配到有关作业，计算作业成本，然后再将作业成本分配到有关产品。

二、作业成本法的核心概念（见表15-3）（★★）

（一）作业　　*对生产活动中重复进行的任务消耗资源的成本进行分配。*

表15-3　　　　　　　　作业成本法的核心概念

项目	说明
作业的含义	作业是指企业中特定组织（成本中心、部门或产品线）重复执行的任务或活动。例如，签订采购合同、将材料运到仓库、对材料进行质量检验、办理入库手续、登记材料明细账等
作业的类别	（1）一项非常具体的活动，如车工作业（将加工对象的毛坯固定在车床的卡盘上） （2）可能泛指一类活动，如机加工车间的车、铣、刨、磨等所有作业可以统称为机加工作业 （3）将机加工作业、产品组装作业等统称为生产作业（相对于产品研发、设计、销售等作业） 【提示】由若干个相互关联的具体作业组成的作业集合，被称为"作业中心"
资源的含义	指作业耗费的人工、能源和实物资产（车床和厂房等）。执行任何一项作业都需要耗费一定的资源

【提示】作业是连接资源和产品的纽带，它在消耗资源的同时生产出产品。

（二）成本动因

成本动因是指作业成本和产品成本的驱动因素。成本动因可分为资源成本动因和作业成本动因（见表15-4）。

表 15-4 资源成本动因和作业成本动因

项目	资源成本动因	作业成本动因
含义	指引起作业成本增加的驱动因素，用来衡量一项作业的资源消耗量	衡量一个成本对象（产品、服务或顾客）需要的作业量，是产品成本增加的驱动因素
举例	产品质量检验工作（作业）需要有检验人员、专用的设备，并耗用一定的能源（电力）等。检验作业作为成本对象（作业成本库），耗用的各项资源构成了检验作业的成本	每批产品完工后都需进行质量检验，如果对任何产品的每一个批次进行质量检验所发生的成本相同，则检验的"次数"就是检验作业的成本动因，即引起产品检验成本增加的驱动因素
作用	依据资源成本动因可以将资源成本分配给各有关作业	用来计量各成本对象耗用作业的情况，并被用来作为作业成本的分配基础（分配给各产品）

三、作业成本法的主要特点（★★）

（一）成本计算分两个阶段（见表 15-5）　　核心思想

作业成本法的基本指导思想是：作业消耗资源、产品消耗作业。　两次分配

表 15-5 作业成本法成本计算的两个阶段

阶段	说明
第一阶段	将作业执行中消耗的资源分配（包括追溯和间接分配）到作业，计算作业的成本
第二阶段	根据第一阶段计算的作业成本分配（包括追溯和间接分配）到各有关成本对象（产品或服务）

【提示】传统成本计算方法下，间接成本的分配路径是"资源→部门→产品"。作业成本法下间接成本的分配路径是"资源→作业→产品"，二者的比较如图 15-1 所示。　更加准确地核算产品成本。

传统成本计算方法　　　　　　作业成本法

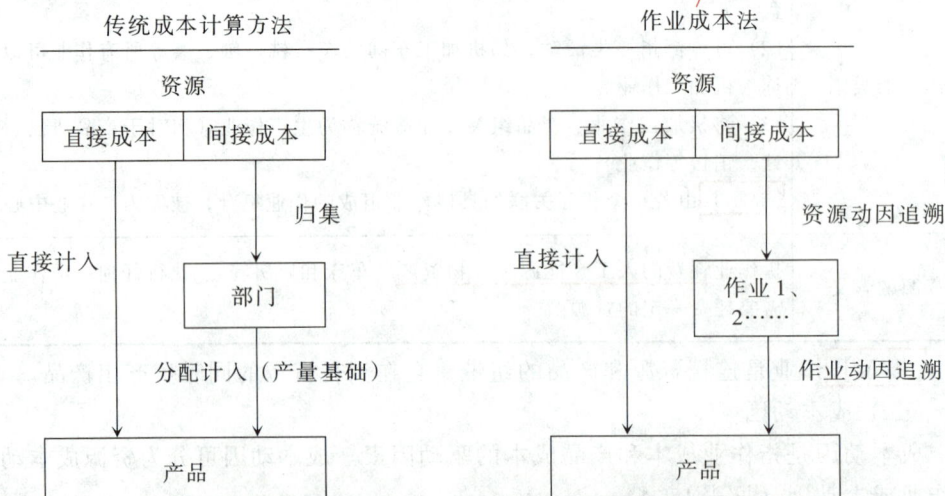

图 15-1 传统成本计算方法与作业成本法成本的分配路径比较

（二）成本分配强调因果关系

作业成本法认为，将成本分配到成本对象有三种不同的形式：追溯、动因分配和分摊。

1.追溯和动因分配（见表15-6）

表15-6　　　　　　　　　　　　追溯和动因分配

项目	追溯	动因分配
含义	指把成本直接分配给相关的成本对象	指根据成本动因将成本分配到各成本对象的过程
例子	一项成本能否追溯到产品，可以通过实地观察来判断：确认一台电视机耗用的液晶板、集成电路板、扬声器及其他零部件的数量	找到引起成本变动的真正原因，即成本与成本动因之间的因果关系： 1）设备单位时间耗电量和设备开动时间与检验作业应承担的能源成本 2）检验次数与产品应承担的检验成本
与传统成本计算方法的区别	传统成本计算的直接成本，通常仅限于直接人工和直接材料，其他成本都归集于制造费用统一分配	传统成本计算以产品数量作为间接费用唯一的成本动因，是不符合实际情况的
评价	作业成本法强调尽可能扩大追溯到个别产品的成本比例，得到的产品成本是最准确的	动因分配虽然不像追溯那样准确，但只要因果关系建立恰当，成本分配的结果同样可以达到较高的准确程度

【提示】作业成本法的成本分配主要使用追溯和动因分配，尽可能减少不准确的分摊，因此能够提供更加真实、准确的成本信息。

2.分摊

有些成本既不能追溯，也不能合理、方便地找到成本动因，只好使用产量作为分配基础，将其强制分配给成本对象。

（三）成本分配使用众多不同层面的成本动因

作业成本法的独到之处，在于它把资源的消耗首先追溯或分配到作业，然后使用不同层面和数量众多的作业动因将作业成本分配到产品。采用不同层面的、众多的成本动因进行成本分配，要比采用单一分配基础更加合理，更能保证产品成本计算的准确性。

【提示】传统成本计算方法下，产量被认为是能够解释产品成本变动的唯一动因，并以此作为分配基础进行间接费用的分配。而制造费用是一个由多种不同性质的间接费用组成的集合，这些性质不同的费用有些是随产量变动的，而多数则并不随产量变动，因此用单一的产量作为分配制造费用的基础显然是不合适的。

第二节　作业成本计算

◇ 作业成本的计算原理

◇ 作业成本的计算方法

一、作业成本的计算原理（★★★）

（一）作业的认定 ——是后续作业成本分配的基础。

作业认定需要对每项消耗资源的作业进行定义，识别每项作业在生产活动中的

（✓本节内容既可以命制文字型或计算型的客观题，也可以和第十三章"产品成本计算"相结合，命制主观题。从根本上说，作业成本法就是对制造费用进行两次分配，只要理解基本概念，计算较为容易。）

作用、与其他作业的区别，以及每项作业与耗用资源的联系，从而确认每一项作业完成的工作以及执行该工作耗用的资源成本。作业的认定形式见表15-7。

表15-7　　　　　　　　　　　　　作业的认定形式

认定形式	说明
自上而下	根据企业总的生产流程，自上而下进行分解
自下而上	通过与员工和经理进行交谈，自下而上地确定他们所做的工作，并逐一认定各项作业

【提示】在实务中，自上而下和自下而上这两种方式往往需要结合起来运用。经过这样的程序，就可以把生产过程中的全部作业一一识别出来，并加以认定。为了对认定的作业进一步分析和归类，在作业认定后，需按顺序列出作业清单。

（二）作业成本库的设计（见表15-8）

表15-8　　　　　　　　　　　　　作业成本库的设计

成本库	作业的含义	成本特征	举例
单位级作业成本库 *单位产品*	单位级作业指每一单位产品至少要执行一次的作业	1）主要包括直接材料成本、直接人工成本、机器成本和直接能源消耗等 2）此类成本是直接成本，可以追溯到每个单位产品上，即直接计入成本对象的成本计算单 【提示】这种作业的成本与产量成比例变动	机器加工、组装等
批次级作业成本库 *每批产品*	批次级作业指同时服务于每批产品或许多产品的作业	1）它们的成本取决于批次，而不是每批中单位产品的数量 2）此类成本需要单独进行归集，计算每一批的成本，然后分配给不同批次（如某订单），最后根据产品的数量在单个产品之间进行分配 【提示】该作业的成本与产品批次成比例变动	生产前机器调试、成批产品转移至下一工序的运输、成批采购和检验等
品种级作业成本库	产品级作业指服务于某种型号或样式产品的作业	此类成本仅仅因为某个特定的产品线存在而发生，随产品品种数而变化，不随产量、批次数而变化	产品设计、产品生产工艺规程制定、工艺改造、产品更新等 *某类型的产品*
生产维持级作业成本库	生产维持级作业指服务于整个工厂的作业	1）它们是为了维护生产能力而进行的作业，不依赖于产品的数量、批次和种类 2）这类成本无法追溯到单位产品，并且和产品批次、产品品种无明显关系	工厂保安、维修、行政管理、保险、财产税等 *维持整个工厂*

【提示】不同层级的作业成本如图15-2所示：

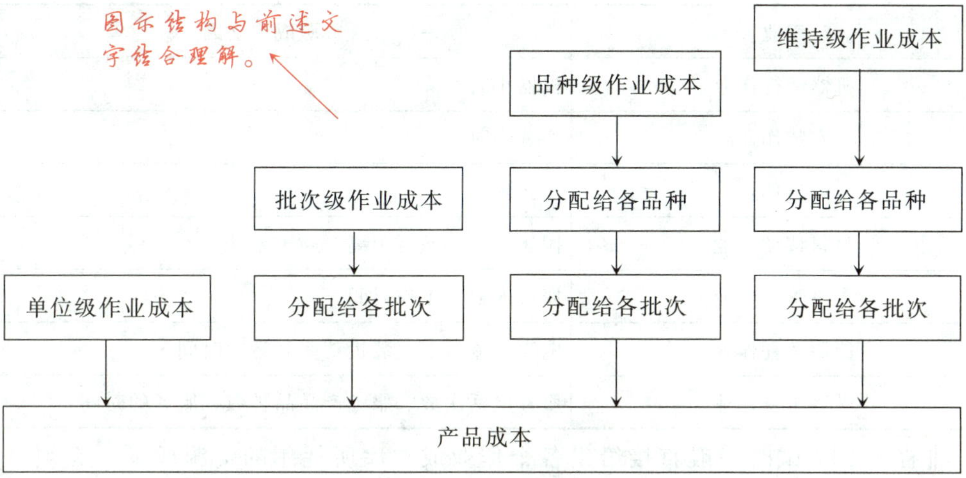

（手写）图示结构与前述文字结合理解。

```
                                         ┌──────────────┐
                          ┌──────────────┐│ 维持级作业成本 │
                          │ 品种级作业成本 │└──────────────┘
                          └──────────────┘
          ┌──────────────┐ ┌──────────────┐ ┌──────────────┐
          │ 批次级作业成本 │ │ 分配给各品种  │ │ 分配给各品种  │
          └──────────────┘ └──────────────┘ └──────────────┘
┌──────────────┐┌──────────────┐┌──────────────┐┌──────────────┐
│ 单位级作业成本 ││ 分配给各批次  ││ 分配给各批次  ││ 分配给各批次  │
└──────────────┘└──────────────┘└──────────────┘└──────────────┘
┌────────────────────────────────────────────────────────────┐
│                          产品成本                            │
└────────────────────────────────────────────────────────────┘
```

注：对于维持级作业成本，也可以直接依据直接人工或机器工时分配给成本对象。

图15-2　不同层级的作业成本

【例题15-1·2009年多选题（新）】下列各项中，适合作为单位级作业的作业动因有（　　）。

A.生产准备次数　　　　　B.零部件产量

C.采购次数　　　　　　　D.耗电千瓦时数

【答案】BD

【解析】单位级作业是指每一单位产品至少要执行一次的作业。例如机器加工、组装。这些作业对每个产品都必须执行。这类作业的成本包括直接材料、直接人工工时、机器成本和直接能源消耗等。

【例题15-2·2008年单选题（改编）】按产出方式的不同，企业的作业可以分为四类，其中，随产量变动而正比例变动的作业是（　　）。

A.单位级作业

B.批次级作业

C.产品级作业

D.生产维持级作业

【答案】A

【解析】A项：单位级作业（即与单位产品产出相关的作业），这类作业是随着产量变动而变动的。B项：批次级作业（即与产品的批次数量相关的作业），这类作业是随着产品的批次数的变动而变动的。C项：产品级作业（即与产品品种相关的作业），这类作业是随着产品品种的变动而变动的。D项：生产维持级作业，这类作业是指为维持企业的生产条件而产生的作业，它们有益于整个企业，而不是具体产品。事实上，它们属于固定成本，不随产量、批次、品种等的变动而变动，应该作为期间成本处理。

（三）资源成本分配到作业

资源成本借助于资源成本动因分配到各项作业。资源成本动因和作业成本之间一定要存在因果关系。常用的资源成本动因见表15-9：

表15-9 常用的资源成本动因

作业	资源成本动因
机器运行作业	机器小时
安装作业	安装小时
清洁作业	平方米
材料移动作业	搬运次数、搬运距离、吨千米
人事管理作业	雇员人数、工作时间
能源消耗作业	电表、流量表、装机功率和运行时间
顾客服务作业	服务电话次数、服务产品品种数、服务的时间

【提示】考试时一般直接给出各个作业成本库所耗用的资源成本，无须自行归集。

（四）作业成本分配到成本对象

在确定了作业成本之后，根据作业成本动因计算单位作业成本，再根据作业量计算成本对象应负担的作业成本。单位作业成本的通用计算公式为：

单位作业成本=本期作业成本库归集的总成本÷总作业量

公式为通用分配公式，分子为总的消耗金额，分母为总的作业量。

作业量的计量单位，即作业成本动因有三类：

1.业务动因（见表15-10） *次数*

表15-10 业务动因

项目	说明
含义	业务动因通常以**执行的次数**作为作业动因 *计数*
假定	执行**每次作业的成本**（包括耗用的时间和单位时间耗用的资源）相等
计算公式	分配率=归集期内作业成本总成本÷归集期内总作业次数 某产品应分配的作业成本=分配率×该产品耗用的作业次数

2.持续动因（见表15-11） *时间*

表15-11 持续动因

项目	说明
含义	持续动因是指执行一项作业所需的**时间标准** *计时* 【提示】当不同产品所需作业量差异较大的情况下，如检验不同产品所耗用的时间长短差别较大，不宜采用业务动因作为分配成本的基础，而应改用持续动因作为分配的基础
假定	执行作业的单位时间内耗用的资源是相等的
计算公式	分配率=归集期内作业成本总成本÷归集期内总作业时间 某产品应分配的作业成本=分配率×该产品耗用的作业时间

3.强度动因（见表15-12）

表15-12 　　　　　　　　　　　　　　强度动因

项目	说明
含义	强度动因是在某些特殊情况下，将作业执行中实际耗用的全部资源<u>单独归集</u>，并将该项单独归集的作业成本<u>直接计入</u>某一特定的产品（记账）
适用条件	一般适用于<u>某一特殊订单或某种新产品试制</u>等，用产品订单或工作单记录每次执行作业时耗用的所有资源及其成本，订单或工作单记录的全部作业成本也就是应计入该订单产品的成本

（✓可以文字型客观题考查。）

【提示】三类作业成本动因的比较（见表15-13）：

表15-13 　　　　　　　　　　　　　三类作业成本动因的比较

项目	精确度	执行成本
业务动因	最差	最低
持续动因	居中	居中
强度动因	最高	最贵

【例题15-3·2016年单选题】下列各项中，应使用强度动因作为作业量计量单位的是（　　）。

A.产品的生产准备

B.产品的研究开发

C.产品的分批质检

D.产品的机器加工

【答案】B

【解析】强度动因是在某些特殊情况下，将作业执行中实际耗用的全部资源<u>单独归集</u>，并将该项单独归集的作业成本直接计入某一特定的产品（记账）。一般适用于某一特殊订单或某种新产品试制等，用产品订单或工作单记录每次执行作业时耗用的所有资源及其成本，订单或工作单记录的全部作业成本也就是应计入该订单产品的成本。A、B项应使用业务动因：业务动因通常以执行的次数作为作业动因，因为产品的生产准备和研究开发都是以次数为标准的。D项应使用持续动因：持续动因是以所需的时间为标准，因为产品机器加工是以时间为标准的。

二、作业成本的计算方法（★★★）

（✓作业成本法的计算经常与产品成本计算的品种法、分批法和分步法结合考察合题。）

（一）计算步骤（见表15-14）

* 作业成本计算方法

表15-14 　　　　　　　　　　　　作业成本法的计算步骤

步骤	计算公式
分配作业成本	实际作业成本分配率=当期实际发生的作业成本÷当期实际作业产出 某产品耗用的作业成本=∑（该产品耗用的作业量×实际作业成本分配率）
汇总全部成本	某产品当期发生总成本=当期投入该产品的直接成本+该产品当期耗用的各项作业成本

与通用分配公式的原理一致。

353

【提示】如同传统成本计算方法一样，作业成本分配时可以采用实际分配率或者预算分配率。采用预算分配率时，发生的成本差异可以直接结转本期营业成本，也可以计算作业成本差异率并据以分配给有关产品。

（二）完全成本法和作业成本法的比较

1.完全成本法扭曲了产品成本。完全成本法以产量基础（教材中的例子为直接人工费用的200%）分配全部制造费用，而不管这些费用的驱动因素是什么。作业成本法下，制造费用归集于多个（教材例子为三类共四个）成本库，分别按不同成本动因分配，提高了合理性。

2.作业成本法和完全成本法都是对全部生产成本进行分配，不区分固定成本和变动成本，这与变动成本法不同。从长远来看，所有成本都是变动成本，都应当分配给产品。

3.完全成本法以产量基础为间接费用的唯一分配率，夸大了高产量产品的单位成本。

【例题15-4·2009年多选题（新）】当间接成本在产品成本中所占比例较大时，采用产量基础成本计算制度可能导致的结果有（   ）。

A.夸大低产量产品的成本

B.夸大高产量产品的成本

C.缩小高产量产品的成本

D.缩小低产量产品的成本

【答案】BD

【解析】在产量基础作业制度下，间接成本的分配基础是产品数量，每件"高产量"产品与每件"低产量"产品分配的单位间接成本是相同的，而一般来说，高产量产品往往加工比较简单，再加上数量的优势，单位产品耗费的间接成本比低产量产品单位耗费要少，当间接成本在产品成本中所占比重较大的情况下，如果只是简单的平均分配，就可能会夸大高产量产品的成本，而缩小低产量产品的成本。

第三节　作业成本管理

◇ 增值作业与非增值作业的划分

◇ 基于作业进行成本管理

◇ 作业成本法的优点和局限性

一、增值作业与非增值作业的划分（见表15-15）（★）

表15-15　　　　　　　　增值作业与非增值作业的划分

项目	增值作业	非增值作业
含义	最终增加顾客价值的作业	不会增加顾客价值的作业
区分标准	看这项作业的发生是否有利于增加顾客的价值，或者说增加顾客的效用	

【提示】作业管理的核心就是识别出不增加顾客价值的作业，从而找到进行改进的地方。

二、基于作业进行成本管理（见表15-16）（★）

表15-16　　　　　　　　　基于作业进行成本管理

项目	说明
含义	作业成本管理主要从成本方面来优化企业的作业链和价值链，是作业管理的中介，是作业管理的核心方面
目的	作业成本管理就是要努力找到非增值作业成本（由非增值作业引发的成本）并努力消除它、转化它或将之降到最低
内容	四个步骤： 确认和分析作业——辩别不必要或非增值作业、对重点增值作业进行分析、将作业与先进水平比较、分析作业之间的联系 作业链——价值链分析和作业动因分析 业绩评价 报告非增值作业成本

三、作业成本法的优点和局限性（★★★）（✔作业成本法的优缺点可以文字型客观题考查。）

（一）作业成本法的优点（见表15-17）

表15-17　　　　　　　　　作业成本法的优点

优点	说明
可以获得更准确的产品和产品线成本	1）一方面作业成本法扩大了追溯到个别产品的成本比例，减少了成本分配对于产品成本的扭曲 2）另一方面采用多种成本动因作为间接成本的分配基础，使得分配基础与被分配成本的相关性得到改善
有助于改进成本控制	作业成本法提供了了解产品作业过程的途径，使管理人员知道成本是如何发生的，从成本动因上改进成本控制，包括改进产品设计和生产流程等，可以消除非增值作业、提高增值作业的效率，有助于持续降低成本和不断消除浪费
为战略管理提供信息支持	1）价值链分析需要识别供应作业、生产作业和分销作业，并且识别每项作业的成本驱动因素，以及各项作业之间的关系。企业的价值链也就是其作业链，作业成本法与价值链分析概念一致，可以为其提供信息支持 2）成本领先战略是公司竞争战略的选择之一，实现成本领先战略，除了规模经济之外，需要有低成本完成作业的资源和技能

（手写批注：因为作业成本法计算出来的产品成本更加准确，所以更有助于作业评估、改进成本控制，为进一步的战略管理提供支持。）

（二）作业成本法的局限性（见表15-18）

表15-18　　　　　　　　　作业成本法的局限性

局限性	说明
开发和维护费用较高	作业成本法的成本动因多于完全成本法，成本动因的数量越大，开发和维护费用越高
作业成本法不符合对外财务报告的需要	采用作业成本法的企业，为了使对外财务报表符合会计准则的要求，需要重新调整成本数据。这种调整不仅工作量大，而且技术难度大，有可能出现混乱 【提示】作业成本法下可能把某些期间费用（如采购员的出差费）归入某个作业成本库（采购次数/批次级），计入产品成本
确定成本动因比较困难	并不是所有的间接成本都和特定的成本动因相关联，为按照作业成本法的计算要求，就会出现人为主观分配，扭曲产品成本数据
不利于管理控制	1）完全成本法按部门建立成本中心，为实施责任会计和业绩评价提供了方便 2）作业成本系统的成本库与企业的组织结构不一致，不利于提供管理控制的信息 【提示】作业成本法下的作业消耗的资源可能是跨部门的

（三）作业成本法的适用情景条件（见表15-19）

表15-19　　　　　　　　　作业成本法的适用情景条件

方面	说明
从成本结构看	这些公司的制造费用在产品成本中占有较大比重。若使用单一的分配率，成本信息的扭曲会比较严重
从产品品种看	这些公司的产品多样性程度高，包括产品产量的多样性，规模的多样性，产品制造或服务复杂程度的多样性，原材料的多样性和产品组装的多样性
从外部环境看	这些公司面临的竞争激烈。传统的成本计算方法是在竞争较弱、产品多样性较低的背景下设计的。当竞争变得激烈，产品的多样性增加时，传统成本计算方法的缺点被扩大了，实施作业成本法变得有利
从公司规模看	这些公司的规模比较大，有更为强大的信息沟通渠道和完善的信息管理基础设施，并且对信息的需求更为强烈

【提示】总之，在企业生产自动化程度较高、直接人工比较少、企业的作业流程比较清晰、企业相关业务数据完备而且可获得、企业信息化基础工作较好、易产生成本扭曲并且准确的成本信息具有较大价值时，适宜采用作业成本法。

【例题15-5·2015年多选题】某企业生产经营的产品品种繁多，间接成本比重较高，成本会计人员试图推动该企业采用作业成本法计算产品成本，下列理由中适合用于说服管理层的有（　　）。

A.通过作业管理可以提高成本控制水平

B.使用作业成本信息有利于价值链分析

C.使用作业成本法可提高成本分配准确性

D.使用作业成本信息可以提高经营决策质量

【答案】ABCD

【解析】本题的考点是作业成本法的优点。

【例题15-6·2011年多选题】下列关于作业成本法与传统的成本计算方法（以产量为基础的完全成本计算方法）比较的说法中，正确的有（　　）。

　　A.传统的成本计算方法对全部生产成本进行分配，作业成本法只对变动成本进行分配

　　B.传统的成本计算方法按部门归集间接费用，作业成本法按作业归集间接费用

　　C.作业成本法的直接成本计算范围要比传统的成本计算方法的计算范围小

　　D.与传统的成本计算方法相比，作业成本法不便于实施责任会计和业绩评价

【答案】BD

【解析】A项错误：作业成本法和完全成本法都是对全部生产成本进行分配，不区分固定成本和变动成本，这与变动成本法不同。从长远看，所有成本都是变动成本，都应当分配给产品。C项错误：传统成本计算的直接成本，通常仅限于直接人工和直接材料。作业成本法认为，有些"制造费用"的项目可以直接归属于成本对象，它强调尽可能扩大追溯到个别产品的成本比例，因此其直接成本计算范围通常要比传统的成本的计算范围大。B、D项正确：传统的成本计算方法按部门归集间接费用，作用成本法按作业归集间接费用，而实施责任会计和业绩评价是针对部门的，所以，与传统的成本计算方法相比，作业成本法不便于实施责任会计和业绩评价。

【例题15-7·2004年单选题】某公司的主营业务是软件开发。该企业产品成本构成中，直接成本所占比重很小，而且与间接成本之间缺少明显的因果关系。该公司适宜采纳的成本核算制度是（　　）。

　　A.产量基础成本计算制度　　　　　　B.作业基础成本计算制度

　　C.标准成本计算制度　　　　　　　　D.变动成本计算制度

【答案】B

【解析】作业基础成本计算制度主要适用于直接人工成本和直接材料成本只占全部成本的很小部分，而且它们与间接成本之间没有因果关系的新兴的高科技企业。

智能测评

扫码听分享	做题看反馈
40468	41554
本章比较重要，从主观题角度把握，对于涉及到的计算公式多为通用分配公式，同学们可以在理解的基础上掌握。 　　扫一扫二维码，来听学习导师的分享吧。	学完马上测！ 　　请扫描上方的二维码进入本章测试，检测一下自己学习的效果如何。做完题目，还可以查看自己的个性化测试反馈报告。这样，在以后复习的时候就更有针对性、效率更高啦！

第十六章　本量利分析

（✔近几年考核分值为6分左右。）

本章属于重点章，主要阐述成本按性态分类以及混合成本估计的方法，本量利基本关系式，盈亏临界点和安全边际的计算以及其影响因素分析和敏感系数的计算和应用。本章内容较为简单，主要是为相关章节内容奠定计算基础。

本章主要考点：（1）成本性态分析；（2）本量利基本模型的相关假设；（3）保本分析；（4）敏感性分析。

主要内容

第一节　本量利的一般关系
第二节　保本分析
第三节　保利分析
第四节　利润敏感性分析

第一节　本量利的一般关系

（✔本节内容通常以文字型或计算型客观题的形式出现，考点单一，没有综合性。考生需要掌握各个概念的细节。）

◇ 成本性态分析
◇ 本量利分析基本模型的相关假设
◇ 本量利分析基本模型

一、成本性态分析（见表16-1）（★★）

表16-1　　　　　　　　　　　　　成本性态分析

项目	说明
成本性态的含义	又称成本习性，指成本总额与业务量（如产品产量、销量等）之间的依存关系
成本性态分析的目的	管理人员在决定一项业务时预计它的成本和盈利
成本按性态分类	固定成本、变动成本和混合成本

（一）固定成本　从成本总额来看，在特定的业务量范围内相对稳定的成本。

1.固定成本的含义与特点（见表16-2）

表16-2　　　　　　　　　　　　固定成本的含义与特点

项目	说明
含义	指在特定的业务量范围内不受业务量变动影响，一定期间的总额能保持相对稳定的成本
特点	（1）一定期间的固定成本的稳定性是有条件的，即业务量变动的范围是有限的，例如车间的照明用电 【提示】能够使固定成本保持稳定的特定的业务量范围，称为相关范围 （2）一定期间的固定成本的稳定性是相对的，并不意味着每月该项成本的实际发生额都完全一样 （3）固定成本的稳定性，是针对成本总额而言的，如果从单位产品分摊的固定成本来看则正好相反：业务量增加时，单位产品分摊的固定成本将会减少；业务量减少时，单位产品分摊的固定成本将会增加

2.固定成本的分类（见表16-3）（✔对于具体分类可以文字型客观题考查。）

表16-3　　　　　　　　　　　　　　固定成本的分类

分类	约束性固定成本（承担固定成本）	酌量性固定成本
含义	指提供和维持生产经营所需设施、机构而支出的成本	指为完成特定活动而支出的固定成本，其发生额是根据企业的经营方针由经理人员决定的　经理人员可以决策改变的成本。
典型项目	固定资产折旧、财产保险、管理人员工资、取暖费、照明费等	科研开发费、广告费、职工培训费等
特点	（1）以前决策的结果，现在已经很难改变，即不能通过当前的管理决策行动加以改变 （2）属于企业"经营能力"成本，是企业为了维持一定的业务量所必须负担的最低成本 （3）要想降低约束性固定成本，只能从合理利用经营能力、降低单位固定成本入手	（1）可以通过管理决策行动改变其数额 （2）关系到企业的竞争能力，也是一种提供生产"经营能力"的成本 【提示】从某种意义上说，不是产量决定酌量性固定成本，而是酌量性固定成本影响产量 （3）通常按预算来支出

以前决策的结果，当前很难改变，受约束的成本。

与经营者的经营理念相关，如是否要多投资在科研开发中，增加广告的支出，加强对员工的培训等等。

【例题16-1·2009年多选题（新）】下列各项中，属于约束性固定成本的有（　　）。

A.管理人员薪酬　　B.折旧费　　　　C.职工培训费　　　D.研究开发支出

【答案】AB

【解析】约束性固定成本是指提供和维持生产经营所需设施、机构而支出的成本。例如，固定资产折旧、财产保险、管理人员工资、取暖费、照明费等。其支出额取决于设施和结构的规模和质量，它们是以前决策的结果，现在已很难改变。

【例题16-2·2015年单选题】下列各项成本费用中，属于酌量性固定成本的是（　　）。

A.运输车辆保险费　　　　　　　　B.广告费

C.生产部门管理人员工资　　　　　D.行政部门耗用的水电费

【答案】B

【解析】酌量性固定成本是可以通过管理决策行动而改变数额的固定成本，例如，科研开发费、广告费、职工培训费等。所以选项B正确。

（二）变动成本　总额随产量成正比变动。

1.变动成本的含义与特点（见表16-4）

表16-4　　　　　　　　　　　　　　变动成本的含义与特点

项目	说明
含义	指在特定产量范围内其总额随产量变动而成正比例变动的成本。
特点	（1）这类成本直接受产量影响，两者之间存在稳定的正比例关系，该比例系数即为单位变动成本 （2）单位成本的稳定性是有条件的，即产量变动的范围（相关范围）是有限的

2.变动成本的分类（见表16-5）

表16-5　　　　　　　　　　　　　变动成本的分类

分类	技术性变动成本（约束性变动成本）	酌量性变动成本
含义	指与业务量有明确的技术或设计关系的变动成本	指可以通过管理决策行动改变的变动成本
典型项目	一部汽车需装配一套发动机配件、一套传动系配件、一套制动系配件、一套转向系配件、一套行驶系配件等	按销售额一定百分比开支的佣金、新产品研制费、技术转让费等
特点	这类成本是利用生产能力所必须发生的成本	这类成本的发生额是由经理人员决定的

【提示】业务量增加时固定成本不变，那么，总成本的增加额是由于变动成本增加引起的，因此，变动成本是产品生产的增量成本。

（三）混合成本　（✓考文字型客观题。）

混合成本是指除固定成本和变动成本之外的成本，它们因产量的变动而变动，但不成正比例关系。混合成本的分类见表16-6。

表16-6　　　　　　　　　　　　　混合成本的分类

分类	含义	典型项目
半变动成本	指在初始成本的基础上随业务量成正比例增长的成本	电费和电话费等公用事业费、燃料、维护和修理费等
阶梯式成本	指成本总额随业务量呈阶梯式增长的成本，又名步增成本、半固定成本	受开工班次影响的动力费、整车运输费用、检验人员工资等
延期变动成本	指在一定业务量范围内总额保持稳定，超过特定产量则开始随业务量成正比例增长的成本	在正常业务量情况下给员工支付固定月工资，当业务量超过正常水平后则需支付加班费
曲线变动成本	指总额随业务量增长而呈曲线增长的成本，这种成本与业务量有依存关系，但不是直线关系	①变化率（边际成本）递减的成本：成本随业务量的增加而增加，但越来越慢，例如自备水源的成本 ②变化率（边际成本）递增的成本：成本随业务量的增加而增加，而且比业务量增加得还要快，例如各种违约金、罚金、累进计件工资等

（手写批注：初始基础上随产量正比增长，电话费是在座机费的基础上，市话主叫每分钟0.2元。）

（手写批注：在一个小范围内成本不变，超过这个范围，成本增至下一个层级，检验人员工资3 500元/月，每名工人每天可以检验800件产品，超出800件就需要增加一个检验工人，检验人员工资就属于阶梯式成本。）

【提示】各种非线性成本，在相关范围内可以近似地看成变动成本或半变动成本，忽略有限的差别，可以用"$y=a+bx$"来表示这些混合成本。

【例题16-3·2016年单选题】甲消费者每月购买的某移动通讯公司50元套餐，合主叫长市话450分钟，超出后主叫国内长市话每分钟0.15元。该通讯费是（　　）。

A.变动成本　　　B.延期变动成本　　　C.阶梯式成本　　　D.半变动成本

【答案】B

【解析】延期变动成本在一定的业务量范围内有一个固定不变的基数，当业务量增长超出了这个范围，它就与业务量的增长成正比例变动。

【例题16-4·2012年单选题】下列关于混合成本性态分析的说法中，错误的是（　　）。

A.半变动成本可分解为固定成本和变动成本

B.延期变动成本在一定业务量范围内为固定成本，超过该业务量可分解为固定成本和变动成本

C.阶梯式成本在一定业务量范围内为固定成本，当业务量超过一定限度，成本跳跃到新的水平时，以新的成本作为固定成本

D.为简化数据处理，在相关范围内曲线成本可以近似看成变动成本或半变动成本

【答案】B

【解析】延期变动成本在某一业务量以下表现为固定成本，超过这一业务量则成为变动成本。

（四）成本估计（★★）（✓可以计算型客观题考查。）

1.成本估计的含义

成本估计是探索特定成本的**性态**的过程。如果特定的成本是一项混合成本，就需要运用一定的方法估计成本与产量之间的关系，并建立相应的**成本函数模型**。

【提示】产品的总成本是各种性态的成本组合而成的，可将它看成混合成本。在特定业务量范围内，任何混合成本都可以近似地看成**半变动成本**。

2.成本估计的方法

（1）回归直线法（见表16-7）

表16-7　　　　　　　　　　　　回归直线法

项目	说明
含义	根据一系列历史成本资料，用数学上的<u>最小平方法</u>原理，计算能代表平均成本水平的直线<u>截距和斜率</u>，以其作为<u>固定成本和单位变动成本</u>
计算方法	总成本直线方程：$y = a + bx$　→ 了解这一公式即可。 （1）联立方程组：$\sum xy = a\sum x + b\sum x^2$，　$\sum y = na + b\sum x$ （2）解出参数：$a = \dfrac{\sum y - b\sum x}{n}$，　$b = \dfrac{n\sum xy - \sum x\sum y}{n\sum x^2 - \left(\sum x\right)^2}$

（2）工业工程法（见表16-8）

表16-8　　　　　　　　　　　　工业工程法

（✓记住工业工程法的适用范围，可能以文字型客观题考核。）

项目	说明
含义	运用工业工程的研究方法，<u>逐项研究</u>决定成本高低的每个因素，在此基础上直接估算<u>固定成本和单位变动成本</u>
适用范围	这种方法可以在没有历史成本数据、历史成本数据不可靠或需要对历史成本分析结论进行验证的情况下使用

【提示】建立标准成本和制定预算时，使用工业工程法比历史成本分析更加科学。

【例题16-5·2014年单选题】甲公司机床维修费为半变动成本，机床运行100小时时的维修费为250元，运行150小时时的维修费为300元。机床运行时间为80小时时，维修费为（　　）元。

A.200　　　　　　B.220　　　　　　C.230　　　　　　D.250

【答案】C

【解析】半变动成本的计算式为 $y = a + bx$，则有 $250 = a + b \times 100$，$300 = a + b \times 150$，联立方程解之得：$a = 150$（元），$b = 1$（元），则运行80小时的维修费 $= 150 + 1 \times 80 = 230$（元）。

二、本量利分析基本模型的相关假设（★★）——（✓本知识点是2017年新增知识，要注意，可能命制文字型客观题。）

（一）共同假设

企业的全部成本可以合理地或比较准确地分解为固定成本和变动成本。

（二）具体假设（如图16-1所示）

随着时间的推移和业务量发生较大的变化，成本性态可能也随之变化。

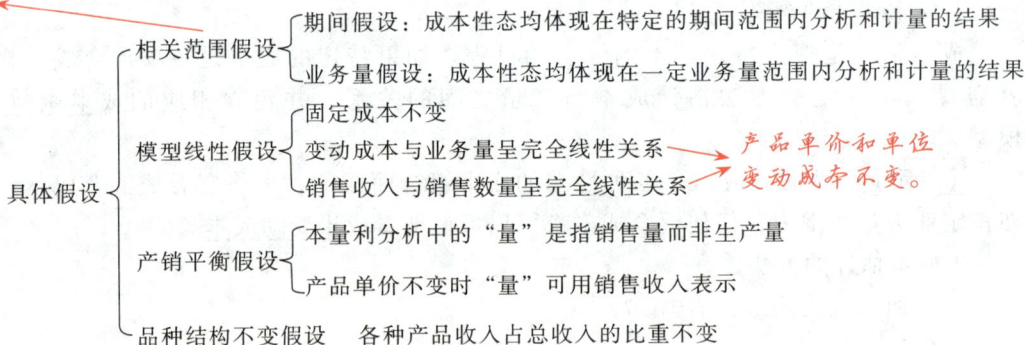

具体假设
- 相关范围假设
  - 期间假设：成本性态均体现在特定的期间范围内分析和计量的结果
  - 业务量假设：成本性态均体现在一定业务量范围内分析和计量的结果
- 模型线性假设
  - 固定成本不变
  - 变动成本与业务量呈完全线性关系 → *产品单价和单位变动成本不变。*
  - 销售收入与销售数量呈完全线性关系
- 产销平衡假设
  - 本量利分析中的"量"是指销售量而非生产量
  - 产品单价不变时"量"可用销售收入表示
- 品种结构不变假设　各种产品收入占总收入的比重不变

图16-1　本量利分析基本模型的具体假设

【提示】具体假设之间的关系：

（1）相关范围假设是最基本的假设，是本量利分析的出发点；

（2）模型线性假设是由相关范围假设派生而来的，是相关范围假设的延伸和具体化；

（3）产销平衡假设与品种结构不变假设是对模型线性假设的进一步补充；

（4）品种结构不变假设又是多品种条件下产销平衡假设的前提条件。

三、本量利分析基本模型（★★★）

（一）损益方程式

1.基本的损益方程式（见表16-9）

表16-9　　　　　　　　　　基本的损益方程式

项目	说明
计算公式	假设产量和销量相同，则有：*息税前利润=销售收入－变动成本－固定成本* （息税前）利润 = 单价×销量 － 单位变动成本×销量 － 固定成本 = $P \cdot Q - V \cdot Q - F$
实际运用	这个方程式是最基本也是最重要的方程式，要求给定其中四个变量，能求出另一个变量的值

【提示】

（1）公式中的成本是广义的：既包括付现成本，也包括非付现成本；既包括制造成本，也包括期间费用。

（2）在规划期间利润时，通常把单价、单位变动成本和固定成本视为稳定的常量，只有销量和利润两个自由变量。给定销量时，可利用方程式直接计算出预期利润；给定目标利润时，可直接计算出应达到的销售量。

2.包含期间成本的损益方程式

$$\binom{\text{息税前}}{\text{利润}} = 单价 \times 销量 - \left(\begin{array}{c}\text{单位变动} \\ \text{生产成本}\end{array} + \begin{array}{c}\text{单位变动销售和} \\ \text{管理费用}\end{array}\right) \times 销量 - \left(\begin{array}{c}\text{固定生产} \\ \text{成本}\end{array} + \begin{array}{c}\text{固定销售} \\ \text{和管理费用}\end{array}\right)$$

【提示】该损益方程式假设影响税前利润的因素只有销售收入、产品成本、管理费用和销售费用，省略了税金及附加、财务费用、资产减值损失、投资收益和营业外收支等因素。

本量利分析是针对经营层面的分析，一般均不考虑与融资相关的因素。

3.计算税后利润的损益方程式

$$税后（经营）利润 = 息税前利润 \times (1 - 所得税税率) = (P \cdot Q - V \cdot Q - F) \times (1 - 所得税税率)$$

【提示】此方程式通常用来计算实现目标利润所需的销量Q，将在第三节中讨论。

（二）边际贡献方程式　*（✓可以文字型客观题、计算分析题的形式考查。）*

1.边际贡献（见表16-10）

边际贡献方程式

表16-10　　　　　　　　　　　　　　　　边际贡献

项目	说明
含义	边际贡献是指销售收入减去变动成本以后的差额
计算公式	（1）边际贡献（元）＝销售收入－变动成本＝（单价－单位变动成本）×销量＝$(P-V) \cdot Q$ （2）单位边际贡献（元/件）＝单价－单位变动成本＝$P-V$
分类	（1）制造边际贡献＝销售收入－产品变动成本 （2）产品边际贡献＝制造边际贡献－销售和管理变动成本
意义	边际贡献是产品扣除自身变动成本后给企业所作的贡献，它首先用于补偿企业的固定成本，如果还有剩余才成为利润，如果不足以补偿固定成本则说明企业发生亏损

边际贡献的用途在于弥补固定成本，剩余的部分可以判断企业的盈亏状况。

【提示】通常，如果在"边际贡献"前未加任何定语，那么则是指"产品边际贡献"。

2.边际贡献方程式

$$（息税前）利润 = 边际贡献 - 固定成本 = 单位边际贡献 \times 销量 - 固定成本$$

息税前利润是计算经营杠杆系数的基础。

杠杆系数的计算关系图如图16-2所示。

$$销售收入$$
$$-\quad 变动成本$$
$$=\quad 边际贡献①$$
$$-\quad 固定成本 \quad DOL=①÷②$$
$$=\quad 息税前利润② \qquad DTL=①÷③$$
$$-\quad 税前财务负担 \quad DFL=②÷③$$
$$=\quad 税前利润（普通股股东）③$$

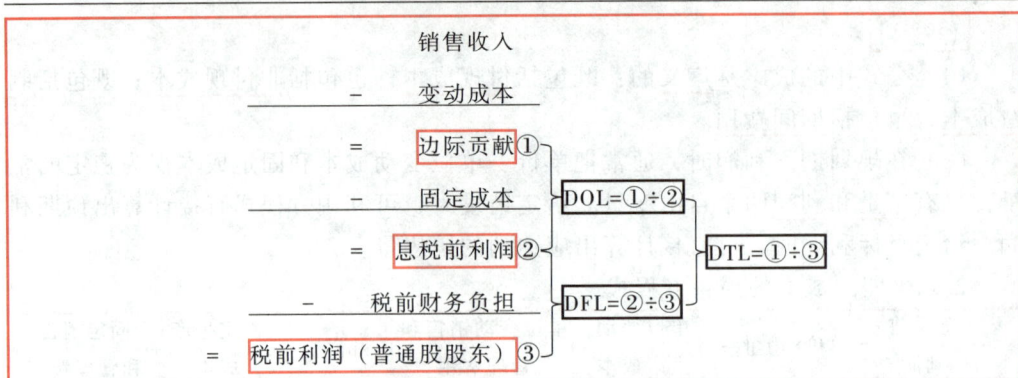

图 16-2　杠杆系数的计算关系图

3.边际贡献率和变动成本率（见表16-11）

表 16-11　　　　　　　　　　　边际贡献率和变动成本率

项目	边际贡献率	变动成本率
含义	指边际贡献在销售收入中所占的百分率	指变动成本在销售收入中所占的百分率
计算公式	边际贡献率 = 边际贡献÷销售收入 $= \dfrac{单位边际贡献×销量}{单价×销量}$ = 单位边际贡献÷单价 = （P－V）÷P	变动成本率 = 变动成本÷销售收入 $= \dfrac{单位变动成本×销量}{单价×销量}$ = 单位变动成本÷单价 = V÷P
二者关系	边际贡献率＋变动成本率 = 1	

【提示】边际贡献率可以理解为每1元销售收入中边际贡献所占的比重，反映产品给企业作出贡献的能力。

4.边际贡献率方程式

（息税前）利润 = 边际贡献 － 固定成本 = 销售收入×边际贡献率 － 固定成本

【提示】单一产品边际贡献率只受P、V影响。

（三）本量利关系图（见表16-12）

表 16-12　　　　　　　　　　　本量利关系图

项目		基本的本量利图	正方形本量利图	边际贡献式本量利图
图示		盈亏临界点　S　V　F　Q	盈亏临界点　S　V　F　S	盈亏临界点　S　T　V　S
横轴		销售量（实物量Q）	销售收入（金额S）	
斜率	收入	单价P	1（销售收入 = 1×S）	
	成本	单位变动成本V	变动成本率（V÷P）	

【提示】因本量利关系图能清晰地显示企业不盈利也不亏损时应达到的产销量，故又称为盈亏临界图或损益平衡图。

第二节　保本分析

◇ 保本量分析 ← （✔该部分知识点可以计算型、文字型各观题或计算分析题的形式考查，需要掌握。）

◇ 保本额分析

◇ 与保本点有关的指标

◇ 多品种情况下的保本分析

保本点的概念及研究背景见表16-13。

表16-13　　　　　　　　　　　　保本点的概念及研究背景

项目	说明
主要指标	保本点，亦称盈亏临界点（Break Even Point），是指企业收入和成本相等的经营状态，即边际贡献等于固定成本时企业所处的既不盈利又不亏损的状态。
研究背景	研究如何确定保本点，以及有关因素变动的影响，为决策提供超过哪个业务量企业会有盈利，或者低于哪个业务量企业会亏损等信息。

一、保本量分析（★★★）

*保本量分析

$$盈亏临界点销售量\ Q_0 = \frac{F}{P-V} = \frac{固定成本}{单位边际贡献}$$

【提示】固定成本F不仅包括付现成本，还包括折旧等非付现成本，如果题目单独给出后者，不要忘记将其纳入F的计算中。

二、保本额分析（★★★）

$$盈亏临界点销售额\ S_0 = Q_0 \times P = \frac{F}{(P-V) \div P} = \frac{固定成本}{边际贡献率}$$

三、与保本点有关的指标（★★★）

（一）盈亏临界点作业率（见表16-14）

盈亏临界点作业率表明企业在何种经营能力的利用程度下可以保持不亏不赚。

表16-14　　　　　　　　　　　　盈亏临界点作业率

项目	说明
含义	盈亏临界点作业率，是指盈亏临界点销售量占企业实际或预计销售量（而非最高销售量）的比重，表明保本状态下的生产经营能力的利用程度
计算公式	盈亏临界点作业率 = $\dfrac{盈亏临界点销售量}{实际或预计销售量}$ = $\dfrac{盈亏临界点销售额}{实际或预计销售额}$

【提示】实际或预计的销售量（额）就是在现在或未来的正常销售量（额）。所谓正常销售量，是指正常市场和正常开工情况下，企业的销售数量，也可以用销售金额表示。

（二）安全边际和安全边际率

安全边际（元），是指实际或预计的销售额（正常销售额）超过盈亏临界点销售额的差额（以金额表示），它表明销售额下降多少企业仍不至亏损。

安全边际量、安全边际额及安全边际率的计算公式见表16-15。

表16-15　　　　　安全边际量、安全边际额及安全边际率的计算公式

项目	计算公式
实物量	安全边际量 = 正常销售量 - 盈亏临界点销售量 = $Q - Q_0$
销售额	安全边际额 = 正常销售额 - 盈亏临界点销售额 = $S - S_0$
相对数	安全边际率 = $\dfrac{Q - Q_0}{Q} = \dfrac{S - S_0}{S}$

【提示】

（1）关系公式：————→ 安全边际率与其他指标的关系，以客观题考查。

①盈亏临界点作业率 + 安全边际率 = 1

②安全边际率 = 1÷经营杠杆系数

（2）安全边际和安全边际率的数值越大，企业发生亏损的可能性就越小，企业就越安全。安全边际率是相对指标，便于不同企业和不同行业的比较。

【例题16-6·2006年多选题】某企业只生产一种产品，单价为20元，单位变动成本为12元，固定成本为2 400元，满负荷运转下的正常销售量为400件。以下说法中，正确的有（　　　）。

A.在"销售量"以金额表示的边际贡献式本量利图中，该企业的变动成本线斜率为12

B.在保本状态下，该企业生产经营能力的利用程度为75%

C.安全边际中的边际贡献等于800元

D.该企业的生产经营较安全

【答案】BCD

【解析】A项错误：变动成本 = 销售额×变动成本率，在边际贡献式本量利图中，如果自变量是销售额，则变动成本线的斜率 = 变动成本率 = 12÷20×100% = 60%。B项正确：在保本的状态下，利润 = 0，销量 = 固定成本÷（单价-单位变动成本） = 2 400÷（20-12） = 300（件），企业生产经营能力的利用程度 = 300÷400×100% = 75%。C项正确：安全边际中的边际贡献 = 安全边际×边际贡献率 = （400-300）×20×（1-60%） = 800（元）。D项正确：安全边际率 = 1-75% = 25% > 20%，生产经营较安全。

【例题16-7·2000年单选题】根据本量利分析原理，只能提高安全边际而不会降低盈亏临界点的措施是（　　　）。

A.提高单价　　　　　　　　　　B.增加总销量

C.降低单位变动成本　　　　　　D.压缩固定成本

【答案】B

【解析】安全边际 = 安全边际量×单位边际贡献 = （总销量-盈亏临界点销售量）×单位边际贡献，盈亏临界点销售量 = 固定成本÷（单价-单位变动成本），A、C、D项同时提高安全边际和降低盈亏临界点，B项只提高安全边际而不影响盈亏临界点。

（三）安全边际与（息税前）利润的关系（见表16-16）

表16-16　　　　　　　　安全边际与（息税前）利润的关系

项目	计算公式
绝对值	息税前利润＝安全边际量×单位边际贡献＝安全边际额×边际贡献率
相对值	息税前利润率＝安全边际率×边际贡献率

（✓息税前利润的计算公式，2013年以计算型单选题考查。）

【提示】只有安全边际才能为企业提供利润，盈亏临界点销售额扣除变动成本后只能为企业收回固定成本，安全边际所提供的边际贡献等于企业利润。

【例题16-8·2013年单选题】甲公司只生产一种产品，变动成本率为40%，盈亏临界点作业率为70%。甲公司的息税前利润率是（　　）。

A.18%　　　　　　B.28%　　　　　　C.42%　　　　　　D.12%

【答案】A

【解析】销售息税前利润率＝安全边际率×边际贡献率＝（1－70%）×（1－40%）＝18%。

【例题16-9·2003年单选题】下列关于安全边际和边际贡献的表述中，错误的是（　　）。

A.边际贡献的大小，与固定成本支出的多少无关

B.边际贡献率反映产品给企业作出贡献的能力

C.提高安全边际或提高边际贡献率，可以提高息税前利润

D.降低安全边际率或提高边际贡献率，可以提高息税前利润率

【答案】D

【解析】息税前利润率＝安全边际率×边际贡献率，安全边际率或边际贡献率，与息税前利润率同方向变动。

【例题16-10·2001年单选题】息税前利润率等于（　　）。

A.安全边际率乘变动成本率　　　　　　B.盈亏临界点作业率乘安全边际率

C.安全边际率乘边际贡献率　　　　　　D.边际贡献率乘变动成本率

【答案】C

【解析】假设企业正常的销售量为Q，盈亏临界点的销售量为Q_0，产品单价为P，单位变动成本为V，则有：息税前利润＝（$Q-Q_0$）×（$P-V$），息税前利润率$=\dfrac{(Q-Q_0)\times(P-V)}{Q\times P}=\dfrac{Q-Q_0}{Q}\times\dfrac{P-V}{P}$＝安全边际率×边际贡献率。

四、多品种情况下的保本分析　（★★★）

（✓多品种情况下的保本分析属于2017年新增内容，注意以计算型题目考查。）

（一）分析思路

由于不同产品的计量单位不同，所以在确定多种产品的盈亏临界点时无法计算"盈亏临界点销售量"。但是多种产品的销售收入可以直接相加，所以，可以利用"保本额分析"的公式来计算多种产品的盈亏平衡时的全部销售收入。此时，问题的关键是计算多种产品的加权平均边际贡献率。

（二）保本分析

1.确定多产品的盈亏平衡点（见表16-17）

表16-17　　　　　　　　　确定多产品的盈亏平衡点

项目	计算公式
确定比率	加权平均边际贡献率 $= \dfrac{\sum 各产品边际贡献}{\sum 各产品销售收入}$ $= \dfrac{CM_1 + CM_2 + \cdots + CM_n}{S_1 + S_1 + \cdots + S_n} = \dfrac{CM_1 + CM_2 + \cdots + CM_n}{S}$ $= \dfrac{CM_1}{S} + \dfrac{CM_2}{S} + \cdots + \dfrac{CM_n}{S}$ $= \dfrac{CM_1}{S_1} \times \dfrac{S_1}{S} + \dfrac{CM_2}{S_2} \times \dfrac{S_2}{S} + \cdots + \dfrac{CM_n}{S_n} \times \dfrac{S_n}{S}$ $= \sum 各产品边际贡献率 \times 各产品销售额占总销售额的比重
确定金额	加权平均保本销售额 = 固定成本总额÷加权平均边际贡献率

【提示】对该结论要有概括性了解。

（1）边际贡献率的影响因素（见表16-18）：

表16-18　　　　　　　　　边际贡献率的影响因素

项目	影响因素
单产品	P、V
多产品	P、V 和 Q

（2）生产销售多种产品时：（息税前）利润 = 销售收入×加权平均边际贡献率−总固定成本

2.确定某产品的盈亏平衡点（见表16-19）

表16-19　　　　　　　　　确定某产品的盈亏平衡点

项目	计算公式
确定比重	某产品的销售百分比 = 该产品的销售额÷所有产品的销售额
确定金额	某产品的保本销售额 = 加权平均保本销售额×该产品的销售百分比
确定数量	某产品的保本销售量 = 该产品保本销售额÷该产品销售单价

第三节　保利分析

（✓本节内容属于2017年新增知识点，注意以计算型题目考查。）

◇ 没有企业所得税的情况

◇ 存在企业所得税的情况

保利点的概念及研究背景见表16-20。

表16-20　　　　　　　　　保利点的概念及研究背景

项目	说明
主要指标	保利点，是在单价和成本水平一定的情况下，为确保预先制定的目标利润可以实现，而必须达到的销售量或销售额
研究背景	企业不会满足于盈亏平衡，更需要有盈利目标，否则就无法生存和发展。保利分析主要研究如何确定保利点，以及有关因素变动的影响

一、没有企业所得税的情况（★★★）

在没有企业所得税的情况下，保利点的计算见表16-21。

表16-21　　　　　　　没有企业所得税的情况下保利点的计算

项目	计算公式
实物量	保利量 $=\dfrac{\text{固定成本}+\text{目标利润}}{\text{单价}-\text{单位变动成本}}=\dfrac{\text{固定成本}+\text{目标利润}}{\text{单位边际贡献}}$
销售额	保利额 $=$ 保利量×单价 $=\dfrac{\text{固定成本}+\text{目标利润}}{\text{边际贡献率}}$

【提示】无须记忆公式，利用本量利分析的基本公式，已知目标利润，倒求销量或销售额即可。

二、存在企业所得税的情况（★★★）

在存在企业所得税的情况下，保利点的计算见表16-22。

表16-22　　　　　　　存在企业所得税的情况下保利点的计算

项目	计算公式
实物量	保利量 $=\dfrac{\text{固定成本}+\text{税后目标利润}÷（1-\text{税率}）}{\text{单价}-\text{单位变动成本}}=\dfrac{\text{固定成本}+\text{税后目标利润}÷（1-\text{税率}）}{\text{单位边际贡献}}$
销售额	保利额 $=$ 保利量×单价 $=\dfrac{\text{固定成本}+\text{税后目标利润}÷（1-\text{税率}）}{\text{边际贡献率}}$

【提示】将税后目标利润还原成税前利润即可。

第四节　利润敏感性分析

◇ 利润敏感性分析的含义

◇ 利润敏感性分析的方法

（✓第五章第五节投资项目的敏感分析中详细介绍过最大最小法与敏感系数的计算。本节内容与之类似，多以计算型客观题考查。）

一、利润敏感性分析的含义（见表16-23）（★★）

敏感性分析讲解

表16-23　　　　　　　利润敏感性分析的含义

项目	说明
含义	基于本量利关系的利润敏感性分析，主要研究相关参数变化多大会使企业由盈利转为亏损、各参数变化对利润变化的影响程度，以及各因素变动时如何调整应对，以保证原目标利润的实现
方法	利润敏感性分析通常假定在其他参数不变的情况下，分析某一个参数（如单价、销售量、单位变动成本、固定成本）发生特定变化时对利润的影响

二、利润敏感性分析的方法（★★★）

（一）盈亏转折分析（最大最小法）（见表16-24）

表16-24　　　　　　　盈亏转折分析（最大最小法）

项目	说明
问题实质	最大最小法既可以分析有关参数发生多大变化会使企业由盈利转为亏损，也可以用来分析一个亏损企业，有关参数发生多大变化才能使企业扭亏为盈，提供能引起目标发生质变的各参数的变化界限
解决办法	将利润设为0，而其他因素分别作为待求的未知数，仍然利用本量利方程式来计算

【提示】与利润同向变化的因素求最小值，反向变化的因素求最大值。

（二）各参数的敏感系数的计算（见表16-25）

表16-25　　　　　　　　　　各参数的敏感系数的计算

项目	说明
问题实质	敏感系数反应了各因素变动百分比和利润变动百分比之间的比例，即当各因素升降1%时，利润将会随之上升或下降百分之几（正号为同向变动，负号为反向变动）
计算公式	敏感系数 = $\dfrac{目标值变动百分比}{参量值变动百分比}$

【提示】（✓对"提示"中的内容要注意以文字型客观题考查。）

（1）敏感系数为正值的，表明它与利润为同向增减；敏感系数为负值的，表明它与利润为反向增减。

（2）敏感系数绝对值大于1，则属于敏感因素。

（3）在敏感性分析图中，某直线与利润线的夹角（需考虑方向）越小（越陡峭），则其代表的参量对利润的敏感程度越高。

（4）两个关系公式：

①利润对销售量的敏感系数称为经营杠杆系数（DOL）。

②利润对单价的敏感系数 = 1÷息税前利润率（假设单价的变动不会引起其他因素的变动）。

【例题16-11·2014年单选题】甲公司只生产一种产品，每件产品的单价为5元，单价敏感系数为5。假定其他条件不变，甲公司盈亏平衡时的产品单价是（　　）元。

A.3　　　　　　　　B.3.5　　　　　　　　C.4　　　　　　　　D.4.5

【答案】C

【解析】盈亏平衡时，说明息税前利润的变动率为-100%，单价敏感系数 = 息税前利润变动百分比/单价变动百分比 = [（0-EBIT）÷EBIT]÷[（单价-5）÷5] = -100%÷[（单价-5）÷5] = 5，解得：单价 = 4元。

【例题16-12·2011年多选题】某企业只生产一种产品，当年的税前利润为20 000元。运用本量利关系对影响税前利润的各因素进行敏感分析后得出，单价的敏感系数为4，单位变动成本的敏感系数为-2.5，销售量的敏感系数为1.5，固定成本的敏感系数为-0.5。下列说法中，正确的有（　　　　）。

A.上述影响税前利润的因素中，单价是最敏感的，固定成本是最不敏感的

B.当单价提高10%时，税前利润将增长8 000元

C.当单位变动成本的上升幅度超过40%时，企业将转为亏损

D.企业的安全边际率为66.67%

【答案】ABCD

【解析】A项正确：某变量的敏感系数的绝对值越大，表明变量对利润的影响越敏感。B项正确：由于单价敏感系数为4，因此当单价提高10%时，利润提高40%，因此税前利润增长额 = 20 000×40% = 8 000（元）。C项正确：单位变动成本

的上升幅度超过40%，则利润降低率＝－2.5×40%＝－100%。D项正确：因为，经营杠杆系数＝销售量的敏感系数＝1.5，而经营杠杆系数＝（P－V）Q÷［（P－V）Q－F］＝Q÷［Q－F÷（P－V）］＝Q÷（Q－Q$_0$）＝1÷安全边际率，所以安全边际率＝1÷销量敏感系数＝1÷1.5＝66.67%。

智能测评

扫码听分享	做题看反馈
40473	41555
本章内容比较简单，主要是为相关章节内容奠定计算基础。基础打好，随后的学习才会越来越轻松，请不要急功近利，要扎实的掌握。 　　扫一扫二维码，来听学习导师的分享吧。	学完马上测！ 　　请扫描上方的二维码进入本章测试，检测一下自己学习的效果如何。做完题目，还可以查看自己的个性化测试反馈报告。这样，在以后复习的时候就更有针对性、效率更高啦！

*本章导学视频

（本章内容多为新增知识点，应重点掌握核心概念，预防考查新增知识。）

第十七章　短期经营决策

本章主要介绍了短期经营决策分析的知识，融合了部分公司战略的内容，以便对基本概念进行讲解。

本章重要考点：（1）决策相关成本与非相关成本；（2）生产决策中零部件的外购或自制的选择问题；（3）产品销售定价方法；（4）存货经济批量分析。

主要内容

第一节　短期经营决策概述
第二节　生产决策
第三节　定价决策
第四节　订货决策

（✔本章内容除第四节以外，第一、二、三节均属于2017年新增内容。重点在了解决策相关成本后，对生产、订货进行决策分析。其中第一节知识可以命制文字型客观题，第二、三、四节内容可以命制计算型题目。）

第一节　短期经营决策概述

◇ 短期经营决策的含义
◇ 相关成本与不相关成本

（2017年教材在本节对与企业决策相关的成本进行了归类讲解，重点掌握相关成本的认定。能区分出哪些与企业的决策相关，应归入成本的考虑范围中。）

一、短期经营决策的含义（见表17-1）（★）

表17-1　　　　　　　　　　短期经营决策的含义

项目	说明
含义	短期经营决策是指对企业一年以内或者维持当前的经营规模的条件下所进行的决策
特点	在既定的规模条件下决定如何有效的进行资源的配置，以获得最大的经济效益。通常不涉及固定资产投资和经营规模的改变，因此，短期经营决策通常是在成本性态分析时提到的"相关范围"内所进行的决策

【提示】成本是影响经营效益高低的一个重要的制约因素，根据与企业决策是否相关，成本可以分为相关成本和不相关成本。

二、相关成本与不相关成本（★★）

（一）相关信息的特点（见表17-2）

表17-2　　　　　　　　　　相关信息的特点

特点	说明
相关信息是面向未来的	管理人员可以利用过去的数据进行分析，找到数据之间的适当关系，预测相关成本与效益的数额
相关信息在各个备选方案之间应该有所差异	在所有可获取的备选方案中，同样都发生的那部分成本或者收益对决策不会产生任何影响

（二）相关成本（见表17-3）

相关成本是指与决策相关的成本，在分析评价时必须加以考虑，它随着决策的改变而改变。

表 17-3　　　　　　　　　　　　　　　相关成本

表现形式	说明
边际成本	指产量增加或减少一个单位所引起的成本变动
机会成本	指放弃另一个方案提供收益的机会。实行本方案时，失去所放弃方案的潜在收益是实行本方案一种代价，称为本方案的机会成本
重置成本	指目前从市场上购置一项原有资产所需支付的成本，也可以称之为现时成本，它带有现时估计的性质 【提示】与重置成本直接对应的概念是账面成本，即一项资产在账簿中所记录的成本
付现成本	指需要在将来或最近期间支付现金的成本，是一种未来成本
可避免成本	当方案或者决策改变时，这项成本可以避免或其数额发生变化。酌量性固定成本就属此类
可延缓成本	指同已经选定，但可以延期实施而不会影响大局的某方案相关联的成本
专属成本	指可以明确归属于某种、某批或某个部门的固定成本
差量成本	指两个备选方案的预期成本之间的差异数，亦称差别成本或差额成本

（三）不相关成本（见表 17-4）

不相关成本是相关成本的反义，指与决策没有关联的成本。

表 17-4　　　　　　　　　　　　　　　不相关成本

表现形式	说明
沉没成本	指由于过去已经发生的，现在和未来的决策无法改变的成本，与"历史成本"同义
不可避免成本	指通过管理决策行动而不能改变其数额的成本，约束性固定成本就属此类
不可延缓成本	即使财力有限也必须在企业计划期间发生，否则就会影响企业大局的已选定方案的成本
共同成本	指那些需由几种、几批或有关部门共同分担的固定成本

第二节　生产决策

◇ 生产决策的主要方法
◇ 亏损产品是否停产的决策
◇ 零部件自制与外购的决策
◇ 特殊订单是否接受的决策
◇ 限制资源最佳利用决策
◇ 产品是否应进一步深加工的决策

生产决策是企业短期经营决策的重要内容，它主要针对企业短期内（或者当前经营规模范围内）是否生产、生产什么、怎样组织生产等问题进行的相关决策。

一、生产决策的主要方法（★）

（一）差量分析法（见表17-5）

表17-5 　　　　　　　　　　　　　差量分析法

项目	说明			
含义	差量分析法就是分析备选方案之间的差额收入和差额成本，根据差额利润进行选择的方法			
指标		方案1	方案2	差量
	相关收入	R1	R2	差额收入 = R1 - R2
	相关成本	C1	C2	差额成本 = C1 - C2
	差额利润 = 差额收入 - 差额成本			
决策原则	差额利润 > 0：选方案1；差额利润 < 0：选方案2			

（二）边际贡献分析法（见表17-6）

表17-6 　　　　　　　　　　　　　边际贡献分析法

项目	说明
含义	边际贡献是销售收入与变动成本的差额。边际贡献分析法就是通过对比各个备选方案的边际贡献额的大小来确定最优方案的决策方法
注意事项	当决策中涉及追加专属成本时，应该使用相关损益指标，某方案的相关损益是指该方案的边际贡献额与专属成本之差，或该方案的相关收入与相关成本之差
决策原则	选择边际贡献总额（相关损益）最大的方案

（三）本量利分析法（见表17-7）

表17-7 　　　　　　　　　　　　　本量利分析法

项目	说明
含义	利用成本、产量和利润之间的依存关系来进行生产决策
指标	息税前利润 = 营业收入 - 变动成本 - 固定成本 = （单价 - 单位变动成本）×销量 - 固定成本
决策原则	选择利润最大的方案

二、亏损产品是否停产的决策（★★★）

如果企业的亏损产品能够提供正的边际贡献，就不应该立即停产。

【提示】如果亏损产品的生产能力可以转移，只有当亏损产品创造的边际贡献大于生产能力转移有关的机会成本时，才会继续生产该亏损产品。

三、零部件自制与外购的决策（见表17-8）（★★★）

外购还是自制需要考虑相关成本及非财务指标因素，最终进行综合判断。

表17-8　　　　　　　　　零部件自制与外购的决策

项目	说明
决策实质	收入与该决策无关，所以只要选择相关成本小的方案即可
相关成本	（1）外购：外购成本 （2）自制：具体情况具体分析 ①有剩余生产能力，不需要追加设备投资，那么只需要考虑变动成本即可 ②没有足够的剩余生产能力，需要追加设备投资，则新增加的专属成本也应该属于相关成本 ③考虑剩余生产能力是否能被转移

【提示】在进行自制还是外购的决策时，决策者除了要考虑相关成本因素外，还要考虑外购产品的质量、送货的及时性、长期供货能力、供货商的新产品研发能力以及本企业有关职工的抱怨程度等因素，在综合考虑各方面因素之后才能进行最后的选择。

四、特殊订单是否接受的决策（★★★）

（一）基本思路（见表17-9）

表17-9　　　　　　　特殊订单是否接受决策的基本思路

项目	说明
决策指标	相关损益 = 该订单所提供的边际贡献 - 该订单所引起的相关成本
决策原则	相关损益 > 0，接受订单

（二）具体情形（见表17-10）

表17-10　　　　　　特殊订单是否接受决策的具体情形

问题	接受订货的条件
（1）追加订货不影响正常销售的完成，即利用剩余生产能力就可以完成追加订货，又不需要追加专属成本，而且剩余生产能力无法转移	只要特殊订单的单价大于该产品的单位变动成本，即边际贡献大于零，就可以接受该追加订货
（2）如果该订货要求追加专属成本，其他条件同（1）	该方案的边际贡献大于追加的专属成本
（3）如果相关的剩余生产能力可以转移，其他条件同（1）	应该将转移剩余生产能力的可能收益作为追加订货方案的机会成本予以考虑：当追加订货创造的边际贡献大于机会成本时，则可以接受订货
（4）如果追加订货影响正常销售，即剩余生产能力不够生产全部的追加订货，从而减少正常销售，其他条件同（1）	则由此而减少的正常边际贡献作为追加订货方案的机会成本：当追加订货的边际贡献足以补偿这部分机会成本时，则可以接受订货

五、限制资源最佳利用决策（见表17-11）（★★★）

表17-11　　　　　　　　　　限制资源最佳利用决策

项目	说明
决策指标	单位限制资源的边际贡献 = 单位边际贡献÷单位产品所需用的资源
决策原则	优先安排"单位限制资源的边际贡献"最大的方案，最大化企业总的边际贡献

六、产品是否应进一步深加工的决策（见表17-12）（★★★）

表17-12　　　　　　　　产品是否应进一步深加工的决策

项目	说明
决策指标	差额利润 = 差额收入 − 差额成本 = （深加工后出售收入 − 直接出售收入） − 深加工追加成本
决策原则	差额利润 > 0，继续加工；否则，直接出售

第三节　定价决策

◇ 产品销售定价决策原理

◇ 产品销售定价的方法

一、产品销售定价决策原理（见表17-13）（★）

表17-13　　　　　　　　产品销售定价决策原理

市场类型	企业对市场价格的控制
完全竞争市场	市场价格是单个厂商所无法左右的，每个厂商只是均衡价格的被动接受者
垄断竞争市场	厂商可以对价格有一定的影响力
寡头垄断市场	
完全垄断市场	企业可以自主决定产品的价格

【提示】

（1）对于产品定价决策来说，通常是针对后三种市场类型的产品。

（2）销售定价属于企业营销战略的重要组成部分，管理会计人员主要是从产品成本与销售价格之间的关系角度为管理者提供产品定价的有用信息。

二、产品销售定价的方法（★★★）

（一）成本加成定价法（见表17-14）

表17-14　　　　　　　　　成本加成定价法

项目	成本基数	成数
完全成本加成法	单位产品的制造成本	非制造成本 + 合理利润
变动成本加成法	单位产品的变动成本	固定成本 + 预期利润

【提示】

（1）先计算成本基数，然后在此基础上加上一定的"成数"，通过"成数"获得预期的利润，以此得到产品的目标价格。

（2）企业还可以使用<u>标准成本</u>作为成本基数。

（二）市场定价法（见表17-15）

表17-15　　　　　　　　　　　市场定价法

项目	说明
含义	对于<u>有活跃市场的产品</u>，可以根据市场价格来定价，或者根据市场上同类或者相似产品的价格来定价
特点	有利于时刻保持对市场的敏感性，对同行的敏感性

（三）新产品的销售定价方法（见表17-16）

表17-16　　　　　　　　　　新产品的销售定价方法

项目	撇脂性定价	渗透性定价
含义	在新产品试销初期先定出较高的价格，以后随着市场的逐步扩大，再逐步把价格降低	在新产品试销初期以较低的价格进入市场，以期迅速获得市场份额，等到市场地位已经较为稳固的时候，再逐步提高销售价格
特征	一种<u>短期性</u>的策略，往往适用于产品的生命周期较短的产品	在试销初期会减少一部分利润，但是它能有效排除其他企业的竞争，以便建立长期的市场地位，所以这是一种<u>长期</u>的市场定价策略

（四）有闲置能力条件下的定价方法（见表17-17）

表17-17　　　　　　　　　有闲置能力条件下的定价方法

项目	说明
含义	在企业具有闲置生产能力时，面对市场需求的变化所采用的定价方法
相关成本	当公司存在剩余生产能力时，增量成本即为该批产品的变动成本
定价原则	企业产品的价格应该在<u>变动成本</u>与<u>目标价格</u>之间进行选择：只要价格高于工程变动成本企业就可以接受
计算公式	变动成本＝直接材料＋直接人工＋变动制造费用＋变动销售和行政管理费用 成本加成＝固定成本＋预期利润 目标价格＝变动成本＋成本加成

第四节　订货决策

（✔本节内容通常命制计算分析题，也可能在客观题中考查存货管理的各个模型有关的参数的确定。存货管理有关的公式比较多，考生应在理解推导过程的基础上对公式加以理解记忆，基本模型是基础，减少相关假设，得到基本模型的扩展。）

◇ 存货管理的目标
◇ 储备存货的成本
◇ 存货经济批量分析

零库存管理模式会受到很多限制，大部分生产企业是做不到的，所以还是要对存货管理进行研究归纳，得出最佳存货量的计算方法。

一、存货管理的目标（见表17-18）（★）

表17-18　　　　　　　　　　　存货管理的目标

项目	说明
储备原因	①保证生产或销售的经营需要：避免停工待料、停业待货 ②出自价格的考虑：零购物资的价格较高，而整批购买在价格上常有优惠
管理目标	进行存货管理，就要尽力在各种存货成本与存货效益之间作出权衡，达到两者的最佳结合

二、储备存货的成本（★★★）——逐年计算

1.取得成本   包括订货和购置

取得成本是指为取得某种存货而支出的成本，通常用 TC_a 来表示。其又分为订货成本和购置成本（见表17-19）：

表17-19   订货成本和购置成本

项目	含义	表达方式
订货成本	指取得订单的成本，如办公费、差旅费、邮资、电话电报等。 【提示】订货成本分为与订货次数无关的固定成本和与订货次数有关的变动成本	订货成本 $= F_1 + \dfrac{D}{Q} \times K$
购置成本	指存货本身的价值，经常用数量与单价的乘积来确定	购置成本 $= D \times U$

2.储存成本

储存成本是指为保持存货而发生的成本，包括存货占用资金所应计的利息、仓库费用、保险费用、存货破损和变质损失，等等，通常用 TC_c 来表示。储存成本也分为固定成本和变动成本：$TC_c = F_2 + K_c \times \dfrac{Q}{2}$。

【提示】如果考虑建立存货的保险储备，则要考虑保险储备的储存成本。

3.缺货成本

缺货成本是指由于存货供应中断而造成的损失，包括材料供应中断造成的停工损失、产品库存缺货造成的拖欠发货损失和丧失销售机会的损失；如果生产企业以紧急采购代用材料解决库存材料中断之急，那么缺货成本表现为紧急额外购入成本。缺货成本用 TC_s 来表示。

【提示】如果以 TC 来表示储备存货的总成本，它的计算公式表述为：

$$TC = TC_a + TC_c + TC_s = F_1 + \frac{D}{Q} \times K + D \times U + F_2 + K_c \times \frac{Q}{2} + TC_s$$

企业存货的最优化，即使上式 TC 值最小。   *最优化就是使得总成本最小的那种方案。*

【例题17-1·2009年多选题（新）】下列各项中，与企业储备存货有关的成本有（　　）。

A.取得成本　　　　B.管理成本　　　　C.储存成本　　　　D.缺货成本

【答案】ACD

【解析】与储备存货有关的成本包括取得成本、储存成本和缺货成本。管理成本一般视为与存货储备量无关的固定成本。

三、存货经济批量分析（★★★）   *(✓重要知识点，可以命制计算分析题或计算型客观题。)*

（一）存货决策概述（见表17-20） *在存货决策方面各个部门主要的职责分担。*

表17-20   存货决策概述

项目	说明			
决策内容	决定进货项目	选择供应单位	决定进货时间	决定进货批量
决策单位	销售部门、采购部门和生产部门		财务部门	
经济订货量	按照存货管理的目的，需要通过合理的进货批量和进货时间，使存货的总成本最低，这个批量叫做经济订货量或经济批量			

（二）经济订货量基本模型　*假设前提*

1.模型的假设条件

（1）能及时补充存货，即需要订货时便可立即取得存货；

（2）能集中到货，而不是陆续入库；

（3）不允许缺货，即无缺货成本；

（4）年需求量稳定，并且能预测；

（5）存货单价不变；

（6）企业现金充足，不会因现金短缺而影响进货；

（7）所需存货市场供应充足，可以随时买到。

2.数理模型（见表17-21）　*（✓是最佳现金持有量分析中存货模式的基础，通常以计算型题目考查。）*　*数理模型*

表17-21　　　　　　　　　　　　　　　　数理模型

指标	计算公式
（年）决策相关总成本	$TC(Q^*) = 订货变动成本 + 储存变动成本 = \dfrac{D}{Q^*} \times K + \dfrac{Q^*}{2} \times K_c$
经济订货量	$Q^* = \sqrt{\dfrac{2D \cdot K}{K_c}}$
（年）与批量有关的存货总成本	$TC(Q^*) = \sqrt{2D \cdot K \cdot K_c}$
（年）最佳订货次数	$N^* = \dfrac{D}{Q^*}$
最佳订货周期（年）	$T^* = 1 \div N^*$
经济订货量占用资金	$I^* = \dfrac{Q^*}{2} \times U$

其中：D——存货年需要量；

K——每次订货变动成本；

K_c——单位存储成本。

【例题17-2·2001年多选题】下列各项因素中，影响经济订货批量大小的有（　　）。

A.仓库人员的固定月工资　　　　　　B.存货的年耗用量

C.存货资金的应计利息　　　　　　　D.保险储备量

【答案】BC

【解析】经济订货量 $Q^* = \sqrt{\dfrac{2DK}{K_c}}$ ，其中：D表示存货年需要量，K表示每次订货的变动成本，K_c 表示存货单位储存的变动成本，影响存货资金的应计利息。

3.基本模型的扩展 → 基本模型的诸多假设被打破时，需要对原来的模型进行优化。

（1）存在数量折扣（见表17-22）

表17-22 存在数量折扣

项目	说明
研究背景	由于买家购买的数量达到某销售折扣的起订量，卖家给予销售折扣，存货单位买价U发生变化
决策相关成本	（1）购置成本（因为单位买价发生变化） （2）订货变动成本 （3）储存变动成本
决策原则	由于享受折扣有起订量的要求，所以，经济订货量可能发生变化，假设不考虑价格折扣时基本模型下的经济订货量为Q*： （1）Q* < 起订量：分别计算两种情况下的决策相关总成本，看谁的总成本小 ①不要折扣：按Q*计算总成本 ②享受折扣：按起订量计算总成本 （2）Q* > 起订量：按Q*订货，与原来一致（自动享受折扣）

可能命制文字型客观题，也是计算最佳存货持有量的基本过程之一。

（2）订货提前期（见表17-23）

表17-23 订货提前期

项目	说明
研究背景	一般情况下，企业的存货不能做到随用随时补充，因此不能等到存货用光再去订货，而需要在没有用完时提前订货
再订货点	在订货提前的情况下，企业再次发出订货单时，尚有存货的库存量，称为再订货点： 再订货点 R = 平均交货时间L×平均每日需要量d
决策原则	订单虽然提前发出，但订货间隔时间、订货批量、订货次数不变，故提前订货期对经济订货量并无影响

（3）存货陆续供应和使用（见表17-24）存货陆续供应时变动储存成本的表达式会发生变化。

表17-24 存货陆续供应和使用

项目	说明
研究背景	在建立基本模型时，是假设存货一次全部入库，故存货增加时存量变化为一条垂直的直线。事实上，各批存货可能陆续入库，使存量陆续增加。假设每天送货的数量为P，这样，整批存货全部送达所需的天数为Q/P，称为送货期
决策相关成本	（1）变动订货成本：没有变化，仍然为 $\dfrac{D}{Q} \times K$ （2）变动储存成本：由于是陆续到货，且存货每日耗用量为d（d<P），则每日的存货净增加为（P−d），所以每批存货送完时，最高库存量为 $(P-d) \times \dfrac{Q}{P} = \left(1 - \dfrac{d}{P}\right) \times Q$，得出变动储存成本为 $\dfrac{Q}{2} \times \left(1 - \dfrac{d}{P}\right) \times K_c$

项目	说明
指标计算	经济订货量 $Q^* = \sqrt{\dfrac{2D \cdot K}{K_c \times \left(1 - \dfrac{d}{P}\right)}}$ （年）存货相关总成本 $TC(Q^*) = \sqrt{2D \cdot K \cdot K_c \times \left(1 - \dfrac{d}{P}\right)}$ 经济订货量占用资金 $I^* = \dfrac{Q^*}{2} \times \left(1 - \dfrac{d}{P}\right) \times U$

如：自己包饺子　　　如：超市买饺子

【提示】陆续供应和使用的经济订货批量模型，还可以用于自制和外购的选择决策。此时U为单位变动制造成本，K为每次生产准备成本，P为每日生产量，其他参数不变。

【例题17-3·2010年单选题】某公司生产所需的零件全部通过外购取得，公司根据扩展的经济订货量模型确定进货批量。下列情形中，能够导致零件经济订货量增加的是（　　）。

A.供货单位需要的订货提前期延长　　B.每次订货的变动成本增加

C.供货单位每天的送货量增加　　D.供货单位延迟交货的概率增加

【答案】B

【解析】A项错误：供货单位需要的订货提前期延长不会影响经济订货批量。B项正确：每次订货的变动成本增加会使零件经济订货量增加。C项错误：供货单位每天的送货量增加会使经济订货批量减少。D项错误：供货单位延迟交货的概率增加会增加保险储备，但并不会影响经济订货批量。

【例题17-4·2008年多选题】C公司生产中使用的甲标准件，全年共需耗用9 000件，该标准件通过自制方式取得。其日产量为50件，单位生产成本为50元；每次生产准备成本为200元，固定生产准备成本为每年10 000元；变动储存成本为每件5元，固定储存成本每年20 000元。假设一年按360天计算，下列各项中，正确的有（　　）。

A.经济生产批量为1 200件

B.经济生产批次为每年12次

C.经济生产批量占用资金为30 000元

D.与经济生产批量相关的总成本是3 000元

【答案】AD

【解析】根据题目，由存货陆续供应和使用的模型，每日需求量 $d = 9\,000 \div 360 = 25$（件）。

A项正确：经济生产批量 $Q^* = \sqrt{\dfrac{2D \cdot K}{K_c \times \left(1 - \dfrac{d}{P}\right)}} = \sqrt{\dfrac{2 \times 9\,000 \times 25}{1 \times \left(1 - 25 \div 50\right)}} = 1\,200$（件）

B项错误：经济生产批次为每年 $9\,000 \div 1\,200 = 7.5$（次）

C项错误：经济生产量占用资金 $I^* = \dfrac{Q^*}{2} \times \left(1 - \dfrac{d}{P}\right) \times U = \dfrac{1\,200}{2} \times \left(1 - \dfrac{25}{50}\right) \times 50 = 15\,000$（元）

D项正确：与生产批量有关的总成本TC（Q*）$= \sqrt{2D \cdot K \cdot K_c \times (1 - d \div P)}$

$$= \sqrt{2 \times 9\,000 \times 200 \times 5 \times (1 - 25 \div 50)}$$

$$= 3\,000 （元）$$

【例题17-5·2004年单选题】根据存货陆续供应与使用模型，下列情形中能够导致经济批量降低的是（ ）。

A.存货需求量增加 　　　　　　B.一次订货成本增加

C.单位储存变动成本增加 　　　D.每日消耗量增加

【答案】C

【解析】根据存货陆续供应和使用模型的经济订货量公式 $Q^* = \sqrt{\dfrac{2D \cdot K}{K_c \times \left(1 - \dfrac{d}{P}\right)}}$

可以看出，存货需求量（D）增加、每次的订货成本（K）增加、每日消耗量（d）增加都会使经济批量增加，而单位变动储存成本（K_c）增加会使经济批量降低。

【例题17-6·2003年单选题】某零件年需要量为16 200件，日供应量为60件，一次订货成本为25元，单位储存成本为1元/年。假设一年为360天。需求是均匀的，不设置保险库存并且按照经济订货量进货，则下列各项计算结果中错误的是（ ）。

A.经济订货量为1 800件 　　　B.最高库存量为450件

C.平均库存量为225件 　　　　D.与进货批量有关的总成本为600元

【答案】D

【解析】根据题目，由存货陆续供应和使用的模型，每日需求量d＝16 200÷360＝45（件）。

A项正确：经济订货量 $Q^* = \sqrt{\dfrac{2D \cdot K}{K_c \times \left(1 - \dfrac{d}{P}\right)}} = \sqrt{\dfrac{2 \times 16\,200 \times 25}{1 \times (1 - 45 \div 60)}} = 1\,800$（件）

B项正确：最高库存量＝1 800×（1－45÷60）＝450（件）

C项正确：平均库存量＝450÷2＝225（件）

D项错误：与进货批量有关的总成本

$TC（Q^*） = \sqrt{2D \cdot K \cdot K_c \times (1 - d \div P)} = \sqrt{2 \times 16\,200 \times 25 \times 1 \times (1 - 45 \div 60)} = 450$（元）

（4）存在保险储备　➝ *预防特殊状况*

① 保险储备概述（见表17-25）

表17-25　　　　　　　　　　　　　保险储备概述

项目	说明
研究背景	前面讨论的经济订货量是以供需稳定为前提的。实际情况并非如此，按照某一订货量和再订货点发出订单后，如果需求增大或送货延迟，就会发生缺货或供货中断。为防止由此造成的损失，就需要多储备一些存货以备应急之需，称为保险储备（安全存量）。这些存货在正常情况下不动用，只有当存货过量使用或送货延迟时才动用
研究目的	研究保险储备的目的，就是要找出合理的保险储备量，使缺货成本（供应中断损失）和储备成本之和最小

② 决策时考虑的因素（见表17-26）

表17-26 决策时考虑的因素

项目	说明
与经济订货量有关的各项指标	没有变化，按照基本模型计算
保险储备量相关（年）总成本	设单位缺货成本为 K_U，每次订货缺货量为 S，年订货次数为 N，保险储备量为 B，单位储存变动成本为 K_C，则有保险储备量相关总成本 TC（S，B）= $K_U \times S \times N + B \times K_C$

③ 决策方法（见表17-27）

先计算出不同的保险储备量的相关总成本，然后再对总成本进行比较，选定其中最低的。

对保险储备量进行试算，找出使成本最低的储备数。

表17-27 决策方法

计算项目	计算方法
保险储备B	从0开始，根据历史资料，按照交货期内需求量的"间隔"往上增加，直到没有缺货
再订货点R	随着B的递增，计算对应的R = 交货期需求量的期望值 + B
缺货数量S	当交货期内（不同概率下）需求量（L×d）超过R时就会发生缺货，比较不同的R与交货期内需求量，计算对应的每次订货的缺货量S的期望值
年订货次数N	N = 全年总需求D÷经济订货量Q*
TC（S，B）	TC（S，B）= $K_U \times S \times N + B \times K_C$

【例子】假定某存货的年需要量为3 600件，单位储存变动成本为2元，单位缺货成本为4元，交货时间为10天；已经计算出经济订货量为300件，每年订货次数为12次。交货期内的存货需要量及其概率分布见表17-28：

表17-28 交货期内的存货需要量及其概率分布 单位：件

需求量（10×d）	70	80	90	100	110	120	130
概率	0.01	0.04	0.20	0.50	0.20	0.04	0.01

关键：比较再订货点R与交货期内不同需求量的分布，得出不同的缺货量S的期望值。

交货期内需求量的期望值 = 70×0.01 + 80×0.04 + 90×0.2 + 100×0.5 + 110×0.2 + 120×0.04 + 130×0.04 = 100（件）

存在保险储备情况下的总成本计算见表17-29。

表17-29 存在保险储备情况下的总成本计算

保险储备B（件）	再订货点（件）R = 100 + B	缺货量S的期望值（件）	TC（B，S）（元）
0	100	（110 − 100）×0.2 + （120 − 100）×0.04 + （130 − 100）×0.01 = 3.1	0×2 + 4×3.1×12 = 148.8
10	110	（120 − 110）×0.04 + （130 − 110）×0.01 = 0.6	10×2 + 4×0.6×12 = 48.8
20	120	（130 − 120）×0.01 = 0.1	20×2 + 4×0.1×12 = 44.8
30	130	0	30×2 = 60

当 B = 20（件）时，总成本为 44.8 元，是各总成本中最低的，故应确定保险储备量为 20 件，或者说应确定以 120 件为再订货点。

【提示】

（1）以上举例解决了由于需求量发生变化引起的缺货问题。至于由于延迟交货引起的缺货，也可以通过建立保险储备量的方法来解决。确定其保险储备量时，可将延迟的天数折算为增加的需求量，其余计算过程与前述方法相同。如前例，企业延迟到货 3 天的概率为 0.01，则可以认为交货期内的需求量为 130（10×10 + 30）件的概率为 0.01，即缺货 30（10×3）件的概率为 0.01。这样，就把交货延迟问题转换成了需求过量的问题。

（2）关键是需要确定出交货期内需求量（L×d）的概率分布，要么 L 变化，要么 d 变化。

（3）考虑保险储备时，存货的相关总成本需要考虑 TC（S，B）。

【例题 17-7·2015 年单选题】甲公司生产产品所需某种原料的需求量不稳定，为保障产品生产的原料供应，需要设置保险储备，确定合理保险储备量的判断依据是（   ）。

A.缺货成本与保险储备成本之和最小

B.缺货成本与保险储备成本之和最大

C.边际保险储备成本大于边际缺货成本

D.边际保险储备成本小于边际缺货成本

【答案】A

【解析】研究保险储备的目的，就是要找出合理的保险储备量，使缺货或中断损失和储备成本之和最小。

【例题 17-8·2006 年多选题】下列各项因素中，对存货的经济订货批量没有影响的有（   ）。

A.订货提前期　　　B.送货期　　　　　C.每日耗用量　　　D.保险储备量

【答案】ABD

【解析】在存货陆续供应和使用的情况下，经济批量 $Q^* = \sqrt{\dfrac{2DK}{K_c \times \left(1 - \dfrac{d}{P}\right)}}$，影

响存货经济订货量的因素有：

存货年需用量（D）、一次订货成本（K）、单位储存变动成本（K_c）、每日耗用量（d）和每日送货量（P），送货期会影响每日送货量。订货提前期和保险储备量均对经济订货量没有影响。

【例题 17-9·1999 年单选题】在存货的管理中，与建立保险储备量无关的因素是（   ）。

A.缺货成本　　　B.平均库存量　　　C.交货期　　　D.存货需求量

【答案】B

【解析】合理保险储备是指能够使缺货成本与储备成本最小的储备量，TC（S，B）= $K_u \times S \times N + B \times K_c$，它和平均库存量没有关系。

【总结】对经济订货量基本模型假设的放开与相应的扩展模型见表17-30。

表17-30　　　　对经济订货量基本模型假设的放开与相应的扩展模型

扩展模型的假设前提

放开的假设	扩展模型
能及时补充存货，即需要订货时便可立即取得存货	订货提前期
能集中到货，而不是陆续入库	存货陆续供应和使用
不允许缺货，即无缺货成本；需求量稳定，并且能预测	存在保险储备
存货单价不变	存在数量折扣

智能测评

扫码听分享	做题看反馈
亲爱的同学，本章有一些新增知识点，需要加以关注，同样，存货经济批量分析作为老考点也要熟练掌握。 　　扫一扫二维码，来听学习导师的分享吧。	学完马上测！ 　　请扫描上方的二维码进入本章测试，检测一下自己学习的效果如何。做完题目，还可以查看自己的个性化测试反馈报告。这样，在以后复习的时候就更有针对性、效率更高啦！

第十八章　全面预算

(✔近几年考核分值为2分左右，多以选择题考核)

本章属于非重点章，主要介绍了全面预算概述、全面预算的编制方法、营业预算的编制和财务预算的编制。

本章主要考点：（1）全面预算的编制方法；（2）销售预算、生产预算、直接材料预算的编制；（3）现金预算的编制；（4）预计利润表和预计资产负债表的编制。

主要内容

第一节　全面预算概述
第二节　全面预算的编制方法
第三节　营业预算的编制
第四节　财务预算的编制

第一节　全面预算概述

◇ 全面预算的体系
◇ 全面预算的作用

(✔本节内容通常以文字型或计算型客观题的形式出现，考点单一，没有综合性)

一、全面预算的体系（★）

1.全面预算的内容

全面预算是由资本支出预算（资本预算）、经营预算和财务预算等类别的一系列预算构成的体系，各项预算之间相互联系、关系比较复杂，很难用一个简单的办法准确描述。图18-1以制造业企业为例，勾画了全面预算体系中各预算之间的关系。

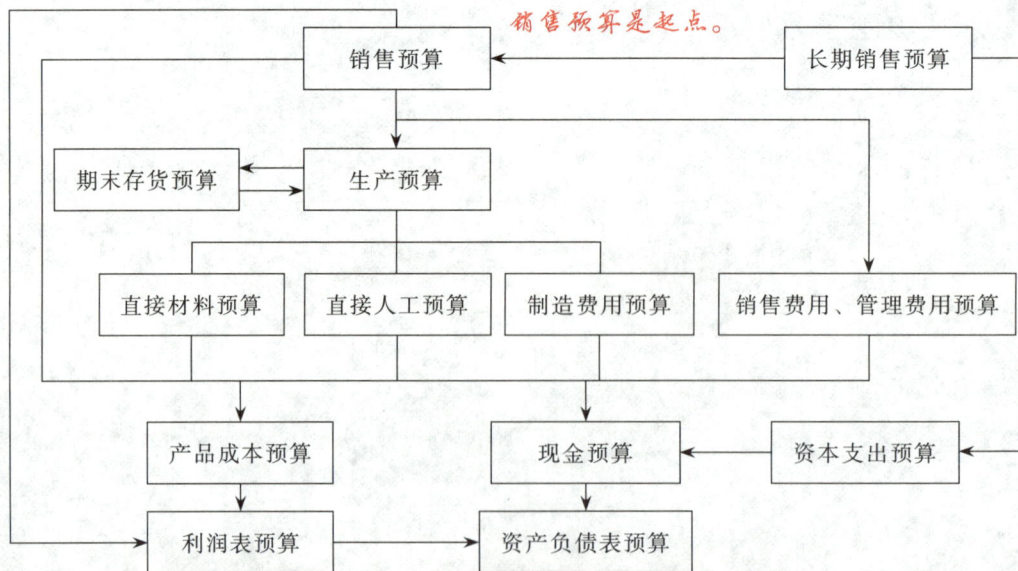

销售预算是起点。

图18-1　全面预算体系图

【提示】预算之间的关系说明，见表18-1。

表18-1　　　　　　　　　　　　　　预算关系表

预算	说明
长期销售预算	企业应根据长期市场预测和生产能力，编制长期销售预算，以此为基础，确定本年度的销售预算，并根据企业财力确定资本支出预算
销售预算	销售预算是年度预算的编制起点，根据"以销定产"的原则确定生产预算，同时确定所需要的销售费用
生产预算	（1）生产预算的编制，除了考虑计划销售量之外，还要考虑现有存货和年末存货 （2）根据生产预算来确定直接材料、直接人工和制造费用预算
产品成本预算	是有关预算的汇总
现金预算	
利润表预算	是全部预算的综合
资产负债表预算	

2.全面预算的分类 （见表18-2）（✔经常以文字型客观题的形式考查）

表18-2　　　　　　　　　　　　　　全面预算的分类

分类标准	分类结果
按其涉及的预算期 长短期的划分以一年为限。	（1）长期预算（长于1年）：包括长期销售预算和资本支出预算，有时还包括长期资金筹措预算和研究与开发预算 （2）短期预算（1年以内）：指年度预算，或者时间更短的季度或月度预算，如直接材料预算、现金预算等
按其涉及的内容	（1）专门预算：指反映企业某一方面经济活动的预算 （2）综合预算：指利润表预算和资产负债表预算，它们反映企业的总体状况，是各种专门预算的综合
按其涉及的业务活动领域	（1）投资预算：如资本支出预算 （2）营业预算：又称经营预算，是关于采购、生产、销售业务的预算 （3）财务预算：是关于利润、现金和财务状况的预算

财务预算是企业的综合性预算，包括现金预算、利润表预算和资产负债表预算。

【例18-1·2009年多选题】下列关于全面预算的表述中，正确的有（　　　）。

A.全面预算是业绩考核的基本标准

B.营业预算与业务各环节有关，因此属于综合预算

C.财务部门应当审议企业预算方案

D.在全面预算中，生产预算是唯一没有按货币计量的预算

【答案】AD

【解析】A项正确：全面预算是由一系列预算构成的体系，各项预算之间相互联系，它是业绩考核的基本标准。B项错误：营业预算属于专门预算，反映企业某一方面的经济活动。财务预算是企业的综合性预算，包括现金预算、利润表预算和资产负债表预算，反映企业的总体状况，是各种专门预算的综合。C项错误：审议

企业预算方案是预算委员会的职责。D项正确：生产预算是预算期产品销售数量、期初和期末存量和生产数量的预算，与货币计量无关。

二、全面预算的作用 (★) (✔一般了解)

企业预算是各级各部门工作的奋斗目标、协调工具、控制标准、考核依据，在经营管理中发挥着重大作用，简要说明如下（见表18-3）：

表18-3　　　　　　　全面预算作用说明表

作用	说明
奋斗目标	预算中规定了企业一定时期内的总目标及各级各部门的子目标，可以动员全体职工为此而奋斗
协调工具	现金预算运用货币度量来表达，具有高度的综合性，经过综合平衡以后，可以体现解决各级各部门冲突的最佳办法，可以使各级各部门的工作在此基础上协调起来
控制标准	预算是控制经济活动的依据和衡量其合理性的标准，当实际状态和预算有了较大差异时，要查明原因并采取措施
考核依据	通过考核，对每个人的工作进行评价，并据此实行奖励和人事任免，可以促使人们更好地工作

第二节　全面预算的编制方法

◇ 按预算出发点特征不同的分类
◇ 按预算业务量基础的数量特征不同的分类
◇ 按预算期的时间特征不同的分类

(✔本节内容通常以文字型或计算型各观题的形式出现，考生需要掌握各种预算编制方法的含义与特点)

一、按预算出发点特征不同的分类 (★★)

按预算出发点特征的不同，全面预算编制方法分类表见表18-4。

表18-4　　　　　　　全面预算编制方法分类表

两种预算方法相互对应，各有优缺点，适用不同的情况，多以文字型各观题考查。

项目	增量预算法	零基预算法
含义	又称调整预算法，指以基期水平为基础，分析预算期业务量水平及有关影响因素的变动情况，通过调整基期项目及数额，编制相关预算	指"以零为基础编制预算"的方法，不考虑以往期间的费用项目和费用数额，主要根据预算期的需要和可能来分析费用项目和费用数额的合理性，综合平衡编制费用预算
特点	缺点：当预算期的情况发生变化，预算数额会受到基期不合理因素的干扰，可能导致预算的不准确，不利于调动各部门达成预算目标的积极性	(1) 优点：不受前期费用项目和费用水平的制约，能够调动各部门降低费用的积极性 (2) 缺点：编制工作量大
前提	(1) 现有业务活动是企业必需的 (2) 原有的各项业务都是合理的	—

【例18-2·2014年多选题】与增量预算编制方法相比，零基预算编制方法的优点有（　　）。

A.编制工作量小

B.可以重新审视现有业务的合理性

C.可以避免前期不合理费用项目的干扰

D.可以调动各部门降低费用的积极性

【答案】BCD

【解析】运用零基预算法编制费用预算的优点是不受前期费用项目和费用水平的制约，能够调动各部门降低费用的积极性，但其缺点是编制工作量大。

二、按预算业务量基础的数量特征不同的分类（★★）

（一）预算分类（见表18-5）

固定业务量或弹性业务量的划分。

表18-5　　　　　　　　　　　　预算分类表

分类	固定预算法（静态预算法）	弹性预算法（动态预算法）
含义	指在编制预算时，只根据预算期内正常、可实现的某一固定的业务量（如生产量、销售量等）水平作为唯一基础来编制预算	指在成本性态分析的基础上，依据业务量、成本和利润之间的联动关系，按照预算期内可能的一系列业务量（如生产量、销售量、工时等）水平编制的系列预算
特点	适应性差和可比性差	预算范围广，便于预算执行的评价和考核
适用情况	（1）经营业务稳定，生产产品产销量稳定，能准确预测产品需求及产品成本 （2）编制固定费用预算	（1）理论上用于编制全面预算中所有与业务量有关的预算 （2）实务中主要用于编制成本费用预算和利润预算，尤其是成本费用预算

（二）弹性预算法

1.弹性预算法的性质（见表18-6）

表18-6　　　　　　　　　　　　弹性预算法的性质

项目	说明
业务量计量单位	编制弹性预算，要选用一个最能代表生产经营活动水平的业务量计量单位。例如： （1）以手工操作为主的车间应选用人工工时 （2）制造单一产品或零件的部门，可以选用实物数量 （3）修理部门可以选用直接修理工时
业务量范围	一般来说，可定在正常生产能力的70%～110%之间，或以历史上最高业务量和最低业务量为其上下限

【提示】弹性预算的准确性，在很大程度上取决于成本性态分析的可靠性。

2.弹性预算法的编制方法

（1）公式法（见表18-7）

表18-7　　　　　　　　　　　　公式法相关知识表

项目	说明
含义	运用总成本性态模型，测算预算期的成本费用数额，并编制成本费用预算
计算公式	某项预算成本总额y＝预算固定成本额a＋预算单位变动成本额b×预计业务量x
优点	便于计算任何业务量的预算成本 【提示】任何成本均可用y＝a＋bx近似表示，只要在预算中列示a、b，便可随时计算出任一业务量的预算成本
缺点	（1）混合成本中的阶梯成本和曲线成本只能用数学方法修正为直线，才能应用公式法 （2）必要时，还需在"备注"中说明适用不同业务量范围的固定费用和单位变动费用

（手写批注：重点掌握优缺点，知道方法可以在哪方面进行改进与优化。）

【例18-3·2014年单选题】甲公司机床维修费为半变动成本，机床运行100小时的维修费为250元，运行150小时的维修费为300元，机床运行时间为80小时，维修费为（　　）元。

A.220　　　　　　　B.230　　　　　　　C.250　　　　　　　D.200

【答案】B

【解析】半变动成本的计算式为y＝a＋bx，则有250＝a＋b×100；300＝a＋b×150，联立方程解得，a＝150（元），b＝1（元），则运行80小时的维修费＝150＋1×80＝230（元）。

（2）列表法（见表18-8）

表18-8　　　　　　　　　　　　列表法相关知识表

项目	说明
含义	在预计的业务量范围内将业务量分为若干个水平，然后按不同的业务量水平编制预算
编制要点	用列表的方式，在相关范围内每隔一定业务量范围计算相关数值预算 （离散型）
优点	（1）不管实际业务量多少，不必经过计算即可找到与业务量相近的预算成本 （2）混合成本中的阶梯成本和曲线成本，可按总成本性态模型计算填列，不必修正为近似的直线成本
缺点	在评价和考核实际成本时，往往需要使用插补法来计算"实际业务量的预算成本"，比较麻烦 【提示】对于混合成本，需要按项目分别采用插值法计算

（手写批注：重点掌握优缺点，知道方法可以在哪方面进行改进优化。）

【例18-4·2001年多选题】用列表法编制的弹性预算，主要特点是（　　）。

A.不管实际业务量多少，不必经过计算即可找到与实际业务量相近的预算成

本，控制成本比较方便

B.混合成本中的阶梯成本和曲线成本可按其性态直接在预算中反映

C.评价和考核实际成本时往往需要使用插补法计算实物量的预算成本

D.不以成本性态分析为前提

【答案】ABC

【解析】A、B、C项是列表法编制预算的优点。D项错误：列表法属于弹性预算法的一种，而弹性预算法是在成本性态分析的基础上，依据业务量、成本和利润之间的联动关系，按照预算期内可能的一系列业务量（如生产量、销售量、工时等）水平编制的系列预算方法。

三、按预算期的时间特征不同的分类（★★）*编制预算涵盖的会计期间。*

1.定期预算法（见表18-9）*预算期固定不变。*

表18-9　　　　　　　　定期预算法相关知识表

项目	说明
含义	指以<u>固定不变</u>的会计期间（如年度、季度、月份）作为预算期间编制预算
优点	保证预算期间与会计期间在时期上<u>配比</u>，便于依据会计报告的数据与预算的比较，考核和评价预算的执行结果
缺点	不利于前后各个期间的预算衔接，不能适应连续不断的业务活动过程的预算管理

【例18-5·2013年多选题】短期预算可采用定期预算法编制，该方法（　　）。

A.有利于前后各个期间的预算衔接

B.可以适应连续不断的业务活动过程的预算管理

C.有利于按财务报告数据考核和评价预算的执行结果

D.使预算期间与会计期间在时期上配比

【答案】CD

【解析】定期预算的优点在于保证预算期间与会计期间在时期上配比，便于依据会计报告的数据与预算的比较，考核和评价预算的执行结果，其缺点是不利于前后各个期间的预算衔接，不能适应连续不断的业务活动过程的预算管理。

2.滚动预算法（见表18-10）*预算期不固定，近期的时间跨度短，远期的时间跨度长。*

表18-10　　　　　　　　滚动预算法相关知识表

滚动预算法

项目	说明		
含义	又称连续预算法或永续预算法，指在上期预算完成情况基础上，调整和编制下期预算，并将预算期间逐期连续向后滚动推移，使预算期间保持一定的时期跨度 *边实施、边修改、边制定。*		
分类	逐月滚动	逐季滚动	混合滚动
编制方法	在预算编制过程中，以月份为预算的编制和滚动单位，每个月调整一次预算	在预算编制过程中，以季度为预算的编制和滚动单位，每个季度调整一次预算	在预算编制过程中，同时以月份和季度作为预算的编制和滚动单位

项目	说明		
特征	编制的预算比较精确，但工作量比较大	比逐月滚动工作量小，但精确度较差	这种预算方法的理论依据是：人们对未来的了解程度表现为对近期把握较大，按月份编制；对远期的预计把握较小，按季度编制
优点	（1）能够保持预算的持续性，有利于考虑未来业务活动，结合企业近期目标和长期目标 （2）使预算随时间的推进不断加以调整和修订，能使预算与实际情况更相适应，有利于充分发挥预算的指导和控制作用		
缺点	预算期与会计期间脱节，且编制工作量大		

优缺点要掌握。

【提示】滚动方式的示意图，如图18-2所示。

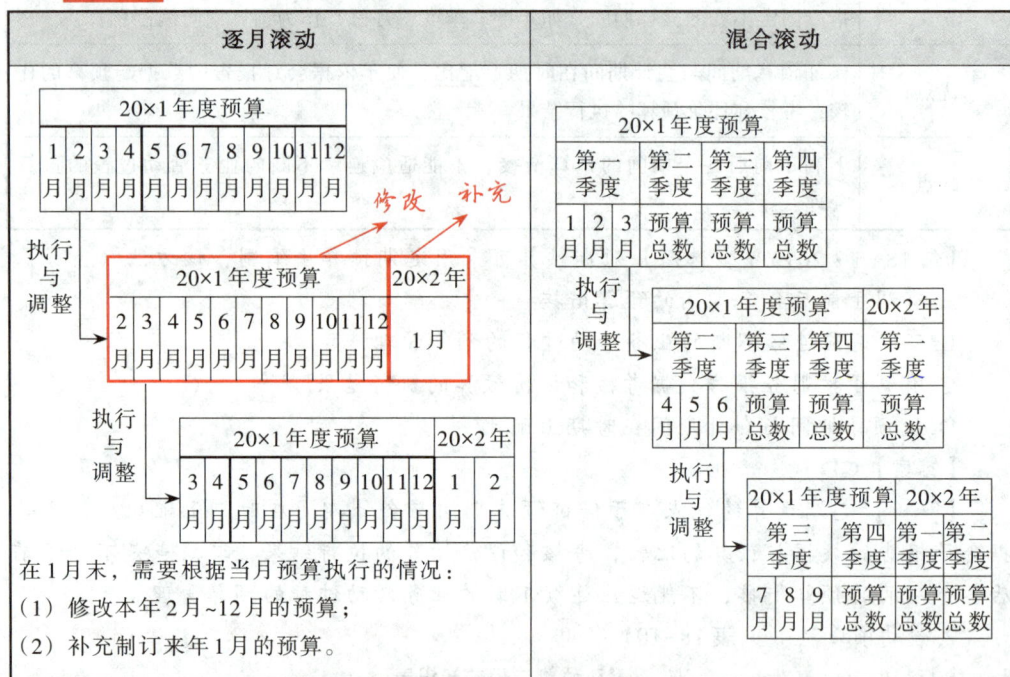

图18-2　滚动方式示意图

【例18-6·2009年单选题】下列各项中，不受会计年度制约，预算期始终保持在一定时间跨度的预算方法是（　　）。

A.固定预算法　　　　　　　　　B.弹性预算法

C.定期预算法　　　　　　　　　D.滚动预算法

【答案】D

【解析】滚动预算法又称连续预算法或永续预算法，是在上期预算完成情况基础上，调整和编制下期预算，并将预算期间逐期连续向后滚动推移，使预算期间保持一定的时期跨度。

第三节　营业预算的编制

◇ 销售预算
◇ 生产预算
◇ 直接材料预算
◇ 直接人工预算
◇ 制造费用预算
◇ 产品成本预算
◇ 销售费用和管理费用预算

营业预算是企业日常营业活动的预算，企业的营业活动涉及购产销等各个环节及业务。

一、销售预算（★★）

整个预算编制起点。

1.销售预算概述（见表18-11）

销售预算

表18-11　　　　　　　　　　销售预算概述

项目	说明
含义	销售预算是在销售预测的基础上编制的，用于规划预算期销售活动的一种业务预算，它是整个预算的编制起点，也是编制其他有关预算的基础
内容	（1）销量：根据市场预测或销售合同并结合企业生产能力确定 （2）单价：通过价格决策确定 （3）销售收入：销量与单价的乘积

【提示】实务中，销售预算还可以分品种、月份、销售区域、推销员等来细化编制。

2.预测指标（见表18-12）

表18-12　　　　　　　　　　预测指标相关知识表

指标	计算公式
销售收入	销售收入＝预测销售量×单价
现金收入	（1）预计现金收入＝本期销售本期收现＋前期赊销本期收现 ＝销售收入×本期收现比例＋前期赊销本期收现 （2）预计现金收入＝销售收入－应收账款的增加 ＝销售收入－（期末应收账款－期初应收账款）
期末应收账款	期末应收账款＝本期销售额×本期赊销比例＋前期销售额中直至本期仍未收回的部分

二、生产预算（★★）

以销售预算为基础，同时又是直接材料、产品成本预算的基础。

1.生产预算概述（见表18-13）

表18-13　　　　　　　　　　生产预算概述

项目	说明
含义	生产预算是为规划预算期生产规模而编制的一种业务预算，它是在销售预算的基础上编制的，并可以作为编制直接材料预算和产品成本预算的依据
主要内容	销售量、生产量、期初和期末存货量
编制原理	期末存量（*已知或推断*）＝期初存量（*已知或推断*）＋预计产量（*待求*）－预计销量（*销售预算*）

【思考】既然是"以销定产"，为何不直接将预计销售量作为当期预计生产量？

【答案】通常，企业的生产和销售不能做到"同步同量"，需要设置一定的产成品存货，以保证能在发生意外需求时按时供货，并可均衡生产，节省赶工的额外支出。

2.预测指标（见表18-14）

表18-14   预测指标

指标	计算公式
预计期初存货	预计期初产成品存货＝上期期末产成品存货
预计期末存货	预计期末产成品存货＝下期销售量×某一百分比
预计本期产量	预计生产量＝预计销售量＋预计期末产成品存货－预计期初产成品存货

【提示】生产预算只有实物量指标，没有价值量指标，无法直接为现金预算提供资料。

唯一一个只有实物量指标而没有价值量指标的预算。

【例18-7·2016年多选题】下列营业预算中，通常需要预计现金支出的预算有（　　）。

A.生产预算　　　　B.销售费用预算　　C.制造费用预算　　D.直接材料预算

【答案】BCD

【解析】A项错误：生产预算是在销售预算的基础上编制的，其主要内容有销售量、生产量、期初和期末产成品存货量，它是不含价值量指标的预算，只涉及实物量指标。B、C、D项正确：销售费用预算、制造费用预算、直接材料预算都涉及价值量指标，需要预计现金支出。

【例18-8·2015年多选题】在编制生产预算时，计算某种产品预计生产量应考虑的因素包括（　　）。

A.预计材料采购量　　　　　　　　B.预计产品销售量

C.预计期初产品存货量　　　　　　D.预计期末产品存货量

【答案】BCD

【解析】某种产品预计生产量＝预计销量＋预计期末存货量－预计期初存货量，可见预计生产量不需考虑材料采购量。

【例18-9·2013年多选题】下列各项预算中，以生产预算为基础编制的有（　　）。

A.直接人工预算　　　　　　　　　B.销售费用预算

C.固定制造费用预算　　　　　　　D.直接材料预算

【答案】AD

【解析】B项错误：销售费用预算是以销售预算为基础编制的。C项错误：固定制造费用需要逐项进行预计，通常与本期产量无关。

【例18-10·2012年单选题】甲公司正在编制下一年度的生产预算，期末产成品存货按照下季度销量的10%安排。预计一季度和二季度的销售量分别为150件和200件，一季度的预计生产量是（　　）件。

A.145　　　　　　　　B.150　　　　　　　C.155　　　　　　　D.170

【答案】C

【解析】一季度预计生产量＝销售量＋期末存量－期初存量＝150＋200×10%－150×10%＝155（件）。

【例18-11·2003年单选题】下列预算中，在编制时不需以生产预算为基础的是（　　）。

A.变动制造费用预算　　　　B.销售费用预算

C.产品成本预算　　　　　　D.直接人工预算

【答案】B

【解析】销售费用预算，是指为了实现销售预算所需支付的费用预算。它以销售预算为基础，分析销售收入、销售利润和销售费用的关系，力求实现销售费用的最有效使用。

三、直接材料预算（★★）

1.直接材料预算概述（见表18-15）　*以生产预算为基础。*

*直接材料预算讲解

表18-15　　　　　　　　　　直接材料预算概述

项目	说明
含义	直接材料预算是为了规划预算期直接材料采购金额的一种业务预算，它以生产预算为基础编制，同时要考虑原材料存货水平
主要内容	直接材料的单位产品用量、生产需要量、期初和期末存量等
编制原理	期末存量（已知或推断）=期初存量（已知或推断）＋预计采购量（？）－预计使用量（生产预算）

（✓熟悉编制原理，多半会以计算型题目考查）

【提示】如果材料品种很多，则需要单独编制材料存货预算。

2.预测指标（见表18-16）

表18-16　　　　　　　　　　预测指标相关知识表

指标	计算公式
生产需要量	预计材料生产需要量＝预计生产量×单位产品材料用量（来自标准成本资料/定额消耗资料）
期初材料存量	预计期初材料存量＝上期期末材料存量
期末材料存量	预计期末材料存量＝下期生产需用量×某一百分比
本期采购量	本期材料采购数量＝本期生产耗用数量＋期末存量－期初存量
采购现金支出	（1）预计采购现金支出＝偿还前期应付账款＋本期采购本期付现 ＝偿还前期应付账款＋本期采购数量×单价×本期付现比例 （2）预计采购现金支出＝本期采购额－应付账款的增加 ＝本期采购额－（期末应付账款－期初应付账款）
期末应付账款	期末应付账款＝本期采购额×本期赊购比例＋前期采购额中直至本期仍未支付的部分

生产材料的成本为后面产品成本预算奠定基础。

【提示】预计材料生产需要量→预计材料采购数量→预计材料采购金额→预计

采购现金支出。

【例18-12·2009年多选题】某批发企业销售甲商品，第三季度各月预计的销售量分别为1 000件、1 200件和1 100件，企业计划每月月末商品存货量为下月预计销售量的20%。下列各项预计中，正确的有（　　）。

A.8月份期初存货为240件　　　　B.8月份采购量为1 180件

C.8月份期末存货为220件　　　　D.第三季度采购量为3 300件

【答案】ABC

题目就是对直接材料预算编制原理的考查。

【解析】答案的计算见表18-17。

表18-17　　　　　　　　　　　答案计算表

项目	7	8	9
销量	1 000	1 200	1 100
月末存货	1 200×20%＝240	1 100×20%＝220	—
月初存货	—	240	220
本月采购	—	1 200＋220－240＝1 180	—

【例18-13·2009年单选题】某企业2009年第一季度产品生产量预算为1 500件，单位产品材料用量5千克/件，期初材料库存量1 000千克，第一季度还要根据第二季度生产耗用材料的10%安排季末存量，预计第二季度生产耗用7 800千克材料。材料采购价格预计12元/千克，则该企业第一季度材料采购的金额为（　　）元。

A.78 000　　　B.87 360　　　C.92 640　　　D.99 360

【答案】B

【解析】第一季度材料采购量＝1 500×5＋7 800×10%－1 000＝7 280（千克），第一季度材料采购金额＝7 280×12＝87 360（元）。

【例18-14·2006年单选题】某公司生产甲产品，一季度至四季度的预计销售量分别为1 000件、800件、900件和850件，生产每件甲产品需要2千克A材料。公司的政策是每一季度末的产成品存货数量等于下一季度销售量的10%，每一季度末的材料存量等于下一季度生产需要量的20%。该公司二季度的预计材料采购量为（　　）千克。

A.1 600　　　B.1 620　　　C.1 654　　　D.1 668

【答案】C

【解析】（1）计算第二季度的产成品生产量，见表18-18。

表18-18　　　　　　　　　　　产成品生产量计算表

项目	第一季度	第二季度	第三季度	第四季度
本期销量	1 000	800	900	850
期末存量	80	90	85	—
期初存量	—	80	90	—
本期产量	—	810	895	—

（2）计算第二季度的预计材料采购量

材料采购量＝期末材料存量＋本期生产耗用量－期初材料存量

$$= 895×2×20\% + 810×2-810×2×20\% = 1\ 654\ （千克）$$

以生产预算为基础，同时又是产品成本预算的基础。

四、直接人工预算（★★）

直接人工预算表见表18-19。

表18-19　　　　　　　　　　　直接人工预算表

项目	说明
含义	直接人工预算是一种既反映预算期内人工工时消耗水平，又规划人工成本开支的业务预算，它是以生产预算为基础编制的
主要内容	预计产量、单位产品工时、人工总工时、每小时人工成本和人工总成本
计算公式	（1）人工总工时＝预计生产量×单位产品工时（来自标准成本资料） （2）人工总成本＝人工总工时×每小时人工成本（来自标准成本资料）

【提示】由于人工工资都需要使用现金支付，所以不需另外预计现金支出，可直接参加现金预算的汇总。

五、制造费用预算（★★）

制造费用预算表见表18-20。

以生产预算为基础，同时又是产品成本预算的基础。

表18-20　　　　　　　　　　　制造费用预算表

项目	变动制造费用	固定制造费用
编制方法	以生产预算为基础来编制： （1）有完善的标准成本资料：用单位产品的标准成本与预计生产量相乘 （2）没有完善的标准成本资料：逐项估计预计产量需要的各项制造费用	需要逐项进行预计，通常与本期产量无关，可按各期实际需要的支付额预计，然后求出全年数

【提示】

（1）为便于编制成本预算，需要计算小时费用率：

制造费用分配率＝制造费用预算额÷预算人工总工时

（2）为便于编制现金预算，需要预计现金支出：制造费用预算数扣除折旧、摊销等非付现成本，可得出"现金支出的费用"。

六、产品成本预算（★★）

产品成本预算相关知识表见表18-21。

熟悉产品成本的预算是哪些预算的汇总。

表18-21　　　　　　　　　　　产品成本预算相关知识表

项目	说明
含义	产品成本预算是预算期产品生产成本的预算，它是销售预算、生产预算、直接材料预算、直接人工预算、制造费用预算的汇总
主要内容	产品的单位成本和总成本
计算公式	（1）单位成本＝用量标准×价格标准 （2）总成本＝数量×单位成本 【提示】总成本包括生产成本、存货成本和销货成本，前两个成本的数量来自于生产预算，销货成本的数量来自于销售预算

七、销售费用和管理费用预算（★★）

销售费用和管理费用预算知识表见表18-22。

表18-22　　　　　　　　　　销售费用和管理费用预算知识表

项目	销售费用预算	管理费用预算
含义	为了实现销售预算所需支付的费用预算	企业一般管理费用的预算
编制方法	它以销售预算为基础，需要分析销售收入、销售利润和销售费用的关系，力求实现销售费用的最有效使用 【提示】销售费用预算应和销售预算相配合，应有按品种、按地区、按用途的具体预算数额	管理费用多属于固定成本，所以，管理费用预算一般是以过去的实际开支为基础，按预算期可预见的变化来调整

【总结】营业预算的编制思路，如图18-3所示。

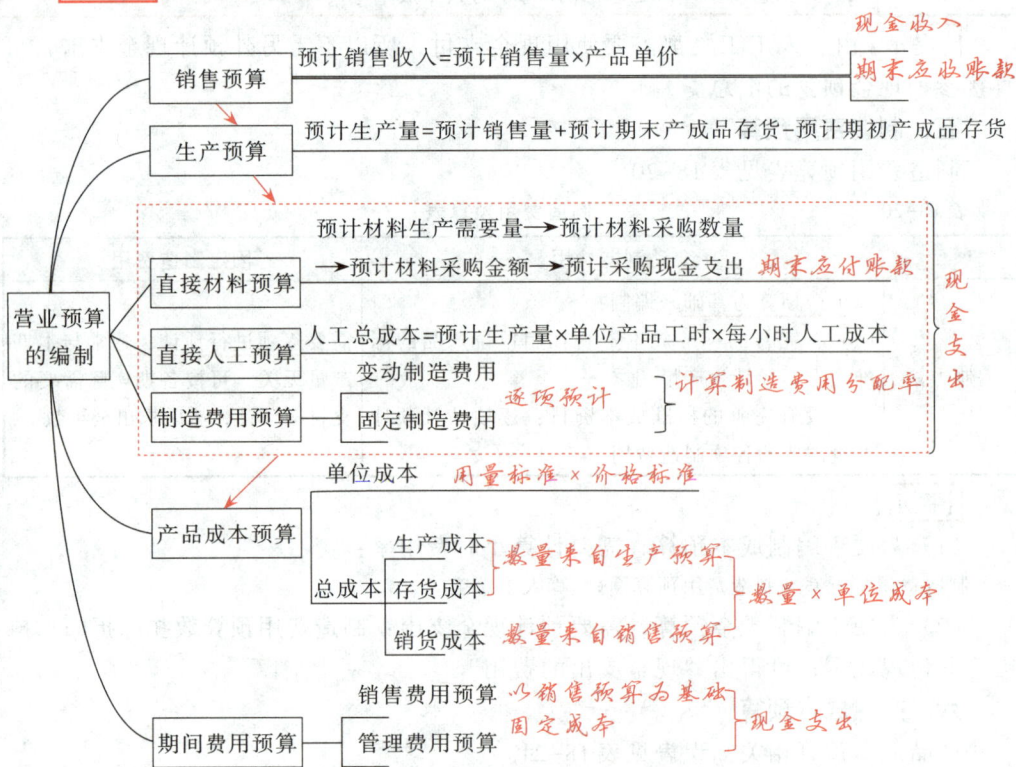

销售预算　　预计销售收入=预计销售量×产品单价　　现金收入　期末应收账款

生产预算　　预计生产量=预计销售量+预计期末产成品存货−预计期初产成品存货

营业预算的编制

直接材料预算　　预计材料生产需要量→预计材料采购数量→预计材料采购金额→预计采购现金支出　期末应付账款

直接人工预算　　人工总成本=预计生产量×单位产品工时×每小时人工成本

制造费用预算　　变动制造费用　　固定制造费用　逐项预计　计算制造费用分配率　现金支出

产品成本预算　　单位成本　用量标准×价格标准

总成本　　生产成本　数量来自生产预算
存货成本
销货成本　数量来自销售预算　　数量×单位成本

期间费用预算　　销售费用预算　以销售预算为基础
管理费用预算　固定成本　现金支出

图18-3　营业预算编制思路图

（✔本节内容单独看比较重要，大多考查各观题和计算分析题）

本节与其他章节有联系：
(1) 第二章中的销售百分比法可以与本节财务报表预算的编制结合；
(2) 本节现金预算表的编制与第二章中的应收账款周转率和存货周转率相结合，测算现金预算表中的销售现金流入与外购存货的现金流出；
(3) 现金预算表中的现金筹措和运用与第十二章中最佳现金持有量确定的存货模式和随机模式相结合。

第四节　财务预算的编制

◇ 现金预算

◇ 财务报表预算

财务预算是企业的综合性预算，包括现金预算、利润表预算和资产负债表预算。

一、现金预算（★★★）（✓非常重要，可以直接以编制现金预算表的形式来考查，一定要掌握）

1.现金预算概述（见表18-23）

表18-23　　　　　　　　　　　　　现金预算概述

项目	说明
编制基础	以各项营业预算和资本支出预算为依据编制，反应各预算期的收入款项和支出款项，以及为满足理想现金余额而进行筹资或归还借款等
编制目的	资金不足时筹措资金，资金多余时及时处理现金余额，并且提供现金收支的控制限额，发挥现金管理的作用

2.现金预算的编制（见表18-24）

表18-24　　　　　　　　　　　　　现金预算的编制

*现金预算的编制

项目	计算方法
现金收入	包括期初现金余额和预算期现金收入，现金收入主要来自于销售预算 【提示】可动用现金＝期初余额＋本期现金收入
现金支出	（1）直接材料、直接人工、制造费用、销售及管理费用的数据来自于前述有关预算 （2）所得税费用、购买设备、股利分配等支出，数据来自于另行编制的专门预算
营业现金多余或不足	现金多余或不足＝可动用现金－现金支出合计 （1）差额为正： ① 高于最低余额：现金有多余，可用于偿还过去向银行取得的借款，或者用于短期投资 ② 低于最低余额：需要筹集资金（向银行取得借款），保证最低余额 （2）差额为负：说明支大于收，现金不足，要向银行取得新的借款
借款与现金运用	（1）借款的金额与利息的支付方式有关，需要一并考虑。 （2）现金运用包括归还借款本金和支付利息（包括短期借款利息和长期借款利息）
期末余额	期末现金余额＝营业现金多余或不足＋借款额－现金运用

借款本金及支付利息的计算往往是易错点，计算时要注意。

【提示】

（1）现金预算要按照收付实现制来编制。

（2）编制现金预算时利息支出的确定方法：一般按"每期期初借入，每期期末归还"来预计，见表18-25。

表18-25　　　　　　　　　　　　　利息支出的确定

付息方式	利息计算
还款时支付利息（利随本清）	利息＝还款额×期利率×借款期限
每期定期支付利息	利息＝（上期末借款余额＋本期新增借款额）×期利率

（3）期末现金余额需要满足最低现金余额的要求。

（4）现金预算的编制只能逐期编制，除第一期属题目已知条件外，各期期初余额＝上期期末余额。

二、财务报表预算（★★★）

利润表和资产负债表预算是财务管理的重要工具。财务报表预算主要为企业财务管理服务，是控制企业资金、成本和利润总量的重要手段。因其可以从总体上反映一定期间企业经营的全局情况，通常称为企业的"总预算"。

1.利润表预算

（1）利润表预算概述（见表18-26）。

表18-26　　　　　　　　　　　利润表预算概述

项目	说明
含义	利润表预算用来综合反映企业在计划期的预计经营成果
编制基础	各营业预算和现金预算
编制目的	可以了解企业预期的利润水平：如果预算利润与最初编制方针中的目标利润有较大的不一致，就需要调整部门预算，设法达到目标，或者经企业领导同意后修改目标利润

（2）利润表预算的编制（见表18-27）。　　（✔各项数据的来源，考生要掌握）

表18-27　　　　　　　　　　　利润表预算的编制

主要项目	编制方法
销售收入	来自"销售预算"中的"销售收入"
销售成本	来自"产品成本预算"中的"销货成本"
销售及管理费用	来自"销售费用预算"和"管理费用预算"
财务费用	来自"现金预算"中的"利息"
所得税费用	在利润规划时估计的，并已列入现金预算

【提示】

（1）利润表要按照权责发生制来编制。

（2）"所得税"项目是在利润预测时估计的，并已列入现金预算。它通常不是根据"利润总额"和所得税税率计算出来的，因为有诸多纳税调整的事项存在。此外，从预算编制程序上看，这样做的目的是避免数据循环（如图18-4所示）。

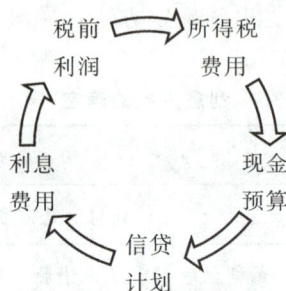

图18-4　数据循环图

【例18-15·2011年多选题】下列关于全面预算中的利润表预算编制的说法

中，正确的有（　　）。

A."销售收入"项目的数据，来自销售预算

B."销货成本"项目的数据，来自生产预算

C."销售及管理费用"项目的数据，来自销售及管理费用预算

D."所得税费用"项目的数据，通常是根据利润表预算中的"利润"项目金额和本企业适用的法定所得税税率计算出来的

【答案】AC

【解析】B项错误："销货成本"项目的数据，来自产品成本预算。D项错误：所得税费用项目是在利润规划时估计的，并已经列入现金预算。它通常不是根据"利润"和"所得税率"计算出来的，因为有诸多的纳税调整事项存在，此外如果根据"利润"和"所得税率"重新计算所得税，就会陷入数据循环。

2.资产负债表预算

（1）资产负债表预算概述（见表18-28）。

表18-28　　　　　　　　　资产负债表预算概述

项目	说明
含义	预计资产负债表用来反映企业在计划期末的预计财务状况
编制基础	以计划期开始日的资产负债表为基础，结合计划期间各项营业预算、资本支出预算、现金预算和预计利润表进行编制
编制目的	可以据以判断预算反映的财务状况的稳定性和流动性，如果通过资产负债表预算的分析，发现某些财务比率不佳，必要时可修改有关预算，以改善财务状况

【提示】资产负债表预算是编制全面预算的终点。

（2）资产负债表预算的编制（见表18-29）。

表18-29　　　　　　　　　资产负债表预算的编制

主要项目	编制方法
现金	来自"现金预算"的期末金额
应收账款	编制"销售预算"时计算出来的
直接材料	来自"直接材料预算"，期末存量和采购单价相乘
产成品	来自"产品成本预算"中的"期末存货"
固定资产（原值）	期末余额＝期初余额＋购买设备支出。其中，购买设备支出在现金预算中登记
累计折旧	本期发生额来自固定制造费用预算和管理、销售费用（如有）预算
应付账款	编制"直接材料预算"时计算出来的
短期（长期）借款	期末余额＝期初余额＋本期借入－本期偿还。其中，本期借入和本期偿还来自"现金预算"
未分配利润	期末未分配利润＝期初未分配利润＋本期利润－本期股利。其中，本期利润来自于"利润表预算"，本期股利来自于"现金预算"

各项数据的来源已归纳得十分详尽，考生要掌握。

【提示】资产负债表预算与会计的资产负债表内容、格式相同，只不过数据是反映预算期末的财务状况。

【例18-16·2009年单选题】某企业正在编制第四季度的直接材料消耗与采购预算，预计直接材料的期初存量为1 000千克，本期生产消耗量为3 500千克，期末存量为800千克；材料采购单价为每千克25元，材料采购货款有30%当季付清，其余70%在下季付清。该企业第四季度采购材料形成的"应付账款"期末余额预计为（ ）元。

A.3 300   B.24 750   C.57 750   D.82 500

【答案】C

【解析】第四季度采购量＝3 500+800-1 000=3 300（千克），货款总额＝3 300×25＝82 500（元），第四季度采购形成的"应付账款"期末余额预计为82 500×70%＝57 750（元）。

智能测评

扫码听分享	做题看反馈
740483	41557
本章中重点掌握现金预算的编制，了解不同预算间的勾稽关系。财务预算中现金预算是可考点，重点部分需要细心理解和记忆。 扫一扫二维码，来听学习导师的分享吧。	学完马上测！ 请扫描上方的二维码进入本章测试，检测一下自己学习的效果如何。做完题目，还可以查看自己的个性化测试反馈报告。这样，在以后复习的时候就更有针对性、效率更高啦！

第十九章　责任会计

*本章导学视频

40484

本章主要阐述公司内部的业绩评价，包括成本中心的类型、成本中心的考核指标、三种成本计算方法的区别和制造费用的归属和分摊方法；利润中心的类型、考核指标，四种内部转移价格的种类和适用条件；投资中心业绩评价的投资报酬率和剩余收益指标的计算和特点等。

本章重要考点：（1）成本中心的考核指标；（2）责任成本的含义，可控成本的确定原则；（3）利润中心的考核指标；（4）内部转移价格的种类及特点；（5）投资中心的考核指标（投资报酬率和剩余收益的计算）。

主要内容

第一节　企业组织结构与责任中心划分

第二节　成本中心

第三节　利润中心

第四节　投资中心

（✔ 本章属于一般章，知识难度不大，学习起来较为容易。近几年考核分值在5分以下）

公司实行分权管理体制，必须建立和健全有效的业绩评价和考核制度。公司整体的业绩目标，需要落实到内部各部门和经营单位，成为内部单位业绩评价的依据。根据内部单位职责范围和权限大小，可以将其分为成本中心、收入中心、利润中心和投资中心。

责任中心指具有一定的管理权限，并承担相应的经济责任的企业内部责任单位。

第一节　企业组织结构与责任中心划分

◇ 企业的集权与分权

◇ 科层组织结构

◇ 事业部制组织结构

◇ 网络组织结构

一、企业的集权与分权（见表19-1）（★）分权与集权更多的在《公司战略与风险管理》中学习。

表19-1　　　　　　　　　　　　　企业的集权与分权

项目	集权	分权
含义	把企业经营管理权限较多集中在企业上层的一种组织形式	把企业的经营管理权适当地分散在企业中下层的一种组织形式
优点	（1）便于提高决策效率，对市场作出迅速反应； （2）容易实现目标的一致性； （3）可以避免重复和资源浪费	（1）可以让高层管理者将主要精力集中于重要事务； （2）权力下放，可以充分发挥下属的积极性和主动性，增加下属的工作满足感，便于发现和培养人才； （3）下属拥有一定的决策权，可以减少不必要的上下沟通，并可以对下属权限内的事情迅速作出反应
缺点	容易形成对高层管理者的个人崇拜，形成独裁，导致将来企业高管更替困难，影响企业长远发展	可能产生与企业整体目标不一致的委托-代理问题

二、科层组织结构（★）

（一）科层组织的管理结构（见表19-2）

表19-2 科层组织的管理结构

项目	类别	
管理结构	**直线指挥机构**：如总部、分部、车间、工段和班组等	**参谋职能机构**：如研究开发部、人力资源部、财务部、营销部及售后服务部等
管理人员	**直线人员**：如总经理、分部经理、车间主任、工段长和班组长等	**参谋人员**：如人力资源部部长、财务部部长、营销部部长等；前者是主体，后者是辅助

【提示】管理结构的权限：（1）企业的生产经营活动主要由直线人员统一领导和指挥，在自己的职责范围内向下级发布命令、指示，并负全面的领导责任。（2）职能部门设立在直线领导之下，分别从事专业管理，是各级直线领导的参谋部。职能部门所拟定的计划、方案以及有关指示等，均应由直线领导批准后下达执行，职能部门对下级领导者和下属职能部门无权直接下达命令或进行指挥，只能提供建议、咨询以及进行业务指导。

（二）直线职能组织结构的特点（见表19-3）

表19-3 直线职能组织结构的特点

项目	说明
优点	（1）各个职能部门目标明确，部门主管容易控制和规划； （2）同类专业的员工一起共事，易于相互学习，增长技能； （3）内部资源较为集中，由同一部门员工分享，可减少不必要的重复和浪费
缺点	（1）部门之间的工作协调常会出现困难，导致不同部门各自为政，甚至争夺公司内部资源，因此，整个企业对外在环境的反应会比较迟钝； （2）员工较长时间在一个部门工作，往往眼光会变得狭隘，只看到本部门的目标和利益，缺乏整体意识和创新精神

三、事业部制组织结构（见表19-4）（★）

这里做简单了解即可，该知识点更多的将在《公司战略与风险管理》中考核。

表19-4 事业部制组织结构

项目	说明
含义	事业部制是一种分权的组织结构。在这种组织结构中，它把分权管理与独立核算结合在一起，在总公司统一领导下，按照产品、地区或者市场（客户）来划分经营单位（即事业部）。各个事业部实行相对独立的经营和核算，具有从生产到销售的全部职能
管理原则	集中决策、分散经营、协调控制
划分标准	按照产品、地区、或者客户等内容划分
主要特点	（1）在总公司之下，企业按照产品类别、地区类别或者顾客类别设置生产经营事业部； （2）每个事业部设置各自的执行总经理，每位执行总经理都有权进行采购、生产和销售，对其事业部的生产经营，包括收入、成本和利润的实现负全部责任； （3）总公司在重大问题上集中决策，各个事业部独立经营、独立核算、自负盈亏，是一个利润中心； （4）各个事业部的盈亏直接影响总公司的盈亏，总公司的利润是各个事业部利润之和，总公司对各个事业部下达利润指标，各个事业部必须保证完成总公司下达的利润指标

四、网络组织结构（见表19-5）（★）

表19-5　　　　　　　　　　　网络组织结构

项目	说明
含义	这种新的组织模式的组织结构单元和单元之间的关系类似于一个网络，所以这种新企业组织形式称为扁平化网络组织（N形组织）。从总体上看，它是一个由众多独立的创新经营单位组成的彼此有紧密联系的网络
主要特点	（1）分散性；（2）创新性；（3）高效性；（4）协作性

第二节　成本中心

◇ 成本中心的划分和类型　*（✔基础概念，难度较低。可能考选择题）*
　　　　　　　　　　　　需要准确掌握判断成本中心的类别。
◇ 成本中心的考核指标
◇ 责任成本

一、成本中心的划分和类型（★）

（一）成本中心的含义与特点（见表19-6）

表19-6　　　　　　　　　　成本中心的含义与特点

项目	说明
含义	一个责任中心，如果不形成或者不考核其收入，而着重考核其发生的成本和费用，这类中心称为成本中心
特点	（1）这个中心往往没有收入，或者有少量收入，但不成为主要的考核内容；　*→只考核它所发生的成本。* （2）任何发生成本的责任领域，都可以确定为成本中心，大的成本中心可能是一个分公司、分厂，小的成本中心可能是一台卡车和两个司机组成的单位； （3）成本中心的职责是用一定的成本去完成规定的具体任务

（二）成本中心的类别（见表19-7）

银行根据经手支票的多少，医院根据接受放射检查的人数，都可建立标准成本中心。（重复性）

表19-7　　　　　　　　　　　成本中心的类别

类别	标准成本中心	费用中心
含义	标准成本中心是指生产的产品稳定而明确，并且已经知道单位产品所需要的投入量的责任中心	费用中心是指那些产出物不能用财务指标来衡量，或者投入和产出之间没有密切关系的单位
典型	（1）制造业：工厂、车间、工段、班组等； （2）服务业：银行票据窗口、医院放射科等	一般行政管理部门、研究开发部门、某些销售部门等
特点	（1）产出能用财务指标来衡量； （2）投入产出之间存在函数关系	（1）产出不能使用财务指标衡量； （2）投入与产出之间的关系不密切

　　实际上，任何一种重复性的活动都可以建立标准成本中心，只要这种活动能够计量产出的实际数量，并且能够说明投入与产出之间可能达到的函数关系。例如：快餐业根据售出的盒饭多少，也可以建立标准成本中心。

【例题19-1·2009年单选题（新）】下列各项中，适合建立标准成本中心的单位或部门有（　　）。

A.行政管理部门　　　　　　　　B.医院放射科

C.企业研究开发部门　　　　　　D.企业广告宣传部门

【答案】B

【解析】标准成本中心，必须是生产的产品稳定而明确，并且已经知道单位产品所需要的投入量的责任中心，医院根据接受检查或放射治疗的人数可以建立标准成本中心。

二、成本中心的考核指标（见表19-8）（★★）

（识记性内容。通常以文字型客观题的形式出现，2014年考了一道选择题。要求了解两类成本中的考核指标，尤其是需要辨别标准成本中心是否应承担的责任。一定要牢固掌握基础知识）

投入与产出之间没有明确的函数关系，故较难考核。

表19-8　　　　　　　　　　　成本中心的考核指标

	标准成本中心	费用中心
考核指标	既定产品质量和数量条件下的标准成本	通常使用费用预算来评价其成本控制业绩
考核时应注意问题	（1）本中心不对生产能力的利用程度负责，即不对固定制造费用的闲置能量差异承担责任，只负责既定产量的投入量； （2）本中心必须按规定的质量、时间标准和计划产量进行生产。过高的产量，提前产出造成积压，超产以后销售不出去，同样会给企业造成损失，也应视为未按计划进行生产	（1）业绩涉及预算、工作质量和服务水平；（2）在考核预算完成情况时，要利用有经验的专业人员对该费用中心的工作质量和服务水平作出有根据的判断，才能对费用中心的控制业绩作出客观评价； （3）一个费用中心的支出没有超过预算，可能该中心的工作质量和服务水平低于计划的要求，并非必然表明该中心业绩良好

【提示】*（不能简单地因为"没有超出预算"就判定其业绩良好）*

（1）标准成本中心不对以下决策负责：价格决策、产量决策、产品结构决策、设备和技术决策等，因为这些决策通常由职能管理部门作出。

（2）标准成本中心需要对耗费差异和效率差异承担责任。

（3）决定费用中心预算水平有赖于了解情况的专业人员判断，可以采取两种解决办法：

① 考查同行业类似职能的支出水平。

② 采用零基预算法，详尽分析支出的必要性及其取得的效果，确定预算标准。

【例题19-2·2014年多选题】某生产车间是一个标准成本中心。下列各项标准成本差异中，通常不应由该生产车间负责的有（　　）。

A.直接材料数量差异　　　　　　B.直接材料价格差异

C.直接人工工资率差异　　　　　D.固定制造费用闲置能量差异

【答案】BCD

【解析】直接材料价格差异由采购部门负责，直接人工工资率差异由人事劳动部门负责，固定制造费用闲置能量差异不应该由标准成本中心负责，所以不由该生产车间负责。

（✓通常以文字型各观题的形式出现；也可能考计算型的各观题，需计算某责任中心具体应承担的责任成本。需要准确掌握责任成本的含义和可控成本的确定原则）

三、责任成本 （★★）（✓基础概念，了解即可）

（一）责任成本的含义 一个责任中心的责任成本，实际上是各项可控成本之和。

责任成本是以具体的责任单位（部门、单位或个人）为对象，以其承担的责任为范围所归集的成本，也就是特定责任中心的全部可控成本。

（二）可控成本的含义及其确定原则（见表19-9）

表19-9　　　　　　　　　　　　可控成本的含义及其确定原则

（✓要求准确掌握：谁应该对发生的某一项成本负责？判断标准是什么？）

项目	说明
含义	可控成本是指在特定时期内、特定责任中心能够直接控制其发生的成本
可控成本符合的条件	（1）成本中心有办法知道将发生什么性质的耗费 （2）成本中心有办法计量它的耗费 （3）成本中心有办法控制并调节它的耗费
判别费用责任归属的原则	（1）责任中心通过自己的行动能有效地影响一项成本的数额 （2）责任中心有权决定是否使用某种资产或劳务，它应对这些资产或劳务的成本负责 （3）某管理人员虽然不直接决定某项成本，但是上级要求他参与有关事项，从而对该项成本的支出施加了重要影响

【提示】可控成本的精确理解（见表19-10）

表19-10　　　　　　　　　　　　可控成本的精确理解

要点	说明
可控成本总是针对特定责任中心来说的（空间）	（1）一项成本，对某个责任中心来说是可控的，对另外的责任中心来说则是不可控的，例如，耗用材料的进货成本，采购部门可以控制，使用材料的生产部门不能控制 （2）有些成本，对于下级单位来说是不可控的，而对于上级单位来说则是可控的，例如，车间主任不能控制自己的工资，而他的上级则可以控制
可控与否还要考虑成本发生的时间范围（时间）	一般来说，在消耗或支付的当期成本是可控的，一旦消耗或支付就不再可控，例如，折旧费、租赁费等

从整个企业的空间范围和很长的时间范围来观察，所有成本都是人的某种决策或行为的结果，都是可控的。但是，对于特定的人或时间来说，则有些是可控的，有些是不可控的。

【例题19-3·2013年多选题】判别一项成本是否归属责任中心的原则有（　　）。

A.责任中心能否通过行动有效影响该项成本的数额

B.责任中心是否有权决定使用引起该项成本发生的资产或劳务

C.责任中心能否参与决策并对该项成本的发生施加重大影响

D.责任中心是否使用了引起该项成本发生的资产或劳务

【答案】ABC

【解析】确定成本费用支出责任归属的三原则：第一，假如某责任中心通过自己的行动能有效地影响一项成本的数额，那么该中心就要对这项成本负责；第二，假如某责任中心有权决定是否使用某种资产或劳务，它就应对这些资产或劳务的成本负责；第三，某管理人员虽然不直接决定某项成本，但是上级要求他参与有关事项，从而对该项成本的支出施加了重要影响，则他对该成本也要承担责任。

（三）成本分类综述 （✓基础概念，了解即可）

按照不同的分类标准，成本有不同的分类结果，不同分类标准下的成本项目，彼此之间没有包含与被包含的关系，而是相互交错的关系。

1.按成本的可控与否分类

按照该标准，成本可以分为可控成本与不可控成本。上已阐述。

2.按成本的可追溯性分类（见表19-11）

表19-11　　　　　　　　　　按成本的可追溯性分类

项目	直接成本	间接成本
含义	可追溯到个别产品或部门的成本	由几个产品或部门共同引起的成本
与可控与否的关系	对生产的基层单位来说，大多数直接材料和直接人工是可控制的，但也有部分是不可控的	最基层单位无法控制大多数的间接成本，但有一部分是可控的
结论	直接成本≠可控成本	间接成本≠不可控成本

例如，工长的工资可能是直接成本，但他无法改变自己的工资，对其来说是不可控的。

例如，机物料的消耗可能是间接计入产品的，但机器操作工可以控制它。

3.按成本依产量的变动性分类（见表19-12）

表19-12　　　　　　　　　　按成本依产量的变动性分类

项目	变动成本	固定成本
含义	随产量成正比例变动的成本	在一定幅度内不随产量变动而基本上保持不变的成本
与可控与否的关系	对生产单位来说，大多数变动成本是可控的，但也有部分不可控	固定成本和不可控成本也不能等同，与产量无关的广告费、科研开发费、教育培训费等酌量性固定成本都是可控的
结论	变动成本≠可控成本	固定成本≠不可控成本

例如，按照产量标准被分摊的辅助生产费用，因为产量是上级的指令，而实际成本是辅助生产车间控制的。

（四）责任成本的计算特点（见表19-13）（✓基础内容，要求掌握，可能考选择题。）

表19-13　　　　　　　　　　责任成本的计算特点

项目	责任成本计算	制造成本计算	变动（边际）成本计算
核算目的	评价成本控制业绩	按会计准则确定存货成本和销货成本	进行经营决策

续表

项目	责任成本计算	制造成本计算	变动（边际）成本计算
成本对象	责任中心	产品	
成本范围	各责任中心的可控成本	全部制造成本：直接材料、直接人工和全部制造费用	变动成本：直接材料、直接人工和变动制造费用
共同费用的分配原则	按可控原则分配：谁控制谁负责，将可控的变动间接费用和可控的固定间接费用都要分配给责任中心	按受益原则分配：谁受益谁承担，要分摊全部的（固定、变动）制造费用	只分摊变动制造费用，不分摊固定制造费用

（各项可控成本之和）

【提示】

（1）责任成本法是介于完全成本法和变动成本法之间的一种成本方法，可以称之为"局部吸收成本法"或"变动成本和吸收成本法结合的成本方法"。

（2）责任成本与标准成本、目标成本之间的区别与联系（见表19-14）

表19-14　　　　责任成本与标准成本、目标成本之间的区别与联系

项目	标准成本	目标成本	责任成本
区别	主要强调事前的成本计算		重点是事后的计算、评价与考核，是责任会计的重要内容之一
	制定时分产品进行，事后对差异进行分析时才判别责任归属	在事前规定目标时就考虑责任归属，并按责任归属收集和处理实际数据	
联系	不管使用目标成本还是标准成本作为控制依据，事后的评估与考核都要求核算责任成本		

一般依次按下面5个步骤处理：

（五）制造费用的归属和分摊方法（见表19-15）

（✔基础内容，要求掌握，可能考选择题。）

表19-15　　　　制造费用的归属和分摊方法

步骤	适用情形	举例	
直接计入责任中心	能直接判别责任归属的费用项目	机物料消耗、低值易耗品的领用	(1)
按责任基础分配	某些不能直接归属于特定成本中心的费用，数额受成本中心的控制，能找到合理依据来分配	动力费、维修费（成本中心控制使用量）	(2)
按受益基础分配	有些费用不是专门属于某个责任中心的，也不宜用责任基础分配，但与各中心的受益多少有关	按照装机功率分配电费	(3)
归入某一个特定的责任中心	有些费用既不能用责任基础分配，也不能按受益基础分配，由其控制此项成本，不对外分配	车间的运输费用和试验检验费用，难以分配到生产班组，建立专门的成本中心，不对外分配	(4)
不进行分摊	不能归属于任何责任中心的固定成本	车间厂房的折旧	(5)

【提示】需要仔细研究各项消耗和责任中心的因果关系，采用不同的分配方法。

【例题19-4·2009年多选题（新）】甲公司将某生产车间设为成本责任中心，该车间领用材料型号为GB007，另外还发生机器维修费、试验检验费以及车间折旧费。下列关于成本费用责任归属的表述中，正确的有（   ）。

A.型号为GB007的材料费用直接计入该成本责任中心

B.车间折旧费按照受益基础分配计入该成本责任中心

C.机器维修费按照责任基础分配计入该成本责任中心

D.试验检验费归入另一个特定的成本中心

【答案】ACD

【解析】不能归属于任何责任中心的固定成本，不进行分摊。例如，车间厂房的折旧是以前决策的结果，短期内无法改变，可暂时不加控制，作为不可控费用。

第三节　利润中心

◇ 利润中心划分和类型
◇ 利润中心的考核指标
◇ 内部转移价格

一、利润中心的划分和类型（见表19-16） *(✔基础概念，了解即可。需要熟悉利润中心含义的实质要点和两类利润中心的特点)*

表19-16　　　　　　　　　　利润中心的划分和类型

项目	说明	
含义	能同时控制生产和销售，既要对成本负责又要对收入负责，但没有责任或没有权力决定该中心资产投资的水平的责任中心 *顾名思义，可以根据利润的多少来评价利润中心的业绩。*	
分类	自然的利润中心	人为的利润中心
特点	可以直接向企业外部出售产品，在市场上进行购销业务	在企业内部按内部转移价格出售产品 ← *并非只有直接对外销售的部门才能成为利润中心。*
例子	某些公司采用事业部制，每个事业部均有销售、生产、采购的职能，有很大的独立性	大型钢铁公司分成采矿、炼铁、炼钢、轧钢等几个部门，这些生产部门的产品主要在公司内部转移，它们只有少量对外销售，或者全部对外销售由专门的销售机构完成

【提示】

（1）并不是可以计量利润的组织单位都是真正意义上的利润中心。仅仅规定一个组织单位的产品价格并把投入成本归集到该单位，并不能使该组织单位具有自主权或独立性。从根本目的上看，利润中心是指管理人员有权对其供货的来源和市场的选择进行决策的单位。

（2）利润中心存在于大型分散式经营的组织中，小公司或集权式大公司不存在利润中心。

（3）收入中心只负责分配和销售产品，但不控制产品的生产。

二、利润中心的考核指标（见表19-17）（★★）（✓基础内容，可能考选择题和计算分析题）准确掌握其实质内涵；还可以与第16章"本量利分析"相结合。

*利润中心的考核指标

"利润"并不是一个十分具体的概念，在其前面加上不同的定语，可以得出不同的概念。

表19-17　　　　　　　　　　　　利润中心的考核指标

利润指标及其计算公式	评价
边际贡献 ＝销售收入－销货成本－变动费用	以边际贡献作为业绩评价依据不够全面，因为部门经理至少可以控制某些固定成本，并且在固定成本和变动成本的划分上有一定的选择余地。因此，业绩评价至少应包括可控制的固定成本
部门可控边际贡献 ＝边际贡献－可控固定成本	以可控边际贡献作为业绩评价依据可能是最好的，它反映了部门经理在其权限和控制范围内有效使用资源的能力
部门税前经营利润 ＝部门可控边际贡献－不可控固定成本	以部门经营利润作为业绩评价依据，可能更适合评价该部门对企业利润和管理费用的贡献，从而决定该部门的取舍，但不适用于评价部门经理

【提示】

（1）固定成本可控与否的区分（见表19-18）。

表19-18　　　　　　　　　　　固定成本可控与否的区分

例子	可控	不可控
折扣、保险费	部门经理有权处理这些有关的资产	部门经理无权处理这些有关的资产
雇员的工资	部门经理有权决定本部门雇用多少职工	部门经理既不能决定工资水平，又不能决定雇员人数

（2）公司总部的管理费用是部门经理无法控制的成本，由于分配公司管理费用而引起部门利润的不利变化，不能由部门经理负责。

（3）尽管利润指标具有综合性，但仍然需要一些非货币的计量方法作为补充，包括生产率、市场地位、产品质量、职工态度、社会责任、短期目标和长期目标的平衡等。

【例题19-5·2012年单选题】甲部门是一个利润中心。下列财务指标中，最适合用来评价该部门经理业绩的是（　　）。

A.边际贡献　　　　　　　　　　B.可控边际贡献

C.部门税前经营利润　　　　　　D.部门投资报酬率

【答案】B

【解析】以可控边际贡献作为业绩评价依据可能是最好的，它反映了部门经理在其权限和控制范围内有效使用资源的能力。

（✔基础内容，很有可能考选择题！）要求掌握四种内部转移价格各自的适用情形、确定方法，以及采用某种转移价格时的注意事项和评价。

三、内部转移价格

分散经营的组织单位之间相互提供产品或劳务时，需要制定一个内部转移价格。内部转移价格对于提供产品或劳务的生产部门来说表示收入，对于使用这些产品或劳务的购买部门来说则表示成本。

（一）制定转移价格的目的（见表19-19）

表19-19　　　　　　　　　　　　　　　　　制定转移价格的目的

目的	说明
业绩评价	防止成本转移带来的部门间责任转嫁，使各利润中心都能作为单独的组织单位进行业绩评价　（人为）
引导决策	作为一种价格引导下级部门采取明智的决策，生产部门据此确定提供产品的数量，购买部门据此确定所需要的产品数量

（二）内部转移价格的种类

1.市场价格（见表19-20）

【提示】从机会成本的观点来看，中间产品用于内部而失去的外销收益（需要扣除必要的销售费用），是它们被内部购买部门使用的应计成本。

表19-20　　　　　　　　　　　　　　　　　市场价格

项目	说明
适用情况	中间产品存在完全竞争市场
确定方法	市场价格减去对外的销售费用
评价	市场价格是理想的转移价格确定基础，但不能直接把市场价格作为内部转移价格

【提示】

（1）以市场价格为基础的转移价格，可以鼓励中间产品的内部转移。

（2）异常情况及处理方法：

① 如果生产部门在采用这种转移价格的情况下不能长期获利，最好是停止生产此产品而到外部采购；

② 如果购买部门以此价格进货而不能长期获利，则应停止购买并进一步加工此产品，同时应尽量向外部市场销售这种产品。

2.以市场为基础的协商价格（见表19-21）

表19-21　　　　　　　　　　　　　　　　　以市场为基础的协商价格

项目	说明
适用情况	中间产品存在非完全竞争的外部市场
确定方法	双方部门经理就转移中间产品的数量、质量、时间和价格进行协商并设法取得一致意见
实施条件	成功的协商转移价格依赖于下列条件： （1）要有一个某种形式的外部市场，两个部门经理可以自由地选择接受或是拒绝某一价格； （2）在谈判者之间共同分享所有的信息资源； （3）最高管理层的必要干预
评价	（1）缺点：协商价格往往浪费时间和精力，可能会导致部门之间的矛盾，部门获利能力大小与谈判人员的谈判技巧有很大关系； （2）优点：有一定弹性，可以照顾双方利益并得到双方认可

3.变动成本加固定费转移价格（见表19-22）

表19-22　　　　　　　　　变动成本加固定费转移价格

项目	说明
适用情况	最终产品市场需求稳定
确定方法	中间产品的转移用单位变动成本定价，同时还向购买部门收取固定费，作为长期以低价获得中间产品的一种补偿。其中： （1）变动成本＝实际购入量×标准变动成本 （2）固定费＝期间固定成本预算额＋必要报酬
评价	（1）当总需求量超过供应部门的生产能力，变动成本不再表示需要追加的边际成本，转移价格将失去积极作用； （2）当最终产品的市场需求很少时，购买部门需要的中间产品也少，但仍需支付固定费，市场风险都由购买部门承担，不太公平

4.全部成本转移价格（见表19-23）

表19-23　　　　　　　　　全部成本转移价格

项目	说明
适用情况	无法采用其他的转移价格时才考虑
确定方法	全部成本或者全部成本加上一定利润
注意问题	（1）成本加成百分率的确定是个困难的问题，很难说清楚究竟为何是5%，10%或20%　（逆向选择） （2）以目前成本为基础，会鼓励部门经理维持较高的成本水平，并据此取得更多的利润。越是节约成本的单位，越会有可能在下一期被降低转移价格，使利润减少 （3）成本随产品在部门间流转，成本不断累积，使用相同的成本加成率会使后序部门利润明显大于前序部门，使得各部门利润分布失衡
评价	全部成本转移价格可能是最差的选择——它既不是业绩评价的良好尺度，也不能引导部门经理作出有利于公司的明智决策。它唯一的优点是简单。

【例题19-6·2016年多选题】下列关于内部转移价格的说法中，正确的有（　　　）。

A.以市场价格作为内部转移价格，可以鼓励中间产品的内部转移

B.以市场为基础的协商价格作为内部转移价格，可以照顾双方利益并得到双方认可

C.以变动成本加固定费用作为内部转移价格，可能导致购买部门承担全部市场风险

D.以全部成本作为内部转移价格，可能导致部门经理做出不利于公司的决策

【答案】ABCD

【解析】A项正确：由于以市场价格为基础的转移价格，通常会低于市场价格，这个折扣反映与外销有关的销售费以及交货、保修成本，因此可以鼓励中间产品的内部转移。B项正确：以市场为基础的协商价格有一定弹性，可以照顾双方利益并得到双方认可。C项正确：如果最终产品的市场需求很少，购买部门需要的中

间产品也变得很少，但是仍然需要支付固定费用，在这种情况下，市场风险全部由购买部门承担，而供应部门仍能维持一定利润，显得很不公平。D项正确：以全部成本作为内部转移价格，既不是业绩评价的良好尺度，也不能引导部门经理作出有利于公司的明智决策。

【例题19-7·2014年多选题】下列内部转移价格制定方法中，提供产品的部门不承担市场变化风险的有（　　　）。

A.市场价格

B.以市场为基础的协商价格

C.变动成本加固定费转移价格

D.全部成本转移价格

【答案】CD

【解析】在变动成本加固定费转移价格方法下，如果最终产品的市场需求很少时，购买部门需要的中间产品也变得很少，但它仍然需要支付固定费，在这种情况下，市场风险全部由购买部门承担。在全部成本转移价格方法下，以全部成本或者以全部成本加上一定利润作为内部转移价格，市场变化引起的风险全部由购买部门承担，它可能是最差的选择。

第四节　投资中心

◇ 投资中心的划分

◇ 投资中心的考核指标

一、投资中心的划分

（通常以文字型客观题的形式出现。要求对本章涉及的三种责任中心进行多维度的比较，精确掌握各自的特点）

（一）投资中心的含义

投资中心是指某些分散经营的单位或部门，其经理拥有的自主权不仅包括制定价格、确定产品和生产方法等短期经营决策权，而且还包括投资规模和投资类型等投资决策权。

（二）投资中心与其他中心的比较（见表19-24）

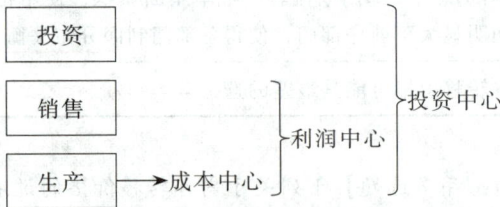

没有真正的生产自主权，无权决定产量。

表19-24　　　　　　　　　　投资中心与其他中心的比较

	成本中心	利润中心	投资中心
应用范围	最广	较窄	最小
权限	可控成本的控制权	有权对其供货的来源和市场的选择进行决策（经营决策权）	短期经营决策权、投资决策权
考核范围	可控的成本费用	成本费用（不含总部管理费用的分摊）、收入、利润	成本费用、收入、利润、投资结果
考核指标	（1）标准成本中心：既定产品质量和数量条件下的标准成本； （2）费用中心：费用预算	边际贡献 部门可控边际贡献 部门税前经营利润	部门投资报酬率 剩余收益

【提示】 投资中心的经理不仅能控制除公司分摊管理费用外的全部成本和收入，而且能控制占用的资产，因此，不仅要衡量其利润，而且要衡量其资产的投资回报率。

二、投资中心的考核指标 （★★★）（✓本章最重要的知识点！要求准确理解和掌握投资报酬率和剩余收益的计算公式及优缺点）

*投资报酬率讲解

（一）投资报酬率（见表19-25）

表19-25　投资报酬率

项目	说明
计算公式	部门投资报酬率＝部门税前经营利润÷部门平均净经营资产
优点	（1）它是根据现有的会计资料计算的，比较客观； （2）它是相对数指标，可用于部门之间以及不同行业之间的比较；（有利于业绩评价） （3）用它来评价每个部门的业绩，促使其提高本部门的投资报酬率，有助于提高整个公司的投资报酬率； （4）部门投资报酬率可以分解为投资周转率和部门税前经营利润率两者的乘积，并可进一步分解为资产的明细项目和收支的明细项目，从而对整个部门的经营状况作出评价 【提示】部门投资报酬率＝ $\dfrac{\text{部门税前经营利润}}{\text{部门销售收入}}\times\dfrac{\text{部门销售收入}}{\text{部门平均净经营资产}}$
缺点	部门经理会产生"次优化"行为，放弃高于资本成本而低于目前部门投资报酬率的机会，或者减少现有的投资报酬率较低但高于资本成本的某些资产，使部门的业绩获得较好评价，但却伤害了公司整体的利益。（不利于引导决策） 【提示】 （1）部门经理放弃或减少的单个项目：税前资本成本＜该项目报酬率＜该部门目前报酬率 （2）当使用投资报酬率作为业绩评价指标时，部门经理可以通过加大公式分子或减少分母来提高这个比率。实际上，减少分母（放弃投资）更容易实现。这样做，会失去可以扩大股东财富的项目

例如：某部门投资报酬率为10%，企业整体资本成本为4%。现有一个投资项目，报酬率为6%，则该部门经理会拒绝该项目，因为会拉低部门的投资报酬率。但其实接受该项目对企业是有利的。

（二）剩余收益（见表19-26）

【提示】投资报酬率评价方法并不区别不同资产，无法分别处理风险不同的资产。

表19-26　剩余收益

项目	说明
计算公式	部门剩余收益＝部门税前经营利润－部门平均净经营资产应计报酬 ＝部门平均净经营资产×投资报酬率－部门平均净经营资产×要求的税前报酬率 ＝部门平均净经营资产×（投资报酬率－要求的税前报酬率）
优点	（1）与增加股东财富的目标一致，可以使业绩评价与公司的目标协调一致，引导部门经理采纳高于公司资本成本的决策；（有利于引导决策） （2）允许使用不同的风险调整资本成本
缺点	（1）指标是绝对数指标，不便于不同部门之间的比较；（不利于业绩评价） （2）计算时依赖于会计数据的质量，如果会计信息的质量低劣，必然导致低质量的剩余收益和业绩评价

【提示】以上两个指标的计算口径都是使用管理用财务报表的税前数据。

【例题19-8·2010年多选题】剩余收益是评价投资中心业绩的指标之一。下列关于剩余收益指标的说法中，正确的有（　　　）。

A.剩余收益可以根据现有财务报表资料直接计算

B.剩余收益可以引导部门经理采取与企业总体利益一致的决策

C.计算剩余收益时，对不同部门可以使用不同的资本成本

D.剩余收益指标可以直接用于不同部门之间的业绩比较

【答案】BC

【解析】A项错误：剩余收益的计算需要利用资本成本，资本成本不能根据现有财务报表资料直接计算。B项正确：剩余收益作为业绩评价指标，它的主要优点是与增加股东财富的目标一致。只要剩余收益为正数，投资项目就可以采纳，可以引导部门经理采取与企业总体利益一致的决策。C项正确：利用剩余收益评价部门业绩时，可以对各部门使用不同的风险调整资本成本。从现代财务理论来看，不同的投资有不同的风险偏好，要求按风险程度调整其资本成本。D项错误：剩余收益是绝对数指标，不便于不同规模的投资中心业绩的比较。

智能测评

扫码听分享	做题看反馈
亲爱的同学，本章内容涉及成本中心、利润中心和投资中心的考核指标，对业绩进行考核和评价，重点在于掌握投资报酬率的计算，理解剩余收益的概念。 扫一扫二维码，来听学习导师的分享吧。	学完马上测！ 请扫描上方的二维码进入本章测试，检测一下自己学习的效果如何。做完题目，还可以查看自己的个性化测试反馈报告。这样，在以后复习的时候就更有针对性、效率更高啦！

第二十章　业绩评价

*本章导学
视频

本章属于重点章，主要阐述企业业绩评价的经济增加值和平衡计分卡等内容。

本章重要考点：（1）四种经济增加值的比较；（2）披露经济增加值的调整事项及计算；（3）经济增加值的优缺点；（4）简化经济增加值的确定；（5）平衡计分卡的四个维度与四个平衡；（6）平衡计分卡的特点。

主要内容

第一节　财务业绩评价与非财务业绩评价　（✔本章属于重点章，近三年考核分值在5~10分。内容较为灵活，考试题型主要是客观题，但有时也会出小的计算题，甚至结合其他章的内容出综合题。）

第二节　经济增加值

第三节　平衡计分卡

第一节　财务业绩评价与非财务业绩评价

◇ 财务业绩评价的优点与缺点　（✔本节内容属于2017年教材新增内容，相关知识点只能命制客观题，一般了解即可。）

◇ 非财务业绩评价的优点与缺点

一、财务业绩评价的优点与缺点（见表20-1）

表20-1　　　　　　　　　　　财务业绩评价的优点与缺点

项目	说明
含义	非财务业绩评价是根据财务信息来评价管理者业绩的方法。常见的财务评价指标包括净利润、资产报酬率、经济增加值等
优点	作为一种传统的评价方法，财务业绩一方面可以反映企业的综合经营成果，同时也容易从会计系统中获得相应的数据，操作简便，易于理解，因此被广泛使用
缺点	（1）首先，财务业绩体现的是企业当期的财务成果，反映的是企业的短期业绩，无法反映管理者在企业的长期业绩改善方面所作的努力 （2）其次，财务业绩是一种结果导向，即只注重最终的财务结果，而对达成该结果的改善过程则欠考虑 （3）最后，财务业绩通过会计程序产生的会计数据进行考核，而会计数据则是根据公认的会计原则产生的，受到稳健性原则有偏估计的影响，因此可能无法公允地反映管理层的真正业绩

二、非财务业绩评价的优点与缺点（见表20-2）

表20-2　　　　　　　　　　　非财务业绩评价的优点与缺点

项目	说明
含义	非财务业绩评价是根据非财务信息指标来评价管理者业绩的方法。例如与顾客相关的指标、与企业内部营运相关的指标和反映员工学习与成长的指标等
优点	可以避免财务业绩评价只侧重过去、比较短视的不足；更体现长远业绩，更体现外部对企业的整体评价
缺点	一些关键的非财务业绩指标往往比较主观，数据的收集比较困难，评价指标数据的可靠性难以保证

第二节 经济增加值

◇ 经济增加值的概念
◇ 简化的经济增加值的衡量
◇ 经济增加值评价的优点和缺点

(✓非常重要！可能考客观题，也可以结合管理用财务报表结合考主观题)
要求了解四种经济增加值的含义、计算公式，以及相互比较的内容，尤其是披露经济增加值的调整事项。

一、经济增加值的概念（★★★）

（一）经济增加值（见表20-3）

表20-3　　　　　　　　　　　　经济增加值

项目	说明
含义	经济增加值（EVA，Economic Value Added）指从税后净营业利润中扣除包括股权和债务的全部投入成本后的所得。
基本公式	经济增加值＝调整后税后净营业利润－调整后净投资资本×加权平均资本成本
与剩余收益的区别	（1）在计算经济增加值时，需要对会计数据进行一系列调整，包括税后净营业利润和净投资资本 （2）需要根据资本市场的机会成本计算资本成本，以实现经济增加值与资本市场的衔接；而剩余收益是根据投资要求的报酬率来计算的，该投资报酬率可以根据管理的要求作出不同选择，带有一定主观性

【提示】为计算EVA，需要解决经营利润、资本成本和所使用资本数额的计量问题。

（二）不同含义的经济增加值

1. 基本经济增加值（见表20-4）

表20-4　　　　　　　　　　　　基本经济增加值

项目	说明
含义	根据未经调整的经营利润和总资产计算的经济增加值
计算公式	基本经济增加值＝税后净营业利润－报表总资产×加权平均资本成本
评价	（1）由于"经营利润"和"总资产"是按照会计准则计算的，它们歪曲了公司的真实业绩 （2）相对于会计利润来说是个进步，它承认了股权资金的成本

2. 披露的经济增加值

（1）含义及计算公式（见表20-5）

表20-5　　　　　　　披露的经济增加值的含义及计算公式

项目	说明
含义	披露的经济增加值是利用会计数据进行十几项标准的调整计算出来的。这种调整是根据公布的财务报表及其附注中的数据进行的
计算公式	披露的经济增加值＝调整后税后净营业利润－调整后净投资资本×加权平均资本成本

（2）典型的调整项目（见表20-6）

表20-6　　　　　　　　　　披露的经济增加值的典型调整项目

项目	会计处理	调整方法
研究与开发费用	满足条件的资本化，其余费用化	将其作为投资并在一个合理的期限内摊销
战略性投资	将投资的利息（或部分利息）计入当期财务费用	将其在一个专门账户中资本化并在开始生产时逐步摊销
营销费用	作为当期费用	资本化并在适当的期限内摊销
折旧费用	大多使用直线折旧法处理	对某些大量使用长期设备的公司，按照更接近经济现实的"沉淀资金折旧法"处理。前期折旧少，后期折旧多
重组费用	作为过去投资的损失看待，立即确认为当期费用	将重组视为增加股东财富的机遇，重组费用应作为投资处理

【提示】

①调整思路：所有对未来利润有贡献的支出都是投资。

②上述调整，不仅涉及利润表，而且还会涉及资产负债表的有关项目，需要按照复式记账原理同时调整。例如，将研发费用从当期费用中减除，必须相应增加投资资本。

③计算资金成本的"总资产"应为"投资资本"（扣除应付账款等经营负债），并且，要把表外融资项目纳入"投资资本"之内，例如长期经营租赁取得的资产等。

④调整项目仅作用于公式本身，在计算加权平均资本的时候，不考虑调整项目，用调整前的净投资资本计算

【例题20-1·2016年多选题】在计算披露的经济增加值时，下列各项中需要进行调整的项目有（　　　）。

A.研究费用
B.争取客户的营销费用
C.企业并购重组费用
D.资本化利息支出

【答案】ABC

【解析】计算披露的增加值，典型的调整项目包括：①研究与开发费用。会计作为费用将其从利润中扣除，经济增加值要求将其作为投资并在一个合理的期限内摊销。②战略性投资。会计将投资的利息（或部分利息）计入当期财务费用，经济增加值要求将其在一个专门账户中资本化并在开始生产时逐步摊销。③为建立品牌、进入新市场或扩大市场份额发生的费用。会计作为费用立即从利润中扣除，经济增加值要求把争取客户的营销费用资本化并在适当的期限内摊销。④折旧费用。会计大多使用直线折旧法处理，经济增加值要求对某些大量使用长期设备的公司，按照更接近经济现实的"沉淀资金折旧法"处理。⑤重组费用。会计将其作为过去投资的损失看待，立即确认为当期费用，经济增加值将重组视为增加股东财富的机遇，重组费用应作为投资处理。

3.特殊的经济增加值（见表20-7）

表20-7 特殊的经济增加值

项目	说明
含义	为了使经济增加值适合特定公司内部的业绩管理，还需要进行特殊的调整。这种调整要使用公司内部的有关数据，调整后的数值称为"特殊的经济增加值"
特点	（1）它是特定企业根据自身情况定义的经济增加值，是"量身定做"的经济增加值 （2）这里的调整项目都是"可控制"的项目，即通过自身的努力可以改变数额的项目 （3）通常对公司内部所有经营单位使用统一的资本成本

4.真实的经济增加值（见表20-8）

表20-8 真实的经济增加值

项目	说明
含义	真实的经济增加值是公司经济利润最正确和最准确的度量指标
特点	（1）它要对会计数据作出所有必要的调整 （2）对公司中每一经营单位（如传统业务和新兴业务部门）都使用不同的更准确的资本成本

【总结】：各类经济增加值的对比见表20-9。

表20-9 各类经济增加值的对比

项目	基本EVA	披露EVA	特殊EVA	真实EVA
调整范围	不调整	根据公布的财务报表及其附注中的数据	使用公司内部的有关数据作出"可控制"的项目的调整	使用公司内部的有关数据作出"所有必要"的项目的调整
资本成本	通常对公司内部所有经营单位使用统一的资本成本			每一个经营单位都使用不同的资本成本
意义	从公司整体业绩评价来看，是最有意义的	适合特定公司内部业绩管理		经济利润最正确和最准确的度量指标

【例题20-2·2011年单选题】下列关于经济增加值的说法中，错误的是（　　）。

A.计算基本的经济增加值时，不需要对经营利润和总资产进行调整

B.计算披露的经济增加值时，应从公开的财务报表及其附注中获取调整事项的信息

C.计算特殊的经济增加值时，通常对公司内部所有经营单位使用统一的资金成本

D.计算真实的经济增加值时，通常对公司内部所有经营单位使用统一的资金成本

【答案】D

【解析】真实的经济增加值是公司经济利润最正确和最准确的度量指标。它要对会计数据作出所有必要的调整，并对公司中每一个经营单位都使用不同的更准确的资本成本。

（三）经济增加值与部门剩余收益的比较（见表20-10）

表20-10 　　　　　　　　　经济增加值与部门剩余收益的比较

项目	部门剩余收益	经济增加值
评价目的	旨在设定部门投资的最低报酬率，防止部门利益伤害整体利益	旨在使经理人员赚取超过资本成本的报酬，促进股东财富最大化
计算口径	部门税前营业利润和税前报酬率	部门税后净营业利润和加权税后平均资本成本
应计成本	使用部门要求的报酬率，主要考虑管理要求及部门个别风险的高低	与公司的实际资本成本相联系，是基于资本市场的计算方法，资本市场上权益成本和债务成本变动时，公司要随之调整加权平均成本

（调整后）

【提示】当税金是重要因素时，经济增加值比剩余收益可以更好地反映部门盈利能力。如果税金与部门业务无关时，经济增加值与剩余收益的效果相同。

三、简化的经济增加值的衡量（★★★）

* 简化的经济增加值

（一）经济增加值的定义及计算公式（见表20-11）

（✔本知识点可以从各种题型考察。）这里的经济增加值和上文中的经济增加值内涵一致，但具体调整项目不同，需要精确辨析。

表20-11 　　　　　　　　　经济增加值的定义及计算公式

项目	说明
含义	经济增加值是指企业税后净营业利润减去资本成本后的余额
计算公式	经济增加值 = 税后净营业利润 − 资本成本 = 税后净营业利润 − 调整后资本×平均资本成本率
中间指标	（1）税后净营业利润 = 净利润 + （利息支出 + 研究开发费用调整项）×（1 − 25%） （2）调整后资本 = 平均所有者权益 + 平均负债合计 − 平均无息流动负债 − 平均在建工程

企业通过变卖主业优质资产等取得的非经常性收益要在税后净营业利润中全额扣除。

【提示】《暂行办法》是基于传统报表来计算的。*不是指全部的财务费用，也不考虑投资收益、公允价值变动损益等其他"金融损益"。*

（二）会计调整项目说明（见表20-12）

表20-12 　　　　　　　　　会计调整项目说明

项目	说明
利息支出	指企业财务报表中"财务费用"项下的"利息支出"
研究开发费用	指企业财务报表中"管理费用"项下的"研究与开发费"和当期确认为无形资产的研究开发支出
无息流动负债	（1）指企业财务报表中"应付票据"、"应付账款"、"预收款项"、"应交税费"、"应付利息"、"应付职工薪酬"、"应付股利"、"其他应付款"和"其他流动负债"（不含其他带息流动负债） （2）对于"专项应付款"和"特种储备基金"，可视同无息流动负债扣除
在建工程	指企业财务报表中的符合主业规定的"在建工程"

《暂行办法》规定应付利息、应付股利属于无息负债，与第二章管理用财务报表"金融负债"的划分不同，国资委只认为"借款"才属于有息负债，包括"一年内到期的非流动负债"。

《暂行办法》规定有待商榷，"当期确认为无形资产的研究开发支出"已经资本化了，除非是需要摊销的无形资产，否则对净营业利润没有影响。

续表

项目	说明
非经常性收益	（1）变卖主业优质资产收益：减持具有实质控制权的所属上市公司股权取得的收益（不包括在二级市场增持后又减持取得的收益）；企业集团（不含投资类企业集团）转让所属主业范围内且资产、收入或者利润占集团总体10%以上的非上市公司资产取得的收益 （2）主业优质资产以外的非流动资产转让收益：企业集团（不含投资类企业集团）转让股权（产权）收益，资产（含土地）转让收益 （3）其他非经常性收益：与主业发展无关的资产置换收益、与经常活动无关的补贴收入等

（三）资本成本率的确定（见表20-13）

表20-13　　　　　　　　　　资本成本率的确定

企业类型	资本成本
中央企业	5.5%
军工等资产通用性较差的企业	4.1%
资产负债率在75%以上的工业企业和80%以上的非工业企业	资本成本率上浮0.5个百分点（6%）

（✔本知识点很少单独出题，主要是在经济增加值的主观题中作为最后一小问出现，针对具体的计算结果，说明该指标的优缺点。）

二、经济增加值评价的优点和缺点（见表20-14）（★★★）

表20-14　　　　　　　　　经济增加值评价的优点和缺点

项目	说明
优点	（1）经济增加值直接与股东财富的创造相联系。它是唯一正确的业绩计量指标 （2）经济增加值不仅仅是一种业绩评价指标，它还是一种全面财务管理和薪金激励体制的框架。经济增加值的吸引力主要在于它把资本预算、业绩评价和激励报酬结合起来
缺点	（1）经济增加值是绝对数指标，不具有比较不同规模公司业绩的能力 （2）经济增加值也有许多和投资报酬率一样误导使用人的缺点，例如处于成长阶段的公司经济增加值较少，而处于衰退阶段的公司经济增加值可能较高 （3）对于净收益应做哪些调整以及资本成本的确定等，尚存许多争议，这些争议不利于建立一个统一的规范。而缺乏统一性的业绩评价指标，只能在一个公司的历史分析以及内部评价中使用

销售利润率、每股收益甚至投资报酬率等指标，给报表使用人一种错觉，误以为盈利的公司都会增加股东财富。

经济增加值把管理者的利益和股东利益统一起来，使管理者像股东那样思维和行动。

第三节　平衡计分卡

◇ 平衡计分卡的诞生背景
◇ 平衡计分卡框架
◇ 平衡计分卡与企业战略管理
◇ 战略地图架构
◇ 平衡计分卡与传统业绩评价系统的区别

（✔本节内容自从2015年重新加入教材以来，都是以客观题的形式出现的。由于内容上较为空虚，所以对关键结论与细节的把握尤为重要。）着重把握平衡计分卡的四个维度与四个平衡、平衡计分卡的特点以及与传统业绩评价系统的区别。

一、平衡计分卡的诞生背景（见表20-15）

表20-15　　　　　　　　　　　平衡计分卡的诞生背景

项目	说明
诞生背景	（1）传统的财务指标属于滞后性指标，对于指导和评价企业如何通过投资于客户、供应商、雇员、生产程序、技术和创新等来创造未来的价值是不够的 （2）企业战略失败，大多不是因为战略本身的错误，而是因为执行能力不够，例如沟通障碍、管理障碍、资源障碍和人员障碍等原因
解决问题	为了有效地解决业绩评价问题和成功实施战略的问题，平衡计分卡应运而生

二、平衡计分卡框架

（一）平衡计分卡的四个维度（见表20-16）

平衡计分卡是从四个角度，将组织的战略落实为可操作的衡量指标和目标值的一种新型绩效管理体系。设计平衡计分卡的目的就是要建立"实现战略制导"的绩效管理系统，从而保证企业战略得到有效的执行。

表20-16　　　　　　　　　　　平衡计分卡的四个维度

维度	解决的问题	常用指标	
财务维度	股东如何看待我们：企业的努力是否最终对企业经济效益产生了积极的作用	利润、收入、现金流量、投资回报率、经济增加值、增加的市场份额等	（结果导向）
客户维度	顾客如何看待我们：顾客是企业之本，是现代企业的利润来源	按时交货率、新产品销售占全部销售的百分比、重要客户的购买份额、顾客满意度指数、顾客忠诚度、新客户增加比例、客户利润贡献度等	
内部流程维度	我们的优势是什么：明确自身的核心竞争力，并把他们转化成具体的测评指标	生产布局与竞争情况、生产周期、单位成本、产出比率、缺陷率、存货比率、新产品投入计划与实际投入情况、设计效率、原材料整理时间或批量生产准备时间、订单发送准确率、货款回收与管理、售后保证等	（过程导向）
学习与成长维度	我们是否能继续提高并创造价值：企业的学习与成长来自于员工、信息系统和企业程序等	新产品开发周期、员工满意度、平均培训时间、再培训投资和关键员工流失率等	

【例题20-3·2009年多选题】下列关于平衡计分卡系统的表述中，正确的有（　　）。

A.平衡计分卡系统以企业发展战略为导向，将长期战略融入考核评价系统

B.平衡计分卡系统体现了"利润来自于员工"的理念

C.平衡计分卡系统构成企业绩效的全面综合评价系统

D.平衡计分卡系统引入了非财务、客户和员工等因素

【答案】ACD

【解析】B项错误：平衡计分卡系统体现了"利润来自于客户"的理念。

（二）平衡计分卡的四个平衡（见表20-17）

表20-17　　　　　　　　　平衡计分卡的四个平衡

角度	平衡
从范围上	外部评价指标和内部评价指标的平衡　**外部如：股东和客户对企业的评价** **内部如：内部经营过程、新技术学习等**
从因果关系上	成果评价指标和导致成果出现的驱动因素评价指标的平衡 **成果如：利润、市场占有率** **驱动因素如：新产品投资开发等**
从指标性质上	财务评价指标和非财务评价指标的平衡　**财务如：利润等** **非财务如：员工忠诚度、客户满意程度等**
从时间上	短期评价指标和长期评价指标的平衡　**短期如：利润指标等** **长期如：员工培训成本、研发费用等**

【例题20-4·2015年多选题】在使用平衡计分卡进行企业业绩评价时，需要处理几个平衡，下列各项中，正确的有（　　　）。

A.财务评价指标与非财务评价指标的平衡

B.外部评价指标与内部评价指标的平衡

C.定期评价指标与非定期评价指标的平衡

D.成果评价指标与驱动因素评价指标的平衡

【答案】ABD

【解析】平衡计分卡中的"平衡"包括外部评价指标（如股东和客户对企业的评价）和内部评价指标（如内部经营过程、新技术学习等）的平衡；成果评价指标（如利润、市场占有率等）和导致成果出现的驱动因素评价指标（如新产品投资开发等）的平衡；财务评价指标（如利润等）和非财务评价指标（如员工忠诚度、客户满意程度等）的平衡；短期评价指标（如利润等）和长期评价指标（如员工培训成本、研发费用等）的平衡。所以，选项C错误。

（三）平衡计分卡与传统业绩评价的简要区别（见表20-18）

表20-18　　　　　　平衡计分卡与传统业绩评价的简要区别

项目	说明
传统业绩评价	传统的业绩评价系统仅仅将指标提供给管理者，无论财务的还是非财务的，很少看到彼此间的关联以及对企业最终目标的影响
平衡计分卡	它的各个组成部分是以一种集成的方式来设计的，管理者能够看到并分析影响企业整体目标的各种关键因素，而不单单是短期的财务结果。它有助于管理者对整个业务活动的发展过程始终保持关注，并确保现在的实际经营业绩与公司的长期战略保持一致

三、平衡计分卡与企业战略管理

战略管理是企业管理的高级阶段，立足于企业的长远发展，根据外部环境及自身特点，围绕战略目标，采取独特的竞争战略，以求取得竞争优势。平衡计分卡则是突破了传统业绩评价系统的局限性，在战略高度评价企业的经营业绩，把一整套财务与非财务指标同企业的战略联系在一起，是进行战略管理的基础。

（一）平衡计分卡和战略管理的关系

一方面，战略规划中所制定的目标是平衡计分卡考核的一个基准；另一方面，平衡计分卡又是一个有效的战略执行系统，它通过引入四个程序，使得管理者能够把长期行为与短期行为联系在一起。

制定战略规划目标的具体程序见表20-19。

表20-19 制定战略规划目标的具体程序

程序	说明
阐明并诠释愿景与战略	所谓愿景，可以简单理解为企业所要达到的远期目标。有效地说明愿景，可以使其成为企业所有成员的共同理想和目标，从而有助于达成共识
沟通与教育	它使得管理人员在企业中对战略上下沟通，并将它与部门及个人目标联系起来
计划与制定目标值	它使企业能够实现业务计划和财务计划一体化
战略反馈与学习	它使企业以一个组织的形式获得战略型学习与改进的能力

（二）平衡计分卡的要求

为了使平衡计分卡同企业战略更好地结合，必须做到以下几点：

（1）平衡计分卡的四个方面应互为因果，最终结果是实现企业的战略。

（2）平衡计分卡中不能只有具体的业绩衡量指标，还应包括这些具体衡量指标的驱动因素。

（3）平衡计分卡应该最终和财务指标联系起来，因为企业的最终目标是实现良好的经济利润。 *而非将其作为核心*

【提示】一个有效的平衡计分卡，绝对不仅仅是业绩衡量指标的结合，而且各个指标之间应该互相联系、互相补充，围绕企业战略所建立的因果关系链，应当贯穿于平衡计分卡的四个方面。

【例题20-5·2012年多选题】使用财务指标进行业绩评价的主要缺点有（　　）。

A.不能计量公司的长期业绩

B.忽视了物价水平的变化

C.忽视了公司不同发展阶段的差异

D.其可比性不如非财务指标

【答案】ABC

【解析】D项错误：使用财务指标进行业绩评价的主要优点是综合性、可比性好。

四、战略地图架构（见表20-20）

表20-20　　　　　　　　　　　　战略地图架构

维度	战略重点	说明
财务维度	长短期对立力量的战略平衡	公司财务绩效的改善，主要是利用收入的增长与生产力的提升两种基本途径
客户维度	战略本是基于差异化的价值主张	企业采取追求收入增长的战略，必须在顾客层面中选定价值主张。此价值主张说明了企业如何针对其目标顾客群创造出具有差异化而又可持续的价值
内部流程维度	价值是由内部流程创造的	内部流程完成了组织战略的两个重要部分：针对顾客的价值主张加以生产与交货；为财务层面中的生产力要件进行流程改善与成本降低的作业
学习与成长维度	无形资产的战略性整合	战略地图的学习与成长层面，主要说明组织的无形资产及它们在战略中扮演的角色

无形资产包括人力资本、信息资本和组织资本。

【提示】战略地图是平衡计分卡的进一步发展，在平衡计分卡的思想上将组织战略在四个维度展开，在不同的层面确定组织战略达成所必备的关键驱动因素，我们往往称之为战略重点或者战略主题。在明确战略重点或主题的同时，建立各个重点或主题之间的必然联系，形成相互支撑关系，从而明确战略目标达成的因果关系，将其绘制成一张图，我们称之为战略地图。

五、平衡计分卡与传统业绩评价系统的区别

1.传统的业绩考核注重对员工执行过程的控制，平衡计分卡则强调目标制定的环节。平衡计分卡方法认为，目标制定的前提应当是员工有能力为达成目标而采取必要的行动方案，因此设定业绩评价指标的目的不在于控制员工的行为，而在于使员工能够理解企业的战略使命并为之付出努力。

2.传统的业绩评价与企业的战略执行脱节。平衡计分卡把企业战略和业绩管理系统联系起来，是企业战略执行的基础架构。

3.平衡计分卡在财务、客户、内部流程以及学习与成长四个方面建立公司的战略目标。用来表达企业在生产能力竞争和技术革新竞争环境中所必须达到的、多样的、相互联系的目标。

4.平衡计分卡帮助公司及时考评战略执行的情况，根据需要（每月或每季度）适时调整战略、目标和考核指标。

5.平衡计分卡能够帮助公司有效地建立跨部门团队合作，促进内部管理过程的顺利进行。

智能测评

扫码听分享	做题看反馈
亲爱的同学，本章内容较为灵活，也很重要。要求对不同经济增加值的定义有所了解，能够准确区分。 　　扫一扫二维码，来听学习导师的分享吧。	学完马上测！ 　　请扫描上方的二维码进入本章测试，检测一下自己学习的效果如何。做完题目，还可以查看自己的个性化测试反馈报告。这样，在以后复习的时候就更有针对性、效率更高啦！

第二十一章　管理会计报告

*本章导学
视频*

本章是2017年教材新增内容，从可考性来看，本章主要是通过客观题进行考查。考生需要理解内部责任中心业绩报告和质量成本报告的基本原理，掌握业绩报告的编制原理。

主要内容

第一节　内部责任中心业绩报告

第二节　质量成本报告

管理会计报告综述

包括财务信息、非财务信息、内部信息、外部信息、结果信息、过程信息，剖析产生差异的原因，然后提出建议。

管理会计报告综述见表21-1。

表21-1　　　　　　　　　　　　管理会计报告综述

项目	说明
含义	管理会计报告是运用管理会计方法，根据财务和业务的基础信息加工整理形成的，满足企业价值管理需要或非营利组织目标管理需要的对内报告
特征	（1）管理会计报告没有统一的格式和规范，根据企业（或组织）内部的管理需要来提供。相对于报告形式，更注重报告实质内容 （2）管理会计报告遵循问题导向 （3）管理会计报告提供的信息不仅仅包括财务信息，也包括非财务信息；不仅仅包括内部信息，也可能包括外部信息；不仅仅包括结果信息，也可以包括过程信息，更应包括剖析原因、提出改进意见和建议的信息 （4）管理会计报告的对象是一个组织内部对管理会计信息有需求的各个层级、各环节的管理者　*使用对象是各层管理者。*
分类	（1）按照企业管理会计报告使用者所处的管理层级：分为战略层管理会计报告、经营层管理会计报告和业务层管理会计报告 （2）按照企业管理会计报告内容（整体性程度）：分为综合（整体）企业管理会计报告和专项（分部）管理会计报告 （3）按照管理会计功能：管理规划报告、管理决策报告、管理控制报告和管理评价报告 （4）按照责任中心：成本中心报告、利润中心报告和投资中心报告

【提示】管理会计报告通常根据要解决的问题可以灵活多样，本身并没有形成统一的格式规范。

第一节　内部责任中心业绩报告

◇ 业绩报告概述

◇ 成本中心业绩报告

◇ 利润中心业绩报告

◇ 投资中心业绩报告

一、业绩报告概述

业绩报告概述见表21-2。

责任中心指具有一定的管理权限，并承担相应的经济责任的企业内部责任单位。

表21-2　　　　　　　　　　　　业绩报告概述

项目	说明
含义	业绩报告也称责任报告、绩效报告，它是反映责任预算实际执行情况，揭示责任预算与实际结果之间的差异的内部管理会计报告
目的	业绩报告的主要目的在于将责任中心的实际业绩与其在特定环境下本应取得的业绩进行比较，因此实际业绩与预期业绩之间差异的原因应得到分析，并且应尽可能予以数量化
传递信息	（1）关于实际业绩的信息 （2）关于预期业绩的信息 （3）关于实际业绩与预期业绩之间差异的信息
主要特征	（1）报告应当与个人责任相联系 （2）实际业绩应该与最佳标准相比较 （3）重要信息应当予以突出显示

二、成本中心业绩报告 （★★） *只考核它所发生的成本。*

成本中心业绩报告相关知识表见表21-3。

表21-3　　　　　　　　成本中心业绩报告相关知识表

项目	说明
考核指标	通常为该成本中心的所有可控成本，即责任成本
样式	通常是按成本中心可控成本的各明细项目列示其预算数、实际数和成本差异数的三栏式表格
编制方法	（1）由于各成本中心是逐级设置的，所以其业绩报告也应自下而上，从最基层的成本中心逐级向上汇编，直至最高层次的成本中心 （2）每一级的业绩报告，除最基层只有本身的可控成本外，都应包括本身的可控成本和下属部门转来的责任成本

三、利润中心业绩报告 （★★） *（✔基础概念，了解即可）*

利润中心业绩报告相关知识表见表21-4。

表21-4　　　　　　　　利润中心业绩报告相关知识表

项目	说明
考核指标	通常为该利润中心的边际贡献、分部经理边际贡献和该利润中心部门边际贡献
样式	分别列出其可控的销售收入、变动成本、边际贡献、经理人员可控的可追溯固定成本、分部经理边际贡献、分部经理不可控但高层管理部门可控的可追溯固定成本、部门边际贡献的预算数和实际数
编制方法	自下而上逐级汇编的，直至整个企业的息税前利润

四、投资中心业绩报告 （★★）（✔基础内容，可能考选择题和计算分析题）

投资中心业绩报告相关知识表见表21-5。

表21-5　　　　　　　　　投资中心业绩报告相关知识表

项目	说明
考核指标	主要考核指标是投资报酬率和剩余收益，补充的指标是现金回收率和剩余现金流量
样式	投资中心的业绩评价除了成本、收入和利润指标外，主要还是投资报酬率、剩余收益等指标。因此，对于投资中心而言，它的业绩报告通常包含上述评价指标的预算数、实际数及实际与预算的对比的差异数三栏式表格

第二节　质量成本报告

◇ 质量成本及其分类

◇ 质量成本报告

◇ 质量绩效报告

一、质量成本及其分类 （★）

（一）质量成本的含义（见表21-6）

表21-6　　　　　　　　　质量成本的含义

项目	含义
质量	（1）设计质量：即产品或劳务对顾客求的满足程度 （设计得怎样） （2）符合性质量：即产品或劳务的实际性能与其设计性能的符合程度 （做得怎样）
质量成本	指企业为了保证产品达到一定质量标准而发生的成本，这一概念连接了企业管理中的生产技术与经济效益这两个层面

（二）质量成本的分类

1.预防成本（Prevention Costs）（见表21-7）

表21-7　　　　　　　　　预防成本（Prevention Costs）

项目	说明
含义	为了防止产品质量达不到预定标准而发生的成本，是为防止质量事故的发生，为了最大限度地降低质量事故所造成的损失而发生的费用
发生时段	发生在产品生产之前的各阶段
内容	质量工作费用、标准制定费用、教育培训费用、质量奖励费用

【跨学科综合·战略】生产运营战略中有关"全面质量管理"的观点：（1）预防成本和鉴定成本都服从管理层的影响或控制，在失败发生之前花钱预防比在失败发生之后再去检查产品或服务要好得多。

2.鉴定成本（Appraisal Costs）（见表21-8）

表21-8　　　　　　　　　鉴定成本（Appraisal Costs）

项目	说明
含义	为了保证产品质量达到预定标准而对产品进行检测所发生的成本
内容	检测工作的费用、检测设备的折旧、检测人员的费用

3.内部失败成本（Internal Failure Costs）（见表21-9）

表21-9　　　　　　　内部失败成本（Internal Failure Costs）

项目	说明
含义	指产品进入市场之前由于产品不符合质量标准而发生的成本
发生时段	发生在产品未达到顾客之前的所有阶段
内容	废料、返工、修复、重新检测、停工整修或变更设计等

4.外部失败成本（External Failure Costs）（见表21-10）

表21-10　　　　　　　外部失败成本（External Failure Costs）

项目	说明
含义	指存在缺陷的产品流入市场以后发生的成本
发生时段	发生在产品被消费者接受以后的阶段
内容	如产品因存在缺陷而错失的销售机会，问题产品的退还、返修，处理顾客的不满和投诉发生的成本

【提示】一般来说，企业能够控制预防成本和鉴定成本的支出，因此这两种成本属于可控质量成本，而无论对于内部还是外部失败成本，企业往往无法预料其发生，并且一旦发生失败成本，其费用的多少往往不能在事前得到，因此失败成本属于不可控质量成本。

二、质量成本报告（★★★）

质量成本报告相关知识表见表21-11。

表21-11　　　　　　　质量成本报告相关知识表

项目	说明
作用	通过质量成本报告，企业组织的经理人可以全面地评价企业组织当前的质量成本情况
提供信息	（1）显示各类质量成本的支出情况以及财务影响 （2）显示各类质量成本的分布情况，以便企业组织的经理人判断各类质量成本的重要性
样式	质量成本报告按质量成本的分类详细列示实际质量成本，也可以采用绘制统计图（如饼形图、柱形图）或文字陈述的方式

三、质量绩效报告（★★★）

质量绩效报告相关知识表见表21-12。

表21-12　　　　　　　质量绩效报告相关知识表

项目	说明
作用	反映企业在质量管理方面所取得的进展及其绩效
类型	（1）中期报告（Interim Program Report）：根据当期的质量目标列示质量管理的成效。（实际与预算对比） （2）长期报告（Long-Range Report）：根据长期质量目标列示企业质量管理成效（年度对比） （3）多期质量趋势报告（Multiple-Period Trend Report）：列示了企业实施质量管理以来所取得的成效。

【跨学科综合·战略】生产运营战略中有关"全面质量管理"的观点：（2）内部失败成本和外部失败成本是预防和鉴定方面花费劳力的结果，额外的预防劳力将会减少内部和外部失败成本。

阅读教材中的质量成本报告示例，观察每一类质量成本所包含的项目。

阅读教材中的质量绩效报告示例，观察每一类质量成本所包含的项目。

【知识扩展】在企业管理实践中，质量、成本、交货期（工期）成为紧密相关的三个要素，见表21-13。

表21-13　　　　　　　　　　　三要素关系表

关系	权衡
质量 VS.成本	提高质量，短期会增加成本，尤其是预防成本和鉴定成本，但长期会降低成本，给企业带来好的市场声誉和长期经济效益
质量 VS.交货期	严格控制质量，也会影响交货期。企业为了赶交货期，损害了产品或劳务的质量，影响了企业的声誉和市场份额
成本 VS.交货期	交货期（紧）会增加成本

智能测评

扫码听分享	做题看反馈
亲爱的同学，经过了漫长的学习，你们终于完成了财务成本管理科目全部内容的学习，这是你们不懈付出努力奋斗的成果。祝愿你们考试顺利，早日通关！ 　　扫一扫二维码，来听学习导师的分享吧。	学完马上测！ 　　请扫描上方的二维码进入本章测试，检测一下自己学习的效果如何。做完题目，还可以查看自己的个性化测试反馈报告。这样，在以后复习的时候就更有针对性、效率更高啦！

附录一

注册会计师全国统一考试（专业阶段）
历年真题在线练习

CPA备考，"做题"必不可少。题量无须太多，不必采取"题海战术"，但有一种题是必做，并且需要透彻掌握的，那就是历年真题。

CPA考纲和教材每年都有调整，部分真题已经不再适合直接使用，而如果考生不加甄别地大量练习历年真题，很可能被一些已过时的题目所误导。

为了帮助考生更好地利用历年真题来进行备考，高顿网校CPA研究中心对2012年至今的历年真题进行了精心整理，按年份组卷，考生们可以随时随地在手机上在线练习。

"历年真题在线练习"具有如下特点：

1.根据最新考纲和教材，剔除或修改已过时的题目，排除教材修改带来的影响。

2.在线练习，即时反馈，随时随地检测学习效果。

立即开始练习真题，只需以下两步：

第一步，扫描下方二维码：

第二步，点击相应试卷，开始在线练习。

附录二

注册会计师全国统一考试（专业阶段）机考系统指导课程

自2016年开始，CPA考试全面取消纸笔作答。掌握机考的操作方法和必备技巧，对于通过考试来说，至关重要。

如果考前没有针对机考系统进行充分了解和练习，在考场上很容易因为机考环境陌生、操作不熟练、打字速度慢等原因浪费宝贵的答题时间，导致题目做不完，从而考试失败。

为了最大限度地帮助考生们排除上述障碍，我们特别研发了《机考系统指导课程》，全面讲解了机考的各种注意事项和操作技巧。内容包括：

1.分题型、科目，介绍机考系统的操作方法；

2.分享独门机考技巧，如果熟练掌握，可在考试中节省大量宝贵的时间，用于答题，提升通过几率。

如何学习课程呢？

第一步：扫描下方二维码，购买课程：

第二步：下载"高顿网校"APP，登录后在"学习空间"中听课。

附录三

考试命题规律总结及备考方法建议

一、题型、题量和分值

近三年（2014—2016）的题型、题量和分值情况见附表3-1。

附表3-1　　　　　　　　　　题型、题量和分值情况表

题型	说明	题量	分值
单项选择题	每题1.5分	14	21
多项选择题	每题2分	12	24
简答题	每题8分	5	40
综合题	共1题，15分	1	15
合计		32	100

说明：

1.关于"英文附加分"："简答题"中第一道分值为8分的题目，可以选择用中文或英文作答。如果该题全部以英文作答并回答正确，可以得到附加分5分。也就是说，卷面满分为105分。

2.从历年标准来看，及格分数线为60分（具体以中注协官方公布信息为准）。

3.2017年《财务成本管理》的考试时间为10月14日（星期日）13：00~15：30。

二、各章考情分析

各章考情分析见附表3-2。

附表3-2　　　　　　　　　　各章考情分析

章节名称	近三年平均分值	知识难度	重要程度	说明
第一章　财务管理基本原理	3	★	★	次重要
第二章　财务报表分析和财务预测	12	★★★	★★★	十分重要
第三章　价值评估基础	2	★★	★	较重要
第四章　资本成本	7	★★	★★	较重要
第五章　投资项目资本预算	10	★★★	★★★	十分重要
第六章　债券、股票价值评估	3	★★★	★★	重要
第七章　期权价值评估	6	★★★	★★	重要
第八章　企业价值评估	5	★★★	★★★	十分重要
第九章　资本结构	4	★★	★★	次重要

章节名称	近三年平均分值	知识难度	重要程度	说明
第十章　股利分配、股票分割与股票回购	2	★★	★★	次重要
第十一章　长期筹资	2	★	★	次重要
第十二章　营运资本管理	5	★★	★★★	十分重要
第十三章　产品成本计算	10	★★	★★★	十分重要
第十四章　标准成本法	5	★★	★★	较重要
第十五章　作业成本法	2	★	★	次重要
第十六章　本量利分析	10	★★	★★★	十分重要
第十七章　短期经验决策	2	★	★	次重要
第十八章　全面预测	新增，暂无数据	★★	★★	较重要
第十九章　责任会计	新增，暂无数据	★	★	次重要
第二十章　业绩评价	4	★	★★	较重要
第二十一章　管理会计报告	新增，暂无数据	★★	★★★	重要

三、命题特点分析

《财务成本管理》历年试题的命题范围以考试大纲为依据，基本覆盖了考试大纲的考试内容。

考生在规定时间内答题，不仅要求大家掌握知识点，还要大量做题，提升答题速度，很多考生在考试中答不完题，遗憾离场，非常可惜。所以财务成本管理备考要反复做习题，但要注重题目的质量，一个知识点要做透，而不是泛泛地做题，要形成做题手感，考场上拿到题做到快、准！

1.客观题：覆盖范围广，考查灵活

包括单项选择题和多项选择题。客观题考查范围广，重点与非重点都有可能涉及，要求考生对教材有全面的认识。

近年来，直接考查知识点文字描述的客观题比较多，大家要熟读教材。

2.主观题：计算分析量加大

从近三年的出题情况看，财务成本管理科目试题的简答题和综合题的分值占总分值的比重为55%，虽然比笔试阶段的主观题分值减少了，但由于前面的单选题涉及很多小计算，将占用较多的考试时间，导致留给主观题的时间十分有限。这是大家提高答题速度的阻力，因此考试要求考生更熟练地掌握公式，加快速度，提高答题效率！

3.总体趋势和应对策略

总体趋势和应对策略见附表3-3。

附表3-3   总体趋势和应对策略

总体趋势	应对策略
趋势一：更加注重考文字性的题	要通读教材，熟练掌握一些概念性的知识点
趋势二：题干变长，阅读量变大	多做题，快速找出题干和考点
趋势三：机考模式加大解题难度	在掌握知识点的条件下，要加强网上答题模式的训练

四、备考方法建议

1.制订合理的学习计划并严格执行

"凡事预则立，不预则废"。备考之前，一定要制订清晰、实用的学习计划。这里给大家的建议是将整个备考过程分为三个阶段：

第一阶段：基础阶段

建议学习时间：180小时~200小时。（说明：各阶段的"建议学习时间"是高顿统计的平均数字，指投入的有效学习时间，仅供参考。请考生根据自己的实际情况，制订个人学习计划）

基础阶段计划表见附表3-4。

附表3-4   基础阶段计划表

目标	建立知识框架，打好基础，攻克客观题
内容	通读教材，听课辅助理解，按章做题
方法	本阶段应以章为单位，借助网课和真题，整体上对教材进行通读理解，步步为营，打好基础 第一步：通读教材 对教材进行细致通读，不需要搞清楚哪些是重点，哪些是非重点，而应一视同仁，囫囵吞枣地先过一遍。此时无需刻意记忆，对知识点不能全部弄明白也没关系，但是一定要对教材整体知识架构有所了解，对知识点有大致印象，能建立简单的知识点框架 第二步：听课辅助理解 在通读教材的同时，需要通过听课来辅助理解。在老师讲解的基础上，通过思考、自我举例等，搞清楚每一个知识点的内容。由于仍处于基础阶段，对于教材所有知识点要求全面理解，不能厚此薄彼。注意：此时不推荐同学们记忆主观题考点 第三步：整章练习 每学习完一章的知识点之后，即进行整章练习。本阶段做计算题可能有难度，但是大家要注重练习，任何知识点都是从难到易，从慢到快。集中练习，一方面可以熟悉命题形式，另一方面可以回顾复习知识点，加深理解和记忆，培养灵活运用知识点的能力 针对错题，一定要反复练习和思考，直至完全弄懂

第二阶段：强化阶段

建议学习时间：50小时~60小时

强化阶段计划表见附表3-5。

附表3-5 　　　　　　　　　　　　　强化阶段计划表

目标	主观题专项突破
内容	记忆主观题知识点，按章练习主观题
方法	在本阶段，要着重针对可以考查主观题的知识点，反复练习，总结解题思路，有了清晰的思路，在考场上才能快速准切入点，快速做题。当然，总结的基础是要对知识点的熟练掌握，这就要求大家在第一阶段熟练掌握各章知识点

第三阶段：冲刺阶段

建议学习时间：30小时~50小时

冲刺阶段计划表见附表3-6。

附表3-6 　　　　　　　　　　　　　冲刺阶段计划表

目标	熟悉机考，培养考感，查漏补缺
内容	套卷模拟测试，整体回顾复习
方法	考前一点时间，还需要好好磨刀 　　在这段时间里，套卷练习必不可少。注意，整卷练习是需要完全模拟考试环境进行的，因此需要按考试时间（2.5个小时）进行练习，也需要在机考环境下练习。试卷完成后必须进行反思，查漏补缺。这样才能在最后一点时间内有效提分 　　另外需注意的是，考生要熟悉机考模式。大家都习惯了笔试做答的方式，所以要提前熟悉机考做答方式，尤其是财务成本管理这门考试科目包含了大量的计算分析题，这就更加要求考生熟练机考界面，不至于考试的时候手忙脚乱，影响发挥 　　冲刺阶段完成后，你就可以从容步入考场，成功已经在向你招手了

2.考试时间合理分配

财务成本管理科目的考题计算量大，而考试时间只有2.5小时，是非常紧张的。所以在平时的练习中就要注意提高答题效率、熟悉机考模式，在考试中将有限的时间合理分配给各种题型，这样一来，通关的把握会大大提升。

考霸讲师建议，考试中各个题型的时间分配见附表3-7。

（仅供参考，请考生根据自己的实际情况确定）

附表3-7 　　　　　　　　　　　　　考试时间分配表

题型	题量	分值	考试时间分配建议	
单项选择题	14	21	21分钟	90秒/题
多项选择题	12	24	19分钟	95秒/题
简答题	5	40	75分钟	15分钟/题
综合题	1	15	35分钟	40分钟/题
合计	32	100	150分钟	

　　了解了考试的命题规律和备考方法建议，接下来，就请你严格执行学习计划，一步一个脚印，千万不要轻易放弃。

CPA考试是一场马拉松，胜利属于坚持到最后的人！